Strafzumessung bei Mord

Europäische Hochschulschriften Recht

European University Studies in Law

Publications Universitaires Européennes de Droit

Band/Volume **6213**

Johanna Kunze

Strafzumessung bei Mord

Eine empirische Untersuchung
zur Rechtsfolgenentscheidung bei Verurteilungen
wegen vollendeten Mordes nach allgemeinem
Strafrecht in den Jahren 2013 und 2014

PETER LANG

Bibliografische Information der Deutschen Nationalbibliothek
Die Deutsche Nationalbibliothek verzeichnet diese Publikation in der Deutschen Nationalbibliografie; detaillierte bibliografische Daten sind im Internet über http://dnb.d-nb.de abrufbar.

Zugl.: Hannover, Univ., Diss., 2017

D 89
ISSN 0531-7312
ISBN 978-3-631-82428-3 (Print)
E-ISBN 978-3-631-83629-3 (E-PDF)
E-ISBN 978-3-631-83630-9 (EPUB)
E-ISBN 978-3-631-83631-6 (MOBI)
DOI 10.3726/b17627

Diese Publikation wurde begutachtet.

www.peterlang.com

Für meine Großeltern

Zusammenfassung

Die Untersuchung bezieht sich auf die Rechtsfolgenentscheidung bei vollendetem Mord nach allgemeinem Strafrecht. Gegenstand der Untersuchung „Strafzumessung bei Mord“ ist eine empirische, deskriptive Untersuchung bezüglich der Rechtsfolgenzumessung bei Verurteilungen wegen vollendeten Mordes nach dem allgemeinen Strafrecht. Ziel war es, die rechtlichen und – soweit ermittelbar – außerrechtlichen Einflussfaktoren zu ermitteln, die ein Abweichen von der absolut und exklusiv angedrohten lebenslangen Freiheitsstrafe ermöglichen, weil sie entweder die Strafe schärfen und die besondere Schwere der Schuld festgestellt wird oder umgekehrt die Strafe mildern und eine nur zeitige Freiheitsstrafe verhängt wird.

Für die Auswertung wurden nahezu sämtliche Verurteilungen, die in den Jahren 2013 und 2014 in Deutschland wegen vollendeten Mordes nach allgemeinem Strafrecht ergangen waren, herangezogen. Verurteilungen wegen versuchten Mordes blieben ebenso unberücksichtigt wie Verurteilungen nach Jugendstrafrecht.

Von den Verurteilten wurden 55,6 % zu lebenslanger Freiheitsstrafe verurteilt. In 23 % der Fälle wurden die angeklagten Personen wegen Mordes zu zeitiger Freiheitsstrafe verurteilt. Neben der zwingenden Strafmilderung wegen Beihilfe zum Mord wurde primär von fakultativen Strafmilderungsgründen Gebrauch gemacht. Unter den Strafmilderungsvorschriften, dessen Anwendung im Ermessen des Gerichts stehen, dominiert die Anwendung der Strafmilderung wegen verminderter Schuldfähigkeit (§ 21 StGB). Für die Annahme einer Strafmilderung wirkten sich vor allem täterbezogene Strafzumessungsfaktoren aus: als entscheidende Einflussfaktoren erwiesen sich das Geständnis, die Tötung im Affekt, die psychische Störung des Verurteilten, seine Gehilfenstellung, die Stabilisierung seiner Lebensverhältnisse nach der Tat sowie der Umstand, dass nur ein Mensch getötet wurde und es sich dabei um eine Spontantat gehandelt hatte.

In 21,4 % der Verurteilungen wurde neben der lebenslangen Freiheitsstrafe die besondere Schwere der Schuld festgestellt (§§ 57a Abs. 2 Nr. 2, 57b StGB). Als strafzumessungsrelevantester Faktor für die Feststellung der besonderen Schuldschwere erwies sich die Anzahl der Mordopfer. Die Person des Täters hat im Hinblick auf die Feststellung der besonderen Schwere der Schuld mit Ausnahme der Vorstrafenbelastung keine entscheidende Relevanz eingenommen.

Abstract

This review refers to the legal consequences of completed murder under German criminal code. The subject of the study "Assessment of punishment for murder" is an empirical, descriptive study of the assessment of legal consequences of convictions for completed murder under general criminal law. The aim was to determine the legal and – as far as ascertainable – extra-legal factors that make it possible to deviate from the absolute and exclusive penalty of life imprisonmenz, because these legal and extra-legal factors either higher the penalty and establish the particular severity of the guilt or, conversely, lower the penalty and impose only a life imprisonment sentence.

Almost all convictions for completed murder under general criminal law in Germany in the years 2013 and 2014 were used for the evaluation. Convictions for attempted murder were not reviewed, nor were convictions under juvenile criminallaw.

Of those convicted, 55.6 % were sentenced to life imprisonment. In 23 % of the reviewed cases the accused were sentenced to timely imprisonment for murder. In addition to the legal mandatory mitigation of sentences for accessory to murder, optional reasons for mitigation were primarily used by the court to justify the timely imprisonment. Among the mitigating provisions, which are at the discretion of the court, the application of mitigation due to reduced culpability (§ 21 StGB) dominates. For a reduced sentence, offender-related factors had an effect above all for the assessment of punishment. The decisive influencing factors were the confession, killing in the heat of passion, the convicted person's psychological disorder, his or her position of assistance in the killing, the stabilization of his or her living conditions after the crime, and the fact that only one person was killed in a spontaneousact.

In 21.4 % of the reviewed convictions, in addition to life imprisonment, the particular severity of the guilt was determined (§§ 57a para. 2 no. 2, 57b StGB). The count of the murder victims proved to be the most relevant factor for determining the special severity of guilt. With the exception of the previous conviction, the person of the offender was not of decisive relevance for determining the special severity of theguilt.

Vorwort

Die vorliegende Arbeit wurde im Oktober 2018 als Dissertation angenommen. Rechtsprechung und Literatur wurden bis August 2017 berücksichtigt. Die Arbeit entstand während meiner Tätigkeit als wissenschaftliche Mitarbeiterin am Lehrstuhl für Strafrecht, Strafprozessrecht und Kriminologie. Das Fertigen der Doktorarbeit war für mich eine wertvolle und wundervolle Erfahrung. Den zahlreichen Personen, die mich in der Zeit begleitet und unterstützt haben, möchte ich an dieser Stelle recht herzlich danken.

Mein besonderer Dank gilt meinem Doktorvater Herrn Prof. Dr. Bernd-Dieter Meier für seine hervorragende und über meine Zeit als wissenschaftliche Mitarbeiterin hinausgehende Unterstützung sowie seinem stetigen Zuspruch. Dank seiner konstruktiven Anmerkungen und seiner immer offenen und humorvollen Art hat er entscheidend zum Gelingen meiner Arbeit beigetragen. Nicht zuletzt haben mich Herr Prof. Dr. Meier und Frau Cornelia Daneke auch nach Abgabe der Dissertation mit ihrer anhaltenden Hilfsbereitschaft unterstützt.

Ich danke dem tollen Team im 13. Stock der Juristischen Fakultät für die ständige, vielfältige Unterstützung und Hilfe. Die Erstellung der Arbeit in der kurzen Zeit war auch aufgrund der freundlichen und herzlichen Atmosphäre möglich.

Ganz besonderer Dank gilt Frau Dr. Jana Kolsch, die mich mit offener Kritik, Diskussionen und Gesprächen unterstützt, aufgebaut und gestärkt hat. Als Freundin und Kollegin stand sie mir unermüdlich beiseite.

Danken möchte ich auch Frau Dr. Sandra Pfeifenbring dafür, dass sie zu jederzeit für mich da war und sie mir mit ihrem Zuspruch das nötige Vertrauen in mich selbst gegeben hat, diese Arbeit zu fertigen.

Ebenso gilt ein ganz besonderer Dank Herrn Nils Müller, auf den ich mich stets verlassen konnte und durch den ich viel Zuspruch und Unterstützung erfahren habe.

Der größte Dank gilt meinen Eltern und meinem Bruder Christoph. Sie haben mich in meinem Leben und auch die gesamte Zeit während der Anfertigung der Arbeit bestärkt und mir mit ihrem motivierenden Zuspruch Rückhalt und Vertrauen gegeben.

Inhaltsverzeichnis

Abbildungsverzeichnis

Quellenverzeichnis

Tabellenverzeichnis

Abkürzungsverzeichnis

Abkürzung	Bedeutung
Abb.	Abbildung
Abs.	Absatz
AE	Alternativentwurf
a.F.	alte Fassung
Alt.	Alternative
aM	arithmetisches Mittel
AT	Allgemeiner Teil
ARs.	Allgemeine Register und Gerichtsstandsbestimmungen
Art.	Artikel
Bd.	Band
BeckRS	Beck-Rechtsprechung
Beschl.	Beschluss
BGBl.	Bundesgesetzblatt
BGH	Bundesgerichtshof
BGH GS	Großer Senat des Bundesgerichtshofs
BGHSt	Entscheidungen des Bundesgerichtshofs in Strafsachen
BKA	Bundeskriminalamt
BMJV	Bundesministerium der Justiz und für Verbraucherschutz
BT	Besonderer Teil
BT-Drs.	Bundestagsdrucksache
BRD	Bundesrepublik Deutschland
BR-Drs.	Bundesratsdrucksache
Bspw.	beispielsweise
BtMG	Betäubungsmittelgesetz
BVerfG	Bundesverfassungsgericht
BverfGE	Entscheidungen des Bundesverfassungsgerichts
BZR	Bundeszentralregister
Bzw.	beziehungsweise
EGMR	Europäischer Gerichtshof für Menschenrechte
EMRK	Europäische Menschenrechtskonvention
Et. al.	und andere
f., ff.	Folgende, fortfolgende
Fallnr.	Fallnummer
Fn.	Fußnote
FPPK	Forensische Psychiatrische Psychologische Kriminologie
FS	Festschrift
gem.	gemäß
GA	Goltdammer's Archiv für Strafrecht
GewSchG	Gewaltschutzgesetz

Abkürzung	**Bedeutung**
GG	Grundgesetz
GSSt	Großer Senat für Strafsachen
GV	Geschlechtsverkehr
GVG	Gerichtsverfassungsgesetz
Hrsg.	Herausgeber
HRRS	Höchstrichterliche Rechtsprechung
Hs.	Halbsatz
idFd.	in der Fassung des
i.E.	im Ergebnis
i.S.v.	im Sinne von
i.V.m.	in Verbindung mit
Jura	Juristische Ausbildung
JGG	Jugendgerichtsgesetz
JR	Juristische Rundschau
JZ	Juristenzeitung
Jg.	Jahrgang
KFN	Kriminologisches Forschungsinstitut Niedersachsen
KK	Karlsruher Kommentar zur Strafprozessordnung
LG	Landgericht
n.F.	neue Fassung
Nr.	Nummer
OLG	Oberlandesgericht
PKS	Polizeiliche Kriminalstatistik des Bundes
MSchKrim	Monatsschrift Kriminologie
MüKo	Münchener Kommentar
mWv	mit Wirkung von
n	Summe
NJW	Neue Juristische Woche
Nr.	Nummer
NStZ	Neue Zeitschrift für Strafrecht
NStZ-RR	Neue Zeitschrift für Strafrecht Rechtsprechungsreport
o.g.	oben genannt
RN.	Randnummer
R&P	Zeitschrift für Recht und Psychiatrie
Rspr.	Rechtsprechung
S.	Seite
SD	Standardabweichung
SE	Standardfehler
SK	Systematischer Kommentar
StR	Strafrechtssenat
s.o.	Siehe oben
Sog.	sogenannt

Abkürzung	**Bedeutung**
SPSS	Statistical Package for the Social Sciences/(Marke der Softwarefirma IBM, unter welcher Software für statistische Analysen entwickelt und vertrieben wird).[1]
StÄG	Strafänderungsgesetz
StGB	Strafgesetzbuch
StPO	Strafprozessordnung
StrRG	Strafrechtsreformgesetz
StV	Strafverteidiger
SVS	Strafverfolgungsstatistik
Tab.	Tabelle
TOB	Täter-Opfer-Beziehung
u.a.	unter anderem
Urt.	Urteil
v.	von
Var.	Variante
Vgl.	vergleiche
Vor/Vorbem.	Vorbemerkung
WaffG	Waffengesetz
z.B.	zum Beispiel
ZIS	Zeitschrift für Internationale Strafrechtsdogmatik
ZRP	Zeitschrift für Rechtspolitik
ZStW	Zeitschrift für die gesamte Strafrechtswissenschaft
z.T.	zum Teil

1 https://www.ibm.com/de-de/marketplace/spss-statistics? (zuletzt abgerufen: 10.07.2017 – 17:19 Uhr).

1. Einleitung

Der Mordtatbestand ist in den letzten Jahren wieder verstärkt und vehement in die rechtspolitische Diskussion gerückt.[2] Strafrechtliche Reformvorschläge, die die lebenslange Freiheitsstrafe abschaffen oder durch Regelungstechniken eingrenzen wollen, werden zunehmend lauter. Die vom Bundesjustizminister Heiko Maas 2014 eingesetzte Expertenkommission aus Wissenschaftlern und Praktikern des Strafrechts[3] zeigt die politische und strafrechtliche Reformbedürftigkeit der Tötungsdelikte.

A. Problemstellung

Im Grunde geht es in allen Reformvorschlägen um die absolute und exklusive Strafandrohung der lebenslangen Freiheitsstrafe bei Mord (vgl. § 211 Abs. 1 StGB): Bei vorsätzlicher Verwirklichung eines Mordmerkmals wird der Angeklagte[4] nach geltendem Recht zwingend zu lebenslanger Freiheitsstrafe verurteilt. Wer kein Mörder, sondern Totschläger ist, wird zu einer zeitigen Freiheitsstrafe verurteilt.[5] Der Verurteilung wegen Totschlags steht ein Strafrahmen von nicht unter fünf Jahren bis maximal 15 Jahren zur Verfügung (vgl. § 212 Abs. 1 StGB). Ein Strafzumessungsvorgang nach § 46 StGB findet regelmäßig bei Mord nicht statt, da bei einer Verurteilung kein auf den Einzelfall bezogenes Strafmaß festgesetzt wird.[6] Die Rechtsfolge stellt sich insbesondere bei Vorliegen entlastender Faktoren, wie einem Geständnis, problematisch dar. Ein Strafzumessungsvorgang, bei dem einzelne Tatsachen für und gegen den Angeklagten abgewogen werden, kommt nur dann in Betracht, wenn es durch andere Rechtsvorschriften vorgeschrieben oder gestattet ist (vgl. § 49 Abs. 1 Nr. 1 StGB). Bei einer Strafmilderung nach § 49 Abs. 1 StGB ist dann auch bei Mord ein Strafrahmen von nicht unter drei Jahren bis maximal 15 Jahren eröffnet.

Dass die Verhängung von lebenslang nicht „ein Leben lang" bedeutet, ist seit dem Urteil des Bundesverfassungsgerichts vom 21. Juni 1977[7] klar: Zugrunde lag

---

2 Bezug nehmend: *Mrosk,* (2015), „Die Reform des Tötungsstrafrechts".

3 BMJV, (2015), Abschlussbericht, S. 12.

4 Angeklagter/Täter/Verurteilter: In dieser Forschungsarbeit wird bei Personen die weibliche Form zum einen wegen der besseren Lesbarkeit, zum anderen aber auch wegen des überproportional hohen Anteils an männlichen Tätern (vgl. SVS Fachserie 10 Reihe 3 (2013), S. 24f., (2014), S. 24f.) nicht besondere erwähnt, ist aber immer mitzudenken. Wenn ausschließlich Täterinnen in Betracht kommen, wird dieses ausdrücklich kenntlich gemacht.

5 *Scheffler,* (1996), S. 486.

6 *Meier,* (2014), S. 163; *Stree/Kinzig,* (2010), § 46 RN. 3.

7 BVerfG, Urt. v. 21.06.1977 – 1 BvL 14/76.

ein Mordfall aus Nienburg/Weser. Dem West-Berliner Polizeibeamten D. Riese drohte die unausweichlich lebenslange Freiheitsstrafe für den Mord an dem Nienburger Fixer G. Lach.[8] Auf dem Prüfstand war die Rechtsfolge der lebenslangen Freiheitsstrafe.[9] Das Bundesverfassungsgericht entschied, die lebenslange Freiheitsstrafe sei verfassungskonform, soweit „dem zu lebenslanger Freiheitsstrafe Verurteilten grundsätzlich eine Chance verbleibt, je wieder der Freiheit teilhaftig zu werden."[10] Dass „lebenslang" nicht zwingend auch in einem wörtlichen Sinn lebenslang bedeutet, ist mit diesem Grundsatzurteil des BVerfG[11] deutlich geworden und findet seine empirische Bestätigung in *Desseckers* jährlichen Erhebungen zur Vollstreckung der lebenslangen Freiheitsstrafe.[12] Hier wird im Folgenden nicht weiter darauf eingegangen, ob die lebenslange Freiheitsstrafe verfassungsmäßig erscheint und welche (psychischen) Auswirkungen eine Verurteilung und Inhaftierung zur lebenslangen Freiheitsstrafe für den Betroffenen zu beobachten sind. Aber die vorliegende Untersuchung knüpft an die in dem maßgebenden Urteil erwähnten Grundsätze der restriktiven Auslegung der Mordmerkmale und den Schuldgrundsatz an.[13] So forderte und mahnte das Bundesverfassungsgericht 1977 den stetigen Fortschritt von „roheren zu humaneren, von einfacheren zu differenzierteren Formen des Strafens".[14]

An diesen Punkt setzen die zahlreichen Überlegungen an, ob und wie die Strafandrohung bei Mord, die absolut und exklusive lebenslange Freiheitsstrafe, eingegrenzt und modelliert werden kann. Die Reformvorschläge fordern überwiegend einen zweigliedrigen Deliktsaufbau, der in seinem Grundtatbestand Strafzumessungsabwägungen zulässt und per Gesetz ein Abweichen von der lebenslangen Freiheitsstrafe ermöglicht. Erst in einem weiteren Schritt, der die Verwirklichung erhöhten Unrechts erfasst, soll die Verurteilung zu lebenslanger Freiheitsstrafe drohen. Wie im Einzelnen die Neugestaltung der Tötungsdelikte umgesetzt werden soll, ist umstritten.

Aktuelle und zentrale Überlegungen stammen von einer 2014 eingesetzten Expertenkommission aus Wissenschaftlern und Praktikern des Strafrechts,[15] die einen Entwurf zur Reform der Tötungsdelikte (§§ 211–213, 57a StGB)

8 *Mauz*, „Die Strafe „an der Spitze der Strafenleiter", in: Der Spiegel 12/1976 S. 81–83, http://www.spiegel.de/spiegel/print/d-41251784.html (zuletzt: 27.07.2017 – 11:37 Uhr); *Nolte*, „Menschen vor Gericht: Wer erschoß den Fixer Lach?" in: Zeit Online, http://www.zeit.de/1979/28/wer-erschoss-den-fixer-lach (zuletzt: 27.07.2017 – 11:37 Uhr).

9 *Thomas*, (1985), S. 294.

10 BVerfG, Urt. v. 21.06.1977 – 1 BvL 14/76.

11 BVerfG, Urt. v. 21.06.1977 – 1 BvL 14/76, LS. 3.

12 *Dessecker*, KrimZ 2016, S. 17f., Abb. 3; *Dessecker*, (2011), S. 36; *Dessecker*, KrimZ 2016, S. 16f.

13 BGH NJW 1977, S. 1533; *Meier*, (1989), S. 6.

14 BGH NJW 1977, S. 1526.

15 BMJV, (2015), Abschlussbericht, S. 12.

erarbeitete.[16] Die vom BMJV eingesetzte Expertenkommission fordert mehrheitlich den Exklusivitäts-Absolutheits-Mechanismus aufzulösen und Strafzumessungsvorgänge auch bei Mord zu ermöglichen.[17] Danach soll der Mordtatbestand zum Qualifikationstatbestand[18] umgeformt werden. Die Verurteilung zur lebenslangen Freiheitsstrafe bleibt dabei erhalten,[19] allerdings wird nach diesem Konzept der Exklusivitäts-Absolutheits-Mechanismus aufgelöst,[20] sodass Ausnahmefälle wie die Haustyrannentötung oder Fälle erheblich verminderten Unrechts mit einer zeitigen Freiheitsstrafe sanktioniert werden können.[21] Besonders erhöhtes Unrecht, welches das Lebensgefühl und die Lebenssicherheit der Allgemeinheit bedroht, wird mit der lebenslangen Freiheitsstrafe sanktioniert.[22] Beispielsweise Tötungen, die aufgrund „motivationaler Missachtung des personalen Eigenwerts des Opfers“[23] erfolgen, also bei Tötungen wegen der Abstammung, der Rasse, der Sprache, des Glaubens und/oder der politischen, sowie religiösen Anschauung. Ein Defizit der lex lata seien die fehlenden Tötungskonstellationen in Form des Ehrenmordes, der sogenannten Blutrache sowie der Tötung aufgrund eines „Gruppenhasses“ und Tötungen aus terroristischen Motiven.[24] Ob dies jedoch im Einzelnen und en détail geregelt werden sollte, ist nach wie vor umstritten. Letztlich zeigt sich jedoch die Mehrheit offen dafür, sogenannte „Leitprinzipien“ in den Gesetzestext mit aufzunehmen, die es ermöglichen, affekt- und konfliktgeladene Tötungen von Tötungen besonderer Schwere zu unterscheiden.[25]

Weitere aktuelle rechtspolitische Diskussionen über die Reform der Tötungsdelikte knüpfen ebenfalls an einen zweigliedrigen Deliktsaufbau des Mordtatbestands an, verwenden jedoch ein Leitprinzip-Regelmerkmal-System.[26] Bereits *Eser* erstellte auf dem 53. Deutschen Juristentag 1980 ein Gutachten zur Reformierung der Tötungsdelikte.[27] Das Reformbedürfnis wurde insbesondere in der „gegenwärtigen Sanktionskluft zwischen dem mit absoluter lebenslanger Freiheitsstrafe bedrohten und durch eine exklusive Kasuistik erfassten Mordtatbestand (§ 211) und dem bis auf 6 Monate Freiheitsstrafe privilegierbaren Totschlagstatbestand

16 „Abschlussbericht der Expertenkommission zur Reform der Tötungsdelikte (§§ 211–213, 57a StGB)“ vom BMJV.
17 BMJV, (2015), Abschlussbericht, S. 55ff.
18 *Ignor,* (2015a), S. 240; BMJV, (2015), Abschlussbericht, S. 24.
19 *Momsen,* (2015), S. 1; BMJV, (2015), Abschlussbericht, S. 54.
20 BMJV, (2015), Abschlussbericht, S. 21, 23ff.; S. 55ff., 58.
21 BMJV, (2015), Abschlussbericht, S. 56 f.
22 *Wilms,* (2011), S. 266.
23 *Schneider,* (2015), S. 247.
24 S.o.
25 *Höynck/Behnsen/Haug,* (2014), S. 102ff.; *Deckers/Fischer/König/Bernsmann,* NStZ 2014, S. 12; BMJV, (2015), Abschlussbericht, S. 3; BMJV, (2015), Abschlussbericht, S. 61.
26 *Heine* et al., (2008), S. 198.
27 *Eser,* (1980), S. D 34ff.

(§§ 212, 213)"[28] gesehen.[29] Der Reformentwurf differenziert zwischen nicht-privilegierbarer und privilegierbarer Tötung und schlägt einen zweistufigen Deliktsaufbau vor.[30] Dieser Reformvorschlag lehnt die lebenslange Freiheitsstrafe als exklusiv-absolute Strafe für den Mord ab und sieht für Mord einen Strafrahmen vor, der zwischen 8 Jahren und der lebenslangen Freiheitsstrafe liegt.[31] So soll die lebenslange Freiheitsstrafe nur dann verhängt werden können, wenn ein Regelbeispiel verwirklicht sei, das die rechtsfeindliche Einstellung des Täters gegenüber Leib und Leben Dritter deutlich mache.[32]

2008 stellte der AE-Arbeitskreis deutscher, schweizerischer und österreichischer Strafrechtslehrer einen Reformentwurf „AE-Leben – Neuregelung der Tötungsdelikte" vor,[33] der ein auf den Mordtatbestand entwickeltes Regelmerkmal-System enthielt.[34] Danach wird die lebenslange Freiheitsstrafe nur bei Verwirklichung besonders erhöhten Unrechts verhängt. Gleichzeitig können für Tötungen verminderten Unrechts ein „schuld- und präventionsorientierter"[35] Strafrahmen ermittelt werden. Demnach führen im Gesetz explizit genannte Regelmerkmale zu einem erhöhten Strafrahmen, der auch die lebenslange Freiheitsstrafe als Sanktionsform enthält, allerdings ist die angedrohte Sanktionsart offen für Strafmilderungen. Die Regelbeispiele bringen die besonders verwerfliche Haltung des Täters gegenüber dem Rechtsgut Leben zum Ausdruck.[36]

Andere Reformvorschläge fordern hingegen die umfassende Abschaffung der einzelnen Tötungsdelikte.[37] Dieser Ansatz verfolgt das Ziel, von einem Denken in Schemata abzukommen und mit einem einzigen Straftatbestand Tötungen einzelfallgerechter sanktionieren zu können.[38] Demnach umfasst der neu erschaffene Straftatbestand gegen das Leben eine Strafandrohung von nicht unter fünf Jahren bis einschließlich der lebenslangen Freiheitsstrafe.

Der Fokus der Reformbestrebungen liegt darauf, dass auf Mord nicht mehr zwingend und exklusiv die lebenslange Freiheitsstrafe droht, sondern vielmehr die Strafe an die Tathandlung und nicht an die Täterschuld angepasst wird.[39] Dass keine andere Strafe als lebenslänglich möglich ist, verstoße gegen den Schuldgrundsatz. Dem Grundsatz, dass die zu verhängende Strafe in einem angemessenen Verhältnis zur Schwere der Straftat und zum Verschulden des Täters stehen

---

28 BMJV, (2015), Abschlussbericht, S. 193.
29 *Eser*, (1980), S. D 36ff.
30 *Eser*, (1980), S. D 106,198f., 172ff.; *Eser* (2014), S. 882.
31 *Eser*, (1980), S. D 155f.
32 *Eser*, (1980), S. D 187ff., D 198; *Deckers/Fischer/König/Bernsmann*, NStZ 2014, S. 11.
33 *Heine* et al., (2008), S. 194ff.; BMJV, (2015), Abschlussbericht, S. 228ff.
34 *Heine* et. al., (2008), S. 198–200.
35 *Heine* et al., (2008), S. 199.
36 *Heine* et. al., (2008), S. 198.
37 *Deckers/Fischer/König/Bernsmann*, NStZ 2014, S. 16.
38 *Deckers/Fischer/König/Bernsmann*, NStZ 2014, S. 14.
39 *Ignor*, (2015a), S. 237.

muss, kann im geltenden Recht wegen der Absolutheit nicht Rechnung getragen werden. Täter- und Tatumstände des Einzelfalls können keine Berücksichtigung finden, sobald ein Mordmerkmal erfüllt ist.[40] Die Neugestaltung der Tötungsdelikte soll bereits im Gesetzestext aufnehmen, dass bei bestimmten Sachverhaltskonstellationen ein Strafrahmen zur Verfügung steht, der nicht zwingend die lebenslange Freiheitsstrafe androht und bei dem das Gericht eine schuldangemessene Strafe finden kann. Nach derzeit herrschender Meinung kann dies mittels eines Qualifikationstatbestandes umgesetzt werden.[41]

Das gemeinsame Defizit der unterschiedlich gelagerten Reformvorschläge ist, dass die bisherigen Reformvorschläge entweder auf veralteten oder auf gar keinen empirischen Grundlagenbasieren.

Dölling und *Kinzig* gehen in ihren Gutachten, die sie für die vom BMJV eingesetzte Expertengruppe erarbeitet haben, auf die Häufigkeit der Verurteilungen wegen Mordes bzw. der Häufigkeit und Anwendung der Mordmerkmale ein, jedoch basiert der Rückgriff auf älteren Untersuchungen.[42] Es geht dabei nicht um die Rechtsfolgen bei der Verurteilung wegen Mordes. Die Gutachten können beispielsweise keinen Bezug zur Anwendungshäufigkeit der Rechtsfolgenlösung (BGHSt 30, 105) oder zur Verurteilungspraxis bei Vorliegen eines Haustyrannenfalles[43] geben. *Kinzig* verweist auf die Statistiken über Verhängung und Vollstreckung der lebenslangen Freiheitsstrafe. Strafzumessungsfaktoren bei Mord ergeben sich daraus nicht. Im Ergebnis wird auch nur wenig zur Strafzumessung bei Mord gesagt.[44]

Dennoch ist es interessant, den Strafzumessungsvorgang auch bei Mord zu hinterfragen, weil es in der Rechtswirklichkeit auch bei § 211 StGB Strafzumessungsfragen gibt.

So ist eine Strafzumessung „nach oben" auch bei Mord denkbar, und zwar deshalb, weil nach 15 Jahren Inhaftierung entgegen § 57a Abs. 1 S. 1 StGB dann keine Strafrestaussetzung in Betracht kommt, wenn das Gericht eine besondere Schwere der Schuld festgestellt hat (§§ 57a Abs. I Nr. 2, 57b StGB). Hierbei handelt es sich zwar um eine Vollstreckungsentscheidung, die jedoch nach der Entscheidung des BVerfG vom 03.06.1992[45] vom erkennenden Gericht getroffen wird. Auf diese Entscheidung sind die Regeln über die Strafzumessung nach § 46 StGB anzuwenden (BVerfGE 86, 288, 313).

Darüber hinaus kann der Strafrestaussetzung nach mindestens 15 Jahren auch entgegenstehen, dass das Gericht zusätzlich zur lebenslangen Freiheitsstrafe freiheitsentziehende Maßregeln verhängt – entweder Maßregeln nach

---

40 *Ignor*, (2015a), S. 237.

41 Vgl. Grundlegend BMJV, (2015), Abschlussbericht, 2015.

42 *Dölling*, (2015), S. 465f.

43 BGH, Urt. v. 25.03.2003 – 1 StR 483/02.

44 *Reichenbach*, (2009), S. 177f.

45 BVerfG NJW 1992, 2947 – 2960.

§ 63 StGB oder nach §§ 66, 66a, 66b StGB. Auf die Vorschriften der freiheitsentziehenden Maßregeln findet zwar die Strafzumessungsvorschrift des § 46 StGB keine Anwendung, die Maßregeln können jedoch nicht nur parallel zu einer zeitigen Freiheitsstrafe, sondern auch zusätzlich zu einer lebenslangen Freiheitsstrafe verhängt werden. Die Anordnung (vorbehaltener) Maßregeln können die lebenslange Freiheitsstrafe bei Mord verschärfen. Wie oft und welche Voraussetzungen an den Mord gestellt werden, welche die lebenslange Freiheitsstrafe verschärfen, ist noch nicht ermittelt.

Daneben bemüht sich die höchstrichterliche Rechtsprechung, die exklusive und absolute Rechtsfolge der lebenslangen Freiheitsstrafe auch „nach unten" schulddifferenzierter einzugrenzen.[46] Die von der Rechtsprechung 1981 entwickelte Rechtsfolgenlösung[47] ermöglicht es den Gerichten, bei entlastenden Faktoren die lebenslange Freiheitsstrafe zu mildern. Trotz Verurteilung wegen Mordes kann eine zeitige Freiheitsstrafe verhängt werden. Bei Vorliegen außergewöhnlicher Umstände, wie einer notstandsnahen, ausweglos erscheinenden Situation, großer Verzweiflung und Ausweglosigkeit, ist dem Tatrichter einen Wertungsspielraum auf Rechtsfolgenseite zu gewähren, damit er eine schuldangemessene Strafe finden kann. Dafür steht ihm ein Strafrahmen von nicht unter drei Jahren und maximal 15 Jahren Freiheitsstrafe zu Verfügung (gemäß § 49 Abs. 1 Nr. 1 StGB analog). In dem zugrunde liegenden Ausgangsfall drohte dem Angeklagten wegen heimtückischer Tötung an seinem Onkel die Verurteilung zu lebenslanger Freiheitsstrafe, nachdem sein Onkel die Ehefrau des Angeklagten vergewaltigt hatte und den Angeklagten damit verhöhnte und ihm mit dem Tode drohte.[48] Die Rechtsprechung brachte mit diesem Urteil zum Ausdruck, dass Mord nicht gleich Mord ist und, dass insbesondere bei heimtückischen Tötungen ein schulddifferenzierter und täterorientierter Ansatz Tötungen erschwerten Unrechts von notstandsnahen Tötungen unterscheiden müsse.[49]

Gleichermaßen verhält es sich bei einem ähnlich gelagerten Problem, bei dem der (schlafende) Haustyrann von der gedemütigten, vergewaltigten und körperlich misshandelten Frau erschlagen wird.[50] Im Haustyrannen-Fall zeigt sich auch die notwendige Unterscheidung zwischen Tötungen, denen eine schwere Kränkung durch das Opfer vorausging, und höchststrafwürdigen, unrechtserhöhenden Tötungen. Die Rechtsprechung fordert zunächst die Prüfung sämtlicher Rechtfertigungs- und Entschuldigungsgründe, soweit keine Gründe für die Annahme verminderter Schuldfähigkeit vorliegen. Stellt sich bei dieser Prüfung heraus, dass die Gefahr, die vom Haustyrannen ausgeht, auch anders als durch die Tötung des Haustyrannen abzuwenden war, und glaubte nur die

46 *Wenzel,* (2004), S. 119f.
47 BGHSt 30, 105.
48 BGH NJW 1981, S. 1965, S. 1966.
49 BGH NJW 1981, S. 1965, S. 1967.
50 BGH, Urt. v. 25.03.2003 – 1 StR 483/02; BGH, Beschl. v. 23.11.2004 – 1 StR 331/04.

Täterin, dass die Tötung das einzig zur Verfügung stehende Tatmittel ist, ist die Strafe wegen eines Irrtums nach § 35 Abs. 2 S. 2 StGB zu mildern. Dieser Milderungsgrund versperrt den Rückgriff auf die Rechtsfolgenlösung. Denn die Rechtsfolgenlösung ist nur als Ultima Ratio bei der heimtückischen Tötung anzuwenden.[51]

Die höchstrichterliche Rechtsprechung erkennt, dass die Gestaltung des Mordtatbestandes einen schulddifferenzierten Orientierungsansatz nicht bietet, dieser aber im Einzelfall relevant werden könnte.[52] Im Ergebnis kommt mit der Rechtsfolgenlösung zum Ausdruck, dass der Exklusivitäts-Absolutheits-Mechanismus, der dem geltenden Recht zugrunde liegt, reformbedürftig erscheint und, dass die Rechtslage nicht so bleiben kann, wie sie derzeit ist. Gerade um die Beseitigung dieses Mangels geht es den überwiegenden Reformüberlegungen. Den Reformbemühungen fehlt allerdings eine aktuelle, empirische Grundlage hinsichtlich der Verurteilungspraxis der deutschen Gerichte. Die bisherigen Reformvorschläge sind im Wesentlichen ohne empirische Grundlage entwickelt worden,[53] und das, obwohl dieses Thema seit langem Gegenstand aktueller rechtspolitischer, strafrechtlicher Diskussionen ist. Die vorliegende Arbeit will deshalb die Rechtswirklichkeit der Strafzumessung bei Verurteilung wegen vollendeten Mordes nach allgemeinem Strafrecht analysieren, um zu den in der Rechtspolitik diskutierten Reformvorschlägen einen empirisch fundierten Beitrag zu leisten.

B. Untersuchungskonzept

Die Untersuchung ist auf die Rechtsfolgenentscheidung bei vollendetem Mord nach allgemeinem Strafrecht fokussiert. Es sollen diejenigen rechtlichen und – soweit ermittelbar – außerrechtlichen Einflussfaktoren ermittelt werden, die ein Abweichen von der absolut und exklusiv angedrohten lebenslangen Freiheitsstrafe ermöglichen, weil sie entweder die Strafe schärfen und die besondere Schwere der Schuld festgestellt wird oder umgekehrt die Strafe mildern und eine nur zeitige Freiheitsstrafe verhängt wird.

I. Zielsetzung der Untersuchung

Gegenstand der Untersuchung „Strafzumessung bei Mord" ist eine empirische, deskriptive Untersuchung bezüglich der Rechtsfolgenzumessung bei Verurteilungen wegen vollendeten Mordes nach dem allgemeinen Strafrecht. Es sollen Erkenntnisse gewonnen werden, in welchen Fallkonstellationen die lebenslange Freiheitsstrafe (§ 211 Abs. 1 StGB) von den erkennenden Gerichten nach § 57a

51 BGH, Urt. v. 6.4.2016 – 5 StR 504/15; BGH NJW 2003, S. 2464, S. 2467.
52 BGH NJW 1981, S. 1965, S. 1967.
53 *Deckers/Fischer/König/Bernsmann*, NStZ 2014, S. 13f.

Abs. 1 S. 1 Nr. 2 StGB die besondere Schwere der Schuld festgestellt oder zusätzlich die (vorbehaltene) Anordnung der Sicherheitsverwahrung ausgesprochen oder umgekehrt nach § 49 Abs. 1 StGB gemildert wird. Dabei ist die Untersuchung zweigliedrig aufgebaut: In einem ersten Schritt richtet sich die Untersuchung auf die im Urteil ausdrücklich benannten Strafzumessungsfaktoren bei der Verurteilung wegen Mordes. Diesbezüglich wird das Urteil nach relevanten Faktoren der Strafzumessung analysiert. In einem weiteren Schritt wird überprüft, ob auch informelle, also nicht schriftlich fixierte Faktoren Einfluss auf die Strafzumessung üben.

Ausgeschlossen sind Verurteilungen nach dem Jugendstrafrecht wegen der Besonderheiten bei der Rechtsfolgenentscheidung (§§ 18 Abs. 1 S. 2, 105 Abs. 3 S. 2 JGG). Die rechtspolitische Einstellung der Richter bezüglich der abzuurteilenden Sachverhalte wird ebenfalls nicht Gegenstand der Untersuchung sein.

Obwohl das Gesetz bei Mord die absolute Strafe androht, zeigt ein Blick in die Statistik, dass auch bei Mord eine Strafzumessung stattfindet. Von der lebenslangen Freiheitsstrafe wird durch die Nutzung der gesetzlichen Möglichkeit (§ 49 Abs. 1 StGB) regelmäßig durchschnittlich zu 32% abgewichen. Aus den Statistiken lässt sich nicht entnehmen, wie häufig die besondere Schwere der Schuld neben der lebenslangen Freiheitsstrafe festgestellt wird.

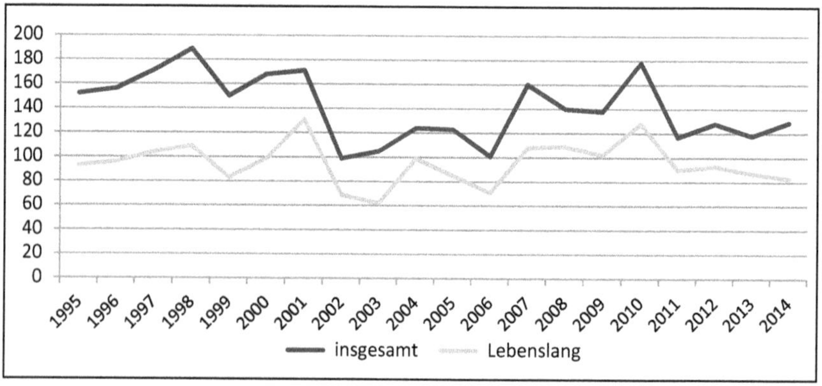

Abb. 1. *Strafzumessungsentscheidung der Justiz bei vollendetem Mord nach allgemeinem Strafrecht*
Quelle 1. SVS 1995–2014, „Verurteilte nach Dauer der Freiheitsstrafe", Tab. 3.1.

Aus den Angaben der Strafverfolgungsstatistik ist zu erkennen, dass über die letzten 20 Jahre verteilt auf gleichbleibendem Niveau von der lebenslangen Freiheitsstrafe trotz Verurteilung wegen vollendeten Mordes nur eine zeitige Freiheitsstrafe verhängt wurde. Diese Beobachtung deckt sich mit den Erkenntnissen von *Sessar*[54] als auch mit aktuellen Erhebungen.[55] Insgesamt nimmt die Entwicklung der vorsätzlichen Tötungsdelikte (§§ 211 bis 217 StGB) eine rückläufige Tendenz an.[56] Durchschnittlich werden 68 % der Verurteilten zu einer lebenslangen Freiheitsstrafe verurteilt. Der Anteil lebenslanger Freiheitsstrafen ist über die Jahre 1995–2014 aber leicht gestiegen, nämlich von 61 % auf 73,9 %.

Dieser Umstand zeigt schon, dass die Rechtsprechungspraxis von dem im Gesetz festgeschriebenen Exklusivitäts-Absolutheits-Mechanismus abweicht und dass Mord nicht gleich die Verhängung der höchsten und absolut angedrohten Strafe rechtfertigt. Die Gründe und Ursachen sind jedoch bislang noch nicht untersucht worden.

Es stellt sich also die Frage, welche Faktoren ein Abweichen von dem im Gesetz zugrundeliegenden Exklusivitäts-Absolutheits-Mechanismus bedingen und dadurch, entweder der Angeklagte wegen Mordes zu zeitiger Freiheitsstrafe verurteilt wird oder neben der Verurteilung zu lebenslanger Freiheitsstrafe noch die besondere Schwere der Schuld festgestellt und/oder eine weitere Unterbringungsanordnung ausgesprochen wird.

Ziel der Arbeit ist es daher, den Umgang der Gerichte mit dem Exklusivitäts-Absolutheits-Mechanismus bei Mord zu ermitteln, um zur notwendigen Reform der Tötungsdelikte eine empirisch fundierte Grundlage zu liefern.

II. Methodische Vorgehensweise der Untersuchung

Zur Beantwortung der Frage erfolgt eine Urteilsanalyse, die die Ermittlung der tatsächlichen Strafzumessungsfaktoren zum Gegenstand hat. Es wird ein Vergleich der Strafzumessungspraxis bei Verurteilungen zu lebenslanger Freiheitsstrafe und zu lebenslanger Freiheitsstrafe mit zusätzlicher Feststellung der besonderen Schwere der Schuld (§§ 57a, 57b StGB) durchgeführt, um die Faktoren zu ermitteln, die die Rechtsprechungspraxis für die Feststellung der besonderen Schuldschwere bestimmt. Zum anderen wird in einem weiteren statistischen Vergleich der Strafzumessungspraxis bei Verurteilung zu zeitiger Freiheitsstrafe und zu lebenslanger Freiheitsstrafe untersucht, welche Strafzumessungsfaktoren in der Rechtsprechungspraxis auf das Strafmaß Einfluss haben. Dabei werden nur Verurteilungen wegen vollendeten Mordes nach allgemeinem Strafrecht betrachtet. Verurteilungen nach Jugendstrafrecht werden nicht berücksichtigt.

Um einen möglichst großen Einfluss von Variablen auf die Verurteilungspraxis wegen Mordes ermitteln zu können, wurde eine Urteilsanalyse als Methode ausgewählt. Die Urteilsanalyse basiert auf einer Totalerhebung aller Verurteilungen wegen vollendeten Mordes nach allgemeinem Strafrecht aus den Jahren 2013 und

---

54 *Sessar,* (1980), S. 198f.
55 *Deckers/Fischer/König/Bernsmann,* NStZ 2014, S. 13; *Merkel* (2015), S. 662.
56 *Dölling* (2015), S. 461, Tab. 1; *Merkel* (2015), S. 662; *Hess* (2010), S. 23; *Sessar* (1980), S. 198.

2014. Dafür wurden die in den Untersuchungsjahren 2013 und 2014 rechtskräftig gewordenen Urteile mittels eines auf das Untersuchungsziel abgestimmten, standardisierten Erhebungsbogens ausgewertet und mittels des Statistikprogramms SPSS analysiert.

Insgesamt wurden 185 Strafurteile gegen 196 Täter analysiert. Darunter wurde bei 19 Verurteilungen mehr als ein Mordopfer abgeurteilt.

Im Folgenden wird zunächst kurz auf die Intention des Gesetzgebers eingegangen (Kap.1.C.I.). An die Einleitung anschließend werden die Rechtsvorschriften mit Bezug zum Mord dargestellt, die eine Milderung nach § 49 Abs. 1 Nr. 1 StGB vorschreiben oder zulassen oder eine Strafschärfungsvorschrift darstellen können (Kap. 1.D./1.E.). Es folgt dann die Darstellung der Strafzumessungsregelung im Hinblick auf eine Verurteilung wegen vollendeten Mordes nach allgemeinem Strafrecht (Kap. 1.F.). Anschließend folgt der Erkenntnisgewinn aus der Strafverfolgungsstatistik (Kap. 1.G.I.) und aus dem aktuellen Forschungsstand (Kap. 1.G.IV.). Schließlich wird das Untersuchungsdesign vorgestellt (Kap. 2). Es folgt die Darstellung der Ergebnisse (Kap. 3). Die Darstellung der Ergebnisse beginnt mit Vorstellung des Datenmaterials (Kap. 3.A.). Es folgen die Ergebnisse der einzelnen Untersuchungsteile begonnen mit der Strafschärfungsvorschrift der Feststellung der besonderen Schwere der Schuld (Kap. 3.B.) und daran anschließend die Untersuchungsergebnisse zur Verurteilung zu zeitiger Freiheitsstrafe (Kap. 3.C.). Die Darstellung der Ergebnisse schließt mit einer Zusammenfassung ab (Kap. 3.D.IV.). Anschließend erfolgen eine Zusammenfassung der Befunde und ein Ausblick, in dem auf die aktuellen Reformvorschläge Bezug genommen wird (Kap. 4).

C. Der Mordtatbestand im Überblick

Um die rechtspolitische Besonderheit der lebenslangen Freiheitsstrafe bei Mord erfassen zu können, wird im Folgenden auf die vom Gesetzgeber gewählte Regelungstechnik eingegangen. Denn der Gesetzgeber entschied sich bei der Ausgestaltung des Mordtatbestandes bewusst für den Exklusivitäts-Absolutheits-Mechanismus.

I. Gesetzesintention

Der derzeitige Mordtatbestand, der in der Fassung vom 15.09.1941 Anwendung findet, bestraft die Vernichtung des absolut geschützten Rechtsguts Leben mit der schwersten Sanktion des Strafrechts.[57] Zur nationalsozialistischen Zeit wurden die Tötungsdelikte in der noch heute gültigen Formulierung in das Gesetz aufgenommen, um einen bestimmten Tätertypus zu bestrafen.[58] Nach der sogenannten

---

57 Kontrollratsgesetz Nr. 11 (vom 30.01.1946) Art. 1; BGBl I (1978), S. 1.

58 *Thomas*, (1985), S. 239, 246; *Eser*, (2014), S. 878; *Heine* et al., (2008), S. 194; *Ignor*, (2015a), S. 236.

Tätertypenlehre[59] wird der Täter insbesondere aufgrund seines Typs verurteilt;[60] im Sinne des Morddelikts sollte also derjenige Täter verurteilt werden, „der seinem Typ nach gefährlicher Gewohnheitsverbrecher, seinem Typ nach Sittlichkeitsverbrecher sei“[61].[62] Diese Art von Strafnorm führt zur Anwendung des Gesinnungsstrafrechts. Anhand dessen sollte es den Richtern ermöglicht werden, nicht mit starren Tatbestandsmerkmalen arbeiten zu müssen, sondern vielmehr durch Auflockerungen „mit ausfüllungsbedürftigen Wertbegriffen durchsetzten Tatbestand und eine Personalisierung des Normadressaten“[63] einzelfallorientierter den Führerbefehl[64] auszuführen.[65] Die Sanktion der Todesstrafe wurde 1941 damit gerechtfertigt, dass „der Schutz der Volksgemeinschaft oder das Bedürfnis nach Sühne es erfordern“[66] würden. Die im Mordtatbestand enthaltene Todesstrafe, als absolut angedrohte Sanktion, erfüllte im Ergebnis zweierlei Strafzwecke.

Zum einen sollte die Verwirklichung maximal erhöhten Unrechts unter Strafe gestellt werden. Nach damaliger Auffassung ist der Mörder – im Unterschied zum Totschläger – dabei ein Täter, der zielgerichtet eine Pflichtverletzung der völkischen Sittenordnung begeht und damit eine besonders verwerfliche Gesinnung gegenüber der Sittenordnung zum Ausdruck bringt.[67] Es sei insbesondere dem Strafbedürfnis der Allgemeinheit geschuldet, dass dieser gefährliche Tätertyp mit der höchsten Strafe sanktioniert wird.[68] Gerade die vorsätzlich begangene Pflichtverletzung gegen die völkische Sittenordnung zeige die besondere Gefährlichkeit des Täters.[69]

Zum anderen wurde die absolute Strafandrohung 1941 gewählt, um gerade grobe, besonders verwerfliche Pflichtverletzungen gegen den Staat zu bestrafen und die volkserzieherische Aufgabe zu verwirklichen.[70] Der Allgemeinheit sollte damit vor Augen geführt werden, dass eine Pflichtverletzung gegen die völkische Sittenordnung besonders exklusiv gestraft wird. Festzuhalten ist, dass der damalige Strafgrund vor allem dazu diente, den Willen der Staatsführung durch „Gestalt und Inhalt“[71] des Gesinnungsstrafrechts durchzusetzen.[72]

59 *Thomas,* (1985), S. 240.
60 *Thomas,* (1985), S. 259f.; *Deckers/Fischer/König/Bernsmann,* NStZ 2014, S. 10; *Kreuzer,* (1977), S. 50.
61 *Thomas,* (1985), S. 256.
62 Vgl. *Dahm,* (1935), S. 93f.
63 *Thomas,* (1985), S. 261.
64 *Thomas,* (1985), S. 262.
65 *Thomas,* (1985), S. 261f., 257, 265; *Müssig,* (2005), S. 92.
66 *Thomas,* (1985), S. 255f.
67 *Müssig,* (2005), S. 87, 97.
68 *Müssig,* (2005), S. 80.
69 *Müssig,* (2005), S. 83, 86f.; vgl. *Dahm,* (1935), S. 85ff., 87.
70 *Müssig,* (2005), S. 92.
71 *Müssig,* (2005), S. 88.
72 *Müssig,* (2005), S. 89.

Die in der aktuellen Fassung in das Gesetz aufgenommenen Tötungsdelikte (§§ 211, 212, 213 StGB) wurden von der Bundesrepublik Deutschland durch das 3. StÄG v. 04.08.1953 übernommen.[73] Die Tötungsdelikte finden grundsätzlich in ihrer damaligen Form noch heute Anwendung. Mit Einführung des Art. 102 GG „Abschaffung der Todesstrafe" wurde 1949 in der Bundesrepublik Deutschland die Todesstrafe als Sanktion abgeschafft.[74] Nach Abschaffung der Todesstrafe entschied sich der Gesetzgeber für die Beibehaltung der schwersten Sanktionsandrohung bei den schwersten Delikten,[75] sodass die Verurteilung zu lebenslangem Zuchthaus an die Stelle der Todesstrafe trat.[76] Mit dem 1. StrRG vom 25.06.1969 wurde die damalige Strafe „Zuchthaus" zur Freiheitsstrafe neu gefasst.[77] Für den Mordtatbestand bedeutete dies, dass die lebenslange Freiheitsstrafe als Surrogat für die Todesstrafe eingeführt wurde.[78] Die Wahl der höchstmöglichen Strafe bei Mord ist dem absolut geschützten Rechtsgut „Leben" geschuldet.[79] Im Unterschied zu anderen Delikten (§§ 81 Abs. 1, 212 Abs. 2, 176b StGB) ist die lebenslange Freiheitsstrafe bei Mord eine zwingende Sanktion. Beispielsweise weisen die Straftatbestände der Vorbereitung eines Angriffskrieges (§ 80 StGB) oder des Hochverrates (§ 81 Abs. 1 StGB) in ihrer Strafandrohung ebenfalls die lebenslange Freiheitsstrafe auf; jedoch wird dem erkennenden Gericht durch die Formulierung „jedenfalls nicht unter 10 Jahren Freiheitsstrafe" ein Sanktionsspielraum an die Hand gegeben, nach dem das Gericht die Sanktion bilden kann. In diesen Tatbeständen ist die lebenslange Freiheitsstrafe nicht zwingend. Daneben weisen auszugsweise Qualifikationstatbestände wie der besonders schwere Totschlag (§ 212 Abs. 2 StGB), oder Erfolgsqualifikationen wie der sexuelle Missbrauch von Kindern mit Todesfolge (§ 176b StGB) oder etwa die Brandstiftung mit Todesfolge (§ 306c StGB) die Möglichkeit der Verurteilung zu einer lebenslangen Freiheitsstrafe auf; auch diese Regelungen ermöglichen es den Gerichten, zwischen einem vorgegebenen Strafrahmen zu wählen.

Bei Mord ist die Verhängung der lebenslangen Freiheitsstrafe zwingend. Genau wie für den Totschlag verlangt auch der Mord die vorsätzliche Tötung eines anderen Menschen. Während die Vorschrift des Totschlags dem erkennenden Gericht einen Strafrahmen von fünf bis maximal 15 Jahren (vgl. §§ 212 Abs. 1, 38 Abs. 2 StGB) einräumt, ist die Strafandrohung bei Mord exklusiv und absolut. Denn anders als bei dem Totschlag ist für die Verurteilung wegen Mordes neben der vorsätzlichen Tötung die Verwirklichung eines der in § 211 Abs. 2 StGB aufgelisteten Mordmerkmale notwendig. Die Mordmerkmale deuten

73 BGBl. Nr. 44 vom 06.08.1953, S. 1.

74 *Meier,* (2014), S. 50f.; vgl. BGBl Nr. 1 vom 23.05.1949, S. 13.

75 BVerfG NJW 1977, S. 1525, S. 1525.

76 BGBl Nr. 44 vom 04.08.1953, S. 735.

77 BGBl. Nr. 52 vom 30.06.1969, S. 657.

78 *Kett-Straub,* (2011), S. 32.

79 *Eser,* (1980), S. D. 185.

auf das besonders erhöhte Unrecht hin, die einer besonders erhöhten Sanktion bedürfen. Und zwar, weil die Tatbegehung besonders verwerflich[80] oder weil die Tätermotivation[81] besonders strafwürdig ist.[82] Durch die Mordmerkmale kommt die (gefährliche) Persönlichkeit des Täters zum Ausdruck.[83]

Ob die Strafzwecke als strafzumessungsrelevante „Orientierungspunkte"[84] auch bei der Bestrafung wegen vollendeten Mordes die lebenslange Freiheitsstrafe legitimieren, ist fraglich.

Die straftheoretische Legitimation der lebenslangen Freiheitsstrafe differenziert im Einzelnen zwischen General- und Spezialprävention. Die Legitimation der lebenslangen Freiheitsstrafe darf sich nicht allein aus Vergeltungsgesichtspunkten ergeben (absolute Theorie[85]).[86]

Die Existenz der lebenslangen Freiheitsstrafe wird zum Teil damit begründet, dass die absolute und höchste Strafandrohung potentielle Täter von der Tötung abschrecken würde (sog. negative Generalprävention).[87] Dieser Ansatz greift die Idee der Einwirkung auf den Täter durch Abschreckung und Sicherung auf.[88] Gerade im Hinblick auf die Tötungsdelikte ist jedoch zu berücksichtigen, dass typische Fallkonstellationen bei Tötungsdelikten aufgrund einer emotional stark belastenden Konfliktsituation heraus eskalieren und sich der Täter regelmäßig keine Gedanken um die zu erwartende Strafe macht.[89] Im Übrigen ist die Überlegung, dass durch die Abschreckungswirkung der höchsten Sanktionsform des Strafrechts auf die Allgemeinheit (sog. negative Generalprävention), ein vertretbarer Legitimationsgrund für die lebenslange Freiheitsstrafe erbracht ist, ebenfalls verfehlt, da „keine belastbaren Hinweise"[90] diesbezüglich bestehen.

Zum Teil wird die Sanktion der lebenslangen Freiheitsstrafe mit der besonderen Gefährlichkeit des Täters gerechtfertigt, die durch die Verwirklichung der Mordmerkmale zum Ausdruck kommt.[91] Die Mordmerkmale „qualifizieren das Unrecht der vorsätzlichen Tötung"[92].[93] Gegen das Argument der Gefährlichkeit spricht aber das doch geringe Risiko der Rückfallwahrscheinlichkeit eines

---

80 Tatbezogene Merkmale: Heimtücke, grausam, mit gemeingefährlichen Mitteln.
81 Täterbezogene Merkmale: Mordlust, zur Befriedigung des Geschlechtstriebs, Habgier, Ermöglichungs- und Verdeckungsabsicht.
82 *Schneider*, in: MüKo (2012), Vor. §§ 211 ff., RN. 195.
83 *Schneider*, in: MüKo (2012), § 211 RN. 2, 7; *Müssig*, (2005), S. 93.
84 *Meier*, (2014), S. 164.
85 *Meier*, (2014), S. 18f.
86 *Höffler/Kaspar*, (2015), S. 457.
87 *Arzt*, ZStW 1971, S. 6.
88 *Kunz/Singelnstein* (2016), S. 285 RN. 4, S. 286 Rn. 6.
89 *Kett-Straub*, (2011), S. 34.
90 *Höffler/Kaspar*, (2015), S. 457.
91 *Rüping*, JZ 1979, S. 617, S. 619; *Rengier*, ZStW 1980, S. 459. S. 471.
92 *Rüping*, JZ 1979, S. 617, S. 619.
93 *Arzt*, ZStW 1971, S. 1, S. 8.

Mörders.[94] Der eingangs vorgestellte Haustyrannenmord zeigt gerade die Grenzen dieser Überlegung auf, da von der den Haustyrannen ermordenden Täterin regelmäßig keine Gefahr weiterer Straftaten ausgeht.

Vielmehr kann die Legitimation der lebenslangen Freiheitsstrafe als absolute und exklusive Strafandrohung in der Notwendigkeit der Stärkung des Vertrauens der Gesellschaft in die Bestands- und Durchsetzungskraft der Rechtsordnung und in den Schutz des absolut geschützten Lebens gesehen werden (sog. positive Generalprävention).[95] So führte das BVerfG in seinem entscheidenden Urteil aus: „In der Höhe der angedrohten Strafe bringt der Gesetzgeber sein Unwerturteil über die mit Strafe bedrohte Tat zum Ausdruck. Durch dieses Unwerturteil trägt er wesentlich zur Bewußtseinsbildung in der Bevölkerung bei. Gerade eine so schwerwiegende Strafe wie die lebenslange Freiheitsstrafe ist besonders geeignet, im Bewußtsein der Bevölkerung die Erkenntnis zu festigen, daß das menschliche Leben ein besonders wertvolles und unersetzliches Rechtsgut ist, das besonderen Schutz und allgemeine Achtung und Anerkennung verdient. Durch die Bildung dieses Bewußtseins wird in der Bevölkerung ganz allgemein die Hemmung erhöht, menschliches Leben zu gefährden, insbesondere aber vorsätzlich zu vernichten."[96]

Insgesamt betrachtet etabliert sich der Strafzweck des Vertrauens der Gesellschaft in die Bestands- und Durchsetzungskraft der Rechtsordnung und des absolut geschützten Lebens.[97] Die Geltung der verletzten Norm wird durch die Sanktion der lebenslangen Freiheitsstrafe gegenüber der Allgemeinheit verdeutlicht. Die lebenslange Freiheitsstrafe dient vorrangig der positiven Generalprävention.

II. Mordmerkmale: Ausdruck der besonders verwerflichen Tatausführung

Die Merkmale, die zur Verurteilung wegen Mordes führen, sind im Gesetz abschließend geregelt. Das heißt, der angeklagte Täter kann ausschließlich dann wegen Mordes verurteilt werden, wenn er mindestens eines der Mordmerkmale verwirklicht hat. Liegen die Voraussetzungen eines Mordmerkmals nicht vor, so kann er nicht wegen Mordes bestraft werden. Gleichzeitig bedeutet dies aber auch, dass bei Vorliegen eines Mordmerkmals zwingend die Verurteilung zu lebenslanger Freiheitsstrafe führt, was im Einzelfall unter Berücksichtigung von Schuldaspekten nicht immer gerecht erscheint (vgl. Haustyrannenfall). Gerade durch die Mordmerkmale soll die besondere Verwerflichkeit der Tötung zum

94 *Kett-Straub,* (2011), S. 36f.; *Rengier,* ZStW (1980), S. 459, S. 476.
95 *Arzt,* ZStW 1971, S. 1, S. 22; BVerfGE 45, 187, S. 256.
96 BVerfG NJW 1977, S. 1525 S. 1531.
97 *Arzt,* ZStW 1971, S. 1, S. 22; BVerfGE 45, 187, S. 256.

Ausdruck kommen.[98] Dabei ist die sachliche Berechtigung der Mordmerkmale umstritten.[99]

Zum einen wird für die Unterscheidung zwischen Mord und Totschlag aufgeführt, dass durch die Verwirklichung der Mordmerkmale die besonders verwerfliche Tatausführung und Gesinnung zum Ausdruck kommen.[100] Die besondere Verwerflichkeit der Tötung zeigt sich – im Gegensatz zum Totschlag – vor allem in dem krassen Missverhältnis zwischen Mittel und Zweck.[101] Insbesondere die täterbezogenen Mordmerkmale wie Mordlust und zur Befriedigung des Geschlechtstriebs erfassen die Nichtigkeit des Tatanlasses und beweisen besonders erhöhtes Unrecht. Daneben wird auf die besonders verwerfliche Gesinnung des Täters eingegangen, die sich gerade in dem Mord widerspiegelt. „Der Täter (unterschreite) das Minimum an sittlicher Anforderung und (handele) deswegen besonders verwerflich".[102] Diese grob geistige Wertverfehlung sei mit der höchsten Sanktion zu bestrafen.[103]

Auf der anderen Seite wird die Unterscheidung zwischen Totschlag und Mord mit der besonderen Gefährlichkeit des Täters begründet, die Ausdruck in den verwirklichten Mordmerkmalen findet.[104] Im Unterschied zum Totschlag, der einen Strafrahmen im Gesetzestext aufweist, liegt beim Mord eine erhöhte kriminelle Energie vor.[105] Hier wird vor allem eine drohende Wiederholungsgefahr durch den Täter angeführt, die sich aus den täterbezogenen Merkmalen ergebe.[106] Ein weiterer Aspekt, der die Gefährlichkeit des Täters aufgreift, ist das Sicherungsbedürfnis der Allgemeinheit.[107] Denn die Tötungen unter Verwirklichung eines Mordmerkmals zeige die gesteigerte Sozialgefährlichkeit.[108]

Die Gefährlichkeit des Täters als Indiz für die Legitimation der Mordmerkmale und der absolut exklusiven Strafandrohung geht dann fehl, wenn allein auf die Wiederholungsgefahr des Täters abgestellt wird, denn „Mörder" werden nur sehr selten bis kaum rückfällig.[109] Einer „lebenslangen Sicherung vor ihnen"[110]

98 *Schneider*, in: MüKo (2012), Vor. § 211 ff., RN. 195; *Mrosk*, (2015), S. 24, 33ff.; BGH, Urt. v. 22.03,2017 – 2 StR 656/13.
99 *Schneider*, in: MüKo (2012), § 211 RN. 7ff.; vgl. Grundlegend: *Kett-Straub*, (2011), S. 32ff.
100 BGH, Urt. v. 21.12.1951 – 1 StR 675/51.
101 *Schneider*, in: MüKo (2012), § 211 RN. 9.
102 *Schneider*, in: MüKo (2012), § 211 RN. 11.
103 *Wessels/Hettinger*, (2015), S. 33 RN. 73.
104 *Müssig*, (2005), S. 109; *Rengier*,ZStrW 1980, S. 459, S. 471, 476; *Rüping*, JZ 1979, S. 617, S. 619.
105 BVerfGE 45, 187, S. 265.
106 *Schneider*, in: MüKo (2012), § 211 RN. 17.
107 BVerfGE 45, 187, S. 265; BGH NJW 1952, S. 1303, S. 1303f.
108 *Schneider*, in: MüKo (2012), § 211 RN. 18f.
109 Vgl. BVerfG NJW 1977, S. 1525, S. 1530.
110 *Schneider*, in: MüKo (2012), § 211 RN. 17.

bedarf es demnach nicht. Die Mordmerkmale als unrechtserhöhende Umstände zur vorsätzlichen Tötung können aber das Sicherungsbedürfnis der Allgemeinheit aufgreifen und als „Orientierungsidee zur Erklärung der Mordmerkmale“[111] beitragen.

Da für Mord die absolute Strafandrohung der lebenslangen Freiheitsstrafe droht, bemüht sich insbesondere die Rechtsprechung Mordmerkmale restriktiv auszulegen, um eine schuldangemessene, verhältnismäßige Sanktionierung zu gewährleisten. Die einzelnen Mordmerkmale des § 211 Abs. 2 StGB lassen sich in drei Gruppen unterteilen, welche sich nach Motivation, Begehungsweise und Absichten unterscheiden.[112] Im Folgenden wird auf die Definitionen der einzelnen Mordmerkmale und dessen Auslegungsentwicklung durch die Rechtsprechung eingegangen.

1. *Mordlust*

Aus Mordlust tötet der Täter, „wenn die Tathandlung aus einem Antrieb zum Töten, der auf den Tötungsvorgang als solchen gerichtet ist, beruht“.[113] Es muss dem Täter gerade darauf ankommen, „einen anderen Menschen sterben zu sehen“.[114] Dieser Vernichtungsdrang eines Menschenlebens muss dem Täter besondere Freude bereiten.[115] Entsprechend kann das Opfer beliebig ausgetauscht werden. Dabei ist „weder ein in der Person des Opfers oder in der besonderen Tatsituation liegender Anlaß noch ein über den Tötungsakt selbst hinausgehender Zweck“[116] zu erkennen. Es kommt für die Annahme der Mordlust nicht darauf an, dass der Täter in der Lage war, seine Handlungsantriebe zumindest gedanklich zu beherrschen und willentlich zu steuern[117] wie für die Annahme des Mordmerkmals der sonstigen niedrigen Beweggründe.[118] So liegt nahe, dass die Vorschriften der §§ 20, 21 StGB herangezogen werden, um zu hinterfragen, warum sich der Täter über die Tötungshemmschwelle hinwegsetzte.[119] Denn die Tötung aus Mordlust indiziert, dass eine besondere Gefährlichkeit vom Täter ausgeht, die krankhafter und triebbedingter Natur sein kann.[120] Durch die Heranziehung der verminderten Schuldfähigkeit und einer Strafrahmenmilderung nach § 49

---

111 *Schneider,* in: MüKo (2012), § 211 RN. 22.
112 Vgl. *Wessels/Hettinger,* (2015), S. 33 RN. 73.
113 BGH, Urt. v. 15.04.1986 – 1 StR 651/85, LS.
114 *Fischer,* (2015), § 211 RN. 8; *Schneider,* in: MüKo (2012) § 211 RN. 49.
115 BGH NStZ 1994, S. 239, S. 239.
116 BGH NJW 1986, S. 2120, S. 2121.
117 BGH NStZ 1994, S. 239, S. 239.
118 BGH, Urt. v. 07.07.1993 – 2 StR 17/93.
119 *Glatzel,* (1987), S. 14; *Schneider,* in: MüKo (2012) § 211 RN. 52; OLG Hamm NStZ 2007, S. 522, S. 523.
120 *Steinhilber,* (2012), S. 43; *Jähnke,* in: LK (2014), § 211 RN. 6; *Fahlbusch,* (2008), S. 32f.; *Kröber,* (2015a), S. 254.

Abs. 1 StGB ist eine Verurteilung wegen vollendeten Mordes zu einer zeitigen Freiheitsstrafe möglich.

2. *Zur Befriedigung des Geschlechtstriebs*

Der sogenannte „Lustmörder"[121] tötet einen anderen Menschen, um geschlechtliche Befriedigung im Tötungsakt zu finden,[122] um seine sexuelle Befriedigung an der Leiche durchzuführen[123] oder um den Geschlechtsverkehr durchzuführen, und dabei den Tötungserfolg zumindest zu billigen „als Folge seiner Gewaltanwendung beim Geschlechtsverkehr"[124].[125] Das Opfer wird, regelmäßig um die eigene Schuld zu verschleiern, verstümmelt oder zerstört.[126] Eine Tötung zur Befriedigung des Geschlechtstriebs wird auch dann angenommen, wenn ein anderer Mensch unter Videoaufzeichnung getötet wird und sich anschließend das Video zur sexuellen Befriedigung angesehen wird.[127] So stehen etwa im Vordergrund der kannibalischen Tötung die Schlachtung eines anderen Menschen und dessen Verzehr sowie die damit einhergehende sexuelle Erregung.[128] Ob dabei die Befriedigung als solche erreicht wird, ist unerheblich. Es genügt das bloße zielgerichtete Handeln.[129] Maßgeblich ist jedoch, dass das Tötungsopfer und das Objekt der sexuellen Befriedigung identisch sind.[130] Ist von dem Tötungsvorsatz zunächst nicht die sexuelle Erregung erfasst, scheidet das Merkmal aus.

3. *Habgier*

Habgier bedeutet „ein noch über die Gewinnsucht hinaus gesteigertes abstoßendes Gewinnstreben um jeden Preis",[131] dass sogar ein Menschenleben vernichtet wird. Dabei genügt die Absicht sein Vermögen zu bereichern, ein tatsächlicher Vermögenszuwachs ist nicht erforderlich.[132] Tatbeherrschend für die Tötung muss die, zumindest subjektiv wahrgenommene,

---

121 BGH, Urt. v. 8. 6. 1955 – 3 StR 163/55; BGH NJW 1982, S. 2565, S. 2566.

122 BGH, Urt. v. 8. 6. 1955 – 3 StR 163/55; BGH, Beschl. v. 10. 5. 2001 – 4 StR 52/01; *v. Hentig*, (1956), S. 66f.

123 BGH NJW 1955, S. 1196; *Wessels/Hettinger*, (2015), S. 34 RN. 94a.

124 *Fahlbusch*, (2008), S. 41; *Kröber*, (2015b), S. 649; *Brückner*, (1961), S. 24.

125 *Fischer*, (2015), 211 RN. 9; *Siol*, (1973), S. 28f.

126 *Glatzel*, (1987), S. 130, S. 133.

127 BGH, Urt. v. 22. 4. 2005 – 2 StR 310/04; *Fischer*, (2015), 211 RN. 9; *Jähnke*, in: LK (2014), § 211 RN. 4.

128 *Scheinfeld*, (2009), S. 6ff.

129 BGH NJW 1982, S. 2565, S. 2566.

130 *Wessels/Hettinger*, (2015), S. 34 RN. 94a; *Fischer*, (2015), 211 RN. 9.

131 *Fischer*, (2015), 211 RN. 9; BGH, Urt. v. 22.10.1957 – 5 StR 317/57; BGH NJW 2001, S. 763, S. 763.

132 BGH, Beschl. v. 18.02.1993 – 1 StR 49/93, LS.

Vermögensmehrung sein.[133] Dabei ist unerheblich, wie hoch die erstrebte Vermögensmehrung ist.[134] Für die Annahme der Habgier ist maßgebend, dass der Täter mit einer „hemmungslos gesteigerten Eigensucht" getötet hat. Unter Hinzuziehung eines Urteils vom 1. Strafsenat des BGH[135] liegt die Vermutung nahe, dass eine Tötung zur Durchsetzung eines fälligen Anspruchs nicht dem Mordmerkmal der Habgier entspricht.[136] Die Begründung ist dann darin zu sehen, dass die Tötung darauf abziele, die Güterordnung wiederherzustellen.[137]

Das Mordmerkmal der Habgier steht oft im Zusammenhang mit einer Raubtat.[138] Regelmäßig wird das Mordmerkmal der Habgier gemeinsam mit dem Mordmerkmal zur Ermöglichung einer anderen Straftat angenommen, da die Tötung des Opfers unternommen wird, um an den materiellen Vorteil zu gelangen.[139]

4. Sonstige niedrige Beweggründe

Beweggründe sind dann als niedrig anzusehen, wenn sie nach allgemeiner sittlicher Wertung auf tiefster Stufe stehen und „durch hemmungslose Eigensucht"[140] in deutlicher Weise besonders verachtenswert sind.[141] Die Rechtfertigung liegt in der Annahme, dass ein „krasses Missverhältnis zwischen Ziel und/oder Anlass der Motivation, kalkulierendes Hinwegsetzen über die Rechtswahrungsfunktion des Staates, solipsistisches Anstreben besonders rechtsfeindlicher Erfolge"[142] besteht. Derjenige, der einen Menschen zum Objekt seiner Wut und Gereiztheit, an deren Entstehung der andere nicht den geringsten Anteil hat, macht, zeigt ein außerordentliches Maß an Missachtung des Rechtsguts Leben.[143] Dabei kommt es auf die „Vorstellungen der Rechtsgemeinschaft der Bundesrepublik Deutschland"[144] an und nicht auf die „Anschauungen einer Volksgruppe, die die sittlichen und rechtlichen Werte dieser Rechtsgemeinschaft nicht anerkennt".[145] Nicht

---

133 BGH NJW 1981, S. 932, S. 933.
134 *Siol,* (1973), S. 34.
135 BGH, Urt. v. 16.02.1993 – 1 StR 840/92
136 *Schneider,* in: MüKo (2012), § 211 RN. 65.
137 *Schneider,* in: MüKo (2012), § 211 RN. 65.
138 *Brückner,* (1961), S. 15ff.; *Siol,* (1973), S. 37; *Kröber,* (2015b), S. 642.
139 *Siol,* (1973), S. 37.
140 *Wessels/Hettinger,* (2015), S. 35 RN. 95.
141 BGH, Urt. v. 25. 7. 1952 – 1 StR 272/52 LS; BGH, Urt. v. 1. 3. 2012 – 3 StR 425/11; BGH, Beschl. v. 10.01.2006 – 5 StR 341/05 LS. 1; *Heine,* (1988), S. 70f., 81ff., 254; *Schneider,* (2008), S. 778.
142 *Heine,* (1988), S. 248.
143 BGH, Urt. v. 22.03.2017 – 2 StR 656/13.
144 BGH NJW 2006, S. 1008, S. 1011; BGH NStZ 2004, S. 332f.
145 BGH NJW 2006, S. 1008, S. 1011.

maßgebend ist die Wertvorstellung des Kulturkreises des Täters.[146] Ferner wird vorausgesetzt, dass der Täter auf subjektiver Ebene die Niedrigkeit der Tatumstände kennt und zumindest gedanklich die Tatantriebe zu beherrschen vermag.[147]

5. Heimtücke

Heimtücke ist ein Mordmerkmal der 2. Gruppe, die die sogenannten Merkmale der besonders verwerflichen Art und Weise der Tatbegehung bzw. des Tatunrechts[148] erfassen. Die Tötung eines anderen Menschen erfolgt heimtückisch, wenn der Täter in feindlicher Willensrichtung[149] die Arg- und Wehrlosigkeit des Opfers bewusst zur Tötung ausnutzt.[150] Arglos ist das Opfer dann, wenn es sich im Zeitpunkt des Tatbeginns keines tätlichen Angriffs gegen die körperliche Unversehrtheit bzw. das Leben durch den Täter versieht.[151] Wehrlos ist das Opfer, wenn es sich infolge der Arglosigkeit nicht in der Lage befindet, sich zu verteidigen.[152] Die Wehrlosigkeit muss auf der Arglosigkeit beruhen.[153] Das Merkmal der feindseligen Willensrichtung kann fehlen, wenn der Täter zum vermeintlich Besten für das Opfer handelt.[154] Die Arg- und Wehrlosigkeit ist nicht ausgeschlossen, wenn zwischen Opfer und Täter zu irgendeinem, in der Vergangenheit liegenden Zeitpunkt eine „feindselige Auseinandersetzung“[155] stattgefunden hat.[156] Auch wenn eine konfliktreiche Beziehung vorausgegangen ist, die geprägt war von Demütigungen und Gewaltauseinandersetzungen, kann das Opfer im Einzelfall arglos sein und sich in akuter Lage keines weiteren Angriffs auf sich ausgesetzt

146 BGH NStZ 2004, S. 332f.; LG Hagen (Westfalen), Urt. v. 19.01.2010 – 52 KLs 400 Js 552/08 – 9/09 –, RN. 135, juris; LG Detmold, Urt. v. 16.05.2012 – 4 Ks 31 Js 1086/11 – 10/12 –, juris RN. 187f.

147 BGH, Urt. v. 28.01.2004 – 2 StR 452/03 RN. 6; BGH, Urt. v. 07.07.1993 – 2 StR 17/93, BGH NJW 1995, S. 602, S. 603; BGH NStZ 2002, S. 369, S. 370; BGH, Urt. v. 22.08.1996 – 4 StR 280/96; BGH, Urt. v. 12.09.1995 – 1 StR 437/95; NJW 1993, S. 3210, S. 3211; *Schneider*, (2008), S. 763, S. 771.

148 *Wessels/Hettinger*, (2015), S. 37 RN. 101; *Kröber*, (2015a), S. 251.

149 BGH, Beschl. v. 22.9.1956 – GSSt. 1/56 in: NJW 1957, S. 70, S. 71; BGH, Urt. v. 02.11.1995 – 1 StR 167/95.

150 BGH, Beschl. v. 22.9.1956 –GSSt. 1/56; BGH, Beschl. v. 26.11.2015 – 1 StR 538/15; *Wessels/Hettinger*, (2015), S. 38 RN. 107.

151 *Fischer*, (2015), § 211 RN. 35ff.

152 *Wessels/Hettinger*, (2015), S. 40 RN. 112; BGH NStZ-RR 2016, S. 43, S. 44; BGH, Urt. v. 16.02.2016 – 5 StR 465/15.

153 *Rengier*, (2014), § 4 RN. 31.

154 BGH, Beschl. v. 22.09.1956 – GSSt. 1/56, LS; BGH, NJW 1958, S. 309, S. 309; BGH, Urt. v. 10.03.2006 – 2 StR 561/05.

155 *Fischer*, (2015), § 211 RN. 37.

156 *Siol*, (1973), S. 61.

sehen.[157] Maßgebend ist die Arglosigkeit bezogen auf einen Angriff auf die körperliche Unversehrtheit bzw. auf das Leben.[158] Im Gegensatz dazu entfällt das Vorliegen der Arglosigkeit, soweit vom späteren Opfer die gesuchte Konfrontation ausgeht.[159] Die Voraussetzungen der heimtückischen Tötung werden insbesondere dann angenommen, wenn sich der Angriff auf das Opfer von hinten und als unerwartet, überraschend gestaltet.[160] Dabei ist bezeichnend, dass der Täter das Opfer in einen Hinterhalt lockt, um es ungestört töten zu können.[161] Dabei kommt es nicht auf einen besonderen Vertrauensbruch an.[162]

Insbesondere die von Bundesjustizminister Heiko Maas eingesetzte Expertenkommission macht deutlich, dass die Handlungssituation über eine normale Tötung im Sinne des § 212 Abs. 1 StGB hinausgeht, da der Tat eine besondere Gefährlichkeit zugrunde liegt.[163] Gerade die Verletzung des Sicherheitsvertrauens des Opfers unter planmäßiger Verdeckung der Tötungsabsicht lässt auf eine erhöhte Gefährlichkeit des Täters schließen. In Anlehnung an den hinterlistigen Überfall (§ 224 Abs. 1 Nr. 3 StGB) würden so plötzliche Angriffe von hinten und das bloße Ausnutzen eines Überraschungsmoments von § 211 Abs. 2 StGB erfasst. Bereits die Rechtsprechung modifizierte in einem derart angelegten Fall die Auslegung des Mordmerkmals: Von der Arglosigkeit des Angegriffenen bei Tatbeginn kann eine Ausnahme gemacht werden, „wenn der Täter das Opfer mit Tötungsvorsatz planmäßig in einen Hinterhalt lockt, um eine günstige Gelegenheit zur Tötung zu schaffen, und die entsprechenden Vorkehrungen und Maßnahmen bei Ausführung der Tat noch fortwirken“[164].

6. *Grausam*

Die grausame Tötung erfasst die Vernichtung eines Menschenlebens aus gefühlsloser, unbarmherziger Gesinnung durch Dauer, Stärke oder Wiederholung der Schmerzverursachung.[165] Das Opfer muss besonderen Schmerzen und Qualen ausgesetzt sein.[166] Besondere Qualen liegen vor, wenn dem Opfer über das

---

157 BGH, Urt. v. 16. 2. 2012 – 3 StR 346/11; BGH, Urt. v. 11. 12. 2012 – 5 StR 438/12 LS. 1; BGH, Urt. v. 10. 11. 2004 – 2 StR 248/04 LS. 2, NStZ 2005, S. 688, S. 689.

158 BGH, Urt. v. 6. 9. 2012 – 3 StR 171/12; BGH, Urt. v. 1. 3. 2012 – 3 StR 425/11, BGH, Urt. v. 24.9.2014 – 2 StR 160/14 LS; BGH, Urt. v. 11.11.2015 – 5 StR 259/15 LS 2; BGH, Beschl. v. 03.09.2015 – 3 StR 242/15.

159 BGH, Urt. v. 12.02.2003 – 1 StR 403/02; BGH NJW 2003, S. 1955, S. 1956.

160 *Dölling*, (2015a), S. 232f.; *Siol*, (1973), S. 64.

161 *Siol*, (1973), S. 65.

162 *Siol*, (1973), S. 66.

163 *Ignor*, (2015a), S. 242; *Beck*, ZIS (2016), S. 11; *Müssig*, (2005), S. 301; *Schneider*, (2015a), S. 87f.

164 BGH NStZ 2010, S. 450, S. 451.

165 BGH, Urt. v. 30. 9. 1952 – 1 StR 243/52; BGH NStZ 2008, S. 29; *Fischer*, (2015), § 211 RN. 56.

166 *Siol*, (1973), S. 77f.; BGH Beschl. v. 08.11.2016 – 5 StR 390/16.

erforderliche Maß hinaus übermäßige starke Schmerzen oder Qualen hinzugefügt werden.[167] In objektiver Hinsicht bedarf es einer besonders gravierenden Begehungsweise, die aufgrund einer spezifisch inneren Haltung des Täters erfolgt.[168] Unter grausamer Tötung lassen sich auch die Sachverhaltskonstellationen subsumieren, in den insbesondere Kleinkinder verhungern.[169] Das Mordmerkmal der grausamen Tötung wird in der Regel mit einem weiteren Mordmerkmal zusammen verurteilt.[170]

7. Mit gemeingefährlichen Mitteln

Die Tötung erfolgt mit gemeingefährlichen Mitteln, wenn die eingesetzten Tatmittel in der konkreten Situation des Einzelfalls eine Gefahr für eine unbestimmte Anzahl an Menschen herbeiführt,[171] da der Täter „die Wirkungsweise des Mittels in der konkreten Tatsituation nicht sicher zu beherrschen vermag"[172].[173] Zum Ausdruck kommt dadurch die besondere Rücksichtslosigkeit des Täters.[174] Hierunter fällt auch das Werfen von Gegenständen von einer Autobahnbrücke, soweit vorausgesetzt ist, dass sich eine Vielzahl von Menschen in unmittelbarer Nähe befindet, die gefährdet werden können.[175] Bei Mehrfachtötungen, so die überwiegende Rechtsprechung,[176] bedarf es zumindest einer individualisierten Tötung eines anderen Menschen. Ist der Tötungsvorsatz allgemein auf eine unbestimmte Anzahl an Opfern gerichtet, so ist das Vorliegen von gemeingefährlichen Mitteln zu verneinen.[177] Derzeit lässt sich nicht deutlich entnehmen, ob zumindest gegen ein Opfer ein individualisierter Tötungsvorsatz bestehen muss.[178] Anders hat der 4. Strafrechtssenat des BGH entschieden, als es um die strafrechtliche Bewertung einer Amokfahrt bzw. Geisterfahrt mittels eines Kfz's ging.[179] Denn maßgebend sei, dass „das Mittel in der konkreten Tatsituation eine Mehrzahl von Menschen an Leib und Leben gefährden kann, weil der Täter die Ausdehnung der Gefahr

---

167 *Rengier,* (2014) § 211 RN. 44.
168 BGH, Urt. v. 27.05.1982 – 4 StR 200/82.
169 *Schneider,* in: MüKo (2012) § 211 RN. 131.
170 *Siol,* (1973), S. 75f.
171 BGH NStZ 1993, S. 136; BGH NJW 1985, S. 1477; BGH NStZ-RR 2010, S. 373, S. 374.
172 *Wessels/Hettinger,* (2015), S. 37 RN. 103; BGH NStZ 2006, S. 167, S. 168.
173 BGH, Urt. v. 13.02.1985 – 3 StR 525/84; BGH, Beschl. v. 21.12.2016 – 1 StR 375/16.
174 BGH NStZ 2006, S. 167, S. 168.
175 BGH, Urt. v. 14. 1. 2010 – 4 StR 450/09, LS.; BeckRS 2010, 06220.
176 *Schneider,* in: MüKo (2012) § 211 RN. 122; *Rengier,* (2014) § 4 RN. 47c.
177 BGH, Urt. vom 01.09.1992 – 1 StR 487/92; *Neumann/Saliger,* in: Kindhäuser/Neumann/Paeffgen (2017) § 211 RN. 88.
178 *Schneider,* in: MüKo (2012) § 211 RN. 122; *Rengier,* (2014) § 4 RN. 47c.
179 BGH, Urt. v. 16. 8. 2005 – 4 StR 168/05; BGH, Urt. v. 16. 3. 2006 – 4 StR 594/05; BGH, Urt. v. 14. 1. 2010 – 4 StR 450/09.

nicht in seiner Gewalt hat"[180].[181] Auf eine Individualisierung eines Opfers kommt es demnach nicht an.

8. Ermöglichungsabsicht

Die Mordmerkmale der 3. Gruppe, die sogenannten Merkmale des besonders verwerflichen Zwecks der Tatbegehung,[182] erfassen die Tötung zur Ermöglichung oder Verdeckung einer anderen Tat. Zur Ermöglichung einer anderen Straftat tötet, „wer einen Menschen zur Erreichung eines weiteren kriminellen Ziels tötet".[183] Nach ständiger Rechtsprechung genügt es für die Annahme einer anderen Tat eine Tat in natürlicher Handlungseinheit oder Tateinheit.[184] „Der Tod des Opfers muss nicht notwendiges Mittel zur Ermöglichung der Tat sein; es genügt, wenn der Täter sich deshalb zur Tötung entschließt, weil er annimmt, auf diese Weise die andere Straftat rascher oder leichter begehen zu können."[185] Vorherrschend muss das täterbezogene Motiv sein, dass er die andere Tat nur durch die Tötungshandlung ermöglichen oder zumindest erleichtern kann.[186]

9. Verdeckungsabsicht

Zur Verdeckung einer Straftat tötet, wer Spuren oder den Erfolg einer vorangegangen Straftat verdeckt, „die bei näherer Untersuchung Aufschluss über bedeutsame Tatumstände geben könnten".[187] Auch hier ist maßgebend die Vorstellung des Täters.[188] Nicht erforderlich ist, dass von dem getöteten Opfer einzig die Entdeckungsgefahr ausging.[189] Die weitere zu verdeckende Tat kann auch in Tateinheit mit der Tötungshandlung stehen, Tatmehrheit ist nicht erforderlich.[190] „Wer es lediglich unterläßt, eine durch vorausgegangenes positives Tun in Gang gesetzte Kausalkette zu unterbrechen, ‚begeht' keine andere Straftat i.S. des § 211 Absatz II StGB, sondern verfolgt lediglich sein ursprüngliches Ziel weiter."[191] Für die Annahme der Verdeckungsabsicht muss geprüft werden, dass „gerade die Tötung als Mittel zur Verdeckung eingesetzt"[192] wird. Die Voraussetzungen

---

180 BGH NStZ 2006, S. 503, S. 504.
181 BGH, Beschl. v. 21.12.2016 – 1 StR 375/16.
182 *Wessels/Hettinger*, (2015), S. 43 RN. 123.
183 BGH, Urt. v. 03.06.2015 – 2 StR 422/14, LS 1.
184 BGH, Urt. v. 03.06.2015 – 2 StR 422/14, LS 1; *Fischer*, (2015), § 211 RN 65.
185 BGH, Urt. v. 03.06.2015 – 2 StR 422/14, LS 1; BGH, Urt. v. 09.03.1993 – 1 StR 870/92, LS.
186 BGH, Urt. v. 06.10.2004 – 1 StR 286/04, LS. 1.
187 BGH, Urt. v. 01.02.2005 – 1 StR 327/04 in NJW 2005, S. 1203, S. 1204.
188 *Fischer*, (2015), § 211 RN. 68; BGH, Urt. v. 17.05.2011 – 1 StR 50/11, LS. 2; BGH NJW 2011, S. 2S. 2223 ff., S. 2225; BGH, Beschl. v. 04.08.2010 – 2 StR 239/10, LS.
189 BGH, Urt. v. 23.11.1995 – 1 StR 475/95, LS 1.
190 BGH, Urt. v. 02.12.1987 – 2 StR 559/87, LS. 1; BGH, Urt. v. 12.12.2002 – 4 StR 297/02.
191 BGH NJW 2003, S. 1060, S. 1061.
192 BGH, Urt. v. 31.03.1955 – 4 StR 51/55, LS. 1.

liegen hingegen nicht vor, „wenn der Tod lediglich als Folge vorausgesehen und gebilligt wird“[193].[194]

III. Strafrestaussetzung bei lebenslanger Freiheitsstrafe

Die Feststellung der besonderen Schwere der Schuld dürfte als Strafschärfung der lebenslangen Freiheitsstrafe verstanden werden. Die lebenslange Freiheitsstrafe bedeutet nicht zwingend „ein Leben lang“, weil das geltende Recht die Möglichkeit der Strafrestaussetzung der lebenslangen Freiheitsstrafe (§ 57a StGB) vorsieht und dadurch auch der lebenslangen Freiheitsstrafe eine zeitige Komponente gibt.[195] Durch Feststellung der besonderen Schuldschwere ist eine Strafrestaussetzung der lebenslangen Freiheitsstrafe aber nicht möglich.

Die Möglichkeit der Strafrestaussetzung der lebenslangen Freiheitsstrafe kraft Gesetzes[196] wurde durch das wegweisende Urteil des Bundesverfassungsgerichts gefördert.[197] Das Bundesverfassungsgericht mahnte im Hinblick auf das Rechtsstaatsprinzip und die Verfassungskonformität der lebenslangen Freiheitsstrafe, dass der verurteilten Person die Möglichkeit eröffnet werden muss, nach einer Mindestverbüßungszeit wieder in Freiheit zu gelangen.[198] Bis zu der Grundsatzentscheidung des Bundesverfassungsgerichts von 1977 wurden die Verurteilten zu lebenslanger Freiheitsstrafe regelmäßig nach einer Verbüßungsdauer von 15 bis 25 Jahren im Wege des Gnadengesuchs bedingt in die Freiheit entlassen.[199] Die Möglichkeit, dass der Verurteilte im Wege eines Gnadenerweises wieder in Freiheit gelangte, war höher, als dass er die Vollverbüßung „ein Leben lang“ erfuhr.[200] Der Gesetzgeber schuf 1980[201] mit der gesetzlichen Strafrestaussetzung der lebenslangen Freiheitsstrafe die „Verrechtlichung“[202] der vorherigen Gnadenpraxis.[203] Die Voraussetzungen, die eine positive Gnadenentscheidung bedingten, wurden in die gesetzliche Vorschrift mit aufgenommen, die eine Strafrestaussetzung voraussetzen sollten. Eine günstige Prognoseentscheidung des Verurteilten

---

193 BGH, Urt. v. 31.03.1955 – 4 StR 51/55, LS. 1.
194 BGH, Beschl. v. 24.10.1984 – 2 StR 614/84, LS; BGH, Urt. v. 31.03.1987 – 5 StR 513/87; BGH NJW 1991, S. 1189, S. 1 S. 1189; BGH, Beschl. v. 14.03.2017 – 2 StR 370/16.
195 BVerfG NJW 1994, S. 378.
196 BGBl I, 1329; BT Drs. 8/3857.
197 Vgl. *Steinhilber*, (2011), S. 33; *Kunert*, NStZ 1982, S. 89, S. 91. Zu diesem Zeitpunkt existierten bereits Überlegungen, der lebenslangen Freiheitsstrafe eine zeitige Komponente zu geben aber es scheiterte an der Umsetzung; Vgl. *Kunert*, NStZ 1982, S. 89, S. 91.
198 BVerfG NJW 1977, S. 1525, S. 1526.
199 *Kunert*, NStZ 1982, S. 89, S. 89.
200 *Kunert*, NStZ 1982, S. 89, S. 90; *Arzt*, ZStW 1971, S. 1, S. 23; *Rüping*, JZ 1979, S. 617, 618.
201 BT Drs. 8/3857.
202 *Kunert*, NStZ 1982, S. 89, S. 89.
203 *Arzt*, ZStW 1971, S. 1, S. 23.

und eine Mindestverbüßungsdauer von 15 Jahren sind heute zwingend notwendig für eine Strafrestaussetzung.[204]

Mit Feststellung der besonderen Schwere der Schuld ist eine Strafrestaussetzung nach einer Mindestverbüßungszeit von 15 Jahren ausgeschlossen. Die Feststellung der besonderen Schwere der Schuld erfolgt nach der Schwurgerichtslösung des BVerfG durch das Tatgericht.[205] Dieser Entscheidungsprozess ist kein Teil der Entscheidung zum Schuld- und Strafausspruch.[206] Denn an die Entscheidung des erkennenden Gerichts des Erkenntnisverfahrens ist das später zuständige Vollstreckungsgericht zwingend aufgrund der Gesetzeslage gebunden (§§ 78a Abs. 1 S. 2 Nr. 1, 78b Abs. 1 Nr. 1 GVG i.V.m. §§ 454 Abs. 1 S. 1, Abs. 2 Nr. 1, 462a StPO). Selbstverständlich hat das Vollstreckungsgericht darüber zu befinden, ob die durch das Tatgericht festgestellte besondere Schwere der Schuld weiterhin/zukünftig einer Strafrestaussetzung entgegensteht und welche Dauer die Anerkennung der besonderen Schwere der Schuld diese Ablehnung der Strafrestaussetzung gebietet. Obwohl es sich eigentlich um eine Vollstreckungsentscheidung handelt, sind auf diese Entscheidung aber die Regeln über die Strafzumessung nach § 46 StGB anzuwenden (BVerfGE 86, 288, 313),[207] wobei die Grundsätze der Unschuldsvermutung und der Grundsatz „in dubio pro reo" gemäß Art. 6 Abs. 2 EMRK i.V.m. § 261 StPO zu wahren sind.[208] Wird die besondere Schwere der Schuld festgestellt, löst diese Feststellung keine klare Rechtsfolge aus. Vielmehr gibt das Tatgericht dem Vollstreckungsgericht vor, an welchen weiteren Anforderungen die Strafvollstreckung zu messen ist. Zu erkennen ist, dass der Verurteilte beispielsweise mindestens 18 Jahre inhaftiert bleibt.[209] Denn das Tatgericht befasst sich ausführlich mit der Schuld des Angeklagten.[210]

D. Gesetzliche Möglichkeiten zur Strafmilderung bei vollendetem Mord

Gesetzlich verankerte Milderungsgründe können zu einer Strafrahmenverschiebung führen. Für die Verurteilung wegen Mordes bedeutet das, dass dem Gericht ein Strafrahmen zwischen mindestens drei Jahren und maximal 15 Jahren zur Verfügung steht (vgl. §§ 49 Abs. 1 Nr. 1, 38 Abs. 2 StGB). Die lebenslange Freiheitsstrafe kann entweder durch fakultative Strafmilderungsgründe gemildert

204 *Kunert*, NStZ 1982, S. 89, S. 90f.
205 BVerfG, 03.06.1992 – 2 BvR 1041/88; 2 BvR 78/89.
206 Ausdrücklich BGH NJW 1995, S. 407, S. 408.
207 BGH, Beschl. v. 23.05.2000 – 1 StR 193/00; BGH, Beschl. v. 11.08.1993 – 2 StR 384/93.
208 *Schäfer/Sander/van Gemmeren*, (2012), S. 444 RN 1501; BGH NJW 1992, S. 2947, S. 2948; BGH, Beschl. v. 20.08.1996 – 4 StR 361/96; *Meurer*, JR 1992, S. 441, S. 444; BGH, Urt. v. 18.06.2014 – 5 StR 60/14 LS. 1.
209 *Kett-Straub*, (2011), S. 346.
210 *Kett-Straub*, (2011), S. 347f.

werden. Fakultative Strafmilderungsgründe ermöglichen von dem vorgegebenen Normalstrafrahmen[211] – konkret der lebenslangen Freiheitsstrafe – eine Strafrahmenverschiebung nach § 49 Abs. 1 StGB. Oder zum anderen dadurch, weil ein zwingender, obligatorischer Strafmilderungsgrund vorliegt. In der Reihenfolge des Gesetzes werden zunächst die fakultativen Milderungsgründe aufgezeigt:

I. Unechtes Unterlassungsdelikt (§ 13 Abs. 2 StGB)

Mord kann nicht nur durch ein aktives Handeln verwirklicht werden. Auch für den Mordtatbestand (§ 211 StGB) kommt eine Tatbestandsverwirklichung durch Unterlassen bei Innehaben einer Garantenstellung in Betracht.[212] So denke man an die Sachverhaltskonstellationen, in denen die Eltern ihre Kinder vernachlässigen und die Kinder aufgrund der Vernachlässigung versterben.[213] Das unechte Unterlassungsdelikt (§ 13 Abs. 2 StGB) stellt die Nichtvornahme einer aus der Garantenpflicht resultierenden notwendigen Handlung unter Strafe, die der Täter hätte vornehmen müssen, um die Tatbestandsverwirklichung zu verhindern.[214] Der Schwerpunkt der Vorwerfbarkeit ist das Unterlassen einer geeigneten, physisch-real möglichen und rechtlich gebotenen Handlung.[215] Der Täter muss rechtlich dazu verpflichtet sein, den Erfolg abzuwenden,[216] er muss also Garant für die Erfolgsverhinderung sein.[217] Neben der Funktion des Täters als Garant kommt es zudem darauf an, dass dem Täter ein pflichtgemäßes Handeln zur Erfolgsverhinderung möglich und zumutbar ist. Die Garantenstellung kann sich ergeben aus Gesetz (bspw. §§ 1626ff. BGB),[218] aus vertraglichen Verpflichtungen, die zum Gegenstand die Gewährsübernahme haben[219] oder aus vorangegangenem gefährdenden Tun (Ingerenz).[220] Dabei ist zu differenzieren zwischen Beschützergaranten und Überwachungsgaranten.[221] Dem Beschützergaranten obliegen

211 *Schäfer/Sander/van Gemmeren,* (2012), S. 270 RN. 937.
212 BGHSt 7, 287; BGHSt 15, 291; *Lackner/Kühl,* (2014) § 211 RN. 2; LPK-StGB, (2014) § 211 RN. 39; *Theile,* JuS 2006, S. 110, S. 111; *Schneider,* in: MüKo (2012), § 211 RN. 266.
213 BGH NJW 2000, S. 1730, S. 1731; NStZ-RR 2009, S. 173, S. 173; BGH NStZ 1998, S. 245.
214 LPK-StGB, (2014), vor § 13 RN. 247; § 13 RN. 9; *Fischer,* (2016), § 13 RN. 4.
215 BGH NJW 1954, S. 766, S. 768; BGH NStZ 1999, S. 607, S. 607; BGH NStZ 2003, S. 657, S. 657f.
216 *Fischer,* (2016), § 13 RN. 8.
217 BGH NStZ 2011, S. 31, S. 31; *Lackner/Kühl,* (2014), § 13 RN. 6ff.
218 *Rengier,* (2015), S. 484f., RN. 11ff.
219 *Fischer,* (2016), § 13 RN. 36ff.; BGH NJW 1961, S. 2068, S. 2068; BGH NJW 2008, S. 1897, S. 1899.
220 *Fischer,* (2016), § 13 RN. 47ff.; *Lackner/Kühl* (2014), § 13 RN. 11; LPK-StGB (2014), § 13 RN. 46.
221 *Rengier,* (2015), S. 482 RN. 4ff.

Obhutspflichten für ein bestimmtes Rechtsgut.[222] Im Gegensatz dazu ist der Überwachungsgarant dazu verpflichtet, für Gefahrenquellen Sicherungspflichten zu treffen.[223] Unterlässt der Täter eine lebenserhaltende Rettungsmaßnahme, um eine andere, von ihm begangene Tat zu verdecken,[224] so macht er sich dennoch wegen Unterlassens strafbar.[225] Das Bedürfnis, die Strafe bei dem unechten Unterlassungsdelikt zu mildern, kann darin gesehen werden, dass die Nichtvornahme der gebotenen Handlung weniger schwer wiegt als die aktive Handlung.[226] Ob überhaupt die fakultative Strafmilderung[227] (§§ 13 Abs. 2, 49 Abs. 1 StGB) angewendet wird, hängt zunächst von einer wertenden Gesamtbetrachtung der „näheren Umstände der Tat und der für die Bewertung des Unrechtsgehalts der Unterlassung entscheidenden subjektiven Gesichtspunkte“[228] ab.[229] Eine Milderung kann in Betracht gezogen werden, wenn die gebotene, aber im Ergebnis unterlassene Handlung „von dem Unterlassungstäter mehr verlangt als den Einsatz rechtstreuen Willens“.[230] Diese Umstände können in den konkreten Merkmalen der Tatbegehung liegen, die auf einen geringen Unrechts- und/oder Schuldgehalt des Unterlassens deuten.[231] Das Unterlassen muss in dem zugrunde liegenden Fall deutlich leichter wiegen als aktives Tun.[232] Das strafbegründende Unterlassen darf nicht für die Versagung der Strafmilderung herangezogen werden.[233]

Eine durch aktives Tun begonnene Tötungshandlung definiert sich dann allerdings nicht in eine Tötung durch Unterlassen mit Verdeckungsabsicht um, wenn die mit Tötungsvorsatz geführte Handlung nicht unmittelbar zum Tod geführt hat, sondern erst die unterlassene, zur Abwendung des Todeserfolgs erforderliche Hilfe zum Tode führt, die der Täter zur Verdeckung der geführten Tötungshandlung unterlässt.[234] Denn „wer es lediglich unterlässt, eine durch vorausgegangenes positives Tun in Gang gesetzte Kausalkette zu unterbrechen, ‚begeht‘ keine andere Straftat i.S. des § 211 Absatz II StGB, sondern verfolgt

222 *Lackner/Kühl,* (2014) § 13 RN. 12; *Fischer,* (2016), § 13 RN. 14; BGH NStZ 2010, S. 214, S. 215.

223 *Fischer,* (2016), § 13 RN. 15; BGH NStZ 1964, 1283 (S. 1284); BGH NStZ 2008, 391 (S. 391).

224 BGH, Urt. v. 12.12.2002 – 4 StR 297/02.

225 *Fischer* (2016), § 211 RN. 72; BGH NJW 1955, 876f.

226 *Schäfer/Sander/van Gemmeren* (2012), S. 269 RN. 935f., 938; *Fischer* (2016), § 13 RN. 99; *Lackner/Kühl* (2014) § 13 RN. 17.

227 *LPK-StGB* (2014) § 13 RN. 85; *Lackner/Kühl* (2014) § 13 RN. 17.

228 BGH NJW 1982, S. 393, S. 393.

229 BGH, Urt. v. 03.01.1981 – 1 StR 501/81, LS.; BGH, Beschl. v. 16.10.1997 – 4 StR 487/97.

230 BGH NStZ 1998, S. 245, S. 245.

231 BGH NStZ 1998, S. 245, S. 245; *Fischer,* (2016), § 13 RN. 100.

232 *Schäfer/Sander/van Gemmeren,* (2012), S. 270 RN. 938; *Arzt,* in: FS Roxin (2001), S. 857f.

233 *Fischer,* (2016), § 13 RN. 101.

234 BGH NStZ 2003, S. 312, S. 313.

lediglich sein ursprüngliches Ziel weiter. Ebenso wenig wie in den Fällen einer weiteren Tötungshandlung kann hier allein das Hinzutreten des weiteren Motivs der Verdeckungsabsicht ein im Übrigen einheitliches Geschehen in zwei Taten aufspalten"[235].

Die Tötung durch Unterlassen kann insbesondere in solchen Konstellationen auftreten, in denen die Eltern ihre Kinder vernachlässigen,[236] indem die fürsorgeberechtigten Personen es unterlassen, das Kind mit ausreichend Nahrung und Flüssigkeit zu versorgen und es infolge dieses Unterbleibens verstirbt.[237] Neben beiden Elternteile kommen auch nicht-leibliche Bezugspersonen als Garanten in Betracht.[238]

Bei Kindstötungen kommt neben dem Mordmerkmal der Heimtücke,[239] die Tötung aus Verdeckungsabsicht in Betracht, und zwar dann, soweit dem Opfer zumindest mit bedingten Tötungsvorsatz Verletzungen zugefügt wurden und der Täter mit fortbestehendem Tötungsvorsatz untätig bleibt und den Tod „abwartet", „weil er durch die Rettung des lebensgefährlich Verletzten die Aufdeckung seiner Begehungstat fürchtet"[240].[241]

Zusätzlich besteht die Möglichkeit, dass ein obligatorischer Strafmilderungsgrund, § 27 Abs. 2 S. 2 StGB, neben der fakultativen Milderungsmöglichkeit vorliegt: Beihilfe durch Unterlassen. „Dies setzt voraus, dass der Betreffende eine Rechtspflicht zum Tätigwerden hatte. Die Garantenstellung im Sinne des § 13 StGB kann sich auch aus vorangegangenem, pflichtwidrigem Tun ergeben. Wer die Gefahr einer bestimmten Rechtsverletzung geschaffen hat, muss den Eintritt dieses Erfolges verhindern. Durch die Unterlassung macht er sich auf jeden Fall dann der Beihilfe schuldig, wenn sein Dazwischentreten den Eintritt des Erfolgs mit an Sicherheit grenzender Wahrscheinlichkeit verhindert hätte."[242] Wenn zwei Milderungsmöglichkeiten zusammentreffen, liegt die Möglichkeit einer Doppelmilderung des Strafrahmens vor. Um die Strafe in einen angemessenen Strafrahmen einzuordnen, muss unbedingt berücksichtigt werden, dass die Strafe nicht unter die geminderte Mindeststrafe der Verurteilung wegen

---

235 BGH NStZ 2003, S. 312, S. 313.

236 BGH NJW 2000, S. 1730, S. 1731.

237 *Höynck/Behnsen/Zähringer*, (2015), S. 96, 173.

238 *Höynck/Behnsen/Zähringer*, (2015), S. 155, 304.

239 Gleichzeitig ermöglicht die Rechtsprechungsentwicklung zur heimtückischen Tötung, dass schutzbefohlene Dritte auch arglos sein können, wenn das getötete Opfer selbst noch keinen Argwohn bilden kann, die Arg- und Wehrlosigkeit aber einer schutzbereiten dritten Person ausgenutzt wird (vgl. BGH NStZ-RR 2006, S. 43; BGH NStZ 2006, S. 338; BGH, Urt. v. 20.05.2015 – 2 StR 464/14).

240 *Schneider*, in: MüKo (2012), § 211 RN. 244; BGH, Urt. v. 17.06.2015 – 5 StR 75/15 in BeckRS 2015, 11495 RN. 12.

241 *Altvater*, NStZ 2001, S. 19, S. 22; *Höynck/Behnsen/Zähringer*, (2015), S. 169ff., 314, 324.

242 LG Detmold, Urt. v. 04.02.2013 – 4 Ks – 31 Js 184/12 – 56/12 in: BeckRS 2013, 06392.

Totschlags (§§ 212 Abs. 1, 49 Abs. 1 Nr. 3 StGB) rücken darf.[243] Grundsätzlich wird Totschlag mit Freiheitsstrafe nicht unter fünf Jahren bestraft. Wird nun dieser Mindeststrafrahmen gemildert, so lässt sich aus der Vorschrift des § 49 Abs. 1 Nr. 3 StGB entnehmen, dass sich im Falle einer Milderung das Mindestmaß der Freiheitsstrafe auf zwei Jahre ermäßigt. Dieser Mindeststrafrahmen des Totschlags von zwei Jahren entfaltet eine Sperrwirkung für eine Doppelmilderung bei Verurteilung wegen Mordes, „denn der Unrechtsgehalt des Totschlags ist im Mord enthalten (...), weil die vorsätzliche Tötung i.S.d. § 212 notwendiges Merkmal auch des § 211 StGB ist (...)“[244]. So wird dem Grundsatz gefolgt, dass das zurücktretende Delikt eine Sperrwirkung bezüglich der Mindeststrafe entfaltet (vgl.§ 52 Abs. 2 S. 2 StGB). Die Untersuchung von *Verrel* macht deutlich, dass Mehrfachmilderungen insbesondere bei Mord vorgenommen werden.[245] Auch das ist ein Indiz dafür, dass die Rechtspraxis einen Weg findet, von der absolut angedrohten lebenslangen Freiheitsstrafe abweichen zu können, um innerhalb eines Strafrahmens eine schuldangemessene Strafe zu finden.

II. Vermeidbarer Verbotsirrtum (§ 17 S. 2 StGB)

Der vermeidbare Verbotsirrtum liegt vor, soweit dem Täter das Unrechtsbewusstsein fehlt (§ 17 S. 1 StGB). Maßgebend ist, dass „der Täter weiß, daß das, was er tut, rechtlich nicht erlaubt, sondern verboten ist“[246]. Für die Annahme des Irrtums kommt es auf die Vermeidbarkeit an. „Unvermeidbar ist ein Verbotsirrtum, wenn der Täter trotz der ihm nach den Umständen des Falles, seiner Persönlichkeit sowie seines Lebens- und Berufskreises zuzumutenden Anspannung des Gewissens die Einsicht in das Unrechtmäßige seines Handelns nicht zu gewinnen vermochte. Das setzt voraus, dass er alle geistigen Erkenntniskräfte eingesetzt und etwa aufkommende Zweifel durch Nachdenken oder erforderlichenfalls durch Einholung von Rat beseitigt hat (BGHSt 21, 18, 20).“[247] Können die Voraussetzungen des unvermeidbaren Verbotsirrtums angenommen werden, entfällt die Schuld.[248] Hätte der Täter erkennen können, dass sein Handeln Unrecht verwirklicht, wird die Vermeidbarkeit des Verbotsirrtums angenommen; die Strafe kann dennoch gemildert werden (§ 17 S. 2 StGB).[249] Die Strafrahmenverschiebung steht im Ermessen des erkennenden Gerichts. Maßgebend für eine Milderung ist der Grad der Vermeidbarkeit.[250] Dabei sind die Umstände in die Erwägung mit einzubeziehen, die sich auf die (Un-) Vermeidbarkeit beziehen. Eine Abwägung

243 BGH, Urt. v. 24.11.2005 – 4 StR 243/05.
244 BGH NJW 2006, S. 288, S. 290.
245 *Verrel*, (1995), S. 157; *Kett-Straub*, (2011), S. 90.
246 BGHSt 2, S. 194, in: BGH NJW 1952, S. 8.
247 BGH NStZ 2000, S. 307, S. 309.
248 LPK-StGB, (2014), § 17 RN. 14; *Sternberg-Lieben*, (2010), § 17 RN. 23.
249 *Sternberg-Lieben*, (2010), § 17 RN. 5;
250 *Schäfer/Sander/van Gemmeren*, (2012), S. 271 RN. 941.

der Tatumstände und der Täterpersönlichkeit verwehrt sich hier.[251] Wird eine Strafrahmenmilderung abgelehnt, muss das Urteil erkennen lassen, dass das Gericht die Milderungsmöglichkeit zumindest geprüft hat.[252] Hier könnte sich ein Verbotsirrtum eines Täters aus einem fremden Kulturkreis auswirken, soweit der Täter in den heimischen (Wert-)Vorstellungen seines Ursprungslandes noch tief verwurzelt ist und er glaubt, zum Töten verpflichtet zu sein.[253] Ein Indiz für die Vermeidbarkeit könnte ein bereits langjähriger Aufenthalt in der BRD sein,[254] sowie die Regeln in dem entsprechenden Herkunftsland, die ebenfalls ein entsprechendes delinquentes Verhalten verbieten;[255] denn glaubt der Täter zu einer Handlung gegen die Rechtsordnung verpflichtet zu sein, so handelt der Täter mit Unrechtsbewusstsein.[256]

Gerade bei Tötungen, die auf einen Familien-/Clan-Ehrencodex zurückzuführen sind, können die Gerichte hinterfragen, ob der Täter hat erkennen können, dass sein Handeln gegen die in Deutschland geltende Rechtsordnung verstößt und nicht die Wertvorstellung eines patriarchalisch geprägten Familienkonzepts männlicher Dominanz maßgebend ist.[257] Das fehlende Verständnis für die Werte der Bundesrepublik kann fehlen, wenn der Angeklagte „weitgehend den in seiner Heimat herrschenden moralischen und religiösen Vorstellungen verhaftet geblieben“[258] ist und sich das Tatopfer eher provozierend und beschimpfend an den Täter wendet, was bei einer Zusammenschau zu einer gravierenden Verletzung religiöser Auffassungen und der persönlichen Ehre führt.[259] Aus früheren Untersuchungen zu Ehrentötungen konnte jedoch ermittelt werden, dass die Täter regelmäßig bereits mindestens 20 Jahre in Deutschland lebten[260] und sich „aufgrund eines langjährigen Aufenthalts in Deutschland mit den geltenden Wertungen hätte vertraut machen können“[261], die aber regelmäßig in prekären, bildungsfernen Lebensverhältnissen leben, die aus einer fehlenden Integration

---

251 *Sternberg-Lieben*, (2010), § 17 RN. 26.
252 BGH, Beschl. 24.07.1997 – 2 StR 294/96.
253 *Joecks*, in: MüKo (2012), § 17 RN. 90f.; BGH NJW 2006, S. 1008, S. 1011; BGH, Urt. v. 28.01.2004 – 2 StR 452/03, LS. 2; BGH, Urt. v. 20.02.2002 – 5 StR 538/01, LS.
254 BGH, Urt. v. 12.09.1995 – 1 StR 437/95; *Bodenieck-Engels*, (2013), S. 148f.; *Oberwittler/Kasselt*, (2011), S. 161, 158.
255 *Erbil*, (2008), S. 125ff., 141f., 150, 245; BGH, Urt. v. 22.08.1996, 4 StR 280/96; BGH, Beschl. v. 18.08.2009 – 1 StR 351/09.
256 *Fischer*, (2016), § 17 RN. 6ff., 8a.
257 *Oberwittler/Kasselt*, (2011), S. 165, 23; *Erbil*, (2008), S. 2, 168.
258 BGH NStZ 1982, S. 69, S. 69; BGH NJW 1995, S. 602, S. 602f.; BGH NJW 2004, S. 1466, S. 1467.
259 *Votteler* (2014), S. 190, S. 195; *Oberwittler/Kasselt*, (2011), S. 161.
260 *Oberwittler/Kasselt*, (2011), S. 161, 158; *Bodenieck-Engels*, (2013), S. 148f.; *Baumeister*, (2007), S. 149; *Erbil*, (2008), S. 34, 93.
261 *Votteler*, (2014), S. 190; bestätigend *Oberwittler/Kasselt*, (2011), S. 45.

resultieren.[262] Die fehlende Integration kann eine fehlende Auseinandersetzung mit der vorherrschenden Rechtslage bedingen und dadurch auch Ursache eines fehlenden Unrechtsbewusstseins sein.

Bereits bei der Prüfung der Voraussetzung des Mordmerkmals sonst niedrige Beweggründe müssen die Gerichte beurteilen, ob der Täter bei der Tötung die Niedrigkeit seiner Beweggründe erkannte und er die gefühlsmäßigen Regungen gedanklich beherrschen und willensmäßig steuern konnte; zu hinterfragen ist, ob dem Täter klar ist, dass in der Bundesrepublik Deutschland eine solche Beurteilung der Beweggründe vorgenommen wird.[263]

Insgesamt betrachtet wirkt sich bei Tötungen zur Wiederherstellung der Ehre eine auf den Täter maßgeblich wirkende „kulturelle Prägung und kulturelle Differenz“[264] zur deutschen Rechtsordnung aus, die mit einer vermittelten dominanten Ehrvorstellung einhergeht[265] und von der Erziehung eines Familien-/Clanoberhauptes geprägt ist.[266] In diesem Kontext kann sich strafmildernd auswirken, dass sich der Täter innerhalb dieses Druckes zur Tötung verpflichtet fühlte und trotz Unrechtseinsicht, die Strafe bei Mord gemildert werden kann.

III. Erheblich verminderte Schuld (§ 21 StGB)

Die lebenslange Freiheitsstrafe kann fakultativ auch durch die Vorschrift des § 21 StGB gemildert werden. So wird im Grundsatz immer noch am häufigsten bei den Morddelikten von einer zumindest verminderten Schuldfähigkeit ausgegangen;[267] dies ist dem Umstand geschuldet, dass insbesondere bei Tötungsdelikten der Täter häufig im Affekt handelt[268] bzw. „psychopathologische Faktoren“[269] die Tötung bedingen. Aber auch die vorherrschende „Extremsituation“[270] bei Beziehungstaten ermöglicht eine Anwendung des § 21 StGB.

Ist die Einsichts- oder Steuerungsfähigkeit bei Tatausführung nicht aufgehoben (§ 20 StGB), sondern erheblich eingeschränkt, kann das erkennende Gericht von einer Strafrahmenverschiebung nach § 49 Abs. 1 StGB Gebrauch machen (§ 21 StGB).[271] Kann etwa der Täter trotz erhaltener Einsichtsfähigkeit sein Handeln nicht steuern aufgrund eines der in § 20 StGB genannten Eingangsmerkmale,

---

262 *Oberwittler/Kasselt*, (2011), S. 169; *Erbil*, (2008), S. 2, 169, 211.

263 BGH NJW 2004, S. 1466, S. 1467.

264 *Bodenieck-Engels*, (2013), S. 151.

265 *Oberwittler/Kasselt*, (2011), S. 162.

266 *Baumeister*, (2007), S. 150; *Erbil*, (2008), S. 239; *Schneider*, in: FS Widmaier (2008), S. 774.

267 *Kett-Straub*, (2011), S. 342.

268 *Endres*, (2008), S. 413f.; *Marneros*, (1998), S. 10; *Middendorff*, (1984), S. 19; *Oberlies*, (1997), S. 135.

269 *Kett-Straub*, (2011), S. 90.

270 S.o.

271 BGH, Urt. v. 02.02.1966 – 2 StR 529/65; *Fischer*, (2016), § 21 RN. 2.

so liegt es im Ermessen des Gerichts die Strafe zu mildern, §§ 21, 49 Abs. 1 StGB.[272] Das Maß der Vorwerfbarkeit kann dann gemindert werden. Dennoch bleibt der vermindert Schuldfähige für die konkrete Ausgestaltung der Tat verantwortlich, soweit der Täter die geistig-seelische Beeinträchtigung zu vertreten hat.[273] Dabei wird auf den psychischen Zustand abgestellt, der sich auf das konkrete Tatgeschehen ausgewirkt hat.[274]

Im Folgenden wird auf die von § 21 StGB erfassten biologisch-psychologischen Merkmale eingegangen, die den Eingangsvoraussetzungen des § 20 StGB entsprechen, um einen Überblick zu bekommen, wie § 21 StGB bei der Verurteilung wegen Mordes ins Gewicht fallen kann.

Die krankhaften seelischen Störungen erfassen alle „nicht mehr im Rahmen eines verstehbaren Erlebniszusammenhangs liegenden psychischen Anomalien, die somatisch-pathologisch bedingt sind".[275] Hierunter fallen insbesondere die „auf hirnorganischen Veränderungen beruhenden exogenen Psychosen",[276] die aufgrund einer vorangegangenen, krankhaften Alkohol-, Medikamenten- und Drogensucht entstehen können.[277] Als akute Intoxikationspsychosen beeinträchtigt der Konsum des Rauschmittels die Hirntätigkeit. Auch endogene Psychosen, wie Schizophrenie oder Eifersuchtswahn, soweit auch hier wahnhafte Gefühlsregungen zu erkennen sind, fallen unter krankhaft seelische Störungen. Wesentlich für dieses Eingangsmerkmal ist, dass die Störung auf einer pathologischen Ursache basiert.[278]

Neben der Affekttat spielt regelmäßig Alkohol als kriminologisch bedeutsame Droge innerhalb der Tötungsdelinquenz einen erheblichen Faktor, der zu einer erheblich geminderten Schuldfähigkeit führen kann.[279] Der alkoholbedingte Rausch zur Tatzeit kann in Form einer Intoxikationspsychose eine krankhafte seelische Störung im Sinne des § 20 StGB[280] und somit eine Milderungsmöglichkeit darstellen. Von einer fehlenden Schuld wird in der Regel bei Blutalkoholwerten über 3,0 Promille ausgegangen.[281] Neben der alkoholischen Intoxikation ist eine erhebliche alkoholbedingte Beeinträchtigung der Einsichts- oder Steuerungsfähigkeit erforderlich.[282] Zusätzlich ist zu beachten, dass zur Tötung eines

---

272 BGH NStZ 2006, S. 151, S. 152; BGH, Urt. v. 15.02.2006 – 2 StR 419/05; BGH NStZ-RR 2007, S. 105, S. 106.

273 BGH, Urt. v. 17.11.1961 – 4 StR 373/61; BGH, Urt. v. 14.07.1992 – 1 StR 302/92.

274 *Perron/Weißer*, (2019),in Schönke/Schröder (2019) § 21 RN. 8; BGH, Urt. v. 15.03.2016 – 1 StR 526/15; BGH, Urt. v. 25.03.2015 – 2 StR 409/14.

275 *Perron/Weißer*, (2019),in Schönke/Schröder (2019) § 20 RN. 6.

276 *Schäfer/Sander/van Gemmeren*, (2012), S. 272 RN. 946.

277 *Perron/Weißer*, (2019), in Schönke/Schröder (2019) § 20 RN. 10; *Fischer*, (2016) § 20 RN. 11.

278 *Fischer*, (2016), § 20 RN. 8.

279 *Verrel*, (1995), S. 109.

280 *Fischer*, (2016), § 20 RN. 11f.

281 *Schäfer/Sander/van Gemmeren*, (2012), S. 279 RN. 963; *Altvater*, NStZ 2001, S. 19, S. 26.

282 *Schäfer/Sander/van Gemmeren*, (2012), S. 283 RN. 975ff.

Menschen eine besondere Hemmschwelle überwunden werden muss; dieses Hemmungsvermögen setzt in nur seltenen Fällen trotz Alkoholisierung des Täters aus.[283] Auch unter Alkoholeinfluss überwindet der Täter bei der Tötung eines anderen Menschen eine besondere Hemmschwelle.

Für die Bewertung der verminderten Einsichts- und Steuerungsfähigkeit fließt die Alkoholgewöhnung des Täters und ein geplantes, zielgerichtetes Vorgehen im Vor- und Nachtatverhalten ein[284]: „Ein komplexer Geschehnisablauf mit differenzierten Handlungsabläufen vor, während und nach der Tat, der mit der Notwendigkeit situativer Leistungen und reflektierender Auseinandersetzung mit dem aktuellen Geschehen einhergeht, lässt in einem besonderen Maße auf eine erhalten gebliebene Steuerungsfähigkeit schließen."[285]. So kann das Gericht urteilen, dass trotz Alkoholisierung die Tötungshandlung dem Täter zu zurechnen ist und er während der Tatausführung steuerungs- und einsichtsfähig war.[286] Für die Versagung der Milderung liegt ein schwerwiegender Grund vor, wenn „das Risiko der Begehung einer Straftat vorhersehbar"[287] ist und den Täter ein Verschulden (wenigstens Fahrlässigkeit) trifft;[288] der Täter also wenigstens fahrlässig hätte wissen und vorhersehen können, dass er aufgrund des Alkoholkonsums zu aggressiven Verhalten neigt.[289]

Unter tiefgreifende Bewusstseinsstörungen fällt typischerweise der Affekt.[290] Ursache ist die Störung der „Vergegenwärtigung des intellektuellen und emotionellen Erlebens",[291] der die Einsichts- oder Steuerungsfähigkeit erheblich einschränkt. Hierbei kommt es nicht darauf an, dass die Bewusstseinsstörung krankhaft ist.[292] Denn pathologische Bewusstseinsstörungen werden unter krankhafte seelische Störungen erfasst.

Tötungsdelikte sind typische Delikte, die im Affekt begangen werden und bei denen sich der Täter außerhalb des Rahmens des persönlich Vorwerfbaren befindet.[293] Unter einem Affekt lässt sich „eine Gewalttat, bei der hochgradige emotionale Reaktionen eine bestimmende Wirkung haben, also eine Tat, die nicht geplant, sondern aus einem Konflikt heraus begangen wird, im Zusammenhang höchster emotionaler Erregung und eben nicht planvoll und aufgrund

283 BGH, Urt. v. 12.05.1987 – 1 StR 157/87; BGH NJW 1993, S. 3210, S. 3211.
284 *Wendt/Kröber,* (2010), S. 256 f.
285 BGH, Beschl. v. 28.09.2010 – 5 StR 358/10 in: NStZ-RR 2011, S. 10, S. 11.
286 BGH, Beschl. v. 16.02.1993 – 5 StR 675/92; NStZ 1994, S. 183, S. 184; BGH NJW 2009, S. 305, S. 306.
287 BGH, Urt. v. 07.05.2009 – 5 StR 64/09.
288 BGH, Urt. v. 17.8.2004 – 5 StR 93/04; BGH NJW 2004, S. 3350, S. 3352.
289 BGH, Urt. v. 15.12.1987 – 1 StR 498/87; BGH, Urt. v. 14.07.1992 – 1 StR 302/92; BGH NJW 1979, S. 207, S. 208.
290 *Schäfer/Sander/van Gemmeren,* (2012), S. 272 RN. 947.
291 *Perron/Weißer,* (2019), in Schönke/Schröder (2019) § 20 RN. 12.
292 BGH, Urt. v. 06.08.1987 – 4 StR 321/87.
293 *Steinhilber,* (2012), S. 101f.; *Kett-Straub,* (2011), S. 34.

rationaler Erwägungen"[294] subsumieren. Der Affekt kann das Eingangsmerkmal der tiefgreifenden Bewusstseinsstörung des § 20 StGB erfüllen und zu einer Milderungsmöglichkeit führen.[295] Von der Milderung nach § 21 StGB wird beim Affekt nur selten Gebrauch gemacht,[296] da hohe Anforderungen an eine Affekttat gestellt werden.[297] Typisch für die Annahme einer Affekttat ist eine bereits in der Tatvorgeschichte liegende spezifische, ambivalente Täter-Opfer-Beziehung, die eine ansteigende, chronische Affektspannung verursacht.[298] Tötungen des (Ex-) Partners stehen häufig in einem Zusammenhang mit einer hoch angespannten Affektregung, die durch ein äußeres Ereignis eskalieren.[299] Frühere Untersuchungen fanden heraus, dass bei dem Intimizid, der Tötung von Beziehungspartnern eine konfliktgeladene, affektive Regung vorherrscht, die durch einen für das Opfer und Dritte marginalen Auslöser ein Ventil zum Frustabbau geöffnet hat.[300]

Die Tötungen aus dem Affekt[301] sind regelmäßig nicht nur für das Opfer, sondern auch für den Täter überraschend. Ein Zusammenhang zwischen dieser affektive Tötung und tiefgreifenden Bewusstseinsstörungen besteht jedoch nicht.[302] Die Tötungen gestalten sich besonders brutal, da „leidenschaftliche Aufruhr der Gefühle"[303] schließlich in Wut, Rache und Hass gegenüber der begehrten Person und/oder dem Nebenbuhler übergeht.[304] Tötungen des Intimpartners unter Alkoholeinfluss sind hingegen seltener.[305]

Ebenfalls umfasst Schwachsinn keine organischen oder pathologischen Zustände, sondern eine hochgradige Intelligenzschwäche.[306] Wichtiges Merkmal für die Annahme des Schwachsinns ist der Intelligenzquotient. Daneben müssen für die Bewertung auch die Täterpersönlichkeit und dessen Sozialisation herangezogen werden. Der Täter muss demnach im „imstande sei(n), seine Interessen zu formulieren und zu verfolgen, einfach soziale Regeln zu verstehen und einzuhalten sowie zwischen Recht und Unrecht „in überschaubaren Alltagssituationen zu unterscheiden".[307] Gerade bei Tötungsdelikten ist entscheidend, ob sich die Intelligenzschwäche auf das Hemmungsvermögen ausgewirkt hat und der Täter

294 *Endres,* (2008), S. 412.
295 *Schäfer/Sander/van Gemmeren,* (2012), S. 286 RN. 986ff.
296 *Schäfer/Sander/van Gemmeren,* (2012), S. 286 RN. 986.
297 BGH, Beschl. v. 31.01.2007 – 5 StR 504/06 in: BeckRS 2007, 03211 RN. 11, 14; BGH, Beschl. v. 03.08.1993 – 4 StR 138/93 in: BeckRS 1993, 31086107.
298 *Schäfer/Sander/van Gemmeren,* (2012), S. 286 RN. 988, 989.
299 *Endres/Breuer,* (2014), S. 96; *Endres,* (2008), S. 412; *Oberlies,* (1997), S. 137.
300 *Endres/Breuer,* (2014), S. 96f; *Leygraf,* 2015, S. 213; *Glatzel,* (1987), S. 140f.
301 *Burgheim,* (1996), S. 92f.,121; *Leygraf,* 2015, S. 218; *Glatzel,* (1987), S. 140f.
302 *Leygraf,* 2015, S. 216.
303 *Brückner,* (1961), S. 18.
304 *Glatzel,* (1987), S. 117; *Rasch,* (1995), S. 6.
305 *Burgheim,* (1996), S. 89.
306 *Fischer,* (2016), § 21 RN. 35.
307 BGH NStZ-RR 2010, S. 257, S. 258.

die Tötungshandlung aufgrund der Intelligenzschwäche nicht mehr kontrollieren konnte.[308]

Unter schwere andere seelische Abartigkeiten werden gravierende Psychopathien, Neurosen und Triebstörungen erfasst, die nicht unter die vorherigen Merkmale subsumiert werden können und nicht krankhaft[309] sind.[310] Darunter werden solche Störungen erfasst, die aufgrund organischer Fehlanlagerungen bestehen und nicht als sonstige psychiatrische Krankheiten angesehen werden.[311] Erfasst werden auch die verschieden gelagerten Persönlichkeitsstörungen, wobei der Oberbegriff „Persönlichkeitsstörung" ein in dem Menschen verwurzeltes Verhaltensmuster beschreibt, was zu „erheblichen subjektiven Beschwerden und/oder nachhaltiger Beeinträchtigung der sozialen Anpassung"[312] führt.[313] Darunter fallen insbesondere die paranoide, schizoide, dissoziale und/oder emotional instabile Persönlichkeitsstörungen.[314]

Gerade bei Kindstötungen wirkt sich die emotionale Instabilität des Täters aus, wenn aus der subjektiv empfundenen Überforderung[315] mit dem Kind und der „Enthemmung und/oder gesteigerte Aggression durch den Konsum von Alkohol und/oder Drogen"[316] die Situation in der Tötung des Kindes eskaliert. Dabei ist die Kindstötung „Ausdruck eines unkontrollierten Gefühlsausbruchs aufgrund nervlicher Überforderung".[317]

Für die fakultative Strafrahmenverschiebung nach § 21 StGB ist zunächst das Vorliegen eines der Eingangsmerkmale notwendig; diese (geistig-seelische) Beeinträchtigung muss auch zum Tatzeitpunkt vorliegen und sich nachhaltig, also erheblich, auf die Einsichts- oder Steuerungsfähigkeit ausgewirkt haben, sodass der Täter nicht erkennt, dass er Unrecht tut oder die Unrechtsverwirklichung nicht mehr steuern kann.[318] Erst dann kann das Gericht in Erwägung ziehen, ob das Maß der Vorwerfbarkeit gemindert wird.[319] Dennoch bleibt der vermindert Schuldfähige für die konkrete Ausgestaltung der

308 *Schöch*, (2007), S. 120.
309 BGH NStZ-RR 2008, S. 335, S. 335.
310 *Schäfer/Sander/van Gemmeren*, (2012), S. 273 RN. 949; BGH NStZ 2007, S. 518, S. 519.
311 *Perron/Weißer*, (2019),in Schönke/Schröder (2019) § 20 RN. 19.
312 *Hoff/Sass*, (2010), S. 111.
313 *Hoff/Sass*, (2010), S. 111, 119f., 112ff.
314 BGH NStZ-RR 2004, S. 38, S. 38.
315 *Höynck/Behnsen/Zähringer*, (2015), S. 172f., 316; *Votteler*, (2014), S. 141; BGH NStZ-RR 2007, S. 111, S. 111.
316 *Höynck/Behnsen/Zähringer*, (2015), S. 172.
317 *Votteler*, (2014), S. 142; BGH NStZ-RR 2007, S. 111, S. 111.
318 BGH, Urt. v. 22.06.2006 – 3 StR 89/06; BGH, Urt. v. 15.03.2016 – 1 StR 526/15; BGH, Urt. v. 25.03.2015 – 2 StR 409/14.
319 *Schäfer/Sander/van Gemmeren*, (2012), S. 277 RN. 953, 958.

Tat verantwortlich.[320] Die Anforderungen an das Erfordernis der Erheblichkeit ergeben sich aus der Schwere des Delikts: „Bei der Beurteilung der Erheblichkeit fließen normative Gesichtspunkte ein. Entscheidend sind die Anforderungen, die die Rechtsordnung an jedermann stellt. Diese sind umso höher, je schwerwiegender das in Rede stehende Delikt ist (...)."[321] Soll von der lebenslangen Freiheitsstrafe aufgrund einer fakultativen Strafrahmenverschiebung abgewichen werden, sind die Anforderungen an die Erheblichkeit besonders streng.[322] Hier sind neben dem Grad der Schuldfähigkeit des Täters eben auch diejenigen Umstände heranzuziehen, „welche die Tat unter dem Gesichtspunkt der Schuld mehr oder minder leicht oder schwer erscheinen lassen".[323] Da die Strafmilderung im Ermessen des Gerichts steht,[324] muss aus der Urteilsbegründung zu entnehmen sein, dass dem Tatgericht der Umstand der vorliegenden geistig-seelischen Beeinträchtigung bewusst ist[325] und das Gericht eine eigenständige Bewertung einzelner Umstände vorgenommen hat.[326]

Insgesamt betrachtet kann durch die Strafrahmenmilderung nach § 21 StGB die Strafe auch bei Mord gemildert werden und den Gerichten die Möglichkeit an die Hand geben, eine schuldangemessene Strafe zu finden.

Die Versagung der Milderung kommt neben dem Alkoholmissbrauch auch bei Affekttaten in Betracht, „wenn der Täter unter den konkreten Umständen den Affektaufbau verhindern konnte und die Folgen des Affektdurchbruchs für ihn vorhersehbar waren".[327] Kommen also wegen der Art der Tatausführung besonders schulderhöhende Umstände in Betracht, kann die gesetzliche Höchststrafe trotz der Voraussetzungen des § 21 StGB angenommen werden.[328] Konnte der Täter aufgrund der konkreten Tatumstände den Affektaufbau verhindern und waren die Folgen für ihn vorhersehbar,[329] so kann trotz Vorliegens eines Affekts die Steuerungsfähigkeit angenommen werden.[330] Daneben kann sich aber auch die besondere Verwerflichkeit der Tat, insbesondere unter Berücksichtigung ihrer Ausführung[331] schulderhöhend auswirken: „die Verminderung der

---

320 BGH, Urt. v. 17.11.1961 – 4 StR 373/61; BGH, Urt. v. 14.07.1992 – 1 StR 302/92.
321 BGH NStZ-RR 2004, S. 329, S. 330.
322 BVerfG, Beschl. v. 25.10.1978 – 1 BvR 983/78, in; NJW 1979, S. 207, S. 208f.; BGH NJW 2009, S. 305, S. 306.
323 BVerfG NJW 1979, S. 207, S. 208.
324 BGH, Urt. v. 15.02.2006 – 2 StR 419/05.
325 Vgl. oben.
326 *Schäfer/Sander/van Gemmeren*, (2012), S. 277 RN. 957; BGH NJW 1997, S. 2460, S. 2463; BGH NStZ-RR 2004, S. 38 S. 39.
327 BGH, Urt. v. 29.10.2008 – 2 StR 349/08 LS. 2.
328 BVerfG, Beschl. v. 25.10.1978 – 1 BvR 983/78; BGH NJW 2004, S. 3350, S. 3351.
329 NJW 2009, S. 305, S. 306.
330 BGH, Urt. v. 29.04.1997 – 1 StR 511/95; BGH: Entscheidung vom 15.12.1987 – 1 StR 498/87; BGH NJW 1979, S. 207, S. 208.
331 BVerfG NJW 1979, S. 207, S. 208.

Schuldfähigkeit kann hier durch die gesteigerte verbrecherische Energie und die besondere Gefühlslosigkeit bei der Tatausführung ausgeglichen werden“[332].

Es sind also auch Fälle denkbar, in denen die Gerichte trotz Vorliegens der verminderten Schuldfähigkeit eine Milderung des Strafrahmens versagen (Vorhersehbarkeit des Affektdurchbruchs bzw. Bewusstsein der Neigung zu aggressiven Verhalten).[333] Gerade im Hinblick auf die absolut angedrohte Strafe hat sich das erkennende Gericht unter Prüfung der schulderhöhenden und schuldmindernden Umstände bei der Gewichtung zu Lasten des Täters zurückzuhalten.[334] Für die Strafrahmenverschiebung sind einzelne Faktoren bei Tatbegehung oder des Vor- und Nachtatverhaltens des Täters zu berücksichtigen,[335] die etwa bei einem „kontrolliert-zielgerichteten und kaltblütigen Vorgehen“[336] oder bei einer der akuten Situation angepassten Reflexion des Tatgeschehens[337] auch zu einer Ablehnung der Strafmilderung führen können.

IV. Täter-Opfer-Ausgleich & Schadenswiedergutmachung (§ 46 a StGB)

Fakultative Strafmilderungsgründe sind grundsätzlich auch der Täter-Opfer-Ausgleich und die Schadenswiedergutmachung. Der Täter-Opfer-Ausgleich (§ 46a Nr. 1 StGB) als freiwillige Wiedergutmachung soll dem Opfer ermöglichen sein Interesse an einer Schadenskompensation durchzusetzen und dem Täter die Folgen seiner Tathandlung vor Augen zu führen.[338] Grundsätzlich erforderlich ist ein „kommunikativer Prozess zwischen Täter und Opfer“,[339] der sich auf eine Wiedergutmachungsvereinbarung richten muss, eine bloße Schadensregulierung genügt hingegen nicht.[340] Ziel ist es eine persönliche Begegnung zwischen Opfer und Täter zu ermöglichen, um eine Konfliktlösung herbeizuführen.[341] Regelmäßig geht damit ein Geständnis des Täters einher.[342] Die Schadenswiedergutmachung (§ 46a Nr. 2 StGB) ist ebenfalls eine freiwillige Wiedergutmachung

332 BVerfG NJW 1979, S. 207, S. 208.

333 BGH NStZ 1984, S. 311, S. 312; BGH NStZ 1989, S. 262, S. 262f.; BGH, Urt. v. 15.12.1987 – 1 StR 498/87; BGH, Urt. v. 17.08.2004 – 5 StR 93/04; BVerfG NJW 1979, S. 207ff.

334 BGH NJW 2004, S. 3350, S. 3353.

335 BGH, Urt. v. 07.07.1993 – 2 StR 17/93; BGH, Urt. v. 22.10.2004 – 1 StR 248/04; *Schäfer/Sander/van Gemmeren,* (2012), S. 266 RN. 923f.; BGH, Beschl. v. 07.11.2016 – 2 Ars 386/15.

336 BGH, Urt. v. 21.01.2004 – 1 StR 346/03;

337 BGH, Beschl. v. 28.09.2010 – 5 StR 358/10; BGH NJW 1997, S. 2460, S. 2461.

338 *Meier,* (2014), S. 403.

339 *Schäfer/Sander/van Gemmeren,* (2012), S. 305 RN. 1035.

340 BGH, Urt. v. 31.05.2002 – 2 StR 73/02.

341 *Meier,* (2014), S. 404.

342 BGH, Urt. v. 19.12.2002 – 1 StR 405/02; BGH, Urt. v. 06.02.2008 – 561/07.

und verlangt einen Ausgleich des eingetretenen (materiellen) Schadens.[343] Dabei muss die Wiedergutmachung rein rechnerisch über dem angerichteten Schaden liegen;[344] denn aus der Leistung muss sich der Ausdruck der Übernahme von Verantwortung gegenüber dem Opfer ergeben.[345] Bei Vorliegen der Voraussetzung kann das Gericht die angedrohte Strafe mildern.[346] Für die Annahme des Vorliegens genügen ernsthafte Bestrebungen seitens des Täters.[347] Es bedarf einer umfassenden Abwägung aller strafzumessungsrelevanten Tatsachen; dabei orientieren sich die Anforderungen an die Strafmilderung an der Schwere des verwirklichten Delikts.[348] Sofern eine Strafmilderung nach §§ 46a, 49 Abs. I StGB in Betracht kommt, hat sich das erkennende Gericht in den Urteilsgründen mit dem Vorliegen der Voraussetzungen auseinanderzusetzen.[349]

Ob ein Täter-Opfer-Ausgleich auch im Rahmen eines Tötungsdelikts möglich ist, ist umstritten. So ist doch der Einwand, dass das Opfer des Tötungsdelikts nicht mehr in der Lage für einen kommunikativen Prozessist, nachvollziehbar und verständlich. Eine Kommunikation mit dem Mordopfer ist zwangsläufig ausgeschlossen. Allerdings ist unter Berücksichtigung der zwingenden kommunikativen Auseinandersetzung mit der Tat ein Dialog zwischen Täter und Angehörigen möglich. Denn die vom Gesetz zwingende Voraussetzung, „dass sich die Tat gegen ein persönlich betroffenes Opfer gerichtet haben muss",[350] liegt durch das Tötungsdelikt vor. Der Gesetzestext gibt hingegen keine weiteren zwingenden Voraussetzungen vor, sodass die nahen Angehörigen des Getöteten für den kommunikativen Prozess in Betracht kommen. Schließlich ergibt sich gleiches Problem im Falle der Nebenklage eines Mordverfahrens, bei dem ebenfalls auch Angehörige als Nebenkläger zugelassen sind (vgl. § 395 Abs. 2 Nr. 2 StPO).[351] Leistet der Angeklagte finanzielle Unterstützung beispielsweise durch die Übernahme der Beerdigungskosten des Opfers oder durch Tragen der Therapiekosten der Angehörigen des Opfers, könnte eine Schadenswiedergutmachung in Betracht kommen, wenn dadurch der Angeklagte seine Übernahme von Verantwortung zum Ausdruck bringt.[352]

---

343 *Meier,* (2014), S. 405; *Schäfer/Sander/van Gemmeren,* (2012), S. 307 RN. 1036.
344 BGH NJW 2003, S. 1466, S. 1469; BGH NStZ 2002, S. 364, S. 365.
345 BGH NStZ 200, S. 592, S. 593.
346 *Meier,* (2014), S. 417.
347 S.o.
348 *Dölling/Hartmann,* (2004), S. 382.
349 *Schäfer/Sander/van Gemmeren,* (2012), S. 307 RN. 1038.
350 *Meier,* (2014), S. 409.
351 *Velten,* in: SK-StPO (2012) § 395 RN. 21.
352 OLG Hamm, Beschl. v. 30.08.2007 – 3 Ss 226/07.

V. Hilfe zur Aufklärung/Verhinderung von schweren Straftaten (§ 46b Abs. 1 StGB)

Die sogenannte Kronzeugenregelung[353] stellt eine Strafmilderung für den kooperativen Täter dar, der bei „einer nicht der einfachen Kriminalität zuzurechnenden Straftat Aufklärungs- oder Präventionshilfe in Bezug auf eine Tat der Schwerstkriminalität oder der mittelschweren Kriminalität leistet, für die tendenziell ein Ermittlungsdefizit des Staates zu beklagen ist".[354] Die Strafmilderung kommt neben dem Täter auch für Anstifter und Gehilfen in Betracht.[355] Schon der Gesetzeswortlaut zeigt, dass die Anlasstat nur eine solche Straftat ist, die mit einer im Mindestmaß erhöhten oder mit lebenslanger Freiheitsstrafe bedroht ist.[356] Für die Anforderungen der Strafmilderung hat der Täter bezüglich einer Tat nach § 100a Abs. 2 StPO Aufklärungshilfe zu leisten, indem er durch freiwilliges Offenbaren seines Wissens erheblich zur Aufdeckung beiträgt.[357] Die Anlasstat muss mit der aufzuklärenden Tat in einem Zusammenhang stehen.[358] Dafür ist jedoch nicht erforderlich, „dass die offenbarte Tat Teil der prozessualen Tat nach§ 264 StPO ist, wegen der der ‚Kronzeuge' angeklagt ist".[359] Maßgebend ist die freiwillige Aufdeckung einer Tat, wodurch ein bislang unbekannter Tatbeteiligter ermittelt werden oder es zur Überführung eines bislang tatverdächtigen Tatbeteiligten kommen kann.[360] Diese Offenbarung hat freiwillig, also autonom zu erfolgen. Ist oder war der Täter an der aufzuklärenden Tat als Täter oder Teilnehmer beteiligt, muss sich die Aufdeckung über den eigenen Tatbeitrag hinaus erstrecken, § 46b Abs. 1 S. 3 StGB. Dabei ist ein vollumfängliches Geständnis notwendige Voraussetzung, allein das Geständnis genügt aber nicht für die Annahme des § 46b Abs. 1 S. 3 StGB.[361] Der Umstand, dass der Täter seinen Tatbeitrag leugnet, ist im Rahmen der Gesamtabwägung (§ 46b Abs. 2 StGB) heranzuziehen.[362] Eine Strafmilderung kommt nur dann in Betracht, wenn die freiwillige Offenbarung zielführend war und eine andere Straftat im Sinne von § 100a Abs. 2 StPO aufgedeckt werden konnte. Ein bloßes Aufklärungsbemühen genügt nicht. Ferner hat die freiwillige Offenbarung noch vor dem Eröffnungsbeschluss zu erfolgen (§ 46b Abs. 3 StGB). Maßgebliche Kriterien für eine Strafmilderung sind „die Art und (der) Umfang der offenbarten Tatsachen und deren Bedeutung für die Aufklärung oder Verhinderung der Tat, der Zeitpunkt der Offenbarung, das Ausmaß der

353 *Schäfer/Sander/van Gemmeren,* (2012), S. 308 RN. 1039.
354 BT-Drs. 16/6268, S. 2.
355 *Fischer,* (2016), § 46b RN. 7.
356 *Fischer,* (2016), § 46b RN. 6.
357 BT-Drs. 16/6268, S. 11.
358 *Fischer,* (2016), § 46b RN. 9b; BT-Drs. 17/9695, S. 1, 6.
359 BT-Drs. 17/9695, S. 8.
360 *Fischer,* (2016), § 46b RN. 10.
361 BGH, Urt. v. 27.03.2012 – 3 StR 83/12.
362 BGH NStZ-RR 2012, S. 201.

Unterstützung der Strafverfolgungsbehörden durch den Täter und die Schwere der Tat, auf die sich seine Angaben beziehen"[363] sowie die Schuld des Täters. An die Stelle der lebenslangen Freiheitsstrafe tritt eine zeitige Freiheitsstrafe von mindestens 10 Jahren, wenn die lebenslange Freiheitsstrafe, wie bei Mord, ausschließlich angedroht ist (§ 46b Abs. 1 S. 1).[364]

VI. Milderung des allgemeinen Strafrechts für Heranwachsende (§ 106 Abs. 1 JGG)

Sind Heranwachsende wegen Mordes angeklagt, muss das Gericht entscheiden, ob der Angeklagte nach Erwachsenenstrafrecht oder nach Jugendstrafrecht verurteilt wird, § 105 Abs. 1 JGG.[365] Bei einer Verurteilung wegen Mordes nach allgemeinem Strafrecht droht dem Heranwachsenden die lebenslange Freiheitsstrafe. Das erkennende Gericht kann die Strafe nach § 106 Abs. 1 JGG fakultativ mildern. Folglich kann der Heranwachsende statt zu einer lebenslangen Freiheitsstrafe zu einer zeitigen Freiheitsstrafe von 10 bis zu 15 Jahren verurteilt werden. Die Gerichte tendieren dazu, die Strafe bei Heranwachsenden nach § 106 Abs. 1 JGG zu mildern.[366] Nach Ansicht des BGH ist die Anwendung des § 106 Abs. 1 JGG subsidiär, sobald bereits eine Milderung nach § 49 Abs. 1 StGB angewendet wird und es dadurch schon zu keiner Verurteilung zur lebenslangen Freiheitsstrafe kommt.[367] Der Gesetzgeber wollte dem Heranwachsenden auch bei schwersten Verbrechen die Möglichkeit der Resozialisierung geben[368] und dadurch ermöglichen, dass der noch am Anfang seines Lebens stehende Heranwachsende nicht „lebenslang" inhaftiert wird.

VII. Beihilfe (§ 27 Abs. 2 S. 2 StGB)

Daneben erscheint das Eingreifen obligatorischer Strafmilderungsgründe möglich, die ein Abweichen von der absolut angedrohten lebenslangen Freiheitsstrafe erzwingen. Unterstützt der Teilnehmer die vorsätzliche, rechtswidrige Tat des Haupttäters ohne ein eigenes Interesse an der Tatverwirklichung zu haben, kommt eine Strafbarkeit wegen Beihilfe in Betracht.[369] Dabei kommt als Unterstützungshandlung jede Handlung in Betracht, die zu irgendeinem Zeitpunkt der Tatbestandsverwirklichung förderlich war.[370] Maßgebend nach Ansicht des BGH ist die Einstellung des Täters zur Tat: Will der Täter nur eine fremde Tat fördern,

363 BT-Drs. 16/6268, S. 7.
364 *Schäfer/Sander/van Gemmeren,* (2012), S. 313 RN. 1055.
365 *Streng,* (2016), RN. 69.
366 *Kreuzer,* (1977), S. 51; *Hess,* (2010), S. 169, 179.
367 BGH NStZ 2005, S. 166ff.
368 *Eisenberg,* (2017), § 106 RN. 2, 4.
369 *Fischer,* (2016), § 27 RN. 2.
370 BGH NStZ 2012, S. 264; BGH NJW 2000, S. 3010, S. 3010.

so ist der Täter Gehilfe;[371] selbst dann, wenn er selbst alle Tatbestandsmerkmale verwirklicht.[372] So wurde in dem Staschynskij-Fall[373] der die Tat Ausführende wegen Beihilfe zum Mord verurteilt, da er sich der Übermacht der Staatsautorität nicht widersetzen konnte und die Verbrechensbefehle innerlich missbilligte und ihnen widerstrebte.[374] Der BGH stellt allein auf den Willen des Tatausführenden ab, trotz unmittelbarer Nähe zur Tatbestandsverwirklichung, wird der „Mörder" zu zeitiger Freiheitsstrafe verurteilt. Begeht der Täter die Tat also nicht als eigene, richtet sich die Strafe des Gehilfen grundsätzlich nach der Strafdrohung für den Täter, sie ist aber zwingend zu mindern.[375] Solche strafzumessungsrelevanten Faktoren, die bei der Haupttat straferschwerend bewertet wurden, können nur dann auch für den Gehilfen straferschwerend berücksichtigt werden, soweit dieser von den Umständen Kenntnis hatte. Durch die (rechtsdogmatische[376]) Entwicklung der subjektiven Theorie kommt das justizielle Bedürfnis des Abweichens von der Höchststrafe zum Ausdruck.

Das Staschynskij-Urteil zeigte bereits, dass die vorhandenen, gesetzlichen Strafmilderungsgründe dann an ihre Grenzen stoßen, wenn der Täter aufgrund staatlich angeordneter und organisierter Befehle Mordtaten begeht.[377] Im Hinblick auf die Verbrechen unter dem nationalsozialistischen Regime gab es deswegen die Überlegung einen übergesetzlichen Schuldmilderungsgrund zu schaffen, der die Verstrickung in staatlich befohlene Verbrechen einzelfallgerecht und schuldangemessen sanktioniert.[378] Die höchstrichterliche Rechtsprechung lehnte diesen Milderungsgrund entschieden ab, und verwies darauf, dass bei Verstrickungen in einen brutalen Machtapparat bereits außergewöhnliche Umstände des Einzelfalls über die subjektive Theorie der Rechtsprechung berücksichtigt werden.[379]

Nach der neueren Entwicklung der Rechtsprechung des BGH wird für die Abgrenzung von Täterschaft und Teilnahme eine wertende Betrachtung der zugrunde liegenden Tatumstände unternommen.[380] Dabei fließen in die Bewertung das Maß des eigenen Interesses am Taterfolg, der Umfang der Tatbeteiligung und der Tatherrschaft bzw. der Wille zur Tatbeteiligung mit ein.[381]

---

371 BGH NJW 1951, S. 120; BGH NJW 1954, S. 1374, S. 1375.
372 BGHSt 18, 87.
373 BGHSt 18, 87.
374 BGH NJW 1963, S. 355, S. 358.
375 *Heine*, in: Schönke/Schröder (2010), § 27 RN. 32.
376 BGH NJW 1976, S. 1756, S. 1758.
377 Vgl. nicht rechtskräftig, LG Hamburg, Urt. v. 09.03.1976 – (90) 2/75.
378 Nicht rechtskräftig, LG Hamburg, Urt. v. 09.03.1976 – (90) 2/75; vgl. BGH NJW 1978, S. 1336, S. 1336f.; BVerfG NJW 1980, S. 1943, S. 1943ff.
379 BGH, Urt. v. 23.02.1978 – 4 StR 660/77; BVerfG NJW 1980, S. 1943, S. 1944.
380 BGH NJW 1994, S. 671, S. 671; BGH NJW 2003, S. 446, S. 447.
381 BGH NJW 1991, S. 1068, S. 1069; BGH NStZ 1988, S. 406, S. 406; BGH NStZ 1985, S. 165, S. 165.

VIII. Besondere persönliche Merkmale (§ 28 Abs. 1 StGB)

Durch die Regelung des § 28 Abs. 1 StGB können Täter und Teilnehmer derselben Tat einzelfallgerechter bestraft werden, wenn besondere persönliche Merkmale die Strafbarkeit begründen (§ 28 Abs. 1 StGB) oder schärfen, mildern, ausschließen (§ 28 Abs. 2 StGB). Soweit das persönliche Merkmal strafbegründend ist, muss dieses Merkmal zur Begründung der Strafbarkeit bei dem Haupttäter vorliegen.[382] Fehlt bei dem Teilnehmer das entsprechende persönliche Merkmal des Haupttäters, bleibt es zwar bei der Strafbarkeit wegen Teilnahme an der vorsätzlichen, rechtswidrigen Tat des Haupttäters, die Strafe ist jedoch nach § 49 Abs. 1 StGB zu mildern. Ist hingegen das persönliche Merkmal strafschärfend, strafmildernd oder strafausschließend, so kommt dem Merkmal nur dann Bedeutung zu, soweit es bei dem Betroffenen vorliegt. Ob die Mordmerkmale strafbegründende oder strafschärfende besondere persönliche Merkmale sind, ist in der Literatur und in der Rechtsprechung umstritten. Versteht man den Mordtatbestand als Qualifikation zum Totschlag, so sind die Mordmerkmale strafschärfende persönliche Merkmale, sodass § 28 Abs. 2 StGB Anwendung findet. Geht man – so wie die Rechtsprechung – davon aus, dass Totschlag und Mord eigenständige voneinander unabhängige Tatbestände sind, gelangt man zu der Anwendung des § 28 Abs. 1 StGB, da das Vorliegen der Mordmerkmale strafbegründend ist. Da sich die obligatorische Strafrahmenverschiebung auf täterbezogene Mordmerkmale bezieht, unterfallen tatbezogene Mordmerkmale nicht der Regelung. Es bleibt bei „der streng akzessorischen Bestrafung des Teilnehmers, für eine Akzessorietätslockerung nach § 28 I oder II ist hier kein Raum“.[383] Für tatbezogene Mordmerkmale, wie die Mordmerkmale Heimtücke,[384] grausam, mit gemeingefährlichen Mitteln, findet deshalb die Regelung des § 28 Abs. 1 StGB keine Anwendung. Liegen die Voraussetzungen vor, ist die Strafe zwingend zu mildern. Wird ein Angeklagter, der keine strafbarkeitsbegründenden täterbezogenen Merkmale aufweist, wegen Beihilfe verurteilt, kommt es nach §§ 28 Abs. 1, 27 Abs. 2 S. 2 StGB zur Doppelmilderung, da hier zwei zwingende Strafmilderungsgründe vorliegen.[385] Da die Rechtsprechung des BGH den Mordtatbestand als eigenes Delikt erkennt und zur Anwendung des § 28 Abs. 1 StGB kommt, kommt es für die Strafbarkeit des Teilnehmers nicht darauf an, ob dieser selbst ein Mordmerkmal erfüllt. Vielmehr genügt, dass der Haupttäter den Mord verwirklicht und der Teilnehmer von dem Vorliegen des Mordmerkmals Kenntnis hat. Fehlen dem Teilnehmer täterbezogene Mordmerkmale, ist seine Strafe zu mildern. Bei Vorliegen der tatbezogenen Mordmerkmale wird der Teilnehmer dann wegen Mordes bestraft, wenn der Haupttäter ein tatbezogenes Mordmerkmal verwirklicht und

382 *Schäfer/Sander/van Gemmeren,* (2012), S. 315 RN. 1060.
383 BGH, Urt. v. 12.01.2005 – 2 StR 229/04.
384 BGH NStZ 2000, S. 421, S. 422.
385 *Schäfer/Sander/van Gemmeren,* (2012), S. 317 RN. 1066.

der Vorsatz des Teilnehmers das tatbezogene Mordmerkmal erfasst. Hat der Teilnehmer jedoch keinen Vorsatz bzgl. des tatbezogenen Merkmals, wird er wegen Totschlags nach § 212 StGB verurteilt. Bei Mittäterschaft ist für jeden einzelnen Täter das Vorliegen von Mordmerkmalen zu prüfen.[386] Auch hier versucht der Gesetzgeber dem Gericht die Möglichkeit an die Hand zu geben, von der absolut angedrohten Freiheitsstrafe abzuweichen, und zwar dann, wenn der Teilnehmer kein Mordmerkmal erfüllt. Der Gesetzgeber stellt damit ausdrücklich klar, dass gerade die Verwirklichung der Mordmerkmale die Verurteilung zu lebenslanger Freiheitsstrafe führen.

IX. Versuch der Beteiligung (§ 30 Abs. 1 S. 2 StGB)

Auch die versuchte Beteiligung an einem Mord zwingt das Gericht zu einer Strafmilderung, § 30 Abs. 1 S. 2 StGB. Die Strafbarkeit der versuchten Beteiligung (§ 30 Abs. 1 S. 2 StGB) erfasst solche Sachverhaltskonstellationen, in denen der zur Haupttat angestiftete Haupttäter den anvisierten Tatbestand nicht verwirklicht.[387] Der Strafgrund ist in dem Auslösen eines selbstständigen und für den Anstifter nicht mehr beherrschbaren gefährlichen Kausalverlaufs zu sehen.[388] Die weiteren Tatbestände des Abs. 2 erfassen ebenfalls die vom Vorsatz erfasste Vorbereitungshandlung für Verbrechen. Auch bei diesem Unrechtstatbestand dominiert der Strafgrund, dass Vorbereitungshandlungen zu geplanten Verbrechen durch Zusammenwirken von mehreren Beteiligten getroffen werden.[389]

X. Entschuldigender Notstand (§ 35 Abs. 2 S. 2 StGB)

Auch aus Gründen, die – dogmatisch ausgedrückt – auf Schuldebene angesiedelt sind, wie schon die Milderungsvorschriften des Verbotsirrtums (§ 17 StGB) und der verminderten Schuldfähigkeit (§ 21 StGB), ist eine obligatorische Strafmilderung möglich. Der entschuldigende Notstand greift dann ein, wenn sich der Täter in einer außergewöhnlichen Situation befindet, „die ein normgerechtes Verhalten als unzumutbar und damit nicht strafwürdig erscheinen lässt“[390].[391] Voraussetzung ist eine gegenwärtige, nicht anders abwendbare Gefahr für ein notstandsfähiges Rechtsgut (Leib, Leben oder Freiheit).[392] Dafür darf es keine andere rechtmäßige, mildere Abwehrmaßnahme – bspw. Flucht – geben.[393] Liegen die Voraussetzungen tatsächlich nicht vor und irrt der Täter über die

386 BGHSt 36, 231.
387 *Rengier,* (2015), § 47 RN. 6.
388 BGH NJW 1998, S. 2835, S. 2835.
389 *Fischer,* (2016), § 30 RN. 2.
390 *Rengier,* (2015), § 26 RN. 1.
391 *Lackner/Kühl,* (2014), § 35 RN. 1.
392 *Lackner/Kühl,* (2014), § 35 RN. 3.
393 BGH NJW 1966, S. 1823, S. 1824.

tatsächlichen Voraussetzungen des Notstandes, finden die Regelungen des Notstandes nach § 35 Abs. 1 StGB keine Anwendung; insbesondere fehlt es an den Voraussetzungen, soweit der Täter nicht das tatsächlich mildere Mittel zur Gefahrenabwehr ergreift.[394] In dieser Fallkonstellation kann die Vorschrift des § 35 Abs. 2 StGB herangezogen werden, wenn der Täter über Umstände irrt, die ihn entschuldigen würden.[395] War der Irrtum für den Täter unvermeidbar, handelt er ohne Unrechtsbewusstsein. Für die zugrunde liegende Untersuchung sind jedoch die Fälle interessant, bei denen der Irrtum vermeidbar war und es zu einer Strafmilderung nach § 49 Abs. 1 StGB kommt. Zu berücksichtigen ist dabei, „dass der Täter umso sorgfältiger prüfen (muss), ob die Tat den einzigen Ausweg darstellt, je schwerer das Delikt ist".[396]

Hier kommt zunächst die Konstellation des Haustyrannenmordes in Betracht: Bei der Tötung des Haustyrannen tötet der Täter die Person, die ihn „über viele Jahre hinweg durch zunehmend aggressive Gewalttätigkeiten und Beleidigungen immer wieder erheblich verletzt und gedemütigt"[397] hat. Der Tatsituation geht häufig eine verbale und/oder körperliche Auseinandersetzung voraus.[398] Regelmäßig leidet die Täterin unter den physischen und psychischen Attacken des Ehemanns. Letztlich nimmt sie als einzigen Ausweg die Tötung ihres Peinigers wahr.[399] Dabei dominiert das zugrunde liegende Motiv der „Beseitigung des Tyrannen, der die Familie quält, oft in grausamster Form, so daß die Tötung zuweilen einer Notwehrhandlung gleichkommt".[400] Die in der Regel körperlich unterlegene Täterin tötet das Opfer im Schlaf oder durch Vergiftungen. Also insbesondere dann, wenn sich das Opfer keines Angriffs versieht, es also arglos und aufgrund der Arglosigkeit wehrlos ist. So wird mitunter das Mordmerkmal der Heimtücke verwirklicht,[401] was im Ergebnis zur Verurteilung wegen Mordes zu lebenslanger Freiheitsstrafe führt.

Bei der Verurteilung ist aber zu berücksichtigen, ob die Täterin bei der Tötung irrig davon ausging, entschuldigt zu handeln, gem. §§ 35 Abs. 2 S. 1, 49 Abs. 1 Nr. 1 StGB.[402] Grundsätzlich ist die Angeklagte gehalten sich „intensiv um einen anderen Lösungsweg"[403] zu bemühen, um die Tötung des Opfers zu verhindern. Auch wenn der Angeklagte über einen lang andauernden Zeitraum hinweg Demütigungen ausgesetzt ist – sich der Konflikt also über einen Zeitraum

394 BGHSt 48, 255.
395 *Perron/Weißer*, (2019), in Schönke/Schröder (2019) § 35 RN. 42f.
396 *Perron/Weißer*, (2019), in Schönke/Schröder (2019) § 35 RN. 43.
397 BGH NJW 2003, S. 2464, S. 2464.
398 *Gropengießer*, (2008), S. 13; *Oberlies*, (1997), S. 135.
399 *Schneider*, (2008), S. 773.
400 *Middendorf*, (1984), S. 61; *Nedopil/Müller*, (2012), S. 318.
401 *Oberlies*, (1997), S. 138f.
402 BGH, Urt. v. 25.03.2003 – 1 StR 483/02.
403 BGH NStZ 1984, S. 20, S. 20; BGH, Urt. v. 22.09.1983 – 4 StR 369/83.

erstreckt und juristisch von einer Dauergefahr gesprochen werden kann[404] – hat er „anderweitige Abwendungsmöglichkeiten“[405] zu ergreifen im Sinne des § 35 Abs. 1 StGB. In einer solchen Konstellation ist nicht von einer geminderten Tatschuld auszugehen.[406] Insbesondere kann die Hilfe Dritter in Anspruch genommen werden;[407] in Betracht kommen hier staatliche Stellen, wie beispielsweise die Polizei oder karitative Einrichtungen, um der Dauergefahr durch den Haustyrannen zu entkommen.[408] Von der Notwendigkeit, die Hilfe Dritter heranziehen zu müssen, wird dann abgewichen, soweit „auf Grund konkreter Anhaltspunkte des Einzelfalls“[409] eine Abwendung der Gefahr als unmöglich erscheint.[410] Dies darf insbesondere dann angenommen werden, sofern bereits die Vergangenheit gezeigt hat, dass trotz Kenntnis der Behörden und Hilfesuchens durch die tyrannisierte Person entweder nicht eingeschritten wurde oder Hilfemaßnahmen versagten. Unterlässt sie das Hilfeersuchen und tötet sie den Tyrannen, so kann im Einzelfall ein unvermeidbarer Irrtum nach § 35 Abs. 2 StGB vorliegen: Ein unvermeidbarer Irrtum darf angenommen werden, wenn das tyrannisierte Opfer einer immer weiter zunehmenden Gewaltspirale ausgesetzt ist und keinen anderen Ausweg sieht. So wird davon ausgegangen, dass sich aufgrund der subjektiv wahrgenommenen Ausweglosigkeit ein für die spätere Täterin nicht vermeidbarer Irrtum vorlag. Trotz Anerkenntnis der subjektiv wahrgenommenen ausweglosen Gewaltbeziehung werden die Täterinnen wegen Mordes verurteilt und die Strafe wird obligatorisch nach §§ 35 Abs. 2 S. 1, 49 Abs. 1 Nr. 1 StGB gemindert.[411]Allerdings wirkt sich bereits bei Anklageerhebung aus, ob bei der Tötung außergewöhnliche Umstände des Einzelfalls vorlagen; liegen diese vor, so wird die Anklage wegen Totschlags und nicht wegen Mordes erhoben.[412]

XII. Rechtsfolgenlösung des BGH (BGHSt 30, 105)

Wenn der entschuldigende Notstand mangels Vorliegens der Tatbestandsvoraussetzungen nicht angenommen wird, ist es möglich mittels der vom BGH entwickelten Rechtsfolgenlösung (BGHSt 30, 105) die Strafe zu mildern. Die Rechtsfolgenlösung ist nur subsidiär heranzuziehen.[413] Der Große Strafsenat hat in seinem Urteil vom 19.05.1981 zu erkennen gegeben, dass bei Vorliegen

---

404 *Rengier,* (2015), S. 177 RN. 12.
405 BGH NJW 2003, S. 2464, S. 2467.
406 BGH NStZ 1984, S. 20, S. 20.
407 BGH, Urt. v. 25.03.2003 – 1 StR 483/02 LS. 1; BGH, Beschl. v. 23.11.2004 – 1 StR 331/04.
408 *Gropengießer,* (2008), S. 86; BGH NJW 2003, S. 2464, S. 2467.
409 BGH NJW 2003, S. 2464, S. 2467.
410 BGH NStZ 2015, S. 154, S. 155.
411 BGH NJW 2003, S. 2464, S. 2464.
412 *Körber,* (2015b), S. 642.
413 BGH, Urt. v. 25.03.2003 – 1 StR 483/02.

außergewöhnlicher Umstände die Strafe nach § 49 Abs. 1 Nr. 1 StGB gemildert werden kann, nämlich dann, wenn §§ 35 Abs. 2 S. 1, 49 Abs. 1 Nr. 1 StGB nicht greift. Unter dem Merkmal „außergewöhnlicher Umstände" lässt sich auch die Tötung des sogenannten Haustyrannen subsumieren.[414] Bei der heimtückischen Tötung kommt bei Vorliegen außergewöhnlicher Umstände eine Strafmilderung in Betracht (sog. „Rechtsfolgenlösung"). Solche Umstände liegen insbesondere bei besonders gelagerten rechtfertigungs- oder entschuldigungsnahen Sachverhaltskonstellationen vor.[415] Liegen außergewöhnliche Umstände vor, die die heimtückische Tötung bedingen, so kann, obwohl der Täter wegen Mordes schuldig gesprochen wird, von der Verhängung der lebenslangen Freiheitsstrafe abgesehen werden.[416] Die Strafe wird im Sinne der Vorschrift des § 49 Abs. 1 Nr. 1 StGB gemindert. Die Rechtsfolgenlösung kann nach der Rechtsprechung nur bei dem Mordmerkmal der Heimtücke angewendet werden.[417] Bereits das BVerfG stellte 1977[418] fest, dass im Einzelfall die Strafandrohung der lebenslangen Freiheitsstrafe aufgrund spezifischer, sogenannter „außergewöhnlicher", Umstände nicht in einem gerechten Verhältnis zur Schwere der Tat und zum Maß der Schuld des Täters stehen kann. Dies sei insbesondere dann der Fall, wenn der Tötung „nicht das Merkmal der besonderen Verwerflichkeit der Tat anhaftet"[419] und sich die Verhängung der absoluten Strafe dadurch als unverhältnismäßige Härte darstellt. Außergewöhnliche Umstände des Einzelfalls können „durch notstandsnahe, (aus einer) ausweglos erscheinende(n) Situation motivierte, in großer Verzweiflung begangene, aus tiefem Mitleid oder aus „gerechtem Zorn" aufgrund einer schweren Provokation verübte Taten"[420] vorliegen. Aber auch Taten, „die in einem vom Opfer verursachten und ständig neu angefachten, zermürbenden Konflikt oder in schweren Kränkungen des Täters durch das Opfer, die das Gemüt immer wieder heftig bewegen",[421] können außergewöhnliche Umstände des Einzelfalls aufweisen. Fremde sozio-kulturelle Wertvorstellungen des Täters können den Charakter des Außergewöhnlichen darstellen, soweit diese in der Persönlichkeit des Täters oder in Besonderheiten der Tat zu erkennen sind.[422] So hat „die Bindung eines Täters an fremdkulturelle Anschauungen und Wertvorstellungen, die dazu führt, die Beweggründe des Täters nicht als niedrig i. S. des § 211 Abs. 2 StGB zu bewerten, selbstverständlich nicht ohne weiteres zur Folge, daß damit auch

414 BGH, Urt. v. 25.03.2003 – 1 StR 483/02; NJW 2003, S. 2464, S. 2464ff.
415 BGHSt 30, 105; BGH, Urt. v. 06.04.2016 – 5 StR 504/15, LS. 2.
416 BGH, Beschl. v. 19.05.1981 – GSSt 1/81, LS.; *Scheffler*, JR 1996, S. 485 – 491 (491); *Detter* (2009), S. 14; *Kroschel/Meyer-Goßner*, (1983), S. 148.
417 BGHSt 35, 116; BGHSt 42, 301; BGH Urt. v. 06.04.2016 – 5 StR 504/15, LS. 1.
418 BVerfGE 45, 187.
419 BGH NJW 1977, S. 1525, S. 1533.
420 BGH NJW 1981, S. 1965, S. 1968.
421 Vgl. oben.
422 BGH NStZ 1982, S. 69, S. 69; BGH NJW 1983, S. 54, S. 55; BGH NJW 1983, S. 55, S. 56.

außergewöhnliche Umstände vorlägen, die den Schuldgehalt eines heimtückisch begangenen Mordes so minderten, daß die Verhängung lebenslanger Freiheitsstrafe unverhältnismäßig wäre. Sie kann aber im Einzelfall den Täter in eine Situation schwerster seelischer Bedrängnis oder Erregung bringen, die ihn aus seiner Sicht nahezu zwingend zur Tat führt und die eine entsprechende Schuldminderung bedingt."[423] Maßgebend ist, „daß es sich vielmehr um einen ‚Grenzfall' handeln muß, in dem die Verhängung lebenslanger Freiheitsstrafe trotz der Schwere des tatbestandsmäßigen Unrechts wegen erheblich geminderter Schuld unverhältnismäßig wäre."[424] Liegen derartige außergewöhnliche Umstände vor, bedarf es einer schuldangemessenen Strafe, die unterhalb der lebenslangen Freiheitsstrafe zu treffen ist. Dies, so der Große Senat des BGH, lässt sich auf der Rechtsfolgenseite mittels der analogen Anwendung des § 49 Abs. 1 Nr. 1 StGB erreichen: „Entlastungsmomente"[425] in Form außergewöhnlicher Umstände führen auf der Rechtsfolgenseite zur Anwendung der Tatschuldminderung.

Der Exklusivitäts-Absolutheits-Mechanismus des aktuellen Mordtatbestands erscheint reformbedürftig, da auch die Rechtsprechung auf das bestehende Problem aufmerksam macht, dass Mord nicht gleich Mord ist und dass im Einzelfall eine Strafzumessungsentscheidung notwendig ist. Entlastungsfaktoren sind also auch bei Mord denkbar, die dazu führen, dass die Verurteilung zu lebenslanger Freiheitsstrafe unverhältnismäßig erscheint. Die Rechtsfolgenlösung des BGH zeigt die Grenzen schulddifferenzierten Strafens bei Mord.

E. Gesetzliche Möglichkeiten zur Strafschärfung

Auf dem ersten Blick ist es nur schwer vorstellbar, dass die lebenslange Freiheitsstrafe noch „geschärft" werden kann, weil im deutschen Recht die Verurteilung zu lebenslanger Freiheitsstrafe der härteste und zugleich höchste vorstellbare Freiheitsentzug ist (vgl. § 54 Abs. 1 S. 1 StGB). Bewusst hat sich der Gesetzgeber ja gegen die Todesstrafe entschieden (vgl. Kap. 1.C.I.). Durch das 23. StrÄndG von 1986 (BGBl. I S. 393) wurde die Regelung eingeführt, dass aus mehreren Verurteilungen zu lebenslanger Freiheitsstrafe nur eine lebenslange Gesamtfreiheitsstrafe gebildet wird und nicht mehr die Verurteilung zu „zweimal lebenslang" möglich ist. Der Gesetzgeber hat aber die Möglichkeit durch die Feststellung der besonderen Schuldschwere (§ 57a Abs. 1 S. 1 Nr. 2 StGB) eingefügt, die Strafe dadurch zu erschweren, dass es eine Strafrestaussetzung nach mindestens 15 Jahren verwehrt.[426]

Grundsätzlich orientiert sich die Strafrahmenverschiebung nach oben, wenn mehrere Delikte durch eine Tathandlung in Tateinheit (§ 52 StGB) oder mehrere

423 BGH NJW 1983, S. 55, S. 56.
424 Vgl. oben.
425 Vgl. oben.
426 *Streng*, (2017), S. 509f.

Delikte durch verschiedene Tathandlungen in Tatmehrheit (§ 53 StGB) vorliegen. Ist eine Einzelstrafe eine lebenslange Freiheitsstrafe, wie die Verurteilung wegen Mordes, bemisst sich die Gesamtstrafe mehrerer verwirklichter Delikte auf lebenslange Freiheitsstrafe (§ 54 Abs. 1 StGB). Eine weitere Strafe darüber hinaus wird nicht verhängt.

I. Delikte in Tateinheit

Auf Konkurrenzebene ist zunächst zwischen gleichartiger und ungleichartiger Ideal- oder Realkonkurrenz zu unterscheiden: zu differenzieren ist also, ob durch eine Handlung wiederholt die gleiche Norm verletzt wurde, durch eine Handlung mehrere Delikte verwirklicht wurden oder, ob mehrere Handlungen das gleiche Delikt oder verschiedene Delikte verletzten. Für die gleichartige Tateinheit findet eben der Strafrahmen der mehrfach verletzten Norm Anwendung,[427] bei ungleichartiger Idealkonkurrenz ist der Strafrahmen heranzuziehen, der die schwerste Strafe androht (§ 52 Abs. 2 S. 1 StGB). Der Strafrahmen des zurücktretenden Delikts bildet eine Sperrwirkung, da die zurücktretende Strafe nicht unterboten werden darf bei der Findung der Strafe (§ 52 Abs. 2 S. 2 StGB).[428] Bei dem Vorliegen der ungleichartigen Idealkonkurrenz kann es dann zur Strafschärfung kommen, wenn sich die Verletzung der Delikte auf verschiedene Rechtsgüter bezieht.[429] Der vollendete Mordtatbestand umfasst die vollendete Körperverletzung als notwendiges Durchgangsstadium (i.S.d. Einheitstheorie).[430] Die Körperverletzung tritt hinter dem Mordtatbestand subsidiär zurück, da der Unrechtsgehalt bereits im Mord enthalten ist, § 52 Abs. 2 S. 1 StGB. Treffen unterschiedliche Mordmerkmale aufeinander, wird keine Tateinheit angenommen, da lediglich verschiedene Begehungs- und/oder Motivationsformen eines Delikts vorliegen.[431] Die Verwirklichung mehrerer Mordmerkmale kann sich jedoch zu Lasten des Angeklagten auswirken, wenn deswegen eine fakultative Strafmilderung verneint wird.[432]

II. Delikte in Tatmehrheit

Sind mehrere Delikte in Tatmehrheit verletzt, wird auf Gesamtstrafe anerkannt, § 53 Abs. 1 StGB. Dabei ist zunächst für jede einzelne Straftat eine Strafe festzulegen, die dann zusammen die Gesamtstrafe bilden. Bei der Bildung einer

---

427 *Meier,* (2014), S. 180.
428 *Meier,* (2014), S. 181; vgl. Ausführungen unter Kap. 1.D.I.
429 *Meier,* (2014), S. 182.
430 *Eser/Sternberg-Lieben,* (2014) § 211 RN 18; *Schneider,* in: MüKo (2012) § 211 RN 92.
431 Lackner/Kühl (2014), § 211 RN. 17; *Schäfer/Sander/van Gemmeren,* (2012), S. 489 RN. 1636.
432 *Schneider,* in: MüKo (2012) § 211 RN 272.

Gesamtstrafe ist aber zu berücksichtigen, dass, soweit eine der Einzelstrafen eine lebenslange Freiheitsstrafe verlangt, die Gesamtstrafe auf lebenslange Freiheitsstrafe erkannt wird, gemäß § 54 Abs. 1 StGB. Die Gesamtstrafe lebenslange Freiheitsstrafe nach § 54 Abs. 1 StGB wird ungeachtet der Würdigung von Person und Tat ausgesprochen.[433] Auch bei dieser Konstellation ist es möglich, dass zwar Gesetzeskonkurrenz vorliegt, die Handlungsmehrheit jedoch nicht zur Tatmehrheit führt. Relevant erscheint in diesem Kontext die Aburteilung eines Delikts nach dem Waffengesetz: Grundsätzlich wird Tateinheit zwischen der Tötung und dem unerlaubten Führen einer Waffe angenommen, soweit eine Schusswaffe zum Einsatz kommt.[434] Hingegen ist Tatmehrheit anzunehmen, soweit der Täter die Schusswaffe zu einem noch unbestimmten Zweck erworben hat und erst später zur Tötung heranzieht; der Grund ist darin zu erkennen, dass das Gebrauchen der Schusswaffe ein deutlich „intensiveres kriminelles Verhalten“[435] habe und dieser gesteigerte Unrechtsgehalt kann „durch die Annahme von Tatmehrheit verdeutlicht werden“[436]. Erwirbt der Täter hingegen die Schusswaffe um einen bestimmten Menschen zu töten, wird wiederum Tateinheit angenommen. Eine grundsätzlich mitbestrafte Vor- beziehungsweise Nachtat tritt bei Mord zurück, da der Mord im Gesamtkomplex der Straftaten die Nach- beziehungsweise Vortat schwerer wiegt.

Bei einer kannibalistischen Tötung nimmt der BGH an, die Tötung erfolgte zur Ermöglichung einer anderen Straftat, namentlich der Störung der Totenruhe (§ 168 StGB).[437] Denn das nach der Tötung erfolgte Schlachten des Opfers ist das „Verüben beschimpfenden Unfugs“ im Sinne des § 168 Abs. 1 Var. 2 StGB.[438] Die Verarbeitung des Leichnams nach der Tötung bzw. der Schlachtung des Opfers und das anknüpfende Verspeisen verwirklicht den Tatbestand der Störung der Totenruhe gemäß § 168 StGB in Tatmehrheit.[439] Hierfür erscheint nach BGH-Rechtsprechung aber erforderlich, „daß der Täter dem Toten seine Verachtung bezeigen will und sich des beschimpfenden Charakters seiner Handlung bewußt ist.“[440] Ausreichend ist eine Bewertung der Fleischkonsistenz, mit der der Täter „seine Verachtung zum Ausdruck bringen will“.[441] Daneben wird das Mordmerkmal zur Befriedigung des Geschlechtstriebs dann als verwirklicht angesehen,

433 *Streng*, (1984), S. 28.
434 *Schneider*, in: MüKo (2012), § 211 RN 96; NStZ 2007, S. 268, S. 268.
435 *Schneider*, in: MüKo (2012), § 211 RN 96.
436 S.o.
437 *Helmers*, (2016), S. 100; bestätigend: BGH, Urt. v. 06.04.2016 – 5 StR 504/15 in: BeckRS 2016, 07793 – beck-online RN. 11.
438 BGH NStZ 2005, S. 505, S. 506.
439 *Momsen/Jung*, (2007), S. 164; BGH, Urt. v. 06.04.2016 – 5 StR 504/15 in: BeckRS 2016, 07793 – beck-online RN. 23.
440 BGH NStZ 1981, S. 300, LS.
441 *Momsen/Jung*, (2007), S. 164.

soweit „der getötete selbst Bezugsobjekt der Sinneslust des Täters ist (...) und (...) seine Tötung zur Erreichung der sexuellen Befriedigung notwendig ist".[442]

III. Feststellung der besonderen Schuldschwere (§ 57a Abs. 1 Nr. 2 StGB)

Die lebenslange Freiheitsstrafe kann durch die Feststellung der besonderen Schwere der Schuld geschärft werden (§ 57a Abs. 1 Nr. 2 StGB); und zwar dadurch, dass das erkennende Gericht eine besondere Schuldschwere feststellt und damit die Strafrestaussetzung nach 15 Jahren verwehrt.

Die Schuld des Täters ist bei einer Verurteilung wegen Mordes grundsätzlich bereits als „außerordentlich schwer"[443] anzusehen. Bei Feststellung der *besonderen* Schwere der Schuld gibt der Tatrichter zu erkennen, dass die zugrunde liegende Tatbestandsverwirklichung „über das Normale, das Übliche weit hinausgeht".[444] Diese Bewertung hat aufgrund der Gesamtwürdigung von Tat und Täterpersönlichkeit[445] für jeden Einzelfall zu erfolgen. Vom Tatrichter sind die Umstände des Einzelfalls abzuwägen und zu gewichten.[446] Maßgebend ist also, dass sich das gesamte Tatbild unter Einbeziehung der Täterpersönlichkeit und der konkreten Umstände[447] von den üblichen Durchschnittsfällen in herausragender Weise absetzt,[448] über das „Normalmaß" der Schuld hinausgeht[449] und dass trotz günstiger Legalprognose eine Strafaussetzung nach 15 Jahren als unangemessen anzusehen ist.[450] Die besondere Schuldschwere ergibt sich aus der Beurteilung und Wertung der Tatschuld im Sinne von § 46 Abs. 1 S. 1 StGB, denn auch hier werden be- und entlastende Umstände für die Bestimmung der Schuldschwere herangezogen.[451] Für die Bewertung der Schuld als besonders schwer ist auch auf die Persönlichkeit des Täters einzugehen, welche sich regelmäßig in der Art der Unrechtsbegehung äußert.[452] Allein die Tatumstände, ohne Berücksichtigung des Vor- und Nachtatverhaltens, zu bewerten genügt nicht den Anforderungen an

442 BGH NStZ 2005, S. 505, S. 506.
443 BGH NJW 1993, S. 1084, S. 1084.
444 BGH NJW 1992, S. 2947, S. 2948.
445 BGH, Beschl. v. 22.11.1994 – GSSt 2/92; BGHSt 40, 360.
446 BGH NJW 1995, S. 407, S. 408f.; BGH NJW 2014, S. 212ff. (BGH, Beschl. v. 23.01.2014 – 2 StR 637/13); BGH, Urt. v. 03.06.2015 – 2 StR 422/14, LS 2.
447 BGH NJW 1992, S. 2947, S. 2954.
448 BGH, Urt. v. 21.01.1993 – 4 StR 560/92; BGH, Beschl. 07.12.1993 – 5 ARs 65/93; BGH, Beschl. v. 11.08.1993 – 2 StR 384/93.
449 BGH, Beschl. v. 29.12.1993 – 3 Ars 40/93; *Meurer*, JR 1992, S. 441, S. 445.
450 BGH, Urt. v. 21.01.1993 – 4 StR 560/92; NJW 1995, S. 407, S. 407; BGH, Beschl. v. 23.01.2014 – 2 StR 637/13.
451 *Kett-Straub*, (2011), S. 348.
452 S.o.

die Feststellung der besonderen Schuldschwere.[453] Es bedarf einer Gesamtwürdigung von Tat und Täter. Dabei gilt es jedoch die Grenze des Doppelverwertungsverbots (§ 46 Abs. 3 StGB) zu beachten. Um die besondere Schwere der Schuld zu erkennen, dürfen nicht die Merkmale wiederholt herangezogen werden, die bereits zur Bestimmung des Mordmerkmals verwertet wurden.[454]

Verwirklicht der Täter mehrere Mordmerkmale, darf nicht allein schon wegen der Anzahl der Mordmerkmale auf eine besondere Schuldschwere geschlossen werden, vielmehr bedarf es auch bei einem solchen Sachverhalt der Gesamtwürdigung aller Umstände des Einzelfalls.[455] Umstände, die sich auf das verwirklichte Mordmerkmal beziehen, können nur dann als besonders erschwerend in die Bewertung mit einfließen, wenn sie die Grenzen des Mordmerkmals aufgrund einer gravierenden Ausprägung überschreiten.[456] Eine Feststellung der besonderen Schuldschwere einzig darauf gestützt, dass mehrere Mordmerkmale verwirklicht sind, verletzt das Gebot der umfassenden Sachverhaltswürdigung und Bewertung der Tatumstände und Täterpersönlichkeit. Insbesondere verdeutlicht die Konstellation des Raubmordes[457] das neben dem Raubdelikt der Mord durch das Mordmerkmal der Habgier und der Ermöglichungsabsicht vorliegen kann, ohne dass die Schuld besonders schwer wiegen muss. Für eine besonders gesteigerte Schuld nach § 57a StGB können die Opferanzahl sowie die besonders verwerfliche Tatausführung maßgebend sein.[458] So etwa bei Sachverhaltskonstellationen, die neben dem Heimtücke-Mordmerkmal noch weitere Mordmerkmale verwirklichen[459]: Der Steinwurf von einer Autobahnbrücke kann neben der heimtückischen Tötung zusätzlich das Mordmerkmal der gemeingefährlichen Mittel verwirklichen.[460]

Die zusätzliche Verwirklichung anderer Delikte wirkt sich nur dann auf die Schwere der Schuld aus, soweit diese „wegen ihrer engen Beziehung zur Tat als Anzeichen für Schuld oder Gefährlichkeit des Täters verwertbar sind".[461] Maßgebend ist, dass zwischen dem angeklagten Tatvorwurf und dem weiteren Delikt ein „innerer Zusammenhang"[462] zu erkennen ist. Eine derartige Beziehung ist insbesondere nur dann zu erkennen, soweit die weiteren Taten einen vergleichbaren oder gleichartigen Schuldvorwurf innehaben beziehungsweise, soweit die weiteren Taten Anlass für die Tötung waren. Es ist erforderlich, dass die

---

453 S.o.
454 *Kett-Straub,* (2011), S. 349.
455 BGH, Beschl. v. 23.01.2014 – 2 StR 637/13; BGH, Urt. v. 27.06. 2012 – 2 StR 103/12; *Fahlbusch,* (2008), S. 21; BGH NStZ 1999, S. 501, S. 502; BGH NStZ 2009, S. 203, S. 204.
456 BGH NJW 1996, S. 3425, S. 3426.
457 *Fischer,* (2016), § 211 RN. 66.
458 *Meier,* (1989), S. 83.
459 *Beck,* (2016), S. 17.
460 *Wilms,* (2011), S. 95, 104ff., 111.
461 BGH Beschl. v. 19.05.2015 – 1 StR 152/15.
462 S.o.

besondere Verwerflichkeit genau darzulegen ist.[463] Wenn der Täter aufgrund mehrerer Straftaten zu einer lebenslangen Freiheitsstrafe als Gesamtstrafe (§ 54 Abs. 1 S. 1 StGB) verurteilt wird, so bestimmt sich die besondere Schwere der Schuld nach § 57b StGB. Der Anwendungsbereich des § 57 b StGB ist dann eröffnet, wenn lebenslange Freiheitsstrafe als Gesamtstrafe erkannt worden ist. Die zusammenfassende Würdigung der besonderen Schwere der Schuld nach § 57a Abs. 1 Nr. 2 StGB gilt entsprechend.[464]

Die einzelnen Strafen, die der Verurteilung zu lebenslanger Freiheitsstrafe zugrunde liegen, sind zusammenfassend zu würdigen, um die Feststellung besonderer Schuldschwere treffen zu können.[465] Innerhalb der Gesamtwürdigung muss sich aufgrund der weiteren Straftaten eine erhebliche Schuldsteigerung ergeben, die die Kriterien des § 57a Abs. 1 S. 1 Nr. 2 StGB erfüllen .Dabei besteht die Möglichkeit, „im Rahmen der Strafzumessungserwägungen die besondere Schwere der Schuld schon für eine mit lebenslanger Freiheitsstrafe als Einzelstrafe geahndete Straftat festzustellen".[466] Gleichzeitig muss das Gericht aber bei einer „zusammenschauenden Würdigung aller der Gesamtstrafe zugrunde liegenden Straftaten"[467] die besondere Schwere der Schuld erhöhenden Umstände berücksichtigen. Es kann demnach also schon bei der Einzelstrafe wegen Mordes, die zu lebenslanger Freiheitsstrafe als Einzelstrafe führt, die besondere Schwere der Schuld festgestellt werden, wenn wegen der zugrunde liegenden Tat die besondere Schuldschwere gegeben ist.[468] Das macht im Hinblick auf eine mögliche Aufhebung des Gesamtstrafenurteils auch Sinn, da die Feststellung der besonderen Schwere der Schuld für die auf lebenslange Freiheitsstrafe ausgesprochene Einzelstrafe auch dann bestehen bleibt, wenn die Gesamtstrafe aufgehoben wird. Eine nachträgliche Feststellung der besonderen Schwere der Schuld für die auf lebenslange Freiheitsstrafe lautende Einzelstrafe ist nämlich nicht mehr möglich.[469]

In Fällen des verschuldeten Ausnahmezustands kann die besondere Schuldschwere durch das Tatgericht ausschließlich „in besonders gravierenden Ausnahmefällen"[470] festgestellt werden. Insbesondere, „wenn nach der Beurteilung der Fachgerichte im Einzelfall derartige, für die Schuldbemessung ebenfalls maßgebliche Umstände beträchtlich schulderhöhenden Charakter tragen und dadurch die Herabsetzung der Schuld infolge der verminderten Schuldfähigkeit

463 BGH NJW 1996, S. 3425, S. 3425.
464 *Fischer,* (2016), § 57b RN. 3.
465 *Schall,* SK (2012), § 57b RN. 1; BGH NStZ 1997, S. 277, S. 277.
466 BGH, Beschl. v. 20.11.1996 – 3 StR 469/96, LS.
467 BGH Beschl. v. 27.06.2001 – 2 StR 174/01.
468 Vgl. *Stree/Kinzig,* Schönke/Schröder (2014), § 57b RN. 1; *Groß,* in: MüKo (2016), § 57b RN. 1; BGH NStZ 1999, S. 501, S. 502; BGH Beschl. v. 27.06.2001 – 2 StR 174/01.
469 *Stree/Kinzig,* Schönke/Schröder (2014), § 57b RN. 1; *Schall,* SK (2012), § 57b RN. 5.
470 BGH NJW 2004, S. 3350, S. 3353.

(insbesondere Steuerungsfähigkeit) als ausgeglichen erscheint, (...) kann in diesem Fall die nicht gemilderte, sondern dem Regelstrafrahmen entnommene Strafe tat- und schuldangemessen sein."[471]

Bei Feststellung der besonderen Schwere der Schuld des Angeklagten im Sinne von § 57a Abs. 1 S. 1 Nr. 2 StGB ist dies bereits im Urteilstenor aufzunehmen.[472] Innerhalb der Urteilsbegründung hat der Tatrichter seine Entscheidung darzulegen und die maßgebenden Faktoren wiederzugeben und zu erklären. Wird trotz Antrags der Feststellung der besonderen Schwere der Schuld, die besondere Schwere abgelehnt, ist eine Begründung in den Urteilsgründen ausreichend. Das erkennende Gericht hat zunächst festzustellen, dass die erhobenen Strafschärfungsgründe erschwerend sind und sodann aufzuzeigen, dass „angesichts der verbleibenden strafschärfenden Umstände(n) von Gewicht und aller vorhandenen Strafmilderungsgründe(n) eine besondere Schwere der Schuld vorliegt".[473] So hat sich also das erkennende Gericht zusätzlich gemäß § 267 StPO damit auseinanderzusetzen, ob im Einzelfall unter Abwägung sämtlicher tat- und täterbezogener Umstände eine besondere Schuldschwere vorliegt im Sinne des § 57a Abs. 1 Nr. 2 StGB.[474]

IV. Freiheitsentziehende Maßregeln

Es besteht die Möglichkeit, neben der lebenslangen Freiheitsstrafe eine freiheitsentziehende Maßregel zu verhängen, die – im Prinzip – ebenfalls eine lebenslange Zeit andauern kann. So sind für die Maßregeln nach §§ 63, 64 StGB oder nach §§ 66, 66a, 66b StGB keine zeitlichen Vorgaben gegeben. Vielmehr knüpfen die Voraussetzungen für eine Entlassung an die Ungefährlichkeit des Verurteilten an. Hingegen ist für die Unterbringung in einer Entziehungsanstalt eine zeitliche Begrenzung von maximal zwei Jahren vorgesehen (§ 67d Abs. 1 S. 1 StGB). Diese freiheitsentziehenden Maßregeln sind grundsätzlich – nach dem Gesetzeswortlaut – neben der Verurteilung zur lebenslangen Freiheitsstrafe anwendbar und bedürfen deshalb im vorliegenden Zusammenhang einer gesonderten Betrachtung.

Maßregeln stellen grundsätzlich keine Strafe im Sinne des Strafgesetzbuches dar, da Maßregeln der Sicherung und Besserung „in erster Linie auf die Vorbeugung abzielen"[475].[476] Nach deutschem Verständnis wird zwischen schuldabhängiger Strafe und Maßregeln unterschieden. Die schuldabhängige Strafe ist eine staatliche Reaktion auf eine schuldhafte Unrechtsverwirklichung.[477] Daneben

---

471 BGH NJW 1979, S. 207, S. 208.
472 BGH, Urt. v. 21.01.1993 – 4 StR 560/92.
473 *Schäfer/Sander/van Gemmeren,* (2012), S. 444 RN. 1500.
474 BGH NJW 1992, S. 2947, S. 2951; BGH NJW 1995, S. 407 ff.
475 EGMR 17. Dez. 2009, Az.: 19359/04 M vs. Germany, RN. 130.
476 Bestätigend: BVerfGE 128, 326, 382.
477 *Radtke,* in: MüKo (2017), Vor § 38 RN. 14.

können auch Maßregeln verhängt werden, wie die Unterbringung in ein psychiatrisches Krankenhaus oder in einer Entziehungsanstalt (§§ 63, 64 StGB) oder die (vorbehaltene) Anordnung der Unterbringung in Sicherungsverwahrung (§§ 66 ff. StGB). Die Unterbringungen verfolgen den Zweck der Sicherung der Allgemeinheit vor der Gefährlichkeit des verurteilten Täters.[478] Das Bundesverfassungsgericht machte insbesondere deutlich, dass die Anordnung der Unterbringung in Sicherungsverwahrung bzw. der Vorbehalt der Unterbringung in Sicherungsverwahrung keine Strafe im Sinne der deutschen Auffassung (§§ 38 ff. StGB) ist.[479] Einen derartig gelagerten Differenzierungsansatz der Strafe verfolgt die EMRK nicht. Demnach können „Maßnahmen präventiver Art, die keine Strafen darstellen, erhebliche Auswirkungen auf die betroffene Person haben"[480] und unter dem Umstand der Abschreckungswirkung Strafcharakter aufweisen: So ist bei der Anordnung der Sicherungsverwahrung davon auszugehen, dass diese nicht ausschließlich eine Maßnahme zur Besserung und Sicherung ist, sondern auch eine Strafe nach dem Verständnis der Europäischen Menschenrechtskonvention (vgl. Art. 7 EMRK) darstellt.[481] Das EGMR hat einen eigenen, autonomen Strafbegriff losgelöst vom deutschen Strafbegriff.[482] Im Sinne des Art. 7 Abs. 1 EMRK lassen sich unter dem Begriff Strafe neben schuldabhängigen Sanktionen auch freiheitsentziehende Maßnahmen subsumieren, die eine Maßregel nach deutschem Recht darstellen.[483] Es liegt damit grundsätzlich ein unterschiedliches Verständnis von Strafe zwischen Deutschland und dem Europäischen Gerichtshof für Menschenrechte vor. Dennoch gibt sich der Europäische Gerichtshof für Menschenrechte mit der Auslegung des Strafbegriffs nach deutschem Verständnis solange einverstanden, soweit die Mindeststandards des Art. 7 Abs. 1 EMRK eingehalten und gewahrt werden.[484]

1. §§ 63, 64 StGB Unterbringung in ein psychiatrisches Krankenhaus oder in einer Entziehungsanstalt

Maßregeln der Besserung und Sicherung sind von Natur aus keine Strafschärfungsvorschriften, da Maßregeln nicht als Strafe zu verstehen sind.[485] Maßregeln der Besserung und Sicherung werden insbesondere dann angeordnet, wenn zum

---

478 *Radtke,* in: MüKo (2017), Vor § 38 RN. 14.

479 BVerfGE 128, 326, 392.

480 EGMR 17. Dez. 2009, Az.: 19359/04 M vs. Germany, RN. 120.

481 EGMR 17. Dez. 2009, Az.: 19359/04 M vs. Germany, RN. 132, 133f.; EGMR 07.01.2016, Az.: 23279/14, RN 1465, 1483 (http://hudoc.echr.coe.int/eng#{%22itemid%22:[%22001-163494%22]}, zuletzt: 27.07.2017 – 15:43 Uhr).

482 *Meyer-Ladewig/Harrendorf/König,* (2017), § 7 EMRK RN. 7, 9.

483 *Kinzig,* NStZ (2010), S. 233, S. 237; *Radtke,* NStZ (2010), S. 537, S. 538f.; *Streng,* (2017), S. 508.

484 EGMR 07.01.2016 – 23279/14, in: NJW 2017, S. 1007, S. 1012.

485 *Meier,* (2014), S. 269f., 272, 314.

Schutz der Allgemeinheit eine weitergehende Reaktion auf die Tat als der bloße Freiheitsentzug erforderlich ist. Voraussetzung ist die Gefährlichkeit des Täters und das daraus resultierende Bedürfnis des Schutzes der Allgemeinheit vor weiteren rechtswidrigen Taten.[486] Die Anordnung kann gegenüber dem schuldunfähigen, als auch – mit Ausnahme von § 63 StGB – dem schuldfähig handelnden Täter über die schuldangemessene Strafe hinaus auferlegt werden. Die Art der Maßregeln ergibt sich aus dem Strafgesetzbuch, § 61 StGB. Erforderlich für die Anordnung einer Maßregel ist grundsätzlich das Vorliegen einer Anlasstat, die akute Gefahr weiterer Straftaten durch den Täter und die Wahrung des Verhältnismäßigkeitsgrundsatzes, § 62 StGB. Bei gleichzeitiger Anordnung von lebenslanger Freiheitsstrafe und einer Maßregel nach §§ 63, 64 StGB wird grundsätzlich zuerst die Maßregel vollstreckt (§ 67 Abs. 1 StGB). Der Vorwegvollzug der Maßregel soll dem Verurteilten helfen, den Zweck der Unterbringung leichter zu erreichen, weil – so die Erwägungen – er im anschließenden Strafvollzug an den Erfolg seiner Therapie anknüpfen und durch geeignete weitere Maßnahmen unterstützt werden kann.[487] Gerade bei lebenslangen Freiheitsstrafen soll der „Angeklagte schon frühzeitig von seinem Hang befreit werden, damit er in der Strafanstalt an der Verwirklichung des Vollzugsziels der Strafe arbeiten kann"[488].[489] Bei der Unterbringung in Sicherungsverwahrung ist das anders: Die Sicherungsverwahrung wird grundsätzlich erst im Anschluss an die lebenslange Freiheitsstrafe vollstreckt. Denn während der Vollstreckung der Freiheitsstrafe sollen Maßnahmen und Voraussetzungen für eine Aussetzung der Vollstreckung der Sicherungsverwahrung zur Bewährung (§ 67c Abs. 1 S. 1 Nr. 1 StGB) oder jedenfalls günstigere Voraussetzungen für die Resozialisierung in der Sicherungsverwahrung geschaffen werden.[490] Dieses Vollstreckungsziel resultiert aus dem Ultima-Ratio-Prinzip, wonach die Strafe und der Vollzug der Sicherungsanordnung als letzte Mittel herangezogen werden.[491]

Wesentlicher Faktor für die Anordnung der Maßregel nach § 63 StGB parallel zur lebenslangen (oder nach § 49 Abs. 1 StGB geminderten) Freiheitsstrafe ist die Verwirklichung eines Unrechtstatbestandes im Zustand der zumindest verminderten Schuldfähigkeit nach § 21 StGB. Dieser Zustand muss sich auf die Tatverwirklichung ausgewirkt haben, und noch während der Hauptverhandlung vorliegen.[492] Die Unterbringung in einem psychiatrischen Krankenhaus dient der

486 BGH, Urt. v. 09.03.2010 – 1 StR 554/09 RN. 40; BGH NStZ 2011, S. 450 ff.

487 *Van Gemmeren*, in MüKo (2016), § 64 RN. 72; BGH, Beschl. v. 16.02.2016 – 1 StR 624/15.

488 BGH, NStZ (1990), S. 586, S. 586.

489 BGH NStZ (2010), S. 84, S. 85.

490 *Fischer*, (2017), § 66c RN. 20.

491 Vgl. *Morgenstern/Drenkhahn*, in MüKo (2016), § 66c RN. 64ff.

492 *Schäfer/Sander/van Gemmeren*, (2012), S. 103 RN. 403.

„heilenden oder bessernden Einwirkung auf den Täter".[493] Sie dient auch dazu, die Allgemeinheit vor weiteren rechtswidrigen Taten zu schützen. Eine Erfolgsaussicht auf Heilung ist nicht notwendig für die Unterbringung nach § 63 StGB. Maßgebend ist allein unter Berücksichtigung der Verhältnismäßigkeit die vom Täter ausgehende Gefahr weiterer rechtswidriger Taten.[494] Liegen die Voraussetzungen vor, so ist die Anordnung der Unterbringung in einem psychiatrischen Krankenhaus zwingend. Im Gegensatz dazu kann der Maßregelvollzug nach § 64 StGB auch gegenüber einem Schuldfähigen angeordnet werden, maßgebend ist die Aussicht auf einen Therapieerfolg.[495] Zu beachten ist, dass die Anordnung der Unterbringung in einer Erziehungsanstalt zeitlich begrenzt ist, § 67d Abs. 1 StGB. Bei Vorliegen der Voraussetzungen ist dem erkennenden Gericht Ermessen eingeräumt.

Aus der Urteilsbegründung ist die Auseinandersetzung des erkennenden Gerichts bezüglich der Anordnung einer Maßregel zur Sicherung und Besserung zu entnehmen, § 267 Abs. 6 S. 1 StPO. Erkennt das Tatgericht die hohe Wahrscheinlichkeit einer Unterbringung des Angeklagten oder einer Anordnung der Sicherungsverwahrung bzw. einer vorbehaltenen Anordnung der Unterbringung in Sicherungsverwahrung, ist zwingend ein Sachverständiger in der Hauptverhandlung „über den Zustand des Angeklagten und die Behandlungsaussichten zu vernehmen" gemäß § 246a Abs. 1 StPO hinzuziehen. In der Urteilsbegründung ist darzulegen, zu welchem Ergebnis der Sachverständige kommt und, ob diesem Ergebnis gefolgt oder von der Feststellung des Sachverständigen abgewichen wird.[496] Davon unberührt bleibt die Entscheidungsfreiheit und Selbstständigkeit des Gerichts bei der Urteilsfindung.[497]

2. *§§ 66 ff. StGB Anordnung/Vorbehalt der Sicherungsverwahrung*

Die Anordnung der Unterbringung bzw. der Vorbehalt der Unterbringung in der Sicherungsverwahrung ist auch in den Fällen der lebenslangen Freiheitsstrafe grundsätzlich möglich.[498] Denn die Verurteilung zu einer lebenslangen Freiheitsstrafe und die Anordnung der Unterbringung in der Sicherungsverwahrung verfolgen unterschiedliche Zwecke, die es ermöglichen bei Vorliegen der Voraussetzungen diese beiden „Maßnahmen" nebeneinander zu

493 *Schäfer/Sander/van Gemmeren,* (2012), S. 100 RN. 402.

494 Vgl. oben.

495 *Schäfer/Sander/van Gemmeren,* (2012), S. 119 RN. 447; BGH, Beschl. 11.04.2013 – 2 StR 442/12.

496 BGH, Urt. v. 13.03.1985 – 3 StR 8/85; BGH, Urt. v. 22.01.2002 – 1 StR 512/01.

497 BGH, Urt. v. 22.01.2002 – 1 StR 512/01.

498 BGH NStZ-RR 2013, S. 256, S. 257; BGH, Urt. v. 24.10.2013 – 4 StR 124/13; anders: BGH, Urt. v. 10.01.2013 – 3 StR 330/12.

verhängen.[499] Die Anordnung der Sicherungsverwahrung zielt primär darauf ab, die Allgemeinheit vor der „hangbedingte(n) Gefährlichkeit des Täters“[500] zu schützen.[501] Die Verurteilung zu einer lebenslangen Freiheitsstrafe als einziger Schutzmechanismus genügt nicht, da im Wege eingelegter Rechtsmittel die Verurteilung zur lebenslangen Freiheitsstrafe revidiert werden kann. Die Anordnung der Sicherungsverwahrung innerhalb der erstinstanzlichen Verurteilung ist auch deswegen notwendig, da diese Anordnung nicht mehr später wegen des Verschlechterungsverbotes (§ 358 Abs. 2 StPO) nachgeholt werden könnte.[502] Daneben ist aber nicht unabdingbar, dass die anschließende Sicherungsverwahrung neben der Feststellung der besonderen Schwere der Schuld erforderlich ist.[503] Denn nach Annahme des dritten Strafsenats des BGH kann „eine lebenslange Freiheitsstrafe (kann) auch nach Ablauf der nach § 57a Abs. 1 S. 1 Nr. 1, 2 StGB bestimmten Verbüßungsdauer nur dann zur Bewährung ausgesetzt werden, wenn dies unter Berücksichtigung des Sicherheitsinteresses der Allgemeinheit verantwortet werden kann (vgl. § 57a Abs. 1 S. 1 Nr. 3 i.V.m. § 57 Abs. 1 S. 1 Nr. 2 StGB). Solange der Verurteilte noch gefährlich ist, wird die lebenslange Freiheitsstrafe vollstreckt. Erst wenn sich herausstellt, dass von dem Verurteilten keine Gefahr mehr ausgeht, wird die Strafe zur Bewährung ausgesetzt.“.[504] Unter diesem Einwand gibt auch das OLG Celle[505] zu bedenken, „dass es zum Vollzug einer neben einer lebenslangen Freiheitsstrafe angeordneten Sicherungsverwahrung wegen des generellen Vorrangs des Strafvollzugs vor dem Maßregelvollzug (...) nicht kommen kann und im Fall der Strafrestaussetzung nach § 57a StGB auch die Vollstreckung der Maßregel wegen fehlender aktueller Gefährlichkeit des Verurteilten für die Allgemeinheit über § 67 c Abs. 1 StGB zur Bewährung auszusetzen ist“[506].[507]

Für die Anwendung der Vorschriften des Sicherungsverwahrungsrechts ist zu berücksichtigen, dass das Urteil des Bundesverfassungsgerichts vom 04.05.2011[508] darlegt, dass die Regelungen des früheren Rechts gegen das sogenannte Abstandsgebot verstießen. Durch das Gesetz zur bundesrechtlichen Umsetzung des Abstandsgebotes im Recht der Sicherungsverwahrung[509] vom 05.12.2012 wurden

499 BGH, Urt. v. 24.10.2013 – 4 StR 124/13, in: HRRS 2013 Nr. 1043, LS. 4; anders: BGH, Urt. v. 10.01.2013 – 3 StR 330/12; BGH, Urt. v. 12.06.2013 – 5 StR 129/13.

500 BGH, Urt. v. 24.10.2013 – 4 StR 124/13, in: HRRS 2013 Nr. 1043, LS. 5.

501 *Meier*, (2014), S. 345; *Kalf*, (2006), S. 210.

502 BGH NJW 2013, S. 3735, S. 3737.

503 BGH, Urt. v. 10.01.2013 – 3 StR 330/12.

504 BeckRS 2013, 01028, RN. 6.

505 OLG Celle, Beschl. v. 09.09.2015 – 1 WS 353/15.

506 OLG Celle, Beschl. v. 09.09.2015 – 1 WS 353/15, RN. 11.

507 *Kett-Straub*, (2011), S. 354.

508 BVerfG, Urt. v. 04.05.2011 – 2 BvR 2365/09, 740/10, 2333/08, 1152/10, 571/10, in: NJW 2011, S. 1931 – 1946.

509 BGBl. Jg. 2012 Teil I Nr. 57, v. 11.12.2012, S. 2425 – 2430.

neue Regelungen geschaffen, insbesondere soll der Vollzug einer Strafhaft sich deutlich unterscheiden von der Unterbringung in der Sicherungsverwahrung.[510]

Die Anordnung zur Sicherungsverwahrung nach den §§ 66 ff. StGB lässt erkennen, dass die Allgemeinheit vor „zukünftigen schweren Straftaten gegen hochwertige Rechtsgüter“[511] zu schützen ist.[512] Zum Ausdruck kommt dabei, dass die Verhängung der lebenslangen Freiheitsstrafe zur Sicherung nicht ausreicht. Dies lässt sich durch eine zukunftsgerichtete negative Legalprognose begründen, die eine Gefährlichkeit des Täters für die Allgemeinheit mit hinreichender Sicherheit zum Zeitpunkt der Verurteilung darlegt.[513] Gleichzeitig ist der „Hang zu erheblichen Straftaten“ ein weiteres notwendiges Merkmal. Dies erfordert einen „eingeschliffenen Zustand des Täters, der ihn immer wieder neue Straftaten begehen lässt.“[514] Dies meint, dass der Täter „dauerhaft zu Straftaten entschlossen ist oder auf Grund einer fest eingewurzelten Neigung immer wieder straffällig wird, wenn sich die Gelegenheit bietet, ebenso wie derjenige, der willensschwach ist und aus innerer Haltlosigkeit Tatanreizen nicht zu widerstehen vermag“[515] unter Berücksichtigung der Verhaltensweisen in der Vergangenheit. Bei der Anordnung der Sicherungsverwahrung darf nicht allein auf das Vorliegen der Vorstrafen des Angeklagten verwiesen werden. Um ausreichend und angemessen auf die Vorstrafen einzugehen, bedarf es einer Erhebung des kriminellen Werdegangs des Angeklagten.[516] Es muss innerhalb der Abwägung zwischen dem Freiheitsrecht des Angeklagten und den Schutzinteressen der Allgemeinheit berücksichtigt werden, dass die Anordnung zur Sicherungsverwahrung nur als Ultima Ratio herangezogen werden darf.[517]

2.1. Regelungsüberblick

Im Folgenden wird auf die Regelung der Sicherungsverwahrung kurz eingegangen. § 66 Abs. 1 StGB regelt die Anordnung der Sicherungsverwahrung, die in einem Zusammenhang mit der Verurteilung des Täters steht. Diese Regelung findet insbesondere bei Tätern Anwendung, die bereits wegen mehreren Verurteilungen strafrechtlichen Konsequenzen ausgesetzt waren (§ 66 Abs. 1 StGB), oder bei Tätern, die sich bislang einer strafrechtlichen Verurteilung entzogen

---

510 Vgl. Art. 1 Änderung des Strafgesetzbuches, in: BGBl. Jg. 2012 Teil I Nr. 57, v. 11.12.2012, S. 2425.

511 *Schäfer/Sander/van Gemmeren,* (2012), S. 133 RN. 484.

512 BGH NStZ 2011, S. 450, S. 450 f.; BGH NJW 2011, S. 1931, S. 1937.

513 BGH, Urt. v. 08.07.2005 – 2 StR 120/05; *Kinzig,*NJW (2011), S. 177, S. 178.

514 BGH, Urt. v. 15.02.2011 – 1 StR 645/10.

515 BGH NStZ-RR 2011, S. 204, S. 204f.

516 *Schäfer/Sander/van Gemmeren,* (2012), S. 412 RN. 1389; BGH, Beschl. v. 10.11.2011 – 4 StR 417/11.

517 BVerfG NJW 2011, S. 1931, S. 1938; BVerfG Urt. v. 4. 5. 2011 – 2 BvR 2365/09, 740/10, 2333/08, 1152/10, 571/10.

haben aber bereits mehrere schwere Taten begangen haben (§ 66 Abs. 2 StGB), oder bei Tätern mit Sexualdelikten oder anderen schweren Straftaten i.S.v. § 66 Abs. 3 StGB, wegen denen der Täter bereits schon einmal zu Freiheitsstrafe von mindestens drei Jahren verurteilt worden ist (§ 66 Abs. 3 StGB).

2.2. § 66 Abs. 1 StGB Anordnung der Sicherungsverwahrung

Für § 66 Abs. 1 StGB bedarf es in formeller Hinsicht eines Täters, dessen Anlasstat sich gegen höchstpersönliche Rechtsgüter richtet, oder der wegen anderer besonders schwerer Straftaten (§ 66 Abs. 1 Nr. 1b) – c) StGB) vor dem Tatgericht angeklagt wurde. Für die Anlasstat wird der Täter zu einer zeitigen Freiheitsstrafe von mindestens zwei Jahren Einzelstrafe verurteilt.[518] Vor der Anlasstat wurde der Täter bereits mindestens zweimal zu einer Freiheitsstrafe von mindesten einem Jahr verurteilt wegen einer vergleichbaren Tat nach Nr. 1. Das bedeutet, dass es sich bei dem Täter um einen Wiederholungstäter mit besonders gravierender Straftaten handelt.[519] Zusätzlich hat das Gericht darauf Rücksicht zu nehmen, ob vor der neuen Anlasstat der Täter bereits zwei Jahre Freiheitsstrafe verbüßt hat; dies kann ein Indiz dafür sein, dass der Täter bereits strafvollzugserfahren ist und diese Strafe dennoch keine Einwirkung auf den Täter zeigte. Ob Vorverurteilungen aus dem Jugendstrafrecht bei einem erwachsenen Täter herangezogen werden dürfen,[520] ist umstritten. Schließlich versagte der 5. Strafrechtssenat des BGH das Heranziehen der einschlägigen jugendstrafrechtlichen Verfehlung.[521]

2.3. § 66 Abs. 2 StGB Mehrfachtäter

Hinsichtlich der Anordnung der Sicherungsverwahrung für den Mehrfachtäter ohne Verurteilung nach § 66 Abs. 2 StGB sind die Straftaten notwendig, durch die der Täter jeweils eine Freiheitsstrafe von mindestens einem Jahr verwirkt hat. Eine Verurteilung ist nicht erforderlich.[522] Weiterhin wird der Täter wegen der Anlasstat zu einer Freiheitsstrafe von mindestens drei Jahren verurteilt. Bezüglich dieser Verurteilung ist es ausreichend, wenn der Täter zu einer Gesamtstrafe von mindestens drei Jahren verurteilt wird.

2.4. § 66 Abs. 3 StGB

Die Anordnung der Sicherungsverwahrung nach § 66 Abs. 3 StGB kann dann relevant werden, soweit die Anlasstat ein Verfahren wegen eines Verbrechens gegen höchstpersönliche Rechtsgüter, wegen Sexualdelikten an Kindern, Jugendlichen

---

518 *Meier,* (2014), S. 351.
519 *Kinzig,* NJW (2011), S. 177, S. 178.
520 *Meier,* (2014), S. 351.
521 BGH, Urt. v. 12.06.2013 – 5 StR 129/13, in NStZ 2013, S. 524, S. 525.
522 *Meier,* (2014), S. 356.

oder Widerstandsunfähigen, oder wegen qualifizierter Körperverletzung oder Rauschdelikten darstellt.[523] Für die Anordnung nach Abs. 3 genügt bereits eine Vorverurteilung wegen eines der genannten Delikte zu einer Freiheitsstrafe von mindestens drei Jahren oder die Begehung von mindestens zwei Taten vor der abzuurteilenden Anlasstat, durch die der Täter jeweils Freiheitsstrafe von mindestens zwei Jahren verwirkt hat.

2.5. § 66a StGB Vorbehalt der Anordnung der Sicherungsverwahrung

Weiterhin besteht die Möglichkeit des Vorbehalts der Anordnung der Unterbringung in der Sicherungsverwahrung i.S.v. § 66a StGB. Der Vorbehalt wird angeordnet, soweit die Anordnung noch nicht „entscheidungsreif“[524] ist.[525] Das Gericht des ersten Rechtszuges entscheidet dann über die Anordnung der Sicherungsverwahrung.[526] Maßgebend für den Vorbehalt ist, dass der Hang zu erheblichen Straftaten und die Gefährlichkeit für die Allgemeinheit nicht sicher festzustellen sind, die Wahrscheinlichkeit des Vorliegens dieser Voraussetzungen jedoch hoch ist. Der Vorbehalt der Unterbringung in der Sicherungsverwahrung kann bei Sexualstraftätern und anderen gefährlichen Straftätern i.S.d. Vorschrift des § 66 Abs. 3 StGB erfolgen, soweit die Voraussetzungen des § 66 Abs. 1 S. 1 Nr. 4 StGB nicht gegeben sind.[527] Daneben ist diese Entscheidung auch bei Erst- und Einmaltätern möglich, wenn der Täter „zu einer Freiheitsstrafe von mindestens fünf Jahren wegen eines oder mehrerer Verbrechen gegen das Leben, die körperliche Unversehrtheit, die persönliche Freiheit, die sexuelle Selbstbestimmung, nach dem Achtundzwanzigsten Abschnitt oder nach den §§ 250, 251 StGB auch in Verbindung mit § 252 StGB oder § 255 StGB verurteilt wird“[528] und die Voraussetzungen für die Anordnung der Unterbringung in der Sicherungsverwahrung (§ 66 StGB) nicht gegeben sind. Der Vorbehalt der Sicherungsverwahrung kommt neben der Verurteilung wegen Mordes dann in Betracht, wenn keine (einschlägigen) Vorstrafen vorliegen, aber höchst wahrscheinlich ist, dass der Verurteilte eine Neigung zum Töten hat.

---

523 *Meier,* (2014), S. 357.
524 *Meier,* (2014), S. 349.
525 *Meier,* (2014), S. 358; Intention bestätigend *Kinzig,* (2006), S. 151.
526 *Meier* (2014), S. 359f.
527 Vgl. § 66a Abs. 2 StGB I.d.F. d. Art. 1 Nr. 3 G. v. 22.12.2010 I 2300 m.W.v. 01.01.2011; nach Maßgabe der Entscheidungsformel mit GG (100–1) unvereinbar gem. BVerfGE v. 04.05.2011 I 1003 (2 BvR 2365/09 u. a.). Zur Umsetzung der Anforderungen des BVerfG vgl. G v. 05.12.2012 I 2425 m.W.v. 01.06.2013.
528 Vgl. § 66a Abs. 2 StGB.

V. Zwischenergebnis: Strafzumessung bei Mord

Obwohl der Gesetzestext bei § 211 StGB keine Strafzumessung kennt, kann auch bei Mord eine Strafzumessung stattfinden. Bereits das Bundesverfassungsgericht verwies in seinem Urteil 1977[529] darauf, dass „unter Berücksichtigung der Vorschriften des Allgemeinen Teils des Strafgesetzbuches und im Wege einer verfassungskonformen restriktiven Auslegung des § 211 StGB“[530] eine verhältnismäßige Strafe möglich ist. Durch Eingreifen von Strafmilderungsgründen wird ein Strafrahmen von 3 Jahren bis zu 15 Jahren eröffnet (§ 49 Abs. 1 Nr. 1 StGB). Um hier die schuldangemessene Strafe zu finden, hat ein Strafzumessungsvorgang zu erfolgen. Ebenso ist unter Zuhilfenahme des § 46 StGB die Feststellung der besonderen Schuldschwere nach § 57a Nr. 2 StGB zu bestimmen. Die Vorschrift des § 46 StGB wird auch unmittelbar angewendet, wenn nicht die lebenslange Freiheitsstrafe, sondern eine zeitige Freiheitsstrafe verhängt wird. Im Ergebnis führt dies also dazu, dass der Strafzumessungsvorgang nach § 46 StGB auch bei der Verurteilung wegen vollendeten Mordes zum Tragen kommt. Dass die erkennenden Gerichte von den ihnen eingeräumten Möglichkeiten der Strafrahmenverschiebung auch bei der Verurteilung wegen vollendeten Mordes nach dem allgemeinen Strafrecht in weitem Maß Gebrauch machen, lässt sich u.a. auch aus der Strafverfolgungsstatistik im Jahr 2013 entnehmen: 118 Angeklagte wurden wegen vollendeten Mordes nach dem allgemeinen Strafrecht verurteilt, davon wurden nur 87 Angeklagte (74%) zu einer lebenslangen Freiheitsstrafe verurteilt (vgl. Abb. 1). Davon wurde in 6 Fällen zusätzlich zur Freiheitsstrafe die Sicherungsverwahrung angeordnet. Ähnliche Daten finden sich auch für die darauffolgenden Jahre, sodass man davon ausgehen kann, dass nicht selten von der absolut angedrohten Freiheitsstrafe abgewichen wird. Es liegen jedoch keine Informationen zu den Hintergründen vor. Inwieweit Strafmilderungsgründe erkannt wurden, ist nicht ersichtlich. Im Ergebnis lässt sich also festhalten, dass, obwohl der Tatbestand des Mordes (§ 211 Abs. 1 StGB) ausdrücklich auf die absolut zwingende Verurteilung zur lebenslangen Freiheitsstrafe hinweist, eine Strafzumessung stattfindet.

F. Rechtliche Grundlagen der Strafzumessung: § 46 StGB

Die Strafe bei Vorliegen der Mordvoraussetzungen ist im Gesetz festgelegt: lebenslange Freiheitsstrafe. Es existieren, wie gezeigt, jedoch Regelungen, die es den erkennenden Gerichten ermöglichen, von der absolut angedrohten lebenslangen Freiheitsstrafe abzuweichen. So kann etwa bei außergewöhnlichen strafmildernden Umständen beim Heimtückenmord der Strafrahmen gemildert werden (BGHSt GS 30, 105) oder, weil ein fakultativer oder sogar ein obligatorischer

529 BVerfGE 45, 187.
530 NJW 1977, S. 1525, S. 1532.

Strafmilderungsgrund eingreift. Daneben kann die Strafrestaussetzung nach frühestens 15 Jahren verwehrt sein, wenn durch das erkennende Gericht die besondere Schwere der Schuld festgestellt wurde (§ 57a Abs. 1 S. 1 Nr. 2 StGB).

Wie im Einzelnen der schuldangemessene Strafrahmen unter Berücksichtigung der Strafzwecke ermittelt werden kann, ist umstritten.[531] Die Rechtsprechung ermittelt für den konkreten Einzelfall einen Schuldrahmen, der sich auf den Erfolgs- und Handlungsunwert bezieht. Dieser Schuldrahmen wird durch (täterorientierte) Präventionsgesichtspunkte konkretisiert („Spielraumtheorie"[532]).[533] Mithilfe der Strafzwecke kann dann eine für die Person des Täters schuldangemessene Strafe gefunden werden. Die „Stellenwerttheorie"[534] trennt deutlich zwischen der Schuld- und Präventionsebene.[535] Während auf der ersten Stufe die Strafhöhe nach Maß der Schuld unter Berücksichtigung der vom Gesetz vorgegebenen Strafober- und -untergrenze bestimmt wird, wird erst in einem weiteren Schritt die Sanktionsart gewählt. Erst auf dieser Ebene wirkt sich der Einfluss der Präventionsgesichtspunkte aus. Die den Strafzweck bestimmende Prävention hat nach diesem Modell keinen Einfluss auf die Strafhöhe.[536] Die „Lehre von der Tatproportionalität"[537] stellt die Schwere des Erfolgs- und Handlungsunrechts in den Mittelpunkt.[538] Präventive, an die Person des Täters orientierte, Ansätze bleiben unberücksichtigt.

Welche Herangehensweise bei der Bestimmung einer schuldangemessenen Strafe unter Berücksichtigung der Strafzwecke geeigneter ist, ist für die zugrunde liegende Untersuchung aber ohne Bedeutung.

Im folgenden Abschnitt werden die einzelnen Strafzumessungstatsachen vorgestellt, die nach § 46 Abs. 2 StGB bei der Strafzumessung bei Mord berücksichtigt werden können. Für die Strafzumessungsentscheidung orientiert sich das Gericht an den im Gesetz festgelegten Strafzumessungsrichtlinien der §§ 46 ff. StGB, sowie an den in der Rechtsprechung und Literatur entwickelten Grundsätzen.[539] Die Strafzumessungsaspekte sind dabei nicht abschließend.

I. Ermittlung der Strafzumessungstatsachen

Im Rahmen der Strafzumessung[540] ist grundsätzlich zu beachten, dass die Schwere der Tat, ihre Bedeutung für die verletzte Rechtsordnung und der Grad

531 *Giehring*, (1989), S. 84; *Meier*, (2014), S. 165ff.
532 BGHSt 7, 28; BGHSt 20, 264; BVerfG NJW 1977, S. 1525, S. 1531.
533 *Streng*, (2012), S. 309 RN. 626; *Meier* (2014), S. 167.
534 *Heine* et. al., (2008), S. 224f.; *Schöch* (1975), S. 258ff.
535 *Streng*, (2012), S. 313 RN. 633.
536 Vgl. *Schäfer/Sander/van Gemmeren*, (2012), S. 235 RN. 824.
537 *Streng*, (2012), S. 314ff. RN. 363ff.
538 *Streng*, (2012), S. 314 RN. 636.
539 *Meier*, (2014), S. 161.
540 *Meier*, (2014), S. 165; *Schäfer/Sander/van Gemmeren*, (2012), S. 255f. RN. 884f.

der persönlichen Schuld des Täters die Grundlage der Strafzumessung bilden.[541] § 46 Abs. 2 StGB enthält Faktoren, die auf die Beweggründe und Gesinnung des Täters, die besondere Art und Weise der Tatbestandsverwirklichung, das Vorleben und das Nachtatverhalten des Täters hinweisen, und die bei der Ermittlung der Strafzumessungsschuld herangezogen werden müssen.[542] Dabei werden Merkmale der Tatverwirklichung berücksichtigt, die über den gesetzlichen Tatbestand hinausgehen, jedoch in einer Beziehung zur Tat stehen.[543] Darunter lassen sich allgemein Merkmale mit Bezug zum Erfolgsunrecht, zum Handlungsunrecht und Merkmale zur Wiedergutmachung, Aufklärung und zum Nachtatverhalten erfassen, als auch Umstände, die den Schluss zur Gesinnung und Einsichts- und Steuerungsfähigkeit des Täters zulassen.[544] Auf die Täterpersönlichkeit darf dann zurückgegriffen werden, soweit dies für die Feststellung der Gesinnung, die aus der Tat spricht, erforderlich ist.[545] Die folgend Darstellung der Strafzumessungsaspekte erhebt nicht den Anspruch auf Vollständigkeit; jedoch wird dargestellt, welche Einflussfaktoren der Urteilsfindung, insbesondere über Art und Höhe der Sanktion, zugrunde liegen können.

1. Erfolgsunwert

Der Erfolgsunwert des Mordes liegt in der Vernichtung eines Menschenlebens. Damit verletzt er ein absolutes Rechtsgut.[546] Eine Wertabstufung einzelner Menschenleben ist unzulässig.[547] Nicht zum Nachteil des Angeklagten dürfen Charakteristika des Opfers führen: So ist es unzulässig, das junge Alter des Getöteten als Strafschärfung zu klassifizieren.[548] Vom Erfolgsunwert sind Folgen, die nicht von der Norm erfasst sind, außer Acht zu lassen und für die Bewertung der Schuldschwere nicht heranzuziehen.[549] Jedoch können sich die Tatfolgen für nahe Angehörige strafschärfend auf die Strafzumessungsschuld auswirken.[550] Dabei ist die Vorhersehbarkeit eintreffender Tatfolgen innerhalb der Strafzumessungsschuld zu berücksichtigen.[551]

Außertatbestandliche Folgen für Opferangehörige sind gerade bei Intimtötungen denkbar. Bei Tötung des Intimpartners bleiben häufig Kinder zurück, die

---

541 BGH NJW 1965, S. 2106, S. 2107; BGH, Urt. v. 30.09.1952 – 2 StR 675/51
542 *Meier,* (2014), S. 192, 199ff.
543 *Meier,* (2014), S. 193, 219.
544 *Meier,* (2014), S. 219.
545 *Schäfer/Sander/van Gemmeren,* (2012), S. 173 RN. 615f.
546 *Meier,* (2014), S. 188.
547 BGH NStZ 1996, S. 129, S. 129.
548 BGH NStZ 1996, S. 129; BGH NJW 1974, S. 250; BGH NStZ 2008, S. 510, S. 512.
549 BGH, Beschl. v. 16.03.1993 – 4 StR 602/92 in: NStZ 1993, S. 337, S. 337f.
550 *Schäfer/Sander/van Gemmeren,* (2012), S. 165 RN. 590, S. 168 RN. 598.
551 BGH, Urt. v. 15.05.1985 – 2 StR 83/85; BGH, Beschl. v. 04.07.2002 – 3 StR 190/02; BGH, Beschl. v. 29.08.2006 – 1 StR 285/06.

durch die Tötung die Bezugsperson (Mutter/Vater) verloren haben.[552] Der aktuelle Mordtatbestand berücksichtigt diesen Umstand nur dann, wenn die Strafzumessungsvorschrift des § 46 StGB aufgrund eines Strafmilderungsgrundes oder im Wege der Feststellung der besonderen Schuldschwere anwendbar ist.

2. Handlungsunwert

Während der Erfolgsunwert das Ausmaß der Verletzung erfasst, gibt der Handlungsunwert die Art und Weise der Verletzungshandlung wieder.[553]

Die Mordmerkmale als solche dürfen wegen des Doppelverwertungsverbotes nicht strafrechtlich bewertet werden, § 46 Abs. 3 StGB. Tatbestandsmäßiges Verhalten, welches die Strafbarkeit begründet, darf sich nicht strafschärfend auswirken[554]: Es darf sich also nicht strafschärfend auswirken, dass bei Verwirklichung eines Mordmerkmals ein anderer Mensch getötet worden ist.[555] Ebenso kann der eigentliche Tötungsvorgang für die Bemessung der Strafe nicht herangezogen werden. Handlungen, die über die bloße Tötung hinausgehen, können sich hingegen auf die Strafzumessung auswirken und unterfallen nicht dem Doppelverwertungsverbot.[556] Darunter fallen etwa die Tötung mehrerer Menschen oder das Vorliegen mehrerer Mordmerkmale. Aber auch hier ist auf die Besonderheit des Einzelfalls Rücksicht zu nehmen: Tötet der Täter einen anderen Menschen, um einen Raub zu begehen, liegen regelmäßig die Mordmerkmale Habgier und Ermöglichungsabsicht vor. Hier kommt es aber grundsätzlich zu keiner über der bloßen Tötung hinausgehenden Tatbestandsverwirklichung. Das Doppelverwertungsverbot gilt auch für vertypte Milderungsgründe, die zwingend oder fakultativ vorliegen.[557]

2.1. Beweggründe und Ziele

Die Beweggründe und Ziele des Angeklagten, die sich aus den Umständen der Tatbegehung entnehmen lassen, üben einen starken Einfluss auf die Strafzumessung aus.[558] So ist bei gleichem Erfolgsunwert – Tod eines anderen Menschen – aufgrund unterschiedlicher Motive eine unterschiedliche Strafzumessung möglich: Das Vorliegen niedriger Beweggründe kann die Verhängung einer lebenslangen Freiheitsstrafe bedingen, im Gegensatz dazu ist es möglich, dass menschlich verständliche, nachvollziehbare Tatbegehung strafmildernd wirken kann. Bei Mord wird bei gleichem Erfolgsunwert die unterschiedliche Motivation

552 BGH NStZ 1993, S. 385.
553 *Meier,* (2014), S. 187.
554 *Meier,* (2014), S. 227.
555 *Schäfer/Sander/van Gemmeren,* (2012), S. 195 RN. 691, 693.
556 *Meier,* (2014), S. 228.
557 *Schäfer/Sander/van Gemmeren,* (2012), S. 199 RN. 702; *Meier,* (2014), S. 227, 229.
558 *Schäfer/Sander/van Gemmeren,* (2012), S. 171 RN. 607f.

nicht berücksichtigt, und bei einem nachvollziehbaren Beweggrund trotzdem die lebenslange Freiheitsstrafe verhängt.

Die Strafzumessungsvorschrift des § 46 Abs. 2 StGB erfasst den Umstand, dass die „zu verantwortende Eskalation der Auseinandersetzung“[559] dem Opfer zuzurechnen ist.[560] So ist der Gedanke zu erwägen, dass dem Opfer auch die Verantwortung für die Situation zuzuschreiben ist.[561] Die aktuelle Gesetzeslage bei Mord kann keine der Tötung vorausgehende Opferprovokation berücksichtigen. In diesem Sinne wird auch in dem Abschlussbericht der Expertenkommission argumentiert, wenn es heißt, dass sich solche Tötungen von anderen absetzen, bei denen im Voraus „eine schwere Beleidigung, Misshandlung oder eine andere Rechtsverletzung zugefügt“[562] wurde und sich der Täter zur Tat veranlasst sah.

Der aktuelle Mordtatbestand berücksichtigt nicht, ob der tatauslösende Faktor zur Tötung durch ein Verhalten des Opfers bedingt wurde, insbesondere ob durch das Opfer eine Tatprovokation vorausging.[563] Eine vom Opfer ausgehende Provokation kann sich nur dann auswirken, indem vom Mordvorwurf abgesehen und zum Totschlagsvorwurf übergegangen wird.[564]

Ausnahmsweise kann bei Vorliegen außergewöhnlicher mildernder Umstände von der lebenslangen Freiheitsstrafe der heimtückischen Tötung abgesehen werden, wenn die Verhängung der absoluten Strafandrohung nach umfassender Würdigung der Tat unverhältnismäßig erscheint („Rechtsfolgenlösung“).[565] Eine entsprechende Anwendung der Rechtsfolgenlösung für andere Mordmerkmale wurde und wird durch den BGH abgelehnt.[566]

2.2. Gesinnung des Täters/aufgewendeter Wille des Täters

Die aus der Tat sprechende Gesinnung des Täters zeigt die Haltung und Einstellung des Täters, die der Tatbestandsverwirklichung zugrunde liegt und in einem engen Verhältnis zur Tat steht.[567] Unter mordspezifischer Betrachtungsweise kann das die besonders verwerfliche Menschenverachtung sein.[568] Tötungen aus reinem Hass, sowie die Gewissens- und Überzeugungstäter werden von dem aktuellen Mordtatbestand gleich behandelt, wie derjenige, der aus einer verzweifelten, hoffnungslosen Lage heraus tötet. Tötungen aus purem Hass

559 *Müssig*, (2005), S. 275.
560 Vgl. BGH NJW 1958, S. 717 ff.; BGH NJW 1981, S. 1965, S. 1968; BVerfG NJW 1977, S. 1525ff.
561 *Müssig*, (2005), S. 276; *Heine*, (1988), S. 254.
562 BMJV, Abschlussbericht, (2015), S. 90 ff.
563 *Müssig*, (2005), S. 274; *Heine*, (1988), S. 12.
564 *Sessar*, (1981), S. 188f.; *Heine*, (1988), S. 254; *Oberlies*, (1997), S. 139; *Hess*, (2010), S. 174ff.
565 BGH, Beschl. v. 19.05.1981 –GSSt 1/81; BGH, Beschl. v. 23.11.2004 – 1 StR 331/04.
566 *Fischer*, (2015), § 211 RN. 103.
567 *Meier*, (2014), S. 199.
568 *Schäfer/Sander/van Gemmeren*, (2012), S. 172 RN. 614.

können auf die Gesinnung des Täters schließen lassen und somit unter einen der im Gesetz verankerten Strafzumessungspunkte fallen (§ 46 Abs. 2 StGB). Das Motiv Hass wird regelmäßig bei Tötungen aus rassistischen Motiven, Ausländerhass und/oder wegen der ethnischen Herkunft als sonst niedriger Beweggrund gewertet.[569] Charakteristisch für die Hasstötung ist die evidente Missachtung des Persönlichkeitswertes des Opfers und die für die Tötung ursächliche „Eigenschaft des Opfers“[570].[571] Fremdenfeindliche Delikte, die aus Hass begangen werden, entstehen aus einer aggressiv geladenen und vorgeheizten Gruppendynamik heraus.[572]

Die sogenannte Hasskriminalität[573] soll sich grundsätzlich strafschärfend auswirken.[574] Insbesondere wies 2015 der Bundesrat mit seinem entsprechenden Gesetzesentwurf[575] darauf hin, dass zum einen der Anstieg an Hasskriminalität eine strafschärfende Sanktionierung fordert, ferner gestalte sich die Tatbestandsverwirklichung aus Hass deutlich „brutaler und rücksichtsloser“[576] und verwirkliche dadurch erhöhten Unrechtsgehalt.[577] Inzwischen ist seit dem 01.08.2015 eine entsprechende Änderung in Kraft getreten.[578] Tötungen aus purem Hass verwirklichen regelmäßig die Voraussetzungen des Mordmerkmals der sonst niedrigen Beweggründe.[579] Im Wege des Doppelverwertungsverbotes können sie dann nicht mehr als strafzumessungsrelevant herangezogenen werden.

Ein Strafzumessungsfaktor ist auch die Intensität des Täterwillens. Der bei der Tat aufgewendete Wille gibt Aufschluss über die Zielstrebigkeit des Täters.[580] Hier wird vor allem die umfassende Tatvor- und Tatnachbereitung berücksichtigt, sowie die eingesetzte Energie um unerkannt fliehen zu können. So kann sich der in der Regel bei umsichtiger Planung indizierte ausgeprägte Täterwille strafschärfend auswirken.[581] Die Vorsatzform ist dabei nicht maßgebend.[582] Denn gerade im Hinblick auf die mit Tötungsvorsatz geführte Handlung wird bereits

---

569 *Dölling/Laue*, (2009), S. 631f.; *Altvater*, NStZ (2001), S. 19, S. 23; *Siol*, (1973), S. 36; BGH NJW 1994, S. 395, S. 396.
570 *Müssig*, (2005), S. 266.
571 BGH NJW 1994, S. 395, S. 396; *Keiser*, ZRP (2010), S. 46, S. 46; *Rieker*, (2015), S. 175.
572 *Rieker* (2015), S. 177.
573 BGBl I Nr. 23, 19. Juni 2015, S. 925.
574 Becklink 1019100; *Keiser*, ZRP (2010), S. 46, S. 46f.
575 BR-Drs. 26/12; *Rieker* (2015), S. 176.
576 Becklink 1019100.
577 *Miebach/Maier*, in MüKo (2016) § 46 RN. 187.
578 BGBl. 2015 Teil I Nr. 23, 19.06.2015, S. 925.
579 *Fischer*, (2016), § 211 RN. 25.
580 *Meier*, (2014), S. 201.
581 BGH, Beschl. v. 11.08.2009 – 3 StR 175/09.
582 *Meier*, (2014), S. 202.

der direkte Vorsatz, also das sichere Wissen, bejaht, sodass eine weitere Bewertung der Vorsatzform wegen des Doppelverwertungsverbotes verwehrt ist.[583] Allerdings kann sich straferschwerend auswirken, „dass der Täter absichtlich einen Menschen getötet hat, er also nicht nur um den Todeseintritt sicher wusste, sondern es ihm vielmehr darauf ankam“[584].

Die Gewichtung der besonderen Schuldschwere kann sich daran orientieren, dass die Tat besonders davon geprägt war, ein austauschbares Opfer um des eigenen Vorteils willen zu töten.[585] Die Tötung eines Zufallsopfers macht die Intensität der menschenverachtenden Haltung und des Vernichtungswillens des Täters, die sich aus der Tat ergibt, deutlich. Für die Strafzumessung kann diese gesteigerte Gefährlichkeit des Täters, die sich aus der Tatbestandverwirklichung ergibt, eine Rolle spielen.

2.3. Maß der Pflichtwidrigkeit

Pflichtwidriges Handeln kann insbesondere bei Unterlassungsdelikten von Bedeutung sein, wenn etwa die Zumutbarkeit der Vornahme der Handlung gering ist.[586] Häufig wird bei Tötung eines Kindes (Filizid) durch die Kindsmutter/den Kindsvater genauer geprüft, ob ihnen der Vorwurf, sich pflichtwidrig verhalten zu haben, gemacht werden kann: regelmäßig leiden die Täter/Täterinnen unter körperlichen und seelischen Belastungen. Leidet beispielsweise die Täterin über die Geburtssituation hinaus unter einer geistig-seelischen Beeinträchtigung, kann das Maß der Pflichtwidrigkeit gemindert werden.[587] Aus der Untersuchung von *Hönyck/Behnsen/Haug* ist zu erkennen, dass bei Vorliegen psychischer Belastungen regelmäßig die Anklage wegen Totschlags erhoben wird und nicht wegen Mordes. Ist jedoch als tatdominierendes Motiv Hass,[588] Wut,[589] Zorn[590] und/oder Rache[591] zu erkennen, erfolgt eine Verurteilung wegen Mordes. Insbesondere wird hier häufig das Mordmerkmal der niedrigen Beweggründe als verwirklicht angesehen; maßgebend ist, dass der Täter diese Beweggründe auch als solch niedrige Motivation erkennt.[592] Sollte eine Strafrahmenverschiebung in Betracht kommen, wird häufig § 21 StGB herangezogen.[593] Denn bei der

583 BGH StV 1993, S. 72.
584 BGH NStZ 2012, S. 689, S. 689.
585 BGH NStZ 2005, S. 88, S. 88.
586 *Schäfer/Sander/van Gemmeren*, (2012), S. 175 RN. 625.
587 BGH, Urt. v. 06.11.2003 – 4 StR 296/03; BGH, Urt. v. 05.06.2003 – 3 StR 55/03 LS. 2.
588 *Hönyck/Behnsen/Haug*, (2014), S. 106.
589 *Hönyck/Behnsen/Haug*, (2014), S. 106f.
590 *Hönyck/Behnsen/Haug*, (2014), S. 108.
591 *Hönyck/Behnsen/Haug*, (2014), S. 108.
592 BGH, Urt. v. 05.06.2003 – 3 StR 55/03 LS. 1.
593 *Hönyck/Behnsen/Haug*, (2014), S. 105.

Anwendung des fakultativen Milderungsgrundes kann das Gericht das Maß der Pflichtwidrigkeit berücksichtigen.

2.4. Ausführung der Tat

Die Art der Ausführung der Tat erfasst die Umstände, die die Tat prägen.[594] So können etwa der Tatort und die Tatzeit, sowie die Dauer der Tötungshandlung als auch das zur Tötung verwendete Mittel berücksichtigt werden.[595] Liegt etwa die Handlung über der eigentlich notwendigen Tötung und stellt sie sich als besonders brutal dar, so kann dieser Umstand strafschärfend berücksichtigt werden.[596] Wenn sich der angesammelte Hass während der Tötungshandlung entlädt und durch exzessive Handlungen in der Tötung widerspiegelt, wird von einem Übertöten gesprochen. Es sind Handlungen, die zur Tötung nicht notwendig und erforderlich sind und sich an dem toten Objekt fortsetzen. Zu beobachten ist die Übertötung insbesondere bei dem Muttermord: die Tötung der eigenen Mutter (sogenannter Matrizid) durch den Sohn.[597] Für die Tötung ist der (unbewusste) Hass auf die Mutter und bei psychoanalytischer Interpretation gleichzeitig das sexuelle Begehren nach ihr ursächlich.[598] Die Täter wohnen in diesen Fällen häufig bei ihrer allein lebenden Mutter, sind ebenfalls alleinstehend und verfügen über nur sehr wenige soziale Beziehungen.[599] Der Muttermord in Form eines Befreiungsschlags aus einer „prolongierten ödipalen Situation"[600] lässt einen Täter erkennen, der sich von der erdrückenden Liebe der Mutter zu befreien versucht.[601] Die allein lebende Mutter kompensiert den Verlust ihres Mannes mit erdrückender Liebe für den Sohn. Diese Situation, so die Annahme des Täters, lässt sich ausschließlich durch die Tötung der Mutter auflösen.[602] Der wütende Täter, der es nicht schafft, sich von der Mutter zu lösen, sieht sich in einer Lage, in der nur die Tötung der Mutter Abhilfe schaffen kann. Zumeist leiden die Täter zur Tatzeit an Wahnvorstellungen sowie schizophrenen und depressiven Psychosen.[603] Muttermörder sind regelmäßig nicht vorbestraft[604] und führen ein angepasstes, sozial unauffälliges Leben. Die Täter sind zwischen 20 und 50 Jahren alt.[605] Untersuchungen haben gezeigt, dass die Täter „keine reifen sexuellen

---

594 *Meier,* (2014), S. 195.
595 *Meier,* (2014), S. 196.
596 *Schäfer/Sander/van Gemmeren,* (2012), S. 178 RN. 635.
597 *Nedopil/Müller,* (2012), S. 318; *Brandt/Meyer,* (1982), S. 130.
598 *v. Hentig,* (1968), S. 45, 47.
599 *Nedopil/Müller,* (2012), S. 319; *Weber,* (1993), S. 35.
600 *Weber,* (1993), S. 36.
601 *Schlie,* (2010), S. 137.
602 *v. Hentig,* (1968), S. 17, 20, 22; *Weber,* (1993), S. 36.
603 *Weber,* (1993), S. 35; *Nedopil/Müller,* (2012), S. 318f.
604 *Nedopil/Müller,* (2012), S. 318; *Weber,* (1993), S. 35.
605 *Heide,* (1993), S. 541.

Beziehungen unterhielten"[606]; das Interesse wird primär auf das Sexualleben der Mutter bezogen. Das schwer missbrauchte und vernachlässigte Kind als Täter tötet primär den Vater.[607] Der sogenannte Elternmord (Patrizid) stellt eine Täter-Opfer-Konstellation dar, bei denen die leiblichen Kinder oder Stiefkinder die leiblichen Eltern, Elternteile oder Stiefeltern oder Stiefelternteile töten.[608] Die häufig männlichen[609] Täter sind in einem Alter zwischen durchschnittlich 18 bis 50 Jahren.[610] Zu beobachten ist, dass die Beziehung zwischen Sohn und Vater häufig vorbelastet war.[611] Davon zu unterscheiden ist der sogenannte chiffrierte Matrizid/Patrizid;[612] hier wird eine andere Person getötet als die Mutter oder der Vater. Die Aggression ist aber eigentlich gegen das entsprechende Elternteil gerichtet.[613] Es wird in diesem Kontext von einem „psychisch-dynamisch brisanten Verschiebungsprozess"[614] gesprochen. Kriminologische Ausführungen bezüglich dieses Phänomens sind rar. Ein Grund könnte an dem doch geringen Vorkommen des Muttermordes liegen.[615] Der Muttermord durch die Tochter ist ein noch selteneres Phänomen.[616] Beobachtet wurde aber, dass Töchter als Täterinnen töteten, um der Mutter Schmerzen zu ersparen.[617] Der Overkill stellt eine besondere Ausprägung der Tatverwirklichung dar und kann somit in die Strafzumessung im Sinne des § 46 StGB mit einfließen.

Der Mordtatbestand in der aktuellen Fassung kann diesen Umstand nicht bewerten. Allerdings kann ein Overkill wegen der besonders verwerflichen Tatausführung zu einer Strafschärfung nach § 57a Abs. 1 S. 1 Nr. 2 StGB führen. Denn für die Feststellung der besonderen Schuldschwere wird die Vorschrift des § 46 Abs. 2 StGB nach aktueller Rechtspraxis entsprechend herangezogen.

2.5. Vorleben des Täters

Das Vortatverhalten des Täters berücksichtigt neben den Lebensumständen des Täters vor Begehung der abzuurteilenden Tat auch die Verhältnisse unmittelbar vor Tatbestandsverwirklichung. Hier kann sich eine erhebliche Vorstrafenbelastung strafschärfend auswirken. Ferner wirkt sich ein delinquentes Vorleben auch auf Vollstreckungsfragen wie die Anordnung bzw. der Vorbehalt der Anordnung

606 *Weber,* (1993), S. 35.
607 *v. Hentig,* (1968), S. 44f.; *Nedopil/Müller,* (2012), S. 318.
608 *Heide,* (1993), S. 533.
609 *Heide,* (1993), S. 534, 542.
610 *Heide,* (1993), S. 532, 538, 540, 541.
611 *Heide,* (1993), S. 538f., 542; *Schlie,* (2010), S. 138f.
612 *Weber,* (1993), S. 36.
613 *Weber,* (1993), S. 33.
614 *Weber,* (1993), S. 36.
615 *Weber,* (1993), S. 34; *Heide,* (1993), S. 531.
616 *Brandt/Meyer,* (1982), S. 133.
617 *Brandt/Meyer,* (1982), S. 130f.

der Sicherungsverwahrung (§§ 66 ff. StGB) aus. Das erkennende Gericht kann bei Verurteilung wegen Mordes darlegen, ob es zwischen Tatverwirklichung und Inhaftierung (nach § 112 Abs. 3 StPO) beziehungsweise Beginn der Hauptverhandlung zu weiteren Straftaten gekommen ist oder ob sich die Lebensverhältnisse vielmehr stabilisiert haben.[618] Letzteres kann sich positiv auf spezialpräventive Aspekte auswirken. Bei Mord liegt die Wahrscheinlichkeit hoch, dass der mutmaßliche Täter in Untersuchungshaft bzw. in einem psychiatrischen Krankenhaus untergebracht wird (vgl. §§ 112 ff., 126a StPO).Außerhalb der Einrichtung kann er sich grundsätzlich nicht strafbar machen; es kann aber zu strafauffälligen Zwischenfällen gegenüber Mitgefangenen oder Justizpersonal während der Unterbringungszeit kommen. Weitere zusätzlich verwirklichte Straftaten neben dem Morddelikt in Realkonkurrenz können sich nach höchstrichterlicher Rechtsprechung auf die Feststellung der besonderen Schwere der Schuld nach §§ 57a Abs. 1 S. 1 Nr. 2, 57b StGB auswirken, soweit sich daraus Informationen zur Täterpersönlichkeit ergeben.[619]

2.6. Verhältnisse des Täters

Die persönlichen Verhältnisse dürfen grundsätzlich nicht für die Strafzumessung herangezogen und bewertet werden. Ergibt sich jedoch ein unmittelbarer Zusammenhang zwischen Lebensumständen und Tatverwirklichung, dürfen diese Umstände herangezogen werden.[620] Erforderlich ist eine möglichst umfassende Feststellung persönlicher Verhältnisse des Täters,[621] um möglichst genau eine Prognoseentscheidung zu erstellen mit Blick auf etwaige Maßregelanordnungen beziehungsweise Sicherungsmaßnahmen. So sind gerade die Feststellungen zur Person dann notwendig, soweit sich diese Faktoren mitbestimmend auf den Schuldspruch und Rechtsfolgenausspruch auswirken.[622] Innerhalb dieser Feststellung zur Person ist auch die persönliche Entwicklung des Täters aufzuzeigen.[623] Hier kann sich auswirken, ob das Gericht einen Heranwachsenden nach allgemeinem Strafrecht verurteilt und die Strafe nach § 106 Abs. 1 JGG mildert. Erfasst sind – unter Berücksichtigung einer „an den anerkannten Strafzwecken ausgerichteten Strafzumessung“[624] – das familiäre und soziale Umfeld, die Lebensumstände, die schulische und berufliche Entwicklung sowie persönliche Bindungen und Besonderheiten, die in der Person des Angeklagten vorliegen.[625]

618 BGH, Beschl. v. 16.08.2011 – 5 StR 300/11.
619 BGH Beschl. v. 19.05.2015 – 1 StR 152/15.
620 *Schäfer/Sander/van Gemmeren*, (2012), S. 173 RN 615.
621 BGH NStZ 1991, S. 231.
622 BGH, Beschl. v. 19.04.1995 – 3 StR 118/95.
623 *Schäfer/Sander/van Gemmeren*, (2012), S. 410 RN. 1380.
624 BGH NStZ 1991, S. 231.
625 *Schäfer/Sander/van Gemmeren*, (2012), S. 410 RN. 1380.

Insgesamt kann das Vorleben des Täters von Bedeutung bei der Strafzumessung sein, § 46 Abs. 2 StGB. Umstände des Vorlebens können sich nur dann strafschärfend auswirken, wenn sie sich unmittelbar auf die Tatverwirklichung auswirken und mit dieser aufgrund einer „engen Beziehung (...) Schlüsse auf den Unrechtsgehalt“[626] zulassen.[627] Letztlich sind auch die Vorstrafen in Betracht zu nehmen. Dabei geht es in erster Linie darum, angemessen auf die Strafzumessungsschuld und auf erforderliche Präventionsmaßnahmen einzugehen.[628]

Umstände, die sich in Beziehung zur Tat stellen lassen,[629] können in der unmittelbar zur Tötung liegenden Vorgeschichte erkannt werden. Möglich erscheint, dass sich eine vorangegangene Konfliktsituation, die vom Täter nicht hervorgerufen wurde, auswirken kann, etwa eine durch eine Provokation vom Opfer hervorgerufene „Zwangslage“ des Angeklagten. Gleichzeitig können sich typische Sachverhaltskonstellation wie Beziehungstaten auswirken.[630] Denn gerade bei Konflikttötungen haben Täter und Opfer zusammen eine konfliktgeladene Situation geschaffen, die den Tatauslöser und die Tötung verursachen. Die „beidseitige Verstrickung“[631] führt dazu, dass dem Täter neben belastenden Momenten auch entlastende Faktoren zugute kommen, wenn die Verantwortung für die Tat auf einer gegenseitigen Verursachung zurückzuführen ist. Den Tötungen des (Intim-)Partners gehen Konflikte, insbesondere ein „Wechselspiel von Zerwürfnis und Versöhnung“[632] voraus, was bei dem Täter zu einer instabilen psychischen Verfassung führen kann. Unmittelbar vor der Tötungshandlung kommt es regelmäßig zu verbale und/oder körperliche Auseinandersetzungen,[633] bei denen sich der Täter spontan zu Tötung entschließt,[634] was häufig auf eine Affekttat zurückzuführen ist.[635] Vorausgegangene Beziehungskonflikte können entlastende Momente aufweisen,[636] die sich über einen Milderungsgrund auf die Verurteilung zu zeitiger Freiheitsstrafe wegen Mordes auswirken können.

2.7. Bedeutung der Vorstrafen

Das Vorliegen strafrechtlicher Vorbelastung wirkt sich erheblich auf das Strafmaß aus.[637] So haben bereits zahlreiche Untersuchungen gezeigt, dass die Vorbelastung

626 BGH, Beschl. v. 17.09. 2009 – 5 StR 325/09.
627 BGH, Urt. v. 26.07.1983 – 1 StR 447/83; BGH, Urt. v. 07.09.1983 – 2 StR 412/83.
628 *Schäfer/Sander/van Gemmeren*, (2012), S. 194 RN. 688.
629 *Meier*, (2014), S. 203.
630 *Schäfer/Sander/van Gemmeren*, (2012), S. 180 RN. 643f.; *Schneider*, NStZ 2015, S. 64, S. 64.
631 *Müssig*, (2005), S. 342.
632 *Rasch*, (1995), S. 95.
633 *Oberlies*, (1997), S. 137; *Endres*, (2008), S. 414.
634 *Glatzel*, (1987), S. 66; *Endres/Breuer*, (2014), S. 96.
635 *Endres*, (2008), S. 413f.
636 *Müssig*, (2005), S. 342.
637 *Meier*, (2014), S. 202.

des Angeklagten Einfluss auf die Strafhöhe bzw. Sanktionierung allgemeingenommen hat. Die Vorstrafen des Angeklagten können Schlüsse auf eine rechtsfeindliche Einstellung des Täters zur Rechtsordnung zulassen und sich deshalb strafschärfend auswirken.[638] Erforderlich ist jedoch, dass die Vorverurteilungen aufgrund einschlägiger Delikte erfolgen, beziehungsweise, dass sich gerade aufgrund der Vorverurteilungen eine „erhöhte Schuld des Täters und die gesteigerte Notwendigkeit ergibt“[639]. Die Strafverfolgungsstatistik aus den Jahren 2013 und 2014 zeigt, dass auch bei Mordverurteilungen eine hohe Frequenz an strafrechtlicher Vorbelastung besteht.

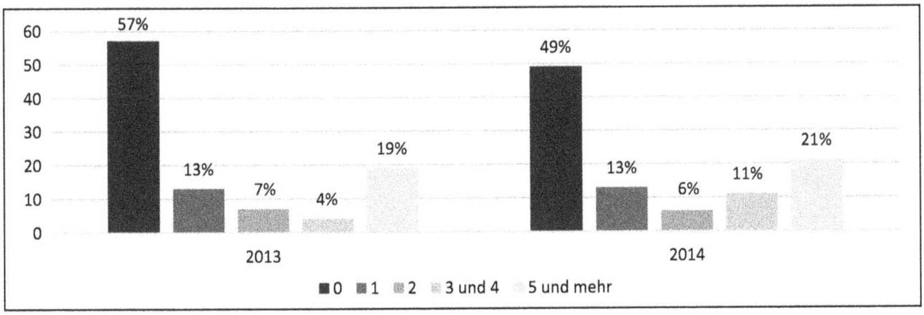

Abb. 2. *Vorstrafenbelastung bei Verurteilung wegen Mordes*
Quelle 2. SVS (2013, 2014), „Verurteilte mit früheren Verurteilungen“, Tab. 7.1.

Etwa jeder zweite rechtskräftig wegen vollendeten Mordes nach allgemeinem Strafrecht Verurteilte war bereits mindestens einmal strafrechtlich in Erscheinung getreten.[640] Beispielsweise wurden 2014 49% zu einer Freiheitsstrafe verurteilt, 38% erhielten eine Geldstrafe. 3% der vorbestraften Verurteilten wurden nach dem Jugendstrafrecht verurteilt. Auffallend ist zum einen die hohe Rate an nicht strafrechtlich vorbelasteten Verurteilten, die das erste Mal wegen eines vollendeten Mordes strafrechtlich in Erscheinung treten. Zum anderen haben weniger als 20,0% nur eine Vorstrafenbelastung. Diejenigen Verurteilten, die bereits strafrechtlich mehrfach vorbelastet sind, machen einen deutlich höheren Anteil aus. Inwieweit die Vorstrafenbelastung Einfluss auf die Strafzumessung übt, lässt auch die Strafverfolgungsstatistik offen.[641]

638 *Schäfer/Sander/van Gemmeren,* (2012), S. 183 RN. 655ff.; *Frister,* SK-StPO IV (2011), § 243 RN. 81; *Detter,* NStZ (2016), S. 391, S. 395.
639 *Fischer,* (2015), § 46 RN. 38; BGH, Urt. v. 04.08.1971 – 2 StR 13/71.
640 Strafverfolgungsstatistik 2013, S. 426/7.1 „Nach allgemeinem Strafrecht Verurteilte nach Zahl und Art der früheren Verurteilungen“; Strafverfolgungsstatistik 2014, S. 422ff./7.1.
641 *Schlothauer/Yundina,* R&P (2016), S. 43, S. 44 Tab. 1.

Die Vorstrafenbelastung ist ein sicheres Indiz für eine Strafschärfung. Umgekehrt kann sich eine fehlende strafrechtliche Vorbelastung zugunsten des Täters auswirken. Im Hinblick auf die höchste Strafandrohung darf sich eine fehlende Vorstrafenbelastung nur strafbegünstigend auswirken. Es ist sich hier vor Augen zu führen, dass sich der Täter in seinem Leben vor der Mordtat zu keiner Zeit strafbar gemacht hat und in einem Momentversagen sein Opfer tötete. Dieser Umstand kann der aktuelle Mordtatbestand nicht berücksichtigen und bestraft diese Person genauso, wie einen Mörder, der bereits vielfach strafrechtlich aufgefallen ist und die Mordtat der Höhepunkt seiner kriminellen Karriere ist.

Die Vorstrafenbelastung kann sich auf die Feststellung der besonderen Schwere der Schuld nach § 57a Abs. 1 S. 1 Nr. 2 StGB auswirken, wenn dies die Gesamtwürdigung von Tat und Täterpersönlichkeit zulässt.[642] Vorstrafen dürfen jedoch nicht für die Feststellung der besonderen Schwere der Schuld herangezogen werden, wenn „die Eintragung über eine Verurteilung im Register getilgt worden oder (...) zu tilgen ist"[643].[644] Vorstrafen wirken sich erst zu Lasten des Angeklagten bei der Feststellung der besonderen Schuldschwere aus, wenn der Täter trotz erheblicher Vorstrafen die Warnfunktion missachtet und die Rechtsordnung nicht wahrt.[645]

2.8. Nachtatverhalten/Verhalten während der Hauptverhandlung

Das Nachtatverhalten beschreibt das unmittelbar nach der Tötungshandlung anschließende Verhalten an und mit dem Leichnam. Gleichzeitig erfasst das Nachtatverhalten aber auch das Verhalten bis zur und während der Hauptverhandlung.[646] Somit ist das gesamte Nachtatverhalten der strafzumessungsrelevanten Bewertung zugänglich. Das Verhalten des Täters nach der Tötung mit dem Leichnam kann also grundsätzlich eine eigenständige Bewertung bekommen, soweit ein Bezug zur Tat gegeben ist. Ein Verhalten, was zur Aufklärung bzw. zur Unrechtseinsicht beiträgt und über die Voraussetzungen des Strafmilderungsgrundes des § 46b StGB hinausgeht,[647] ist grundsätzlich genauso relevant, wie die Tat verschleiernde Handlungen.

Für die Bewertung des Nachtatverhaltens muss aber der Grundsatz des „nemo tenetur se ipsum accusare" berücksichtigt werden, eine Verpflichtung zur Aufklärung der Tat durch den Angeklagten besteht nicht. Verhaltensweisen des

---

642 BGHSt 40, 360.

643 Vgl. § 51 BZRG.

644 BGH, NStZ-RR 2001, S. 237, S. 237; bei Altfällen: BGH NStZ-RR (1998), S. 71, S. 72.

645 BGH, Urt. v. 01.07.2004 – 3 StR 494/03.

646 *Meier*, GA (2015), S. 425, S. 446.

647 Vgl. Kap. 1.D.V.

Angeklagten, die nicht zur Aufklärung der Tat beitragen, dürfen für sich allein noch nicht zu seinem Nachteil bewertet werden.[648] Erst wenn sich ergibt, dass eine bestimmte, die Tat verschleiernde Verhaltensweise von vornherein geplant war und sich dadurch eine Schuld erhöhende Einstellung zur Tat ergibt, ist dieser Umstand strafschärfend zu bewerten.[649] Aber auch hier kann ein Beitrag zur Tataufklärung strafbegünstigend bewertet werden (vgl. § 46b StGB).

Durch eine geständige und unrechtseinsichtige Einlassung des Angeklagten ist auch das Verhalten während der Hauptverhandlung für die Strafzumessung grundsätzlich zugänglich. Der Angeklagte ist in der Hauptverhandlung zur Sache zu vernehmen, § 243 Abs. 5 S. 2 StPO. Dadurch soll dem Angeklagten die Möglichkeit gegeben werden, „seine Position in das Verfahren einzubringen".[650] Geständnisse können sich strafmildernd auswirken. Für die Vernehmung gilt grundsätzlich der Mündlichkeitsgrundsatz, dafür ist jedoch keine freie Rede notwendig.[651] So kann der Angeklagte eine vorformulierte Erklärung verlesen. Weiter ist verfahrensrechtlich zulässig, dass der Angeklagte durch schlüssiges Verhalten – zum Beispiel „Nicken" – eine vom Verteidiger vorformulierte und vorgetragene Erklärung zum Tatgeschehen sich zu eigen macht.[652] Der Angeklagte kann sich also auf eine nicht persönlich erklärte Einlassung berufen. Ein solches Aussageverhalten bedarf einer besonders kritischen Prüfung,[653] denn ihr kommt ein nur geringer Beweiswert zu, „weil es sich nicht um eine eigentliche mündlich vor Gericht abgegebene Sachäußerung, sondern um eine schriftliche, situativ häufig nicht hinterfragbare Verteidigungserklärung handelt"[654]. Daneben bleibt zu berücksichtigen, dass das Gericht grundsätzlich nicht verpflichtet ist, bei Anwesenheit des Angeklagten eine Verlesung der Einlassung durch den Verteidiger zuzulassen.[655]

Daneben darf das Verhalten während der Hauptverhandlung für sich allein nur dann strafschärfend wirken, wenn sich dadurch „im Hinblick auf die Tat und die Persönlichkeit des Täters auf besondere Rechtsfeindlichkeit und Gefährlichkeit schließen lässt"[656]. Davon sind solche Verhaltensweisen abzugrenzen, die sich unter einer zulässigen Verteidigungsstrategie subsumieren lassen; denn dadurch darf sich keine Strafschärfung ergeben. Unter diesem Gesichtspunkt ist auch zu berücksichtigen, dass sich der Angeklagte während der Hauptverhandlung in

---

648 BGH, Urt. v. 09.11.1989 – 4 StR 542/89; BGH, Urt. v. 10.05.1988 – 1 StR 175/88; BGH, Beschl. v. 17.08.1984 – 3 StR 293/84.

649 *Detter*, NStZ (2016), S. 391, S. 395; *Schäfer/Sander/van Gemmeren*, (2012), S. 188 RN. 640ff., 670.

650 *Frister*, SK-StPO IV (2011), § 243 RN. 58.

651 *Frister*, SK-StPO IV (2011), § 243 RN. 72.

652 *Schneider*, KK (2008), § 243 RN. 48; *Frister*, SK-StPO IV (2011), § 243 RN. 73f.

653 *Schneider*, KK (2008), § 243 RN. 48; *Frister*, SK-StPO IV (2011), § 243 RN. 72.

654 *Schneider*, KK (2008), § 243 RN. 48.

655 *Schneider*, KK (2008), § 243 RN. 50.

656 BGH, Beschl. v. 29.01.2014 – 1 StR 589/13.

einer angespannten „Ausnahmesituation“[657] befindet, die zu einem unangemessenen Prozessverhalten verleiten kann. Dieser Umstand darf sich jedoch nicht auf die Persönlichkeitsbeurteilung des Täters auswirken.

Das Geständnis ist ein wesentlicher, strafbegünstigender Umstand in der Hauptverhandlung,[658] neben der Tataufklärung kommt auch die Unrechtseinsicht des Angeklagten zum Ausdruck. Der Mordtatbestand in seiner aktuellen Fassung kann diesen Faktor jedoch nicht berücksichtigen und zu keiner Strafrahmenmilderung führen.

3. *Strafvollstreckungsfragen*

Aspekte, die die Strafvollstreckung und nicht die Strafzumessung betreffen, können unter Anrechnungsgesichtspunkten auch bei der Urteilsfindung relevant werden. Die erlittene Untersuchungshaft soll grundsätzlich bei der Vollstreckung der Strafe angerechnet werden, gem. § 51 Abs. 1 S. 1 StGB. Die Anrechnung greift jedoch nur bei Verurteilungen zu zeitigen Freiheitsstrafen oder zu Geldstrafen.[659] Vom natürlichen Verständnis kann eine Anrechnung bei Verurteilung zu lebenslanger Freiheitsstrafe nicht erfolgen, da die lebenslange Freiheitsstrafe zeitlich grundsätzlich nicht eingegrenzt ist. Jedoch muss hier berücksichtigt werden, dass die Vollstreckung des Rests der lebenslangen Freiheitsstrafe zur Bewährung ausgesetzt werden kann. Einen Anspruch auf Strafrestaussetzung hat der Verurteilte nach Verbüßung von mindestens 15 Jahren der Strafe (vgl. § 57a Abs. 1 Nr. 1, Abs. 2 StGB).[660] Die Strafrestaussetzung nach 15 Jahren Freiheitsentzug verkürzt sich demnach um die erlittene Freiheitsentziehung. Hier knüpft der Umstand der Anrechnung der im Ausland erlitten Freiheitsstrafe an (§ 51 Abs. 3 S. 2 StGB)[661]: „Als verbüßt in diesem Sinne gilt jede Freiheitsentziehung, die der Verurteilte aus Anlass der Tat erlitten hat § 57a Abs. 2 StGB).“[662]

Die Anrechnung ausländischer Freiheitsentziehungen wird unternommen, um den unterschiedlichen Haftbedingungen im Vergleich zu Deutschland gerecht zu werden.[663] Dabei ist die Anrechnung nach dem Ermessen des erkennenden Gerichts festzusetzen.[664] Grundsätzlich gilt für die erlittene Freiheitsentziehung in EU-Mitgliedländern eine Anrechnung von 1:1; Ausnahmen, die von der Grundsatzregel abweichen, sind aufgrund der Besonderheit des Einzelfalls

---

657 *Schäfer/Sander/van Gemmeren,* (2012), S. 191, RN. 678.
658 *Meier,* GA (2015), S. 425, S. 447, 449.
659 *Wenzel,* (2004), S. 21.
660 *Wenzel,* (2004), S. 240; BGH; Beschl. v. 11.08.2004 – 2 StR 34/04.
661 BGH, Beschl. v. 11.08.2004 – 2 StR 34/04.
662 BGH NJW 2004, S. 3789, S. 3789.
663 *Meier,* (2014), S. 248.
664 BGH NJW 2004, S. 3789, S. 3789.

möglich und ebenfalls durch das erkennende Gericht festzusetzen.[665] Regelmäßig sind mindestens 98% aller später wegen Mordes Verurteilten in Untersuchungshaft.[666] Ob diese erlittene Haft auf die Verurteilung angerechnet wurde, insbesondere, weil sie im Ausland stattgefunden hat, ist aus der Statistik nicht ersichtlich.

4. *Überlange Verfahrensdauer*

Überlange Verfahrensdauer kann zu einer Strafmilderung führen. Obwohl grundsätzlich die Zeit zwischen Tatbestandsverwirklichung und Verurteilung weder zum Nachteil, noch zum Vorteil des Täters ausgelegt werden darf,[667] kann eine vom Täter verschuldete lange Zeitspanne zwischen Tat und Verurteilung zur Strafmilderung führen, wenn von der hohen Ungewissheit eine Quasi-Strafwirkung[668] ausgeht.[669]

Aus der Strafverfolgungsstatistik ist zu entnehmen, dass die zu verurteilende Tat häufig mindestens 2 Jahre vor der rechtskräftigen Verurteilung liegt.[670] Von den nach allgemeinem Strafrecht Verurteilten wurde 2013 weniger als 1% wegen einer Tat im Verurteilungsjahr verurteilt, 42% der Verurteilten haben den Mord im vorhergehenden Jahr begangen und 57% der Verurteilten haben den Tatbestand des Mordes noch früher verwirklicht.[671] Ob sich die Zeitspanne zwischen Tatbegehung und Verurteilung auf das Strafmaß auswirkt, lässt sich den zugrunde liegenden Statistiken nicht entnehmen.

Eine überlange Verfahrensdauer kann bewirken, dass das Gericht eine bestimmte Zeit als vollstreckt festsetzt,[672] was sich wiederum auf die Aussetzung der Vollstreckung des Rests der lebenslangen Freiheitsstrafe zur Bewährung auswirken kann. Den Statistiken fehlen Informationen, warum zwischen abzuurteilender Tat und Verurteilung eine Dauer von mehr als 2 Jahren liegt. Ob der Täter seit der abzuurteilenden Tat straffrei geblieben ist und ein sozialadäquates Leben führt, ist der Statistik nicht zu entnehmen. Bei einem „außergewöhnlichen langen Abstand zwischen Tat und Urteil oder einer sehr langen Dauer des Verfahrens“[673] sind der zeitliche Abstand zwischen abzuurteilender Tat und Verurteilung, Belastung durch die lange Verfahrensdauer und/oder die Verletzung

---

665 *Schäfer/Sander/van Gemmeren,* (2012), S. 212 RN. 741.
666 SVS (2013), S. 370/Tab. 6.1, S. 404/Tab. 6.2; SVS (2014), S. 368/Tab. 6.1, S. 402/Tab. 6.2.
667 *Meier,* (2014), S. 250.
668 *Meier,* (2014), S. 250.
669 BGH NStZ 1999, S. 181, S. 182; *Schäfer/Sander/van Gemmeren,* (2012), S. 214 RN. 748.
670 SVS 2013, S. 125/2.4 „Verurteilte nach dem Jahr der Tat sowie nach vollendeter/versuchter Tat“; SVS 2014, S. 125/2.4.
671 SVS 2013, S. 125/2.4 „Verurteilte nach dem Jahr der Tat sowie nach vollendeter/versuchter Tat“.
672 *Meier,* (2014), S. 222, 250, 252; BGH NStZ 1999, S. 181, S. 181; BGH NJW 2008, S. 860, S. 860.
673 BGH, Beschl. v. 21.12.1998 – 3 StR 561–98, LS.

des Beschleunigungsverbotes nach Art. 6 Abs. 1 EMRK zu berücksichtigen.[674] Entscheidend ist dabei die gesamte Dauer des Verfahrens.[675]

Verfahrensverzögerungen können sich auch aus einer unangemessen langen Untersuchungshaft ergeben, dabei kommt es auf die Besonderheiten des Einzelfalles für die Feststellung einer überlangen Untersuchungshaft an.[676] So verlangt der Grundsatz auf Recht auf Freiheit und Sicherheit der EMRK unter anderem, dass jede wegen eines gegen sie gerichteten Strafverfahrens in Untersuchungshaft befindliche Person ein Recht auf ein Urteil innerhalb einer angemessenen Frist hat (vgl. Art. 5 Abs. 3 S. 1 HS. 2 EMRK). Befindet sich diese Person über die als angemessene Frist angesehene Zeit hinaus in Untersuchungshaft, so kann ein Teil der verurteilten Strafe als vollstreckt angesehen werden (sog. Vollstreckungsmodell[677]). Dafür kommt es jedoch darauf an, dass eine rechtsstaatswidrige Verzögerung des Verfahrens vorliegt.

Darüber hinaus kann eine lange Verfahrensdauer gegen das Beschleunigungsgebot (Art. 6 Abs. 1 S. 1 EMRK[678]) verstoßen und das Bedürfnis nach Kompensation hervorrufen. Liegt eine Verletzung des Beschleunigungsverbotes vor, so kann ein Teil der Strafe als vollstreckt angesehen werden (sog. Vollstreckungsmodell). Bereits die Urteilsformel hat anzugeben, welcher bezifferte Teil der Strafe wegen der überlangen Verfahrensdauer als vollstreckt gilt.[679] Nach dem sogenannten Vollstreckungsmodell sind diese Grundsätze auch bei der Verurteilung zur lebenslangen Freiheitsstrafe zu berücksichtigen.[680] Dieser Umstand, also die Belastung eines „länger dauernden Strafverfahrens“[681], ist bei der Strafzumessung strafmildernd zu berücksichtigen,[682] da sich eine Verfahrensverzögerung negativ auf die Entwicklung und die persönlichen Verhältnisse des Angeklagten auswirken kann. Diese Entwicklungen sind in den Urteilsgründen ebenfalls eigenständig zu erörtern, um sodann auf eine Strafmilderung einzugehen. Damit einhergehend hat sich das erkennende Gericht auch mit der Strafempfindlichkeit auseinanderzusetzen und etwaige psychische Wirkungen zu ermitteln.

---

674 BGH NJW 2008, S. 860, S. 863, 865.

675 *Meier,* (2014), S. 251.

676 *Schäfer/Sander/van Gemmeren,* (2012), S. 229 RN. 196; vgl. *Wenzel,* (2004), S. 50, 89.

677 BGH, Beschl. v. 17.01.2008 – GSSt 1/07.

678 V. 04.11.1950; zuletzt geändert durch Protokoll Nr. 14 vom 13.5.2004 m.W.v. 01.06.2010.

679 *Schäfer/Sander/van Gemmeren,* (2012), S. 220 RN. 769, S. 221 RN. 772, S. 223 RN 780.

680 BGH, Beschl. v. 17.01.2008 – GSSt 1/07, RN. 31.

681 *Schäfer/Sander/van Gemmeren,* (2012), S. 413 RN. 1394.

682 BGH, Beschl. v. 06.09.1988 – 1 StR 473/88; NStZ 1986, S. 217, S. 218; BGH, Beschl. v. 30.11.1982 – 5 StR 749/82; *Schäfer/Sander/van Gemmeren,* (2012), S. 214 RN. 746, S. 220 RN. 768, S. 219 RN. 765; BGH, Beschl. v. 17.01.2008 – GSSt 1/07, RN. 55; *Detter,* NStZ (2016), S. 391, S. 396.

5. Strafzumessung und Verständigung

Schließlich kann sich auf das Verfahren auch auswirken, ob in dem Verfahren eine Verständigung nach § 257c StPO stattgefunden hat. Der Angeklagte hat einen Anspruch auf ein faires und rechtstaatliches Verfahren gemäß Art. 1 Abs. 1 i.V.m. Art. 20 Abs. 3 GG. Dieser Grundsatz erfasst insbesondere die Pflicht des erkennenden Gerichtes, den „wahren" Sachverhalt von Amts wegen zu ermitteln und eine der Schuld angemessene Strafe zu finden.[683] Das Gebot der vollständigen und umfassenden Sachaufklärung darf nicht unterlaufen werden.[684] So darf eine Verständigung nur in engen Grenzen erfolgen. Per Gesetz ist festgelegt, welche Art und Form von Verständigung zwischen den Verfahrensbeteiligten während der Hauptverhandlung zu erfolgen hat, § 257c StPO. Ein Abweichen von dieser Vorschrift ist unzulässig.[685] So stehen weder die Strafzumessung, die rechtliche Subsumtion noch die Aufklärungspflicht zur Disposition einzelner Verfahrensbeteiligter.[686] Das wirkt sich insbesondere dahin gehend aus, dass keine Absprache über den Strafausspruch zulässig ist, vielmehr kann das erkennende Gericht eine Strafobergrenze zu erkennen geben.[687] Im Sinne des § 257c Abs. 3 S. 2 StPO kann das Gericht unter Berücksichtigung der Umstände des Einzelfalles und der allgemeinen Strafzumessungserwägungen eine Strafober- und Strafuntergrenze angeben; diese Angabe versteht sich, nach Auffassung der Rechtsprechung, als obligatorische Angabe.[688] Ausdrücklich nicht gestattet ist die Vereinbarung einer sogenannten Punktstrafe, also die Verständigung auf eine bestimmte Strafe,[689] denn weiterhin gilt der Grundsatz des schuldangemessenen Strafens.[690] Auch ist das Vorführen einer „Sanktionsschere" als Druckmittel unzulässig.[691]

Mit Blick auf Verständigungen nach § 257c StPO und einer Verurteilungen wegen Mordes ist festzuhalten, dass eine Verständigung mit dem Inhalt, ein Mordmerkmal unberücksichtigt zulassen, um so eine Verurteilung wegen Totschlags zu bedingen, unzulässig ist.[692] Soweit die Feststellung der besonderen Schwere der Schuld nicht Teil des Schuldspruchs ist, ist diese Feststellung „verhandelbar",

---

683 BGH NJW 2005, S. 1440, S. 1442; BVerfG, Urt. v. 19.03.2013 – 1 BvR 2883/10, 2 BvR 2628/10, 2 BvR 2155/11, LS. 1.

684 BVerfG NJW 1981, S. 1719, S. 1722; BVerfG NJW 2013, S. 1058, S. 1061f.

685 BVerfG, Urt. v. 19.03.2013 – 1 BvR 2883/10, 2 BvR 2628/10, 2 BvR 2155/11, LS. 4.

686 BVerfG NJW 1987, S. 2662, S. 2663; BGH NJW 1998, S. 86, S. 87.

687 *Streng*, (2012), S. 299 RN. 608; BGH, Urt. v. 28.08.1997 – 4StR 240/97; BGH, Beschl. v. 01.03.2011 – 1 StR 52/11.

688 *Streng*, (2012), S. 299 RN. 608.

689 BGH, Urt. v. 17.02.2011 – 3 StR 426/10; BGH, Beschl. v. 27.07.2010 – 1 StR 345/10; BGH NStZ 2011, S. 231, S. 232.

690 BGH, Urt. v. 28.08.1997 – 4 StR 240/97.

691 BGH, Beschl. v. 09.06.2004 – 5 StR 579/03; NJW 2005, S. 1440, S. 1443.

692 *Kett-Straub*, (2011), S. 353.

da sich die Verständigung auf Strafvollstreckungsfragen bezieht.[693] Entsprechend verhält es sich mit der „überlangen Verfahrensdauer“, die eben auch auf eine lebenslange Freiheitsstrafe angerechnet werden kann.[694]

Mit der Entscheidung des Bundesverfassungsgerichts wurde deutlich, dass der Öffentlichkeit, der Staatsanwaltschaft, dem Rechtsmittelgericht und weiteren Prozessbeteiligten die Kontrolle der Verständigung ermöglicht werden muss,[695] sodass aus diesem Grund eine „vollständige(n) Dokumentation im Verhandlungsprotokoll“[696] erforderlich ist.

II. Zwischenergebnis

Liegen einzelne, zur Strafrahmenverschiebung nach „unten“ oder nach „oben“ berechtigende Gründe vor, ist der Bereich der richterlichen Strafzumessung bei Mord eröffnet. Unabhängig von einzelnen, zur Strafrahmenverschiebung verpflichtenden oder berechtigenden Umständen können auch Sachverhaltskonstellationen auftreten, die theoretisch eine richterliche Strafzumessung bei Mord zulassen; der Rückgriff auf die gesetzlichen Rahmenbedingungen des § 46 StGB ist aber verwehrt, weil der Gesetzgeber für Mord einen Exklusivitäts-Absolutheits-Mechanismus vorsieht. Das sich aufdrängende Defizit schulddifferenzierten Strafens soll vorliegenden beleuchtet werden.

G. Zur Rechtswirklichkeit der lebenslangen Freiheitsstrafe

Für einen Überblick über den gegenwärtigen Wissensstand zur Rechtswirklichkeit der Strafzumessung bei Mord lohnt sich zunächst ein Blick in die Strafverfolgungsstatistik.[697] Die Strafverfolgungsstatistik gibt Auskunft über die Sanktionspraxis in Deutschland.[698]

I. Häufigkeit der lebenslangen Freiheitsstrafe

Die Strafverfolgungsstatistik liefert Daten zu den Personen, die innerhalb eines Jahres abgeurteilt wurden. Die Angaben beziehen sich auf die Straftatbestände, wegen denen sie verurteilt worden sind, und auf die dazu verhängten Sanktionen. Es wird für jeden Straftatbestand die Häufigkeit der Verurteilungen vor

693 *Kett-Straub,* (2011), S. 353.
694 S.o.
695 BVerfG NJW 2013, S. 1058, S. 1062, 1066.
696 BVerfG NJW 2013, S. 1058, S. 1066; BVerfG NJW 2014, S. 3504, S. 3505; BGH 1 StR 315/14, Beschl. v. 15.01.2015, LS. 2, 5.
697 Vgl. *Meier,* (2014), S. 239.
698 *Meier,* (2014), S. 239.

deutschen Strafgerichten und die Art der getroffenen Maßnahmen für das abgeurteilte oder verurteilte Delikt aufgezeigt. Abgeurteilte und Verurteilte werden nach Art der begangenen Straftat, Rechtsfolge, Alter und Geschlecht erfasst. Erfasst werden in dieser Statistik nur solche Straftaten, die strafrechtlich verfolgt und rechtskräftig abgeurteilt wurden.[699] Seit 2009 gilt die Datenerhebung der Strafverfolgungsstatistik zwar als differenzierter,[700] dennoch ist sie für die Darstellung der Strafzumessungspraxis immer noch wenig ergiebig.[701] Abgeurteilte und Verurteilte, die innerhalb eines Berichtsjahres mehrfach strafrechtlich in Erscheinung getreten sind, werden nicht als solche ausgewiesen. Hinsichtlich der Verurteilung wegen Mordes lässt sich den Daten nicht entnehmen, ob der Tötung mehrere Menschen zum Opfer gefallen sind.[702] Die Statistik gibt auch keine Informationen darüber, ob weitere Straftaten neben dem angezeigten Delikt verurteilt wurden. Im Hinblick auf die Rechtsfolge des vollendeten Mordes ist zu erkennen, dass von der absolut angedrohten Rechtsfolge nach allgemeinem Strafrecht, der lebenslangen Freiheitsstrafe, in der Rechtspraxis zwar überwiegend, aber keineswegs ausnahmslos Gebrauch gemacht wird. In den letzten zwanzig Jahren (1995–2014) werden ausnahmslos auch zeitige Freiheitsstrafen verhängt. Strafzumessung findet also statt.

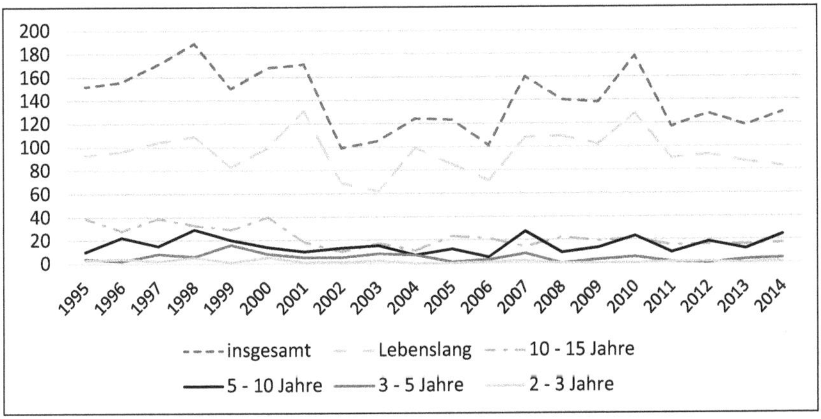

Abb. 3. *Häufigkeit lebenslanger Freiheitsstrafe bei vollendetem Mord*
Quelle 3. SVS (1995–2014) „Verurteilte nach Dauer der Freiheitsstrafe", Tab. 3.1.

699 Strafverfolgungsstatistik Fachserie 10 Reihe 3, (2014), S. 8, 10.
700 *Brings*, (2012), S. 22, 35.
701 *Gropengießer*, (2008), S. 6.
702 *Brings*, (2012), S. 23.

Abbildung 2 zeigt, dass die Häufigkeit von Verurteilungen wegen vollendeten Mordes im Erwachsenenstrafrecht in den letzten 20 Jahren insgesamt gesunken ist. In den letzten 20 Jahren wurden durchschnittlich 67,5% der Verurteilten zu einer lebenslangen Freiheitsstrafe verurteilt. Für knapp 16% wurde eine zeitige Freiheitsstrafe zwischen 10 und 15 Jahren ausgesprochen. Im Durchschnitt erhielten 10,9% eine deutliche geringe Freiheitsstrafe von fünf bis 10 Jahren. Schließlich wurden insgesamt durchschnittlich weniger als 5% zu einer zeitigen Freiheitsstrafe von zwei bis fünf Jahren verurteilt. Es zeigt sich also, dass regelmäßig 32,5% zu einer zeitigen Freiheitsstrafe verurteilt wurden.

Auch aus der Polizeilichen Kriminalstatistik (PKS) lässt sich ein deutlicher Rückgang des vollendeten Morddeliktes erkennen: Während für 2000 noch 497 polizeilich registrierte Mordopfer zu erkennen waren, registrierte die Polizei 2014 nur noch 298 Mordopfer. Innerhalb von 14 Jahren ist ein Rückgang von insgesamt 40% zu beobachten.[703] Die Polizeilichen Kriminalstatistik enthält allerdings ausschließlich darüber Informationen, welche Straftatbestände polizeilich erfasst und registriert wurden.[704] Auskünfte über Verurteilungen können dieser Statistik nicht entnommen werden, sodass die polizeiliche Kriminalstatistik als Datenquelle für die Erlangung von Informationen hinsichtlich der Strafzumessungspraxis ausscheidet.

Ausweislich der Strafverfolgungsstatistik wurden 73,7% der wegen vollendeten Mordes nach allgemeinem Strafrecht rechtskräftig verurteilten 118 (9,3%)[705] Täter im Jahr 2013 zu einer lebenslangen Freiheitsstrafe verurteilt. Von den verbleibenden Verurteilten wurden 13,5% zu einer Freiheitsstrafe zwischen 10 und 15 Jahren, 10% zu einer Freiheitsstrafe zwischen 5 und 10 Jahren und 2,5% zu einer Freiheitsstrafe zwischen 3 und 5 Jahren verurteilt.[706] Es zeigt sich also, dass etwa 26% zu einer zeitigen Freiheitsstrafe verurteilt wurden.

In dem Untersuchungsjahr 2014 wurden insgesamt 129 Personen (9,3%) wegen vollendeten Mordes nach dem allgemeinen Strafrecht verurteilt. 64,3% der insgesamt wegen vollendeten Mordes nach allgemeinem Strafrecht Verurteilten erhielten die lebenslange Freiheitsstrafe.[707] 13% der Verurteilten wurden zu einer zeitigen Freiheitsstrafe zwischen 10 und 15 Jahren verurteilt, 19% wurden zu einer Freiheitsstrafe zwischen 5 und 10 Jahren verurteilt, 3% erhielten eine Freiheitsstrafe von 3 bis 5 Jahren und 0,8% wurden zu einer Freiheitsstrafe zwischen 2 und 3 Jahren verurteilt.[708] Insgesamt wurden als 35,8% der wegen vollendeten Mordes verurteilten Personen zu zeitiger Freiheitsstrafe verurteilt.

---

703 Http://de.statista.com/statistik/daten/studie/2229/umfrage/mordopfer-in-deutschland-entwicklung-seit-1987/; zuletzt abgerufen am 27.07.2017 – 08:24 Uhr.

704 *Hess,* (2010), S. 14f.

705 In () weiblicher Anteil der wegen vollendeten Mordes nach allgemeinen Strafrecht Verurteilten.

706 SVS, (2013), S. 158/3.1.

707 SVS, (2014), S. 157/3.1.

708 SVS, (2014), S. 157/3.1.

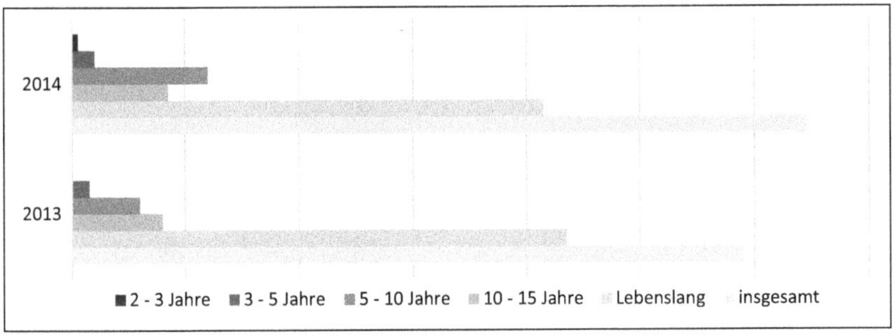

Abb. 4. *Verurteilungen wegen Mordes 2013 und 2014*
Quelle 4. SVS 2013–2014, „Verurteilte nach Dauer der Freiheitsstrafe“, Tab. 3.1.

Zum Teil ergibt sich aus der Statistik, dass neben der zeitigen Freiheitsstrafe zusätzlich eine Maßregel verhängt wurde. Insgesamt wurde 2013 für 14% der rechtskräftig Verurteilten neben der Freiheitsstrafe eine Maßregel angeordnet.[709] Ob die weitere Maßregel neben der lebenslangen oder zeitigen Freiheitsstrafe verhängt wurde, lässt sich der Statistik nicht entnehmen. Stellt man für das Bezugsjahr 2013 die Zahlen derjenigen, die zu einer zeitigen Freiheitsstrafe wegen vollendeten Mordes nach allgemeinem Strafrecht rechtskräftig verurteilt wurden, in ein Verhältnis zu der Anzahl derjenigen, die neben der Freiheitsstrafe eine Anordnung mit einer Maßregel, Auflage oder Weisung erfahren haben, kommt man zu dem Ergebnis, dass sich die Zahlen nicht decken: So wurden 2013 26% zu einer zeitigen Freiheitsstrafe wegen vollendeten Mordes nach allgemeinem Strafrecht verurteilt, 14% der insgesamt wegen Mordes Verurteilten erhielten jedoch neben der Freiheitsstrafe die Anordnung einer Maßregel, Auflage oder Weisung. Anhand dieser Zahlen lässt sich zunächst entnehmen, dass 2013 wenigstens 12% der Verurteilten zu einer bloß zeitlichen Freiheitsstrafe wegen Mordes verurteilt wurden. Gleiches lässt sich für das Bezugsjahr 2014 entnehmen. 19% der rechtskräftig Verurteilten erhielten neben der Freiheitsstrafe die Anordnung einer Maßregel, Auflage oder Weisung.[710] Zu erkennen ist, dass 2014 insgesamt 36% der Verurteilten zu einer zeitigen Freiheitsstrafe verurteilt wurden, hingegen „nur“ 19% neben der Freiheitsstrafe zusätzliche Maßregeln auferlegt wurden. Auch hier erlangten also mindestens 17% der Verurteilten eine zeitige Freiheitsstrafe ohne weitere Anordnung.

709 SVS, (2013), S. 93/2.3 „Verurteilte nach Art der Entscheidung“.
710 SVS, (2014), S. 93f./2.3.

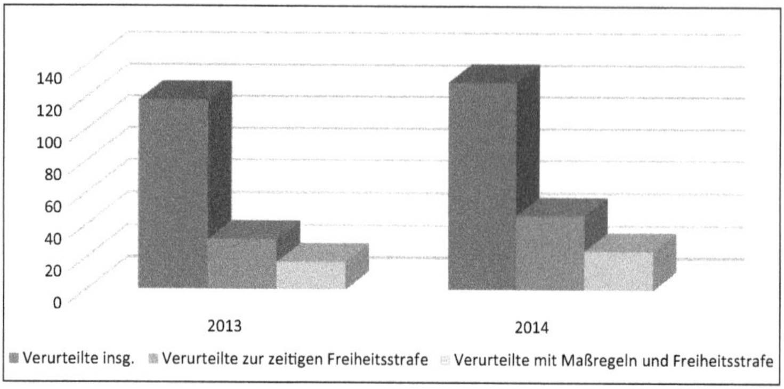

Abb. 5. *Maßregeln neben der zeitigen Freiheitsstrafe*
Quelle 5. SVS 2013–2014, „Verurteilte nach Art der Entscheidung", Tab. 2.3

Unter den Verurteilten waren 2013 insgesamt 15% vermindert Schuldfähige.[711] Von denen wurden mehr als die Hälfte in einem psychiatrischen Krankenhaus untergebracht. Ein Drittel der vermindert Schuldfähigen erhielt keine Anordnung der Unterbringung. Unter den im Jahr 2014 Verurteilten waren 16% vermindert schuldfähig.[712] Davon wurde jeweils ein Drittel entweder in einem psychiatrischen Krankenhaus oder in einer Entziehungsanstalt untergebracht. 38% erhielten keine Anordnung einer Unterbringung.

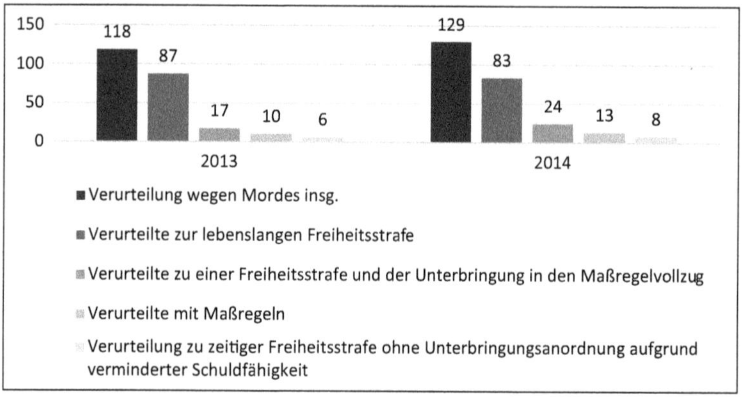

Abb. 6. *Sanktionsarten bei Verurteilung wegen vollendeten Mordes*
Quelle 6. Statistisches Bundesamt, Rechtspflegestatistik 2014

711 SVS, (2013), S. 345/Tab. 5.1.
712 SVS, (2014), S. 343/Tab. 5.1.

Aus den soeben vorgestellten Tabellen (2.3 und 5.1) der Strafverfolgungsstatistik kann nicht entnommen werden, ob neben den Maßregeln eine zeitige oder die lebenslange Freiheitsstrafe verhängt wurde; die ausgegebene Anzahl aus 5.1 ist ausschließlich für die Daten einer zusammenfassenden Darstellung der Abgeurteilten und Verurteilten mit Nebenstrafen und Maßnahmen für den vollendeten Mord zu betrachten. Ob die Daten der vermindert schuldfähigen Verurteilten, die Maßnahmen erhalten haben, identisch sind mit den Daten der Verurteilten, denen neben einer Freiheitsstrafe noch Maßnahmen angeordnet wurden, kann aus der Statistik ebenfalls nicht entnommen werden. Denn die Tabelle 2.3 gibt lediglich Auskunft darüber, dass eine bestimmte Anzahl an Verurteilten neben der verhängten Freiheitsstrafe zu einer weiteren Maßregel/Auflage und/oder Weisung verurteilt wurden. Eine Zusammenschau der beiden Statistiken kann mangels differenzierter Daten nicht unternommen werden.

Inwieweit die soziografischen Daten von Angeklagten und Opfern sich auf die Strafzumessung auswirken und verantwortlich für eine isolierte zeitliche Freiheitsstrafe sind, lässt sich der Statistik nicht entnehmen. Die Strafverfolgungsstatistik zeigt die wegen Straftaten an Kindern Abgeurteilten und Verurteilten für das jeweilige Erhebungsjahr an.[713] 2013 haben fünf Abgeurteilte/Verurteilte je ein Kind ermordet. 2014 wurden je vier Abgeurteilte/Verurteilte wegen Mordes an einem Kind verurteilt. Zusätzlich hat ein Abgeurteilter/Verurteilter sich wegen Mordes an zwei Kindern und ein Abgeurteilter/Verurteilter wegen Mordes an drei bis fünf Kindern strafbar gemacht. Die Statistik gibt keine Informationen darüber, wie die Abgeurteilten/Verurteilten bestraft wurden.

Die Befunde aus der Strafverfolgungsstatistik lassen keine eindeutigen Schlüsse zu, nach welchen Kriterien auf eine lebenslange Freiheitsstrafe erkannt wird und wann eine zeitige Freiheitsstrafe gewählt wird. Sicher ist zwar, dass neben der zeitigen Freiheitsstrafe häufig eine Anordnung der Maßregel verhängt wird, jedoch decken sich die Anzahl der Anordnungen der Maßregel nicht mit der Anzahl der zeitig verhängten Freiheitsstrafe.

II. Soziodemografische Daten der lebenslänglich inhaftierten Strafgefangenen

Im Folgenden wird auf die Strafvollzugsstatistik abgestellt, um zusätzliche Informationen zur Person der Verurteilten zu erhalten. Am Stichtag (31.03.2014) befanden sich insgesamt 2.233 Strafgefangene und Sicherungsverwahrte, die nach § 211 StGB verurteilt wurden, im Strafvollzug, darunter waren 117 im offenen Vollzug.[714] Insgesamt gab es 2.090 (93,59%) männliche Verurteilte. 2.154 der

713 SVS, (2013), S. 507/Tab. 9; SVS, (2014), S. 502/Tab. 9.
714 Statistisches Bundesamt, Rechtspflege 2014, S. 22.

Verurteilten saßen zum Zeitpunkt der Erhebung eine Freiheitsstrafe ab, darunter waren insgesamt 140 weibliche Insassinnen.

Tab. 1. *Alter der lebenslänglich Inhaftierten im Jahr 2014*
Quelle 6. Statistisches Bundesamt, Rechtspflegestatistik 2014

Alter der Verurteilten[715]	**Lebenslänglich inhaftierte Strafgefangene**	
	Häufigkeit (Anteil weiblich)	%
18–21 Jahre	1 (1)	0,05
21–25 Jahre	45 (4)	2,09 (0,2)
25–30 Jahre	115 (5)	5,3 (0,2)
30–40 Jahre	484 (48)	22,5 (2,2)
40 und älter	1.509 (82)	70,1 (3,8)
Gesamt	2.154 (140)	100,0

Die Dauer der Verbüßung der lebenslangen Freiheitsstrafe lässt sich grundsätzlich nicht auf eine allgemeine Zeitangabe fixieren. Aus der Untersuchung von *Dessecker* ergibt sich, dass zwischen 2002 und 2008 der Median der durchschnittlichen Dauer der Inhaftierung von denjenigen, die zu einer lebenslangen Freiheitsstrafe verurteilt wurden, bei etwa 17 Jahren lag.[716] Ersichtlich ist, dass die zu einer lebenslangen Freiheitsstrafe Verurteilten mindestens 15 Jahre inhaftiert sind und darüber hinaus die weitere noch andauernde Freiheitsentziehung unbestimmt ist.[717]

III. Zwischenergebnis: Erkenntnisgewinn aus den Statistiken

Grundsätzlich hält sich die Anzahl der Verurteilungen zu einer lebenslangen Freiheitsstrafe in den letzten 25 Jahren auf einem gleichbleibenden Niveau.[718] Und das, obwohl zu beobachten ist, dass die Quote der Verurteilungen zu einer lebenslangen Freiheitsstrafe wegen Mordes stets ansteigt; die Angeklagten werden öfter zu einer lebenslangen Freiheitsstrafe verurteilt. Die Ursache kann zunächst nur darin liegen, dass die Zahl der Verurteilung wegen Mordes sinkt. Allerdings zeigen die Daten aus den Bezugsjahren auch, dass von der absolut

715 Statistisches Bundesamt, Rechtspflege 2014, S. 22 f.; bestätigend: *Dessecker*, KrimZ (2017), S. 11 f., S. 34 Tab. A.2.
716 *Dessecker*, KrimZ (2016), S. 17, S. 19 Abb. 3, S. 21ff.; *Dessecker*, KrimZ (2017), S. 15f., S. 17 Abb. 3, S. 20 Tab. 2.
717 *Kett-Straub*, (2011), S. 343.
718 *Kett-Straub*, (2011), S. 73.

angedrohten lebenslangen Freiheitsstrafe abgewichen wird. Neben einer zeitigen Freiheitsstrafe werden nicht ausschließlich Maßregeln der Besserung und Sicherung angeordnet.[719] Die Daten der Statistiken liefern keine Auskunft, ob und warum es zum Abweichen von der lebenslangen Freiheitsstrafe kommt und welche Faktoren sich auf die Strafzumessungs- und Rechtsfolgenentscheidung der Richter auswirken.

IV. Empirische Untersuchungen zur Strafzumessung bei Mord

Schon frühere kriminologische und empirische Untersuchungen zeigten den Umgang mit einzelnen Mordmerkmalen und die Verhängung der lebenslangen Freiheitsstrafe in der Praxis; dabei konnten Faktoren ermittelt werden, die in einem Zusammenhang mit der Strafzumessung stehen. Aber es blieben bislang einige wesentliche Fragen offen.

1. *Siol*

Siol gab in der Untersuchung „Mordmerkmale in kriminologischer und kriminalpolitischer Sicht" 1973 einen Überblick über die Häufigkeit der einzelnen Mordmerkmale und deren Bedeutung in der Rechtspraxis.[720] Dafür wurden 130 Strafurteile wegen vollendeten oder versuchten Mordes männlicher Täter ausgewertet, die zum 31.12.1971 in einer Justizvollzugsanstalt saßen bzw. im Laufe des entsprechenden Jahres im Wege des Gnadengesuchs freigelassen wurden.[721] In der Untersuchung wurde eine hohe Vorstrafenbelastung der wegen Mordes Verurteilten erkannt,[722] darunter war insbesondere eine hohe Anzahl an Verurteilten, die zur Ermöglichung bzw. Verdeckung einer anderen Straftat oder aus Habgier töteten.[723] Die Verurteilten, die mehrere Menschen töteten, waren hingegen regelmäßig nicht vorbestraft. Von den wegen Mordes Verurteilten wurden nicht alle zu einer lebenslangen Freiheitsstrafe verurteilt.[724] Strafrahmenmilderungen wurden vorgenommen, soweit ein Versuch, verminderte Zurechnungsfähigkeit und/oder Sanktionen nach Jugendstrafrecht vorlagen.[725] Die heimtückische Tötung liegt häufig vor, daneben werden regelmäßig zusätzlich die Mordmerkmale der Habgier und der sonst niedrigen Beweggründe angenommen.[726] In der Untersuchung wurde jedoch nicht auf Faktoren eingegangen, die Einfluss auf die Strafzumessung bei lebenslanger Freiheitsstrafe haben. Insbesondere konnte die

---

719 *Kett-Straub*, (2011), S. 74f.; *Steinhilber*, (2012), S. 23f.
720 *Siol*, (1973).
721 *Siol*, (1973), S. 5.
722 *Siol*, (1973), S. 14.
723 *Siol*, (1973), S. 15.
724 *Siol*, (1973), S. 16f.
725 *Siol*, (1973), S. 17.
726 *Siol*, (1973), S. 59.

Untersuchung *Siols* nicht auf die Möglichkeit der Strafrestaussetzung der lebenslangen Freiheitsstrafe eingehen, da diese Regelung 1973 noch nicht existierte. Die Möglichkeit der Strafrestaussetzung auch bei lebenslanger Freiheitsstrafe wurde erst durch Art. 1 Nr. 3 des 20. Strafrechtsänderungsgesetzes vom 08.12.1981 in das Strafgesetzbuch aufgenommen.[727] Hintergrund war die schon eingangs aufgegriffene Entscheidung des BVerfG von 1977, die die lebenslange Freiheitsstrafe für verfassungskonform erklärte, soweit der Verurteilte die Möglichkeit erhält, die Freiheit wieder zu erlangen. Darauf reagierte der Gesetzgeber mit der Regelung zur vorzeitigen Entlassung, soweit nicht die besondere Schuldschwere festgestellt wurde. Die hiermit verbundene Möglichkeit der Strafschärfung war zur Zeit der Untersuchung von 1973 noch unbekannt und konnte deshalb nicht Gegenstand von *Siols* Forschung sein. Hier soll gerade der eigene Forschungsbeitrag ansetzen: Der Fokus liegt auf der Verurteilung zu lebenslanger Freiheitsstrafe. Gefragt werden soll, ob einzelne Umstände, die zur Annahme eines Mordmerkmals führen, gleichzeitig eine Auswirkung auf die Strafe haben in Form der *Strafschärfung* durch Feststellung der besonderen Schwere der Schuld.

2. *Sessar*

Die Untersuchung von *Sessar*, „Umgehung der lebenslangen Freiheitsstrafe" (1980), zielte darauf ab, die Umgehungspraxis der erkennenden Gerichte von der lebenslangen Freiheitsstrafe darzustellen.[728] Die Untersuchung erfolgte mittels einer Auswertung der polizeilichen Kriminalstatistik und der Strafverfolgungsstatistik sowie einer empirischen Erhebung von insgesamt 820 Strafakten, die wegen des polizeilichen Verdachts einer versuchten oder vollendeten vorsätzlichen Tötung oder einer Körperverletzung mit Todesfolge (1970/71 aus Baden-Württemberg) angelegt wurden. Ausgenommen waren Vorfälle wegen Kindstötung.[729]

Festgestellt wurde, dass innerhalb des beobachteten Zeitraumes die Anzahl der Tatverdächtigen wegen Totschlages/Mordes um mehr als 100% anstieg; ebenso gestaltete sich die Entwicklung der Verurteilungsrate der genannten Delikte. Jedoch wurde nur eine unverhältnismäßig geringe Anzahl von Personen wegen Mordes verurteilt. Primär wurde eine Verurteilung wegen Totschlags ausgesprochen. Unter den Verurteilungen wegen Mordes wurde etwa[730] bei jeder zweiten Anklage eine lebenslange Freiheitsstrafe verhängt. Innerhalb des Zeitraumes wurden nur 17 Fälle gemäß § 212 Abs. 2 StGB zu einer lebenslangen Freiheitsstrafe verurteilt.[731] Es war zu beobachten, dass mehr Hauptverfahren wegen Mordes eröffnet wurden, als Strafverfahren wegen Totschlags.

727 BGBl. I S. 1329ff. (1981).
728 *Sessar*, (1980), „Die Umgehung der lebenslangen Freiheitsstrafe", S. 193ff.
729 *Sessar*, (1980), S. 195ff., 198.
730 Exakte Zahl liegt bei 1,86.
731 *Sessar*, (1980), S. 198.

Nach der Hauptverhandlung zeigte sich die Tendenz, dass die Verurteilungen wegen Mordes abnahmen, während die Verurteilungen wegen Totschlags zunahmen. Unter den Verurteilungen wegen Mordes war nur ein geringer Anteil der Angeklagten zu erkennen, die zu einer lebenslangen Freiheitsstrafe verurteilt wurden.[732] Bei vollendeten Tötungsdelikten ist zu beobachten, dass bei sogenannten „Konflikttötungen“ eine Umdefinition vom Mordvorwurf zur Verurteilung wegen Totschlags stattfindet.[733] Die Mordmerkmale Habgier, Heimtücke und sonstige niedrige Beweggründe wurden in der Regel häufig durch das erkennende Gericht abgelehnt. Tötungen, die im Zusammenhang mit einer weiteren Tat unternommen wurden, wurden eher als Mord „qualifiziert“.[734] Es ist zudem ein Zusammenhang zu erkennen zwischen (strafrechtlicher) Vorbelastung und Motivsituation.[735]

In den Fokus der Untersuchung rückt *Sessar* die Person des Angeklagten. Er stellte fest, dass eine Verurteilung wegen Totschlags statt wegen Mordes bei spontanen Konflikttötungen auch dem Umstand geschuldet war, dass die „kriminelle Karriere nie begonnen wurde“.[736] Anders verhielt es sich bei den Angeklagten, die eine Tötung im Zusammenhang mit einem weiteren Delikt vornahmen und wegen Mordes verurteilt wurden; diese waren nachweislich höher strafrechtlich vorbelastet und die kriminelle Karriere war „längst in Gang gesetzt“.[737] Zudem war zu beobachten, dass Persönlichkeitsmerkmale die Strafzumessung beeinflussten; insbesondere waren unter den Verurteilten wegen Mordes deutlich häufiger Täter mit mehreren Vorstrafen und ohne Einkommen anzutreffen, die einen Mord im Zusammenhang mit weiteren Taten begingen.[738] Zusätzlich erkannte *Sessar* einen Zusammenhang zwischen den Verurteilungen wegen Mordes und der Art der Verteidigung; die wegen Mordes Verurteilten weisen häufiger eine Pflichtverteidigung auf, als die Gruppe von Angeklagten, die im Rahmen von Konflikttötungen wegen Totschlags verurteilt wurden. Dies wurde mit der prekären finanziellen Situation der wegen Mordes Verurteilten erklärt.[739] Denn diejenigen, die auf einen Pflichtverteidiger angewiesen sind, können sich häufig keinen Wahlverteidiger finanziell leisten. Insgesamt wurde in der Untersuchung deutlich, dass ein Bemühen vorlag, den Mordvorwurf in eine Verurteilung wegen Totschlags umzudefinieren, um die Verhängung der lebenslangen Freiheitsstrafe zu vermeiden.[740]

---

732 *Sessar*, (1980), S. 199.
733 *Sessar*, (1980), S. 200.
734 *Sessar*, (1980), S. 200.
735 *Sessar*, (1980), S. 201.
736 *Sessar*, (1980), S. 203.
737 Vgl. oben.
738 *Sessar*, (1980), S. 203.
739 *Sessar*, (1980), S. 203.
740 *Sessar*, (1980), S. 203f.

Zusammenfassend zeigt die Untersuchung von *Sessar*, dass die vorhandenen Möglichkeiten genutzt werden, um von der Androhung der lebenslangen Freiheitsstrafe abzuweichen. Namentlich sind das zunächst die Modifikationen in Form einer restriktiven Auslegung der Mordmerkmale auf Tatbestandsebene. Daneben werden „rechtsexterne Faktoren“[741] herangezogen, sowie die Argumentation der verminderten Schuldfähigkeit. Schließlich fordert *Sessar*, dass der Ausnahmecharakter der lebenslangen Freiheitsstrafe normativ festzusetzen ist. Insgesamt verfolgte die Untersuchung „Rechtliche und soziale Prozesse einer Definition der Tötungskriminalität“ eine andere Zielrichtung als die zugrundeliegende eigene Untersuchung. Während *Sessar* mittels einer Dokumentenanalyse[742] primär den Umgang der Strafverfolgungsbehörden mit der Tötungskriminalität in den verschiedenen Stadien der Strafverfolgung darlegte und insbesondere auf die Umdefinition von Mord auf Totschlag und der Umgehung der Verurteilung der lebenslangen Freiheitsstrafe aufwies, soll die eigene Untersuchung „Strafzumessung bei Mord“ die Strafzumessungspraxis der Gerichte erheben und solche Strafzumessungsfaktoren aufzeigen, die entweder zu einer Milderung oder zu einer Schärfung in Form der Feststellung der besonderen Schwere der Schuld und/oder der Anordnung von Sicherungsverwahrung führen.

3. *Hess*

In „Erscheinungsformen und Strafverfolgung von Tötungsdelikten in Mecklenburg-Vorpommern“ aus dem Jahr 2010 erhebt *Hess* den Umgang mit Tötungsdelikten der Strafverfolgungsbehörden und der Justiz in Mecklenburg-Vorpommern.[743] Auch hier wird auf die Umdefinition bei Mord und der Umgehung der lebenslangen Freiheitsstrafe eingegangen, wie bereits *Sessar* 1981 untersuchte. *Hess* unternahm den Versuch einer „Replikation in den neuen Bundesländern“.[744] Dafür wurde eine Vollerhebung sämtlicher Strafverfahren wegen Tötungsdelikten aus Mecklenburg-Vorpommern untersucht.[745] In die Erhebung wurden solche Strafakten einbezogen, die von der PKS 1998/1999 wegen Tötungsdelikten erfasst wurden. Die insgesamt 118 Verfahren[746] setzten sich aus §§ 211, 212, 213, 216, 227 StGB aber auch aus versuchten Tötungsdelikten sowie Körperverletzungsdelikten zusammen.[747] Im Ergebnis konnte festgestellt werden, dass die Delikte eine für den Beschuldigten nachteilige Bewertungsänderung erfahren,

741 *Sessar*, (1980), S. 204.
742 *Sessar*, (1981), S. 53ff.
743 *Hess*, (2010), S. 47ff.
744 *Hess*, (2010), S. X (Vorwort).
745 *Hess*, (2010), S. 48.
746 *Hess*, (2010), S. 49.
747 *Hess*, (2010), S. 55, 110.

um den Anforderungen an die Untersuchungshaft zu genügen.[748] Damit einhergehend ist die Tendenz zu beobachten, dass im Ermittlungsverfahren grundsätzlich wegen eines schwerer wiegenden Delikts ermittelt wird im Vergleich zum abgeurteilten Delikt.[749] Ein erster sogenannter Fallschwund der Tötungsdelikte ergibt sich durch die Einstellung der Staatsanwaltschaft nach § 170 Abs. 2 StPO.[750] Die Gerichte nahmen eine Umdefinition von Mord zu Totschlag vor,[751] so wurden insgesamt von allen wegen Mordes Angeklagten nur 40% wegen Mordes verurteilt.[752] Darunter wurde ein Drittel zu lebenslanger Freiheitsstrafe, ein Drittel wegen versuchten Mordes sowie ein Drittel zu einer zeitigen Freiheitsstrafe wegen verminderter Schuldfähigkeit (§ 21 StGB) verurteilt. Dennoch nimmt die Häufigkeit der Gerichte, die lebenslange Freiheitsstrafe durch §§ 20, 21 StGB zu umgehen, ab.[753] Im Ergebnis konnte festgestellt werden, dass keine Umdefinition von Mord und Totschlag stattfindet, allein um die lebenslange Freiheitsstrafe zu umgehen; vielmehr findet grundsätzlich ein Fallschwund von Tötungsdelikten statt.[754] Strafmildernd wirkten sich das Geständnis, Reue und keine Vorstrafenbelastung auf die Strafzumessung aus,[755] während eine schwere Verletzung des Opfers sowie vorherige Delinquenz des Angeklagten strafschärfend bewertet wurden.[756] Allerdings lässt sich nicht entnehmen, bei welchen Delikten sich diese Strafzumessungsfaktoren auswirken. Im Ergebnis nimmt *Hess* zwar Bezug zu Mord, geht jedoch nicht auf die Strafzumessungs- und Rechtsfolgenpraxis bei Mord ein. Die erhobenen Strafzumessungsfaktoren stehen nicht ausschließlich im Zusammenhang mit der Verurteilung zu einer zeitigen oder lebenslangen Freiheitsstrafe.

4. *J. Meier*

In der Untersuchung „Zur gegenwärtigen Behandlung des „Lebenslänglich“ beim Mord“ von *J. Meier* aus 1989 steht die Entscheidung des BVerfGE 45, 187 im Hinblick auf Verhängung und Vollstreckung der lebenslangen Freiheitsstrafe im Vordergrund. Neben der Entwicklung der Rechtsprechung bezüglich der absolut angedrohten lebenslangen Freiheitsstrafe bei Mord wird auf die Aussetzung des Rests der lebenslangen Freiheitsstrafe zur Bewährung (§ 57a StGB) und auf die „kriminalpolitische Notwendigkeit und Sinnhaftigkeit“[757] der absoluten

748 *Hess*, (2010), S. 114.
749 *Hess*, (2010), S. 106, 110.
750 *Hess*, (2010), S. 121ff., 126.
751 *Hess*, (2010), S. 179.
752 *Hess*, (2010), S. 180f.
753 *Hess*, (2010), S. 163f.
754 *Hess*, (2010), S. 195.
755 *Hess*, (2010), S. 174.
756 *Hess*, (2010), S. 175.
757 *Meier*, (1989), S. 7.

Strafandrohung des § 211 StGB eingegangen.[758] Für die Untersuchung werden einzelne höchstrichterliche Urteile herangezogen, eine empirische Auswertung vergleichbarer Strafurteile findet nicht statt. Die Rechtsprechung gestaltete sich bis zum Zeitpunkt der „Rechtsfolgenlösung" des Großen Strafsenats[759] uneinheitlich und widersprüchlich.[760] Mithilfe des Urteils sollte erreicht werden, dass nach dem Grundsatz der Verhältnismäßigkeit eine einheitliche Rechtsprechung eintrat und eine tat- und schuldangemessene Strafe auch im Hinblick der Rechtsfolge für Mord gelten konnte.[761] *J. Meier* erkannte in seiner Untersuchung, dass das Merkmal der „außergewöhnlichen Umstände" im Sinne der BGH-Rechtsprechung nur dann geprüft wurde, soweit mit einer restriktiven Auslegung des Mordmerkmals der Heimtücke keine verhältnismäßige Bestrafung erfolgen konnte.[762] Zusätzlich werden „sehr hohe Anforderungen an das Vorliegen ‚außergewöhnlicher Umstände' gestellt".[763] Eine Strafrahmenlockerung nach § 49 Abs. 1 Nr. 1 StGB erfolgt somit sehr selten. Festgestellt wurde zudem, dass sich durch Einführung des § 57a StGB die lebenslange Freiheitsstrafe zu einer zeitigen Freiheitsstrafe entwickelt hat. Daraus resultiere eine Mindestverbüßungsdauer von 15 Jahren. Bei günstiger Sozialprognose kann die lebenslange Freiheitsstrafe auf Bewährung ausgesetzt werden.[764] *J. Meier* sieht in der „besonders gefährliche(n) Einstellung des Täters gegenüber Leib und Leben anderer"[765] einen Grund für die Feststellung besonderer Schuldschwere.[766] Die Untersuchung stammt aus dem Jahr 1989 und konnte deshalb die vom BVerfG erst 1992 entwickelte „Schwurgerichtslösung" nicht berücksichtigen.[767] Nach der Schwurgerichtslösung stellt das erkennende Gericht fest, ob bei dem Angeklagten aufgrund der Tötung die Schuld besonders schwer wiege. Damit unternimmt das Gericht eine Strafzumessungsabwägung und wertet Strafzumessungstatsachen aus. Diese strafzumessungsrelevante Abwägung soll durch die eigene Untersuchung analysiert werden.

5. *Verrel*

Verrel untersuchte 1995 die „juristische Verarbeitung von Sachverständigengutachten"[768] und den Einfluss auf die Strafzumessung.[769] Diese Untersuchung mittels

758 *Meier,* (1989), S. 5f., 70ff.
759 BGHSt 30, 105.
760 *Meier,* (1989), S. 15ff, 30.
761 *Meier,* (1989), S. 17f., 40f., 59.
762 *Meier,* (1989), S. 69.
763 *Meier,* (1989), S. 69.
764 *Meier,* (1989), S. 150.
765 S.o.
766 *Meier,* (1989), S. 150.
767 Vgl. BVerfG, Beschl. v. 03.06.1992 – 2 BvR 1041/88, 2 BvR 87/89.
768 *Verrel,* (1995), S. 47.
769 *Verrel,* (1995).

Aktenanalyse[770] sollte die Beeinflussung der psychiatrisch-psychologischen Gutachten auf die juristische Urteilsbegründung aufzeigen. Mittels der empirischen Untersuchung wurde systematisiert, welche gutachterlichen Befunde zu welcher Art von Strafe bzw. Maßregel führen.[771] Zudem wurde hinterfragt, welche Auswirkung die Sachverständigengutachten auf das Strafverfahren, deren Dauer, Ablauf und Kosten, sowie auf die Person des Beschuldigten hat. Es wurden Aussagen über die Strafzumessungspraxis im Bereich der Tötungsdelikte getroffen, indem neben den ausdrücklich im Urteil genannten Strafzumessungsfaktoren auch potentielle Strafzumessungstatsachen untersucht wurden, die nicht ausdrücklich im Urteil genannt wurden.[772] Dabei lag der Fokus auf dem Umgang der Justiz mit den Sachverständigengutachten.

Verrel stellte fest, dass Anklagen wegen Mordes teilweise umdefiniert wurden zu Verurteilungen wegen Totschlags oder Körperverletzung mit Todesfolge.[773] Daneben wurde in wenigen Fällen auch die verminderte Schuldfähigkeit angenommen (§ 21 StGB), um die Verhängung der lebenslangen Freiheitsstrafe zu umgehen. Etwa ein Drittel der wegen Mordes Angeklagten wurden zu einer lebenslangen Freiheitsstrafe verurteilt.[774] Die Untersuchung zeigt, dass der Vorschrift des § 21 StGB keine besondere Bedeutung zur Verhinderung der lebenslangen Freiheitsstrafe zukommt, soweit die Konzentration allein auf der Anwendungshäufigkeit des § 21 StGB bei vollendeten und versuchten Morden und Verurteilungen wegen Totschlags liegt. *Verrel* unternahm auch, soweit es mit insgesamt 37 Fällen möglich war, eine Untersuchung bezüglich der Entscheidungsgründe, die eine lebenslange Freiheitsstrafe begründeten.[775] Erkannt wurde, dass täterbezogene Strafzumessungskriterien weniger gravierend in die Strafzumessung einfließen. Obwohl das Vorliegen des § 21 StGB nicht ausgeschlossen werden konnte, wurde dennoch eine Verurteilung zur lebenslangen Freiheitsstrafe ausgesprochen.[776] In einem Fall wurde trotz Vorliegens der Tatbestands- und Schuldmerkmale von einer lebenslangen Freiheitsstrafe aufgrund besonderer Umstände abgesehen. In den Fällen, in denen Strafmilderungen vorgenommen wurden, wurde in der Regel eine psychische Störung attestiert und entsprechend der Strafrahmen gemindert. Gemutmaßt wird, dass rational

770 *Verrel,* (1995), S. 58ff.

771 *Verrel,* (1995), S. 47f.; 52ff.

772 *Verrel,* (1995), S. 215ff., 217ff.; i.E. ergaben sich minimale Differenzen, die sich insb. auf die Nennungshäufigkeit bezogen. Ungeschriebene Strafzumessungsfaktoren waren insbesondere verfahrensbezogene Umstände wie Erlass eines Haftbefehls, Unterbringungsanordnung, Hauptverhandlungstage und Beweisanträge, vgl. *Verrel,* (1995), S. 231f.

773 *Verrel,* (1995), S. 164ff., 167 Tab. 46.

774 *Verrel,* (1995), S. 174.

775 *Verrel,* (1995), S. 250ff.

776 *Verrel,* (1995), S. 251f.

handelnde Täter wegen „voller strafrechtlicher Verantwortlichkeit“[777] zu einer lebenslangen Freiheitsstrafe verurteilt werden, da hier die Heranziehung des § 21 StGB fernliegend erscheint. Unbenannte Strafzumessungsfaktoren, die auf die gerichtliche Entscheidung zur lebenslangen Freiheitsstrafe einwirken, wurden nicht analysiert. Erklärungen, welche Umstände eine lebenslange Freiheitsstrafe bedingen, konnten nicht herausgefunden werden; vielmehr stellt *Verrel* die Frage, „inwieweit (gegenläufige) Tendenzen zur gezielten Herbeiführung der absoluten Freiheitsstrafe bestehen“.[778]

6. *Kett-Straub*

Die Untersuchung von *Kett-Straub* aus dem Jahr 2011 hat den Umgang und die Bedeutung der lebenslangen Freiheitsstrafe in theoretischer Weise zum Gegenstand,[779] dabei wird insbesondere darauf eingegangen, welche Strafzumessungsfaktoren und -zwecke eine Strafe von lebenslang rechtfertigen. Es wird versucht, die Anforderungen an die Schwere der Schuld zu erfassen. Um einen Überblick zu bekommen, zeigt *Kett-Straub* die aktuelle Lage der lebenslangen Freiheitsstrafe auf und nimmt im Anschluss Bezug zur Strafrestaussetzung, insbesondere zu der Regelung des § 57a StGB. Schließlich zeigt die Untersuchung auf, welche Kriterien bei der Annahme der anschließenden Sicherungsverwahrung, sowie bei der besonderen Schwere der Schuld im Zusammenhang mit einer Verständigung überwiegen und wie sich die Anrechnung eines überlang andauernden Strafverfahrens im Hinblick der Verurteilung zu einer lebenslangen Freiheitsstrafe gestaltet.[780]

Der Anstieg der Verurteilungsrate zur lebenslangen Freiheitsstrafe wird, neben dem Umstand der höheren Punitivität,[781] mit der Einführung des § 57a StGB erklärt, der es ermöglicht, die lebenslange Freiheitsstrafe zur Bewährung auszusetzen.[782]

Kett-Straub erwähnt im Hinblick auf die Schwierigkeit der Bestimmung der besonderen Schuldschwere, dass sich erst durch Strukturen und feste Vorgaben die besondere Schwere der Schuld bestimmen lässt.[783] Dies könne in Anlehnung an § 57b StGB nur erfolgen im Wege einer „Kumulation erschwerender Umstände“.[784] Diese Grundgedanken lassen sich als „Kumulationsmodell“[785] zusammentragen. Die festen Strukturvorgaben ergeben sich durch die Quantifizierung der

777 *Verrel,* (1995), S. 253.
778 *Verrel,* (1995), S. 254.
779 *Kett-Straub,* (2011), S. 8ff., 67ff.
780 *Kett-Straub,* (2011), S. 8.
781 S.o.
782 *Kett-Straub,* (2011), S. 338, 342.
783 *Kett-Straub,* (2011), S. 250.
784 *Kett-Straub,* (2011), S. 250.
785 *Kett-Straub,* (2011), S. 250.

Tatumstände.[786] Der Vergleich zu einem „Durchschnittsmord" erübrigt sich, da einzig die einzelnen Tatumstände, die mit dem Mordmerkmal einhergehen, zusammengeführt und bewertet werden.[787] Das verwirklichte, angeklagte Mordmerkmal bleibt bei der Bestimmung der besonderen Schwere der Schuld unberücksichtigt, denn grundsätzlich kommt dem Mordmerkmal über die Strafbegründung hinaus keine Bedeutung zu. Eine Ausnahme ergibt sich jedoch bei der Verwirklichung des Mordmerkmals „grausam": Bereits mit der Verwirklichung dieses Mordmerkmals ist die Schnittstelle der besonderen Schuldschwere erreicht.[788]

Insgesamt setzt sich *Kett-Straub* mit der Bedeutung der lebenslangen Freiheitsstrafe in der Theorie und in der Praxis auseinander. Dabei geht sie nicht empirisch vor, sondern gibt eine facettenreiche Erörterung für und gegen die lebenslange Freiheitsstrafe unter Bezugnahme des Morddelikts wieder. Die wesentlichen und in der Praxis häufig vorkommenden Strafzumessungsfaktoren, auch im Hinblick auf die Feststellung der besonderen Schwere der Schuld, werden von der Autorin nicht dargelegt bzw. erhoben. Diese Lücke soll durch die zugrunde liegende Untersuchung geschlossen werden.

7. Steinhilber

Schließlich untersuchte *Steinhilber* 2012 in theoretischer Weise die Rechtsfolgenseite des Mordes.[789] Im Mittelpunkt steht die Mindeststrafe von 15 Jahren (§ 57a I 1 Nr. 1 StGB). In diesem Zusammenhang werden die einzelnen Mordmerkmale betrachtet und dahin gehend geprüft, ob sie eine derartige Mindestverbüßungsdauer erfordern.[790] Dafür werden zusätzlich einzelne Urteile des BGH bezüglich des Umgangs mit der Mindestverbüßungsdauer untersucht. Daran anknüpfend werden verfassungsrechtliche Aspekte (Art. 3 Abs. 1 GG) in Bezug auf die unterschiedliche Strafhöhe für Mord und Totschlag erörtert, sowie die Verfassungsmäßigkeit der Feststellungspraxis der besonderen Schwere der Schuld.[791] Gleichzeitig wird der Begriff der besonderen Schuldschwere erörtert. Weiter wird hinterfragt, wie sich Feststellung einer negativen Legalprognose auswirkt. Schließlich wird die lebenslange Freiheitsstrafe mit anschließender Sicherungsverwahrung untersucht.

Nach *Steinhilber* ist den einzelnen Mordmerkmalen zu entnehmen, dass durch deren Verwirklichung eine gesteigerte „Sozialgefährlichkeit"[792] des Täters

786 *Kett-Straub*, (2011), S. 251, 351f.
787 *Kett-Straub*, (2011), S. 351.
788 *Kett-Straub*, (2011), S. 352.
789 *Steinhilber*, (2012).
790 *Steinhilber*, (2012), S. 21.
791 *Steinhilber*, (2012), S. 160ff.
792 *Steinhilber*, (2012), S. 64.

begründet wird; gleichzeitig sei aber auch zu erkennen, dass bei Anerkennung der Mordmerkmale die primäre lebenslange Freiheitsstrafe nicht unbedingt eine tatschuldangemessene Strafe ist,[793] sondern primär eine Sanktion in Form einer täterorientierten, forensischen Therapie erforderlich ist. Dies wird jedoch durch das abstrakte Gebot „lebenslange Freiheitsstrafe" verkannt, sodass ein tatschuldangemessenes Strafen unmöglich erscheint.[794] So bedarf es nach *Steinhilber* für die Tötung aus Mordlust,[795] zur Befriedigung des Geschlechtstriebs,[796] für die grausame Tötung[797] und der Tötung mit gemeingefährlichen Mitteln[798] einer Abkehr von der abstrakten Strafandrohung, weil „diese Gefährlichkeit dem Delinquenten nicht ohne weiteres persönlich vorwerfbar sein muss"[799].[800] Soweit ein anderer Mensch getötet wird, um einer Sucht nachkommen zu können, und sodann eine Verurteilung zu einer lebenslangen Freiheitsstrafe wegen Mordes aus Habgier erfolgt, ist ein Verstoß gegen das Tatschuldprinzip zu erkennen.[801] Denn in einer solchen Sachverhaltskonstellation ist von einem „akuten Sucht-Notstand"[802] auszugehen, der im Einzelfall zu einer Strafmilderung führen müsse. Letztlich verkenne auch das Mordmerkmal der Verdeckungsabsicht eine tatschuldangemessene Strafe, wenn der Täter zur Verschleierung des eigenen Tatbeitrags mit Eventualvorsatz durch Unterlassen den Tod des Opfers verursacht; hier werde entgegen dem nemo-tenetur-Grundsatz von dem Täter erwartet, „aktiv das Risiko eigener Strafverfolgung signifikant zu erhöhen"[803]. Im Bereich der Tötung zur Befriedigung des Geschlechtstriebs hingegen werde nicht gegen den Schuldgrundsatz verstoßen, da hier die Verhängung zeitiger Freiheitsstrafen durch Anerkennung einer erheblichen psychischen Störung des Täters im Sinne des § 20 StGB in Betracht gezogen werde.[804] *Steinhilber* kommt sodann zu dem Schluss, dass aufgrund des Verstoßes gegen das Gebot tatschuldangemessenen Strafens eine Verfassungswidrigkeit der Mindestverbüßungsdauer anzunehmen ist.[805] Damit einhergehend wirkt sich auch der Verstoß gegen das Gleichheitsgebot aus, da die unterschiedliche Mindestverbüßungsdauer von Totschlag und Mord „ohne sachlichen Grund"[806] eine Verletzung des Gleichheitssatzes

---

793 *Steinhilber*, (2012), S. 45, 47f., 51f., 57, 59.
794 *Steinhilber*, (2012), S. 64, 104f.
795 *Steinhilber*, (2012), S. 45, 68.
796 *Steinhilber*, (2012), S. 47.
797 *Steinhilber*, (2012), S. 57.
798 *Steinhilber*, (2012), S. 58f.
799 *Steinhilber*, (2012), S. 64.
800 *Steinhilber*, (2012), S. 105; S. 65ff., 68.
801 *Steinhilber*, (2012), S. 76.
802 *Steinhilber*, (2012), S. 73.
803 *Steinhilber*, (2012), S. 98.
804 *Steinhilber*, (2012), S. 71.
805 *Steinhilber*, (2012), S. 114.
806 *Steinhilber*, (2012), S. 114.

bedeute.[807] Auch ist in der Unbestimmtheit des Begriffs „besondere Schwere der Schuld" ein Verfassungsverstoß zu erkennen.[808] Das bloße Fordern einer Gesamtwürdigung aller Tatumstände, um von einer besonderen Schwere auszugehen, genüge nicht vorgegebenen verfassungsrechtlichen Anforderungen, um die „Intensität des mit ihr verbundenen Grundrechtseingriffs"[809] zu rechtfertigen.

8. *Dölling*

Dölling zeigte 2015 in seinem Gutachten für Expertenkommission des BMJV „Zur Anwendung der Mordmerkmale in der Strafrechtspraxis"[810] insbesondere die Erscheinungsformen der vorsätzlichen Tötungsdelikte auf.[811] Daneben führt er die in der Praxis relevanten und am häufigsten abgeurteilten Mordmerkmale auf.[812] *Dölling* wertet für sein Gutachten neben der bereits vorhandenen Literatur Daten der polizeilichen Kriminalstatistik und Strafverfolgungsstatistik aus.[813] Es erweisen sich die Mordmerkmale der Heimtücke, der Ermöglichungs- und Verdeckungsabsicht, der Habgier und die sonst niedrigen Beweggründe als praxisrelevant. Den weiteren Mordmerkmalen kommt nur sehr geringe Bedeutung in der Rechtspraxis zu.[814] Verurteilungen, die nur ein Mordmerkmal aufwiesen, waren Tötungen unter Verwirklichung der Mordmerkmale Heimtücke, Verdeckungsabsicht und sonst niedrige Beweggründe.[815] Das Gutachten *Döllings* weist darauf hin, dass die heimtückischen Tötungen häufig einen überraschenden Angriff von hinten zum Gegenstand haben oder das Opfer zuvor an eine abseits gelegene Stelle gelockt wurde.[816] Eher selten wird das Mordmerkmal durch Vergiften oder durch das Übersenden eines Sprengstoffpaketes verwirklicht. Das Mordmerkmal der niedrigen Beweggründe geht häufig mit der Tötung einer lästigen Person, einer begehrten Person oder aufgrund der Zurückweisung einer begehrten Person einher.[817] Auch Ehrenmorde können das Mordmerkmal der sonst niedrigen Beweggründe verwirklichen; zu beobachten ist jedoch, dass in der Praxis primär eine Verurteilung wegen Totschlags erfolgt.[818] Ebenfalls ist dieses Mordmerkmal erfasst, soweit zielgerichtete Kindstötungen verhandelt werden.[819] Daneben

807 *Steinhilber*, (2012), S. 113f.
808 *Steinhilber*, (2012), S. 169ff., 175f.
809 *Steinhilber*, (2012), S. 176.
810 *Dölling*, (2015b), S. 461ff.
811 *Dölling*, (2015b), S. 464ff.
812 *Dölling*, (2015b), S. 467ff.
813 *Dölling*, (2015b), S. 465f.
814 *Dölling*, (2015b), S. 468.
815 *Dölling*, (2015b), S. 469.
816 *Dölling*, (2015b), S. 469.
817 *Dölling*, (2015b), S. 471, Tab. 12.
818 *Dölling*, (2015b), S. 473f., Tab. 16.
819 *Dölling*, (2015b), S. 474f., Tab. 18/19.

wurden auch in diesen Fällen die Mordmerkmale der Heimtücke und der Verdeckungsabsicht verwirklicht.

9. *Kinzig*

Kinzig setzt sich in seinem Gutachten „Die Zukunft der lebenslangen Freiheitsstrafe“[820] mit den Überlegungen zur Abschaffung der lebenslangen Freiheitsstrafe auseinander.[821] Dafür wertet Kinzig neben der Polizeiliche Kriminalstatistik auch die Strafverfolgungsstatistik und die Daten der Kriminologischen Zentralstelle Wiesbaden aus.[822] Bei Abschaffung der lebenslangen Freiheitsstrafe hin zu einer verlängerten zeitigen Freiheitsstrafe drohe die Gefahr, „dass die Verbüßungszeiten gegenüber dem jetzigen Rechtszustand eher ansteigen“.[823] Deswegen müsse an der lebenslangen Freiheitsstrafe festgehalten werden.[824] Allerdings sollte es den Gerichten ermöglicht werden, neben der lebenslangen Freiheitsstrafe auch über die Verhängung einer zeitigen Freiheitsstrafe zu entscheiden. Hinsichtlich der Feststellung der besonderen Schwere der Schuld bedarf es klarer, vom Gesetzgeber vorgegebener Voraussetzungen, dabei soll die Entscheidung über die Feststellung bei dem Tatgericht verbleiben. Schließlich ist die Verbüßungsdauer ebenfalls vom Gesetzgeber vorzugeben. So kann etwa eine zu vollstreckende Freiheitsstrafe auf maximal 25 Jahre verlängert werden. Eine Inhaftierung über 20 Jahre hinaus muss an das Erfordernis einer Mehrzahl an Opfern geknüpft werden.[825] Die Möglichkeit, dass neben der Verurteilung zur lebenslangen Freiheitsstrafe auch die Anordnung der Sicherungsverwahrung erfolgen kann, ist abzuschaffen.[826] Ebenso wie schon *Kett-Straub* und *Steinhilber* wertet *Kinzig* einzig Statistiken und Rechtsprechungsentscheidungen aus, ohne auf Einzeldatensätze einzugehen.

10. *Dessecker*

Dessecker untersucht in der Langzeitstudie „Die Vollstreckung der lebenslangen Freiheitsstrafe“[827] die Dauer der lebenslangen Freiheitsstrafe und die Begründung der Strafrestaussetzung zuletzt für das Jahr 2014.[828] Zum Stichtag des 31.03.2014 verbüßten bundesweit 1.953 Personen die lebenslange Freiheitsstrafe, die häufig

820 *Kinzig*, (2015b), S. 529ff.
821 *Kinzig*, (2015b), S. 529, 576.
822 *Kinzig*, (2015b), S. 559ff.
823 *Kinzig*, (2015b), S. 576.
824 *Kinzig*, (2015b), S. 590.
825 *Kinzig*, (2015b), S. 590.
826 *Kinzig*, (2015b), S. 591.
827 *Dessecker*, KrimZ (2016), S. 1ff.; *Dessecker*, KrimZ(2017), S. 1ff.
828 *Dessecker*, KrimZ (2016), S. 11, 17ff.

wegen einer Verurteilung wegen Mordes ausgesprochen wurde.[829] Unter den „lebenslänglich" Inhaftierten war ein männlicher Anteil von 95%.[830] 2014 wurden von den zur lebenslangen Freiheitsstrafe Verurteilten 111 Personen entlassen. Etwa 64 % wurden zur Strafrestaussetzung zur Bewährung entlassen, 24% der Entlassenen wurden ins Ausland überstellt und 9% verstarben 2014 im Strafvollzug.[831] Unter den Entlassenen konnte ebenfalls, wie in den Jahren zuvor, ein hoher männlicher Anteil ausgemacht werden.[832] Die Dauer der Vollstreckung der lebenslangen Freiheitsstrafe liegt zwischen 15 und 20 Jahren.[833] Die beiden Personen, die weniger als 5 Jahre im Strafvollzug wegen der lebenslangen Freiheitsstrafe waren, verstarben oder wurden ins Ausland überstellt.[834] Grundsätzlich decken sich die Daten aus dem Jahr 2014 mit den Daten der früheren Jahre: So konnte in dem Zeitraum von 2002 bis 2014 festgestellt werden, dass etwa die Hälfte der Entlassenen 17 Jahre Freiheitsstrafe verbüßten. Jeder achte Verurteilte war länger als 25 Jahre inhaftiert.[835] Ferner konnte bereits erkannt werden, dass die Rückfallquote der lebenslänglich Inhaftierten eher gering ist.[836] Die Forschung gibt Auskunft über Vollstreckungsdaten. Informationen zur Verurteilung wegen Mordes und zur lebenslangen Freiheitsstrafe, sowie zur Feststellung der besonderen Schuldschwere und der Anordnung der Sicherungsverwahrung werden nicht mitgeliefert. Schließlich fehlt eben genau der Ansatzpunkt über die Voraussetzungen der Vollstreckung der lebenslangen Freiheitsstrafe. Die zugrunde liegende Untersuchung knüpft also zeitlich vor der Vollstreckung der lebenslangen Freiheitsstrafe an, da sie das Zustandekommen der Rechtsfolge bei der Verurteilung wegen Mordes hinterfragt.

11. *Fazit*

Vorausgegangene Untersuchungen und Veröffentlichungen haben Stellung zu einzelnen Phänomenen genommen und die richterliche Strafzumessungspraxis kommentiert. Untersuchungen zur Kriminologie des Mordes konnten

---

829 *Dessecker*, KrimZ (2016), S. 11, 13; entspricht den Daten aus 2015, vgl. *Dessecker*, KrimZ (2017), S. 10.
830 *Dessecker*, KrimZ (2016), S. 12; entspricht den Daten aus 2015, vgl. *Dessecker*, KrimZ (2017), S. 11.
831 *Dessecker*, KrimZ (2016), S. 11, 18, 25.
832 *Dessecker*, KrimZ (2016), S. 12f.
833 *Dessecker*, KrimZ (2016), S. 17.
834 *Dessecker*, KrimZ (2016), S. 17; entspricht den Daten aus 2015, vgl. *Dessecker*, KrimZ (2017), S. 11.
835 *Dessecker*, KrimZ (2016), S. 21f.; entspricht den Daten aus 2015, vgl. *Dessecker*, KrimZ (2017), S. 16.
836 *Dessecker*, KrimZ (2016), S. 25f.; entspricht den Daten aus 2015, vgl. *Dessecker*, KrimZ (2017), S. 23.

Klassifizierungen nach Tat, Täter und Motiv empirisch, als auch theoretisch darlegen.[837] Forschungen zum Mord und zum Umgang mit der lebenslangen Freiheitsstrafe zeigten eine tendenziell zurückhaltende Verurteilung wegen Mordes und einen stetigen Versuch der erkennenden Gerichte, die Anklage wegen Mordes zu einer Verurteilung wegen Totschlags umzudefinieren.[838] Zudem ließ sich feststellen, dass bei der Verurteilung wegen Mordes auch eine zeitige Freiheitsstrafe verhängt wird. Bei einer engen, intimen Täter-Opfer-Beziehung tendieren die erkennenden Gerichte zu einer zurückhaltenden Verurteilung wegen Mordes, da in dieser Tatsituation eine Konflikttat aus einer Extremsituation resultiert, die für Täter und Opfer belastend ist. Daneben liegt die Annahme nahe, dass bei sogenannten Konflikttaten Eingangsmerkmale des § 21 StGB vorliegen.[839] Bei Provokationen durch das Opfer wurde der Vorwurf des Mordes häufiger abgelehnt als angenommen.[840] Zudem konnte erkannt werden, dass an die Milderung wegen des Vorliegens außergewöhnlicher Umstände hohe Anforderungen gestellt werden. Ferner konnte aufgezeigt werden, dass seit Etablierung des § 57a StGB eine wachsende Neigung der erkennenden Gerichte beobachtet wird, die lebenslange Freiheitsstrafe auszusprechen.[841] Neben der Anordnung der Sicherungsverwahrung wird die besondere Schwere der Schuld nicht festgestellt.

Eine Erhebung der Strafzumessungstatsachen insgesamt bei einer Verurteilung wegen vollendeten Mordes fand nach derzeitigem Stand noch nicht statt. Die Gerichte tendieren dazu, von der Verhängung der lebenslangen Freiheitsstrafe abzusehen, indem eine Umwertung des Sachverhalts vorgenommen wird (sog. Umgehungspraxis)[842]. Daneben wurde auch bereits die Tendenz hinsichtlich einer abnehmenden Verurteilung wegen Mordes beobachtet. Bereits *Albrecht* deutete darauf hin, dass empirische Strafzumessungsforschung sich primär auf leichte Kriminalität[843] stützt. Für einzelne Bereiche des Strafrechts wurden mitbestimmende Strafzumessungsfaktoren erhoben, unterschiedliche Gewichtungen einzelner Merkmale dargestellt, sowie hinterfragt, welche systematischen Änderungen im Gesetz und/oder in der Zuständigkeitsstruktur notwendig sind. Insgesamt konzentrierte sich die empirische Forschung auf „außerrechtliche Faktoren der Strafzumessungsentscheidung“[844] und deren Auswirkungen auf die Sanktion.[845] So zeigte etwa *Sessar* 1980 in seiner Untersuchung auf, ob und inwieweit es zur Vermeidung der lebenslangen Freiheitsstrafe in der Justizpraxis

837 *Brückner,* (1961); *Bozankaya,* (2010); *Votteler,* (2014).

838 *Sessar,* (1980), S. 199; *Hess,* (2010), S. 106, 110, 195; *Verrel,* (1995), S. 164ff.

839 *Kett-Straub,* (2011), S. 90.

840 *Sessar,* (1980), S. 188f.

841 *Kett-Straub,* (2011), S. 90, 342.

842 *Deckers/Fischer/König/Bernsmann,* NStZ 2014, S. 16.

843 *Albrecht,* (1994), S. 207.

844 *Albrecht,* (1994), S. 475.

845 *Albrecht,* (1994), S. 169ff., S. 475.

kommt. Es fehlen hier aber aktuelle Daten zu „Verschärfung" der lebenslangen Freiheitsstrafe beispielsweise durch Feststellung der besonderen Schwere der Schuld (§ 57 Abs. 1 Nr. 2 StGB) oder der Anordnung der Sicherungsverwahrung neben der lebenslangen Freiheitsstrafe (§§ 66 ff. StGB). Zudem liegt die Untersuchung von *Sessar* bereits lange zurück und kann aktuelle Entwicklungen von Natur aus gar nicht berücksichtigen. *Kett-Straub*, die 2011 die Bedeutung der lebenslangen Freiheitsstrafe eruiert hat, stützt ihre Untersuchung auf Statistiken[846] und nicht auf Einzeldatensätze aus der Rechtspraxis zur Verhängung der lebenslangen Freiheitsstrafe. Ebenso bezieht sich *Kinzig* nur auf Statistiken. Dieses Defizit wird durch die zugrunde liegende, eigene Forschung behoben. Während *Verrel* in Bezug auf die Schuldfähigkeitsbegutachtung die Strafzumessung untersucht, fokussiert er sich allein auf die Anwendung und den Umgang der §§ 20, 21 StGB.[847] *Dessecker* beleuchtet in seiner breit angelegten Untersuchung zur Vollstreckung der lebenslangen Freiheitsstrafe die Vollstreckungsdaten. Der Anknüpfungspunkt liegt dabei nach der Verurteilung. Es werden keine Informationen dahin gehend untersucht, inwieweit es bei Verurteilungen wegen vollendeten Mordes zu einer Strafzumessungsentscheidung kommt. Das Gutachten von *Dölling* für die Expertenkommission des BMJV weist Daten über die Häufigkeit und Anwendung der Mordmerkmale auf;[848] Auskunft über die Rechtsfolgen bei Verurteilung wegen Mordes erfolgt jedoch nicht.

Zur heutigen Strafzumessung bei Mord gibt es keine einschlägigen empirischen Untersuchungen. Für die bessere Einschätzung der Rechtswirklichkeit ist deshalb eine eigene Untersuchung notwendig. Die zugrunde liegende Untersuchung konzentriert sich ausschließlich auf die Verurteilung wegen vollendeten Mordes nach dem allgemeinen Strafrecht. Der Fokus liegt auf der Erhebung solcher Variablen, die nachhaltig auf die Strafzumessung auswirken und eine lebenslange Freiheitsstrafe bedingen. Denn nur so lassen sich derartige Faktoren identifizieren, die eben ein Abweichen von der absolut angedrohten Freiheitsstrafe bedingen. Eine derartig angelegte Untersuchung liegt nach aktuellem Kenntnisstand bislang nicht vor.[849]

H. Umsetzung des Untersuchungsziels

Im Regelfall wird bei Mord ausweislich der amtlichen Statistiken die lebenslange Freiheitsstrafe verhängt, weil das Gesetz die absolute und exklusive Strafandrohung vorsieht. Interessant ist es aber die Einzelfälle zu untersuchen, die von dem Absolutheits-Exklusivitäts-Mechanismus abweichen. Es sollen die Umstände, die in der Praxis für die Strafzumessung bei Mord wesentlich sind, ermittelt werden.

---

846 *Kett-Straub*, (2011), S. 67ff.
847 *Verrel*, (1995).
848 *Dölling*, (2015b), S. 461ff.
849 Vgl. *Kinzig*, (2015b), S. 207.

Dafür werden in den beiden Verurteilungsjahrgängen 2013 und 2014 sämtliche Verurteilungen wegen vollendeten Mordes nach allgemeinem Strafrecht ausgewertet. Untersucht werden sollen die Zusammenhänge mit den vom Gesetz vorgegebenen Mordmerkmalen, als auch die Zusammenhänge mit bestimmten wiederkehrenden Fallkonstellationen (Haustyrannen, Hasstäter, Neonatizid, Mehrfachtäter, etc.), die die rechtspolitische Debatte über die Reform der Tötungsdelikte bestimmen.

I. Untersuchungsgegenstand

Im Mittelpunkt der Untersuchung steht die Ermittlung der Rechtsfolgenentscheidung bei Verurteilungen wegen Mordes. Mithilfe der Statistiken ist nicht herauszufinden, welche Faktoren ein Abweichen von der lebenslangen Freiheitsstrafe entweder zu einer zeitigen Freiheitsstrafe oder zu einer Straferhöhung in Form der Feststellung der besonderen Schuldschwere bedingen. Aus dem Urteil kann der Entscheidungsvorgang entnommen werden, der Aufschluss über die wesentlichen Tatsachenfeststellungen und die wertende Strafzumessungsabwägung gibt, gem. § 267 Abs. 3 S. 1 StPO.[850] Schließlich hat sich aus den schriftlichen Urteilsgründen der Strafzumessungsvorgang zu ergeben,[851] woraus sich die strafmaßbestimmenden Strafzumessungsfaktoren ermitteln lassen.

Die Vorschrift des § 267 Abs. 3 StPO sieht vor, dass sich das erkennende Gericht mit einzelnen Strafzumessungstatsachen argumentativ auseinandersetzt. Insbesondere sind Faktoren, wie Beweggründe und Ziele, Gesinnung und Wille, Tatausführung und Nachtatverhalten, in die Abwägung der Strafzumessung mit einzubeziehen. Dabei genügt es, im Urteil diejenigen Faktoren zu nennen, die sich bestimmend auf die Zumessungserwägung ausgewirkt haben.[852] Es werden im Urteil nur diejenigen Faktoren schriftlich fixiert, die „zum Verständnis und zur Beurteilung der Tat notwendig“[853] sind. Innerhalb der Strafzumessung werden zunächst die „bestimmenden“ Tatsachen festgestellt, eine Beweiswürdigung der erheblichen Tatsachen durchgeführt und schließlich die einzelnen Tatsachen bewertet und abgewogen. Dabei versteht sich die Bewertung der Tatsachen als der „eigentliche Strafzumessungsvorgang“.[854] Es erfolgt eine deskriptive Aufnahme der herangezogenen Strafzumessungstatsachen und der Vergleich mit den ausgesprochenen Strafhöhen beziehungsweise die Bewertung der herangezogenen Strafzumessungstatsachen. Schließlich soll im letzten Teil der Untersuchung dargelegt werden, dass die dargelegten Strafzumessungstatsachen nicht

850 *Schäfer/Sander/van Gemmeren,* (2012), S. 401 RN. 1348f.; BGH, Urt. v. 30.09.1952 – 2 StR 675/51.
851 *Schäfer/Sander/van Gemmeren,* (2012), S. 257f. RN. 892.
852 BGH NJW 1976, S. 2355; BGH, Beschl. v. 26.03.1996 – 1 StR 89/96.
853 BGH, Beschl. v. 17.02.2009 – 3 StR 490/08.
854 *Schäfer/Sander/van Gemmeren,* (2012), S. 406 RN. 1367.

unbedingt identisch sind mit den Faktoren, die sich statistisch feststellen lassen. Neben der Aufzählung der Häufigkeit einzelner Strafzumessungstatsachen werden die Zeilen ermittelt, um einen Eindruck von der Bedeutung einzelner Urteilsabschnitte zu gewinnen. In einem weiteren Schritt wird dann festzustellen sein, ob sich bestimmte Strafzumessungstatsachen als strafschärfend/-mildernd kategorisieren lassen. Es ist aufzuzeigen, wie sich strafschärfende Faktoren auf einen absolut angedrohten Strafrahmen auswirken. Sofern eine zur Strafmilderung herangezogene Strafzumessungstatsache als Strafmilderung abgelehnt wird, kann hierin die strafschärfende Wirkung erkannt werden.[855] Erfolgt eine Ablehnung eines Strafzumessungsgrundes wegen des Doppelverwertungsverbotes (§ 50 StGB), werden diese Erwägungen als neutral eingestuft.

Die Studie gliedert sich entsprechend in drei Teiluntersuchungen, die ein Gesamtergebnis erbringen: Es wird zunächst die Strafhöhe erhoben. Dabei werden Aussagen über Schuldspruch und Strafausspruch erfasst.[856] Im nächsten Schritt werden deskriptiv die Strafzumessungskriterien und Strukturen aufgezeigt. Die Entscheidungsgründe über die Schuldfähigkeit und besondere Schwere der Schuld werden ebenfalls erhoben.[857] Sodann werden solche Faktoren dargelegt, die sich nicht aus den schriftlich niedergelegten Kriterien ergeben.[858] Dies kann mittels statistischer Berechnungen umgesetzt werden. Ob es zu einer bewussten oder unbewussten Nicht-Offenlegung der Strafzumessungsfaktoren kommt, wird nicht untersucht und bleibt außer Betracht.

Das Problem der Identifizierung der strafbestimmenden Kriterien[859] wird zunächst mittels der Analyse entsprechender Strafurteile gelöst.

II. Statistisch nachweisbare Strafzumessungsfaktoren

Neben der Erfassung der geschriebenen Strafzumessungstatsachen, die sich aus dem Urteil entnehmen lassen, soll der Blick aber auch auf statistisch nachweisbare Strafzumessungsfaktoren gelenkt werden. Unter statistisch nachweisbaren Faktoren sind solche Strafzumessungstatsachen zu verstehen, die durch das Gericht nicht zwingend ausdrücklich genannt werden, die sich aber mittels bivariater und multivariater Analysemethoden ermitteln lassen. Hintergrund ist, dass die Urteilsgründe nur die wesentlichen Strafzumessungsfaktoren – und damit eben nicht alle benennen müssen, vgl. § 267 Abs. 3 S. 1 HS. 2 StPO, sodass eine detaillierte Auflistung sämtlicher Strafzumessungsgesichtspunkte nicht

855 *Verrel*, (1995), S. 203.

856 „Beschreibung des Datenmaterials“ der Verurteilungen wegen Mordes aus den Bezugsjahren 2013 und 2014.

857 „Strafzumessungskriterien“ der Verurteilungen wegen Mordes aus den Bezugsjahren 2013 und 2014.

858 „ungeschriebene Strafzumessungskriterien“ der Verurteilungen wegen Mordes aus den Bezugsjahren 2013 und 2014.

859 *Albrecht*, (1994), S. 167.

erforderlich ist.[860] Herausgefiltert werden können damit auch ungeschriebene Kriterien, die die Strafzumessung determinieren.[861] Die statistische Analyse der die Strafzumessung beeinflussenden Faktoren ist eine wichtige Ergänzung der Analyse der „geschriebenen“ Strafzumessungsfaktoren, mit der auch solche Faktoren erfasst werden können, die das Strafmaß theoretisch eigentlich nicht beeinflussen dürfen.

1. Mögliche regionale Unterschiede

Die empirische Strafzumessungsforschung hat in der Vergangenheit eine regionale Ungleichheit der Strafzumessung als Problem identifiziert. In der zugrunde liegenden Untersuchung soll dieser Frage genauer nachgegangen werden. „Regionale Ungleichheit“ wird dabei mit Blick auf die Revisibilität der Entscheidungen über die Zuständigkeit der fünf Strafsenate des BGH operationalisiert. Regionale Unterschiede in der Sanktionspraxis ergaben sich in früheren Strafzumessungsuntersuchungen in einzelnen Oberlandesgerichtsbezirken.[862] Wesentliche „Kontexteinflüsse für die Sanktionspraxis“[863] sind durch die Staatsanwaltschaft und das Revisionsgericht zu erkennen.[864] Denn durch den Einfluss des jeweiligen Senats (BGH) nimmt das erkennende Gericht Kriterien an, die zu einer „regionstypischen“ Strafzumessung heranwachsen können. Sogenannte lokale Justizkulturen wurden bereits zwischen einzelnen OLG-Bezirken beobachtet, indem die Oberlandesgerichte „verbindliche Interpretationen“[865] vorgaben. So wurde insbesondere bei der Verkehrsdelinquenz beobachtet, dass Unterschiede im Hinblick auf die Strafhöhen zwischen den einzelnen OLG-Bezirken auftreten.[866] Daneben wurde eben auch ein Nord-Südgefälle beobachtet;[867] Gerichte, die im Süden Deutschlands liegen, verhängen zwar häufiger mildere Strafen, dafür verurteilen Gerichte im Norden Deutschlands seltener, legen jedoch härtere Sanktionen auf.[868] Gleichzeitig kommt ein routinemäßiges Handhaben bei vergleichbaren Sachverhaltskonstellationen hinzu.[869] So lässt sich die Entstehung einer Justizkultur für einen OLG-Bezirk erklären.[870] Einzig die Analyse der Statistiken lässt nicht den Schluss zu, dass es zu „lokalen Justizkulturen“[871] des jeweiligen OLG-Bezirkes kommt.

---

860 *Velten*, in: SK-StPO (2016), § 267 RN. 46.
861 *Albrecht*, (1994), S. 218.
862 *Exner*, (1931), S. 46f.; *Schöch*, (1973), S. 112; BMJV, (2015), Abschlussbericht, S. 238.
863 *Oswald/Langer*, (1989), S. 218; *Giehring*, (1989), S. 88f.
864 *Oswald*, (1994), S. 80; *Langer*, (1994), S. 31, 33, 389, 395; *Oswald/Langer*, (1989), S. 218f.
865 *Langer*, (1994), S. 139, 142.
866 *Schöch*, (1973), S. 112.
867 *Albrecht*, (1994), S. 88, 206f.
868 *Albrecht*, (1994), S. 90; *Streng*, (1984), S. 9, 13.
869 *Albrecht*, (1994), S. 204; *Meier*, (2014), S. 258.
870 *Meier*, (2011), S. 31.
871 Vgl. *Meier*, (2011), S. 35ff.

Gegen das Urteil eines Schwurgerichts ist die Revision zulässig (§ 333 StPO). Die Revision führt zum BGH, sodass lokale Justizkulturen nur im Rahmen der unterschiedlichen Zuständigkeit der einzelnen BGH-Senate denkbar ist.

Die Revision wird verworfen, soweit sie nicht begründet ist. Die Revision ist begründet, wenn die Entscheidung des Tatgerichts auf einem Rechtsfehler beruht und dieser Rechtsfehler für den Beschwerdeführer nachteilig ist. Liegen diese Erfordernisse vor, wird das Urteil aufgehoben, § 353 Abs. 1 StPO. Das Urteil wird jedoch nur in dem Ausmaß aufgehoben, in welchem die Revision begründet ist.[872] Das Revisionsgericht kann eine neue Sachentscheidung zum Schuld- und Rechtsfolgenausspruch vornehmen im Sinne von § 354 Abs. 1, 1a StPO. Diesbezüglich erfolgt eine deskriptive Erhebung, ob ein Rechtsmittel eingelegt wurde, und wie mit dem eingelegten Rechtsmittel letztlich umgegangen wurde. Untersucht wird, ob sich die Sanktionspraxisder Schwurgerichte entsprechend ihrer Zugehörigkeit zu den einzelnen Oberlandesgerichts-Bezirken unterscheidet. Die Zuständigkeit der verschiedenen Strafsenate des BGH richtet sich nämlich nach der Zugehörigkeit zu einzelnen Oberlandesgerichts-Bezirken. Die Zuständigkeit für die Oberlandesgerichtsbezirke ist dem Geschäftsverteilungsplan des Bundesgerichtshofs zu entnehmen.[873]

Tab. 2. *Geschäftsverteilungsplan der Strafsenate 2013 und 2014*
Quelle 7. BGH: Zuständigkeit der Strafsenate und Ermittlungsrichter/ Geschäftsverteilungsplan 2013 und 2014

	2013	2014
1. BGH-Senat	Bamberg, Karlsruhe, München, Nürnberg und Stuttgart	Bamberg, Karlsruhe, München, Nürnberg, Stuttgart und soweit nicht der 4. Strafsenat zuständig ist
2. BGH-Senat	Frankfurt am Main, Jena, Koblenz und Köln	Frankfurt am Main, Jena und Köln
3. BGH-Senat	Celle, Düsseldorf, Oldenburg und Rostock	Celle, Düsseldorf, Oldenburg, Rostock und Koblenz
4. BGH-Senat	Hamm, Naumburg und Zweibrücken	Hamm, Naumburg, Zweibrücken sowie aus dem Bezirk des Oberlandesgerichts Karlsruhe die Landgerichte Baden-Baden, Freiburg, Konstanz, Offenburg und Waldshut-Tiengen
5. BGH-Senat	Brandenburg, Braunschweig, Bremen, Dresden, Hamburg, Saarbrücken und Schleswig, Kammergericht Berlin	Brandenburg, Braunschweig, Bremen, Dresden, Hamburg, Saarbrücken und Schleswig, Kammergericht Berlin

872 *Schäfer/Sander/van Gemmeren*, (2012), S. 462 RN. 1559.
873 http://www.bundesgerichtshof.de/DE/DasGericht/Geschaeftsverteilung/Archiv/Geschaeftsverteilung2013/Strafsenate2013/strafsenate2013_node.

Regionale bzw. senatsspezifische Unterschiede können bei der Verurteilung wegen Mordes insbesondere im Wege der unterschiedlichen Handhabung der Feststellung der besonderen Schwere der Schuld entstehen. So sieht der erste Strafrechtssenat die Voraussetzung der Feststellung der besonderen Schuldschwere dann als gegeben an, soweit das „Mindestmaß der Schuld deutlich überschritten“[874] ist.[875] Diese Herangehensweise sei insbesondere damit begründet, dass der Gesetzgeber in seiner Formulierung des § 57a StGB zu erkennen gebe, dass nicht an die Regelschuld bei der Feststellung der besonderen Schuldschwere angeknüpft werden solle.[876] Die Einführung der Mindestverbüßungszeit von 15 Jahren bringt zum Ausdruck, dass bei Vorliegen zusätzlicher Umstände, die bei dem Strafausspruch unberücksichtigt geblieben sind, zur Grundlage einer verlängerten Strafverbüßungsdauer herangezogen werden können;[877] diese Umstände könnten dann angenommen werden, wenn die Schuldschwere im Einzelfall das vorausgesetzte Mindestmaß an Schuld deutlich überschreite.[878] Der Tatrichter hat im Einzelfall unter Abwägung sämtlicher Umstände „in wertender Betrachtung“[879] festzulegen, inwieweit über das Mindestmaß der Schuld als Anknüpfungspunkt hinausgegangen wird. Dabei ist insbesondere auf mordspezifische Umstände einzugehen:

„- ganz besondere Verwerflichkeit der Tatausführung oder der Motive;
- mehrere Opfer bei ein und derselben Tat;
- die tatmehrheitliche Begehung von Mordtaten;
- die Erfüllung weiterer Straftatbestände durch die Tat (z. B. ‚Raubmord‘);
- weitere im Urteil abgeurteilte Straftaten“[880]

Hingegen verlangen der zweite,[881] der dritte,[882] der vierte[883] und der fünfte[884] Strafsenat, dass sich die besondere Schuldschwere erst dann feststellen lässt, „wenn

html: 28.07.2017 – 09:55 Uhr; http://www.bundesgerichtshof.de/DE/DasGericht/Geschaeftsverteilung/Archiv/Geschaeftsverteilung2014/Strafsenate2014/strafsenate2014_node.html: 28.07.2017 – 09:55 Uhr.

874 BGH, Beschl. v. 13.06.1994 – 1 StR 504/93.

875 BGH, *Urt. v.* 05.01.1993 – 1 StR 785/92; NStZ 1993, S. 438, S. 439.

876 BGH, Beschl. v. 13.06.1994 – 1 StR 504/93.

877 Vgl. oben.

878 Vgl. oben; BVerfG, Beschl. v. 03.06.1992 – 2 BvR 1041/88, 2 BvR 78/89.

879 BGH, Beschl. v. 13.06.1994 – 1 StR 504/93.

880 BGH NStZ 1994, S. 540, S. 542.

881 BGH, Beschl. v. 11.08.1993 – 2 StR 384/93.

882 BGH, Beschl. v. 29.12.1993 – 3 Ars 40/93.

883 BGH, Beschl. v. 30.11.1993 – 4 Ars 27/93.

884 BGH, Beschl. v. 07.12.1993 – 5 Ars 65/93.

das gesamte Tatbild einschließlich der Täterpersönlichkeit von der erfahrungsgemäß gewöhnlich vorkommenden Mordfälle“[885] stark abweicht. Die genannten Strafsenate stellen auf einen derartigen Regelfall ab, dass der Täter einen anderen Menschen unter Verwirklichung eines Mordmerkmals getötet hat, ohne dass besondere mildernde Umstände vorliegen.[886] Von dieser Fallkonstellation hat der Einzelfall in besonderem Maße herauszuragen. Dies macht sich nach dieser Ansicht daran fest, dass mehrere Mordmerkmale verwirklicht sind,[887] die Tötung mehrerer Mordopfer abgeurteilt wird und die Gesamtwürdigung aller dem Urteil zugrunde liegenden Straftaten (vgl. § 57 b StGB) den Schluss einer gravierenden Abweichung vom Normalmaß zu lassen.

Hinsichtlich der Berücksichtigung der Tatfolgen, die in keinem unmittelbaren Zusammenhang mit dem strafbaren Verhalten stehen, also außerhalb des eigentlichen Tatbereichs liegen, erklären sowohl der dritte als auch der erste Strafsenat, sei es ausreichend, eine Strafschärfung solcher Tatfolgen anzunehmen, die vorhersehbar sind.[888] Anders bewertet der vierte Strafsenat entsprechende Tatfolgen: Demnach ist notwendig, dass die entsprechenden Folgen, die sich innerhalb der verletzten Norm befinden, geeignet sind, das „Tatbild zu prägen und die Bewertung der Schuldschwere (zu) beeinflussen“[889].

2. *Extra-legale Merkmale*

Darüber hinaus soll die Urteilsauswertung zeigen, ob extra-legale Merkmale Einfluss auf die Strafzumessung haben. Extra-legale Merkmale sind solche Merkmale der Strafzumessung,[890] die nicht gesetzlich normiert sind und die die Strafzumessung eigentlich nicht beeinflussen dürfen.[891] Merkmale, die sich auf die berufliche Situation der Richter, auf ihre Einstellungen und Strafzweckpräferenzen oder auf ihre soziale Herkunft beziehen,[892] üben nach derzeitigem Kenntnisstand nur einen sehr geringen Einfluss auf die Strafzumessung aus.[893] Neben den regionalen Unterschieden können auch personenbezogene Merkmale der Protagonisten der Hauptverhandlung Einfluss auf den Strafausspruch ausüben.[894] Denn auf die Entscheidungsfindung können „intuitiv und automatisch getroffene

885 BeckRS 1993, 08314, BGH, Beschl. v. 30.11.1993 – 4 ARs 27/93.
886 BGH, Beschl. v. 30.11.1993 – 4 Ars 27/93.
887 BGH, Urt. v. 27.06.2012 – 2 StR 103/12.
888 BGH, Beschl. v. 04.07.2002 – 3 StR 190/02; BGH, Beschl. v. 29.08.2006 – 1 StR 285/06.
889 BGH NStZ 1993, S. 337, S. 337.
890 *Oswald*, (2009), S. 185; *Meier*, (2014), S. 256.
891 *Oswald*, (2014), S. 248.
892 *Meier*, (2014), S. 256; *Albrecht*, (1994), S. 345ff.
893 *Meier*, (2014), S. 256; *Schlothauer/Yundina*, R&P (2016), S. 43, S. 47; *Streng*, (1984), S. 107ff.
894 *Schlothauer/Yundina*, R&P (2016), S. 43, S. 43; BGH NJW 1976, S. 2355, S. 2355.

Schlussfolgerungen“[895] der Richter Einfluss nehmen.[896]Trotz der Schwierigkeit Einfluss übende Richtermerkmale zu identifizieren, konnte bei Kollegialgerichten beobachtet werden, dass der Vorsitzende Richter maßgebenden Einfluss auf den Strafausspruch hat.[897] Zudem wurde bereits beobachtet, dass ein weiblicher Einfluss auf die Sanktion zu erkennen ist.[898] Aber hinsichtlich der Einflussnahme der Schöffinnen ist nur ein „mäßiger Einfluss auf das Strafmaß“[899] zu beobachten. Berufsrichterinnen üben hingegen keinen signifikanten Einfluss auf das Strafmaß. Das Strafzumessungsverhalten steht in einem Zusammenhang mit der Dauer der Berufstätigkeit[900]: mit einer steigenden Berufspraxis ist eine Tendenz zu milderen Strafen zu erkennen. Ein Zusammenhang zwischen dem Alter und dem Strafzumessungsverhalten konnte auch beobachtet werden.[901] Jüngere Personen, die in der Strafjustiz tätig sind, tendieren dazu, das Resozialisierungsziel deutlich zu berücksichtigen, währenddessen ältere in der Strafjustiz Tätige primär Strafen wegen des Vergeltungswillens verhängen. Schließlich wurde erkannt, dass Richter mit zunehmender Praxiserfahrung und Alter weniger „reformbereit“ sind hinsichtlich der Verhängung der absolut angedrohten Sanktion, der lebenslangen Freiheitsstrafe.[902] Die Umstände, wie Alter des Vorsitzenden Richters und Zusammensetzung des Spruchkörpers, sollen deswegen auch ausgewertet werden.

3. *Ziel der Untersuchung*

Die Untersuchung leistet nicht nur einen weiteren Beitrag im Bereich der Strafzumessungsforschung allgemein, sondern zeigt insbesondere die Strafzumessungspraxis im Bereich des § 211 StGB auf, um auf die politisch aktuelle Debatte einwirken zu können. Die Systematisierung der für die Strafbemessung maßgebenden Kriterien wirkt sich auf anstehende Reformen aus. Das Forschungsvorhaben ergänzt theoretische Untersuchungen im Hinblick auf die Strafzumessungswirklichkeit bei Mord.
Gesetzliche Möglichkeiten zur Strafmilderung

895 *Oswald,* (2014), S. 255.
896 *Oswald,* (2009), S. 175.
897 *Streng,* (1984), S. 64.
898 *Oberlies,* (1997), S. 134; *Streng,* (1984), S. 143.
899 *Oberlies,* (1997), S. 135.
900 *Streng,* (1984), S. 102, 104 Schaubild 1.
901 *Streng,* (1984), S. 139, 142f.
902 *Streng,* (1984), S. 252.

2. Beschreibung und Begründung der Untersuchungsmethode

Die der Untersuchung zugrunde gelegte Frage ist, ob und inwiefern auch bei der Verurteilung wegen vollendeten Mordes eine Strafzumessung durch die Gerichte erfolgt. Als Erhebungsmethode kommt insoweit nur die Aktenanalyse in Betracht. Dabei sollen die Strafakten nicht in ihrer Gesamtheit ausgewertet werden, sondern lediglich die Strafurteile als die für die Strafzumessung wichtigsten Dokumente, vgl. § 267 Abs. 3 StPO. Denn aus den Urteilsgründen muss sich ergeben, weshalb eine bestimmte Sanktion ausgesprochen wurde. Die aus den Urteilen entnommenen Informationen sollen quantitativ und nicht qualitativ ausgewertet werden.

A. Urteilsanalyse als Untersuchungsmethode in der Strafzumessungsforschung

Das Ziel der Untersuchung ist die Darstellung der Rechtsfolgenentscheidung bei vollendetem Mord nach allgemeinem Strafrecht. Für die Erfassung der Rechtswirklichkeit der Strafzumessung eignet sich eine Inhaltsanalyse in Form einer Urteilsanalyse.

I. Empirische Untersuchungen zur Strafzumessung bei anderen Deliktsfeldern

Die Untersuchung steht in der Tradition zu früheren Strafzumessungsuntersuchungen. Denn vorausgegangene Forschungen untersuchten bereits die Determinanten der Strafzumessung.[903] Davon auszugsweise: *Meier* erhob mittels einer Inhaltsanalyse von Strafakten,[904] dass die Rückfalltat schwerpunktmäßig bei mittelschweren Vergehen (§§ 242, 246, 263 StGB) und Bagatelldelikten angesiedelt ist. Die Rückfalltat im Sinne des früheren § 48 StGB a.F. wird häufig von Einzeltätern ohne Gewaltanwendung begangen.[905] *Schöch* zeigte mittels Inhaltsanalyse von Verfahrensakten auf, dass sich auf die Strafzumessungspraxis bei Verkehrsdelinquenz[906] die nachgewiesene erhöhte Blutalkoholkonzentration und das Wissen des Täters noch Auto fahren zu müssen, die erhöhte Gefahr wegen zunehmendem Verkehrsaufkommen, die Schadenshöhe, sowie eine längere Fahrtstrecke

---

903 *Albrecht,* (1994), S. 170 ff.

904 *Meier,* (1983), S. 1342ff.; *Meier,* (1983a), S. 72, 74f.

905 *Meier,* (1983a), S. 112.

906 *Schöch,* (1972), S. 8f., 98.

mit Alkoholeinfluss strafschärfend auswirken.[907] Die von *Albrecht* durchgeführte, empirisch-vergleichende Untersuchung „Strafzumessung bei schwerer Kriminalität“[908] zeigte auf, dass bei Vergewaltigungsdelikten eine Täter-Opfer-Beziehung auf das Strafmaß Einfluss übt, indem trotz der angewandten Gewalt ein minder-schwerer Fall angenommen wurde. Im Gegensatz dazu ist bei sogenannten Fremddelikten die Angriffsintensität von Bedeutung; so ist etwa der Gebrauch von Schusswaffen und die Schadenshöhe Faktor für die Versagung eines minder schweren Falles.[909] *Hoppenworth* stellte in der Untersuchung zur Strafzumessung bei Raub[910] fest, dass die Tatausführung,[911] die gegenwärtigen Lebensverhältnisse des Täters,[912] Entstehungs- und Beweggründe,[913] sowie zumindest im Jugendstrafrecht das Verhalten im Strafverfahren die Strafhöhe beeinflussen. Relevante Strafzumessungsfaktoren, die nicht ausdrücklich aus dem Urteil hervorgehen, scheinen unsichere bzw. unklare Familien- und Berufskonstellationen,[914] eine sorgfältig unternommene Tatplanung,[915] Beutewert, Anträge der Verfahrensbeteiligten, Dauer der Untersuchungshaft, das Vorliegen eines Haftbefehls, als auch der Umstand zu sein, dass der Täter nicht aus der Region des erkennenden Gerichts stammt.[916]

Insgesamt wurde also bereits mittels Inhaltsanalysen herausgefunden, dass die vorausgegangene strafrechtliche Delinquenz des Angeklagten einen strafschärfenden Einfluss auf die Strafzumessung ausübt.[917] Hier wirkt sich auch die Schwere der bisher begangenen Delikte aus.[918] Hingegen wurden keine strafrechtliche Vorbelastung, Reue und Schuldeinsicht in der Hauptverhandlung sowie ein Geständnis des Täters zu Gunsten des Täters herangezogen.[919] Die Untersuchungen zeigten zudem auch auf, dass sich zwischen einzelnen OLG-Gerichtsbezirken eine gerichtsspezifische Rechtsprechung etablierte.[920] Dies ist zum einen dem Umstand unterschiedlicher, traditionell verfestigter Strafzumessungsfaktoren geschuldet als auch der Tatsache, dass den Gerichten

---

907 *Schöch,* (1972), S. 62, 118.
908 *Albrecht,* (1994), 1ff.
909 *Albrecht,* (1994), S. 480, 488.
910 *Hoppenworth,* (1991), S. 18f., 23, 30f.
911 *Hoppenworth,* (1991), S. 142, S. 175, 227f.
912 *Hoppenworth,* (1991), S. 142, S. 175.
913 *Hoppenworth,* (1991), S. 142, Tab. 103, 227f.
914 *Hoppenworth,* (1991), S. 225.
915 *Hoppenworth,* (1991), S. 228.
916 *Hoppenworth,* (1991), S. 237, 258, 270.
917 *Meier,* (1983), S. 1342, 4345, 1348; *Meier,* (1983a), S. 196f.; *Albrecht,* (1994), S. 90, 170ff., 426; *Sessar,* (1980), S. 201; *Hoppenworth,* (1991), S. 144, 146; *Schöch,* (1972), S. 122ff., 125ff., 144.
918 *Meier,* (1983), S. 1352.
919 *Schöch,* (1972), S. 118.
920 *Albrecht,* (1994), S. 170ff., 352f., 483.

„unterschiedlich zusammengesetzte Sachverhalte und Tätergruppen zugrunde lagen“[921].[922] Als Ursache wurde der örtliche Bezug der Richter angenommen. Von der Strafrahmenobergrenze einzelner Delikte wird kaum Gebrauch gemacht.[923] Kurze Freiheitsstrafen werden ohne Bewährung häufiger verhängt, die erkennenden Gerichte orientieren sich dabei aber am unteren Rand des Möglichen bei der Verhängung von freiheitsentziehenden Strafen,[924] während sie bei der Bemessung der Sperrfrist eine mildere Gesamtdauer festlegten.[925] Die Auswertungen der Strafzumessungsfaktoren zeigten also im Ergebnis auf, dass objektiv feststellbare Faktoren in die Strafzumessungsbegründung einfließen,[926] wie etwa Vorstrafenbelastung, nachgewiesene Blutalkoholkonzentration, als auch ein in Idealkonkurrenz stehendes Delikt mit einer Freiheitsstrafe ohne Bewährung, welche sich strafschärfend auswirkten.[927] Die Gesamtstrafe erhöht sich mit „zunehmender Größe der Einzelstrafensummen“[928].[929] Zu erkennen ist, dass die Einzelstrafen maßgebend durch „unrechts- und schuldindizierende Faktoren“[930] beeinflusst werden, „wobei im Gegenzug eben dieselben Strafzumessungstatsachen zu entsprechend ansteigenden Abschlägen von der Gesamtsumme der Einzelstrafen führen“[931].[932]

Es wurde beobachtet, dass der Umfang und die Bedeutung der Begründung der Strafzumessung mit zunehmender Strafhöhe anstiegen.[933] Im Rahmen der Strafzumessungsauswertung wurde ersichtlich, dass sich in abgekürzten Urteilen primär mit Ausführungen zu Gunsten des Täters auseinandergesetzt wird, als in nicht abgekürzten Urteilen.[934] In nicht abgekürzten Urteilen dominieren Ausführungen zu Lasten des Angeklagten. In den Ausführungen zu Strafzwecken überwiegt im Erwachsenenstrafrecht der Schuldausgleich.[935] Mit zunehmender Strafhöhe und -intensität nimmt die Urteilslänge zu.[936]

921 *Albrecht,* (1994), S. 349.
922 *Schöch,* (1972), S. 112, 125ff., 130; *Albrecht,* (1994), S. 348f.
923 *Albrecht,* (1994), S. 479.
924 *Schöch,* (1972), S. 113f.
925 *Schöch,* (1972), S. 174f.
926 *Schöch,* (1972), S. 117f.; *Albrecht,* (1994), S. 427, 489.
927 *Schöch,* (1972), S. 118.
928 *Albrecht,* (1994), S. 390.
929 *Albrecht,* (1994), S. 390f.; Schaubild 35.
930 *Albrecht,* (1994), S. 395.
931 *Albrecht,* (1994), S. 486.
932 *Albrecht,* (1994), S. 395, 486.
933 *Albrecht,* (1994), S. 426.
934 *Hoppenworth,* (1991), S. 103.
935 *Hoppenworth,* (1991), S. 112, 124, 197.
936 *Hoppenworth,* (1991), S. 113, Tab. 68, S. 115.

Die Täter weisen regelmäßig instabile und unstrukturierte persönliche Verhältnisse auf, die ohne feste familiäre Bindung und ohne festen Wohnsitz einhergehen.[937] Ebenso ist die berufliche Situation häufig prekär.[938] Sie waren bereits durchschnittlich achtmal vorverurteilt wegen Eigentums- oder Vermögensdelikten. Häufig sind die Rückfalltäter wegen einschlägiger Taten vorbestraft.[939] Auf die Strafzumessung haben Geschlecht, Nationalität und soziale Schicht keinen Einfluss.[940]

II. Die quantitative Methode

Die quantitative Methode ermöglicht es, zählbare Eigenschaften empirischer Sachverhalte zu messen.[941] Quantitative Inhaltsanalysen machen insbesondere dann Sinn, wenn es darum geht, bestimmte, eng umrissene Fragestellungen systematisch zu untersuchen.[942] Das Ziel der quantitativen Untersuchung „Strafzumessung bei Mord" ist es Zusammenhänge für mildere Strafrahmen und höhere Sanktionierung (§ 57a S. 1 Nr. 2, §§ 66 ff. StGB) zu erkennen und zu beschreiben. Für „möglichst allgemeine",[943] also repräsentative Feststellungen bedarf es einer umfassenden Untersuchung möglichst vieler Fälle. Deswegen erfolgt eine Vollerfassung sämtlicher Fälle, in denen ein Angeklagter in den Bezugsjahren 2013 und 2014 wegen vollendeten Mordes verurteilt wurde. Die der Untersuchung zugrunde liegenden Forschungsfragen lauten, wann wurde wegen Mordes verurteilt, jedoch keine lebenslange Freiheitsstrafe ausgesprochen, sondern eine zeitliche Freiheitsstrafe verhängt? Lassen sich solche Faktoren bestimmen, die besondere Schwere der Schuld bedingen? Soweit diesbezüglich besondere Strukturen zu erkennen sind, sollen diese aufgezeigt und beschrieben werden.

III. Begründung der Erhebungsmethode.

Kriminologische Sanktionsforschung im Bereich der Tötungsdelikte wurde und wird kontinuierlich betrieben.[944] Verallgemeinert lässt sich festhalten, dass die Untersuchungen zur Diskussion über Auswirkungen und Strukturen von Sanktionen beitrugen, um Kritik, Modifizierungen, Verbesserungsvorschläge

937 *Meier,* (1983a), S. 125.
938 *Meier,* (1983a), S. 139.
939 *Meier,* (1983a), S. 161.
940 *Albrecht,* (1994), S. 482f., 426.
941 *Bortz/Döring,* (2006), S. 149, 302; *Albrecht,* (1994), S. 218; *Merten,* (1995), S. 50.
942 *Bortz/Döring,* (2006), S. 150; *Schnell/Hill/Esser,* (2011), S. 397; *Meier,* (2016), S. 93 RN. 5.
943 *Burzan,* (2015), S. 21.
944 Vgl. Kap. 1.G. IV.

und/oder Bestandsaufnahmen aktueller Strafzumessungs- und Sanktionspraxis zu üben.[945]

Angaben zur Sanktionspraxis lassen sich insbesondere der Strafverfolgungsstatistik entnehmen. Eine Untersuchung mittels Strafverfolgungsstatistik ist jedoch nicht zielführend. Denn der Statistik lassen sich keine Angaben entnehmen, aus welchen Gründen trotz der Verurteilung wegen Mordes eine zeitige Freiheitsstrafe verhängt wurde.[946] Es fehlen zusammenhängende Informationen, inwieweit von fakultativen Milderungsmöglichkeiten Gebrauch gemacht wurde und, wie sich einzelne Tat-, Täter- und/oder Opfermerkmale auf die Strafzumessung ausgewirkt haben.

In der eigenen Untersuchung soll die Erhebung der Strafzumessungsfaktoren mittels einer quantitativen[947] Inhaltsanalyse von rechtskräftig gewordenen Strafurteilen erfolgen, die wegen vollendeten Mordes gesprochen wurden. Die zugrunde liegende Untersuchung zielt nicht darauf ab, kriminologische Aspekte des Verbrechens und des Täters bzw. der Opfer zu erforschen. Bedenken hinsichtlich der Analyse von Strafakten bzw. Strafurteilen bestehen nach wie vor;[948] insbesondere bezieht sich der Einwand darauf, dass die Akten nur allgemeine Informationen enthalten, die der Kommunikations-, Kontroll- und Legitimationsfunktion genügen sollen[949] und weniger kriminologisch „wertvolle“ Daten beinhalten, wodurch das Datenmedium für eine kriminologische Forschung offensichtlich unzureichend zu sein scheint. Gegen die Aktenanalyse im Bereich der kriminologisch-empirischen Sozialforschung spricht, dass aufgrund der überwiegenden Legitimationsfunktion die Wiedergabe einer verzerrten Wahrheit entsteht; demnach geht der eigentliche Strafzumessungsvorgang nicht aus den Akten bzw. Strafurteilen hervor.[950] Denn die Darlegung und Auseinandersetzung der Strafzumessungsbegründung innerhalb der Urteilsgründe lassen nicht den Schluss auf die subjektive Wahrnehmung zu, da die Strafzumessung beeinflussenden „psychischen und sozialpsychischen Prozesse“[951] nicht überliefert sind. Es liegt nahe, dass insbesondere die Strafurteile eine Strafzumessungsbegründung und eine Rechtswahrheit aufweisen, die primär der Dokumentationspflicht genügen, um rechtsmittelberechtigten Bedenken entgegen zu kommen.[952] Auch im Hinblick auf das Forschungsziel, die Ermittlung von Strafzumessungsfaktoren

---

945 *Meier,* (1983a), S. 75, 77, 79f. 85; *Schöch,* (1972), S. 9ff., 60ff., 103; *Hoppenworth,* (1991), S. 18ff., 23.

946 *Hoppenworth,* (1991), S. 8.

947 *Mayer,* (2013), S. 28.

948 Vgl. *Verrel,* (1995), S. 58 ff.; *Schott,* (2004), S. 208ff.; *Albrecht,* (1994), S. 214ff., 217ff.; *Dölling,* (1984), S. 265ff.; *Heine,* (1988), S. 8, 11; *Leuschner/Hüneke,* (2016), S. 464ff., 465.

949 *Hoppenworth,* (1991), S. 18; *Merten,* (1995), S. 14ff., 48ff.; *Sessar,* (1981), S. 53.

950 *Dölling,* (1984), S. 269; *Leuschner/Hüneke,* (2016), S. 466.

951 *Schott,* (2004), S. 208; *Albrecht,* (1994), S. 214.

952 *Schott,* (2004), S. 208; *Hoppenworth,* (1991), S. 18; *Dölling,* (1984), S. 270; *Velten,* in: SK-StPO (2012), § 267 RN. 3; *Leuschner/Hüneke,* (2016), S. 468.

mittels einer Urteilsanalyse, ist zu bedenken, dass die die Strafzumessung beeinflussenden Faktoren nicht mit einer derartigen Genauigkeit im Urteil wiedergegeben werden, wie es die gesetzliche Regelung des § 267 StPO erfordert.[953] So ist davon auszugehen, dass die Urteilsgründe nur unvollständig im Urteil dargelegt sind. Das gilt insbesondere bei abgekürzten Strafurteilen. Aus dem abgekürzten Urteil im Sinne des § 267 Abs. 4 StPO lassen sich jedoch ebenfalls die Tatsachen entnehmen, die zur Tatbestandsverwirklichung des abgeurteilten Delikts geführt haben (§ 267 Abs. 4 S. 1 StPO). Dem Urteil sind die Umstände, die von der Rechtskraft erfasst sind, zu entnehmen. So sind, um der Klarstellungsfunktion zu genügen, das Unrecht der Tat und der Schuldumfang des Täters darzustellen.[954] Das strafwürdige Verhalten und die konkreten Tatumstände, die zur Verurteilung geführt haben, müssen also erkennbar sein. Das abgekürzte Urteil kann hingegen eine verkürzte Beweiswürdigung und Strafzumessungsbegründung aufweisen.

Da im Normalfall[955] dem erkennenden Gericht die Informationen der zugrunde liegenden Tat und die Angaben zur Person des Angeklagten aus der Hauptverhandlung selbst zu Teil werden, mit denen sodann die Strafzumessung erfolgt, darf bei dem Strafurteil von einer nahezu verlässlichen Grundlage der Strafzumessung ausgegangen werden. Zudem hat sich diese Herangehensweise bereits als eine der zuverlässigsten[956] Erhebungsmethoden erwiesen, denn die Strafurteile dienen eben gerade der „Legitimationsfunktion hinsichtlich der getroffenen Entscheidungen“[957].[958] Die Strafakte ist eines der derzeitigen validen Instrumente, um die Rechtstatsächlichkeit der rechtsprechenden Praxis aufzuzeigen. In diesem Sinne ist letztlich auch das Strafurteil als zuverlässige Datenquelle anzuerkennen, soweit sich das Forschungsziel auf die Strafzumessungs*praxis* konzentriert und die rechtstatsächliche Art und Weise der Strafzumessung erheben will. Denn, soweit die „Vorgehensweisen, Strategien und Entscheidungskriterien“[959] der Strafverfolgungsinstanzen erhoben werden, können entsprechende Aussagen getroffen werden.[960] Da das Strafurteil rechtlichen Anforderungen genügen muss, um innerhalb des Rechtsmittelrechts Stand halten zu können, besteht eine gewisse Überwachungs- und Kontrollsituation auf die erkennenden Gerichte, die auf einen sorgfältigen Umgang mit der Wirklichkeit schließen lässt.[961] Andere

---

953 *Schott*, (2004), S. 208f.; *Verrel*, (1995), S. 59f.

954 *Velten*, SK-StPO (2016), § 267 RN. 60.

955 *Hoppenworth*, (1991), S. 19.

956 *Burzan*, (2015), S. 44; *Hoppenworth*, (1991), S. 18f.; *Albrecht*, (1994), S. 214f., 217; *Verrel*, (1995), S. 62; *Oberwittler/Kasselt*, (2011), S. 58; *Bodendieck-Engels*, (2013), S. 11f.

957 *Schott*, (2004), S. 208.

958 *Dölling*, (1984), S. 270f.; *Albrecht*, (1994), S. 215.

959 *Dölling*, (1984), S. 270.

960 *Dölling*, (1984), S. 270, 274, 280.

961 *Dölling*, (1984), S. 271ff.; *Hoppenworth*, (1991), S. 19; *Sessar*, (1981), S. 53; *Oswald*, (2014), S. 255.

gleichermaßen valide Informationsquellen zur Erforschung der richterlichen Strafzumessungspraxis sind derzeit nicht ersichtlich. Im Rahmen der Auswertung und Kommentierung der erhobenen Daten bleibt dennoch zu berücksichtigen, dass eine verzerrte Wahrnehmung durch „psychische und sozialpsychische Prozesse“[962] innerhalb der Strafzumessung möglich bleibt.

Eine Untersuchung mittels der Beobachtungen von Hauptverhandlungen und/oder einer Richterbefragung bezüglich der maßgebenden Strafzumessungsfaktoren wäre unergiebig.[963] Für Beobachtungen lassen sich nicht ausreichend, ökonomisch-wirtschaftlich vertretbare Ressourcen aufbringen, um quantitativ-empirische Daten zu erlangen.[964] Gleichzeitig unterliegen die Beobachtungsergebnisse erhebliche Verzerrungsfaktoren, die eine subjektiv wahrgenommene Realität hervorbringen[965] und von der Perspektive und der Einflussnahme des Beobachters stark abhängen.[966]

Die Datenerhebungstechnik der Befragung dient primär der Erhebung von Fakten, Wissen, Meinungen, Einstellungen oder Bewertungen[967] und ist insbesondere innerhalb der Vorbereitungsphase des Forschungsprojekts dienlich, um genaue Umrisse des Umfangs zu erkennen.[968] Ferner kommt es insbesondere dann zu Verzerrungen, wenn der Antwortende weiß, dass die Fragen auf eine Bewertung seiner Arbeit abzielen. So darf davon ausgegangen werden, dass der Antwortende Einfluss nimmt, um eine beschönigte Realität aufzuzeigen.[969]

So darf die Auswertung von Strafurteilen trotz der eingangs geschilderten Mängel als geeignete Erhebungsmethode angenommen werden, da zum einen die Analyse von Akten und Urteilen die bislang effektivste und exakteste Art ist, um quantitative und inhaltsanalytische Ergebnisse zur Strafzumessungspraxis zu erzielen.[970] Und zum anderen lassen sich gerade die Entscheidungen und Entscheidungsbegründungen der Strafverfolgungsinstanzen aus den Strafurteilen entnehmen.[971]

B. Unabhängige und abhängige Variablen

Durch die Untersuchung soll also aufgezeigt werden, dass die Verurteilung wegen Mordes nicht unbedingt die Verhängung der absolut angedrohten Freiheitsstrafe

962 *Schott,* (2004), S. 208; *Albrecht,* (1994), S. 214.
963 *Ahlborn,* (1981), S. 225; *Mayer,* (2013), S. 35f.
964 *Dölling,* (1984), S. 269.
965 *Schnell/Hill/Esser,* (2011), S. 392f.; *Atteslander,* (2010), S. 102.
966 *Atteslander,* (2010), S. 102; *Friedrichs,* (1980), S. 287.
967 *Schnell/Hill/Esser,* (2011), S. 315.
968 *Schnell/Hill/Esser,* (2011), S. 316.
969 *Schnell/Hill/Esser,* (2011), S. 347; *Friedrichs,* (1980), S. 223f.
970 *Albrecht,* (1994), S. 214; *Dölling,* (1984), S. 277f.
971 *Dölling,* (1984), S. 280; *Schöch,* (1972), S. 13.

lebenslang mit regelmäßiger Strafrestaussetzung nach Verbüßung von 15 Jahren Freiheitsstrafe nach sich zieht, vielmehr gibt es solche Einzelfälle, in denen die Strafmaßentscheidung nach oben (Feststellung der besonderen Schwere der Schuld und (Vorbehalt der) Anordnung der Sicherungsverwahrung) oder nach unten (zeitige Freiheitsstrafe) abweicht. Um dies zu belegen und zu ermitteln, welche Umstände es sind, die zur Strafmilderung oder umgekehrt zu Strafschärfung führen, ist es notwendig Faktoren aufzuzeigen, die sich auf das Abweichen der lebenslangen Freiheitsstrafe in dem oben skizzierten Sinn auswirken können.

I. Unabhängige Variablen

Als unabhängige Variablen werden verschiedene Faktoren der Strafzumessung gewählt, die sich an der Strafzumessungsnorm des Strafgesetzbuchs (§ 46 StGB) orientieren. Das sind unter Berücksichtigung des Doppelverwertungsverbotes nicht die Mordmerkmale an sich. Unter Umständen können sich jedoch hier Art und Schwere der Verwirklichung der Mordmerkmale auswirken. Strafzumessungsrelevante Bezugspunkte werden nach tat-, täter-, opfer- und verfahrensbezogenen Umständen differenziert. So werden etwa nicht-unrechtsbezogene Faktoren, wie Geschlecht, Nationalität, Familienstand und Alter des Täters und des Opfers untersucht, inwieweit sie sich auf die Strafzumessungsabwägung und letztlich auf das Strafmaß auswirken. Daneben soll aber auch die Einflussnahme der Vorstrafenbelastung gerade im Hinblick auf die Feststellung der besonderen Schwere der Schuld und dem Umgang mit der Sicherungsverwahrung erhoben werden. Eine zusammenhängende, semantisch abgrenzbare und vollständige Auseinandersetzung mit einem Zustand gilt als Faktor. Sämtliche Daten, die Bezug nehmen auf die Person des Angeklagten, des Opfers und der Tötungssituation beziehen sich auf den Zeitpunkt der Tötungshandlung.

Die unabhängigen Variablen der Untersuchung sind darüber hinaus solche Faktoren, die Einfluss auf die Strafzumessung haben können. Für die Erhebung werden folgende empirisch messbare Indikatoren[972] verwendet. Zu diesem Zweck wurde die Tathandlung und Tatmotivation erhoben, und als unabhängige Variable miteinbezogen. Weitere realkonkurrierende Delikte, wegen den der Angeklagte verurteilt wurde, wurden ebenfalls erhoben, um zu überprüfen, wie diese im Rahmen der Gesamtwürdigung nach § 57b StGB zur Begründung besonders schwerer Schuld herangezogen werden. Schließlich fließen auch die in § 46 Abs. 2 genannten Strafzumessungsgründe als unabhängige Variable mit ein. Zusätzlich kommen auch einzelne, kriminologisch-phänomenologisch einordbare, typische Sachverhaltskonstellationen zum Tragen, die durch die im Gesetz genannten Strafzumessungsmerkmale nicht abschließend erfasst werden können und die hier kurz dargestellt werden sollen.

---

972 *Atteslander*, (2010), S. 228.

1. *Kindstötung*

Die Tötung eines Neugeborenen durch die eigene Mutter gilt als Neonatizid.[973] Infantizid ist die Tötung eines Kindes im ersten Lebensjahr durch die eigenen Eltern.[974] Die Tötung eines Kindes nach dem ersten Lebensjahr wird in der Fachterminologie Filizid genannt.[975] Dabei sind die Täter häufig die Kindsmutter und/oder der Kindsvater, deren Eltern oder der Partner.[976] Kenntnisse über gewaltsame Einwirkungen auf das Neugeborene bereits während der Geburt sind in Form von Hirnschalenbrüchen bereits aus dem 18. Jahrhundert bekannt.[977] Die Motivlage der, in der Regel, Täterinnen, ist vermehrt die Angst vor der Reaktion der eigenen Eltern oder des Partners/Kindsvaters, daneben spielt aber auch das Phänomen der negierten Schwangerschaft eine bedeutende Rolle.[978] Unter negierter Schwangerschaft wird der Umstand definiert, in der die schwangeren Frauen ihren Zustand verheimlichen, verdrängen, verleugnen und/oder ignorieren, und unmittelbar nach der Geburt das Kind töten.[979] Neben Motiven, die tendenziell für die Verzweiflungssituation des Täters sprechen, kommen egoistische Motive in Betracht und zwar immer dann, wenn das Kind aufgrund vorausgegangener Konflikte mit dem Partner getötet wird.[980] Dabei wird das Kind aus Hass gegenüber der Mutter/Partnerin getötet und vom Täter zum bloßen Racheobjekt degradiert.[981] Für die Kindstötung werden in dieser Untersuchung Tötungen eines Menschen zwischen 0 und 6 Jahren erfasst. Eine Kindstötung liegt in der zugrunde gelegten Untersuchung vor, wenn allein das Merkmal „Kind" erfüllt ist, das Opfer also ein Kind ist. In Abgrenzung dazu wird der erweiterte Suizid dann angenommen, soweit der Täter/die Täterin einen Suizidversuch überlebt, und wegen Mordes angeklagt wird.

2. *Erweiterter Suizid*

Der erweiterte Suizid stellt die Art von Tötung dar, die der Suizident bewusst wählt, um weitere Opfer mit in den Tod zu nehmen, auch Mitnahmesuizid genannt. Der zum Suizid Entschlossene nimmt nahe Angehörige mit in den

---

973 *Bozankaya,* (2010), S. 16, 18; *Höynck/Behnsen/Zähringer,* (2015), S. 94.
974 *Bozankaya,* (2010), S. 16.
975 *Bozankaya,* (2010), S. 16.
976 *Votteler,* (2014), S. 137; *Höynck/Behnsen/Haug,* (2014), S. 104, 106, 107, 108f.; *Höynck/Behnsen/Zähringer,* (2015), S. 339f.; *Höynck/Behnsen/Zähringer,* (2015), S. 103; BGH NJW 1956, S. 1040f.
977 *v.Fabrice,* (1911), S. 255.
978 *Bozankaya,* (2010), S. 40ff.; *Marneros,* (1998), S. 174; *Votteler,* (2014), S. 137; *Höynck/Behnsen/Zähringer,* (2015), S. 94, S. 117, 342.
979 *Bozankaya,* (2010), S. 43; *Sass/Herpertz,* (2009), S. 381.
980 *Glatzel,* (1987), S. 45f, 86; *Nedopil/Müller,* (2012), S. 322.
981 *Höynck/Behnsen/Zähringer,* (2015), S. 292, 335; *Höynck/Behnsen/Haug,* (2014), S. 106.

Tod, um diesen ein Schicksal zu ersparen.[982] Dieses Phänomen wird dann wegen Mordes, insbesondere unter Verwirklichung des Mordmerkmals der Heimtücke, angeklagt, soweit die eigene Tötung im Versuchsstadium bleibt, jedoch die anderen Opfer tot sind.[983] Biologische Väter sind häufiger der Täter bei erweiterten Suiziden und bei zielgerichteten Tötungen.[984] Der Umstand, dass der Suizid im Versuch stecken blieb, ermöglicht die Anklageerhebung gegen den Täter. Versuchte der Angeklagte also sich selbst zu töten, tötete gleichzeitig aber ein Opfer in dem Alter zwischen 0 und 6 Jahren, so liegt vom Verständnis zwar eine Kindstötung vor, wird jedoch als erweiterter Suizid verstanden, da eben auch der Versuch der Selbsttötung vorliegt.

3. Ehrenmord

Das Motiv der Ehre ist insbesondere bei sogenannten Ehrenmorden handlungsdominierend. Der Ehrenmord ist eine Tötung innerhalb von Familienangehörigen, um die Familienehre wiederherzustellen.[985] Eine einheitliche, allgemein anerkannte Definition bezüglich des „Ehrenmordes“ besteht derzeit nicht.[986] „Ehrenmorde sind Tötungsdelikte, die aus vermeintlich kultureller Verpflichtung heraus innerhalb des eigenen Familienverbandes verübt werden, um der Familienehre gerecht zu werden.“[987] Als Ehrenmord werden solche Tötungen qualifiziert, die als leitendes Tatmotiv das verletzte Ehrgefühl ausweisen. Maßgeblich Einfluss nehmend ist dabei eine besondere starke und vehemente Prägekraft kultureller Kontexte.[988] Deswegen werden unter diesem Phänomen solche Tötungen erfasst, die „im Sinne einer Übertretung streng patriarchalisch strukturierter gesellschaftlicher Normen begangen“[989] werden, um die (Familien-) Ehre wiederherzustellen.[990] Die Wertvorstellungen sind bestimmt durch ein patriarchalisch geprägtes Familienkonzept mit vordergründig männlichem Dominanz- und Besitzdenken gegenüber Frauen.[991] Kennzeichnend ist, dass die Tötung auf Verständnis im familiären Kreis des Täters stößt.[992] Neben dem typischen

---

982 *Rengier,* (2014), S. 32 § 4 RN. 36; *Glatzel,* (1987), S. 63, 67, 74; *Nedopil/Müller,* (2012), S. 320.

983 *Höynck/Behnsen/Zähringer,* (2015), S. 224.

984 *Höynck/Behnsen/Zähringer,* (2015), S 340.

985 *Grünewald,* NStZ 2010, S. 1ff., S. 2.

986 *Bodenieck-Engels,* (2013), S. 21.

987 BKA (2006), S. 1.

988 BKA (2006), S. 2; *Erbil* (2008), S. 2, 169.

989 *Erbil* (2008), S. 170f.

990 *Bodenieck-Engels,* (2013), S. 29, 36, 49, 136; *Valerius,* JZ 2008, S. 912, S. 912ff. (914); *Dietz,* NJW 2006, S. 1385, S. 1386; *Erbil,* (2008), S. 35, 38.

991 *Oberwittler/Kasselt,* (2011), S. 165, 23; *Erbil,* (2008), S. 2, 168; *Votteler,* (2014), S. 168; *Helmers,* HRRS (2016), S. 90, S. 97.

992 *Oberwittler/Kasselt,* (2011), S. 165; *Erbil,* (2008), S. 168f.; *Bodenieck-Engels,* (2013), S. 33f., 36, 41.

Phänomen der Selbstjustiz[993] beherrscht auch der „kollektivistische Charakter“[994] die Tötungshandlung: Zu beobachten war bei vorausgegangenen Untersuchungen, dass mehrere Täter mehrere Opfer (die die Ehre verletzende Frau und der unerwünschte Partner) töten, um der Wiederherstellung der (Familien-)Ehre zu genügen.[995] In Abgrenzung zur Tötung eines Intim-/Beziehungspartners, der Trennungsabsichten geäußert hat, steht bei dem Ehrenmord nicht die verletzte Eitelkeit, Eifersucht oder der Trennungsschmerz im Vordergrund, sondern tatdominierend ist das Ansehen, also die Ehre der Familie und des Mannes.[996]

4. *Blutrache*

Blutrache sind Tötungen, die das Fehlverhalten einer Sippe als Kollektivschuld durch die Tötung eines Sippenangehörigen vergelten sollen.[997] Der Blutrache geht in der Regel eine Familienfehde, ein vorheriges Fehlverhalten einer verfeindeten Sippe, voraus.[998] Auch in dieser Konstellation dominiert das Motiv der Wiederherstellung der Ehre.[999] Zur Wiederherstellung der Ehre soll Gleiches mit Gleichem vergolten werden.[1000] In Abgrenzung zum Ehrenmord wird die Blutrachetötung dann angenommen, wenn das Fehlverhalten einer (verfeindeten) Sippe zugesprochen wird und nicht einer individualisierbaren Person.[1001]

5. *Zum Erreichen eines bestimmten Zwecks*

Die Tötung erfolgt in einem engen Zusammenhang mit einem weiter verfolgten Ziel, was nur durch die Tötung erreicht werden kann. Insbesondere werden darunter Tötungen erfasst, die eng mit der Profitgier verknüpft sind. Typischerweise fällt unter diesen Punkt der „Raubmord“,[1002] dabei ist die Tötungshandlung nicht mit der Wegnahme identisch, vielmehr liegen zwei Handlungen vor. Die Tötung zu einem bestimmten Zweck liegt demnach vor, wenn die Profitgier tatdominierend war und mit einem weiteren Eigentums- oder Vermögensdelikt (unabhängig ob in Real- oder Idealkonkurrenz) zusammentrifft.

---

993 *Oberwittler/Kasselt,* (2011), S. 165.
994 *Oberwittler/Kasselt,* (2011), S. 168.
995 *Oberwittler/Kasselt,* (2011), S. 76, 78; *Bodenieck-Engels,* (2013), S. 31.
996 *Erbil,* (2008), S. 170.
997 *Erbil,* (2008), S. 230; *Bodenieck-Engels,* (2013), S. 37.
998 *Baumeister,* (2007), S. 25f.; *Votteler,* (2014), S. 168; *Oberwittler/Kasselt,* (2011), S. 19.
999 *Erbil,* (2008), S. 233; *Baumeister,* (2007), S. 29, 44
1000 *Baumeister,* (2007), S. 23, 29, 31; *Erbil,* (2008), S. 239; BGH, Beschl. v. 10.01.2006 – 5 StR 341/05.
1001 *Erbil,* (2008), S. 238.
1002 *Fischer,* (2016), § 211 Rn. 11; BGH, Beschl. v. 30.01.2014 – 1 StR 616/13; BGH NStZ 2015, S. 693, S. 695.

6. *Selbstjustiz*

Selbstjustiz wird dann angenommen, wenn der Täter der Tötungshandlung gleichzeitig Opfer einer Straftat ist und sich durch die Tötung an seinem Täter rächen will. Anstatt die Hilfe einer rechtsstaatlichen Organisation anzunehmen, setzt er seine vermeintlichen Rechte selbst durch. Dabei muss der angeklagte Täter nicht zwingend selbst Opfer sein; auch dem Opfer nahe stehende Personen können Tötungen zur Selbstjustiz vornehmen.[1003] Mit dem Motiv der Selbstjustiz geht regelmäßig das Motiv der Rache einher.[1004] Wesentliches Merkmal der Selbstjustiz ist die „bewusste Hinwegsetzung über die Rechtswahrungsfunktion",[1005] um tätereigene, individuelle Belange eigenmächtig durchsetzen zu können.

7. *Intimizid*

Unter Beziehung wird jede intime Interaktion zwischen zwei Menschen verstanden, die geprägt ist von dem Ziel der gemeinsamen Lebensgestaltung. Das Merkmal der Tötung des Intim-/Beziehungspartners liegt dann vor, wenn zwischen Täter und Opfer zum Zeitpunkt der Tötung eine intime Verbindung bestanden hat.[1006] Darüber hinaus werden zusätzlich darunter auch solche Konstellationen erfasst, wenn Täter und/oder Opfer zeitnah vor der Tötung Trennungsabsichten geäußert haben. Nachdem die Hoffnungen immer wieder von Verzweiflung eingeholt werden, entschließt sich der Täter meist spontan zur Tötung.[1007] Das beherrschende Motiv ist die Vernichtung, denn, wenn der Täter das Opfer nicht „haben kann, darf auch kein anderer das Opfer haben".[1008] Hierunter fallen auch Tötungen aus purer Eifersucht. Unter Eifersuchtstötungen fallen diejenigen Sachverhalte, deren Hauptmotiv die Angst jemandes Liebe an einen anderen zu verlieren ist.

Wenn sich die intime Beziehung zwischen Täter und Opfer bereits vor der Tötungshandlung zumindest für einen von beiden endgültig aufgelöst hat, also eine endgültige Trennung vorliegt, fällt diese Täter-Opfer-Konstellation unter „Ex-Partner". Die Tötung wird dennoch unter Tötung des Intimpartners erfasst.

1003 BGH NStZ-RR (2000), S. 168, S. 169; BGH, Urt. v. 10.11.1993 – 3 StR 476/93.

1004 Vgl. *Schneider*, in: MüKo (2012), § 211 RN. 94ff.

1005 *Schneider*, in: MüKo (2012), § 211 RN. 94.

1006 *Steck*, (2008), S. 29.

1007 *Glatzel*, (1987), S. 66; *Endres/Breuer*, (2014), S. 96; *Leygraf*, 2015, S. 211; *Middendorff*, (1984), S. 19, 30 f.; *Rasch*, (1995), S. 10.

1008 BGH, Urteil vom 30.09.1952 – 1 StR 243/52, LS. b); BGH, Urt. v. 01.12.1967 – 4 StR 523/67; BGH, Urt. v. 14.12.2000 – 4 StR 375/00; BGH NStZ 1984, S. 261, S. 261; *Müssig*, (2005), S. 334; *Votteler*, (2014), S. 162f.

8. Tötung des Nebenbuhlers

Neben der Tötung des ehemaligen Partners wird häufig auch der Rivale durch den verlassenen Partner getötet.[1009] Die Tötung des Nebenbuhlers beschreibt die Tötung des Kontrahenten, der sich ebenfalls um die Liebe einer anderen Person bemüht. Dabei fühlt sich der Täter aufgrund einer Trennung von der Geliebten/dem Geliebten äußerst gekränkt und gedemütigt und hält die Tötung für unausweichlich.[1010] Dabei wird nicht nur Ex-Partner, sondern auch der „ehestörende Partner“[1011] getötet. Das tatdominierende Motiv ist Zorn und die aussichtslose Liebe.[1012] Unter Nebenbuhler fallen in dieser Untersuchung die aktuellen als auch potenziellen Partner einer anderen Person.

9. Tötung aus einer sexuellen Situation heraus

Die Tötung erfolgt während des Geschlechtsverkehrs oder unmittelbar danach. Daneben liegt dieses Phänomen aber auch vor, wenn das Opfer zum Geschlechtsverkehr getötet wird. Dabei muss nicht das Mordmerkmal zur Befriedigung des Geschlechtstriebs vorliegen. Denn, wenn nicht nachweisbar ist, dass es dem Täter bei der Tötung um Befriedigung bzw. den Vollzug des Geschlechtsverkehrs ging, wird das Mordmerkmal verneint. Gleiches gilt, wenn der Täter den Entschluss zum anschließenden Geschlechtsverkehr erst nach der Tötung erfasst hat.

10. Haustyrann

Die Sachverhaltskonstellationen bei Familien-/Haustyrannenfällen gestalten sich derart, dass die (in den meisten Konstellationen auftretende) Täterin in einer über Dauer anhaltenden, unerträglichen Gewaltbeziehung lebt, verursacht durch ihren Lebenspartner und durch die Tötung ihres Peinigers versucht, sich zu befreien.[1013] Die Person, die jahrelang Gewalt und Demütigungen auf eine andere Person ausübt, wird getötet. Die Tötung des Haustyrannen steht regelmäßig in einem engeren Kontext mit familiärer, häuslicher Gewalt: Derjenige, der das Opfer tötet, war in der Vergangenheit körperlichen und verbalen Misshandlungen ausgesetzt.[1014] Die Tötung durch die Täterin, die bereits durch das Tötungsopfer zahlreiche Verletzungen erlitten hat, erfolgt dann, wenn sich das Opfer keines Angriffs versieht, es also arglos und aufgrund der Arglosigkeit wehrlos

---

1009 *Rasch,* (1995), S. 11ff.; *Glatzel,* (1987), S. 124.
1010 *Brückner,* (1961), S. 20; *Votteler,* (2014), S. 146, 156; *Rasch,* (1995), S. 30ff.
1011 *Rasch,* (1995), S. 30.
1012 *Rasch,* (1995), S. 5.
1013 *Schneider,* NStZ 2015, S. 64, S. 66.
1014 *Endres/Breuer,* (2014), S. 99.

ist. Sodass aus diesem Grund derartige Tötungen als heimtückische Tötung klassifiziert werden, was einen Schuldspruch wegen Mordes bedingt.

II. Abhängige Variable

Die abhängige Variable ist das Strafmaß. Neben dem Strafmaß werden auch weitere Maßnahmen nach § 11 Abs. 1 Nr. 8 StGB erfasst. Das Strafmaß wird entweder kategorial erfasst (zeitig/lebenslang ohne Feststellung besonderer Schuldschwere/lebenslang mit Feststellung besonderer Schuldschwere) oder bei zeitiger Freiheitsstrafe durch die Anzahl der ausgeurteilten Monate. Mittels logistischer und linearer Regressionen lassen sich Zusammenhänge erfassen und interpretieren.

C. Bestimmung der Untersuchungsdaten

Die zugrunde liegende Untersuchung basiert auf einer Vollerhebung sämtlicher Verurteilungen wegen vollendeten Mordes nach allgemeinem Strafrecht in Deutschland in den Jahren 2013 und 2014. Dafür wurden nahezu sämtliche Strafurteile bundesweit ausgewertet, die in beiden Bezugsjahren wegen vollendeten Mordes rechtskräftig geworden sind. Das Bundeszentralregister in Bonn wurde über das Forschungsvorhaben verständigt und mit der Bitte angeschrieben, diejenigen Aktenzeichen zu benennen, die in den betroffenen Untersuchungsjahren rechtskräftig wegen vollendeten Mordes nach dem allgemeinen Strafrecht registriert worden waren. Daraufhin wurden entsprechende Aktenzeichen übermittelt; insgesamt verwies das BZR auf 262 Verurteilungen wegen vollendeten Mordes nach dem allgemeinen Strafrecht. Sodann wurden die entsprechenden Staatsanwaltschaften kontaktiert mit der Bitte der Übersendung (der Kopien) der Strafurteile. Insgesamt 84 Staatsanwaltschaften wurden bundesweit kontaktiert. Grundsätzlich wurde dem Antragsbegehren durch die Leitenden Oberstaatsanwälte und Oberstaatsanwältinnen entsprochen und eine Urteilsabschrift wurde ausgehändigt.

Nicht in die Stichprobe wurden Verurteilungen wegen versuchten Mordes mit aufgenommen. Eine Strafmilderung ist auch bei einem Versuch vorstellbar. Bei einem versuchten Delikt will der Täter den Tatbestand verwirklichen, auf objektiver Ebene scheitert aber die Vollendung des Delikts. Liegt keine Deliktsvollendung vor, hat der Täter jedoch damit begonnen den Tatbestand zu verwirklichen, kommt eine Versuchsstrafbarkeit in Betracht, §§ 22, 23 Abs. 2 StGB.[1015] Die Strafrahmenverschiebung steht im Ermessen des erkennenden Gerichts. Ob und wie sich die Milderung im Einzelnen auswirkt, hängt von der gebotenen

1015 *Rengier,* (2015), S. 284 RN. 1.

Gesamtschau aller strafzumessungserheblichen Gesichtspunkte und den versuchsbezogenen Tatumständen ab.[1016]

Dass der versuchte Mord nicht in die Datenerhebung mit aufgenommen wurde, lag zum einen darin, dass sich hier die Strafzumessung besonders mit den versuchsbezogenen Umständen auseinandersetzt.[1017] Da es bei der Versuchsstrafbarkeit insbesondere auf die Nähe zur Tatbestandsverwirklichung ankommt und den versuchsbezogenen Umständen besonderes Gewicht zukommt, wurde im Hinblick auf das Forschungsziel auf die Datenerhebung von Urteilen mit versuchtem Mord nach dem allgemeinen Strafrecht verzichtet. Denn die versuchsspezifischen Umstände, namentlich die Nähe zur Tatvollendung, die Gefährlichkeit des Versuchs und die eingesetzte kriminelle Energie,[1018] sind relevante Strafzumessungsfaktoren, die im Wege der Vergleichbarkeit einen erheblichen Verzerrungsfaktor darstellen.[1019] Zum anderen wurde davon ausgegangen, dass neben dem versuchten Delikt nicht die besondere Schwere der Schuld festgestellt wird.

Auch Verurteilungen von Jugendlichen und Heranwachsenden nach Jugendstrafrecht wurden nicht in die Stichprobe mit aufgenommen, weil die lebenslange Freiheitsstrafe hier nicht möglich ist (§ 105 Abs. 3 JGG). Heranwachsende, die nach allgemeinem Strafrecht verurteilt wurden (§ 106 Abs. 1 JGG), wurden jedoch nicht ausgeschlossen. Schließlich wurden nach dem Pretest auch Sicherungsverfahren (§§ 413 ff. StPO) von der Datenerhebung ausgeschlossen, da hier überhaupt keine Strafzumessung stattfindet.

In der zugrunde liegenden Untersuchung werden die Voraussetzungen der nachträglichen Anordnung der Sicherungsverwahrung (§ 66 b StGB) nicht relevant sein, da die nachträgliche Anordnung nicht bereits zum Zeitpunkt der Verurteilung ausgesprochen wird. Vielmehr steht die nachträgliche Anordnung der Sicherungsverwahrung in einem Zusammenhang mit der Erledigung der Unterbringung in einem psychiatrischen Krankenhaus.[1020]

I. BZR als Datenbank.

Das Bundeszentralregister bietet sich an, um zentral einen Überblick zu erhalten, welche Aktenzeichen sich auf abgeschlossene, rechtskräftig gewordene Verurteilungen wegen vollendeten Mordes beziehen. So werden im Register strafgericht liche Verurteilungen aufgenommen, § 3 Nr. 1 BZRG i.V. m. §§ 4, 5 BZRG. Auf

1016 BGH, Beschl. v. 28.09.2010 – 3 StR 261/10 LS.; BGHSt 6, 351; BGH NStZ-RR 2014, S. 136, S. 137.

1017 BGH NJW 1989, S. 912, S. 914; vgl. oben.

1018 BGH NStZ-RR 2014, S. 137f.

1019 BGH NStZ 2004, S. 620, S. 620.

1020 *Meier,* (2014), S. 360f.

diesem Weg konnten diejenigen Aktenzeichen gezogen werden, die sich aus den Bezugsjahren 2013 und 2014 ergeben haben. Problematisch erscheint, dass das Datum der ersten Verurteilung in das BZR eingetragen wird, unabhängig davon, ob diese Verurteilung rechtskräftig geworden ist oder durch die Einlegung eines Rechtsmittels der Eintritt der Rechtskraft „verzögert" wurde.[1021] Der Schuld- und Strafausspruch kann dann erst aus der rechtskräftigen letztinstanzlichen Urteilsverkündung gezogen werden. So kann eine Verzerrung entstehen bzgl. der Verurteilungen aus dem Jahr 2013 und 2014, wenn tatsächlich die Verurteilung erst später rechtskräftig geworden ist.

II. Angaben des BZR

Das BZR hat 262 Aktenzeichen ausgewiesen, wovon 258 Aktenzeichen weiterverwendet werden konnten. Unter den ausgewiesenen Aktenzeichen befanden sich in zwei Fällen offensichtliche doppelte Auflistungen, die folgende Informationen in gleicher Form zwei Mal aufwiesen: Namen der Angeklagten, Bezeichnung der Sache, das gleiche Aktenzeichen und die gleiche zuständige Staatsanwaltschaft; zwei Verurteilte wurden nicht wegen vollendeten Mordes verurteilt. Insgesamt waren unter den Aktenzeichen also vier fehlerhafte Daten.

Tab. 3. *Daten des BZR*

	von den insgesamt 262 ausgewiesenen Aktenzeichen des BZR
Identische Aktenzeichen/identische Namen	2
Keine Verurteilung wegen vollendeten Mordes	2
Insgesamt nach Bereinigung der Daten	**258**

84 Staatsanwaltschaften waren für die insgesamt 258 Aktenzeichen aktenführend. Die Staatsanwaltschaften waren in 24 verschiedenen OLG-Bezirken angesiedelt.

1021 Vgl. *Schott,* (2004), S. 211f.

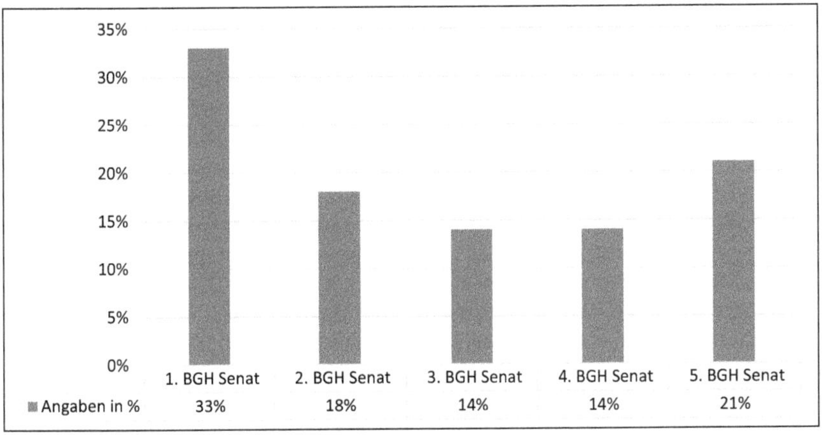

Abb. 7. *BGH-Senate für 2013 und 2014 zusammen*

Aus den Aktenzeichen ließ sich nicht erkennen, wann die Urteile rechtskräftig geworden waren, sodass eine Unterscheidung nicht möglich war. Ein Drittel der ausgewerteten Verfahren waren Fälle, die nach dem Geschäftsverteilungsplan von 2014 zum Zuständigkeitsbereich des 1. Strafsenats des BGH gehörten.

Nachdem die erbetenen Registerauskünfte am Institut eingegangen waren, wurden die betreffenden Aktenzeichen verwendet, um bei den jeweiligen Staatsanwaltschaften Akteneinsicht in Form der Übersendung von Urteilsabschriften zu beantragen. Angefügt wurde ein Datenschutzkonzept, das vorsah, eingegangene Strafurteile gesondert vom Zugang Dritter aufzubewahren und nur einem beschränkten Personenkreis zugänglich zu machen.

III. Ausschluss des Sicherungsverfahrens

Bereits im Pretest erwies sich das selbstständige Sicherungsverfahren mit der Anordnung nach§ 71 StGB als nicht geeignet im Hinblick auf das Untersuchungsziel. Spezifisch für das Sicherungsverfahren[1022] ist, dass gegen die angeklagte Person kein Schuldvorwurf erhoben und ein Strafverfahren nicht durchgeführt wird.[1023] Im selbstständigen Sicherungsverfahren findet mithin de facto keine Strafzumessungserwägung statt. Vielmehr bedarf es in den

1022 *Weßlau*, in: SK-StPO (2013), § 413 RN. 1ff.
1023 *Weßlau*, in: SK-StPO (2013), § 413 RN. 3, 7.

Urteilsgründen einer „sorgfältigen Begründung",[1024] warum eine bestimmte Maßregel angeordnet wurde. So muss aus den Urteilsgründen ersichtlich sein, welche Art von Störung bei dem Angeklagten vorliegt, wie sich die Störung auf die Steuerungs- und Einsichtsfähigkeit auswirkt, und dass ein symptomatischer Zusammenhang zwischen Störung im Sinne von §§ 63, 64 StGB und Anlasstat sowie weiteren zu erwartenden Straftaten besteht.[1025] Ferner bedarf es einer Begründung der Annahme der Gefährlichkeit und der Verhältnismäßigkeit. Innerhalb der Urteilsgründe findet also eine reine Erörterung der einzelnen Voraussetzungen der Maßregeln statt.[1026] Dieser Befund bestätigte sich zudem durch die Reaktionen einzelner aktenführender Staatsanwaltschaften. So wurde die Überlassung der Urteilsabschriften zum Teil nicht gewährt, soweit es sich um ein Sicherungsverfahren handelte. In der Phase des Pretests wurde entschieden, dass für die zugrunde liegende Untersuchung mangels Strafzumessungserwägungen darauf verzichtet wird, Daten reiner Sicherungsverfahren zu erfassen. So wurden 22 Sicherungsverfahren nicht in die Erhebung aufgenommen.

IV. Rücklauf

Dem Antrag auf Übersendung der Kopie eines Strafurteils bzw. eine Urteilsabschrift wurde größtenteils entsprochen (71%). Obwohl das BZR nur diejenigen Aktenzeichen übermitteln sollte, die rechtskräftig waren, meldeten zwei Staatsanwaltschaften, dass die Urteile aus Verfahrensgründen nicht übersandt werden könnten. Denn diese seien wegen Aufhebung des Schuldspruchs in der Sache noch nicht rechtskräftig geworden.

Unter den hier eingegangenen Urteilsabschriften waren entgegen der Ausweisung des BZR insgesamt 21 Verurteilungen wegen Mordes nach dem JGG, eine weitere Urteilsabschrift beinhaltete versuchten Mord, 10 ausgewiesene Urteilsabschriften wurden von den einzelnen Staatsanwaltschaften aus anderweitigen Gründen nicht versandt, darunter waren zwei Aktenzeichen, die bei der Staatsanwaltschaft nicht existierten. Für sechs Verurteilungen war eine Übersendung der Urteilsabschriften von den Staatsanwaltschaften ausgenommen. Denn zwei Staatsanwaltschaften sahen sich nicht in der Lage, innerhalb von 11 Monaten über den Antrag auf Übersendung von Urteilsabschriften zu entscheiden. Schließlich waren unter den vom BZR ausgewiesenen Aktenzeichen insgesamt 22 Sicherungsverfahren. Daneben wurden zwei zusätzliche Aktenzeichen, die nicht vom BZR ausgewiesen wurden, zum Institut versandt, die jedoch nicht in die Erhebung mit einfließen konnten, da sie erst 2015 rechtskräftig geworden waren.

1024 *Schäfer/Sander/van Gemmeren,* (2012), S. 438 RN. 1487.

1025 *Schäfer/Sander/van Gemmeren,* (2012), S. 438 RN. 1488; *Velten,* in: SK-stopp (2012), § 267 RN. 67.

1026 *Meyer-Goßner/Schmitt,* (2014), § 267 RN. 37; *Weßlau,* in: SK-StPO (2013), § 413 RN. 26.

Tab. 4. *Zahl der eingegangenen Urteile.*

An die aktenführenden Staatsanwaltschaften versandte Aktenzeichen	**258** **darunter 21 Aktenzeichen doppelt aufgelistet**[1027]
Von den Staatsanwaltschaften versandte Aktenzeichen/Urteilsabschriften	**239**[1028]
Sicherungsverfahren	**22**
Verurteilung nach dem JGG	**21**
Verurteilung wegen versuchten Mordes	**1**
Wiederaufnahmeverfahren[1029]	**2**
Aktenzeichen existieren nicht	**2**
Ablehnung[1030]	**6**
Zusätzlich Verurteilter wegen Mordes, der in die Untersuchung mit aufgenommen wurde	**1**
Insgesamt eingegangene Aktenzeichen/ Urteile	**185**
Verurteilte Personen	**196**
Insgesamt ermordete Opfer	**221**

Von den aktenführenden Staatsanwaltschaften wurde ein zusätzlicher Verurteilter wegen vollendeten Mordes nach allgemeinem Strafrecht aus dem zutreffenden Bezugsjahr zugesandt, der nicht vom BZR ausgewiesen wurde.

Insgesamt konnten also in die Datenerhebung und – Auswertung 54 Strafverfahren keinen Eingang finden, sodass sich die Vollerhebung der Verurteilungen aus den Bezugsjahren 2013 und 2014 auf insgesamt 185 Strafurteile fokussiert.

1027 Die Aktenzeichen waren doppelt (in 14 Fällen), dreifach (in 2 Fällen) und in einem weiteren Fall vierfach aufgelistet, jeweils aber mit unterschiedlichen Namen der Verurteilten.

1028 258 Aktenzeichen wurden an die aktenführenden Staatsanwaltschaften übersandt. Abzüglich der 21 doppelt aufgelisteten Aktenzeichen (258–21=237) wurden zwei zusätzliche Aktenzeichen von den Staatsanwaltschaften versandt, die jedoch erst 2015 rechtskräftig wurden (237+2=239).

1029 BGH, Beschl. v. 26.04.2016 – 2 StR 484/14.

1030 Hamburg/Wiesbaden.

V. Überprüfung der Repräsentativität anhand bekannter Parameter

Die Daten der Strafverfolgungsstatistik weisen für die Bezugsjahre 2013 und 2014 insgesamt 247 Verurteilte aus; davon wurden 47,8% Personen 2013 verurteilt (n = 118) und 52,2% der Verurteilungen wurden 2014 ausgesprochen (n = 128). Das BZR wies für die Jahre 2013 und 2014 insgesamt 262 Verurteilungen aus; wie bereits dargestellt, konnte nach der Datenbereinigung 258 Verurteilungen weiterverwendet werden. Leider konnten die vom BZR ausgewiesenen Aktenzeichen nicht nach Datum der eingetretenen Rechtskraft unterschieden werden, da bloß die Aktenzeichen vom BZR mitgeteilt wurden ohne Vermerk des Eintritts der Rechtskraft. Dem entsprechend kann auch bezüglich der beantragten Verfahren bei den Staatsanwaltschaften nicht festgestellt werden, wann die Verfahren rechtskräftig geworden sind. Denn mit den vom BZR mitgeteilten Aktenzeichen wurden die Verfahren bei der Staatsanwaltschaft beantragt. Letztlich konnten in die Datenverarbeitung 196 Verurteilte einfließen. Für 185 verurteilte Personen konnte die eingetretene Rechtskraft der Verurteilung ermittelt werden: 48,6% wurden 2013 (n = 90) und 51,4% wurden 2014 (n = 95) rechtskräftig. Zu 11 Verfahren konnte die Rechtskraft nicht ermittelt werden, da die Daten geschwärzt worden waren.

Tab. 5. *Bestimmung der Stichprobe*

	2013	**2014**	**insgesamt**
Strafverfolgungsstatistik	118	129	247
Ausgewiesen vom BZR[1031]	./.	./.	262
Beantragte Verfahren bei den StA[1032]	./.	./.	258
Ausgewertete Verfahren	90	95	185[1033]

Die Strafverfolgungsstatistik wies für das Jahr 2013 107 männliche Verurteilte wegen vollendeten Mordes nach allgemeinem Strafrecht aus, das macht einen Anteil von 90,7%. Ähnlich verhält sich die Verteilung männlicher und weiblicher Verurteilte 2014: 117 männliche Personen wurden wegen vollendeten Mordes verurteilt, was ebenfalls insgesamt 90,7% ausmacht. Aus dem eigenen erhobenen Datensatz waren 2013 90,0% (n = 90) männliche Verurteilte und 2014 88,0% (n = 95) männlich verurteilte Personen wegen vollendeten Mordes nach allgemeinem Strafrecht.

1031 Angaben nicht möglich.

1032 Angaben nicht möglich.

1033 für 11 Strafurteile konnte die eingetretene Rechtskraft nicht ermittelt werden, da die entsprechenden Daten geschwärzt waren und die Anfrage bei den zuständigen Staatsanwaltschaften wurde mit dem Argument des erhöhten Arbeitsaufwandes verneint.

Aus der Stichprobe ergibt sich ein männlicher Anteil von durchschnittlich 90,4% aus den beiden Bezugsjahren, die Strafverfolgungsstatistik weist ebenfalls einen Anteil männlich Verurteilter von 90,7%. Da die Differenz nur 0,3 Prozentpunktebeträgt, kann bei der Stichprobe davon ausgegangen werden, dass sie mit der Grundgesamtheit im Wesentlichen übereinstimmt.

Aus der zugrunde liegenden Stichprobe können deshalb Rückschlüsse auf die Strafzumessungspraxis in Deutschland gezogen werden.

3. Darstellung der Ergebnisse

Die Erhebung der Daten erfolgt mittels eines standardisierten Erhebungsbogens.[1034] Die Analyse der erhobenen Daten erfolgt schließlich durch das Programmsystem SPSS. Neben der Überprüfung, welche Faktoren sich einzeln signifikant auf die Strafhöhe auswirken (bivariate Signifikanztest), werden auch Untersuchungen unternommen, um eine Rangfolge der strafmildernden und strafschärfenden Faktoren zu ermitteln. Dieses Bestreben kann gelingen mit einer multiplen Regressionsanalyse.[1035]

A. Zusammensetzung des Datenmaterials

Die Datenerhebung konnte mit einer Opferanzahl von n = 221 und verurteilten Personen von n = 196 abgeschlossen werden. Die Opferanzahl beschreibt die Anzahl der ermordeten Opfer. Die insgesamt 196 verurteilten Personen wurden wegen insgesamt 221 ermordeten Opfern verurteilt. Deswegen konnte zu insgesamt 221 Einzelentscheidungen die Strafzumessung ausgewertet werden. Zu Beginn erfolgt eine Darstellung des Datenmaterials und der Merkmale, die Einfluss auf die Untersuchung und Analyse genommen haben. Zunächst wird auf die Art des Verfahrens, die rechtskräftig gewordene Sanktion, die Art der Strafmilderung und das Vorliegen der Untersuchungshaft und/oder der Unterbringung nach § 126a StPO eingegangen. Schließlich werden dann die Merkmale der Tatausführung, der Verurteilten und der Opfer dargestellt.

In die Datenerhebung konnten 185 Strafurteile eingebunden werden. Es wurden ausschließlich Strafkammersachen analysiert und keine erstinstanzlichen OLG-Entscheidungen.

I. Art des Verfahrens

Für die Art des Verfahrens wurde in der Datenerhebung zwischen fünf verschiedenen Verfahrensarten unterschieden. Unter dem Begriff Schwurgerichtsverfahren wurden alle Verfahren erfasst, die vor einem erstinstanzlichen Spruchkörper des Landgerichts stattfanden und deren Urteile in erster Instanz rechtskräftig geworden sind.[1036] Unter einem Verfahren nach dem Jugendgerichtsgesetz (JGG) fallen solche Verfahren, die vor einem Jugendgericht stattfanden, weil entweder ein weiterer Jugendlicher (vgl. § 103 Abs. 2 JGG) oder weil ein Heranwachsender

1034 Als Anlage 1 abgedruckt.

1035 Mittels dieser Analyse lassen sich Zusammenhänge zwischen mehreren Variablen unter Vermeidung von Störfaktoren ermitteln.

1036 Vgl. § 74 Abs. 2 S. 1 Nr. 3 GVG.

angeklagt war, der nach allgemeinem Strafrecht verurteilt wurde (§ 108 JGG). Unter einer Entscheidung nach Aufhebung und Zurückverweisung wurden solche Urteile erfasst, die nach einer eingelegten Revision vom zuständigen BGH-Senat an das Landgericht zurückverwiesen wurden und das Landgericht erneut entschieden hat (§§ 353, 354 Abs. 2 StPO). Unter Entscheidung des BGH wurden Urteile erfasst, die entweder vom zuständigen BGH-Senat verworfen worden sind (§ 349 Abs. 1, 2 StPO) oder die der BGH-Senat selbst entschieden hat (§ 354 Abs. 1, 1a StPO).

Tab. 6. *Art des Verfahrens (n = 196)*

Art des Verfahrens	**Absolut**[1037]	**Häufigkeiten in %**[1038]	**Anteil abgekürzter Urteile in %**
Verfahren nach dem JGG	14	7,1	14,3
Schwurgerichtsverfahren	167	85,2	13,2
Entscheidung nach Aufhebung und Zurückweisung	13	6,7	15,4
Entscheidung des BGH	2	1,0	0
Insgesamt	196	100	13,3

Insgesamt wurden 196 Personen wegen Mordes verurteilt. Größtenteils wurden sie im Wege eines Schwurgerichtsverfahrens in erster Instanz verurteilt. In 7,1% der Verurteilungen wurden sie in einem Verfahren nach dem JGG verurteilt, wobei der Verurteilte nach allgemeinem Strafrecht verurteilt wurde. 14,3% der Urteile, die in einem Gerichtsverfahren nach dem JGG ausgesprochen wurden, waren abgekürzte Urteile. Hingegen waren 13,2% der Urteile eines Schwurgerichtsverfahrens in erster Instanz abgekürzte Urteile.

II. Art der Täterschaft

In der folgenden Übersichtstabelle wird gezeigt, welche Art von Täterschaft bzw. Teilnahme (Anstifter oder Gehilfe) unter den Verurteilungen wegen Mordes vorlag.

1037 Im Folgenden mit *n* gekennzeichnet.

1038 Im Folgenden mit % gekennzeichnet; die Prozentangaben können z.T. über 100,0% liegen, da aufgerundete Prozentangaben dargestellt werden.

Tab. 7. *Teilnahmeform der verurteilten Personen (n = 196)*

Art der Täterschaft/Teilnahme	n	%
Alleintäter	162	82,7
Mittäter	27	13,8
Beihilfe	4	2,0
Haupttäter	2	1,0
Anstifter	1	0,5
Insg.	196	100,0

Es dominieren die verurteilten Alleintäter, also Täter, die nicht mit mindestens einer weiteren Person zusammen töteten. Unter Haupttäter lassen sich die verurteilten Personen subsumieren, die die Tötung und Planung maßgebend verwirklicht haben und die unmittelbare Täterschaft innehielten (vgl. § 25 Abs. 1 Alt. 1 StGB). Der Unterschied zum Alleintäter ist aber, dass noch mindestens eine weitere Person den Haupttäter unterstützt hat, und zwar entweder, weil er Gehilfe war (§ 27 StGB) oder, weil die weitere Person den Haupttäter zum Mord angestiftet hat (§ 26 StGB). Unter dem Datensatz wurden insgesamt zwei Haupttäter zusammen mit ihrem Gehilfen verurteilt. Zu erkennen ist aber auch, dass Gehilfen ohne die Haupttäter, also diejenigen, die die Tötung verwirklichten, verurteilt wurden. In einem Fall war der Haupttäter noch auf der Flucht.

III. Art und Dauer von Untersuchungshaft/Unterbringung

Die Dauer der Untersuchungshaft ist in erster Linie eine Konsequenz der Verfahrensdauer. Bereits kraft Gesetzes wird die Untersuchungshaftdauer bei der Strafvollstreckung berücksichtigt (§ 51 StGB).[1039]

In der folgenden Abbildung werden die Art und der Wechsel der Unterbringungen dargestellt. Bemerkenswert ist, dass die Summe der Unterbringungen von n = 215 nicht der Summe der Verurteilten von n = 196 entspricht. Das liegt daran, dass während der Zeit der Unterbringung für 19 Verurteilte ein Wechsel der Art der Unterbringung erfolgte. Von den insgesamt 15 verurteilten Personen, die in Auslieferungshaft waren, wurden 14 Verurteilte nach der Auslieferung in Untersuchungshaft in Deutschland verbracht; darunter wurde ein Verurteilter zunächst nach § 126a StPO in einem psychiatrischen Krankenhaus untergebracht. Ein weiterer Verurteilter wurde in ein psychiatrisches Krankenhaus nach Auslieferung verbracht.

Die beiden Verurteilten, die nach § 81 StPO zur Vorbereitung eines Gutachtens in einem psychiatrischen Krankenhaus untergebracht wurden, wurden nach Erstellung des Gutachtens nach § 126a StPO in einem psychiatrischen Krankenhaus verbracht.

1039 *Fischer*, (2017), § 51 RN. 4, 10; *Maier*, (2016), § 51 RN. 9.

Für insgesamt drei Verurteilte konnten keine Angaben bezüglich einer Unterbringung erhoben werden.

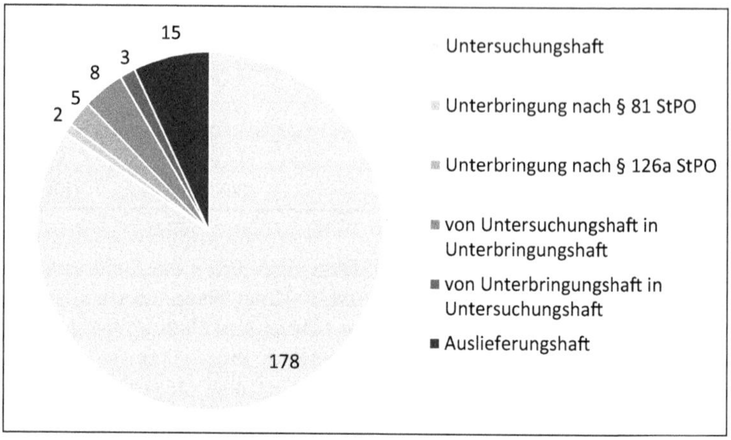

Abb. 8. *Art und Wechsel der Unterbringung bis einschließlich Zeitpunkt der Urteilsverkündung (n = 210)*

Für die Angaben zu Untersuchungshaft und einstweiligen Unterbringungen konnte nur auf Angaben im Urteil zurückgegriffen werden. Die Dauer wurde berechnet von dem Tag des Beginns der Untersuchungshaft oder Unterbringung bis zur letzten mündlichen Verhandlung. Dieser Zeitraum wurde deswegen ausgewählt, da diese Zeitspanne auch nur in die Sanktionsentscheidung und Strafzumessung mit einfließen kann. Insgesamt waren von den Verurteilten 98,5% (n = 193) entweder in Untersuchungshaft (90,8%), in Strafhaft (1,0%) oder in der einstweiligen Unterbringung nach § 126a StPO (6,7%) zum Zeitpunkt der Urteilsverkündung. Für 1,5% (n = 3) der Verurteilten konnte aus dem Urteil nicht erhoben werden, wie sie untergebracht waren.

Zwei Verurteilte wurden zunächst nach § 81 StPO zur Vorbereitung eines Gutachtens in ein öffentliches psychiatrisches Krankenhaus gebracht und dort beobachtet; danach wurden die Verurteilten in einem psychiatrischen Klinikum nach § 126a StPO untergebracht. Insgesamt 7,7% der Verurteilten waren vor Inhaftierung in Deutschland in Auslieferungshaft. 6,6% der Verurteilten wurden nach der Auslieferungshaft in Untersuchungshaft, 0,5% erst in Untersuchungshaft, dann in einem psychiatrischen Krankenhaus (§ 126a StPO) und weitere 0,5% erst in einem psychiatrischen Krankenhaus (§ 126a StPO), dann in Untersuchungshaft untergebracht.

Das arithmetische Mittel der Dauer der Untersuchungshaft bzw. der Unterbringung liegt bei 11,17 Monaten. Die höchste Dauer beträgt dabei 62 Monate, der niedrigste Wert liegt bei 3 Monaten. Der Medianwert ist bei 9,0 Monaten zu erkennen.

IV. Art und Schwere der verhängten Sanktionen

Unter der Art der verhängten Sanktionen wird der Strafausspruch erfasst. Rechtsfolge bei der Verurteilung wegen Mordes kann nicht nur die lebenslange Freiheitsstrafe sein, sondern auch eine zeitige Freiheitsstrafe. Neben der zeitigen Freiheitsstrafe erscheint es möglich, dass Maßregeln nach §§ 63, 64, 66, 66a StGB angeordnet werden. Diese Maßregeln können aber grundsätzlich auch neben der lebenslangen Freiheitsstrafe verhängt werden. Neben der Verurteilung zu lebenslanger Freiheitsstrafe besteht auch die Möglichkeit, die Feststellung besonderer Schuldschwere nach §§ 57a, 57b StGB auszusprechen. In der folgenden Übersichtstabelle sind die gegenüber den wegen vollendeten Mordes verurteilten Personen verhängten Gesamtstrafen angegeben.

Tab. 8. *Art der Verurteilung*

Art der Verurteilung (n = 196)	n	%
Lebenslange Freiheitsstrafe	109	55,6
Lebenslange Freiheitsstrafe mit Feststellung besonderer Schuldschwere	42	21,4
Zeitige Freiheitsstrafe insgesamt unabhängig von einer weiteren Unterbringungsanordnung	45	23,0
insgesamt	196	100,0

Mehr als drei Viertel der verurteilten Personen wurden zu lebenslanger Freiheitsstrafe wegen Mordes verurteilt. Allerdings wurde auch ein nicht unbedeutender Anteil von 23,0% zu zeitiger Freiheitsstrafe verurteilt.

Tab. 9. *Art der Sanktion bei zeitiger Freiheitsstrafe (n = 45)*

Art der Verurteilung	n	%
Zeitige Freiheitsstrafe	21	46,7
Zeitige Freiheitsstrafe & Maßnahme nach § 63 StGB	16	35,5
Zeitige Freiheitsstrafe & Maßnahme nach § 64 StGB	6	13,3
Zeitige Freiheitsstrafe & Maßnahme nach § 66 StGB	1	2,2
Zeitige Freiheitsstrafe & Maßnahme nach § 66a StGB	1	2,2
Insgesamt	45	99,9

46,7% aller Verurteilten erhielten eine zeitige Freiheitsstrafe ohne Anordnung der Unterbringung in einer Entziehungsanstalt oder einem psychiatrischen Krankenhaus. Daneben erhielten insgesamt 53,3% der zu zeitiger Freiheitsstrafe Verurteilten die Anordnung einer Maßregel. Darunter dominiert mit 35,5% die Anordnung der Maßregel nach § 63 StGB, also die Unterbringung in ein psychiatrisches Krankenhaus. Bei je einem Verurteilten wurde neben der zeitigen Freiheitsstrafe entweder der Vorbehalt der Unterbringung in Sicherungsverwahrung (§ 66a StGB) oder die Anordnung der Unterbringung in Sicherungsverwahrung (§ 66 StGB) verhängt.

Tab. 10. *Art der Sanktion bei lebenslanger Freiheitsstrafe (n = 109)*

Art der Verurteilung	n	%
Lebenslange Freiheitsstrafe	99	90,8
Lebenslange Freiheitsstrafe & Maßnahme nach § 64 StGB	4	3,7
Lebenslange Freiheitsstrafe & Maßnahme nach § 66 StGB	5	4,6
Lebenslange Freiheitsstrafe & Maßnahme nach § 66a StGB	2	1,8
Insgesamt	109	100,0

Neben der lebenslangen Freiheitsstrafe wurde in vier Fällen zusätzlich die Anordnung der Unterbringung in eine Entziehungsanstalt angeordnet. Insgesamt wurde bei keiner Einzelstrafe zu lebenslanger Freiheitsstrafe die Unterbringung in einem psychiatrischen Krankenhaus nach § 63 StGB ausgesprochen.

So wurde in einem Fall festgestellt, dass der Angeklagte zwar auf Entzug war und sich von dem erbeuteten Geld unmittelbar Drogen gekauft hatte. Die Tötung des Opfers war aber keine typische Beschaffungstat, da eben kein außerordentlicher (Sucht-)Druck zum Zeitpunkt der Tötung bestand. Vielmehr ging der Tötung ein geplanter und gezielter Angriff voraus. Ein Eingangsmerkmal des § 21 StGB wurde nicht angenommen.[1040]

Daneben wurde auch die Anordnung der Sicherungsverwahrung ausgesprochen. In vier Fällen wurde neben der besonderen Schuldschwere die Unterbringung in Sicherungsverwahrung angeordnet.

So etwa bei der Verurteilung eines zweifachen Mörders, der innerhalb von zwei Monaten zwei ihm vollkommen fremde Menschen tötete. Das Gericht stellte fest, dass der Täter die Zufallsopfer tötete, um einen anderen Menschen zu töten. Demnach kam es dem Verurteilten darauf an, Herr über Leben und Tod zu sein. Das Gericht stellte zusammenfassend fest, dass der Täter manipulativ-gefährlich sei und eine narzisstische Persönlichkeit aufweise. Während er im Alltagsleben unauffällig sei, gehe er umso kaltblütiger und gefährlicher bei den Tötungen vor.[1041]

1040 Fallnr. 156.
1041 Fallnr. 211 – 212.

Als weitere Sanktionen wurde zu 1% die Entziehung der Fahrerlaubnis ausgesprochen, und zu 11,2% die Einziehung nach § 74 StGB. Hintergrund ist, dass neben der verhängten Sanktion der Gegenstand, der für die Verwirklichung der vorsätzlichen Tat verwendet wurde, eingezogen wird (vgl. § 74 Abs. 1 StGB).[1042]

V. Schuldfähigkeitsentscheidung/Voraussetzungen des § 21 StGB

Für die Bestimmung der Schuldfähigkeitsentscheidung wurden die Aufführungen erfasst, die das Gericht unter „Schuldfähigkeit des Angeklagten" zusammenfasste. Differenziert wurde dabei zum einen zwischen psychischen Auffälligkeiten, die von einem Psychologen/Psychiater diagnostiziert wurden, Suchterkrankungen und der Beurteilung darüber hinaus, ob zum Zeitpunkt der Tötungshandlung ein Eingangsmerkmal der §§ 20, 21 StGB auch vorlag. Zum anderen wurden die erwähnten Eingangsmerkmale erfasst und erhoben, welche Art von Erkrankung vorlag. 19,9% der Verurteilten (n = 39) wiesen zum Zeitpunkt der Tötungshandlung eine psychische Auffälligkeit auf. 22,4% (n = 44) waren zum Zeitpunkt der Tötungshandlung alkohol-, drogen- oder spielsüchtig. In 85,7% (n = 169) der Verurteilungen wurde der Verurteilte für umfassend schuldfähig eingeschätzt. Bei 2,6% (n = 5) stellte das Gericht eine nicht auszuschließende verminderte Schuldfähigkeit fest. 11,2% (n = 22) der Verurteilten waren zum Zeitpunkt der Tötungshandlung vermindert schuldfähig im Sinne von § 21 StGB.

1. *Einsichtsfähigkeit*

Bei 97,4% (n = 191) war die Einsichtsfähigkeit zum Zeitpunkt der Tötungshandlung nicht beeinträchtigt. Für 0,5% der Verurteilungen beurteilte das Gericht, dass die Einsichtsfähigkeit des Verurteilten zum Zeitpunkt der Tötungshandlung wesentlich beeinträchtigt war. Für 2,0% der Verurteilten konnte das Gericht keine Aussage zur Einsichtsfähigkeit zum Zeitpunkt der Tötungshandlung treffen.

2. *Steuerungsfähigkeit*

81,6% (n = 160) der Verurteilten waren in ihrer Steuerungsfähigkeit nicht beeinträchtigt. Das Gericht stellte für 1,5% (n = 3) der Verurteilten fest, dass die Steuerungsfähigkeit beeinträchtigt, aber nicht wesentlich beeinträchtigt war. Bei 15,8% (n = 31) beurteilte das Gericht, dass die Steuerungsfähigkeit wesentlich aufgehoben ist. Für 1,0% ließen sich keine Feststellungen treffen.

3. *Verminderte Schuldfähigkeit im Sinne von § 21 StGB*

Wurde die verminderte Schuldfähigkeit im Sinne von § 21 StGB zuerkannt, so wurde mit 7,1% (n = 14) aller Verurteilungen am häufigsten das Eingangsmerkmal

1042 *Detter*, NStZ (2016), S. 391, S. 398.

der schweren, seelischen Abartigkeit erkannt. Am zweithäufigsten wurde mit 4,6% (n = 9) eine krankhafte, seelische Störung erkannt. 1,5% (n = 3) erfüllten das Eingangsmerkmal tiefgreifender Bewusstseinsstörung und 0,5% (n = 1) das Eingangsmerkmal des Schwachsinns. Bei 4,6% (n = 9) wurde trotz Bejahung der verminderten Schuldfähigkeit kein Merkmal genannt.

Als Ursache der verminderten Schuldfähigkeit wurde in 41,7% (n = 15) der entsprechenden Verurteilungen eine psychische Erkrankung/Persönlichkeitsstörung attestiert. Das Vorliegen eines Affektdurchbruchs wurde in 22,2% (n = 8) als Ursache anerkannt. In 16,6% (n = 6) der verminderten Schuldfähigkeit wurde eine geistig-seelische Störung von Geburt an attestiert. 11,1% (n = 4) der vermindert Schuldfähigen waren alkoholsüchtig und 8,3% (n = 3) waren drogensüchtig.

Unter den psychischen Erkrankungen/Persönlichkeitsstörungen werden derartige Störungen erfasst, die eine „nachhaltige Beeinträchtigung der sozialen Anpassung“[1043] hervorgerufen haben. In dem Datensatz waren darunter die Borderlinestörung, (paranoid-halluzinatorische) Schizophrenie, Psychosen und Persönlichkeitsstörungen zu erkennen. Einmal wurde die pädophile, überdauernde Störung der Sexualpräferenz attestiert. Diese Störung wurde in dem Datensatz als „psychische Erkrankung/Persönlichkeitsstörung“ erfasst, da der Verurteilte zusätzlich an einer Persönlichkeitsstörung mit sexuellen Verhaltensabweichungen litt.[1044] Unter geistig-seelischer Störung von Geburt an waren zum einen hirnorganische Schädigungen und zum anderen Abbau des Gehirngesamtvolumens festzustellen.

Zweimal wurde bei Vorliegen schwerer, seelischer Abartigkeiten diskutiert, ob nach §§ 21, 49 Abs. 1 StGB die Strafe gemildert wird. Die Strafmilderung wurde verneint, da die (paranoide) Persönlichkeitsakzentuierung zwar bestand, aber in keinem Zusammenhang zur Tötung stand bzw. die Persönlichkeitsstörung erst nach der Tötung entstanden ist.

VI. Art der Strafmilderung

Wie oben dargelegt (Kap. 1.D.) ist es möglich, dass auch bei der Verurteilung wegen vollendeten Mordes fakultative und obligatorische Strafmilderungsvorschriften herangezogen werden, die ein Abweichen von der absolut angedrohten Freiheitsstrafe ermöglichen. Im Folgenden wird nicht mehr auf die Gesamtstrafe (n = 196) ausgegangen, vielmehr werden die Einzelstrafen wegen vollendeten Mordes (n = 221) in den Fokus gerückt. Denn das Gericht prüft die einzelnen Voraussetzungen der Strafmilderung für jede Einzelstrafe getrennt.

1043 *Hoff/Sass*, (2010), S. 111.

1044 Die Störung der Sexualpräferenz (F65) wurde bei dem Verurteilten als eine pathologische, krankhafte Störung erfasst; diese wird regelmäßig als Paraphilie bezeichnet (s. *Kröber/Dölling/Leygraf/Sass* (2009), S. 445f.)

Tab. 11. *Art der Milderung nach Dauer der zeitigen Freiheitsstrafe in Monaten*

Milderungsgrund	**Zeitige Freiheitsstrafe**				
			Dauer in Monaten		
	n	**%**	**aM**	**Median**	**SD**
§ 13 Abs. 2 StGB	1*	0,5	104,0*	*	
§ 21 StGB	36	16,3	128,8	120,0	28,515
§ 27 Abs. 2 StGB	4	1,4	98,5*	91,00	44,613
§ 28 Abs. 1 StGB	1*	1,4	104,0*	*	
§ 46b StGB	2	0,9	156,0	156,0	16,971
BGHSt 30, 105	2	0,9	126,0	126,00	8,485
§ 106 JGG	1	0,5	144,0	144,0	0
Keine Milderung	176	79,6	0	0	0
Insgesamt	221	100,0	x	x	x
*Darunter Doppelmilderung	2	1,4	66,0	66,0	16,971

Insgesamt wurde eine Strafmilderung nach §§ 21 Abs. 1, 49 Abs. 1 StGB 36-mal angewendet. Damit ist die Anwendung der verminderten Schuldfähigkeit die am häufigsten angewendete Strafmilderung.

Die Teilnahmeform „Beihilfe" führte regelmäßig zu einer Strafmilderung nach §§ 27 Abs. 2, 49 Abs. 1 StGB. Darunter wurde die Milderung nach §§ 27 Abs. 2, 49 Abs. 1 StGB bei zwei Verurteilungen als Doppelmilderung zusammen mit anderen Milderungsvorschriften genannt. Neben der obligatorischen Milderung nach § 27 Abs. 2 StGB wurde in einem Fall noch zusätzlich nach § 13 Abs. 1 StGB gemildert; in einem weiteren Fall wurde die Strafe zusätzlich nach § 28 Abs. 1 StGB gemildert.

Der Verurteilung wegen Beihilfe zum Mord durch Unterlassen[1045] lag folgender Sachverhalt zugrunde: Verurteilt wurde der Vater des Opfers, der den Mord an seiner Tochter zur Wiederherstellung der Familienehre veranlasste. Die Tochter unterhielt eine von dem Vater unerwünschte intime Beziehung zu einem nicht-jesidischen Mann. Die für das Unterlassen notwendige Garantenstellung kam dem Angeklagten aus Ingerenz zu. Denn der Vater zeigte durch Prügel- und Züchtigungsmaßnahmen gegen seine Tochter im Voraus die rechtswidrige Pflicht auf, die Tochter zu maßregeln und zu bestrafen. Er brachte somit zum Ausdruck, dass sie nach seinem Willen nachhaltig bestraft werden sollte, da sie

1045 Fallnr. 63.

gegen den Familiencodex verstoße. Das Gericht stellte fest, dass er dadurch eine Gefahr für Tochter deutlich erhöht habe, zur Wiederherstellung der Ehre getötet zu werden. Als die Haupttäter den Angeklagten unmittelbar vor der Hinrichtung anriefen, kam ihm die Pflicht zu, das Tötungskommando zurückzurufen. Diese ihm rechtlich gebotene und physisch mögliche Handlung hat er unterlassen und dadurch die nachhaltige Strafe für die Tochter (Kopfschuss) nicht verhindert. Im Übrigen wurde eine Strafbarkeit wegen Anstiftung versagt, da keine sicheren Feststellungen getroffen werden konnten, dass der Angeklagte Familienangehörige zu dem Tatentschluss brachte, das Opfer zu erschießen.

Die vom BGH entwickelte Rechtsfolgenlösung wurde bei zwei Verurteilungen herangezogen. In einem Fall stellte das Gericht fest, dass sich der Angeklagte zum ersten Mal gegen die körperlichen und verbalen Angriffe des Opfers wehrte.[1046] Unmittelbar vor der Tötungshandlung schlägt das Mordopfer den Angeklagten und beleidigt ihn vor Dritten. Dabei droht sie ihm immer wieder, damit sich zu trennen und mit den gemeinsamen Kindern auszuwandern. Der Angeklagte blieb in der Vergangenheit stets ruhig und ertrug die körperlichen und verbalen Demütigungen. Zur Tatzeit eskaliert allerdings die Konfliktsituation.

In einem anderen Fall nötigte das später ermordete Opfer die weibliche Verurteilte, gegen ihren Willen sexuelle Handlungen an ihm vorzunehmen und sich zu prostituieren. Die Angeklagte hatte keinen Ausweg und wollte sich von dem Missbrauch befreien.[1047]

Ein angeklagter Heranwachsender wurde wegen Mordes aus Habgier, Heimtücke und Ermöglichungsabsicht verurteilt. Seine Strafe wurde nach § 106 JGG gemindert.

Die sogenannte Kronzeugenregelung (§ 46b StGB) wurde in zwei Fällen angewendet. Darunter in einem Fall wegen der Verurteilung wegen Mordes aus Habgier, Heimtücke und Ermöglichungsabsicht. Der andere Fall betraf die Verurteilung wegen Mordes aus Habgier aus.

1. Durchschnittliche Dauer der zeitigen Freiheitsstrafe nach Art der Milderung bei rechtskräftiger Verurteilung

Im Folgenden wird die durchschnittliche Dauer der zeitigen Freiheitsstrafe nach rechtskräftiger Verurteilung dargestellt. Da hier auf die Gesamtstrafe eingegangen wird, wurde für die Berechnungen die Anzahl Gesamtstrafen gewählt (n = 196).

1046 Fallnr. 99.
1047 Fallnr. 118.

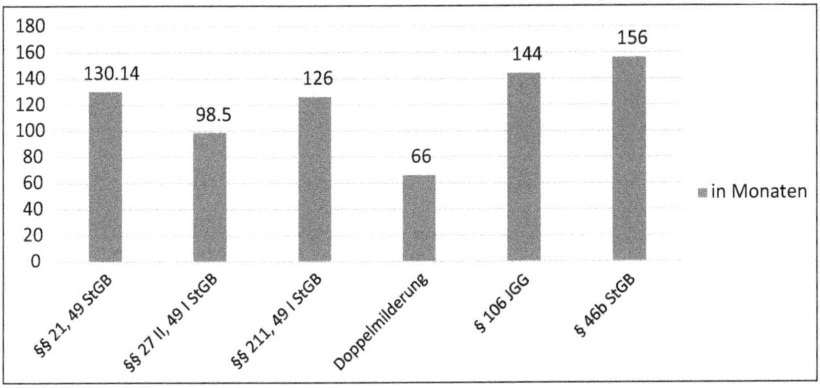

Abb. 9. *Zeitige Freiheitsstrafe in Monaten nach Art der Milderung (n = 196)*

Bei einer Strafmilderung nach §§ 211, 49 Abs. 1 StGB beträgt die durchschnittliche zeitige Freiheitsstrafe 126 Monate. Die Strafmilderung wegen Beihilfe zum Mord führt durchschnittlich zu einer zeitigen Freiheitsstrafe von 98,5 Monaten. Bei der Strafmilderung nach § 106 JGG beträgt die durchschnittliche freiheitsentziehende Sanktion 144 Monate. Die Milderung nach § 46b StGB führt im Durchschnitt zu einer zeitigen Freiheitsstrafe von 156 Monaten und führt damit zu höchsten, zeitigen Freiheitsstrafen. Währenddessen eine Doppelmilderung zur niedrigsten, zeitlichen Freiheitsstrafe mit einem Durchschnitt von 66 Monaten führt.

Bei Strafmilderungen wegen Beihilfe (§§ 27 Abs. 2, 49 Abs. 1 StGB) oder wegen verminderter Schuldfähigkeit (§§ 21, 49 Abs. 1 StGB) wurde die aus der Einzelstrafe gebildete zeitige Freiheitsstrafe bei der Gesamtstrafenbildung geändert.

2. Durchschnittliche Dauer der zeitigen Freiheitsstrafe nach Art der Verurteilung

Die durchschnittliche zeitige Freiheitsstrafe neben der Anordnung der Maßregel nach § 63 StGB beträgt 142 Monate; im Vergleich dazu beträgt die durchschnittliche zeitige Freiheitsstrafe neben der Anordnung der Maßregel nach § 64 StGB 107 Monate. Die doch niedrige zeitige Freiheitsstrafe neben der Unterbringung in eine Entziehungsanstalt kann mit der im Gesetz verankerten maximalen Dauer der Unterbringung in einer Entziehungsanstalt von 24 Monaten zusammenhängen (vgl. § 67d Abs. 1 StGB). Die gesetzlich verankerte, zeitige Vorgabe von 24 Monaten kann die Gerichte dazu bringen, dass sie im Hinblick auf die zusätzlichen 24 Monate eher eine geringere Strafe verhängen. Die zeitige Freiheitsstrafe ohne weitere Maßregeln beträgt im Durchschnitt 117,8 Monate, wobei die niedrigste Dauer der zeitigen Freiheitsstrafe bei 54 Monaten liegt und die höchste Dauer 168 Monaten. Die zeitige Freiheitsstrafe neben dem Vorbehalt der Anordnung der Sicherungsverwahrung (§ 66a StGB) beträgt durchschnittlich 162 Monate; wird neben der freiheitsentziehenden Sanktion die Anordnung der Sicherungsverwahrung ausgesprochen, beträgt die zeitige Freiheitsstrafe 168 Monate.

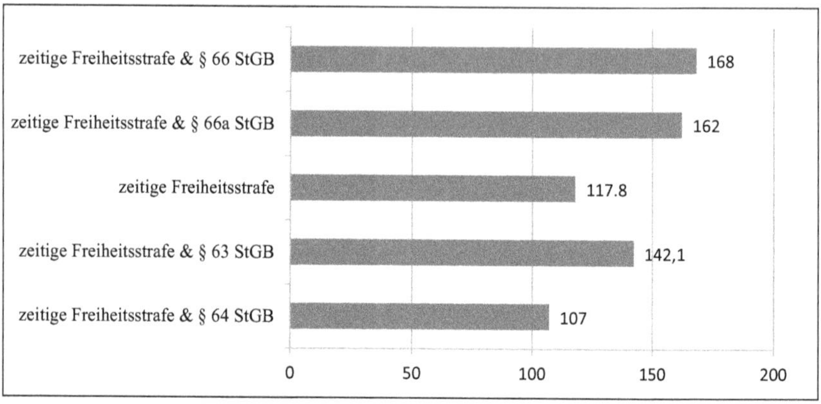

Abb. 10. *Dauer der zeitigen Freiheitsstrafe in Monaten nach Art der Sanktion*

Im Folgenden wird aufgezeigt, welche Milderungsnormen bei der Verurteilung zu zeitiger Freiheitsstrafe und einer weiteren Unterbringungsanordnung herangezogen und welche Milderungsgründe bei der Verurteilung zu zeitiger Freiheitsstrafe ohne weitere Unterbringungsanordnung angewendet wurden.

Wurde neben der zeitigen Freiheitsstrafe die Maßregel nach § 63 StGB oder nach § 64 StGB ausgesprochen, so wurde zu 100% wegen verminderter Schuldfähigkeit (§§ 21 Abs. 1, 49 Abs. 1 StGB) die Strafe „lebenslang" in eine zeitige Freiheitsstrafe gewandelt.

Wurde wegen Mordes zu einer zeitigen Freiheitsstrafe ohne eine weitere Unterbringungsanordnung verurteilt, überwiegt auch hier das Vorliegen verminderter Schuldfähigkeit (57, 1%). Bei 4,8 % der Verurteilungen zu einer eben skizzierten zeitigen Freiheitsstrafe wurde die Strafe wegen des Vorliegens der Voraussetzungen des § 27 Abs. 1 StGB die Strafe gemildert; darunter wurde in 14,3% der Beihilfemilderung zusätzlich eine weitere Milderung herangezogen. In 9,5% der Fälle wurde die Strafe wegen des Vorliegens außergewöhnlicher Umstände nach §§ 211, 49 Abs. 1 StGB die Strafe gemildert. Und in einem Fall (4,8%) wurde aufgrund des Vorliegens des § 106 Abs. 1 StGB die lebenslange Freiheitsstrafe zu einer zeitigen Freiheitsstrafe ohne weitere Unterbringungsanordnung umgewandelt. Die sogenannte Kronzeugenregelung (§ 46b StGB) führte in allen Fällen zur Strafmilderung.

VII. Weitere abgeurteilte Delikte in Tateinheit oder Tatmehrheit

196 Personen wurden unter anderem wegen vollendeten Mordes verurteilt. Der Zusatz „unter anderem" wird deswegen mit aufgenommen, da die verurteilten Personen nicht nur wegen Mordes, sondern auch wegen in Realkonkurrenz stehender, weiterer Delikte verurteilt wurden und bei denen eine Gesamtstrafe gebildet wurde (§§ 54 Abs. 1 S. 1, 57b StGB).[1048]

1. Delikte in Idealkonkurrenz

Knapp 30% der Verurteilten wurden nicht nur wegen Mordes, sondern auch noch wegen mindestens einer weiteren Tat in ungleichartiger Idealkonkurrenz verurteilt. Darunter wurde der Großteil lediglich wegen eines weiteren Delikts verurteilt.

Tab. 12. *Delikte in Idealkonkurrenz (n = 196)*

	Anzahl weiterer Delikte	
	n	%
Keine weiteren Delikte	135	68,9
ein weiteres Delikt	50	25,5
zwei weitere Delikte	7	3,6
drei weitere Delikte	2	1,0
vier weitere Delikte	1	0,5
sechs weitere Delikte	1	0,5
Insgesamt	196	100

Mit insgesamt 22,2% sind am häufigsten Vermögensdelikte als in ungleichartiger Tateinheit stehender Delikte abgeurteilt worden: Am häufigsten wurde Raub/räuberische Erpressung mit Todesfolge abgeurteilt.

1048 Vgl. dazu Kap. 3.A.VII. 2.ff. unten.

Tab. 13. *Delikte nach geschütztem Rechtsgut in Idealkonkurrenz (n = 221)*

Zusätzlich abgeurteiltes Delikte in Idealkonkurrenz	n	%
Diebstahl/Unterschlagung	3	1,4
Raub/räuberische Erpressung	37	16,7
Betrug/Computerbetrug	1	0,5
Sonstige Vermögensdelikte	8	3,6
Sexualdelikt	5	2,3
Körperverletzungsdelikte	11	5,0
Brandstiftungsdelikte	8	5,7
Verkehrsdelikte	2	1,0
Waffendelikte	9	4,1
Störung der Totenruhe	2	0,9

Bei Aburteilung weiterer Delikte ist eine Besonderheit bei Verurteilung wegen mindestens eines weiteren Sexualdelikts zu erkennen. Sexualdelikte werden in 2,3% der Fälle in ungleichartiger Tateinheit abgeurteilt. In keinem der ausgewerteten Urteile wurde der Angeklagte wegen mindestens einem Sexualdelikt und dem Mordmerkmal zur Befriedigung des Geschlechtstriebs gleichzeitig verurteilt. Zu erkennen ist also, dass trotz Vorliegens eines Sexualdelikts das Mordmerkmal zur Befriedigung des Geschlechtstriebs nicht abgeurteilt wurde; regelmäßig unter dem Hinweis, dass es nicht nachweisbar war, dass es dem Täter bei der Tötung auf die Befriedigung des Geschlechtstriebs ankam. Auch bei idealkonkurrierenden Sexualdelikten wurde das Mordmerkmal Ermöglichungsabsicht nicht in Tateinheit abgeurteilt. Verdeckungsabsicht wurde in 1,0% der Fälle in Tateinheit hingegen mit Sexualdelikten abgeurteilt (n = 2). Einmal wurde ein Sexualdelikt neben der gemeinsamen Aburteilung der Mordmerkmale sonst niedrige Beweggründe und grausam abgeurteilt. Störung der Totenruhe wird zu 0,9% neben dem Morddelikt abgeurteilt (n = 2). Sexualdelikte wurden auch nicht zusammen mit Störung der Totenruhe abgeurteilt.

Tab. 14. *Art der verhängten Sanktionen bei Verurteilung wegen Mordes und Delikten in Idealkonkurrenz (n = 61)*

Art der verhängten Sanktion	**n**	**%**
lebenslang & Feststellung der besonderen Schwere der Schuld (§ 57a StGB)	16	26,2
lebenslang & Anordnung der Sicherungsverwahrung (§ 66 StGB)	3	4,9
lebenslang & Vorbehalt der Sicherungsverwahrung (§ 66a StGB)	1	1,6
lebenslang & § 64 StGB	3	4,9
lebenslang	25	41,0
zeitige Freiheitsstrafe & Sicherungsverwahrung (§ 66 StGB)	1	1,6
zeitige Freiheitsstrafe & Vorbehalt der Sicherungsverwahrung (§ 66a StGB)	0	0,0
zeitige Freiheitsstrafe & § 63 StGB	5	8,2
zeitige Freiheitsstrafe & § 64 StGB	3	4,9
zeitige Freiheitsstrafe	4	6,6

Wurden weitere ungleichartige Delikte in Tateinheit verwirklicht, so wurde in 25 Fällen der Gesamtstrafe die lebenslange Freiheitsstrafe verhängt. In weiteren 16 Verurteilungen wurde neben der lebenslangen Freiheitsstrafe die besondere Schwere der Schuld festgestellt (§ 57a Abs. 1 S. 1 Nr. 2 StGB). Schließlich wurden die noch ausstehenden 21,3% zu zeitiger Freiheitsstrafe verurteilt (n = 13).

Wurden neben dem Mord vier oder mehr als vier weitere Delikte abgeurteilt (n = 2), wurde zu 100% neben der lebenslangen Freiheitsstrafe die besondere Schwere der Schuld festgestellt.

2. Delikte in Realkonkurrenz

Bei insgesamt 19,4% der Gesamtstrafen wurden neben dem Morddelikt auch wegen mindestens einem weiteren in Realkonkurrenz stehenden Delikt verurteilt (n = 38). Mit 8,7%, und damit am häufigsten, wurde lediglich ein weiteres Delikt in Realkonkurrenz abgeurteilt; 5,6% der Urteile wiesen zwei weitere abgeurteilte Delikte auf. 5% der Urteile haben neben dem Morddelikt mehr als drei weitere Delikte in Tatmehrheit abgeurteilt, darunter war ein Urteil mit 13 weiteren Delikten in ungleichartiger Tatmehrheit.

Tab. 15. *Delikte in Realkonkurrenz (n = 196)*

Anzahl weiterer Delikte	**n**	**%**
Keine weiteren Delikte	158	80,6
ein weiteres Delikt	17	8,7
zwei weitere Delikte	11	5,6
drei weitere Delikte	2	1,0
vier weitere Delikte	2	1,0
Fünf und mehr als fünf weitere Delikte	6	3,1
Insgesamt	196	100,0

Betrachtet man die Delikte, die in ungleichartiger Realkonkurrenz zum Morddelikt stehen, so ist eine relative Gleichverteilung von Vermögensdelikten (n = 25), Körperverletzungsdelikten (n = 31) und Sexualdelikten (n = 21) zu erkennen.

Tab. 16. *Delikte nach geschütztem Rechtsgut in Realkonkurrenz (n = 221)*

Zusätzlich abgeurteiltes Delikte in Realkonkurrenz	**n**	**%**
Diebstahl/Unterschlagung	5	2,3
Raub/räuberische Erpressung	9	4,1
Betrug/Computerbetrug	5	2,3
Sonstige Vermögensdelikte	6	2,7
Sexualdelikt	23	10,4
Körperverletzungsdelikte	31	14,0
Brandstiftungsdelikte	3	1,4
Waffendelikte	2	0,9
Störung der Totenruhe	1	0,5
§ 29 BtMG	1	0,5

Für die in Tatmehrheit stehenden Sexualdelikte liegt die Besonderheit darin, dass bei Verurteilung einer Person die Gesamtstrafe wegen 16 weiterer Sexualdelikte in Realkonkurrenz ausgesprochen wurde. Auch bei den realkonkurrierenden Delikten ist zu erkennen, dass Sexualdelikte nicht zusammen mit Störung der Totenruhe und auch nicht zusammen mit dem Mordmerkmal zur Befriedigung des Geschlechtstriebs abgeurteilt werden. Und auch bei realkonkurrierenden

Sexualdelikten wurde das Mordmerkmal Ermöglichungsabsicht nicht abgeurteilt. Verdeckungsabsicht wurde in 1% der Fälle in Tatmehrheit mit Sexualdelikten abgeurteilt. Die gemeinsame Verurteilung der Mordmerkmale sonst niedrige Beweggründe und Heimtücke und einem Sexualdelikt in Tatmehrheit konnte in einem Fall (n = 1) beobachtet werden. In einem weiteren Fall wurden neben dem Sexualdelikt in Tatmehrheit zusammen die Mordmerkmale sonst niedrige Beweggründe, Heimtücke, grausam und mit gemeingefährlichen Mitteln abgeurteilt.

3. *Verhängte Sanktion für die in Realkonkurrenz stehenden Delikte*

Bei weiteren ungleichartigen Delikten in Tatmehrheit wurde primär neben der lebenslangen Freiheitsstrafe die besondere Schwere der Schuld festgestellt (n = 15). Bei weiteren 12 Verurteilungen wurde im Rahmen der Gesamtstrafenbildung die lebenslange Freiheitsstrafe ausgesprochen, darunter wurde einmal noch zusätzlich die Unterbringung in Sicherungsverwahrung angeordnet (§ 66 StGB). In den übrigen 10 Verurteilungen wurde eine zeitige Freiheitsstrafe als Gesamtstrafe ausgesprochen, weil die Strafe für den Mord gemildert wurde.

Tab. 17. *Art der verhängten Sanktionen bei Verurteilung wegen Mordes und Delikten in Realkonkurrenz (n = 38)*

Art der verhängten Sanktion	**n**	**%**
lebenslang & bes. Schwere der Schuld	15	39,5
lebenslang & Si.Verw.	2	5,3
lebenslang & Vorbehalt der Si.Verw.	0	0
lebenslang & § 64 StGB	0	0
lebenslang	11	28,9
zeitige Freiheitsstrafe & Si.Verw.	1	2,6
zeitige Freiheitsstrafe & Vorbehalt der Si.Verw.	1	2,6
zeitige Freiheitsstrafe & § 63 StGB	1	2,6
zeitige Freiheitsstrafe & § 64 StGB	3	7,9
zeitige Freiheitsstrafe	4	10,5

Wurden neben dem Mord vier oder mehr als vier weitere Delikte abgeurteilt (n = 8), wurden bei 75,0% neben der lebenslangen Freiheitsstrafe die besondere Schwere der Schuld festgestellt und einmal (12,5%) die lebenslange Freiheitsstrafe verhängt. Ein weiteres Mal (12,5%) wurde neben der lebenslangen Freiheitsstrafe die Anordnung der Sicherungsverwahrung ausgesprochen.

4. *Zeitige Freiheitsstrafe in Monaten für das realkonkurrierende Delikt*

Wurde neben dem Morddelikt ein in Tatmehrheit stehendes ungleichartiges weiteres Delikt abgeurteilt, so wurde in 73,7% der Fälle die lebenslange Freiheitsstrafe als Gesamtstrafe ausgesprochen (n = 28). Für das in Realkonkurrenz stehende Delikt wurde zu 92,3% eine zeitige Freiheitsstrafe und zu 7,7% eine Geldstrafe als Einzelstrafe verhängt. Bei der Einzelstrafenbildung für das realkonkurrierende Delikt beträgt die durchschnittliche Dauer der zeitigen Freiheitsstrafe insgesamt 57,0 Monate, wobei die niedrigste zeitige Freiheitsstrafe bei 8,3 Monaten für einen in Realkonkurrenz stehenden Diebstahl oder eine Unterschlagung liegt.

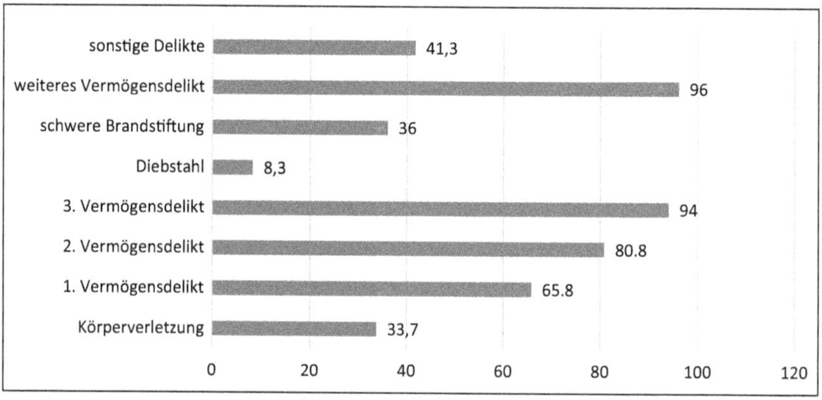

Abb. 11. *Dauer der zeitigen Freiheitsstrafe in Monaten für das in Realkonkurrenz stehende Delikt*

Für weitere in Realkonkurrenz stehende Vermögensdelikte (Raub/räuberische Erpressung mit Todesfolge) wurden die höchsten durchschnittlichen Einzelstrafen verhängt. Mit Zunahme weiterer Vermögensdelikte steigt die durchschnittliche Höhe der zeitigen Freiheitsstrafe.

5. *Verhängte Sanktionen für das in Realkonkurrenz stehende Morddelikt*

Für insgesamt 40 in Tatmehrheit zum Mord stehenden Delikte wurde neben dem abgeurteilten Morddelikt eine Gesamtstrafe gebildet. Häufig wurde die lebenslange Freiheitsstrafe wegen Mordes ausgesprochen (n = 28). Allerdings wurde bei 12 weiteren Verurteilungen eine zeitige Freiheitsstrafe wegen des abgeurteilten Morddelikts verhängt. Bei Verurteilung zu zeitiger Freiheitsstrafe wurde für das Morddelikt eine durchschnittliche Dauer von 121,36 Monaten verhängt. Der Medianwert beträgt 117,0 Monate. Der unterste Wert liegt bei 72 Monaten und der höchste Wert bei 168 Monaten.

6. Verurteilungen wegen weiterer Tötungsdelikte

Von den Verurteilten, die neben dem Morddelikt noch wegen weiterer Delikte verurteilt wurden, wurden 18,9% der Verurteilten wegen mindestens eines weiteren Tötungsdelikts verurteilt (n = 37). 1,5% der verurteilten Mörder wurden wegen eines weiteren Totschlagsdelikts (§ 212 Abs. 1 StGB) verurteilt. In 5,1% der Verurteilungen wurde zusätzlich wegen versuchten Mordes (§§ 211, 22, 23 StGB) und in 1,0% der Verurteilungen wegen versuchten Totschlags (§§ 211, 22, 23 StGB) abgeurteilt.

Tab. 18. *Verurteilung wegen weiterer Tötungsdelikte (n = 196)*

Verurteilung wegen weiterer Tötungsdelikte	**n**	**%**
§ 211 StGB	20	10,2
§§ 211, 22, 23 StGB	10	5,1
§ 212 StGB	3	1,5
§§ 212, 22, 23 StGB	2	1,0
§ 218 StGB	2	1,0
insgesamt	37	18,9

Der Großteil (n = 176) der verurteilten Personen wurde wegen eines Mordes als Einzelstrafe verurteilt, d. h. in diesen Fällen wurde nur ein Mensch ermordet. Weitere 20 Verurteilte wurden wegen mehrerer vollendeter Morde verurteilt („Mehrfachmörder").

Tab. 19. *Zahl der Verurteilten nach Anzahl vollendeter Morde.*

Einzelstrafen wegen vollendeten Mordes	**n**	**%**
1 (Einzel-) Strafe wegen vollendeten Mordes	176	89,8
2 Einzelstrafen wegen vollendeten Mordes	15	7,7
3 Einzelstrafen wegen vollendeten Mordes	5	2,6
insgesamt	196	100,0

Innerhalb der Verurteilten, die wegen eines weiteren Totschlagsdelikts (n = 3) verurteilt wurden, wurden 66,7% zu lebenslanger Freiheitsstrafe und 33,3% zu einer zeitigen Freiheitsstrafe verurteilt. Wurde neben dem Morddelikt noch mindestens ein weiteres Morddelikt abgeurteilt (n = 20), so wurde in 15% der Fälle die lebenslange Freiheitsstrafe ausgesprochen. In 85% der Verurteilungen wurde neben der lebenslangen Freiheitsstrafe die besondere Schwere der Schuld festgestellt. Zu 100% wurde die lebenslange Freiheitsstrafe ausgesprochen, wenn neben dem Morddelikt der Schwangerschaftsabbruch (§ 218 StGB) abgeurteilt wurde (n = 2). Wurde der Angeklagte neben dem abgeurteilten Morddelikt noch wegen versuchten Mordes verurteilt (n = 10), so wurde in 30% der Fälle die lebenslange Freiheitsstrafe und in 10% der Fälle die zeitige Freiheitsstrafe verhängt, weil ein Milderungsgrund herangezogen wurde. Für 40% der Verurteilungen wurde neben der lebenslangen Freiheitsstrafe die besondere Schwere der Schuld festgestellt. Bei 20% der Verurteilungen wurde neben der lebenslangen Freiheitsstrafe die Anordnung der Sicherungsverwahrung ausgesprochen. Neben dem Morddelikt wurde insgesamt zweimal der versuchte Totschlag abgeurteilt (n = 2). Zu 50% wurde hier eine zeitige Freiheitsstrafe ausgesprochen; die weiteren 50% wurden zu zeitiger Freiheitsstrafe und der Anordnung der Sicherungsverwahrung verurteilt.

VIII. Tatausführung

Die Art der Tatausführung erfasst neben Vortatverhalten wie Tatplanung und vorausgegangene Auseinandersetzungen die Tatmotivation und die Art der Tötungsverwirklichung. Umrissen sind damit die Grundsätze des Strafzumessungskatalogs des § 46 Abs. 2 S. 2 StGB (vgl. Kap. 1.F.I.). Faktoren, die das Ausmaß der Tötung objektiv beschreiben,[1049] können die Strafzumessung beeinflussen, wie der Wechsel der Tatwerkzeuge, der Verletzungsgrad, sowie die Tatplanung und die zum Ausdruck kommende Brutalität.[1050] Daneben sind aber auch subjektive Merkmale von der Tatausführung erfasst. So etwa die Beweggründe und Ziele des Täters. Für die Tatmotivation können menschlich nachvollziehbare Gründe straf- bzw. schuldentlastend herangezogen werden.[1051] So zeigte insbesondere die Rechtsprechungsentwicklung des BGH, dass bei verständlichem, nachvollziehbarem Zorn die Ermordung eines Menschen im Einzelfall zu einer zeitigen Freiheitsstrafe führen kann.[1052]

1. *Vorausgegangene Auseinandersetzungen*

Vorausgegangene Auseinandersetzungen können bereits auf tatrelevantes Verhalten des Täters schließen lassen und damit einen Faktor für die Strafzumessung bilden.[1053] In 45,7% der Verurteilungen gab es ein unmittelbares feindseliges Vortatverhalten zwischen Verurteilten und Opfer. In 2,6% der Verurteilungen (n = 5) versuchte sich der Verurteilte vor der Tötung des Opfers selbst zu töten. Zudem hatte in 2,0% der Verurteilungen (n = 4) der Verurteilte (Todes-)Angst vor dem Opfer.

1049 Vgl. *Streng*, (2011), S. 270 RN. 555.
1050 *Streng*, (2011), S. 273 RN. 560.
1051 *Streng*, (2011), S. 268 RN. 551.
1052 Vgl. BGHSt 30, 105.
1053 *Streng*, (2011), S. 255 RN. 527.

Tab. 20 *Vortatverhalten (n = 221)*

Vortatverhalten	n	%
Vorausgegangene Auseinandersetzung	101	45,7
Nachstellen	14	6,3
Gefährderansprache[1054]	25	11,3
Verbaler Streit	78	35,3
Körperliche Auseinandersetzung	27	12,2
Vorherige Vergewaltigung	2	0,9
Sorgerechtsstreit zw. Angeklagten und Opfer	5	2,3
Diebstahl beim Opfer	4	1,8

Regelmäßig lässt sich jedoch unter dem Vortatverhalten eine Auseinandersetzung zwischen Verurteilten und Opfer erkennen, bei der das Opfer bereits durch das Verhalten des Verurteilten litt. Darunter fielen am häufigsten (35,3%) verbale Auseinandersetzungen und Streitigkeiten zwischen dem Verurteilten und dem Opfer. Bei 2,3% der Fälle ging es bei verbalen Auseinandersetzungen um Sorgerechtsstreitigkeiten. In 11,3% der Fälle waren Auseinandersetzungen zwischen Opfer und Verurteilten der Polizei bekannt und die Polizei reagierte mit Platzverweisen und Gefährderansprachen gegen den Verurteilten. Dennoch kam es zu einer weiteren, diesmal tödlich ausgehenden Auseinandersetzung zwischen Opfer und Verurteilten. Bei derartigen Auseinandersetzungen war der Tatbestand des Nachstellens (§ 238 StGB) in 6,3% der Fälle erfüllt, der Verurteilte wurde jedoch wegen Nachstellens nicht verurteilt worden. Körperliche Auseinandersetzungen vor der Tötung fanden zu 12,2% statt. Zweimal ging der Tötung eine Vergewaltigung voraus.

Insbesondere in Situationen, in denen vorher eine gerichtlich festgestellte verbale Auseinandersetzung stattfand, und sich Täter und Opfer verärgert gegenüberstanden, nimmt das erkennende Gericht das Mordmerkmal der Heimtücke an, da „das Opfer die drohende Gefahr (...) erst im letzten Augenblick erkennt“[1055] und ihm keine Möglichkeit bleibt, den Angriff zu begegnen.[1056] Selbst bei körperlichen Auseinandersetzungen kann das Merkmal der Arglosigkeit bejaht werden, wenn fehlende Abwehrspuren beim Opfer und Täter darauf deuten, dass sich das Opfer in der konkreten Situation keines Angriffs auf sein Leben versah.[1057]

1054 Verfügungen nach dem GewSchG.
1055 BGH NStZ 2002, S. 368, S. 368f.
1056 BGH NStZ 2008, S. 510, S. 511.
1057 BGH NStZ 2009, S. 30, S. 31; BGH, Beschl. v. 03.09.2015 – 3 StR 242/15 LS. 1, 2; NStZ-RR 2012, S. 245; BGH, Urt. v. 1.04.2009 – 2 StR 571/08, in; NStZ 2009, S. 501ff.

Zu erkennen ist aber auch, dass zu einem nicht zu vernachlässigenden Anteil (11,3%) den öffentlichen Stellen bereits bekannt war, dass das Opfer zunehmend Schutz bedurfte; dies äußert sich durch bereits ausgesprochene Gefährderansprachen und Anordnungen nach dem Gewaltschutzgesetz.

2. *Tatplanung*

In mehr als der Hälfte der Tötungen (51,1%) war die Tat umfassend vom Verurteilten geplant und damit keine Spontantat. In einem solch gelagerten Fall nahm der Verurteilte seine Tatwaffe oder sein Tatwerkzeug mit zum Tatort und tötete entsprechend seinem Plan das Tatopfer gezielt. In weiteren 20,8% war die Tötung des Opfers vorher geplant und es wurde ein passender Zeitpunkt abgepasst; im Unterschied zur umfassenden Tatplanung ergab sich aus dem Urteil, dass der Täter für die Tötung keine exakte Zeit erfasst hat, sondern einen günstigen Moment ausnutzen wollte. Bei den noch fehlenden 28,1% war die Tötung nicht geplant, jedoch vom Verurteilten nicht ausgeschlossen. In dem Moment des Aufeinandertreffens von Verurteilten und Opfer entschloss sich der Verurteilte aus der Situation heraus, sein Opfer zu töten. In nur wenigen Fällen nutzte der Verurteilte ein mitgebrachtes Tatwerkzeug; vielmehr verwendete der Täter häufig Gegenstände und Werkzeuge, die er bei der Auseinandersetzung und Tötung zufällig ergreifen konnte. Unter den Tötungen, die nicht geplant waren, waren 45,2% Spontantaten. In einem solch gelagerten Fall fasst der Verurteilte unmittelbar vor der Tat den Entschluss, dass Opfer zu töten.

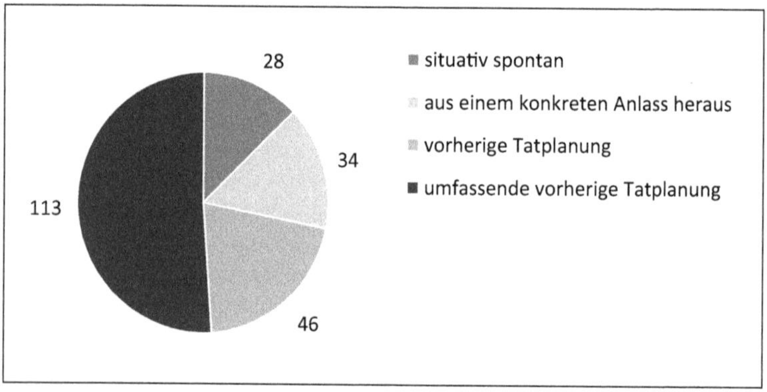

Abb. 12. *Tatplanung (n = 221)*

Zu erkennen ist, dass innerhalb umfassender Tatplanung 26,5% (n = 30) der Verurteilten eine Waffe zur Tötung verwendeten, 61,9% (n = 70) mittels eines Werkzeugs ihr Opfer töteten und 30,1% (n = 34) das Opfer erwürgten.

Tötete der Verurteilte das Opfer spontan aus der Situation heraus, so verwendete er in 20,6% (n = 7) der Fälle eine Waffe, zu 38,2% (n = 13) ein Werkzeug. In 58,8% (n = 20) der Tötungen wurde das Opfer erwürgt bzw. erstickt. Bei Spontantötungen wurde in 7,1% (n = 2) das Opfer erschossen, in 46,4% (n = 17) wurde das Opfer mittels eines Werkzeugs getötet und zu 39,3% (n = 11) wurde das Opfer erstickt, erwürgt oder erdrosselt.

3. *Art der Tötung*

Die Art der Tötung erfasst die Umstände der Tötung wie Rohheit, Verwendung von Tatwerkzeugen und aufgewendete Energie. In insgesamt 20,8% (n = 46) der Fälle wurde das Opfer mit einer Waffe im Sinne des WaffG erschossen. Darunter war die Pistole als Waffe am häufigsten vertreten (n = 35). In 59,7% (n = 132) der Verurteilungen wurde das Opfer durch ein gefährliches Werkzeug getötet; darunter insgesamt 75-mal mittels eines Messers. In 98 Verurteilungen wurde das Opfer durch Gewalt mittels Händen oder Fußtritten getötet. Drei Opfer wurden mittels eines Kopfkissens durch Ersticken getötet. In keinen der Urteile wurde das Opfer durch das Zufügen von Abgasen getötet.

In 69 Verurteilungen wechselte der Verurteilte während der Tötungshandlung mindestens einmal das Tatwerkzeug. Darunter wurde in vier Fällen die Benutzung von der Verwendung einer Waffe zur Verwendung eines Werkzeuges gewechselt. In 23 Fällen wurde vom Werkzeug zu Schlägen und Tritten mit dem Fuß übergegangen, um das Opfer zu töten. In 28 Fällen wurde zwischen Schlägen mit Körperteilen, Erwürgen und einem Tatwerkzeug während der Tatausführung gewechselt. In 11 Fällen wurde innerhalb der Tatwerkzeuge gewechselt, darunter zweimal unter den Waffen als Tatmittel.

Bei 78,3% (n = 173) stellte das Gericht fest, dass das Opfer durch erhebliche Gewalteinwirkung verstarb. In 81 Fällen verstarb das Opfer durch Ersticken, Erdrosseln, Erwürgen.

Insgesamt 51-mal wurde das Opfer mittels eines hinterlistigen Überfalls getötet. Dieses Ergebnis ist deswegen interessant, weil die vom BMJV eingesetzte Expertenkommission im Rahmen der Neugestaltung des Mordmerkmals der Heimtücke fordert,[1058] das Mordmerkmal durch das Erfordernis des „hinterlistigen Überfalls" zu ergänzen.[1059]

Die bandenmäßige Begehung kam in einem Fall vor. In 47 Fällen wurde das Opfer anschließend beraubt, in 22 Fällen wurde das Opfer anschließend nach Wertgegenständen durchsucht und in 11 Fällen anschließend oder unmittelbar zuvor vergewaltigt. In einem Fall wurde das Opfer getötet, um es zum Verzehren vorzubereiten (Kannibalismus).

1058 Vgl. *Ignor*, (2015b), S. 522; *Beck*, (2016), S. 10 (17f.).
1059 *Ignor*, (2015b), S. 74.

4. *Motivation*

Die Motivation bei Tötungsdelikten basiert kaum auf einem einzigen Motiv.[1060] Tötungshandlungen beruhen regelmäßig nicht auf einem Beweggrund. Regelmäßig treiben weitere unterschwellige Gedanken und Regungen die Tötungshandlung an. Mit der Folge, dass verschiedene Motive nebeneinander und kumulativ vorliegen. Um die Motivation sinnvoll und gezielt zu erfassen, wurde auf vorherrschende Konstellationen zurückgegriffen.[1061] Dabei wurde zwischen primären Leitmotiven und sekundären Motiven unterschieden.

Unter dem primären Motiv wurde das letztlich tatauslösende, dominierende Motiv verstanden. Auf diese Leitmotivation ist die Tötungshandlung zurückzuführen. In der Untersuchung werden demnach die Motive erfasst, die das erkennende Gericht als Triebfeder der Tötung festgestellt hat.

In einem weiteren Schritt wurde sodann überprüft, welche Beweggründe neben dem festgestellten Leitmotiv zu erkennen sind. Solche sind unter sekundären Motiven („Sekundärmotiv") erfasst (vgl. Tab. 21). Es handelt sich bei den sekundären Motiven mithin um solche Beweggründe, die bei der Tötung nicht dominierten, bei denen das erkennende Gericht jedoch festgestellt hat, dass sie die Tötung mitbedingten.

Als Leitmotiv wurden die am häufigsten vorkommenden Tötungsphänomene betrachtet wie Beziehungstat/Tötung des Intimpartners, Tötungen des Nebenbuhlers, Tötung aus finanziell geprägten Motiven, Tötungen aus einer sexuellen Situation heraus, Tötungen innerhalb der Selbstjustiz, Ehrenmord, Kindstötungen, versuchter erweiterter Suizid und sonstige. In der folgenden Tabelle wird ersichtlich, welche weiteren sekundären Motive bei der Tötung zusätzlich mit eingeflossen sind. Zu erkennen ist, dass das Motiv der Wut (n = 103) für jedes Hauptmotiv vorhanden war. Bei einer vertrauten Täter-Opfer-Konstellation war das Motiv Wut am häufigsten vertreten. Unter den Motiven war keine Tötung aufgrund politischer oder rassistischer Gesinnung. In keinem der Fälle wurde das Opfer wegen seiner Abstammung, seines Geschlechts oder seines Aussehens getötet. Tötungen im Sinne der oben bezeichneten Blutrache fanden ebenfalls nicht statt. Das Gericht urteilte in keinen der Verurteilungen, dass die Motivlage verständlich und nachvollziehbar war. In jedem Urteil wurde aufgeführt, dass die Tötung unverständlich und nicht nachvollziehbar war. Die häufig erwähnten Motive Wut, Eigensucht und allgemeine Ablehnung gegenüber dem Opfer wurden regelmäßig zusammen mit mindestens einem weiteren Motiv abgeurteilt. Die Darstellung der Motive der Tötung erfolgt zunächst durch die Darstellung der reinen Nennungshäufigkeit.

1060 *Remschmidt,* (2012), S. 126.
1061 Vgl. *Remschmidt,* (2012), S. 126.

Tab. 21. *Motive zusammen mit sekundären Motiven*

Hauptmotiv Sekundärmotiv	**insgesamt**	**finanziell geprägt**	**Beziehungstat**	**Nebenbuhler**	**Ablehnung GV/ Sexualmord**	**Kindstötung**	**Selbstjustiz**	**Ehrenmord**	**erweiterter Suizid**	**kein Phänomen/ sonstiges**
Insgesamt	**221**	**65**	**61**	**11**	**10**	**10**	**6**	**3**	**2**	**53**
Rache	30	0	11	2	2	0	3	0	0	12
Wut	103	4	44	8	3	7	6	3	1	27
Trennung	43	1	38	1	2	0	0	0	1	0
Untreue	12	0	12	0	0	0	0	0	0	0
Tötung (wegen) des unehelichen Kindes	4	0	3	0	0	1	0	0	0	0
Überforderung	4	0	2	0	0	0	0	0	0	2
verletzter Stolz	7	0	1	1	2	1	0	2	0	0
Gewinnsucht	62	61	0	0	0	0	1	0	0	0
finanzielle Notlage	36	34	1	0	0	0	0	0	0	1
Ausnutzen einer günstigen Gelegenheit/ Tötung eines Zufallsopfers	48	28	0	0	6	0	0	0	0	14
verletztes Ehrgefühl	11	1	4	1	0	0	2	3	0	0
Eigensucht	84	34	20	6	4	8	0	0	1	11

(*Fortsetzung*)

Tab. 21. *Fortsetzung*

Hauptmotiv Sekundärmotiv	insgesamt	finanziell geprägt	Beziehungstat	Nebenbuhler	Ablehnung GV/ Sexualmord	Kindstötung	Selbstjustiz	Ehrenmord	erweiterter Suizid	kein Phänomen/ sonstiges
Religion	5	0	0	0	0	0	2	3	0	0
Verzweiflung	25	1	16	3	0	0	0	0	0	5
Bestrafung	39	0	24	6	0	4	0	1	2	2
Befreiungsschlag	3	0	2	0	0	0	0	0	0	1
Verdeckungsmotiv	8	1	1	1	2	1	0	0	0	2
Demütigung	13	0	5	0	0	0	2	0	0	6
Machtdemonstration	23	6	5	2	0	0	4	2	0	4
Allg. Grundaggressionen ggü. dem Opfer	48	1	17	7	2	3	2	1	1	14
Abenteuerdrang	5	0	0	0	0	0	0	0	0	5
Selbstjustiz	5	0	0	0	0	0	2	2	0	1
Emotionaler Ausnahmezustand	6	0	2	0	0	0	0	0	1	2
Nötigung zum Geschlechtsverkehr	7	0	1	0	5	1	0	0	0	0
Ablehnung des Geschlechtsverkehrs	7	0	1	0	4	1	0	0	0	1

Betrachtet man die Motivlage, bei der kein Zufallsopfer getötet wurde, zwischen Opfer und Verurteilten also eine soziale Beziehung bestand, so dominiert bei allen primären Motiven das sekundäre Motiv der Wut. Für die folgende Betrachtung wurden nur die sekundären Motive ausgewählt, die innerhalb eines Leitmotivs bei mindestens n = 2 lagen.

Bei Beziehungstaten/Intimizid dominieren aggressive, wütende Handlungen.[1062] Tatauslöser ist regelmäßig ein Trennungskonflikt.[1063] Eine subjektiv empfundene Kränkung löst bei dem Täter eine wütende Gefühlsregung aus. Bei Beziehungstaten der zugrunde liegenden Untersuchung dominieren die Motive Wut (75,9%), Trennungsverlust (65,5%), Bestrafungswille (41,4%), Untreue des Partners (20,7%) und Rachegelüste (17,2%). Daneben lag zu 34,5% neben der Beziehungstat das Motiv der Eigensucht vor. Unter Eigensucht wurden egoistische, berechnende Entscheidungen subsumiert, bei denen der eigene Vorteil des Täters im Vordergrund stand und das Schicksal Dritter unberücksichtigt blieb. In 28,3% hegte der Verurteilte bereits vor der Tötungshandlung Aggressionen gegen das Opfer.

Die Tötung des Nebenbuhlers entsteht regelmäßig in einer Trennungsphase, nämlich dann, wenn sich der (Ex-) Partner einer anderen Person emotional nähert. Zu 72,7% dominierte das Motiv der Wut und zu 54,5% lag das Motiv der Bestrafung und Vergeltung vor. Das Motiv der Eigensucht war zu 54,5% zu erkennen.

Bei Kindstötungen dominieren 80% Eigensucht, 70% Wut und 40% Bestrafung des sich trennenden oder getrennt lebenden (Ehe-)Partners.

Lag das Motiv neben der Tötung einer weiteren Person, sich selbst zu töten und scheiterte die eigene Tötung, so dominierte auf sekundärer Ebene das Motiv der Bestrafung (100%). Zu je 50% waren sekundär zusätzlich das Motiv der Wut und das Motiv der Eigensucht vorhanden.

Ist das Leitmotiv der sogenannte Ehrenmord, so dominieren die Gefühlsregungen wie Wut, verletzte Ehre, verletzter Stolz und Tötung zur Machtdemonstration. Zu 100% spielte die religiöse Verwurzelung eine wesentliche Rolle.

In Fällen der Selbstjustiz dominierte das Motiv der Wut (100%) und der Machtdemonstration (66,7%). Daneben waren zu je 33,3% die Motive der verletzten Ehre, der religiösen Verpflichtung und der Verteidigung gegen Demütigungen durch das Opfer. Zu 50% lag das Motiv der Rache bzw. der Vergeltung vor.

Wie bereits vorangegangene Untersuchungen gezeigt haben, dominiert bei Tötungsdelikten das Leitmotiv der Gewinn- und Profitsucht (29,0%). Auf sekundärer Ebene wird der Umstand relevant, dass der Verurteilte (zusätzlich) aus einer finanziellen Not heraus tötete.[1064] Hier ist das Opfer regelmäßig keine nahestehende Person, sondern vielmehr ein Zufallsopfer.[1065] 95,3% der Verurteilten töteten aus Gewinn- bzw. Profitsucht. Darunter wurde in 26,3% der Verurteilungen

---

1062 *Steck*, (2008), S. 29.
1063 *Endres/Breuer*, (2014), S. 96; *Kaiser*, (1996), § 59 RN. 17.
1064 *Steck*, (2008), S. 31.
1065 *Endres/Breuer*, (2014), S. 87, 99.

eine günstige Gelegenheit ausgenutzt bzw. ein Zufallsopfer getötet. Zu je 63,0% lag die Motivation bei rein egoistischen Motiven und im Zusammenhang mit einer finanziellen Notlage. Lediglich in einem Fall wurden die Motive Verzweiflung und finanzielle Notlage zusammen abgeurteilt.

Tötungen aus einer sexuellen Situation heraus weisen regelmäßig Motive wie Wut, Verärgerung, Frustration und Angst auf.[1066] In der zugrunde liegenden Untersuchung waren 60% reine Zufallsopfer. 20% waren Verdeckungstötungen und in 20% waren Täter und Opfer Expartner. Der Verurteilte tötete in 40% aus reiner Eigensucht.

Unter sonstiges Motiv fallen solche Motive, die sich nicht nach den oben genannten Kategorien sortieren lassen: Darunter fallen zwei Tötungen (0,9%) einer begehrten Person, wobei zwischen Täter und Opfer ein nur sporadischer bekanntschaftlicher Kontakt bestand. In beiden Fällen lehnte das Opfer einen über das bekanntschaftliche Verhältnis hinausgehenden Kontakt ab. Bei einer weiteren Tötung war das leitende Motiv die Tötung eines Opfers aus einer rivalisierenden Bande (0,5%), ohne dass es bei der Tötung jedoch auf einen Machtanspruch ankam. Bei einer weiteren Tötung (0,5%) tötete der Täter das Opfer, um sich aus einer Zwangslage zu befreien: Der Täter wurde regelmäßig vom Opfer körperlich misshandelt. Drei Tötungen waren darunter, bei denen ausschließlich das Verdeckungsmotiv dominierte (1,4%). 9,5% der Fälle (n = 21) ließen sich insgesamt unter Sonstiges zusammenfassen. Darunter sind 10 (47,6%) Verurteilungen, bei denen das Motiv der Verurteilten nicht festgestellt werden konnte, und vier Verurteilungen (19,0%), bei denen sich der Verurteilte lediglich über das Verhalten des Opfers ärgerte. Die restlichen Motivlagen waren unbegründete Angst vor dem Opfer und blanker Hass. Die Tötungen fielen zu 9,6% zusammen mit Abenteuerdrang. 26,9% hegten bereits vor der Tötungshandlung allgemeine Grundaggressionen gegen das Opfer. Für sonstige Motive dominiert insgesamt das Motiv der Wut (50,9%).

Weitere 10,4% (n = 23) lassen sich zusammenfassen zu Tötungen aus Hemmungslosigkeit bzw. zur Machtdemonstration. Darunter war regelmäßig kein soziales Verhältnis zwischen Täter und Opfer (Zufallsopfer). So wurde das Opfer etwa getötet, weil es zufällig neben dem anvisierten Opfer stand, weil der Täter einen anderen Menschen sterben sehen wollte bzw. erniedrigen wollte, dabei waren die Opfer austauschbar; insgesamt 11 Verurteilungen (55%) wiesen als einziges Motiv die reine Hemmungslosigkeit gegenüber Gewalttaten und Tötungen auf, ohne dass ein Motiv dominierte. Die restlichen Motive gestalteten sich derart, dass Opfer, die nicht der Expartner waren, für die Trennung verantwortlich gemacht wurden, und deswegen getötet „werden mussten".

5. *Motivation und Sanktion*

Da der Fokus der Untersuchung auf der Sanktionsentscheidung liegt, wird im Folgenden geprüft, welche Sanktionen bei den einzelnen Motiven verhängt wurden.

1066 *Steck,* (2008), S. 33.

Tab. 22. *Leitmotiv und Art der Sanktion (n = 221)*

Primäres Leitmotiv	**gesamt**	**Lebenslange Freiheitsstrafe (und §§ 66, 66a StGB)**		**Lebenslange Freiheitsstrafe mit Feststellung besonderer Schuldschwere**		**Zeitige Freiheitsstrafe**	
		n	**%**	**n**	**%**	**n**	**%**
Finanziell geprägtes Phänomen	65	33	50,8	22	33,8	10	15,4
Beziehungstat	61	42	68,9	10	16,4	9	14,8
Tötung des Nebenbuhlers	11	8	72,7	2	18,2	1	9,1
Ablehnung GV/ Sexualmord	10	3	30,0	6	60,0	1	10,0
Kindstötung	10	3	30,0	7	70,0	0	0,0
Selbstjustiz	6	4	66,7	2	33,3	0	0,0
Ehrenmord	3	2	77,7	0	0,0	1	33,3
Erweiterter Suizid	2	1	50,0	0	0,0	1	50,0
Kein Phänomen	53	19	35,8	12	22,6	22	41,5
Insgesamt	221	115	52,0	61	27,6	45	20,4

Konnte kein primäres Leitmotiv festgestellt werden, so wurde häufig die zeitige Freiheitsstrafe verhängt. Bei einem finanziell geprägten primären Tötungsmotiv wurde häufig die lebenslange Freiheitsstrafe ausgesprochen. Auch bei Beziehungstaten dominiert die Verurteilung zu lebenslanger Freiheitsstrafe. In dieser Motivlage spielt auch die Tötung des Nebenbuhlers eine Rolle: Auch bei diesem Motiv wird primär die lebenslange Freiheitsstrafe verhängt. Primär dominieren also Hauptmotive, die aus einer Konfliktsituation mit dem Intimpartner oder dem Nebenbuhler resultieren.

Bei finanziell geprägten Leitmotiven, bei denen das Gewinnstreben vordergründig ist, wird zu 50% die lebenslange Freiheitsstrafe verhängt. Die weiteren 50% teilen sich zwischen Feststellung besonderer Schuldschwere und zeitiger Freiheitsstrafe auf.

Eine insgesamt nur nachrangige Bedeutung kommt dem Ehrenmord und dem erweiterten Suizid zu. In sechs Fällen lag das primäre Hauptmotiv in dem Verlangen, selbst für „Gerechtigkeit zu sorgen". So töteten zwei verurteilte Personen gemeinsam ein Opfer, um sich zurückzuholen, was ihnen zustehe. Das Opfer schuldete einem der Angeklagten das Geld für ein verkauftes Motorrad. Insgesamt hatte das Opfer hohe Schulden bei den Angeklagten. Um das Opfer für die nicht zurückgezahlten Schulden zu bestrafen, töteten die Angeklagten zusammen mit zwei weiteren Personen das Opfer.[1067]

Die besondere Schuldschwere wird insbesondere bei Kindstötungen und bei sexualmotivierten Tötungen festgestellt.

Aber auch Motive, die aufgrund eines Konfliktes zwischen Täter und Opfer entstanden sind, führen zur Feststellung besonderer Schuldschwere neben der Verurteilung zu lebenslanger Freiheitsstrafe. Aber im Vergleich zu den finanziell geprägten Motiven und den sexualmotivierten Tötungen wird bei Konflikttötungen die besondere Schwere der Schuld deutlich seltener festgestellt.

Im Folgenden wurden die sekundären Motive differenziert nach Art der Sanktionen betrachtet. Dabei wurden nur solche Motive in die Aufzählung mit aufgenommen, die über n = 4 der jeweiligen Gesamtzahl lagen.

Tab. 23. *Motivationslage und Art der Sanktion (n = 221)*

		Lebenslange Freiheitsstrafe (und §§ 66, 66a StGB)		**Lebenslange Freiheitsstrafe mit Feststellung besonderer Schuldschwere**		**Zeitige Freiheitsstrafe**	
Motiv	**gesamt**	**n**	**%**	**n**	**%**	**n**	**%**
Wut über das Opfer	103	60	58,3	27	26,2	16	15,5
Eigensucht	84	41	48,8	34	40,5	9	10,7
Verzweiflung/ Ausweglosigkeit	25	16	64,0	0	0,0	9	36,0
Gewinnsucht/Profitgier	62	31	50,0	24	38,7	7	11,3
Ausnutzen einer günstigen Gelegenheit	48	17	35,4	22	45,8	9	18,8
Trennung	43	33	76,7	5	11,6	5	11,6
Untreue	12	8	66,7	3	25,0	1	8,3
Allgemeine Grundaggressionen	48	23	47,9	13	27,1	12	25,0
Bestrafung/Besitzdenken	39	27	69,2	8	20,5	4	10,3
Finanzielle Notlage	36	20	55,6	11	30,6	5	13,9
Rache	30	14	46,7	11	36,7	5	16,7
Verletzte Ehre	11	7	63,6	3	27,3	1	9,1

1067 Fallnr. 6, 7.

Tab. 23. *Fortsetzung*

		Lebenslange Freiheitsstrafe (und §§ 66, 66a StGB)		Lebenslange Freiheitsstrafe mit Feststellung besonderer Schuldschwere		Zeitige Freiheitsstrafe	
Verdeckungsmotiv	8	7	87,5	1	12,5	0	0,0
Demütigung	13	7	53,9	0	0,0	6	46,2
Nötigung zum Geschlechtsverkehr	7	2	28,6	4	57,1	1	14,3
Flucht aus Gewaltspirale	11	7	63,6	0	0,0	4	36,4
Verletzter Stolz	7	3	42,9	3	42,9	1	14,3
Vorausgegangene Ablehnung des GV	6	2	42,9	2	28,6	2	28,6
Emotionale Überforderung	6	1	16,7	0	0,0	5	83,3
Machtdemonstration	23	6	26,1	12	52,2	5	21,7
Selbstjustiz	5	3	60,0	1	20,0	1	20,0
Religiöse, kulturelle Überzeugung	5	2	40,0	2	40,0	1	20,0

Wurde die lebenslange Freiheitsstrafe ausgesprochen, so dominierte auch hier das Motiv der Wut über das Opfer, gefolgt vom Motiv der Eigensucht. Lag das Motiv in der Trennungssituation vor, so wurde am häufigsten die Sanktion der lebenslangen Freiheitsstrafe ausgesprochen. Auch der Wille, das Opfer durch die Tötung bestrafen zu wollen, weil es sich trennen will, dominiert bei der Verurteilung zu lebenslanger Freiheitsstrafe. Bei Verurteilungen zu lebenslanger Freiheitsstrafe dominieren also Konflikttaten mit dem (Ehe-)Partner, die in der Tötung des sich Trennenden eskalieren. Dieses Ergebnis stimmt mit den Beobachtungen hinsichtlich der Verurteilungen bei Vorliegen der Primärmotive überein (vgl. Tab. 21, 22).

Auch bei Vorliegen des Motivs der Rache wurde am häufigsten zu lebenslanger Freiheitsstrafe verurteilt. Finanziell, wirtschaftlich geprägte Motive wie Profitgier und finanzielle Notlage sind ebenfalls häufig unter den Verurteilungen zu lebenslanger Freiheitsstrafe zu beobachten.

Bei der Verurteilung zu zeitiger Freiheitsstrafe dominiert die Tötung aus Verzweiflung und der Flucht aus einer durch das Opfer indizierten Gewaltspirale vor. Lag das Motiv der emotionalen Überforderung vor, wurden die Täter häufiger zu zeitiger Freiheitsstrafe verurteilt. Gingen den Tötungen Demütigungen durch das Opfer voraus, so wurde auch eine zeitige Freiheitsstrafe verhängt. Anders als bei Verurteilungen zu lebenslanger Freiheitsstrafe dominiert hier nicht das Trennungsmotiv. Auf den ersten Blick dominieren keine eigennützigen Motive.

Jedoch liegen Motive wie Wut, Gewinnsucht, Machtdemonstration, Ausnutzung einer günstigen Gelegenheit und Eigensucht gleichermaßen vor; die Motive wurden bei der zeitigen Freiheitsstrafe regelmäßig dann abgeurteilt, wenn der Verurteilte zu Beihilfe wegen Mordes verurteilt wurde. In einem Fall wurde das Motiv der Bestrafung des Opfers zusammen mit der generellen Ablehnung des Opfers abgeurteilt; in einem weiteren Fall lag der verletzte Stolz zusammen mit Machtdemonstration vor. Daneben liegen die Motive Gewinnsucht und Eigensucht und Machtdemonstration vor. In einem weiteren Fall wurden die Motive Wut, Ehre, Selbstjustiz und Religion zusammen abgeurteilt.

Das Motiv der Eigensucht, des verletzten Stolzes, der Machtdemonstration und des Ausnutzens einer günstigen Gelegenheit dominieren bei Verurteilungen zu lebenslanger Freiheitsstrafe und der Feststellung der besonderen Schwere der Schuld. Motive, die bei der Verurteilung zu zeitiger Freiheitsstrafe dominieren wie, Demütigung durch das Opfer, emotionaler Ausnahmezustand, Verzweiflung/Ausweglosigkeit, sind bei der Feststellung besonderer Schuldschwere nicht zu erkennen.

Motive, die typischerweise eine Konfliktsituation prägen wie Wut, Trennung, Untreue des Opfers und allgemeine Grundaggressionen gegen das Opfer, sind ebenfalls unter den Verurteilungen zu lebenslanger Freiheitsstrafe und Feststellung der besonderen Schwere der Schuld. Allerdings sind die Ausprägungen nicht so dominant wie bei der Verurteilung zu lebenslanger Freiheitsstrafe.

Eine ebenfalls nachrangige Bedeutung kommt den Motiven der Profitgier und der finanziellen Notlage zu im Vergleich zur Verurteilung zu lebenslanger Freiheitsstrafe.

Insgesamt betrachtet wird bei egoistischen, menschlich unverständlichen Motiven die besondere Schuldschwere neben der lebenslangen Freiheitsstrafe festgestellt.

IX. Abgeurteilte Mordmerkmale

Insgesamt können zu 221 Datensätzen Angaben zu Mordmerkmalen gemacht werden. Die Differenz von 25 Datensätzen zu den ausgewerteten Strafurteilen (n = 196) entsteht dadurch, dass es Strafurteile, also verurteilte Personen gibt, die mehrere Menschen töteten und in einem Urteil wegen mehrerer getöteter Opfer wegen Mordes verurteilt wurden. Es wurde immer dann ein neuer Datensatz erstellt, wenn der Angeklagte wegen eines weiteren Opfers wegen vollendeten Mordes nach dem allgemeinen Strafrecht verurteilt wurde. Für die Auflistung der Häufigkeit der Mordmerkmale wird in zwei Schritten vorgegangen: Zunächst werden die Häufigkeiten der abgeurteilten Mordmerkmale insgesamt dargestellt. Da es vorkommen kann, dass bei der Tötung eines Opfers mehrere Mordmerkmale verwirklicht werden, liegt die Summe der Mordmerkmale über der Summe der Mordopfer.

Tab. 24. *Anzahl der abgeurteilten Mordmerkmale*

Mordmerkmal	**n**
Mordlust	5
Zur Befriedigung des Geschlechtstriebs	2
Habgier	48
Sonst niedrige Beweggründe	69
Heimtücke	132
Grausam	2
Mit gemeingefährlichen Mitteln	2
Ermöglichungsabsicht	35
Verdeckungsabsicht	29
Insgesamt	324

Wie bereits vorangegangene Untersuchungen zeigten, ist das Mordmerkmal der Heimtücke das am häufigsten abgeurteilte Mordmerkmal, gefolgt von sonst niedrigen Beweggründen und der Habgier. Das Mordmerkmal der Ermöglichungsabsicht wird mit um 1,2-mal häufiger verurteilt als das Mordmerkmal der Verdeckungsabsicht. Die Mordmerkmale Mordlust, zur Befriedigung des Geschlechtstriebs, grausam und mit gemeingefährlichen Mitteln erfahren eine nur geringe Bedeutung.

Zu beobachten ist, dass das Mordmerkmal der Verdeckungsabsicht deutlich häufiger abgeurteilt wurde, als das Tatmotiv „Verdeckung" (vgl. Tab. 21). Erklärungen aus den Urteilen heraus konnten nicht erhoben werden.

1. *Ein abgeurteiltes Mordmerkmal*

Die folgenden Übersichtstabellen 25 und 26 zeigen, in welcher Konstellation die Mordmerkmale insgesamt angenommen wurden. Zunächst wird darauf eingegangen, dass bei 139 Mordopfern nur ein Mordmerkmal abgeurteilt wurde.

Tab. 25. *Anzahl der der Mordmerkmale, die allein abgeurteilt wurden (n = 221)*

Mordmerkmal	**n**	%
Mordlust	2	0,9
Zur Befriedigung des Geschlechtstriebs	2	0,9
Habgier	7	3,2
Sonst niedrige Beweggründe	34	15,4
Heimtücke	68	30,8
Grausam	0	0,0
Mit gemeingefährlichen Mitteln	4	0,5
Ermöglichungsabsicht	0	0,0
Verdeckungsabsicht	22	10,0
Insgesamt ein Mordmerkmal	139	62,9

Wird nur ein Mordmerkmal abgeurteilt, dominiert auch hier das Mordmerkmal der Heimtücke (n = 68), gefolgt von sonst niedrigen Beweggründen (n = 34). Die Mordmerkmale der Mordlust und zur Befriedigung des Geschlechtstriebs haben eine nur unbedeutende Relevanz. Zu 3,2% wurde das Mordmerkmal Habgier allein abgeurteilt, was im Vergleich zur Gesamtsumme darauf schließen lässt, dass dieses Mordmerkmal tendenziell in Kombination mit weiteren Mordmerkmalen vorliegt. In insgesamt 10,0% der Verurteilungen wurde das Mordmerkmal der Verdeckungsabsicht allein abgeurteilt.

Anders als das Mordmerkmal der Verdeckungsabsicht wird das Mordmerkmal zur Ermöglichung einer weiteren Tat nicht allein abgeurteilt.

2. Mehrere Mordmerkmale zusammen abgeurteilt

Bei insgesamt 82 Mordverurteilungen wurden mehrere Mordmerkmale angenommen. Unter den Kombinationen mehrerer Mordmerkmale dominiert das gemeinsame Vorliegen der Mordmerkmale sonst niedriger Beweggründe und Heimtücke. Bemerkenswert ist, dass bis auf das Mordmerkmal zur Befriedigung des Geschlechtstriebs jedes der noch verbleibenden acht Mordmerkmale in mindestens einer Kombination abgeurteilt wurde.

Tab. 26 *zusammen abgeurteilte Mordmerkmale (n = 221)*

Mordmerkmale	**n**	**%**
Sonst niedrige Beweggründe, Heimtücke	30	13,6
Habgier, Heimtücke, Ermöglichungsabsicht	16	7,2
Habgier, Ermöglichungsabsicht	15	6,8
Habgier, Heimtücke	7	3,2
Heimtücke, Verdeckungsabsicht	3	1,4
Mordlust, Heimtücke	2	0,9
Habgier, Verdeckungsabsicht	1	0,5
Habgier, Ermöglichungsabsicht, Verdeckungsabsicht	1	0,5
Habgier, Heimtücke, Verdeckungsabsicht	1	0,5
Sonst niedrige Beweggründe, grausam	1	0,5
Heimtücke, Ermöglichungsabsicht	1	0,5
Sonst niedrige Beweggründe, Heimtücke, Verdeckungsabsicht	1	0,5
Sonst niedrige Beweggründe, Heimtücke, grausam, mit gemeingefährlichen Mitteln	1	0,5
Sonst niedrige Beweggründe, Heimtücke, Ermöglichungsabsicht	1	0,5
Mordlust, sonst niedrige Beweggründe, Heimtücke, Ermöglichungsabsicht	1	0,5
Insgesamt	82	37,6

Wie erwartet, wird das Mordmerkmal der Habgier häufiger mit mindestens einem weiteren Mordmerkmal abgeurteilt als allein (vgl. Tab. 25, 26). Darunter wurden insbesondere in 7,2% aller Verurteilungen die Mordmerkmale Habgier, Heimtücke und Ermöglichungsabsicht zusammen abgeurteilt. Gefolgt von dem gemeinsamen Vorliegen der Mordmerkmale der Habgier und Ermöglichungsabsicht. Bei 3,2% der Verurteilungen wurde neben Habgier das Mordmerkmal der Heimtücke bejaht. Einmal wurden die Mordmerkmale Habgier, Heimtücke und Verdeckungsabsicht zusammen abgeurteilt. Habgier und Verdeckungsabsicht liegen in einem weiteren Fall vor (0,5%).

Auch das Mordmerkmal der Heimtücke wird häufig zusammen mit weiteren Mordmerkmalen abgeurteilt. Neben dem Mordmerkmal der Verdeckungsabsicht, der Ermöglichungsabsicht wurde das Mordmerkmal Heimtücke auch neben Mordlust bejaht (0,9%).

Bei zwei Verurteilungen wurde jeweils das Vorliegen von vier Mordmerkmalen angenommen: Zum einen wurden die Mordmerkmale sonst niedrige Beweggründe, Heimtücke, grausam, mit gemeingefährlichen Mitteln durch eine natürliche Handlungseinheit verwirklicht.

In diesem Fall tötete der Täter sein Opfer aus krasser Eifersucht und wegen Verletzung des „Besitzanspruches“, weil das von ihm getrennt lebende Opfer Kontakt zu ihrem Ex-Freund aufgenommen hatte. Der Täter übergießt das schlafende Opfer mit Benzin und zündet es an. Daraufhin wurde das Opfer wach und versuchte sich selbst zu löschen. Jeglicher Versuch ist jedoch misslungen. Bei vollem Bewusstsein verbrannte das Opfer. Während des Verbrennungsprozesses war das Opfer erheblichen Schmerzen und Qualen ausgesetzt. Denn, nicht nur, dass das Opfer äußere, erhebliche Verbrennungen erlitt, gelangte das Benzin auch in die Luft- und Speiseröhre des Opfers und durch jeden weiteren Atemzug verbrannte das Opfer auch innerlich.[1068]

In einem weiteren Fall wurde der Angeklagte wegen Mordes aus Mordlust, sonst niedrigen Beweggründen, Heimtücke und Ermöglichungsabsicht verurteilt.

In diesem Fall tötete der Verurteilte sein Opfer, um einen anderen Menschen sterben zu sehen. Nach der Tötung zerstückelte er die Leiche und nahm die Organe heraus. Schließlich briet er sich ein Stück Fleisch aus dem Oberschenkel des Opfers und aß das Fleisch.[1069]

3. *Wahlfeststellungen*

Die strafrechtlich dogmatische Wahlfeststellung erfasst das Problem, dass trotz Ausschöpfung aller Erkenntnismöglichkeiten nicht feststeht, wie sich die Tatverwirklichung gestaltet haben könnte. Und zwar entweder, weil der Täter durch alternative Verhaltensweisen ein bestimmtes Delikt verwirklicht hat, oder weil der Täter durch eine Verhaltensweise verschiedene gleich gelagerte Straftatbestände oder Tatbestandsalternativen desselben Delikts verwirklicht hat.[1070] Nach jedem ermittelten Geschehensablauf hat sich der Täter strafbar gemacht. Dabei verwirklichen die ermittelten Geschehensabläufe gleichwertige Straftatbestände.[1071]

Bei einer wahldeutigen Tatsachengrundlage ist auch im Kontext einer Verurteilung wegen Mordes eine Wahlfeststellung verschiedener Mordmerkmale möglich.[1072] So ist bei nicht exakt rekonstruierbaren Tathandlungen die Verwirklichung verschiedener Mordmerkmale „rechtlich möglich“.[1073] Erforderlich dafür ist, dass der Tatrichter „nach Ausschöpfung aller Beweismittel unter Ausschluss anderweitiger Geschehensabläufe“[1074] zu dem Schluss kommt, dass verschiedene Begehungsformen unter Berücksichtigung des zugrunde liegenden, konkreten Sachverhalts und der Beweismittel verschiedene Mordmerkmale erfüllen.[1075]

1068 Fallnr. 42.
1069 Fallnr. 152.
1070 *Rengier,* (2015), S. 567 RN. 14.
1071 *Rengier,* (2015), S. 567 RN. 14ff.
1072 BGH NStZ 2012, S. 441, S. 441; BGH NStZ-RR 1999, S. 106, S. 106; BGH NJW 1968, S. 659, S. 659.
1073 BGH, Urt. v. 08.03.2012 – 4 StR 498/11, LS.
1074 BGH NStZ 2012, S. 441, S. 442; BGH, Urt. v. 16.12.1998 – 2 StR 340–98, LS.
1075 Bei zwei Einzelstrafen Wahlfeststellung.

Tab. 27. *Wahlfeststellung (n = 221)*

Wahlfeststellung	Habgier	Ermöglichungsabsicht	n
Sonst niedrige Beweggründe	1	1	2
Verdeckungsabsicht	0	1	1
Insgesamt	1	2	3

Bei drei Verurteilungen wurden die Mordmerkmale wahlweise festgestellt, darunter waren die Mordmerkmale Habgier, sonst niedrige Beweggründe, Ermöglichungsabsicht und Verdeckungsabsicht betroffen. Die Wahlfeststellung wurde zwischen den Mordmerkmalen Habgier und sonst niedrigen Beweggründen festgestellt. In einem weiteren Fall lag die Wahlfeststellung zwischen sonst niedrigen Beweggründen und Ermöglichungsabsicht. In einem weiteren Fall lag die Wahlfeststellung zwischen Ermöglichungsabsicht und Verdeckungsabsicht vor.

4. Mordmerkmale und Sanktionen

Im Folgenden werden die Sanktionen bei Aburteilung einzelner Mordmerkmale dargelegt. Die Mordmerkmale Ermöglichungsabsicht und Grausam wurden in keinem der Fälle allein abgeurteilt.

Tab. 28. *Art der verhängten Sanktionen nach Anzahl und Art der Mordmerkmale (n = 221)*

	Art der verhängten Sanktion						
Mordmerkmal	Lebenslange Freiheitsstrafe		Lebenslange Freiheitsstrafe und Feststellung besonderer Schuldschwere		Zeitige Freiheitsstrafe		Gesamt
	n	%	n	%	n	%	
Mordlust	0	0	1	50,0	1	50,0	2
Zur Befriedigung des Geschlechtstriebs	2	100,0	0	0	0	0	2
Habgier	2	28,6	4	57,1	1	14,3	7
Sonst niedrige Beweggründe	17	50,0	10	29,4	7	20,6	34
Heimtücke	44	64,7	3	4,4	21	30,9	68
Mit gemeingefährlichen Mitteln	1	100,0	0	0	0	0	1

(*Fortsetzung*)

Tab. 28. *Fortsetzung*

	Art der verhängten Sanktion						
Verdeckungsabsicht	14	63,6	3	16,6	5	22,7	22
Sonst niedrige Beweggründe, Heimtücke	9	30,0	19	63,3	2	6,7	30
Habgier, Heimtücke, Ermöglichungsabsicht	4	25,0	9	56,3	3	18,8	16
Habgier, Ermöglichungsabsicht	9	60,0	6	40,0	0	0	15
Habgier, Heimtücke	4	57,1	3	42,9	0	0	7
Heimtücke, Verdeckungsabsicht	0	0	2	66,7	1	33,3	3
Mordlust, Heimtücke	1	50,0	0	0	1	50,0	2
Habgier, Verdeckungsabsicht	1	100,0	0	0	0	0	1
Habgier, Ermöglichungsabsicht, Verdeckungsabsicht	1	100,0	0	0	0	0	1
Habgier, Heimtücke, Verdeckungsabsicht	1	100,0	0	0	0	0	1
Sonst niedrige Beweggründe, grausam	0	0	1	100,0	0	0	1
Heimtücke, Ermöglichungsabsicht	0	0	0	0	1	100,0	1
Sonst niedrige Beweggründe, Heimtücke, Verdeckungsabsicht	0	0	1	100,0	0	0	1
Sonst niedrige Beweggründe, Heimtücke, grausam, mit gemeingefährlichen Mitteln	0	0	1	100,0	0	0	1
Sonst niedrige Beweggründe, Heimtücke, Ermöglichungsabsicht	0	0	1	100,0	0	0	1
Mordlust, sonst niedrige Beweggründe, Heimtücke, Ermöglichungsabsicht	0	0	0	0	1	100,0	1
insgesamt	110[1076]	50,5	64	29,4	44[1077]	20,2	218[1078]

1076 Bei einer Einzelstrafe Wahlfeststellung.
1077 Die drei noch ausbleibenden Verurteilungen waren die Wahlfeststellungen.
1078 Bei zwei Einzelstrafen Wahlfeststellung.

Mit Zunahme der Anzahl abgeurteilter Mordmerkmale wird die Sanktion „härter". Mehrere Mordmerkmale führen zwar auch zu zeitiger Freiheitsstrafe, jedoch wird häufiger die lebenslange Freiheitsstrafe ausgesprochen. Möglicherweise ist die Anzahl der abgeurteilten Mordmerkmale ein strafzumessungsrelevanter Faktor. Dies soll mittels der bivariaten und multivariaten Analysen herausgefunden werden.

X. Exkurs: Ausprägungen der einzelnen Mordmerkmale

Die einzelnen Voraussetzungen der Mordmerkmale als solche dürfen bei der Strafzumessung nicht bewertet werden. Denn Merkmale, die zur gesetzlichen Tatbestandsverwirklichung geführt haben, wie die Mordmerkmale für das Morddeliktkönnen bei der Strafzumessung nicht zu Lasten des Angeklagten gewertet werden (vgl. § 46 Abs. 3 StGB). Umstände, die jedoch über den gesetzlichen Rahmen des Mordmerkmals hinausgehen, können bei der Strafzumessung bewertet werden (vgl. Kap. 1.E.). Um einen Überblick zu erhalten, wie sich die Empirie der verwirklichten Mordmerkmale gestaltet, soll im Folgenden auf das Vorliegen der einzelnen Mordmerkmale eingegangen werden. Aufgeführt werden die vom Gericht genannten Voraussetzungen. Dafür wurde der Datensatz von 221 Verurteilungen herangezogen.

Das Mordmerkmal der Mordlust (n = 5) wurde in 60% (n = 3) der Verurteilungen abgeurteilt, weil der Täter Freude an der Vernichtung eines anderen Menschenlebens hatte; die Tötungen erfolgten anlasslos. Bei 20% (n = 1) der Tötungen aus Mordlust wurde aus reinem sportlichen Vergnügen ein anderer Mensch getötet. 20% (n = 1) der Tötungen aus Mordlust geschahen aus Gründen der Angeberei. Keine Verurteilung erfolgt wegen der Tötung aus bloßem Zeitvertreib.

Von den insgesamt zwei Verurteilungen wegen Mordes zur Befriedigung des Geschlechtstriebs wurde bei einer Verurteilung das Mordmerkmal dadurch verwirklicht, dass der Täter durch den Tötungsakt sexuell befriedigt wurde (50%). Zu 100% (n = 2) befriedigten sich die Verurteilten noch an der Leiche und erreichten auch eine sexuelle Befriedigung. Ein Verurteilter zeichnete die Tötung und die anschließende Befriedigung visuell auf, um sich zusätzlich an dem gefilmten Material befriedigen zu können (50%).

Das Mordmerkmal der Habgier lag zu 100% (n = 48) vor, weil der Täter aus reiner Gewinn- und Profitsucht tötete. In 18,8% (n = 9) der Tötungen war die Beute nicht ermittelbar; in weiteren 18,8% der Verurteilungen tötete der Verurteilte, um Wertgegenstände oder Zigaretten zu erlangen. 31,3% (n = 15) der Verurteilten wussten nicht, ob das Opfer überhaupt Wertgegenstände/Geld bei sich trug, sondern töteten das Opfer „auf gut Glück".

Tab. 29. *Höhe des Beutewertes bei Tötung aus Habgier*

Beutewert	n	%
0–150,00€	21	43,8
250,00€–1.000,00€	10	20,8
2.000,00€–10.000,00€	13	27,1
< 10.000,00€	1	2,1
Keine Angaben	2	4,2
insgesamt	48	100,0

Der geringste erbeutete Wert betrug 2,00€, gefolgt von 20,00€. Der höchste erbeutete Wert liegt bei 825.000,00€. In keinem Fall wurde das Opfer aufgrund eines bestehenden, fälligen Anspruchs oder um Unterhaltsverpflichtungen zu sparen getötet. Bei vier Verurteilungen (8,3%) wurde das Opfer wegen einer in Aussicht stehenden Erbschaft getötet, und bei drei Verurteilungen (6,3%), um Drogen zu erlangen. Bei drei Tötungen lag ein Auftragsmord vor.

Bei Tötungen aus sonst niedrigen Beweggründen (n = 69) wurde in 73,9% (n = 51) festgestellt, dass die Triebe und Regungen zum Zeitpunkt der Tötungen beherrscht und kontrolliert werden konnten. Bei 8,7% (n = 6) wurde diesbezüglich im Urteil nichts aufgeführt. Bei 1,4% (n = 1) wurde das Opfer getötet, um eine andauernde Gefahr zu beseitigen. Bei 50,7% (n = 35) stellte das Gericht fest, dass das Opfer bei der Tötungshandlung zum Objekt degradiert wurde. Bei 15,9% (n = 11) wurde ein spontaner Tatentschluss festgestellt. Weder eine Tötung aus Rassenhass, noch eine Tötung aus Geiz war unter den Tötungen aus sonst niedrigen Beweggründen. Die Motive der sonst niedrigen Beweggründe ließen sich zu 30,4% (n = 21) zu Tötungen zur Bestrafung (Vernichtungswille), zu 17,4% (n = 12) zu Tötungen aus Hass/Wut, zu 8,7% (n = 6) zu Tötungen zur Wiederherstellung der Ehre zusammenfassen. In 1,4% (n = 1) der Aburteilung des Mordmerkmals dominierte das Motiv der reinen Eifersucht, in 5,8% (n = 4) der Fälle lag das Motiv der Rache vor und in weiteren 1,4% (n = 1) war das Motiv des Neids gegeben. Für weitere 31,9% (n = 22) gab es kein Anlass zur Tötung. Für 2,8% (n = 2) ließ sich kein Motiv festmachen.

Von den insgesamt 132 heimtückischen Tötungen wurden 14,4% (n = 19) vor der Tötung in einen Hinterhalt bzw. in eine Falle gelockt; bei 12,1% (n = 16) lauerte der Verurteilte dem Opfer vor der Tötung auf. Bei 8,3% der Fälle (n = 11) ging der Tötung ein Konflikt voraus. 20,5% (n = 27) der Opfer wurden im Schlaf getötet. Bei 1,5% (n = 2) der Verurteilungen wegen heimtückischer Tötung wurde das Mordmerkmal bzw. das Tatbestandsmerkmal der Arglosigkeit angenommen, weil eine schutzbereite dritte Person arglos war, denn das Mordopfer war unter 3 Jahren und konnte keinen Argwohn hegen. Bei 26,5% (n = 35) wurde eine lästige Person getötet. Einen Vorsatzwechsel zwischen Körperverletzungsvorsatz zu

Tötungsvorsatz konnten die Gerichte nicht feststellen. Bei 90,2% (n = 119) der Verurteilungen wegen heimtückischer Tötung stellte das Gericht ausdrücklich eine feindselige Handlung fest; bei den noch fehlenden 7,6% (n = 10) wurde die von der Rechtsprechung entwickelte Voraussetzung der feindseligen Willensrichtung nicht erwähnt. Ferner wurde das subjektive Moment des Heimtückemordmerkmals „bewusstes Ausnutzen der Arg- und Wehrlosigkeit" bei 51,5% (n = 68) ausdrücklich erwähnt, bei weiteren 40,2% (n = 53) stellte das Gericht fest, dass der Täter einen für das Opfer empfundenen Überraschungsmoment bewusst zur Tötung ausnutzte. Bei 6,1% (n = 8) wurde dieses Erfordernis nicht erwähnt und geprüft; für 2,3% (n = 3) ließ sich diesbezüglich aus dem Strafurteil nichts entnehmen.

7,6% (n = 10) der heimtückischen Tötungen geschahen spontan in einer affektiven Erregung. Unter den heimtückischen Tötungen wurden 27,7% (n = 36) der Opfer erstochen, 24,6% (n = 32) wurden erwürgt, 13,1% (n = 17) wurden erschlagen und 12,3% (n = 16) wurden erschossen. Ein Opfer wurde verbrannt. 22,7% (n = 30) der Opfer wurden auf andere Art getötet.

Unter den Verurteilungen (n = 221) waren zwei grausame Tötungen; das Gericht stellte regelmäßig fest (n = 2), dass das Opfer während des Tötungsakts unter außerordentlichen Schmerzen und besonderen Qualen litt und diese Qualen vom Täter bewusst verursacht wurden. Unter den grausamen Tötungen wurde das Merkmal weder durch Verhungernlassen noch durch Ingangsetzung eines sukzessiven Tötungsgeschehens verwirklicht. Vielmehr wurde in 50% der Fälle (n = 1) das Opfer bei Bewusstsein verbrannt und 50% der Fälle (n = 1) das Opfer gefoltert.

Das Mordmerkmal Tötung mit gemeingefährlichen Mitteln wurde insgesamt zweimal abgeurteilt. In beiden Fällen wurde jeweils ein Opfer getötet, wobei in einem der Fälle zusätzlich vier weitere Mordversuche zu Nachteil vier weiterer Personen versucht wurden, und in dem anderen Fall drei weitere Personen, darunter eine schwangere Frau, aus dem brennenden Mehrfamilienhaus gerettet werden mussten. In beiden Fällen herrschten nicht nur eine generelle, sondern eine konkrete Gefahr für weitere Menschen, die der Angeklagte auch bewusst wahrgenommen hatte. Zu 100% (n = 2) wurde das Mordmerkmal durch in Brandsetzung eines Wohnhauses verwirklicht. Dabei wurde jedoch keine Brandflasche oder ein sogenannter Molotowcocktail verwendet. Vielmehr wurde das Feuer durch Vergießen von Benzin (abgefüllt bei einer Tankstelle) und einem Feuerzeug entfacht.

Das Mordmerkmal der Ermöglichungsabsicht (n = 35) stand in 88,6% (n = 31) zusammen mit der Begehung eines Raubes, einer räuberischen Erpressung oder eines Diebstahls; wobei nicht jeder Mord in Ermöglichungsabsicht zusammen mit einem entsprechenden weiteren Delikt in Tateinheit/Tatmehrheit abgeurteilt wurde. Das Mordmerkmal der Ermöglichungsabsicht wurde bei der Tötung einer schwangeren Frau angenommen, da der Täter so die Tötung des ungeborenen Kindes erreichen wollte. Daneben wurde das Mordmerkmal zusammen mit dem Delikt der Störung der Totenruhe (§ 168 StGB) abgeurteilt, da die Tötung kannibalistischen Zwecken genügen sollte. In einem Fall tötete der Täter eine dem eigentlichen Opfer nahe stehende Person, um dann ungestört das eigentlich anvisierte Opfer töten zu können. Zwei weitere Ermordungen erfolgten zur Ermöglichung des Eintritts eines Erbfalls.

Die Tötung aus Verdeckungsabsicht (n = 29) wurde regelmäßig abgeurteilt, wenn strafrechtliche Straftaten verdeckt werden sollten (n = 22); bei 24,1% der Verurteilungen (n = 7) war zusätzlich das Ziel außerstrafrechtliche Konsequenzen zu verdecken. Unter den zu verdeckenden Taten war zu 3,4% (n = 1) der Besitz von Waffen, zu 24,1% (n = 7) ein Sexualdelikt, zu 44,8% (n = 13) ein Vermögensdelikt und zu 27,6% (n = 8) ein Delikt gegen Körper bzw. gegen das Leben. Außerstrafrechtliche Taten standen in einem Zusammenhang mit einem vorherigen Raub bzw. Diebstahl und bezogen sich auf die gesellschaftliche Stellung, die der Täter verlieren würde, oder die Kündigung des Arbeitsvertrages.

XI. Nachtatverhalten des Täters

Das Verhalten des Täters nach der Tat spielt ebenso eine wichtige Rolle bei der Strafzumessung wie die Tatausführung, die Beweggründe und Ziele des Täters (vgl. § 46 Abs. 2 StGB). Neben dem unmittelbaren Nachtatverhalten wie Vernichten von Tatspuren, Flucht des Angeklagten oder Verstecken der Leiche wird von diesem Umstand auch das Verhalten während des Strafverfahrens erfasst. Umstände, die das Ermittlungs- und/oder Zwischenverfahren beeinflussten, konnten nicht erhoben werden, da nur Strafurteile ohne dazugehörige Ermittlungs- und Verfahrensakten untersucht wurden. Wesentliche Faktoren des Verhaltens des Angeklagten im Verfahren sind die Selbstanzeige, Geständnis und Aufklärungsbemühungen. 14,3% (n = 28) der Verurteilten entschuldigten sich bei den Angehörigen für die Tötung. 34,6% (n = 62) waren geständig und 20,9% (n = 41) leisteten ein Teilgeständnis. Für 4,6% (N = 9) verlas der Verteidiger das Geständnis des Angeklagten. 10,0% (n = 20) bestritten den Tatvorwurf entweder durch eine selbst erklärte Aussage oder durch Vortragen des Verteidigers. 12,8% (n = 25) machten Gebrauch von ihrem Aussageverweigerungsrecht. Ferner kann strafmildernd herangezogen werden, dass der Angeklagte Reue zeigt, sich von Anfang an der Polizei gestellt hat und sich während des gesamten Verfahrens kooperativ gezeigt hat. Die Kooperationsbereitschaft ist in dieser Untersuchung dadurch erkennbar, ob sich der Angeklagte hat freiwillig von einem Psychologen/Psychiater untersuchen lassen. 87,2% (n = 171) der Verurteilten haben freiwillig in eine entsprechende Untersuchung eingewilligt, 7,6% (n = 15) lehnten eine Begutachtung ab und haben sich nicht gegenüber einem Psychologen/Psychiater geäußert. Für 5,1% (n = 10) konnten diesbezüglich keine Angaben erhoben werden.

Insgesamt 66,3% (n = 130) ergriffen nach der Tötungshandlung die Flucht, unter den Flüchtigen stellten sich jedoch 27,7% (n = 36) später der Polizei. Im Ergebnis wurden also 48,0% (n = 94) auf der Flucht ergriffen und in Untersuchungshaft/Unterbringung verbracht. 7,1% (n = 14) setzten sich ins Ausland ab. 20,4% (n = 40) stellten sich unmittelbar nach der Tötungshandlung der Polizei und zeigten sich selbst an. 25,0% (n = 49) zeigten von Anfang an Reue und 54,1% (n = 106) Einsicht.

Schadenswiedergutmachung und der Täter-Opfer-Ausgleich (§ 46a StGB) sowie die Regelung zur Aufklärungshilfe (vgl. § 46 b StGB) ermöglichen dem Gericht, den Strafrahmen nach § 49 Abs. 1 StGB zu mildern und damit von der lebenslangen Freiheitsstrafe abzuweichen. Schadenswiedergutmachungen und Täter-Opfer-Ausgleich wurden in keinen der Verurteilungen herangezogen. In zwei Verurteilungen wurde der Strafrahmen jedoch gemildert, weil der Verurteilte Aufklärungshilfe im Sinne von § 46b StGB leistete.

XII. Merkmale des Verurteilten

In den Bezugsjahren 2013 und 2014 wurden 196 Personen wegen vollendeten Mordes verurteilt. Unter den Verurteilten waren 88,8% männlich und 11,2% weiblich.

1. Alter des Verurteilten

Mit 98,5% dominieren erwartungsgemäß die erwachsenen Täter (n = 193). Der Median des Alters der Angeklagten liegt bei 38 Jahren; das arithmetische Mittel beläuft sich auf 38,9 Jahren. Der jüngste verurteilte Mörder ist 19 Jahre und der älteste 77 Jahre. Für zwei der Angeklagten konnte das Alter nicht ermittelt werden, sie wurden jedoch nach Erwachsenenstrafrecht verurteilt. 1% der Verurteilten waren Heranwachsende und wurden nach allgemeinem Strafrecht verurteilt. Die Werte sind normal verteilt.

2. Berufliche Situation des Verurteilten

Unter den Verurteilten waren 56,1% (n = 110) arbeitslose Personen und 36,2% (n = 71) waren berufstätig. 0,5% (n = 1) der Verurteilten waren Studenten und 4,1% (n = 8) waren Rentner. Für weitere 3,1% ließen sich die Angaben unter Sonstiges fassen: Darunter sind ein Gelegenheitsarbeiter, ein Asylbewerber, eine bereits inhaftierte Person und in drei Fällen Auszubildende. Unter den Arbeitslosen waren 4,5% obdachlos.

3. Nationalität des Verurteilten

Es überwiegen die deutschen Angeklagten mit 71,4% (n = 140). Bei 55,6% (n = 109) war der Geburtsort auch Deutschland. Für 40,3% (n = 79) war Deutschland nicht der Geburtsort und die Angeklagten, die deutscher Nationalität waren, hatten einen Migrationshintergrund. Für 4,1% (n = 8) ließ sich nicht ermitteln, wo der Geburtsort war. Mit 6,6% (n = 13) waren die Angeklagten türkische Staatsangehörige, gefolgt von 3,6% (n = 7) italienischer Nationalität. Weitere 17,9% waren ebenfalls Ausländer; unter ihnen waren zu je 2,0% (n = 4) rumänische und ungarische Angeklagte, zu je 1,5% (n = 3) kasachische, polnische und bulgarische Angeklagte, zu 1,0% (n = 2) russische Angeklagte und einmal (0,5%) ein litauischer Angeklagter. Zu 0,5% ließ sich keine Nationalität erheben.

4. Vorstrafenbelastung des Verurteilten

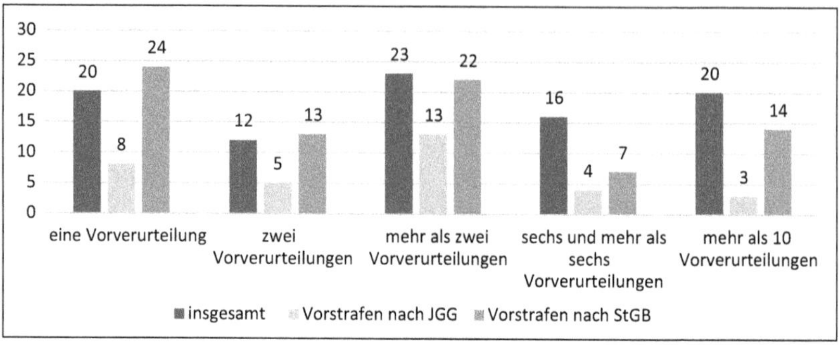

Abb. 13. *Vorstrafbelastung (n = 196)*

53,6% der Verurteilten wiesen keine Vorstrafenbelastung auf. 10,2% (n = 20) waren bereits einmal strafrechtlich in Erscheinung getreten. 6,1% der Verurteilten (n = 12) waren bereits zweimal strafrechtlich vorbelastet. 30,1% der wegen Mordes verurteilten Personen (n = 59) waren bereits mindestens zweimal vorbestraft.

Über 16,0% der verurteilten Personen wiesen mindestens eine Verurteilung nach Jugendstrafrecht auf. Insgesamt waren darunter 4,1% der Verurteilten einmal nach dem JGG vorbestraft und 75,8% bereits im jugendlichen Alter mehr als zweimal und maximal elfmal strafrechtlich auffällig und vorbestraft.

40,8% der Verurteilten waren nach dem allgemeinen Strafrecht vorbestraft. Während 12,2% bereits einmal vorbestraft waren, waren 14,8% bereits mehr als zweimal und maximal neunmal strafrechtlich vorbelastet. Die maximale Vorstrafenbelastung liegt bei 33 Vorstrafen (n = 1).

4.1 Schwere der Vorstrafen

Fünf Verurteilte (2,6%) waren bereits einschlägig (also wegen eines Tötungsdelikts) vorbestraft. Ein wegen Mordes Verurteilter (0,5%) war bereits einmal wegen Totschlags nach § 212 StGB verurteilt worden. 2,0% (n = 4) waren bereits wegen Mordes nach § 211 StGB verurteilt worden. Unter denen, die bereits wegen Mordes verurteilt worden waren, waren zwei Verurteilte, die neben dem Morddelikt auch wegen Raub mit Todesfolge (§ 251 StGB) bereits verurteilt wurden. Ein bereits wegen Mordes Verurteilter war auch bereits wegen Körperverletzung mit Todesfolge (§ 227 StGB) vorbestraft.

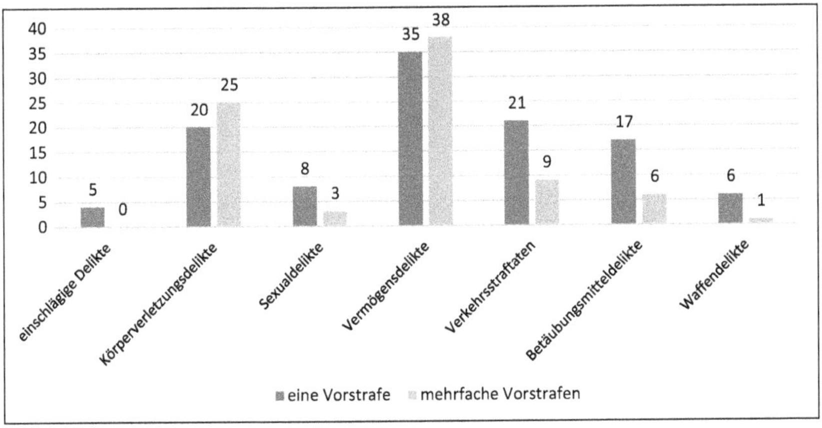

Abb. 14. *Art und Anzahl der Vorstrafenbelastung*

Es dominieren unter den Vorverurteilungen deutlich Vermögensdelikte. Neben den Körperverletzungsdelikten ist auch bei Vermögensdelikten eine mehrfache Vorverurteilung zu erkennen.

Unter sonstigen Vorstrafen befinden sich häufig Vorstrafen wegen Erschleichens von Leistungen (§ 265a StGB), Vorstrafen wegen Sachbeschädigung (§ 303 StGB), Vorstrafen wegen Beleidigungen (§ 185 StGB), Vorstrafen wegen Urkundenfälschung (§ 267 StGB) und Vorstrafen wegen Widerstands gegen Vollstreckungsbeamte (§ 113 StGB).

Tab. 30. *Sonstige Vorverurteilungen nach Delikten*

Delikt	**n**	**%**
Widerstand gegen Vollstreckungsbeamte (§ 113 StGB)	4	2,0
Sachbeschädigung (§ 303 StGB)	9	4,6
Beleidigung (§ 185 StGB)	4	2,0
Erschleichen von Leistungen (§ 265a StGB)	7	3,6
Hausfriedensbruch (§ 123 StGB)	4	2,0
Bedrohung (§ 241 StGB)	3	1,5
Urkundenfälschung (§ 267 StGB)	6	3,1
Gerichtliche Maßnhamen zum Schutz vor Gewalt und Nachstellung nach dem GewSchG	1	0,5
Sonstiges	2	1,0

4.2. Art und Anzahl früher verhängter Sanktionen

Die Geldstrafe wurde bei 38,8% der Verurteilten, die mindestens einmal vorbestraft waren, am häufigsten verhängt. In 27,6% der Vorverurteilungen wurde die zeitige Freiheitsstrafe auf Bewährung ausgesetzt. Für 15,3% der Vorverurteilten wurde die Freiheitsstrafe ohne Bewährung verhängt. 1,5% wurden bereits in einem psychiatrischen Krankenhaus (§ 63 StGB) und 2,6% bereits in einer Entziehungsanstalt (§ 64 StGB) untergebracht. Zu erkennen ist, dass bei einem kleinen Teil der Verurteiltenbereits Jugendstrafe verhängt worden war (3,1%). Dieser Umstand spricht dafür, dass eine kriminelle Karriere bereits im jugendlichen Alter begonnen hat.[1079]

Tab. 31. *Art und Anzahl der bereits früher verhängten Sanktionen (n = 196)*

Art der bereits früher verhängten Sanktion	n	%
Geldstrafe	76	38,8
Freiheitsstrafe mit Bewährung	54	27,6
Freiheitsstrafe ohne Bewährung	30	15,3
Unterbringung in einem psychiatrischen Krankenhaus § 63 StGB	3	1,5
Unterbringung in einer Entziehungsanstalt § 64 StGB	5	2,6
Jugendarrest	2	1,0
Jugendfreiheitsstrafe	6	3,1
Jugendstrafe: Arbeitsleistung/Verwarnung	4	2,0

5. Familienverhältnisse

Zu insgesamt 192 Verurteilten konnten aus den Urteilen Informationen zu familiären Verhältnissen und Entwicklungen seit der Geburt des Verurteilten gewonnen werden. 75,5% wuchsen ohne Besonderheiten und/oder Schwierigkeiten auf.

1079 *Verrel* (1996), S. 81.

Tab. 32. *Familienverhältnisse des Verurteilten (n = 192)*

Familienverhältnisse	**n**	**%**
Keine Angaben zu familiären Verhältnissen	4	2,0
Keine Auffälligkeiten	148	75,5
Verlust der Bezugsperson in der Kindheit	23	11,7
Heimaufenthalt in der Kindheit/Jugend	18	9,2
Aufenthalt in der Psychiatrie	18	9,2
Betreutes Wohnen	15	7,7
Eltern trennten sich/ließen sich scheiden	29	14,8
Alkohol-/Drogenprobleme der Eltern bekannt	13	6,6
Misshandlungen in der Kindheit/Jugend erfahren	16	8,2
Psychische Auffälligkeiten vom Arzt attestiert	24	12,2
Suchtproblem	51	26,0
Schwieriges/gestörtes Verhältnis zu Eltern/patriarchalisches Elternhaus	35	17,9
Bis zur U-Haft in dieser Sache erwerbstätig	15	7,7
Sozial integriertes Gesellschaftsleben	97	49,5
Unmittelbar nach Freilassung einer Vorstrafe Mord begangen	5	2,6
Gewohnheitstrinker	32	16,3
Asylantrag erfolgreich	4	2,0
Asylantrag ohne Erfolg	7	3,6
Keine Sprachkenntnisse	14	7,1
Angeklagter ist selbst Opfer von Delikten gegen den eigenen Körper gewesen	10	5,1
Schicksalsschlag erlitten	7	3,6
Gewalt-/Tötungsphantasien vor der Tat	6	3,1

Ein nicht geringer Anteil zeigte jedoch Schwierigkeiten seit der Kindheit auf: so wiesen 22,9% bereits problematische Verhältnisse in der Kindheit auf, indem sie zum einen Bezugspersonen verloren oder aufgrund eines ständigen Wechsels von Bezugspersonen keine konstante Lebensführung hatten und/oder in Kinderheimen untergebracht werden mussten. Es konnte ermittelt werden, dass sich in 14,8% der Fälle die Eltern während der Kindheit scheiden ließen/sich trennten. 8,2% Verurteilte wurden mindestens einmal in ihrer Kindheit zum Teil schwer missbraucht und misshandelt. Zudem hatten die Eltern Alkohol- und Drogenprobleme, als die Verurteilten noch bei ihnen lebten. In 17,9% der Urteile stellte das Gericht fest, dass das Verhältnis des Verurteilten zu seinen Eltern gestört war und/oder der Verurteilte unter einem streng patriarchalischen Erziehungsstil des Vaters litt. 16,9% der Verurteilten lebten mindestens einmal in ihrem Leben in einem betreuten Wohnen oder wurden in die Psychiatrie eingewiesen. 26,0% hatten ein Suchtproblem, in 12,2% der Verurteilungen war der Verurteilte bereits wegen psychischer Auffälligkeiten, die von einem Arzt attestiert wurden, in Behandlung; 3,1% der Verurteilten hatten vor der Tötung bereits Gewalt- und Tötungsphantasien Dritten gegenüber kommuniziert. Für 5,1% konnte ermittelt werden, dass sie im erwachsenen Alter selbst Opfer von Gewalttaten gegen den Körper geworden waren. Während sich für 7,7% der Verurteilten ermitteln ließ, dass die Verurteilten bis zur Inhaftierung erwerbstätig waren, konnte für 2,6% ermittelt werden, dass sie unmittelbar nach einer abgesessenen Strafe den Mord begingen.

Das Gericht stellte für 16,3% der Verurteilten fest, dass sie trotz des massiven Konsums von Alkohol und Drogen keine Ausfallerscheinungen aufwiesen, da sie Gewohnheitstrinker und Gewohnheitskonsumenten waren. Insbesondere wurde in einem derartig gelagerten Fall der sogenannte Hang im Sinne von § 64 StGB abgelehnt. 7,1% der Verurteilten, die einen Migrationshintergrund aufzeigten und in Deutschland lebten, waren der deutschen Sprache nicht mächtig. Es ließ sich ermitteln, dass für 3,6% der Nicht-Deutschen der Asylantrag abgelehnt worden war.

6. Entwicklung der persönlichen Verhältnisse

Schließlich konnten zu 96,9% der Verurteilten Angaben zu der Entwicklung zu den persönlichen Verhältnissen getroffen werden. Unter „Entwicklung der persönlichen Verhältnisse" lassen sich Umstände subsumieren, die das Gericht zum Lebenslauf festgestellt hat. Einzelne, aufgelistete Merkmale liegen kumulativ vor. Für 35,7% der Verurteilten stabilisierten sich die Lebensverhältnisse und der Verurteilte führte ein Leben ohne Auffälligkeiten. Hingegen ist für die Mehrzahl der Verurteilten zu erkennen, dass sich die persönliche Lebenssituation nicht stabilisierte. Insgesamt 24% der Verurteilten absolvierten bereits eine Therapie wegen einer Suchterkrankung, die jedoch in 5,1% der Fälle erfolglos verlief. Unmittelbar vor der Tötung litten 3,6% unter Wahnvorstellungen. In 28,1% trennte sich unmittelbar vor der Tötung der Partner von dem Verurteilten.

Tab. 33. *Entwicklung der persönlichen Verhältnisse des Verurteilten (n = 196)*

	n	%
Angaben zur Entwicklung der persönlichen Verhältnisse	190	96,9
Angaben zur Stabilisierung der persönlichen Verhältnisse	70	35,7
Angaben zur Destabilisierung der persönlichen Verhältnisse	116	59,2
Angaben zur erfolgreichen Durchführung einer Therapie in der Vergangenheit	37	18,9
Angaben zur erfolglos absolvierten Therapien	10	5,1
Angaben zur Verschuldung	59	30,1
Angaben zur Wahnvorstellung/Psychopathie vor der Tötung	7	3,6
Angaben zur endgültigen Trennung vom Partner unmittelbar vor der Tat	55	28,1
Angaben zur Obdachlosigkeit	9	4,6

XIII. Opfermerkmale

Von den insgesamt 221 ermordeten Opfern konnte für 54,3% (n = 120) Angaben zum Alter erhoben werden. Das arithmetische Mittel des Opferalters liegt bei 45,3 Jahren, wobei das jüngste Opfer einen Monat alt und das älteste Opfer 89 Jahre war.[1080] Die Opfer waren mehrheitlich männlich (n = 126). Einen Anteil von 43,0% machten weibliche Opfer aus (n = 95). Auf Opferseite ist der weibliche Anteil deutlich höher als auch Täterseite.[1081]

Die Opfer waren mit 87,4% (n = 193) regelmäßig deutsche Staatsangehörige; gefolgt von italienischen (n = 6) und türkischen (n = 5) Opfern. Zu je 0,5% (n = 1) waren die Opfer bulgarischer, griechischer, iranischer, kroatischer, libanesischer, polnischer, russischer, thailändischer oder tschechischer Nationalität. In zwei Fällen waren die Opfer ukrainisch. Für sechs Opfer ließen sich keine Angaben der Nationalität erheben.

Bei 22,6% (n = 50) der Tötungen bestand zur Tatzeit noch eine vertraute Familienkonstellation wie Ehepartner, Geschwister, Eltern-Kind-Beziehung. Überwiegend wurden jedoch Opfer getötet, zu denen entweder gar kein Kontakt bis einschließlich zur Tötung bestand oder eine nur sporadische Bekanntschaft unterhalten wurde.

1080 Median: 46,0; Standardabweichung: 23,8.
1081 Vgl. Kap. 3.A.XII.

Tab. 34. *Täter-Opfer-Beziehung*

Täter-Opfer-Beziehung	n	%
Zufallsopfer	48	21,7
Bekanntschaft	46	20,8
Ex-Partner	32	14,5
Freundschaft	18	8,1
Ehepartner	15	6,8
intime Beziehung (Affäre)	14	6,3
Kontakt unmittelbar vor der Tat	11	5,0
Täter ist Elternteil	10	4,5
Nebenbuhler	8	3,6
räumliches Zusammenleben	6	2,7
verwandt	3	1,4
Täter ist Kind	3	1,4
Geschwister	3	1,4
verschwägert	2	0,9
Arbeitskollegen	2	0,9
Gesamt	221	100

B. Ermittelte Voraussetzungen der Feststellung der besonderen Schwere der Schuld

Von den 196 verurteilten Personen wurde für 42 Angeklagte neben der lebenslangen Freiheitsstrafe die besondere Schuldschwere festgestellt (§§ 57a, 57b StGB). Darunter wurde für 76,2% (n = 32) die Feststellung der besonderen Schwere der Schuld aufgrund einer Einzelstrafe nach § 57a StGB verhängt. Für 23,8% (n = 10) wurde die besondere Schuldschwere für eine Gesamtstrafe, also wegen mehrerer abgeurteilter Delikte, im Wege des § 57b StGB festgestellt. Unter den Verurteilungen waren insgesamt 64 Opfer.[1082] Die verurteilten Personen töteten in 28,6% (n = 12) der Fälle zwei Mordopfer, weitere 11,9% (n = 5) wurden aufgrund der Tötung von drei Mordopfern verurteilt. Am häufigsten (n = 25) wurde der Angeklagte wegen der Tötung eines Opfers verurteilt.

1082 Für n = 64 Einzelstrafen wurde die besondere Schwere der Schuld festgestellt.

I. Auswertung der geschriebenen Strafzumessungsgründe

Im folgenden Abschnitt werden die Tatsachen aufgezeigt, die das Gericht für die Feststellung der besonderen Schwere der Schuld aufgelistet und zur Begründung herangezogen hat. Die besondere Schwere der Schuld wurde bei insgesamt 42 Gesamtstrafen festgestellt. Obwohl die Verurteilung zu lebenslanger Freiheitsstrafe zwingend ist, wurden bei einer Verurteilung bereits auf der Strafzumessungsebene der Verurteilung wegen Mordes einzelne Strafzumessungsfaktoren abgewogen. Dabei wurden die Ausführungen unter dem Bezugspunkt „Strafzumessung" für Ausführungen zur besonderen Schwere der Schuld genutzt. Hier wurde beispielsweise aufgeführt, dass der Angeklagte bei der Tötungshandlung bewusst heftiger auf sein Opfer einschlug, als noch bei der Tat einen Tag zuvor; dabei unternahm er eine bewusste Steigerung des Energieeinsatzes und zeigte sich unbeeindruckt von der Tat an dem Tag zuvor. Sodann ging das Gericht auf die Feststellung der besonderen Schuldschwere ein. Dort wiederholten sich zum Teil die strafschärfenden Gesichtspunkte wie Art der Tötungsausführung und Gesinnung des Täters.

1. Umfang der Feststellung besonderer Schuldschwere

Um den Stellenwert der Strafzumessung der schriftlichen Urteilsbegründung zu ermitteln, wurden bei der Datenerhebung auch die Anzahl der Zeilenangaben einzelner Urteilsabschnitte erhoben.[1083] Die Zeilenangaben enthalten keine Zeugenaussagen und Angaben aus Sachverständigengutachten; es wurden nur solche Zeilen in die Aufzählung erfasst, die erkennen lassen, wie das Gericht entschied. Besonders kurze Zeilenangaben werden als floskelhafte Wiedergabe[1084] verstanden. Die folgende Übersichtstabelle zeigt neben der durchschnittlichen Anzahl der Zeilen (*aM*) die Standardabweichung (*SD*) und den Median (*Med.*). Die Standardabweichung beschreibt die durchschnittliche Entfernung vom Mittelwert[1085] und der Median erfasst die den Wert, der an der mittleren Stelle steht, wenn man die Werte der Größe nach sortiert. Das Zeichen % zeigt die Prozentangabe des durchschnittlichen Anteils im Urteil bei Feststellung besonderer Schuldschwere.

1083 Welche Urteilsabschnitte dafür herangezogen werden, vgl. folgende Tabelle.
1084 *Siol*, (1973), S. 78.
1085 *Janssen/Laatz*, (2017), S. 212, 220.

Tab. 35. *Anzahl der Zeilen für die Urteilsbestandteile bei Feststellung der besonderen Schuldschwere*

Merkmale n = 42	%[1086]	**Zeilen**		
		aM	**SD**	**Med.**
Person	12,5	108,24	77,215	93,50
Angeklagtenverhalten während der Hauptverhandlung	1,0	8,52	13,558	4,00
Mordtat	57,4	497,86	542,864	336,00
Tatmotiv	1,9	16,10	14,017	9,50
Opfer: besondere Leiden bei Tathandlung	3,4	29,57	26,754	19,50
Tatfolgen für Opferangehörige	0,4	3,76	9,047	0,00
Angenommenes Mordmerkmal	7,3	63,48	45,198	59,50
Abgelehntes Mordmerkmal	0,6	5,12	13,029	0,00
Verminderte Schuldfähigkeit	7,3	63,29	54,459	51,50
Strafmilderung	0,2	1,40	5,446	0,00
Strafzumessung	0,5	4,29	10,280	0,00
Feststellung besonderer Schuldschwere	14,1	37,64	24,235	32,50
Unterbringung in Maßregelvollzug §§ 63, 64 StGB	0,5	4,76	13,548	0,00
Anordnung zur Sicherungsverwahrung	2,8	23,19	56,555	0,00

Bei der Feststellung besonderer Schuldschwere dominieren mit hoher Zeilenangabe die Angaben zur Mordtat; gefolgt von den Angaben zur Person. Die Feststellung der besonderen Schuldschwere nimmt mit 14,1% einen geringen quantitativen Stellenwert in dem Urteil ein.

Unter den Urteilen mit Feststellung der besonderen Schuldschwere waren insgesamt nur zwei abgekürzte Urteile im Sinne des § 267 Abs. 4 StPO, sodass von einer Darstellung der Zeilenangaben bei abgekürzten Urteilen abgesehen wurde.

Neben der Verurteilung zu lebenslanger Freiheitsstrafe und der Feststellung der besonderen Schwere der Schuld wurde zusätzlich noch bei fünf Verurteilungen die Unterbringung in der Sicherungsverwahrung (§ 66 StGB) angeordnet.[1087]

1086 Bezogen auf die durchschnittliche Gesamtzeilenangabe im Urteil 867,22 = 100,0%.
1087 Fallnr. 18, 108, 121, 211–212.

Maßregeln, die die Unterbringung in einem psychiatrischen Krankenhaus (§ 63 StGB) oder in einer Entziehungsklinik (§ 64 StGB) betreffen, wurde neben der Feststellung der besonderen Schuldschwere nicht angeordnet.

2. Genannte, gerichtliche Voraussetzung der Feststellung der besonderen Schwere der Schuld im Sinne der §§ 57a, 57b StGB

Im Folgenden wird darauf eingegangen, wie die Gerichte die Feststellung besonderer Schuldschwere nach § 57a Abs. 1 S. 1 Nr. 2 StGB begründeten. Wird die besondere Schwere der Schuld wegen einer Tat verhängt, so sind die einzelnen Umstände gegeneinander abzuwägen. Bei der Verhängung der lebenslangen Freiheitsstrafe als Gesamtstrafe sind nach § 57b StGB für die Voraussetzung der besonderen Schwere der Schuld grundsätzlich sämtliche der Gesamtstrafe zugrunde liegenden Taten heranzuziehen.[1088] Das Gericht hat alle im Einzelfall für und gegen den Angeklagten sprechenden Faktoren abzuwägen, um die Feststellung der besonderen Schuldschwere zu treffen. Die Gesamtwürdigung von Tat und Täterpersönlichkeit ist neben der Voraussetzung einer ungünstigen Legalprognose erforderlich.

Wie bereits die obigen Ausführungen darlegten (vgl. Kap. 1.E.III.), sind für die Feststellung der besonderen Schuldschwere (§ 57a Abs. 1 S. 1 Nr. 2 StGB) dem Gesetzestext keine klaren Voraussetzungen zu entnehmen. Für die folgende Darstellung wurden die Oberbegriffe gewählt, die sich aus der höchstrichterlichen Rechtsprechung ergeben haben.[1089] Nach der Datenerhebung konnten Kategorien gewonnen werden, die regelmäßig und mindestens in zwei Verurteilungen auftraten. Die Kategorien wurden nach Nennungshäufigkeiten der Gerichte gebildet. Die Kategorien „besonders verwerfliche Tatausführung", „Tötung über das Normalmaß hinaus", „Überschreitung des Mindestmaßes an Schuld" und „Gefährlichkeit des Angeklagten" konnten erfasst werden.

2.1. Besonders verwerfliche Tatausführung

Unter dem Merkmal der besonders verwerflichen Tatausführungen lassen sich alle Umstände subsumieren, die sich aus§ 46 Abs. 2 StGB im Hinblick auf die Art der Ausführung und die verschuldeten Auswirkungen der Tat entnehmen lassen.[1090] In 78,6% (n = 33) der Feststellungen stellten die Gerichte darauf ab, dass die besondere Schwere der Schuld aufgrund einer besonders verwerflichen Tatausführung vorlag. Die einzelnen Umstände, die unter die besonders verwerfliche Tatausführung subsumiert werden, können kumulativ vorliegen. In den folgenden Tabellen werden die *schriftlichen* Merkmalsausprägungen entsprechend ihrer Häufigkeit dargestellt.

1088 BGH NStZ 2009, S. 203.

1089 Vgl. Kap. 1.E.II.3.

1090 *Schäfer/Sander/v. Gemmeren,* (2012), S. 178 RN. 635.

Tab. 36. *besonders verwerfliche Tatausführung bei Feststellung der besonderen Schuldschwere (n = 33)*

Nr.	Merkmal	n	%
1	Brutale/menschenverachtende Tatausführung	18	54,5
2	Ausnutzen des Vertrauens des Opfers	10	30,3
3	Reines Zufallsopfer	9	27,3
4	Nachtatverhalten	7	21,2
5	Widerstandsunfähiges/schwaches Opfer	6	18,2
6	Kinder/Angehörige mussten Tötung mit ansehen	4	12,1
7	Hinterhalt	3	9,1
8	Verstümmelung der Leiche	1	3,0

Schuld erschwerend führten die Gerichte bei der besonders verwerflichen Tatausführung auf, dass eine besonders menschenverachtende Tötung verwirklicht wurde, die erheblich von gewöhnlichen Morden abweicht (Nr. 1). Damit zeigt sich, dass die Art der Tatausführung auch bei Mordverurteilungen eine wesentliche Rolle spielt, wie bereits andere Strafzumessungsuntersuchungen zeigten.[1091] Schuld erschwerend wurde auch der Umstand bewertet, dass der Täter ein reines Zufallsopfer tötete (Nr. 3). Hingegen wurde in weiteren 30,3% der Fälle das Ausnutzen eines besonderen Vertrauens des Opfers aufgegriffen, was gezielt für die Tötung ausgenutzt wurde (Nr. 2). In 21,2% der Fälle wurde unter der besonders verwerflichen Tatausführung das Nachtatverhalten des Angeklagten erwähnt (Nr. 4) wie Fälschung von Beweismitteln, Schaffen eines umfassenden Alibis oder der Vorgabe, die Opfer seien verreist und deswegen nicht auffindbar.

2.2. Über das Normalmaß hinaus

In 78,6% (n = 33) der Verurteilungen wurde die besondere Schuldschwere daran festgemacht, dass die Tötung über das Normalmaß hinausging. Dabei ist bemerkenswert, dass die Gerichte nicht weiter den abstrakten Umfang „über das Normalmaß hinaus“ definierten, sondern vielmehr inhaltlich begründeten, was im konkreten, zu entscheidenden Einzelfall zu der Annahme führte. Auch hier ist zu beobachten, dass sich die einzelnen Voraussetzungen des § 46 Abs. 2 StGB wiederfinden wie Beweggründe und Ziele des Täters und der bei der Tat aufgewendete Wille. Daneben erweist sich hier die Anzahl an weiteren Opfern und/oder weiteren Delikten als zuverlässiges Indiz für die Feststellung besonderer Schuldschwere (Nr. 1, 3, 6).

1091 *Hoppenworth*, (1991), S. 146.

Tab. 37. *Umstände, die über das Normalmaß hinausgehen (n = 33)*

Nr.	Merkmal	n	%
1	Tatmehrheit mit weiteren Delikten	30	90,9
2	Anzahl der Mordmerkmale	29	87,9
3	Mehrere Opfer insgesamt	25	75,8
4	Vernichtungswille	24	72,7
5	Umfassende Tatplanung	23	69,7
6	Mehrere Mordopfer	17	51,5
7	Keine Veranlassung	11	33,3
8	Machtdemonstration/Vergeltungsschlag	5	15,2

Unter Tötungen, die das Normalmaß übersteigen, dominieren insbesondere Tötungshandlungen mit mehreren Opfern (Nr. 3, 6), als auch die Verwirklichung weiterer Delikte, darunter auch Morddelikte (Nr. 1, 6) und die Anzahl bzw. Ausprägung der abgeurteilten Mordmerkmale (Nr. 2). Unter den Verurteilungen waren in 17 Fällen weitere abgeurteilte Mordopfer. Es überwiegen aber bei der Feststellung der besonderen Schuldschwere die Verurteilungen wegen Mordes zu Lasten eines Opfers.

2.3. Verteilung der Mordmerkmale

Kam das Gericht zu der Annahme, dass die Tötung über das Normalmaß hinausgehe, so erwähnte es hier regelmäßig, dass bei der Tötung eines Opfers mehrere Mordmerkmale vorlagen. Zu beobachten ist, dass die besondere Schuldschwere primär bei Vorliegen mehrerer Mordmerkmale angenommen und dieser Umstand durch die Gerichte damit begründet wird, dass die Verwirklichung von mindestens zwei Mordmerkmalen über das Normalmaß der Tötung hinausgeht. So lagen bei 31 Verurteilungen mit Feststellung der besonderen Schuldschwere mehrere Mordmerkmale vor.

Tab. 38. *Mehrere abgeurteilte Mordmerkmale bei Feststellung der besonderen Schuldschwere*

Nr.		**mehrere Mordmerkmale als Voraussetzung der besonderen Schuldschwere (§ 57a/57b StGB)**			**Gesamt**
		Trotz Vorliegens keine Wertung	**ja, strafschärfend**	**nein, strafmildernd**	
1	nur ein Mordmerkmal	7	3	4	14
2	Habgier, Heimtücke, Ermöglichungsabsicht	0	5	0	5
3	Habgier, Ermöglichungsabsicht	2	2	0	4
4	Habgier, Heimtücke	0	3	0	3
5	sonst niedrige Beweggründe, Heimtücke	0	12	0	12
6	Heimtücke, Verdeckungsabsicht	0	1	0	1
7	sonst niedr. Beweggründe, Heimtücke, grausam, mit gemeingefährlichen Mitteln	0	1	0	1
8	sonst niedrige Beweggründe, grausam	0	1	0	1
9	sonst niedrige Beweggründe, Heimtücke, Ermöglichungsabsicht	0	1	0	1
	Gesamt	11	29	4	42

Lediglich in einem Fall wurde bei Vorliegen der Mordmerkmale Habgier und Ermöglichungsabsicht darauf verwiesen, dass die Tötung zur Ermöglichung eines Raubes nicht von gewöhnlichen Mordfällen abweicht, und die Feststellung der besonderen Schuldschwere nicht auf die Anzahl der Mordmerkmale gestützt werden. 50,0% der Fälle insgesamt, bei denen die Mordmerkmale Habgier und Ermöglichungsabsicht vorlagen (n = 4), führten unter anderem zur Feststellung der besonderen Schuldschwere (Nr. 3). Lagen die Mordmerkmale sonst niedriger Beweggründe und Heimtücke zusammen vor (n = 12), so wurde hier zu 100,0% die Feststellung der besonderen Schuldschwere ausgesprochen, mit der Begründung, dass die Tötung über das Normalmaß hinausgeht (Nr. 5).

2.4. Gefährlichkeit des Täters

Der Anknüpfungspunkt „Gefährlichkeit des Täters" erfasst dem Grunde nach die Umstände, die das Vorleben des Täters, seine persönlichen und wirtschaftlichen Verhältnisse betreffen und von der Strafzumessungsvorschrift des § 46 Abs. 2 StGB beschrieben werden. Neben der (Gefahren-) Prognose weiterer Straftaten (Nr. 1) und der Feststellung der Gefährlichkeit des Täters (Nr. 2) werden hier auch Aspekte des Vorlebens des Täters (Vorstrafenbelastung, Hafterfahrung, Bewährungszeit) herangezogen (Nr. 3, 5, 6, 7).

Bei weniger als 50,0% (n = 19) wurde an die besondere Gefährlichkeit des Täters angeknüpft (Nr. 2). Anknüpfungspunkt war für die Gerichte häufig die Vorstrafenbelastung des Angeklagten; insbesondere wurde bei einem Verurteilten aufgeführt, dass dieser bereits einschlägig wegen Mordes vorbestraft und bewährungsbrüchig sei. Bei diesem Fall lag die Besonderheit darin, dass der Angeklagte wegen Polizistenmordes bereits verurteilt war und wiederholt einen Polizisten tötete. Primär wurde die Gefährlichkeit des Täters aber auch damit begründet, dass weitere schwerwiegende Straftaten zu befürchten seien. Unter dem Bezugspunkt „Gefährlichkeit des Täters" wurde aber auch aufgeführt, dass der Verurteilte strafempfindlich sei. Dennoch, und das verwundert, wurde die besondere Schuldschwere festgestellt, was eine Strafrestaussetzung nach 15 Jahren Strafhaft verwehrt.

Tab. 39. *Tätermerkmale bei Feststellung der besonderen Schuldschwere (n = 42)*

Nr.	Merkmal	n	%
1	Weitere Straftaten zu befürchten	26	61,9
2	Die aus der Tat sprechende Gefährlichkeit des Täters	19	45,2
3	Vorstrafenbelastung	13	31,0
4	Strafempfindlichkeit	9	21,4
5	Unbeeindruckt von vorherigen Tötungen	7	16,7
6	Mord während der Bewährungszeit	6	14,3
7	Bereits mehrere Jahre inhaftiert	2	4,8

2.5. Mindestmaß an Schuld überschritten

In 76,2% (n = 32) stellten die Gerichte fest, dass die Tötung das Mindestmaß der Schuld deutlich überschritten hat. Dieser Umstand wurde namentlich ohne weitere abstrakte Definition erwähnt und damit gerechtfertigt, dass entweder eine besonders verwerfliche Tatausführung oder eine Handlung, die über das Normalmaß hinausging, vorlag und von dem Täter eine besondere Gefährlichkeit ausgehe.

2.6. Umstände mit strafzumessungsrelevanter Bewertung

Es wurden nicht nur Umstände im Urteil aufgezeigt, die zur Feststellung der besonderen Schwere der Schuld führten. Zum Teil wurde neben der reinen Nennung dieser Umstände auch eine strafzumessungsrelevante Bewertung vorgenommen. Bemerkenswert ist aber, dass nicht in jedem Urteil eine Strafzumessungsabwägung stattfand. Aus dem Urteil ließ sich dann eine entsprechende Tendenz erkennen, dass das Gericht die maßgebenden Faktoren für die Bestimmung der besonderen Schwere der Schuld bewertet hatte, indem das Gericht Merkmale zulasten bzw. zugunsten des Angeklagten gewichtete. Diese Wertung fand jedoch – wie bereits dargestellt – nicht bei jeder Verurteilung statt. Denn zum Teil beließen es die Gerichte dabei, die zur Feststellung der besonderen Schuldschwere bestimmenden Faktoren nur zu benennen. In der folgenden Übersichtstabelle 40 werden die Merkmale aufgelistet, die durch die Gerichte eine Wertung erfahren haben und entsprechend aus den Urteilen hervorgingen. Die Kategorien differenzieren nach strafschärfender und strafmildernder Bewertung. Die Zusätze „ja“ und „nein“ zeigen auf, ob das Gericht das Vorliegen eines Merkmals („*ja*“) oder das Fehlen eines Merkmals („*nein*“) bewertet hat.

Tab. 40. *Umstände, die eine strafzumessungsrelevante Bewertung erfahren haben (n = 42)*

Nr.	Anknüpfungspunkt		n	%
1	Besonders verwerfliche Tatausführung	nein	11	26,2
		ja	33	78,6
		Strafschärfend	31	73,8
2	Mehrere Mordmerkmale	Nein	15	35,7
		Ja, strafschärfend	29	69,0
		Nein, strafmildernd	4	9,5
3	Vorstrafenbelastung	Nein	15	35,7
		Ja, strafschärfend	13	31,0
		Nein, strafmildernd	10	23,8
		Ja, strafmildernd	1	2,4

Tab. 40. *Fortsetzung*

Nr.	Anknüpfungspunkt		n	%
4	Keine Provokation des Opfers	Nein	21	50,0
		Ja, strafschärfend	11	26,2
		Nein, strafmildernd	1	2,4
5	Geständnis	nein	8	19,0
		Ja, strafmildernd	14	33,3
6	Strafempfindlichkeit	Nein	6	14,3
		Nein, strafmildernd	1	2,4
		Ja, strafmildernd	9	21,4
7	Persönlichkeitsstörung tatauslösend	Nein	5	11,9
		Ja, strafmildernd	8	13,0
8	Nachtatverhalten	Nein	27	64,3
		Ja	7	16,7
		Ja, strafschärfend	6	14,3
9	Angeklagter wurde unter Druck gesetzt	Nein	6	14,3
		Ja, strafmildernd	3	7,1
10	Lebensweg	Nein	6	14,3
		Ja, strafmildernd	2	4,8
11	Drohende Ausweisung	nein	6	14,3
		Ja, strafmildernd	1	2,4

Die Feststellung der besonderen Schuldschwere wurde in insgesamt 78,6% (n = 33) an der verwerflichen Tatausführung festgemacht. Darunter wurde dieser Umstand bei 93,9% der Verurteilungen (n = 33) strafschärfend gewertet (Nr. 1). Bei den ausbleibenden 6,1% erwähnte das Gericht als „schulderschwerenden Umstand“ die besonders verwerfliche Tatausführung, jedoch ohne diesen Umstand als „strafschärfend“ zu benennen. Wurden mehrere Mordmerkmale verwirklicht, so wurde dieser Umstand regelmäßig (100,0%) zu Lasten des Angeklagten ausgelegt (Nr. 2). Wurde nur ein Mordmerkmal verwirklicht, so wurde dieser Umstand zum Teil strafmildernd bewertet. War der Angeklagte bereits strafrechtlich in Erscheinung getreten, so wurde dies in 92,3% der Fälle zu Lasten des Angeklagten aufgeführt (Nr. 3); hingegen wurde in einer Verurteilung darauf hingewiesen, dass der Angeklagte noch nicht einschlägig vorbestraft war und seine Delinquenz eher in Bagatelldelikten anzusiedeln ist, sodass dieser Umstand nicht zu Lasten des Angeklagten herangezogen wurde.

Trotz Feststellung der besonderen Schuldschwere neben der lebenslangen Freiheitsstrafe wurden auch Aspekte gefunden, die zu Gunsten des Angeklagten gewertet wurden, die sich jedoch auf das Gesamtergebnis nicht auswirkten. Hierunter fiel primär, dass sich der Angeklagte geständig zeigte (Nr. 5) und zur Aufklärung der Tat beitrug. Daneben wurde auch der Umstand keiner Vorstrafenbelastung strafmildernd berücksichtigt (Nr. 3).

Zusammenfassend ist festzuhalten, dass bei der Bewertung der Merkmalsausprägungen die Tatausführung, die Vorstrafen und das Vorliegen mehrerer Mordmerkmale bei den schriftlichen Strafzumessungstatsachen eine bedeutende Rolle spielen. Von untergeordneter Bedeutung sind Nachtatverhalten, Täterpersönlichkeit, individuelle Täterverhältnisse und die Wirkung von Strafe. Die Ergebnisse der geschriebenen Strafzumessungstatsachen gleichen den Ergebnissen früherer Untersuchungen,[1092] die ebenfalls objektiv feststellbare Faktoren für die Strafzumessungsabwägung ermittelten. Daneben wird auch ein Mitverschulden des Opfers häufig aufgegriffen. So wurde eine Provokation durch das Opfer zu Gunsten des Angeklagten herangezogen. Dieser zu Gunsten des Angeklagten gewertete Umstand wirkt sich aber bei der Verurteilung nicht strafbegünstigend aus.

3. *Merkmalsausprägung der Feststellung besonderer Schuldschwere insgesamt*

Betrachtet man die Merkmalsausprägungen insgesamt, wirkt sich die angenommene besondere Gefährlichkeit des Täters nicht gravierend auf die Feststellung besonderer Schuldschwere aus. Vielmehr wirkt sich aus, dass der Täter durch die Tötung das Mindestmaß an Schuld deutlich überschritt und die besonders verwerfliche Tatausführung über das Normalmaß üblicher Morde weit hinausging. Strafzumessungstatsachen, die die Tatintensität, Tatvorbereitung und Tatausprägung erfassen, haben eine bedeutende Relevanz.

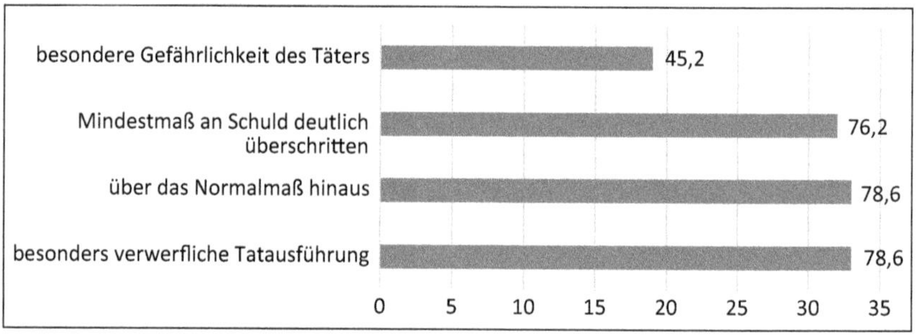

Abb. 15. *Merkmalsausprägung der Feststellung besonderer Schuldschwere (n = 42)*

1092 *Schöch,* (1972), S.118; *Verrel,* (1995), S. 199; *Albrecht,* (1994), S. 348ff.

Für die Beantwortung der Frage, welchen Stellenwert die Strafzumessung bei Feststellung besonderer Schuldschwere im Urteil hat, können einzelne geschriebene Strafzumessungstatsachen erkannt werden, die auch bei gesetzlich vorgeschriebenen Strafzumessungserwägungen herangezogen werden. Wichtigster geschriebener Strafzumessungsfaktor ist bei etwa 80% die Art der Tatausführung, und zwar entweder, weil sie besonders verwerflich ist und/oder weil die Tötung über das Normalmaß hinausgeht. Dabei kommt der Anzahl an weiteren Delikten bzw. weiteren Opfern, unabhängig davon, ob die Opfer Mordopfer oder anderweitige Opfer sind, eine entscheidende Bedeutung für die Feststellung besonderer Schuldschwere zu. So wurde in knapp 72% (n = 30) der Urteile auf diese Umstände Bezug genommen. Tatbezogene Strafzumessungstatsachen dominieren bei der Feststellung besonderer Schuldschwere.

Häufiger als erwartet, nahmen die Gerichte auch Stellung zu der Strafempfindlichkeit des Angeklagten und berücksichtigten diesen Umstand zu seinen Gunsten. Wie auch bei früheren Strafzumessungsuntersuchungen[1093] werden Lebensumstände des Angeklagten strafmildernd herangezogen. Zulasten wurden hier wie auch vermutet, Vorstrafen herangezogen.

Opferbezogene Merkmale wie Provokation durch das Opfer und Anzahl der Opfer werden herangezogen, wirken sich aber nicht auf ein Absehen der Feststellung der Schuldschwere aus.

4. *Feststellung der besonderen Schuldschwere wegen eines Mordopfers*

Aus den vorausgegangen Teil geht hervor, dass bei 25 Verurteilungen zu lebenslanger Freiheitsstrafe und der Feststellung besonderer Schuldschwere, der Angeklagte wegen Mordes an einem Opfer verurteilt wurde. Interessant erscheint die Frage, woran die Gerichte die Feststellung besonderer Schwere der Schuld festgemacht haben, da die Strafsenate des BGH verlangen, dass die besondere Schuldschwere insbesondere dann festzustellen sei, wenn mehrere Opfer getötet wurden.[1094] Aus der Datenvollerhebung der Bezugsjahre 2013 und 2014 ergibt sich ein anderes Bild; demnach wird häufiger bei Verurteilung wegen eines Mordopfers die besondere Schwere der Schuld festgestellt. Betrachtet man die einzelnen Faktoren, die für die Feststellung herangezogen wurden, so fallen keine gravierenden Unterschiede im Vergleich zu der Gesamtbetrachtung oben auf (vgl. Abb. 16).

1093 *Hoppenworth*, (1991), S. 153.
1094 BGH NStZ 1994, S. 540, S. 542; BGH Beschl. v. 30.11.1993 – 4 Ars. 27/93.

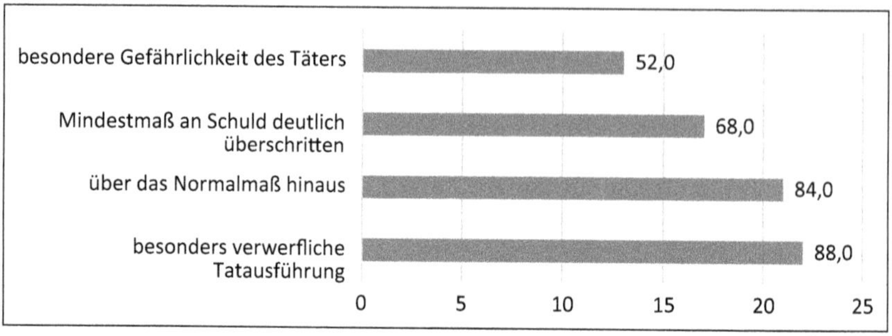

Abb. 16. *Voraussetzung der Feststellung besonderer Schuldschwere bei Verurteilung wegen Mordes zu Lasten eines Opfers (n = 25)*

Auch bei nur einem Mordopfer dominieren die Anknüpfungspunkte an die besonders verwerfliche Tatausführung (n = 22). Unter diesem Punkt werden häufig (n = 12) die besonders menschenverachtende, brutale Tötung erfasst, sowie der Umstand, dass für die Tötung gezielt das Vertrauen des Opfers ausgenutzt wurde (n = 6).

Erwartungsgemäß folgen auch hier Ausführungen über Merkmale, die über das Normalmaß hinausgehen. In 57,1% (n = 12) der Feststellung greift das Gericht hier die umfassende Tatplanung auf. Bei 60,0% (n = 15) stellten die Gerichte fest, dass der Angeklagte mit einem absoluten Vernichtungswillen sein Opfer tötete. Schließlich wurde die besondere Schuldschwere auch daran festgemacht, dass der Angeklagte weitere Straftaten an weiteren nicht ermordeten Opfern (n = 8) verwirklichte bzw. der Täter weitere Delikte verwirklichte (n = 13). In 60,0% (n = 15) der Feststellungen verwirklichte der Täter mehrere Mordmerkmale.

Bei 68,0% (n = 17) verwies das Gericht darauf, dass die Schuld des Angeklagten über das Mindestmaß hinausging. Die besondere Gefährlichkeit spielt ebenso wie bei der Grundgesamtheit keine gravierende Rolle. Bei sieben Verurteilten wurde die Vorstrafenbelastung strafschärfend bewertet. In 56,0% (n = 14) stellte das Gericht fest, dass weitere Straftaten zu befürchten seien.

Zusammenfassend lässt sich zu den Strafzumessungstatsachen bei nur einem Mordopfer feststellen, dass auch hier tatbezogene Umstände, die die Ausprägung der Tötung erfassen, dominieren. Im Vordergrund steht auch hier die besondere brutale und menschenverachtende Tötung entweder eines vollkommen fremden Opfers oder eines Opfers, zu dem zumindest eine vertrauliche Beziehung bestand. Dieses Ergebnis ist bemerkenswert, da es zwei sich widersprechende und gegensätzliche Ausprägungen erfasst. Täterbezogene Strafzumessungstatsachen spiegeln die oben genannten Ergebnisse wider; auch bei Verurteilung wegen Mordes zu Lasten eines Mordopfers kommt der strafrechtlichen Vorbelastung und der Tätergefährlichkeit eine Bedeutung zu.

Opferbezogene Merkmale hingegen wirken sich nur im Hinblick auf die Anzahl der getöteten Opfer nach § 211 StGB aus. Denn, obwohl zu Gunsten des Angeklagten eine Provokation des Opfers bewertet wurde, wurde dennoch die besondere Schwere der Schuld festgestellt.

5. *Feststellung der besonderen Schuldschwere bei mehreren Mordopfern*

Um die Feststellungbesonderer Schwere der Schuld zwischen einem und mehreren Mordopfern vergleichen zu können, wurden im Folgenden die Verurteilungen untersucht, bei denen der Angeklagte wegen der Tötung mehrerer Mordopfer verurteilt wurde. Die Feststellung besonderer Schuldschwere neben der lebenslangen Freiheitsstrafe wurde in 17 Fällen bei Vorliegen mehrerer Mordopfer ausgesprochen. Anders als bei den vorausgegangenen Merkmalsausprägungen dominiert bei der Verurteilung des Täters wegen Tötung mehrerer Mordopfer die Überschreitung des Mindestmaßes an Schuld (n = 15).

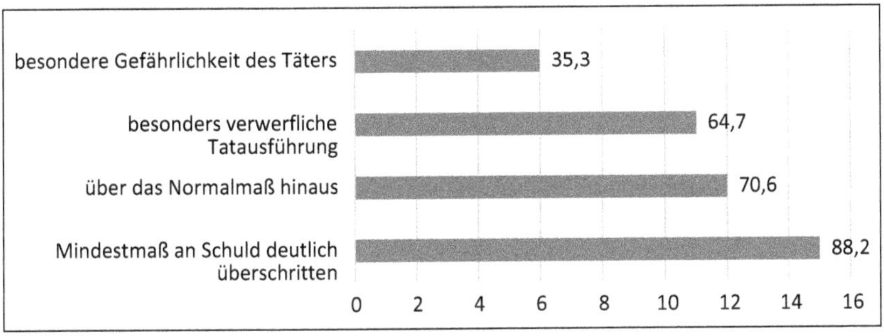

Abb. 17. *Voraussetzung der Feststellung besonderer Schuldschwere bei Verurteilung wegen Mordes zu Lasten eines Opfers (n = 17)*

Daneben werden häufig Ausführungen zu „über das Normalmaß hinaus" getroffen. Neben mehreren Mordopfern (n = 17) und weiteren Delikten (n = 17), darunter eben auch Morddelikte, dominieren Ausführungen zur umfassenden Tatplanung (n = 11) und der Verwirklichung mehrerer Mordmerkmale (n = 14).

Unter der besonders verwerflichen Tatausführung (n = 11) dominiert bei sechs Verurteilungen der Hinweis, dass die Tötung brutal und menschenverachtend war.

Wurde auf die besondere Gefährlichkeit des Täters (n = 6) eingegangen, so wurde hier regelmäßig auf die Vorstrafenbelastung verwiesen (n = 6). Bei 12 verurteilten Personen stellte das Gericht zudem fest, dass von den Verurteilten weitere Straftaten zu befürchten seien.

Zusammenfassend sind erhebliche Strafzumessungsfaktoren bei Vorliegen mehrerer Mordopfer tatbezogene Umstände wie besonders brutale Tatausführung, umfassender Tatplan und das Vorliegen mehrerer Mordmerkmale. Täterbezogene Merkmale wie Vorstrafenbelastung und Gefahrenprognose haben auch hier eine nur zweitrangige Bedeutung. Letztlich wird bei mehreren, zeitgleich ermordeten Opfern häufig darauf abgestellt, dass der Angeklagte durch die Tötung mehrerer Menschen das Mindestmaß an Schuld deutlich überschritten hat. Auch hier wirkt sich die Anzahl der Opfer erheblich aus.

6. *Ablehnungsgründe*

Bei insgesamt 13,3% der Verurteilungen wurde im Urteil das Vorliegen der Voraussetzung der besonderen Schuldschwere diskutiert und im Ergebnis abgelehnt. Primär wurde die besondere Schuldschwere deshalb abgelehnt, weil ein besonderes Abweichen von gewöhnlichen Mordfällen nicht vorlag (Nr. 3). Bei 3,1% wurde darauf hingewiesen, dass die Mordmerkmale Habgier und Ermöglichungsabsicht eine typische und regelmäßige Fallkonstellation bilden, sodass trotz der Verwirklichung von zwei Mordmerkmalen keine besondere Schwere der Schuld vorliegt (Nr. 1).

Tab. 41. *Ablehnungsgründe*

Nr.	Ablehnungsgründe	n	%
1	Habgier/Ermöglichungsabsicht	6	3,1
2	Verdeckungsabsicht	1	0,5
3	kein besonderes Abweichen	14	7,1
4	Augenblicksversagen	1	0,5
5	Provokation durch Opfers	1	0,5
6	Störung tatauslösend	3	1,5
7	Ohne Ausführung	170	86,7
8	Insgesamt Anzahl der Gesamtstrafen	196	100,0

7. *Zusammenfassung*

Nach den geschriebenen Urteilsgründen kommt es für die Annahme besonders schwerer Schuld i.S.d. § 57a Abs. 1 S. 1 Nr. 2 StGB auf Merkmale an, die eine besonders rücksichtslose und kriminelle Tatbestandsverwirklichung beschreiben. Tatbezogene Umstände, wie die Art und Weise der Tötung, die Anzahl der ermordeten Opfer und die Verwirklichung weiterer Straftaten an weiteren Opfern, bilden wesentliche Einflussfaktoren, die bei der Feststellung der besonderen Schuldschwere herangezogen werden.

Unabhängig davon, ob der Täter wegen eines Mordes oder wegen mehrerer Morde verurteilt wird, steht für die Feststellung besonderer Schuldschwere die besonders brutale und menschenverachtende Tötung im Vordergrund. Dieser Faktor zeigt die hervorgehobene Bedeutung tatbezogener Umstände. Dieser Eindruck wird auch durch die Erwähnung der Aburteilung mehrerer Mordmerkmale bestätigt.

Täterbezogene Merkmale wie Vorstrafenbelastung und Gefahrenprognose kommt eine strafzumessungsrelevante Bedeutung zu, die aber im Vergleich zu tatbezogenen Umständen eine sekundäre Relevanz haben.

Opferbezogene Merkmale, die die soziografischen Umstände des Opfers beschreiben, sind nicht relevant. Auch verfahrensbezogene Faktoren haben in den schriftlichen Urteilsgründen keine wesentliche Bedeutung für die Annahme besonderer Schuldschwere.

II. Untersuchung des statistischen Einflusses einzelner Strafzumessungstatsachen

Neben den genannten Strafzumessungsfaktoren, die im Urteil aufgelistet sind, wurden auch sonstige Urteilsabschnitte, vor allem Angaben zur Person des Verurteilten und des Opfers, als auch zur Sache wie Tatausführung, Tatvor- und Tatnachbereitung und das Verhalten während der Hauptverhandlung ausgewertet. Um statistisch errechnete Zusammenhänge ermitteln zu können, wurden zunächst Korrelationsanalysen durchgeführt. Mittels Korrelation kann die Stärke eines statistischen Zusammenhangs zwischen zwei Variablen ermittelt werden.[1095] Die Zusammenhangsmaße geben dabei an, „ob ein beobachteter Zusammenhang zwischen zwei Variablen statistisch abgesichert ist".[1096] Die Stärke des Zusammenhangs wird mit einem, auf die Variablen abgestimmten, Korrelationskoeffizienten ausgedrückt. Je nach Auswahl des Messniveaus der Variablen bestimmt sich die Art des Zusammenhangsmaßes. Unabhängig davon ist im Hinblick auf die Stärke des Zusammenhangs zwischen den Werten 0 und 1 zu unterscheiden: Der Wert 0 zeigt an, dass kein Zusammenhang zwischen den Variablen besteht. Je näher der errechnete Zusammenhangswert den Wert 1 kommt, desto besser ist die Stärke des Zusammenhangs.[1097]

Die abhängige Variable ist in diesem Teil der Untersuchung die Entscheidung des Gerichts, ob neben der lebenslangen Freiheitsstrafe die besondere Schwere der Schuld festgestellt wurde oder nicht. Da sich Antwortmöglichkeiten dieser abhängigen Variable auf zwei Merkmalsausprägungen beschränken und die möglichen Ausprägungen in keine (zählbare) Rangfolge zu setzen sind,[1098] ist die abhängige Variable eine nominal skalierte Variable.

1095 *Janssen/Laatz*, (2017), S. 269f.
1096 *Janssen/Laatz*, (2017), S. 267.
1097 *Janssen/Laatz*, (2017), S. 268.
1098 *Janssen/Laatz*, (2017), S. 210.

Die unabhängigen Variablen weisen ebenfalls nur zwei Ausprägungen auf, die genauso wie die abhängige Variable in keine Rangfolge zu setzen sind. Da auch die unabhängige Variable eine nominal skalierte Variable ist, können Aussagen über die Stärke des Zusammenhanges ermittelt werden.[1099] Das Zusammenhangsmaß orientiert sich demnach an dem Wert des phi-Koeffizienten, der die Zusammenhangsstärke von zwei dichotomen Merkmalen bemisst.[1100]

Bei den festgestellten Zusammenhängen handelt es sich zunächst um statistische Korrelationen, die nicht auf unbedingte Kausalbeziehungen schließen. Korrelationen bieten sich jedoch für eine Überprüfung an, um Strafzumessungstatsachen für weitere, multivariate Untersuchungen zu ermitteln. Mittels multivariater Analysen (logistischer Regressionen) kann dann auf Interkorrelationen und Wechselwirkungen geschlossen werden. So lassen sich insbesondere nicht in den schriftlichen Urteilsgründen genannte Einflussfaktoren ermitteln, die die Feststellung besonderer Schuldschwere bedingen.

Mit der Einführung der Möglichkeit der Strafrestaussetzung bei lebenslanger Freiheitsstrafe (§ 57a StGB) wird der lebenslangen Freiheitsstrafe eine zeitliche Komponente gegeben, indem die Möglichkeit besteht, den Strafrest „lebenslang" nach mindestens 15 Jahren verbüßter Strafe auszusetzen. Diese Möglichkeit der Strafrestaussetzung ist jedoch dann versagt, wenn das Schwurgericht die besondere Schwere der Schuld des Verurteilten feststellt. Kommt das Vollstreckungsgericht nach eigener Prüfung zu dem Schluss, die Strafrestaussetzung nach mindestens 15 Jahren Verbüßung wegen der besonderen Schuldschwere nicht aussetzen zu können (§ 57a Abs. 1 S. 1 Nr. 2 StGB, §§ 454 Abs. 1, 462a Abs. 1 StPO), muss es das Begehren auf Reststrafaussetzungen ablehnen und hat eine Mehrverbüßungszeit festzusetzen.[1101] Eine Höchstgrenze für die weitere Verbüßungszeit gibt es nicht.[1102] An die Mehrverbüßungszeit ist das Vollstreckungsgericht grundsätzlich gebunden, kann aufgrund aktueller, positiver Entwicklungen davon aber abweichen.[1103]

1099 *Janssen/Laatz,* (2017), S. 269.

1100 *Janssen/Laatz,* (2017), S. 268f.

1101 *Groß,* in: MüKo (2016), § 57a RN. 21, 33; *Dünkel,* in: Kindhäuser/Neumann/Paeffgen (2017), § 57a RN. 37.

1102 BverfG, Beschl. v. 22.05.1995 – 2 BvR 671/95.

1103 *Groß,* in: MüKo (2016), § 57a RN. 33; *Dünkel,* in: Kindhäuser/Neumann/Paeffgen (2017), § 57a RN. 37.

Tab. 42. *Ausprägung der abhängigen Variablen*

Merkmal	n	%
Lebenslange Freiheitsstrafe ohne besondere Schuldschwere	109	72,2
Lebenslange Freiheitsstrafe mit besonderer Schuldschwere	42	27,8
– darunter Gesamtstrafen zulebenslanger Freiheitsstrafe mit Anordnung der Unterbringung in der Sicherungsverwahrung § 66 StGB	4	9,5
insgesamt	151	100,0

Unter den Verurteilungen zu lebenslanger Freiheitsstrafe wegen Mordes ist ein Anteil von 27,8% bei denen zusätzlich zur Verurteilung die besondere Schwere der Schuld festgestellt wurde. Unter den Feststellungen besonderer Schuldschwere wurde zusätzlich noch bei fünf Einzelstrafen die Sicherungsverwahrung bzw. der Vorbehalt der Sicherungsverwahrung nach §§ 66, 66a StGB angeordnet. In die folgende Untersuchung werden alle Verurteilungen zu lebenslanger Freiheitsstrafe einbezogen. Erfasst sind alle Verurteilungen unabhängig davon, ob neben der lebenslangen Freiheitsstrafe die Anordnung oder der Vorbehalt der Anordnung der Unterbringung in Sicherungsverwahrung ausgesprochen wurde.

In den folgenden Tabellen werden nur solche Variablen aufgeführt, deren Ausprägungen zu signifikanten Ergebnissen geführt haben (Signifikanzniveau ist dabei wenigstens 5%) und deren Fallzahlen über fünf liegen und damit statistisch auswertbar sind.[1104] Das Signifikanzniveau erfasst die Sicherheit, ob ein Zusammenhang besteht. Die Reihenfolge der Interpretationen richtet sich nach tat-, opfer-, täter- und verfahrensbezogenen Umständen. Die Reihenfolge der Auflistung richtet sich, wie schon bei der vorangegangenen Darstellung, von dem höchsten bis zum niedrigsten Zusammenhangswert (*Phi*).[1105] Die Häufigkeit der Grundgesamtheit findet sich in der Spalte *n* wieder.

1. *Zusätzlich verwirklichte Delikte*

Die Analyse der geschriebenen Strafzumessungstatsachen bei der Feststellung der besonderen Schuldschwere zeigte eine hohe Relevanz weiterer abgeurteilter Delikte (vgl. Kap. 3.B.I.). Ein entsprechend gegenläufiger Zusammenhang besteht zwischen der Feststellung besonderer Schuldschwere und keinen weiteren Delikten in Ideal- oder Realkonkurrenz unabhängig davon, ob das zusätzlich abgeurteilte Delikt ein Tötungsdelikt ist. Liegen also keine weiteren Delikte vor, so sinkt die Möglichkeit der Feststellung besonderer Schuldschwere.

1104 *Janssen/Laatz,* (2017), S. 263.
1105 *Janssen/Laatz,* (2017), S. 269.

Tab. 43. *Delikte in Real- und Idealkonkurrenz mit signifikanten Zusammenhängen bei Feststellung der besonderen Schuldschwere*

Nr.	Merkmal		Lebenslange Freiheitsstrafe ohne besondere Schuldschwere		Lebenslange Freiheitsstrafe mit besonderer Schuldschwere		Statistische Kennwerte	
			n	%	n	%	Phi	Sign.-Niveau
1	Weiterer Mord §§ 211, 53 StGB	Nein	106	80,9	25	19,1	0,499	0,000
		ja	3	15,0	17	85,0		
2	Weitere Tötungsdelikte insgesamt in Realkonkurrenz	Nein	104	80,0	26	20,0	0,434	0,000
		Ja	5	23,8	16	76,2		
3	Zeitige Freiheitsstrafe für das in Realkonkurrenz stehende Delikt	Nein	99	78,6	27	21,4	0,320	0,000
		ja	10	40,0	15	60,0		
4	Weitere Delikte in Realkonkurrenz	Nein	97	78,9	26	21,1	0,312	0,000
		Ja	12	42,9	16	57,1		
5	weiterer versuchter Mord §§ 211, 22, 23, 53 StGB	Nein	106	74,6	36	25,5	0,218	0,007
		ja	3	33,3	6	66,7		
6	Weitere Tötungsdelikte in Idealkonkurrenz	Nein	104	74,8	35	25,2	0,200	0,014
		ja	5	41,7	7	58,3		
7	Weitere Delikte in Idealkonkurrenz	Nein	80	77,7	23	22,3	0,179	0,028
		ja	29	60,4	19	39,6		
8	Keine Idealkonkurrenz	Nein	29	60,4	19	39,6	-0,179	0,028
		ja	80	77,7	23	22,3		
9	Keine Realkonkurrenz	Nein	12	42,9	16	57,1	-0,312	0,000
		ja	97	78,9	26	21,1		

Merkmale vom starken Gewicht, die mit der Feststellung besonderer Schuldschwere korrelieren, sind insbesondere weitere abgeurteilte Delikte in Tatmehrheit oder Tateinheit. Ein deutlich hoher Anteil weiterer verwirklichter Morddelikte unabhängig davon, ob diese durch mehrere Handlungen (*Tatmehrheit* § 53 StGB) oder durch eine Handlung (*Tateinheit* § 52 StGB) verwirklicht wurden, korrelieren hoch signifikant mit der Feststellung der besonderen Schuldschwere. Auch weitere Tötungsdelikte in Idealkonkurrenz (*gleichartige Idealkonkurrenz*), die keinen Mord nach § 211 StGB darstellen, bedingen die Feststellung der besonderen Schwere der Schuld auf einem 0,1%-Niveau.

Der Umstand eines weiteren nicht gleichartigen abgeurteilten Delikts in Tatmehrheit ist ebenfalls ein Merkmal starken Gewichts, und zwar mit deutlichem signifikantem Zusammenhang.

2. *Tatbezogene Merkmale*

Die folgende Übersichtstabelle bestätigt den Eindruck der oben erwähnten Beobachtung, dass die Gerichte häufig auf die Art und Weise der Tatausführung eingingen. Bezüglich der tatbezogenen Merkmale ist zunächst eine deutliche Übereinstimmung mit den Ergebnissen der geschriebenen Strafzumessungstatsachen bzgl. der Umstände, die die besonders verwerfliche Tatausführung betreffen, zu erkennen. (vgl. Tab. 36).

Tab. 44. *Tatbezogene Merkmale mit signifikanten Zusammenhängen bei Feststellung der besonderen Schuldschwere*

Nr.	**Merkmal**		**Lebenslange Freiheitsstrafe ohne besondere Schuldschwere**		**Lebenslange Freiheitsstrafe mit besonderer Schuldschwere**		**Statistische Kennwerte**	
			n	**%**	**n**	**%**	**Phi**	**Sign.-Niveau**
10	rücksichtsloses Vorgehen	Nein	53	84,1	10	15,9	0,278	0,001
		Ja	44	58,7	31	41,3		
11	TOB: Zufallsopfer	Nein	94	78,3	26	21,7	0,270	0,001
		Ja	15	48,4	16	51,6		
12	brutales Vorgehen	Nein	45	86,5	7	13,5	0,253	0,003
		Ja	56	62,9	33	37,1		
13	Tatmotiv: Ausnutzen einer günstigen Gelegenheit um Profit zu machen	Nein	74	79,6	19	20,4	0,209	0,010
		ja	35	60,3	23	39,7		
14	Tatmotiv: Trennung vom Partner/Bestrafung des Partners	Nein	67	66,3	34	33,7	-0,186	0,023
		ja	42	84,0	8	16,0		
15	TOB: Bekanntschaft/ Freundschaft/Ex-Partner	Nein	43	61,4	27	38,6	-0,223	0,006
		ja	66	81,5	15	18,5		

Tatbezogene Merkmale, wie rücksichtsloses, brutales Vorgehen, korrelieren signifikant. Unter rücksichtsloser Tötung ist die Handlung zu subsumieren, bei der eigene Ziele und Motive im Vordergrund stehen und individuelle Verhältnisse des Opfers übergangen werden. Die Tötung ist demnach Ausdruck einer bedenkenlosen und schonungslosen Handlung ohne Rücksicht darauf, dass ein Menschenleben zerstört wird. Dieser Befund lässt darauf schließen, dass eine besonders intensive Tatausführung die Feststellung besonderer Schuldschwere bedingt. Deutlich wird auch, dass eine distanzierte Täter-Opfer-Beziehung (*TOB*) eine besondere Relevanz zukommt. Schon bei den geschriebenen Strafzumessungstatsachen wurde die Tötung eines Zufallsopfers unter die besonders verwerfliche Tatausführung subsumiert. Eine vertraute Täter-Opfer-Beziehung, bei der sich die Opfer intim kennen, bedingt auf 1% Niveau das Versagen der besonderen Schuldschwere.

Die Tötungen geschahen im sozialen Umfeld des Opfers, entweder in der Wohnung des Opfers oder des Täters. Der gewählte Tatort wirkt sich nicht auf die Feststellung besonderer Schuldschwere aus.

Bei zusätzlich zu dem Mord abgeurteilten Delikten bewertete das Gericht insbesondere die Art und Weise der hemmungslosen Tatausführung. So zog ein Gericht die besonders ausgeprägte kriminelle Energie und eine hohe Gewaltbereitschaft des Täters neben dem Umstand, dass mehrere weitere schwere Straftaten verwirklicht wurden und das über einen längeren Zeitraum hinweg, heran.[1106] In einem weiteren Urteil stellte das Gericht fest, dass die Tötung des Opfers aus reiner Profitgier besonders kaltblütig und brutal geschah und dadurch das Opfer besondere Qualen erlitt. So sei die Tötung des Opfers Ausdruck seiner gleichgültigen Haltung gegenüber anderen Personen und verwirkliche zwei Mordmerkmale. Zusätzlich wurden bei der Feststellung der besonderen Schuldschwere zwei weitere brutale (Raub-) Überfälle berücksichtigt, die ebenfalls durch eine besonders verwerfliche Tatausführung geprägt waren. Der Angeklagte ließ sich trotz des Mordes nicht davon abbringen, weitere Raubtaten zu unternehmen.[1107]

3. *Mordmerkmale*

Für die Darstellung der Mordmerkmale wurde auf signifikante Zusammenhänge verzichtet, um auf alle neun Mordmerkmale eingehen zu können. Signifikante Zusammenhänge sind bei den Mordmerkmalen Habgier, sonst niedriger Beweggründe und Grausam zu erkennen. Darunter liegt ein deutlicher signifikanter Zusammenhang mit dem Mordmerkmal sonst niedriger Beweggründe vor, was darauf schließen lässt, dass eine besonders feindliche Gesinnung des Täters zum Ausdruck kommt. Wurde über das Vorliegen weiterer Mordmerkmale diskutiert und im Ergebnis ablehnt, so zeigte sich, dass über die Voraussetzungen des einen

1106 Fallnr. 166ff.
1107 Fallnr. 191.

Mordmerkmals weitere Mordmerkmale naheliegen und die Einordnung der Tötungshandlung nicht unproblematisch ist.

Tab. 45. *Mordmerkmale mit und ohne signifikanten Zusammenhang bei Feststellung der besonderen Schuldschwere*

Merkmal		**Lebenslange Freiheitsstrafe ohne besondere Schuldschwere**		**Lebenslange Freiheitsstrafe mit besonderer Schuldschwere**		**Statistische Kennwerte**	
		n	**%**	**n**	**%**	**Phi**	**Sign.-Niveau**
Weitere Mordmerkmale diskutiert, aber i.E. abgelehnt	Nein	80	80,8	19	19,2	0,266	0,001
	ja	29	55,8	23	44,2		
Mordlust	Nein	108	72,5	41	27,5	0,057	n.s.
	ja	1	50,0	1	50,0		
Zur Befriedigung des Geschlechtstriebs	Nein	107	71,8	42	28,2	-0,072	n.s.
	ja	2	100,0	0	0,0		
Habgier	Nein	87	76,3	27	23,7	0,162	0,047
	ja	22	59,5	15	40,5		
Sonst niedrige Beweggründe	Nein	84	80,0	21	20,0	0,263	0,001
	ja	25	54,3	21	45,7		
Heimtücke	Nein	47	73,4	17	26,6	0,024	n.s.
	ja	62	71,3	25	28,7		
Grausam	Nein	109	73,2	40	26,8	0,187	0,022
	ja	0	0	2	100,0		
Mit gemeingefährlichen Mitteln	Nein	108	72,5	41	27,5	0,057	n.s.
	ja	1	50,0	1	50,0		
Ermöglichungsabsicht	Nein	95	74,8	32	25,2	0,134	n.s.
	ja	14	58,3	10	41,6		
Verdeckungsabsicht	Nein	93	71,0	38	29,0	-0,068	n.s.
	ja	16	80,0	4	20,0		

Hoch signifikante Korrelationen liegen bei der gemeinsamen Aburteilung der Mordmerkmale sonst niedriger Beweggründe und Heimtücke, sowie bei dem gemeinsamen Vorliegen der Mordmerkmale sonst niedriger Beweggründe, Heimtücke und Verdeckungsabsicht vor. Wie eingangs die Datenzusammenfassung gezeigt hat, liegen noch weitere Kombinationen der Mordmerkmale vor, insbesondere die Kombinationen um das Mordmerkmal der Habgier, allerdings können hier keine signifikanten Zusammenhänge erkannt werden. Liegen mehrere Mordmerkmale bei einer Tötung vor, so bildet dieser Umstand ein stärkeres Gewicht als einzeln vorliegende Mordmerkmale. Dieser Umstand deutet daraufhin, dass bei gefährlichen, ungewöhnlichen Tötungen die besondere Schuldschwere festgestellt wird, weil das ohnehin schwere Unrecht höchst verwerflich verwirklicht wurde.

In einem Fall stellte das Gericht fest, dass der Angeklagte seine Ehefrau unter den Augen naher Angehöriger mit einem Messer erstach, weil er die Trennung nicht akzeptieren wollte. Die Tötung erfolgte, so das Gericht, aus reinen „Ich“-bezogenen Motiven. Neben der kriminellen Energie, die sich im Tatbild widerspiegelt, hat der Angeklagte auch zwei Mordmerkmale aus unterschiedlichen Gruppen verwirklicht, was in der besonderen verwerflichen Tatausführung zum Ausdruck kommt. Daneben leiden nahe Angehörige, die die Tötung mit ansehen mussten, nachhaltig unter dem Ereignis.[1108]

Tab. 46. *Mehrere abgeurteilte Mordmerkmale mit signifikantem Zusammenhang bei Feststellung der besonderen Schuldschwere*

Nr.	Merkmal		Lebenslange Freiheitsstrafe ohne besondere Schuldschwere		Lebenslange Freiheitsstrafe mit besonderer Schuldschwere		Statistische Kennwerte	
			n	%	n	%	Phi	Sign.-Niveau
16	Sonst niedrige Beweggründe, Heimtücke	Nein	101	78,9	27	21,1	0,354	0,000
		ja	8	34,8	15	65,2		
17	Sonst niedrige Beweggründe, Heimtücke, Verdeckungsabsicht	Nein	100	78,1	28	21,9	0,313	0,000
		ja	9	39,1	14	60,9		
18	Ausprägung des Mordmerkmals Heimtücke: Locken in eine Falle	Nein	100	74,6	34	25,4	0,161	0,050
		ja	7	50,0	7	50,0		

Die Ausprägung der Mordmerkmale, die ebenfalls auf die Intensität der Tatausführung schließen lassen wie langandauernde Qualen/Schmerzen (bei *sonst niedrigen Beweggründen*) und eine besonders feindselige Motivation wie Hass/Wut (bei *sonst niedrigen Beweggründen*), bedingt die Feststellung der besonderen

1108 Fallnr. 178.

Schuldschwere. Allerdings liegt auch hier die Fallzahl unter fünf. Lockt der Täter sein Opfer in eine Falle, um es heimtückisch zu töten (bei *Heimtücke*), so steht dies in einem Zusammenhang mit der Feststellung der besonderen Schuldschwere.

So stellte das Gericht fest, dass der Angeklagte sein Opfer bewusst in einen Hinterhalt lockte, um es dann töten zu können. Dass nahe Angehörige die Tötung mit ansehen mussten und, dass der Angeklagte das Opfer in einen Hinterhalt lockte, begründe neben der brutalen Tatausführung die Feststellung besonderer Schuldschwere.[1109]

4. Opferbezogene Merkmale

Bereits weitere Delikte in Tateinheit oder Tatmehrheit zeigten signifikante Korrelationen auf. Dieses Ergebniswird dadurch bestätigt, dass mit Zunahme weiterer Mord- bzw. Tatopfer ein starker, signifikanter Zusammenhang mit der Feststellung der besonderen Schwere der Schuld vorliegt. Die Variabel, die das Vorliegen mehrerer Tatopfer, unabhängig davon, ob sie Opfer eines Mordes oder eines anderen, nicht gleichartigen Deliktes wurden, stehen in einem hoch signifikanten Zusammenhang mit der Feststellung besonderer Schuldschwere. Differenziert man nach mehreren abgeurteilten Mordopfern und nur einem Mordopfer, also getöteten Opfern unter Verwirklichung von mindestens einem Mordmerkmal, so ist zu erkennen, dass bei Verurteilungen wegen mehrerer Mordopfer eine hoch signifikante Korrelation zur Feststellung besonderer Schuldschwere vorliegt. Entsprechend gegensätzlich verhält es sich, wenn nur ein Mordopfer verurteilt wurde.

Tab. 47. *Anzahl abgeurteilter Opfer mit signifikanten Zusammenhängen bei Feststellung der besonderen Schuldschwere*

Nr.	Merkmal		Lebenslange Freiheitsstrafe ohne besondere Schuldschwere		Lebenslange Freiheitsstrafe mit besonderer Schuldschwere		Statistische Kennwerte	
			n	%	n	%	Phi	Sign.-Niveau
19	Mehrere abgeurteilte Tatopfer insgesamt	Nein	98	86,7	15	13,3	0,560	0,000
		ja	11	28,9	27	71,1		
20	Mehrere Mordopfer	Nein	106	80,9	25	19,3	0,499	0,000
		ja	3	15,0	17	85,0		

1109 Fallnr. 9/197/198.

Wird bei einem Mordopfer neben der lebenslangen Freiheitsstrafe die Feststellung besonderer Schuldschwere ausgesprochen, so nimmt das Gericht in der Urteilsbegründung insbesondere Bezug auf eine besonders verwerfliche Tatausführung:

Das später getötete Opfer verbreitete in der Gemeinde, dass der Täter hohe Schulden bei ihm gemacht habe. Da dass das Ansehen des Täters in der Gemeinde wegen dieser Umstände litt, tötete der Täter sein Opfer aus einem Hinterhalt heraus durch sieben Schüsse, um das Opfer zu bestrafen und seine (Familien-) Ehre wiederherzustellen. Das Gericht sprach neben der Verurteilung zu lebenslanger Freiheitsstrafe die Feststellung besonderer Schuldschwere aus. Das Vorliegen der besonderen Schwere der Schuld machte das Gericht daran fest, dass der Verurteilte zwei Mordmerkmale erfüllte (sonst niedrige Beweggründe und Heimtücke) und ein hohes Maß an krimineller Energie aufbrachte. Zum einen plante er die Tötung umfassend, was insbesondere Ausdruck durch das Locken in einen Hinterhalt zeige, und zum anderen habe er sich ein umfassendes Alibi organisiert, was nur dadurch zerbrach, da sein Komplize ihn verraten hatte.[1110]

In einem anderen Fall stellte das Gericht fest, dass die Tötung des Opfers nach vorausgegangener schwerer Vergewaltigung deutlich von besonderen Mordfällen abweiche. Nicht nur der Umstand, dass der Täter ein ihm vollkommen unbekanntes Opfer zielgerichtet bis zu einer abgelegenen, unübersichtlichen Stelle verfolgte, verwirklichten die Voraussetzung der Feststellung besonderer Schuldschwere, sondern auch der Umstand, dass der Angeklagte mehrfach in das Opfer eindrang und sie besonders schwer vergewaltigte.[1111]

Demografische Daten über das Opfer der Tötung, wie Alter, Geschlecht, Berufstätigkeit und Nationalität, wirken sich nicht signifikant auf die Feststellung besonderer Schuldschwere aus.

5. Täterbezogene Mordmerkmale

Täterbezogene Merkmale, die neben den Lebensverhältnissen auch die Vorstrafenbelastung und die bei der Tötung einnehmende Täterrolle erfassen, stehen auch im Zusammenhang mit der Feststellung besonderer Schuldschwere.

1110 Fallnr. 87.
1111 Fallnr. 136.

Tab. 48. *Täterbezogene Merkmale mit signifikanten Zusammenhängen bei Feststellung der besonderen Schuldschwere*

Nr.	Merkmal		Lebenslange Freiheitsstrafe ohne besondere Schuldschwere		Lebenslange Freiheitsstrafe mit besonderer Schuldschwere		Statistische Kennwerte	
			n	%	n	%	Phi	Sign.-Niveau
21	Prognose: erneutes Delikt wahrscheinlich bis möglich	Nein	102	77,3	30	27,7	0,299	0,000
		ja	7	36,8	12	63,2		
22	Vorstrafen: Freiheitsstrafe	Nein	36	70,6	15	29,4	0,239	0,041
		ja	10	45,5	12	54,5		
23	Vorstrafenbelastung	Nein	67	79,8	17	20,2	0,189	0,020
		Ja	42	62,7	25	37,3		
24	Dominante Täterrolle	Nein	11	100,0	0	0,0	0,174	0,033
		Ja	98	70,0	42	30,0		
25	Opferverhalten: Opfer wollte sich vom Täter trennen/lösen	Nein	75	67,6	36	32,4	-0,172	0,035
		Ja	34	85,0	6	15,0		

Bei den täterbezogenen Merkmalen dominiert hoch signifikant eine ungünstige Legalprognose: Hier stellt das Schwurgericht fest, dass die Begehung weiterer schwerwiegender Delikte wahrscheinlich ist. Die ungünstige Legalprognose bestätigt sich auch darin, dass der Verurteilte bereits zu einer zeitigen Freiheitsstrafe verurteilt wurde und eine Vorstrafenbelastung aufweist. Bemerkenswert ist die Vorstrafenbelastung, die bereits zu Verurteilungen zu (zeitigen) Freiheitsstrafen geführt haben. Hier wirken sich insbesondere Aspekte der Tätergefährlichkeit[1112] aus: So stellte das Gericht fest, dass der Angeklagte eine niedrige Hemmschwelle zu schweren Straftaten aufweist.[1113]

Auf einem hoch signifikanten Niveau, aber unter der statistisch auswertbaren Fallzahl von fünf Fällen, überwiegen Vorverurteilungen aus dem Erwachsenenstrafrecht. Aber auch Vorverurteilungen nach dem Jugendstrafrecht stehen in einem signifikanten Zusammenhang mit der Feststellung der besonderen Schwere der Schuld. Etwa ein Drittel der Verurteilten mit Feststellung der

1112 BGH, Urt. v. 01.07.2004 – 3 StR 494/03.

1113 Dieses Ergebnis ist signifikant aber unter dem statistisch auswertbaren Fall aufkommen.

besonderen Schuldschwere weisen mindestens zehn Vorstrafen aus Erwachsenen- und Jugendstrafrecht auf.

6. Verfahrensbezogene Merkmale

Verfahrensbezogene Merkmale erfassen das Verhalten des Angeklagten nach der Tötungshandlung. Neben der Möglichkeit der Fluchtergreifung oder der Selbstanzeige werden unter diesem Komplex Merkmale beschrieben, die das Verhalten des Angeklagten während der Hauptverhandlung beschreiben.

Tab. 49. *Verfahrensbezogene Strafzumessungstatsachen mit signifikanten Zusammenhängen bei Feststellung der besonderen Schuldschwere*

Nr.	Merkmal		Lebenslange Freiheitsstrafe ohne besondere Schuldschwere		Lebenslange Freiheitsstrafe mit besonderer Schuldschwere		Statistische Kennwerte	
			n	%	n	%	Phi	Sign.-Niveau
26	Geständig und Unrechtseinsicht bis einschl. Hauptverhandlung	Nein ja	32 77	60,4 84,6	21 21	39,4 21,4	-0,194	0,017
27	Angeklagter zeigt sich selbst an/keine Flucht	Nein ja	51 58	63,8 81,7	29 13	36,3 18,3	-0,200	0,014

Verfahrensbezogene Umstände deuten daraufhin, dass ein geständiger und einsichtiger Angeklagter eher zu einer lebenslangen Freiheitsstrafe verurteilt wird. Auch diese ermittelten Faktoren deuten darauf hin, dass ein uneinsichtiger, flüchtender Täter eine negative Prognose aufweist und deswegen als gefährlicher gilt.

7. Vergleich mit den tatsächlich ausgesprochenen Strafzumessungstatsachen

Vergleicht man die Ergebnisse der statistisch ermittelten Strafzumessungstatsachen mit den tatsächlich ausgesprochenen Faktoren, so ist die Dominanz einer besonders verwerflichen Tatausführung zu erkennen. Dies wird zum einen an der Opferanzahl festgemacht. Mit Zunahme der Mordopfer und weiterer Opfer, die nicht getötet wurden, steigt der Zusammenhangskoeffizient. Im Vordergrund steht bei den tatbezogenen Strafzumessungstatsachen aber auch der Umstand, dass weitere ungleichartige Delikte in Realkonkurrenz abgeurteilt wurden, wie schon bei den geschriebenen Merkmalen kommt durch die zusätzlichen Delikte die besondere Ausprägung der abzuurteilenden Taten zum Ausdruck. Damit einhergehend zeigen auch Modalitäten der Tatausführung auf, dass bei brutaler und rücksichtsloser Tötung die Feststellung der besonderen Schuldschwere signifikant korreliert. Bereits die geschriebenen Strafzumessungstatsachen machten deutlich, dass menschenverachtende Tatausführungen und Tötungen mit (absolutem) Vernichtungswillen häufig zur Feststellung der besonderen Schuldschwere führten.

Insbesondere zeigt sich unter tatbezogenen Umständen, dass ein wichtiger Indikator das Vorliegen mehrerer Mordmerkmale ist. Bereits bei den geschriebenen Strafzumessungstatsachen ist deutlich geworden, dass die Gerichte darauf verwiesen, dass der Verurteilte durch die Tötung mehrere Mordmerkmale verwirklichte. Die bivariate Analyse zeigt, dass gerade das gemeinsame Vorliegen der Mordmerkmale sonst niedrige Beweggründe und Heimtücke zu signifikanten Ergebnissen führen. Die besondere Verwerflichkeit ergibt sich insbesondere daraus, dass die Tötung eines arg- und wehrlosen Opfers einen besonderen Handlungsunwert darstellt und gleichzeitig die Tötung aus niedrigem Beweggrund die verwerfliche Motivation des Täters zum Ausdruck bringt.[1114]

Opferbezogene Strafzumessungstatsachen erfuhren bereits bei den geschriebenen Strafzumessungstatsachen keine große Relevanz. Dieses Ergebnis spiegelt sich in der bivariaten Analyse wieder, da soziale Daten der Opfer nicht ermittelt werden konnten. Obwohl in den geschriebenen Strafzumessungstatsachen erwähnt wurde, dass nahe Angehörige die Tötung mit ansehen mussten, fand dies in der statistischen Analyse keine Bedeutung mehr.

Im Vergleich zu täterbezogenen Umständen zeigt die Analyse ebenfalls auf, dass die Gerichte an die besondere Gefährlichkeit des Täters anknüpfen. Wesentlich sind dabei die Vorstrafenbelastung des Verurteilten und die vom Gericht mittels Sachverständigengutachten festgestellte Prognose weiterer möglicher Straftaten. Jedoch wird aus der Analyse deutlicher, dass die Vorstrafenbelastung mit verhängter Freiheitsstrafe von höherer Relevanz ist als die *bloße* Tatsache, dass der Verurteilte bereits strafrechtlich vorbelastet ist. Berufliche, familiäre und persönliche Umstände waren weder bei den geschriebenen noch bei den statistisch ermittelten Strafzumessungstatsachen besonders relevant.

Verfahrensbezogene Umstände wie Geständnis, Unrechtseinsicht und Selbstanzeige bei Ermittlungsbehörden deuten darauf hin, dass bei Vorliegen eines kooperativen Verhaltens keine Feststellung besonderer Schuldschwere getroffen wird.

Im Ergebnis ist festzuhalten, dass die in den Urteilen tatsächlich ausgesprochenen Strafzumessungstatsachen mit den statistisch ermittelten Umständen weitgehend übereinstimmen. Allerdings reduzierten sich die statistisch ermittelten

1114 *Baumeister,* (2007), S. 170.

Strafzumessungstatsachen, die tatsächlich Einfluss auf die Feststellung der besonderen Schuldschwere ausübten, auf 27 Faktoren. Diese 27 Faktoren wurden in eine multivariate Analyse einbezogen.

Es dominieren bei den bivariaten Signifikanztests tatbezogene Faktoren, die in einem überzufälligen Zusammenhang mit der Feststellung der besonderen Schwere der Schuld stehen. Hier erfährt insbesondere die Art und Weise der Tatausführung eine starke Relevanz. Hinsichtlich der täterbezogenen Merkmale bestätigen sich die Bedeutung der Vorstrafenbelastung und die vom Täter ausgehende Gefährlichkeit. Weitergehende täterbezogene Merkmale, die persönliche Entwicklung und Verhältnisse des Täters betreffen, haben keine Bedeutung. Die bivariaten Untersuchung zeigt, dass persönliche Tätermerkmale bei der Feststellung der besonderen Schwere der Schuld keine Bedeutung haben. Ebenso stehen opferbezogene Merkmale nicht in einem Zusammenhang mit der Feststellung der besonderen Schuldschwere. Verfahrensbezogene Merkmale bestätigen die strafzumessungsrelevante Bedeutung des Geständnisses und der Unrechtseinsicht. Ungeschriebene Strafzumessungstatsachen wie Anzahl der Verteidiger, der Nebenkläger sowie Geschlecht der Vorsitzenden Richter und der Schöffen, Verfahrensdauer und die Zuteilung zu einzelnen BGH-Senaten konnten aus der bivariaten Analyse nicht ermittelt werden.

III. Multivariate Analyseverfahren: logistische Regressionen

Die durchgeführten bivariaten Signifikanztests lassen grundsätzlich auf relevante Merkmale der Strafzumessung schließen. Eine zuverlässige Aussage über einzelne Faktoren, die die Feststellung der besonderen Schwere der Schuld (§ 57a I S. 1 Nr. 2 StGB) bedingen, kann aber noch nicht getroffen werden. Mittels multivariater Analyseverfahren ist es möglich, die entscheidenden Faktoren unabhängig von anderen Variablen zu ermitteln. Gleichzeitig werden diese Faktoren in eine Rangfolge gebracht. Für die Strafzumessungsfaktoren der Feststellung der besonderen Schuldschwere wurde auf die logistische Regression für dichotome abhängige Variablen zurückgegriffen, bei der die Beziehung einzelner Variablen zur Feststellung der besonderen Schuldschwere ohne weitere störende Variablen überprüft wird.

Logistische Regressionen überprüfen, ob ein statistischer Zusammenhang zwischen mehreren unabhängigen Variablen und einer abhängigen Variablen besteht. Dabei ist die abhängige Variable binär, d. h., dass sie nur zwei mögliche Ausprägungen hat.[1115] Da auch für die logistischen Regressionen die abhängige Variable die Entscheidung des Gerichts ist, ob die besondere Schwere der Schuld neben der lebenslangen Freiheitsstrafe festgestellt wurde oder nicht, liegt eine dichotome (binäre) Variable zugrunde.

Die logistische Regression ermittelt den Einfluss der unabhängigen Variablen auf die statistische Wahrscheinlichkeit, dass die abhängige Variable den Wert 1

1115 *Backhaus/Erichson/Wulff/Weiber*, (2016) S. 284.

annimmt.[1116] Die Regressionskoeffizienten b geben die Stärke der Wirkung wieder.[1117] Der Wert des Quotenverhältnisses (Odds Ratio/Effekt-Koeffizient) gibt die Veränderung der relativen Wahrscheinlichkeit an, wenn die unabhängige Variable um eine mathematische Einheit steigt.[1118]

Um zu vermeiden, dass die unabhängigen Variablen, also die Strafzumessungsfaktoren, untereinander korrelieren (sog. Multikollinearität[1119]), wurde für jedes hierarchisches Regressionsmodell eine Kollinearitätsdiagnose durchgeführt. Dabei wird überprüft, dass die ermittelten Faktoren nicht zu stark miteinander korrelieren, also, ob einzelne unabhängige Variablen untereinander abhängig sind (Kovariation).[1120] Mittels des Varianzinflationsfaktors (VIF) und des Konditionsindexes (Toleranz) wird die Gefahr der Multikollinearität überprüft, indem die Stärke Kollinearität gemessen wird.[1121] Liegt der Konditionsindex unter 0,01, ist eine Abhängigkeit der unabhängigen Variablen untereinander gegeben und die Variablen können nicht in das Regressionsmodell mit aufgenommen werden. Je größer der VIF, desto stärker kann auf eine Multikollinearität geschlossen werden. Einen klar definierten Wert für VIF gibt es nicht.[1122] Das statistische Verfahren, mit dem das Regressionsmodell auf Multikollinearität überprüft wird, erfolgt mittels einer ANOVA-Diagnostik.[1123] In diesem Verfahren werden die einzelnen Variablen auf die beschriebene Kovariation untersucht. Wenn die analysierten Faktoren korrelierten, wurde ein neues Modell ermittelt, denn korrelierende Variablen haben einen nur unsicheren Interpretationswert.[1124]

Für die logistischen Regressionen sind grundsätzlich große Fallzahlen von mindestens 25 pro Kategorie der Variablen erforderlich.[1125] Für die zugrundeliegende Untersuchung muss aber berücksichtigt werden, dass das Fallaufkommen von insgesamt 221 Daten eine Vollerfassung der Verurteilungen wegen Mordes ist und aus zwei Jahren (2013 und 2014) nicht mehr Daten hätten erhoben werden können. Das Gesamtaufkommen beschränkt sich also – anders als bei typischen Sozialforschungen[1126] – auf eine nur geringe Fallzahl, sodass für die Kategorien ein Mindestaufkommen von 10 festgesetzt wurde.[1127]

Aus der Tabelle kann man entnehmen, wie hoch die standardisierten Regressionsgewichte (*B*) für das Merkmal sind, und die Sterne unter *Sign.* für Signifikanz

---

1116 Vgl. *Backhaus/Erichson/Wulff/Weiber,* (2016) S. 292ff., S. 310.
1117 Vgl. oben.
1118 *Backhaus/Erichson/Wulff/Weiber,* (2016) S. 311ff.
1119 Vgl. *Janssen/Laatz,* (2017), S. 423.
1120 *Backhaus/Erichson/Wulff/Weiber,* (2016) S. 117; *Janssen/Laatz,* (2017), S. 445.
1121 *Janssen/Laatz,* (2017), S. 423.
1122 *Janssen/Laatz,* (2017), S. 423.
1123 *Janssen/Laatz,* (2017), S. 496.
1124 *Backhaus/Erichson/Plinke/Weiber,* (2016), S. 347, 107f.
1125 *Backhaus/Erichson/Plinke/Weiber,* (2016), S. 347.
1126 *Stein,* (2014), S. 146
1127 *Blasius/Baur,* (2014), S. 1002.

geben an, ob die Gewichte signifikant von 0 abweichen. Der Regresskoeffizient b beschreibt, ob und wie sich die unabhängige Variable auf die abhängige Variable (hier: die Feststellung besonderer Schuldschwere) auswirkt.[1128] Das Bestimmtheitsmaß R^2 gibt Auskunft über die Güte des Regressionsmodells. Der Wert für die Wahrscheinlichkeit, ob ein Ereignis eintritt im Vergleich zur Wahrscheinlichkeit, dass kein Ereignis eintritt (Odds/Effektkoeffizient),[1129] wird durch den *Exp (B)*-Wert angegeben. *SE* (Standardfehler) zeigt die durchschnittliche Entfernung aller Merkmalsausprägung vom Durchschnitt.[1130]

1. „Ein Mordopfer“

Fälle mit einem Mordopfer, die zur Feststellung besonderer Schuldschwere geführt haben (n = 25), erklären mit signifikanten Ergebnissen die (Nicht-)Feststellung besonderer Schuldschwere. Für den Faktor „ein Mordopfer“, der die Verurteilung wegen eines ermordeten Opfers beschreibt, ist der Exp(B) – Wert < 1 und das Vorzeichen des Regressionskoeffizienten (B) entsprechend negativ. Dieses Ergebnis zeigt, dass bei Vorliegen eines Mordopfers die relative Wahrscheinlichkeit sinkt, dass eine Person zu lebenslanger Freiheitsstrafe mit Feststellung besonderer Schuldschwere verurteilt wird.

Tab. 50. *Ergebnisse der Regressionsanalyse für Verurteilungen mit Feststellung besonderer Schuldschwere (§ 57a StGB) – „ein Mordopfer“*

Nr.	Merkmale	B	Exp (B)	SE
1	Ein abgeurteiltes Mordopfer	-3,179***	0,042	0,665
2	Konstante	1,735**	5,667	0,626

Nagelkerke R^2 = 0,290
* (signifikant) p < 0,05; (sehr signifikant) ** p < 0,01; *** (hoch signifikant) p < 0,001

Mit der Variable Verurteilung wegen eines Mordopfers wird deutlich, dass sich die Anzahl der Mordopfer statistisch auf die Annahme der besonderen Schuldschwere auswirken. Der errechnete statistische Einfluss der Variable mehrere Mordopfer aus der bivariaten Analyse (vgl. Kap. 3.B.II.4.) bestätigt sich. Einen maßgebenden Einfluss auf die Feststellung besonderer Schuldschwere übt die Anzahl der Mordopfer aus.

1128 *Backhaus/Erichson/Plinke/Weiber,* (2016), S. 309ff.
1129 *Backhaus/Erichson/Plinke/Weiber,* (2016), S. 311.
1130 *Janssen/Laatz,* (2017), S. 212.

2. „Mehrere Mordopfer und zwei Mordmerkmale"

Wie bereits die bivariaten Analysen zeigten, erhöht sich die Wahrscheinlichkeit der Feststellung besonderer Schuldschwere mit Zunahme mehrerer abgeurteilter Mordopfer. Bei mehreren Mordopfern steigt die relative Wahrscheinlichkeit der Feststellung besonderer Schuldschwere um das 3-fache. Die Modellgüte dieses Modells liegt bei 70,5% (R^2 = 0,705). Hier wirken sich insgesamt sechs Faktoren signifikant aus.

Die folgende Tabelle greift das errechnete Modell auf, was die höchste Varianz erklärt.

Tab. 51. *Ergebnisse der Regressionsanalyse für Verurteilungen mit Feststellung besonderer Schuldschwere (§ 57a StGB) – „Mehrere Mordopfer"*

Nr.	Merkmale	B	Exp (B)	SE
1	Mehrere Mordopfer	4,118***	61,447	0,978
2	Drei weitere Opfer, die nicht getötet wurden	4,628***	102,341	1,505
3	zwei Mordmerkmale: sonst niedrige Beweggründe, Heimtücke	2,071**	7,932	0,825
4	Zufallsopfer	3,285***	26,707	0,843
5	Rücksichtsloses Vorgehen	2,862***	17,494	0,842
6	10 und mehr als 10 Vorstrafen insgesamt	2,878**	17,776	1,026
7	Konstante	-5,515***	0,004	1,009

Nagelkerke R^2 = 0,705
* (signifikant) p < 0,05; (sehr signifikant) ** p < 0,01; *** (hoch signifikant) p < 0,001

Mit hoher Wahrscheinlichkeit wird die besondere Schuldschwere dann festgestellt, wenn noch weitere, drei Opfer abgeurteilt werden, die nicht getötet wurden, die aber wegen Verwirklichung weiterer anderer Straftaten verletzt wurden. Dieser Effekt ist ebenfalls höchst signifikant. Dabei ist zugleich mit hoher Wahrscheinlichkeit das ermordete Opfer ein Zufallsopfer. Dieser Effekt ist hoch signifikant. Der Täter ist mit großer Wahrscheinlichkeit bei der Tötung besonders rücksichtslos und hemmungslos vorgegangen und hat zwei Mordmerkmale verwirklicht. Dabei haben verurteilte Personen eine um 6-fache höhere Chance zur Feststellung besonderer Schuldschwere, wenn sie bei der Tötung die Mordmerkmale der sonst niedrigen Beweggründe und Heimtücke verwirklichen. Dem Mordmerkmal der sonst niedrigen Beweggründe kam bereits bei der bivariaten

Analyse eine hohe Relevanz zu. Hier erscheint es möglich, dass über die Tötung hinaus das „Risiko einer überdauernden Gefährlichkeit“[1131] des Täters besteht.[1132]

Die Täter mit einer Vorstrafenbelastung von 10 oder mehr als 10 Vorstrafen sowohl aus Jugendstrafrecht als auch aus Erwachsenenstrafrecht werden zudem mit größerer Wahrscheinlichkeit zu lebenslanger Freiheitsstrafe und Feststellung der besonderen Schuldschwere verurteilt. Interessant ist hier, dass das Merkmal Vorstrafenbelastung ohne konkrete Anzahl an Vordelinquenzen keine signifikanten Auswirkungen zeigte. Erst die Tatsache von mindestens 10 Vorstrafen machte sich signifikant bemerkbar. Dieses Ergebnis steht mit der Beurteilung der Gerichte im Einklang, dass bei mehrfach vorbestraften Tätern die Missachtung der sich aus den Vorstrafen ergebenden Warnfunktion zum Ausdruck komme und sich dieser Umstand strafschärfend auswirken muss.[1133]

Von keiner Bedeutung sind eine besonders brutale Tötung und Tatmotive wie Profitgier. Anders als bei den bivariaten Analysen ist auch eine negative Gefahrenprognose des Verurteilten ohne Relevanz.

Um genau zu ermitteln, welcher einzelne Faktor sich wie stark auf das Regressionsmodell auswirkt, bieten sich hierarchische Regressionsanalysen an. Mit der hierarchischen Regression kann ein Modell entwickelt werden, das bei gleicher Fallzahl ermittelt, welche Faktoren Einfluss üben und ob sich die Faktoren überzufällig von 0 unterscheiden.[1134] Dabei werden die unabhängigen Variablen einzeln in das Modell mit aufgenommen. Um die Regressionsmodelle zu verbessern, kann so die Veränderung des Regressionsmodells durch die Aufnahme weiterer unabhängiger Variablen besser beobachtet werden. Die erklärenden Variablen werden nach kausaler Priorität eingeführt, um so auf den Wirkungszusammenhang eingehen zu können.

Lenkt man nun den Fokus auf die hierarchische Regressionsanalyse, die Zusammenhänge einzelner Faktoren zeigt, wird deutlich, dass soweit die Auswahl des Opfers durch den Täter zufällig (Zufallsopfer) erfolgt, sich die erklärte Varianz um 1,4-fache auf 40,3% erhöht.

Mit Zunahme der Anzahl weiterer nicht ermordeter Opfer ist die Chance der Feststellung besonderer Schuldschwere wiederum signifikant erhöht.

1131 *Kröber*, (2015b), S. 650.

1132 BGH, Urt. v. 07.07.1993 – 2 StR 17/93.

1133 BGH, Urt. v. 01.07.2004 – 3 StR 494/03.

1134 *Backhaus/Erichson/Plinke/Weiber*, (2016), S. 319 f.

Tab. 52. *Hierarchisches Regressionsmodell mit mehreren Mordmerkmalen*

	Modell 1		Modell 2		Modell 3		Modell 4		Modell 5		Modell 6		Modell 7	
	B (SE)	**Exp(B)**	**B (SE)**	**Exp(B)**	**B (SE)**	**Exp(B)**	**B (SE)**	**Exp(B)**	**B (SE)**	**Exp(B)**	**B (SE)**	**Exp(B)**	**B (SE)**	**Exp(B)**
Mehrere Mordopfer	3,100*** (0,667)	22,194	3,443*** (0,700)	31,288	3,63*** (0,724)	37,708	3,85*** (0,836)	47,001	3,896*** (0,854)	49,2	3,905*** (0,921)	49,653	4,118*** (0,978)	61,447
Zufallsopfer			1,863*** (0,499)	6,444	2,057*** (0,532)	7,819	2,935*** (0,703)	18,819	3,07*** (0,743)	21,536	3,31*** (0,793)	27,391	3,285*** (0,843)	26,707
Drei weitere Opfer, die nicht getötet wurden					3,365** (1,185)	28,941	5,243*** (1,372)	189,306	5,934*** (1,445)	377,519	5,989*** (1,5)	399,172	4,628*** (1,505)	102,341
Rücksichtslos vorgegangen							2,543*** (0,708)	12,712	3,048*** (0,805)	21,079	3,048*** (0,805)	21,079	2,862*** (0,842)	17,494
< 10 Vorstrafen insgesamt									2,693** (1,006)	14,775	2,574*** (1,001)	13,114	2,878** (1,026)	17,776
Zwei Mord-merkmale: sonst niedrige Beweggründe, Heimtücke											1,865** (0,768)	6,455	2,071** (0,825)	7,932
Ungleichartige Realkonkurrenz													1,967* (0,827)	7,15
R^2	0,293		0,403		0,479		0,593		0,640		0,674		0,705	
Konstante (SE)	-1,365 0,229		-1,922 0,309		-2,202 0,351		-4,142* 0,744		-4,834** 0,87		-5,195** 0,932		-5,515** 1,009	

* (signifikant) p < 0,05; (sehr signifikant) ** p < 0,01; *** (hoch signifikant) p < 0,001

Mit Hinzufügung weiterer erklärender Variablen bleibt der Faktor mehrerer ermordeter Opfer gleichbleibend hoch signifikant. Gleichzeitig erhöht sich auch die Wahrscheinlichkeit der Feststellung besonderer Schuldschwere neben der lebenslangen Freiheitsstrafe, wenn mehrere Menschen ermordet werden.

Da auch ferner der Faktor weiterer Straftaten an weiteren drei Opfern einen hoch signifikanten Einfluss üben, zeigt sich die bedeutende Relevanz für die Feststellung besonderer Schuldschwere. Maßgebend ist, dass mehrere Opfer und nicht nur ein ermordetes Opfer abgeurteilt werden.

Ein rücksichtsloses Töten hat eine relevante Bedeutung zu den vorherigen Modellen, schließlich erhöht sich mit diesem Umstand die erklärte Varianz um 7%.

Ebenfalls zeigt das hierarchische Regressionsmodell die Bedeutung einer erheblichen Vorstrafenbelastung von zehn und mehr als zehn Vorstrafen insgesamt.

3. „Mehrere Mordopfer"

Lässt man die Mordmerkmale außen vor und legt man den Fokus auf die Anzahl weiterer Mordopfer, so lässt sich ein weiteres Modell mit hohem Maß an aufgeklärter Varianz (R^2 = 0,745) erkennen. Auf dieses Modell wirken sich insgesamt acht Variablen signifikant aus. Steigt die Anzahl an Mordopfern um eine Einheit, so steigt die relative Wahrscheinlichkeit der Feststellung besonderer Schuldschwere um das 6-Fache. Ist das Mordopfer ein Zufallsopfer, so nimmt die Wahrscheinlichkeit der Feststellung besonderer Schuldschwere zusätzlich zu.

Tab. 53. *Ergebnisse der Regressionsanalyse für Verurteilungen mit Feststellung besonderer Schuldschwere (§ 57a StGB) – „mehrere Mordopfer ohne Mordmerkmale"*

Nr.	Merkmale	B	Exp (B)	SE
1	Mehrere Mordopfer	4,657***	405,318	1,102
2	Drei weitere Opfer, die nicht getötet wurden	3,667*	39,118	1,102
3	Ungleichartige Realkonkurrenz	3,423**	30,660	1,085
4	Zufallsopfer	3,798***	44,633	0,996
5	Brutales, grausames Vorgehen	2,508**	12,285	0,895
6	Rücksichtsloses Vorgehen	3,017***	20,430	0,912
7	10 und mehr als 10 Vorstrafen insgesamt	4,019**	55,635	1,448
8	Geständig & Unrechtseinsicht	-2,352**	0,813	0,095
9	Konstante	-6,063***	1,286	0,002

Nagelkerke R^2 = 0,745
* (signifikant) p < 0,05; (sehr signifikant) ** p < 0,01; *** (hoch signifikant) p < 0,001

Anders als bei dem Modell mit den einbezogenen Mordmerkmalen liegt bei Vorliegen weiterer ungleichartiger Delikte in Realkonkurrenz, also keinen weiteren Tötungsdelikten, eine größere Wahrscheinlichkeit der Feststellung besonderer Schuldschwere. Dieses Ereignis ist hoch signifikant. Die Wahrscheinlichkeit der Feststellung besonderer Schuldschwere ist bei einem brutalen, grausamen Vorgehen größer. Wie das vorausgegangene Modell zeigt, wirkt sich auch hier signifikant ein rücksichtsloses, hemmungsloses Töten zusätzlich aus. Dass bei der Verurteilung wegen Mordes die besondere Schwere der Schuld festgestellt wird, ist bei einer Vorstrafenbelastung von mindestens 10 Vorstrafen insgesamt wahrscheinlicher.

Steigt die Geständnisbereitschaft und Unrechtseinsicht um eine Einheit, so sinkt die relative Wahrscheinlichkeit, dass der Angeklagte zu lebenslanger Freiheitsstrafe und Feststellung besonderer Schuldschwere verurteilt wird. Dieses Ergebnis entspricht dem Ergebnis der bivariaten Analyse.

Im Folgenden wird nun auf die hierarchische Regressionsanalyse eingegangen. Im Vergleich zum hierarchischen Regressionsmodell mit mehreren Mordmerkmalen wurde für das folgende Regressionsmodell der Aspekt der Anzahl der Mordmerkmale außen vorgelassen. Denn aus der Tabelle 52 ist ein nur geringer Wahrscheinlichkeitswert zu erkennen, der bei Vorliegen mehrerer Mordmerkmale auf eine nur geringe Wahrscheinlichkeit der Feststellung der besonderen Schwere der Schuld schließen lässt im Vergleich zu den anderen statistisch nachgewiesenen Einflussfaktoren.

Tab. 54. *Hierarchisches Regressionsmodell ohne Mordmerkmale*

	Modell 1		Modell 2		Modell 3		Modell 4		Modell 5		Modell 6		Modell 7		Modell 8	
	B (SE)	Exp(B)	B (SE)	Exp(B)	B (SE)	Exp(B)	B (SE)	Exp(B)	B (SE)	Exp(B)	B (SE)	Exp(B)	B (SE)	Exp(B)	B (SE)	Exp(B)
Mehrere Mordopfer	3,121*** (0,668)	22,667	3,425*** (0,699)	30,733	3,611*** (0,724)	36,998	3,81*** (0,829)	45,152	3,852*** (0,851)	47,078	3,882*** (0,888)	48,529	4,122*** (0,938)	61,699	4,657*** (1,102)	105,318
Zufallsopfer			1,756*** (0,506)	5,788	1,941*** (0,539)	6,969	2,826*** (0,709)	16,883	3,006*** (0,745)	20,208	2,929*** (0,767)	18,708	3,209*** (0,832)	24,755	3,798*** (0,996)	44,633
Drei weitere Opfer, die nicht getötet wurden					3,348*** (1,184)	28,446	5,16*** (1,37)	174,16	5,858*** (1,445)	349,91	4,859*** (1,534)	128,854	4,452** (1,559)	85,815	3,667* (1,568)	39,118
Rücksichtsloses Vorgehen							2,477*** (0,708)	11,903	3,001*** (0,807)	20,108	2,903*** (0,814)	18,228	3,087*** (0,867)	21,913	3,017*** (0,912)	20,43
< 10 Vorstrafen insgesamt									2,738** (1,044)	15,461	3,013*** (1,056	20,357	3,153** (1,097)	23,416	4,087** (1,497)	59,562
Ungleichartige Realkonkurrenz											1,804** (0,776)	6,073	2,242** (0,857)	9,411	3,423** (1,085)	30,66
Geständig und Unrechts-einsicht bis einschl. Haupt-verhandlung													-1,437* (0,668)	0,238	-2,352** (0,813)	0,095
Brutales, grausames Vorgehen															2,508** (0,895)	12,285
R^2	0,301		0,397		0,475		0,585		0,632		0,663		0,691		0,745	
Konstante (SE)	-1,386***(0,233)		-1,899***(0,309)		-2,179***(0,352)		-4,058***(0,741)		-4,758***(0,871)		-4,974***(0,901)		-4,447***(0,942)		-6,063***(1,286)	

* (signifikant) $p < 0,05$; (sehr signifikant) ** $p < 0,01$; *** (hoch signifikant) $p < 0,001$

Auch diese hierarchischen Regressionsmodelle zeigen, dass mit weiterer Variablenaufnahme dem Umstand mehrerer Mordopfer ein starkes Gewicht zukommt. Auch hier erweist sich der Umstand des getöteten Zufallsopfers als relevant.

Kommt das Gericht zu dem Schluss, dass die Tötungshandlung rücksichtslos begangen wurde, erhöht diese Variable die erklärte Varianz von etwa 48% auf 59%. Diese Entwicklung zeigt die doch wesentliche Bedeutung von tatbeschreibenden Strafzumessungsfaktoren. Diesen Eindruck bestätigt sich in der weiteren Variablenaufnahme weiterer realkonkurrierender Delikte und dem brutalen, grausamen vorgehen (Modell 6 und Modell 8).

Der Vergleich der hierarchischen Regressionsmodelle aus Tabelle 52 und 54 zeigt, dass ohne Berücksichtigung (der Anzahl) der Mordmerkmale ein deutlich höherer Erklärungswert (74,5%) für die Feststellung der besonderen Schwere der Schuld errechnet werden kann. In beiden Momenten ist auch ein konstanter Anstieg der Bedeutung des Merkmals zu erkennen, dass das Opfer zufällig getötet wurde und keine Beziehung zwischen Täter und Opfer bestand.

In der Rangfolge vom stärksten zum geringsten strafzumessungsrelevanten Faktor[1135] zeigt sich die Bedeutung der Anzahl der ermordeten Opfer und der weiteren Straftaten an nicht ermordeten Opfern. Da sich diese tatbezogenen Strafzumessungstatsachen bereits aus den geschriebenen Urteilsgründen ergaben und sich die relevante Einflussnahme auf die Feststellung der besonderen Schwere der Schuld kontinuierlich bestätigt, kann als wesentlicher Faktor die Anzahl der ermordeten Opfer und weiterer Straftaten gegen weitere nicht ermordete Opfer festgehalten werden.

Im Unterschied zum hierarchischen Regressionsmodell mit mehreren Mordmerkmalen (vgl. Tab. 52) kommt dem täterbezogenen Umstand der Vorstrafenbelastung von mindestens zehn Eintragungen im BZR einen höheren statistischen Einfluss auf die Feststellung der besonderen Schuldschwere zu.

Eine vergleichsweise starke Relevanz hat der Faktor, dass der Angeklagte wegen mehrerer Morde verurteilt wurde. In beiden Regressionsmodellen steigt der Wahrscheinlichkeitswert (Exp(B)) konstant an.

4. *Vergleich der einzelnen Modelle:*

Insgesamt lässt sich festhalten, dass, bei steigender Anzahl an abgeurteilten Mordopfern um jeweils eine Einheit die Wahrscheinlichkeit signifikant zunimmt, die lebenslange Freiheitsstrafe und die besondere Schuldschwere ausgesprochen werden. Die einzelnen Modelle weisen eine Güte von über 65,0% auf, was nach *Cohen* auf einen starken Effekt schließen lässt.[1136] Allgemein betrachtet üben tatbezogene Umstände, wie rücksichtsloses, hemmungsloses Töten, Anzahl

1135 Gemessen an dem Exp(B)-Wert.
1136 *Janssen/Laatz,* (2017), S. 317.

der Opfer, zusätzlich abgeurteilte Delikte in Realkonkurrenz einen Einfluss auf die Feststellung besonderer Schuldschwere. Daneben kommt der hohen Vorstrafenbelastung von mindestens zehn Vorstrafen eine konstante, bedeutende Rolle zu. Hier wird die Wichtigkeit messbarer Indikatoren wie Anzahl zusätzlicher Opfer, Delikte und Vorstrafenbelastung deutlich.

Der Vergleich der einzelnen Modelle zeigt, dass sich die Gerichte an der Rechtsprechung des BGH orientieren. Die besonders verwerfliche Tatausführung[1137] lässt sich als rücksichtslose, hemmungslose Tötung mindestens eines Zufallsopfers zusammenfassen. Hoch signifikant wirkt sich aus, dass weitere zusätzliche Mordopfer abgeurteilt werden und der Angeklagte wegen weiterer Delikte verurteilt wird. Wurde die besondere Schuldschwere auch wegen mehrerer verwirklichter Mordmerkmale festgestellt, so wie es vier der fünf Strafsenate fordern,[1138] sind dies mit signifikantem Ergebnis die Mordmerkmale der sonst niedrigen Beweggründe und der Heimtücke. Eine stärkere Varianz kann bei Ermordung mehrerer Opfer erzielt werden.[1139]

5. Zusammenfassung der Ergebnisse der logistischen Regression

Von den 27 unabhängigen Variablen, die anhand der bivariaten Analyse ermittelt werden konnten, und in die Regressionsanalyse mit einflossen, erwiesen sich letztlich nur acht Faktoren als maßgebliche Strafzumessungsfaktoren. Unterscheidet man nach Anzahl der Mordopfer und Hinzuziehung der Mordmerkmale sonst niedrige Beweggründe und Heimtücke, so reduzieren sich die Einflussfaktoren auf sechs Strafzumessungstatsachen (vgl. Tab. 52). Unabhängig von der Anzahl der Mordmerkmale lässt sich fast 73,0% der Varianz der Einflussfaktoren erklären (vgl. Tab. 54). Das Ergebnis der Analyse von Strafzumessungstatsachen für die Feststellung der besonderen Schuldschwere stehen grundsätzlich im Einklang mit vorausgegangen Untersuchungen: Faktoren wie Art der Ausführung werden härter sanktioniert.[1140] Jedoch stehen täterorientierte Merkmale innerhalb des Strafzumessungsprozesses nicht im Vordergrund. Vielmehr erfahren tatbezogene Strafzumessungsfaktoren eine entscheidende Rolle.[1141] Die Modelle bestätigen zunächst die auch schon aus den bivariaten Analysen ermittelten Strafzumessungstatsachen der Anzahl der Opfer, die ermordet wurden, Anzahl der weiteren nicht ermordeten Opfer, sowie der Umstand weiterer abgeurteilter Delikte. Die Verurteilung wegen Mordes zu Lasten mehrerer Opfer unter Verwirklichung mehrerer Mordmerkmale darf grundsätzlich den Schluss zu lassen, dass die Schuld des Verurteilten besonders schwer wiegt, im Sinne des § 57

1137 BGH NStZ 1994, S. 540, S. 542.

1138 Vgl. Kap. 1.E.II.1.

1139 BGH, Beschl. v. 30.11.1993 – 4 ARs 27/93.

1140 *Moxon,* (1989), S. 252; *Meier,* (1983), S. 1352; *Hoppenworth,* (1991), S. 227f.

1141 Anders vgl. *Hoppenworth,* (1991), S. 154.

Abs. 1 S. 1 Nr. 2 StGB.[1142] Die wichtigsten Strafzumessungsfaktoren sind demnach Umstände, die die Tatschwere (Anzahl der Opfer/Anzahl weiterer Delikte) und Tatausführung wie rücksichtslose, hemmungslose Tötung erfassen.

Täterbezogener Strafzumessungsfaktor ist auch nach multivariater Analyse die Vorstrafenbelastung. Interessanterweise wirkt sich dieser Umstand aber erst dann aus, wenn die verurteilte Person zehn oder mehr als zehn Vorstrafen entweder nach Jugend- und/oder Erwachsenenstrafrecht hat. Dem Gesichtspunkt der negativen Gefahrenprognose, der noch aus der bivariaten Analyse gezogen werden konnte, kommt keine weitere Relevanz zu. Der Strafzumessungsfaktor Vorstrafenbelastung konnte schon aus vorausgegangenen Untersuchungen ermittelt werden.[1143]

Insgesamt wird neben der lebenslangen Freiheitsstrafe die Feststellung der besonderen Schwere der Schuld ausgesprochen, wenn die Tötung die Gemeingefährlichkeit aufgrund der Anzahl der Opfer oder des Motivs zum Ausdruck bringt. Dieses Ergebnis spiegelt die Idee der Regelmerkmal-Reformvorschläge wider, wonach Tötungen aufgrund besonderer Gefährlichkeit des Täters sich von üblichen Tötungen unterscheiden und deswegen härter sanktioniert werden sollten.[1144]

Soziale Merkmale von Verurteilten und Opfern hatten, wie in anderen Untersuchungen,[1145] keine bedeutende Relevanz.

Unter Berücksichtigung, dass das Mordmerkmal der sonst niedrigen Beweggründe einen Einfluss auf die Feststellung besonderer Schuldschwere hat, kann der Indikator gewonnen werden, dass aus diesen Tötungen eine künftige, überdauernde Gefährlichkeit des Täters spricht.[1146]

Regionale Unterschiede, die sich aufgrund der BGH-Senate entwickeln, konnten nicht ermittelt werden.

6. Vergleich der Ergebnisse mit den vorausgegangenen Analysen

Der Vergleich der Analysen zeigt die Dominanz der tatbezogenen Faktoren. Die in den Urteilen genannten Strafzumessungsaspekte beschrieben, dass die Gerichte die besondere Schwere der Schuld an der besonders verwerflichen Tatausführung und der Tötungshandlung, die über das Normalmaß hinausgeht, feststellen. Die strafzumessungsrelevante Bedeutung der tatbezogenen Merkmale bestätigt sich auch in den bivariaten Signifikanztests. Neben der Tötung des Zufallsopfers hat die brutale Tötung und Verwirklichung mehrerer Mordmerkmale eine entscheidende Relevanz. Die Bedeutung der Tötung des Zufallsopfers und der brutalen,

1142 Vgl. BGH, Urt. v. 07.06.2012 – 2 StR 103/12.
1143 *Kröber*, (2015b), S. 645; *Brückner*, (1961), S. 15.
1144 *Deckers/Fischer/König/Bernsmann*, NStZ 2014, S. 11.
1145 *Heine*, (1988), S. 15; *Verrel*, (1996), S. 204f.; *Hoppenworth*, (1991), S. 181f.
1146 *Kröber*, (2015b), S. 649f.

rücksichtslosen Tatausführung bestätigt sich in den Regressionsanalysen. Die erhobenen, statistisch ermittelten, tatbezogenen Strafzumessungstatsachen aus den bivariaten Signifikanztests und den in den Urteilsgründen angeführten Faktoren bestätigen sich in den multivariaten Analysen. So kann festgehalten werden, dass für die Feststellung der besonderen Schwere der Schuld tatbezogene Faktoren eine dominante Bedeutung haben.

Unter den täterbezogenen Merkmalen zeigt sich die erwartete strafschärfende Bewertung der Vorstrafenbelastung des Angeklagten. Das Ergebnis der bivariaten Untersuchung bestätigt sich in den Regressionsanalysen. Die in den Urteilsgründen genannte und in den bivariaten Analysen ermittelte Tatsache der Gefährlichkeit des Täters wurde in den Regressionsanalysen nicht bestätigt. Insgesamt betrachtet kommt den täterbezogenen Merkmalen, bis auf die Vorstrafenbelastung, keine entscheidende Relevanz zu.

Opferbezogene Merkmale haben keinen strafzumessungsrelevanten Einfluss auf die Feststellung der besonderen Schwere der Schuld.

Hinsichtlich der verfahrensbezogenen Merkmale konnte die Bedeutung des Geständnisses ermittelt werden. Bereits die schriftlichen Urteilsgründe zeigten, dass ein Geständnis zu Gunsten des Angeklagten herangezogen wurde. Die bivariaten und multivariaten Analysen bestätigen den Eindruck, dass ein kooperatives Verhalten des Angeklagten auch zu seinen Gunsten gewertet wird.

Insgesamt betrachtet dominieren für die Feststellung der besonderen Schuldschwere tatbezogene Merkmalsausprägungen.

Das Ergebnis der strafzumessungsrelevanten Bedeutung der tatbezogenen Faktoren bestätigt sich auch unter Rücksichtnahme der Zeilenangaben. So dominieren mit deutlichem Abstand bei der Verurteilung zu lebenslanger Freiheitsstrafe und der Feststellung der besonderen Schwere der Schuld die Ausführungen im Urteil zu der Mordtat. Mehr als 50,0% der erhobenen Urteilsbestandteile machen die Feststellungen zur Tatausführung aus.

Eine unbedeutende Rolle nehmen, wie bereits frühere Untersuchungen zeigten,[1147] Ausführungen zur Person, zum Tatmotiv oder zum Verhalten während der Hauptverhandlung ein. Der Eindruck der vergleichsweisen geringen Bedeutung täterbezogener Merkmale bestätigt sich in den Analysen.

7. Strafzumessungsrelevante Merkmale für die Feststellung der besonderen Schwere der Schuld

Zusammenfassend betrachtet bestätigen sich die Erkenntnisse aus den in den geschriebenen Urteilsgründen aufgeführten Strafzumessungstatsachen. Die gewichtigsten Strafzumessungsfaktoren für die Feststellung der besonderen Schwere der Schuld sind tatbezogene Merkmale wie Tötung eines Zufallsopfers,

---

1147 *Verrel,* (1995), S. 201.

brutale, rücksichtslose Tötungshandlung und weitere nicht ermordete abgeurteilte Opfer. Damit bestätigt sich die strafzumessungsrelevante Einflussnahme der Tatschwere.[1148] Täterbezogene Faktoren sind nicht relevant. Nur der Umstand einer Vorstrafenbelastung wirkt sich auf die Feststellung der Schuld aus. Damit bestätigt sich das Ergebnis früherer Untersuchungen.[1149] Verfahrensbezogene Strafzumessungstatsachen bestätigen die grundsätzliche Bedeutung des Geständnisses.

C. Verurteilungsvoraussetzung zu zeitiger Freiheitsstrafe bei vollendetem Mord

Dass bei Mord die lebenslange Freiheitsstrafe gemildert werden kann, ergibt sich schon aus dem Gesetzestext, der neben zwingenden Milderungsgründen auch Ermessensgründe aufzeigt. Zusätzlich kommt auch der von der Rechtsprechung entwickelte Milderungsgrund in Betracht (BGHSt 30, 105). Für die Untersuchung der Strafzumessungsgründe wurde auf die erhobenen Einzelstrafen (n = 221) zurückgegriffen. Ziel ist es, die Umstände der Milderung herauszufinden.

Bei 20,4% der Einzelstrafen hat das Gericht nicht die absolut angedrohte lebenslange Freiheitsstrafe verhängt, sondern einen Sonderstrafrahmen des § 49 Abs. 1 StGB herangezogen.

Tab. 55. *Art der verhängten Sanktionen*

Art der verhängten Sanktion	n	%
Zeitige Freiheitsstrafe	21	46,7
Zeitige Freiheitsstrafe und § 63 StGB	16	35,6
Zeitige Freiheitsstrafe und § 64 StGB	6	13,3
Zeitige Freiheitsstrafe und § 66 StGB	1	2,2
Zeitige Freiheitsstrafe und § 66a StGB	1	2,2
Insgesamt	45	100,0

I. Art der Strafmilderung

Wie schon dieBeschreibung des untersuchten Datenmaterials zeigt, dominieren Verurteilungen zu rein zeitigen Freiheitsstrafen. Fast 50,0% der Verurteilungen, die eine zeitige Freiheitsstrafe erfassten, waren *reine* zeitige Freiheitsstrafen. Bezug nehmend auf die Art der Strafmilderung wird ersichtlich, dass überrepräsentativ

1148 *Verrel*, (1995), S. 249; *Albrecht*, (1994), S. 218.
1149 *Verrel*, (1995), S. 251; *Oswald*, (1994), S. 169; *Langer*, (1994), S. 338.

häufig die Strafe wegen verminderter Schuldfähigkeit gemindert wurde. Dabei handelt es sich um eine fakultative Strafmilderung. Die obligatorische Strafmilderung wird nur aufgrund der Teilnehmereigenschaft des Angeklagten relevant: War der Angeklagte Gehilfe zum Mord, so wurde in zwei Fällen die Strafe doppelt gemildert (vgl. oben).

Tab. 56. *Art der Strafmilderungen*

Milderungsgrund	Angenommen		Abgelehnt	
	n	%[1150]	n	%[1151]
§ 13 Abs. 2 StGB	1	2,2	2	0,9
§ 17 Abs. 2 StGB	0	0,0	1	0,5
§ 21 StGB	36	80,0	10	4,5
§ 27 Abs. 2 StGB	4	8,8	0	0,0
§ 28 Abs. 1 StGB	1	2,2	0	0,0
§ 46b StGB	2	4,4	6	2,7
BGHSt 30, 105	2	4,4	0	0,0
§ 106 JGG	1	2,2	0	0,0
Doppelmilderung	2	4,4	0	0,0

1. Versagung der Strafmilderung

Bei fakultativen Strafmilderungen besteht die Möglichkeit, dass trotz Vorliegens der Voraussetzungen die Strafmilderung versagt wird. Es steht im Ermessen des Gerichts, die Strafe zu mildern. Die Verweigerung der Milderung führte in 78,9% der Fälle (n = 15) zu einer Verurteilung zu lebenslanger Freiheitsstrafe. Bei 21,1% der Verurteilungen (n = 4) wurden die Voraussetzungen eines Strafmilderungsgrundes zwar abgelehnt, da jedoch eine andere Strafmilderungsvorschrift herangezogen wurde, wurde die lebenslange Freiheitsstrafe dennoch gemildert. Unter den Verurteilungen zu lebenslanger Freiheitsstrafe wurde in fünf Fällen die besondere Schwere der Schuld festgestellt. In 4,5% der Fälle lehnten die Gerichte eine Strafmilderung wegen verminderter Schuldfähigkeit ab, obwohl ein Eingangsmerkmal erfüllt war.

Insgesamt wurde zu 28,6% (n = 6) die Strafmilderung nach §§ 21, 49 Abs. 1 StGB abgelehnt, weil bei dem Täter eine bewusste Herbeiführung des Affektdurchbruchs beziehungsweise die bewusste Herbeiführung der Alkohol bedingten Enthemmung vorlag. Eine angeklagte Person wurde trotzdem zu zeitiger Freiheitsstrafe wegen Mordes verurteilt, weil noch ein

1150 100,00%= 45.

1151 100,00%= 221.

weiterer Milderungsgrund vorlag. Die Versagung der Strafmilderung wegen des bewussten Herbeiführens des Ausnahmezustandes steht im Einklang mit früheren Untersuchungen.[1152]

Eine Besonderheit lag bei vier Einzelstrafen vor, da trotz Anerkennung des Eingangsmerkmals der schweren, seelischen Abartigkeit (vgl. § 21 StGB) neben der lebenslangen Freiheitsstrafe die besondere Schwere der Schuld festgestellt wurde. In einem Fall stellte das Gericht fest, dass die anlasslose Tötung zur Frustrationsabwehr nicht persönlichkeitsfremd war, da der Angeklagte bereits in der Vergangenheit wegen überraschender Vorfälle gegen Frauen durch Aggressionen aufgefallen war. Trotz Bejahung der Persönlichkeitsstörung wurde die besondere Schwere der Schuld festgestellt.[1153]

In einem weiteren Fall wurde u.a. wegen drei Ermordungen die besondere Schuldschwere festgestellt, obwohl der Angeklagte unter einer sexuellen Präferenzstörung (ICD-10 F65) litt und dies das Eingangsmerkmal der schweren, seelischen Abartigkeit im Sinne des § 21 StGB verwirklichte. Der Angeklagte tötete schematisch drei kindliche, junge Opfer in einem Zeitraum von 10 Jahren, nachdem er sie entführte und sexuelle Handlungen an ihnen vornahm. Er tötet die Jungen, weil er davor Angst hat, seine Pädophilie würde entdeckt werden. In dem besagten Zeitraum misshandelte er noch weitere minderjährige Opfer sexuell, die er jedoch nicht tötete. Auch hier versagte das Gericht die Strafmilderung, weil der Angeklagte die Handlung steuern konnte und auch die Einsicht hatte, Unrecht zu tun. Die Tötungen waren nicht durch die schwere, seelische Abartigkeit bedingt, sodass eine entsprechende Strafmilderung nicht in Betracht kam.[1154]

Eine Strafmilderung wegen des Verbotsirrtums §§ 17 Abs. 2, 49 Abs. 1 StGB wurde einmal diskutiert und abgelehnt, da bei dem Angeklagten zwar eine (paranoide) Persönlichkeitsakzentuierung vorlag, diese aber in keinem Zusammenhang zur Tat stand und der Angeklagte deswegen sein Unrecht erkennen konnte.

In zwei Fällen wurde diskutiert, ob die Tötung durch Unterlassen herbeigeführt wurde und sich daraus eine Strafmilderung nach §§ 13 Abs. 1, 49 Abs. 1 StGB ergab. Das Vorliegen der Strafmilderung wurde jedoch unter dem Hinweis abgelehnt, dass das Unterlassen genauso schwer wiege wie aktives Tun. Die angeklagten Personen wurden jedoch zu zeitiger Freiheitsstrafe wegen des Vorliegens eines anderen Milderungsgrundes verurteilt.

Die Strafmilderung nach § 46b StGB wird in sechs aller Verurteilungen (n = 221) versagt; obwohl der Angeklagte einen Beitrag zur Tataufklärung leistet (regelmäßig durch ein Geständnis), entspreche dies nicht den Anforderungen nach § 46b StGB. Insbesondere wurde aufgeführt, dass die Tatverwirklichung besonders brutal war und der Angeklagte über eine nicht unerhebliche Vorstrafenbelastung verfüge.

1152 *Verrel*, (1995), S. 159.
1153 Fallnr. 207.
1154 Fallnr. 200 – 202.

2. Diskussion eines Strafmilderungsgrundes

Neben der Möglichkeit einen Strafmilderungsgrund trotz Vorliegens der Voraussetzungen zu versagen, können bereits die Voraussetzungen strittig sein und im Ergebnis abgelehnt werden. Den Strafurteilen sind Ausführungen zu entnehmen, die die Voraussetzungen des Strafmilderungsgrundes prüften, diese aber im Ergebnis ablehnten. In der folgenden Abbildung sind die Strafmilderungsgründe aufgelistet, dessen Voraussetzungen geprüft, aber abgelehnt wurden.

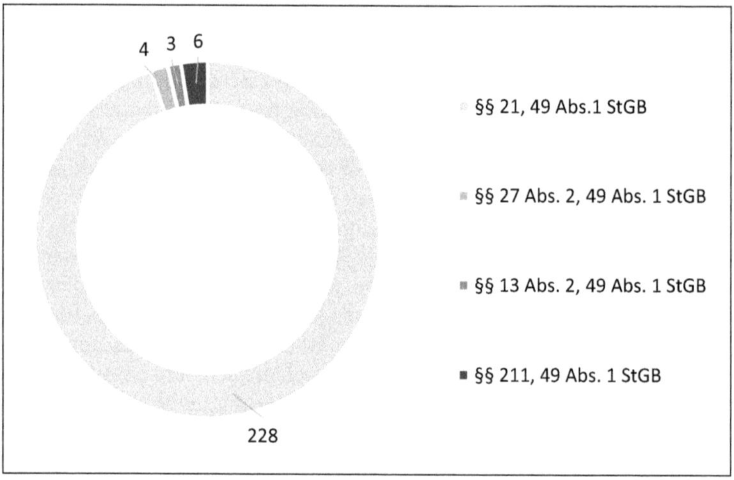

Abb. 18. *Diskutierte, aber im Ergebnis abgelehnte Strafmilderungsgründe*

Es dominieren Diskussionen, ob die Strafe wegen verminderter Schuldfähigkeit gemildert wird. In 4,8% (n = 11) der Ablehnungsgründe kam das Gericht zu dem Schluss, dass der Zustand verminderter Schuldfähigkeit gar nicht vorlag und der Rückgriff auf das Vorliegen verminderter Schuldfähigkeit eine reine Schutzbehauptung ist. Daneben wurde in 6,6% (n = 15) die Strafmilderung nach §§ 21, 49 Abs. 1 StGB abgelehnt, da die Störung gutachterlich nicht erkennbar war und die bei dem Täter vorliegenden Depressionen beziehungsweise Persönlichkeitsakzentuierungen kein Eingangsmerkmal der §§ 20, 21 StGB erfüllen. Zu 21,5% (n = 49) wurde darauf hingewiesen, dass (paranoide) Persönlichkeitsakzentuierungen zwar vorlagen, die aber in keinem Zusammenhang zur Tötung eines anderen Menschen standen. Daneben wurde festgestellt, dass sich die Persönlichkeitsakzentuierung erst nach der Tatverwirklichung entwickelte.

In 19,7% der Fälle (n = 45) wurde die Milderung nach §§ 21, 49 Abs. 1 StGB unter dem Hinweis abgelehnt, dass keine Affekttat vorlag. Dies wurde daran festgemacht, dass kein abrupter Tatablauf bei der Tötung vorherrschte, sondern bei der Tatverwirklichung Sicherungstendenzen und kontrollierte Handlungen dominierten.

In 9,2% der Ablehnungen (n = 21) wurde das Vorliegen einer Affektsituation verneint. Insbesondere wurde aufgeführt, dass kein emotional, den Täter stark belastender Konflikt der Tötung vorausging. Es wurde darauf verwiesen, dass die Gefühlsregungen wie Wut und Rache kontrolliert werden konnten. Das Vorliegen einer bloßen affektiven Erregung verwirklicht noch nicht die Merkmale eines Affekts.

Bei 13,2% der Ablehnungen wurde darauf hingewiesen, dass zwar eine Drogen-/Alkohol und/oder Spielsucht vorlag, diesbezüglich sich bei dem Täter aber eine Toleranzentwicklung gezeigt habe; sodass trotz der Sucht normale vitale Züge vorliegen, der Täter keine Ausfallerscheinungen zeigt und sein Alltagsleben strukturiert gestalten kann.

In 22,4% der Prüfungen (n = 51) zur Versagung einer Milderung nach §§ 21, 49 Abs. 1 StGB wurde ausgeführt, dass die Tötung eines anderen Menschen mit einem absoluten Vernichtungswillen durchgeführt wurde.

Zu 1,8% der Ablehnungen (n = 4) wurde zudem ein sogenannter Mitnahmesuizid verneint; vielmehr bejahte das Gericht das Vorliegen eines Bilanzsuizids.

In 0,9% der Verneinung der Strafmilderung (n = 2) wird aufgeführt, dass der Angeklagte über eine niedrige Hemmschwelle zu Gewaltverbrechen verfügt; ein Eingangsmerkmal der §§ 20, 21 StGB sei aber nicht erfüllt.

Eine Strafmilderung wegen besonderer Umstände des Einzelfalls nach §§ 211, 49 Abs. 1 StGB wurde 6,6% aller Verurteilungen diskutiert. Die Milderung wurde in 46,2% der Fälle (n = 6) abgelehnt, weil kein Haustyrannenfall vorlag; vielmehr lag ein „normaler" Streit zwischen (Ex-) Partnern vor, der nicht geprägt war von außergewöhnlichen Umständen gerechten Zorns. Zu 7,7% (n = 1) wurde die Milderung abgelehnt, da bei dem Angeklagten zwar eine (paranoide) Persönlichkeitsakzentuierung vorliegt, diese aber in keinem Zusammenhang zur Tat steht. In 15,4% (n = 2) der Ablehnungen wurde darauf hingewiesen, dass kein den Angeklagten emotional belastender Streit vor der Tötung vorausging und die Gefühlsregungen Wut und Rache kontrolliert werden konnten. In 30,8% (n = 4) wurde die Milderung nach §§ 211, 49 Abs. 1 StGB versagt, weil bei der Tatverwirklichung ein absoluter Vernichtungsdrang und –wille vorherrschte. Einmal wurde die Strafmilderung unter dem Hinweis abgelehnt, dass keine Gefahr im Sinne von § 34 StGB bzw. kein Angriff im Sinne von § 32 StGB von dem Opfer vorausging.

II. Auswertung der geschriebenen Strafzumessungsgründe bei Verurteilung zu zeitiger Freiheitsstrafe insgesamt

Mit dem folgenden Untersuchungsabschnitt werden die im Urteil ausdrücklich genannten Strafzumessungsfaktoren dargestellt, die bei der Verurteilung zu zeitiger Freiheitsstrafe herangezogen wurden. Dabei wird nach drei Arten möglicher Verurteilungen differenziert. Beginnend mit der Verurteilung zu zeitiger Freiheitsstrafe insgesamt (n = 45), folgt die Analyse der Fälle, in denen der Angeklagte zu zeitiger Freiheitsstrafe verurteilt wurde, ohne dass zusätzlich eine Maßregel der Sicherung und Besserung angeordnet oder vorbehalten wurde (n = 21).

Daran schließt sich die Analyse der Fälle an, in denen der Angeklagte zu zeitiger Freiheitsstrafe verurteilt wurde und zusätzlich eine Maßregel der Sicherung und Besserung angeordnet oder vorbehalten wurde (n = 24).

1. *Umfang der Urteilsbestandteile*

Um die Bedeutung der Verurteilung zu zeitiger Freiheitsstrafe ermitteln zu können, wurden zu einzelnen Gesichtspunkten die Zeilenangaben erhoben. Es wurde davon abgesehen, Zeilenangaben zu den Ausführungen „Strafmilderungen" und „Strafschärfungen" zu erheben, da eine geringe und dadurch statistisch nicht messbare Fallzahl erwartet wurde, sodass die Bedeutung der Strafzumessung bei Mord unter Berücksichtigung der Zeilenangaben keine große Bedeutung zukommt. Der Umfang der Urteilsbestandteile wird in der folgenden Übersichtstabelle dargestellt.

Tab. 57. *Anzahl der Zeilen für die Urteilsbestandteile bei Verurteilung zu zeitiger Freiheitsstrafe insgesamt*

Merkmale n = 45	%[1155]	**Zeilen**		
		aM	**SD**	**Med.**
Person	16,1	97,91	58,383	81,00
Angeklagtenverhalten während der Hauptverhandlung	1,3	7,76	14,490	5,00
Mordtat	42,8	260,13	187,919	181,00
Tatmotiv	2,2	13,40	16,145	7,00
Opfer: besondere Leiden bei Tathandlung	5,1	31,18	26,197	24,00
Tatfolgen für Opferangehörige	0,3	1,71	7,031	0,00
Angenommenes Mordmerkmal	7,2	43,80	36,168	33,00
Abgelehntes Mordmerkmal	0,9	5,40	10,044	0,00
Verminderte Schuldfähigkeit	9,7	59,44	40,675	55,00
Strafmilderung	3,0	18,27	16,720	12,00
Strafzumessung	5,2	31,56	25,457	22,00
Feststellung besonderer Schuldschwere	0,03	0,20	0,786	0,00
Unterbringung in Maßregelvollzug §§ 63, 64 StGB	4,4	26,64	25,230	26,00
Anordnung zur Sicherungsverwahrung	1,6	9,84	54,857	0,00

1155 Bezogen auf die durchschnittliche Gesamtzeilenangabe im Urteil 607,24 = 100,0%.

Unter dem Angeklagtenverhalten wurde erfasst, ob sich der Angeklagte zur Sache einließ, ob er Reue zeigte und ob das Gericht das Verhalten des Angeklagten während der Hauptverhandlung in irgendeiner Weise beschrieb und/ oder bewertete. Regelmäßig (n = 194) wurde darauf eingegangen, wie sich der Angeklagte in der Hauptverhandlung verhielt. Lediglich in zwei Fällen aller Verurteilungen gab es keinen Hinweis auf das Angeklagtenverhalten.

Wurde eine zeitige Freiheitsstrafe verhängt, dominieren auch hier, wie bereits bei Verurteilungen zur Feststellung besonderer Schuldschwere (vgl. Tab. 36ff.), die Ausführungen zur Mordtat. Rein quantitativ folgen Angaben zur Person des Verurteilten. Die Ausführungen zur Strafmilderung haben nur sehr geringen Stellenwert. Das kann damit zusammenhängen, dass die Gerichte in den Urteilen unter „Strafmilderung" lediglich den Hinweis geben, dass die jeweils zutreffende Norm eine Strafrahmenverschiebung nach § 49 Abs. 1 Nr. 1 StGB.

Angaben zu verminderter Schuldfähigkeit und der Unterbringung in den Maßregelvollzug haben eine nur nachrangige Relevanz für die Urteilslänge. Unter den Ausführungen zur Schuldfähigkeit werden Aussagen und Feststellungen des Gutachters hinsichtlich der Schuldfähigkeit beziehungsweise vermeintlichen verminderten Schuldfähigkeit grundsätzlich nicht zu den Zeilenangaben der Schuld gezählt. Erfasst werden diese Angaben nur dann, sobald das Gericht zu erkennen gibt, dass es sich den Ausführungen vollständig anschließt und zu eigen macht. Regelmäßig erfolgt also eine Erfassung der Ausführungen des Gutachters, wenn das Urteil inhaltlich folgende Passage enthielt: „Das Gericht macht sich die Ausführungen und Feststellungen des Gutachters zur Schuldfähigkeit des Angeklagten zu eigen".

Im Vergleich zu den Zeilenangaben bei Feststellung der besonderen Schwere der Schuld zeigen sich keine großen Unterschiede. Erstaunlich ist, dass prozentual betrachtet kaum spürbare Differenzen zwischen beiden Sanktionen zu erkennen sind, die die (verminderte) Schuldfähigkeit und die Strafmilderung betreffen. Dies kann damit erklärt werden, dass bei Feststellung der besonderen Schuldschwere dazu Angaben gemacht werden, dass kein Milderungsgrund und keine (verminderte) Schuldfähigkeit vorliegen. Dafür aber bei Verurteilung zu zeitiger Freiheitsstrafe ein ähnlicher Zeilenaufwand für die Prüfung eines Milderungsgrundes und der Schuld(un)fähigkeit betrieben wird.

2. *Inhalt der schriftlichen Strafzumessungsbegründung*

Die schriftlichen Strafzumessungstatsachen werden nach der Nennungshäufigkeit dargestellt. Neben der Bewertungsrichtung strafschärfend oder strafmildernd wurden die Strafzumessungsfaktoren auch dann erhoben, wenn das Gericht diese nannte, jedoch nicht ausdrücklich bewertete. Unter die Kategorie „strafmildernd" fallen die Umstände, die das Gericht zu Gunsten des Verurteilten aufzählte, während Umstände zu Lasten des Verurteilten unter die Kategorie „strafschärfend" fallen. Die Prozentangaben beziehen sich auf die jeweilige Summe der Strafzumessungstatsachen bei der Verurteilung zu zeitiger Freiheitsstrafe.

Die Reihenfolge der genannten Strafzumessungstatsachen entspricht grundsätzlich den bislang aus anderen Untersuchungen bekannten Faktoren, die auf die Strafhöhe Einfluss nahmen.[1156] Auch bei Verurteilungen zu zeitiger Freiheitsstrafe wegen Mordes dominieren Aspekte der Tatausführung, des Verhaltens während des Strafverfahrens und Opfermerkmale. Anders als bei älteren Untersuchungen[1157] kommt der Vorstrafenbelastung aber eine nur geringe Bedeutung zu.

Tab. 58. *Nennungshäufigkeit und Bewertungsrichtung der genannten Strafzumessungstatsachen bei Verurteilung zu zeitiger Freiheitsstrafe insgesamt*

Strafzumessungstatsache		**Bewertungsrichtung**				**Ohne Bewertung**	
		straf schärfend		**straf mildernd**			
	n	**n**	**%**	**n**	**%**	**n**	**%**
Tatausführung	385	172	44,8	31	8,1	182	47,3
Verhalten im Strafverfahren	142	4	2,8	98	69,0	40	28,2
Tatmotiv	89	22	24,7	28	31,5	39	53,8
Tätermerkmale	88	13	14,8	29	33,0	46	52,3
Opfermerkmale	90	25	27,8	2	2,2	63	70,0
(fehlende) Vorstrafenbelastung	45	18	40,0	22	48,8	5	11,1
Tatauslösende Faktoren	42	3	7,1	19	45,2	20	47,6
Täter-Opfer-Beziehung	39	3	7,7	0	0	36	92,3
Vortatverhalten	29	12	41,4	6	20,7	11	37,9
insgesamt	949	272	28,7	235	24,8	442	46,6

Mit dem Merkmal Tatausführung werden die Tatmodalitäten wie Tatort, Tatwerkzeuge bzw. Tatwaffen, Art und Weise der Tötungshandlung, sowie die festgestellte Gefühlsregung aggressiv, impulsiv, zielstrebig, erfasst. Die Tatausführung kann sich zusätzlich besonders brutal und hinterlistig gestalten.[1158] Die Art der Ausführung umreißt also alle Umstände, die die Tat prägen,[1159] erfasst sind also auch weitere verwirklichte Delikte in Tateinheit.[1160] Eine größtenteils

1156 *Verrel,* (1995), S. 206.
1157 *Verrel,* (1995), S. 198.
1158 *Schäfer/Sander/v. Gemmeren,* (2012), S. 178 RN. 635.
1159 *Miebach/Maier,* in: MüKo (2016), § 46 RN. 205.
1160 *Schäfer/Sander/v. Gemmeren,* (2012), S. 177 RN. 633.

strafschärfende Bewertung erfahren Umstände der Tatausführung. Den Verurteilungen zu zeitiger Freiheitsstrafe bzw. zu Anordnung einer Maßregel neben einer zeitigen Freiheitsstrafe lag jeweils ein Mordopfer zugrunde (n = 45). Überwiegend zu Lasten des Angeklagten wurden die Tatausführung und die Intensität der Tötungshandlung berücksichtigt, weil der Angeklagte mit überwiegend krimineller Energie (n = 27), zielorientiert (n = 35) und brutal (n = 15) tötete. Häufig nutzte der Täter dabei eine evidente Schwäche des Opfers (n = 10) aus. Die umfassende Tatplanung, die auch unter der Tatsache „Tatausführung" erfasst wurde, dominierte ebenfalls bei den strafschärfenden Faktoren (n = 20).

Strafzumessungstatsachen, die auf Merkmale des Opfers eingingen, wurden häufig zu Lasten des Angeklagten herangezogen. Dies hat seine Ursache zum einen darin, dass das Opfer dem Angeklagten evident unterlegen war, körperlich oder geistig beeinträchtigt oder die Tatfolgen für die Opferangehörigen gravierend waren. Strafschärfend wurde hier aber auch herangezogen, dass das Opfer schwerwiegende Verletzungen erlitt und aufgrund der Schwere der Verletzungen verstarb.

Für das Vortatverhalten wird neben dem unmittelbaren Vortatverhalten (hier unmittelbar vor der Tötungshandlung) das (Vor-)Leben der Verurteilten relevant.[1161] Die individuellen Lebensentwürfe und -verhältnisse dürfen dem Verurteilten nicht zum Vorwurf gemacht und zur Last gelegt werden, jedoch lässt eine Vorstrafenbelastung den Schluss zu, dass der Verurteilte die von der Rechtsordnung geschützten Rechtsgüter nicht akzeptiert.[1162] Eine vergleichsweise geringe Relevanz kommt den Strafzumessungstatsachen der persönlichen Verhältnisse des Täters zu wie Ausübung eines Berufs, Beziehungsstatus, soziale Verhältnisse. Tätermerkmale, die neben physischen und psychischen Tatfolgen auch das Krankheitsbild umfassen, das zur Unterbringung in den Maßregelvollzug führte, werden zum einen kaum erwähnt und zum anderen nur selten strafzumessungsrelevant bewertet. Die nur nachrangige Bedeutung persönlicher und sozialer Verhältnisse wurde bereits in früheren Untersuchungen ermittelt.[1163] Erwartungsgemäß erfährt die Vorstrafenbelastung einen höheren Stellenwert als andere Tätermerkmale.

Separat wurde das Verhalten des Angeklagten im Strafverfahren (Einsicht, Reue, Geständnis) erhoben. Zunächst ist allgemein zu berücksichtigen, dass der Angeklagte nicht verpflichtet ist, während der Hauptverhandlung eine Aussage zu tätigen bzw. die Wahrheit zu sagen. Ein Schweigen und/oder Leugnen der Tatbeteiligung ist zulässig und darf sich nicht strafschärfend auswirken.[1164] Ein Geständnis hingegen kann strafmildernd bewertet werden.[1165] Das Verhalten im

---

1161 *Schäfer/Sander/v. Gemmeren,* (2012), S. 179f. RN. 640ff.

1162 BGH NStZ 1984, S. 259.

1163 *Verrel,* (1995), S. 201.

1164 BGH NStZ 1996, S. 80; BGH NStZ-RR 2010, S. 88; BGH StV 1982, S. 418; BGH NStZ 2007, S. 463.

1165 *Miebach/Maier,* in: MüKo (2016), § 46 RN. 255f.

Strafverfahren bzw. während der Hauptverhandlung wird überwiegend strafmildernd berücksichtigt. Dies basiert darauf, dass sich 22 verurteilte Personen geständig eingelassen haben und 14 Verurteilte ein Teilgeständnis abgaben. Nur fünf angeklagte Personen ließen sich nicht ein oder bestritten den Tatvorwurf.

Wesentliche Strafzumessungsfaktoren sind die Beweggründe und Ziele des Verurteilten. Je „verständlicher" die Tatmotive sind, desto eher wird eine Strafmilderung möglich.[1166] Bei den Tatmotiven dominieren unter den bewerteten Strafzumessungstatsachen Faktoren, die zu Gunsten des Angeklagten herangezogen wurden.

Tatauslösende Faktoren erfassen die Umstände, die die Tötung des Opfers bedingt haben, wie z. B. Alkohol- oder Drogenkonsum, Wahnvorstellung und/oder Tötungsfantasien oder affektiv aufgeladene Spannungen. Tatauslösende Faktoren werden zu Gunsten des Angeklagten aufgeführt.

Zu erkennen ist aber auch gleichzeitig, dass ein überwiegender Anteil der Strafzumessungstatsachen zwar erwähnt aber ohne erkennbare Bewertung blieb. Bei Verurteilungen wegen Mordes scheinen insgesamt die Gerichte bei der Berücksichtigung von Strafzumessungstatsachen zurückhaltend.

Insgesamt wirkt sich ein nur geringer Anteil an Faktoren zu Gunsten des Angeklagten aus. Unter den strafbegünstigenden Umständen sind neben tatbezogenen Faktoren, das Verhalten im Strafverfahren und täterbezogene Merkmale, wie beispielsweise die Tatmotivation.

2.1. Ausdrücklich genannte Strafzumessungstatsachen

Die folgenden Übersichtstabellenzeigen die bewerteten Strafzumessungstatsachen nach ihrer Nennungshäufigkeit auf. Es wurden nur die Strafzumessungstatsachen in die Tabelle aufgenommen, deren Nennungshäufigkeit über fünf Merkmalsausprägungen lagen. Die Darstellung der Häufigkeit der angesprochenen Strafzumessungstatsachen erfolgt nach tat-, täter-, opfer- und verfahrensbezogenen Merkmalsausprägungen.

2.2. Tatbezogene Strafzumessungstatsachen

Tatbezogene Strafzumessungstatsachen erfassen vor allem Merkmalsausprägungen der Tatausführung. Dabei handelt es sich überwiegend um objektiv feststellbare Aspekte, wie Tatplan, Tatwerkzeug, Art und Weise der Tatverwirklichung. Gleichzeitig ist davon aber auch die Intensität der Tatausführung erfasst.

1166 *Miebach/Maier*, in: MüKo (2016), § 46 RN. 184; *Schäfer/Sander/v. Gemmeren*, (2012), S. 171 RN. 608.

Tab. 59. *Bewertungsrichtung der genannten Strafzumessungstatsachen bzgl. tatbezogener Umstände bei Verurteilung zu zeitiger Freiheitsstrafe insgesamt*

			Bewertungsrichtung				Ohne Bewertung	
Nr.	**Strafzumessungs-tatsache**		**straf-schärfend**		**straf-mildernd**			
		n	**n**	**%**	**n**	**%**	**n**	**%**
1	Zielorientiert bei der Tötungshandlung	44	35	79,5	0	0,0	9	20,5
2	(fehlende) kriminelle Energie	42	27	64,3	3	7,1	12	28,6
3	(fehlender) Tatplan	42	20	77,6	10	23,8	12	28,6
4	Tatauslöser	42	3	7,1	19	45,2	20	47,6
5	Täterrolle	40	7	17,5	4	10,0	29	72,5
6	Erhebliche Gewaltanwendung	32	18	56,3	0	0,0	14	43,8
7	Vortatverhalten	28	12	42,9	6	21,4	10	35,7
8	Brutales Vorgehen	25	15	60,0	1	4,0	9	36,0
9	Verwenden eines gef. Werkzeugs	25	8	32,0	0	0,0	17	68,0
10	Ausnutzen einer situativen Schwäche des Opfers	24	10	41,7	0	0,0	14	58,3
11	Impulsiv bei der Tötungshandlung	20	2	40,0	2	10,0	16	80,0
12	Wechsel des Tatwerkzeugs/ der Tatwaffe	16	10	62,5	0	0,0	6	37,5
13	Aggressiv bei der Tötungshandlung	13	1	7,7	1	7,7	11	84,6
14	Ersticken/erwürgen/ Erdrosseln	12	3	25,0	0	0,0	9	75,0
15	Mehr als zur Tötung notwendig	9	2	22,2	2	22,2	5	55,6
16	Anschließende Verwirklichung eines Raubes	7	1	14,3	0	0,0	6	85,7
17	(kein) hinterlistiger Überfall	6	1	16,7	2	33,3	3	50,0
	Insgesamt	385	172	44,8	31	8,1	182	47,3

Tatbezogene Strafzumessungstatsachen erfassen insbesondere die Art und Weise der Tatausführung. Eine Tötungshandlung, die eine hohe Intensität aufweist, wird primär strafschärfend bewertet. Darunter wird vor allem eine zielorientierte, erhebliche, brutale Gewalteinwirkung erfasst, die von krimineller Energie geprägt ist (Nr. 1, 2, 6, 8). Bemerkenswert ist, dass die Verwendung eines Tatwerkzeugs bzw. der Wechsel der Tatwerkzeuge zusätzlich strafschärfend bewertet wurde (Nr. 12). Gleichzeitig wird das Fehlen der kriminellen Energie strafmildernd berücksichtigt (Nr. 2).

Ein aggressives und impulsives Auftreten bei der Tötungshandlung wird überwiegend neutral, ohne strafzumessungsrelevante Bewertung, erfasst (Nr. 11, 13). Die aggressive Tötung erfasst dabei die gesteigerte gewaltbereite Stimmung des Täters, welche aufgrund einer Eigendynamik eskaliert.[1167] Dies kann Teil Tatbestandsverwirklichung sein und sich deswegen einer strafzumessungsrelevanten Bewertung entziehen; denn Merkmale, die den Tatbestand der Strafnorm verwirklicht haben, dürfen bei der Strafzumessungsabwägung nicht herangezogen werden (vgl. § 46 Abs. 3 StGB). Eine impulsive Tötung bzw. eine Tötungshandlung, die über das Notwendige hinausgeht, zeugt davon, dass der Täter seine Handlung nicht mehr unter Kontrolle hat und diese nicht weiter steuern kann.[1168]

Die von Bundesjustizminister Maas eingesetzte Expertenkommission zur Reformierung der Tötungsdelikte verlangt für die heimtückische Tötung das Merkmal des hinterlistigen Überfalls.[1169] Die Gerichte werten hier das Vorliegen eines hinterlistigen Überfalls regelmäßig neutral (Nr. 17). Obwohl aus der Tötung aus einem Hinterhalt heraus eine umfassende Tatplanung zu entnehmen ist, wird dieser Umstand nicht bewertet. Häufig wird das Merkmal der Hinterlist bei der Bejahung der Voraussetzungen des Heimtückemordmerkmals verwendet und ist wegen des Doppelverwertungsverbotes nicht mehr bei der Strafzumessung in Ansatz zu bringen.

Gleichzeitig wird auch das Vorliegen einer (umfassenden) Tatplanung erwartungsgemäß bewertet (Nr. 3). Ist die Tötungshandlung vom Täter geplant und entsprechend vorbereitet, so wird dies zu seinen Lasten herangezogen. Gleichzeitig wird strafmildernd berücksichtigt, wenn die angeklagte Person die Tötung spontan, ohne Vorplanung begeht.

Interessanterweise wird der Tatauslöser überwiegend strafmildernd bewertet (Nr. 4). Dies kann insbesondere daran liegen, dass der Tatauslöser häufig wegen einer psychiatrischen Erkrankung (n = 8), eines Affektdurchbruchs (n = 4) oder infolge von Alkohol- (n = 3) oder Drogenkonsum (n = 1) entstand.[1170]

1167 *Steck*, (2008), S. 35.

1168 *Behnke/Endres*, (2008), S. 110.

1169 BMJV, (2015), Abschlussbericht, S. 42ff.

1170 In weiteren Fällen war der Tatauslöser die Verzweiflung (n = 1), die Schulden (n = 1) und die vom Opfer ausgegangenen Ehrverletzungen (n = 2).

Tötungen des (Ex-)Partners stehen häufig in einem Zusammenhang mit einer hoch angespannten Affektregung.[1171] Eine sogenannte Affekttat ist „eine Gewalttat, bei der hochgradige emotionale Reaktionen eine bestimmende Wirkung haben, also eine Tat, die nicht geplant, sondern aus einem Konflikt heraus begangen wird, im Zusammenhang höchster emotionaler Erregung und eben nicht planvoll und aufgrund rationaler Erwägungen".[1172] In dieser Untersuchung wird von einer Affekttat dann gesprochen, sobald im Urteil entsprechende Anzeichen eines affektiven Tatgeschehens bestehen und kennzeichnende Beschreibungen durch das Gericht ausdrücklich erfolgen.[1173] Insbesondere wird eine Affekttat dann angenommen, soweit ein Tatablauf ohne Sicherungstendenzen beschrieben und angenommen wird; unabhängig davon, ob die Voraussetzungen der §§ 20, 21 StGB vorlagen oder nicht.[1174]

Das Vortatverhalten bezieht sich auf ein Verhalten zwischen Täter und Opfer vor der Tötungshandlung. Häufig wurde ein Vortatverhalten des Täters zu seinen Lasten bewertet. Hier wirkt sich insbesondere aus, dass zwischen Täter und Opfer eine verbale oder auch körperliche Auseinandersetzung stattfand (n = 3). Dass das Opfer vor dem Täter bereits vor der Tötung Angst hatte (n = 1), wurde ebenfalls zu seinen Lasten gewertet. Dass bereits die Polizei eine Gefährderansprache gegen die angeklagte Person aussprach und ihr den Kontakt und die Nähe zum später getöteten Opfer untersagte, wurde ebenfalls strafschärfend bewertet (n = 1). Schließlich wurde auch ein vorangegangenes Nachstellen des Täters zu Lasten herangezogen.

Festzuhalten ist, dass bei tatbezogenen Strafzumessungstatsachen die Tatausführung vorrangig zu Lasten des Angeklagten bewertet wird. Daneben erweist sich aber auch eine konstante neutrale Bewertung der tatbezogenen Merkmale. Zu Gunsten des Angeklagten werden Merkmale der Tatausführung nur herangezogen, wenn eben keine intensive Tathandlung vorliegt. Gleichzeitig bewertet das Gericht zu Gunsten, dass der Angeklagte die Tötung nicht aus dem Hinterhalt heraus verwirklichte. Tatauslösende Faktoren, die für die Tötung ursächlich waren, wirken sich auch zu Gunsten des Angeklagten aus.

2.3. Täterbezogene Strafzumessungstatsachen

Täterbezogene Strafzumessungstatsachen erfassen die (fehlende) Vorstrafenbelastung, die Täter-Opfer-Beziehung und die persönlichen Verhältnisse des Täters.

1171 *Endres/Breuer*, (2014), S. 96; *Endres*, (2008), S. 412.
1172 *Endres*, (2008), S. 412.
1173 *Heine*, (1988), S. 71.
1174 Vgl. *Heine*, (1988), S. 252.

Tab. 60. *Bewertungsrichtung der genannten Strafzumessungstatsachen bzgl. der täterbezogenen Merkmale bei Verurteilung zu zeitiger Freiheitsstrafe insgesamt*

Nr.	Strafzumessungstatsache		Bewertungsrichtung				Ohne Bewertung	
			straf-schärfend		straf-mildernd			
		n	n	%	n	%	n	%
18	(fehlende) Vorstrafen	45	18	40,0	22	48,8	5	11,1
19	Tatfolgen für den Täter	20	1	5,0	5	25,0	14	70,0
20	(keine) Provokation durch das Opfer	17	8	47,1	4	23,5	5	29,4
21	Persönlichkeit des Täters	9	1	11,1	1	11,1	7	77,8
	insgesamt	133	31	23,3	51	38,3	51	38,3

Unter den täterbezogenen Strafzumessungstatsachen dominiert der sich bereits hervorgetane Faktor der (fehlenden) Vorstrafenbelastung (Nr. 18).[1175] Weist die verurteilte Person bereits Vorstrafen auf, so wird dies zu ihren Lasten bewertet. Bei einer fehlenden Vorstrafenbelastung wird dieser Umstand entsprechend strafmildernd berücksichtigt.

Einen weiteren häufig genannten Strafzumessungsfaktor bilden die Tatfolgen für den Täter (Nr. 19). Wenn es zu einer strafzumessungsrelevanten Bewertung für den Täter kam, wurde dieser Umstand strafmildernd berücksichtigt.

Tab. 61. *Bewertungsrichtung der genannten Strafzumessungstatsachen bzgl. der Tatmotivation bei Verurteilung zu zeitiger Freiheitsstrafe insgesamt*

Nr.	Strafzumessungstatsache		Bewertungsrichtung				Ohne Bewertung	
			straf-schärfend		straf-mildernd			
		n	n	%	n	%	n	%
22	Tatmotiv: Wut über das Opfer	20	0	0,0	5	25,0	15	75,0
23	Tatmotiv: Grundaggressionen gegen das Opfer	11	5	45,5	0	0,0	6	54,5

1175 *Verrel*, (1995), S. 199.

Tab. 61. *Fortsetzung*

	Strafzumessungstatsache		Bewertungsrichtung				Ohne Bewertung	
24	Tatmotiv: Verzweiflung/ Ausweglosigkeit	10	0	0,0	10	100,0	0	0,0
25	Tatmotiv: Ausnutzen einer günstigen Gelegenheit	8	3	37,5	0	0,0	5	62,5
26	(keine) Affekttötungen	8	4	50,0	4	50,0	0	0,0
27	Tatmotiv: Flucht aus Gewaltspirale	7	1	14,3	6	85,7	0	0,0
28	Tatmotiv: Eigensucht	6	3	50,0	0	0,0	3	50,0
29	Tatmotiv: Profitorientierung	6	2	33,3	0	0,0	4	66,7
30	Tatmotiv: Opfer als lästige Person	5	3	60,0	0	0,0	2	40,0
31	Tatmotiv: finanzielle Notlage	4	1	25,0	0	0,0	3	75,0
32	Tatmotiv: vorausgegangene Demütigung	4	0	0,0	3	75,0	1	25,0
	insgesamt	89	22	24,7	28	31,5	39	53,8

Eine Tatmotivation, die auf die Gesinnung des Täters schließen lässt, wird überwiegend neutral bewertet.

Zu Gunsten des Angeklagten wirken sich nachvollziehbare Motivationen wie Verzweiflung und Ausweglosigkeit oder die Flucht aus einer Gewaltspirale aus (Nr. 24, 27). Eine besonders strafzumessungsrelevante Einflussnahme nimmt die Affekttötung ein (Nr. 26). Der Täter tötet das Opfer aus einer affektiv aufgeladenen Situation heraus und vermag weder einsichts- noch steuerungsfähig sein. Kommt das Gericht zu dem Schluss, dass keine Affekttötung vorlag, so wird dieser Umstand strafschärfend bewertet.

Eine eigensüchtige, profitorientierte, tendenziell egoistisch gelagerte Tatmotivation wird zu Lasten des Angeklagten herangezogen (Nr. 28, 29, 31).

Unter den täterbezogenen Strafzumessungstatsachen dominiert die (fehlende) Vorstrafenbelastung als ein gewichtiger in den Urteilsgründen genannter Strafzumessungsaspekt, der sich zu Gunsten des Angeklagten auswirkt. Wenn die Tatmotivation in den Urteilen bewertet wurde, dann regelmäßig nur zu Gunsten des Angeklagten. Die genannten Tatmotive lassen auf eine hoffnungslose Ausgangslage schließen, aus der sich der Angeklagte zu befreien versuchte.

2.4. Opferbezogene Strafzumessungstatsachen

Opferbezogene Strafzumessungstatsachenbeschreiben die Folgen für die Opferangehörigen und das Ausmaß der Tötungshandlung.

Tab. 62. *Bewertungsrichtung der genannten Strafzumessungstatsachen bzgl. opferbezogener Merkmale bei Verurteilung zu zeitiger Freiheitsstrafe insgesamt*

Nr.	Strafzumessungstatsache		Bewertungsrichtung				Ohne Bewertung	
			straf-schärfend		straf-mildernd			
		n	n	%	n	%	n	%
33	Opfermerkmale	39	12	30,8	0	0,0	27	69,8
34	Grad der Verletzung für ermordetes Opfer	30	8	26,7	0	0	22	73,3
35	Opfer gab irgendeinen Tatanlass	14	1	7,1	2	14,3	11	78,6
36	Folgen für Opferangehörige	7	4	57,1	0	0	3	42,9
	insgesamt	90	25	27,8	2	2,2	63	70,0

Die opferbezogenen Strafzumessungstatsachen bringen die Ausprägung der Tötungshandlung zum Ausdruck. Der Grad der Tötungsverletzungen wird, wenn es zu einer strafzumessungsrelevanten Bewertung kam, strafschärfend berücksichtigt (Nr. 34). Gleichermaßen wirken sich Tatfolgen für die Opferangehörigen aus (Nr. 36). Leiden etwa die Kinder des getöteten Opfers besonders stark, wurde dieser Umstand strafschärfend bewertet.

Kommt das Gericht zu der Erkenntnis, dass aus Sicht des Täters das Opfer den Tatanlass gegeben hat, wurde dieser Umstand häufig neutral bewertet (Nr. 35).

Wurden individuelle Opfermerkmale als strafzumessungsrelevant bewertet, so wurde insbesondere die evidente körperliche Unterlegenheit des Opfers (n = 5) zu Lasten des Angeklagten gewertet. Wie bereits die Bewertung der Tatfolgen andeutete, wurde der Umstand, dass das Opfer Kinder unter 14 Jahre hinterlässt (n = 2), strafschärfend berücksichtigt. Daneben ging das Gericht auch ausdrücklich darauf ein, dass das Opfer körperlich oder geistig beeinträchtigt war (n = 3) und der Täter dies bewusst ausgenutzt hat.

Insgesamt bestätigt sich das eingangs dargestellte Ergebnis, dass opferbezogene Merkmale eine nur nachrangige strafzumessungsrelevante Bedeutung haben. Gerade im Hinblick auf die Strafmilderung haben opferbezogene Merkmale überwiegend eine neutrale Bedeutung. Lediglich der Umstand, dass von dem Opfer ein Tatanlass ausging, kann sich zu Gunsten des Angeklagten auswirken.

2.5. Verfahrensbezogene Strafzumessungstatsachen

Verfahrensbezogene Strafzumessungstatsachen nehmen Bezug auf das Verhalten des Angeklagten unmittelbar nach der Tötungshandlung und in der Hauptverhandlung.

Tab. 63. *Bewertungsrichtung genannter Strafzumessungstatsachen bzgl. verfahrensbezogener Merkmale bei Verurteilung zu zeitiger Freiheitsstrafe insgesamt*

Nr.	Strafzumessungstatsache		Bewertungsrichtung				Ohne Bewertung	
			straf-schärfend		straf-mildernd			
		n	n	%	n	%	n	%
37	Selbstanzeige/keine Flucht	29	1	3,4	23	79,3	5	17,2
38	Reue	27	2	7,4	24	88,9	1	3,7
39	Geständnis	22	0	0,0	22	100,0	0	0,0
40	Flucht	21	0	0,0	1	4,8	20	95,2
41	Unrechtseinsicht	16	1	6,3	4	25,0	11	68,8
42	Entschuldigung ggü. den Opferangehörigen	15	0	0,0	12	80,0	3	20,0
43	Strafempfindlichkeit	12	0	0	12	100,0	0	0
	Insgesamt	142	4	2,8	98	69,0	40	28,2

Verfahrensbezogene Merkmale wurden regelmäßig zu Gunsten der angeklagten Person herangezogen. Ein starker gewichtiger, genannter strafmildernder Strafzumessungsfaktor ist die Selbstanzeige unmittelbar nach der Tötung (Nr. 37). Hier fließt auch der Umstand der Reue als strafmildernder Aspekt ein (Nr. 38, 41). Auch die Entschuldigung gegenüber den Opferangehörigen wirkt sich positiv auf das Strafmaß aus (Nr. 42).

Ergreift der Täter unmittelbar nach der Tat die Flucht, so bleibt dieser Umstand häufig ohne Bewertung (Nr. 40).

Insgesamt betrachtet haben verfahrensbezogene Strafzumessungstatsachen einen strafmildernden Einfluss auf die zeitige Freiheitsstrafe.

Im Folgenden wird danach differenziert, ob der Angeklagte zu zeitiger Freiheitsstrafe verurteilt wurde und keine weitere Maßregel der Besserung und Sicherung angeordnet oder vorbehalten wurde (vgl. Kap. 3.C.III.). An dieses Kapitel schließen dann die Verurteilung zu zeitiger Freiheitsstrafe und der zusätzlichen vorbehaltenen oder angeordneten Maßregel der Sicherung und Besserung an (vgl. Kap. 3.C.IV.).

III. Benannte Strafzumessungstatsachen bei zeitiger Freiheitsstrafe ohne zusätzliche Anordnung von Maßregeln

Die folgenden Übersichtstabellen zeigen die Faktoren auf, die bei der schriftlichen Urteilsbegründung zur Verurteilung zu zeitiger Freiheitsstrafe ausgesprochen wurden. Für 21 Einzelstrafen wurde eine zeitige Freiheitsstrafe ohne weitere Anordnung einer Maßregel verhängt. Insgesamt betrachtet zeigt sich, dass die strafmildernden Umstände, gefolgt von Umständen ohne ausdrücklichen Einfluss, bei der Strafzumessung überwiegen. Umstände, die zu Lasten des Angeklagten herangezogen wurden, wurden verhältnismäßig seltener erwähnt.

1. *Stellenwert einzelner Urteilsbestandteile bei Verurteilung zu zeitiger Freiheitsstrafe*

Um den Stellenwert der Strafzumessung bei Verurteilung zu zeitiger Freiheitsstrafe zu ermitteln, ist zunächst der Umfang der aufgewendeten Zeilenangaben zu betrachten. Zu erkennen ist, dass bei Verurteilung zu zeitiger Freiheitsstrafe der Umfang bei „nur" 5,5% liegt der gesamten Urteilslänge. Vielmehr dominieren Ausführungen zur Mordtat und zur Person des Verurteilten.

Tab. 64. *Anzahl der Zeilen für die Urteilsbestandteile bei Verurteilungen zu zeitiger Freiheitsstrafe ohne Unterbringungsanordnung*

Merkmale N = 21	%[a]	**Zeilen**		
		aM	**SD**	**Med.**
Person	14,5	93,81	64,195	72,00
Angeklagtenverhalten während der Hauptverhandlung	1,6	10,33	20,514	5,00
Mordtat	50,5	325,76	214,289	287,00
Tatmotiv	2,7	17,38	22,139	7,00
Opfer: besondere Leiden bei Tathandlung	4,7	30,48	30,909	23,00
Tatfolgen für Opferangehörige	0,2	1,05	2,819	0,00
Angenommenes Mordmerkmal	7,3	46,86	36,613	35,00
Abgelehntes Mordmerkmal	0,2	1,33	3,773	0,00
Verminderte Schuldfähigkeit	8,8	57,00	47,780	49,00
Strafmilderung	2,7	17,43	16,503	12,00
Strafzumessung	5,5	35,24	30,105	24,00
Feststellung besonderer Schuldschwere	0,04	0,24	0,768	0,00
Unterbringung in Maßregelvollzug §§ 63, 64 StGB	1,3	8,67	15,298	0,00

[a] Bezogen auf die durchschnittliche Gesamtzeilenangabe im Urteil 645,58 = 100,0%.

Es dominieren bei der Verurteilung zu rein zeitiger Freiheitsstrafe die Ausführungen zur Tat und Tötung. Neben der Mordtat als solches, werden auch Ausführungen zum verwirklichten Mordmerkmale und zum Tatmotiv gemacht.

Auch hier wird der Umstand aufgeführt, dass das Opfer besondere Leiden bei der Tathandlung ausgesetzt war.

Unter personenbezogenen Ausführungen sind neben notwendigen Hinweisen zur Person des Verurteilten Umstände zur verminderten Schuldfähigkeit zu erkennen. Obwohl in dieser Untersuchungsgruppe keine Unterbringung angeordnet wurde, sind zu einem sehr geringen Prozentsatz auch Zeilenangaben hinsichtlich der Unterbringung nach §§ 63, 64 StGB zu erkennen. Dies ist damit zu erklären, dass über die Unterbringung diskutiert wurde, letztlich aber eine solche abgelehnt wurde.

Insgesamt ist festzuhalten, dass die Summe der Zeilenangaben bei Verurteilung zu rein zeitiger Freiheitsstrafe höher ist, als bei der Verurteilung zu zeitiger Freiheitsstrafe unabhängig von einer weiteren Unterbringungsanordnung. Bei Verurteilung zu rein zeitiger Freiheitsstrafe dominieren Angaben zur Mordtat.

2. Inhalt der schriftlichen Strafzumessungsbegründung

In der folgenden Übersichtstabelle werden die genannten Strafzumessungstatsachen nach ihrer Nennungshäufigkeit dargestellt.

Tab. 65. *Nennungshäufigkeit der genannten Strafzumessungstatsachen bei Verurteilung zu zeitiger Freiheitsstrafe bei Verurteilungen zu zeitiger Freiheitsstrafe ohne Unterbringungsanordnung*

Strafzumessungstatsache		**Bewertungsrichtung**				**Ohne Bewertung**	
		straf-schärfend		**straf-mildernd**			
	n	**n**	**%**	**n**	**%**	**n**	**%**
Tatausführung	181	79	43,6	18	9,9	84	46,4
Verhalten im Strafverfahren	92	3	3,3	70	76,1	19	20,7
Tatmotiv	59	10	16,9	27	45,8	22	37,3
(fehlende) Vorstrafenbelastung	21	5	23,8	15	71,4	1	4,8
Tatauslösende Faktoren	20	1	5,0	8	40,0	11	55,0
Opfer lehnte Kontakt ab	17	1	5,9	0	0	16	94,1
Vortatverhalten	14	5	35,7	5	35,7	4	28,6
Opfermerkmale	14	7	50,0	0	0	7	50,0
Tätermerkmale	12	0	0	5	41,7	7	58,3
Provokation durch das Opfer	9	3	33,3	3	33,3	3	33,3
Nachtatverhalten	2	0	0	1	50,0	1	50,0
insgesamt	441	114	25,9	152	34,5	175	39,7

Die Vorstrafenbelastung steht im Verhältnis zu anderen Gesichtspunkten der Strafzumessung nicht an oberster Stelle. Der Umstand der strafrechtlichen Vorbelastung wirkte sich dann strafmildernd aus, wenn der Angeklagte nicht oder nicht einschlägig vorbestraft war. Unter den zu zeitiger Freiheitsstrafe Verurteilten war der größere Anteil nicht vorbestraft. Es überwiegen Ausführungen zur Tatverwirklichung (Tatwerkzeug, Tötungsintensität, Tatplanung) und Angaben zum Verhalten des Angeklagten während des Strafverfahrens (Geständnis, Selbstanzeige, Unrechtseinsicht, Reue). Merkmale des Opfers und des Täters wurden nicht häufig herangezogen. Das unmittelbar an die Tötung anschließende Nachtatverhalten (Verstecken, Verstümmeln der Leiche, Verwischen der Spuren) erfuhr kaum eine Bewertung.

Insgesamt wirkt sich eine (fehlende) Vorstrafenbelastung des Angeklagten zu seinen Gunsten aus. Strafbegünstigend wird aber das Verhalten im Strafverfahren bewertet. Ebenso wirken sich täterbezogene Faktoren auf die Verurteilung strafmildernd aus.

2.1. Tatbezogene Strafzumessungsfaktoren

Überwiegend strafschärfend wurde die Art der Tatausführung bewertet. Eine aufgebrachte kriminelle Energie und das zielorientierte Vorgehen wurden neben einer umfassenden Tatplanung am häufigsten genannt und strafschärfend berücksichtigt. Gefolgt von Aspekten erheblicher Gewaltanwendung und Ausnutzen einer situativen Schwäche des Opfers, entsprechen diese Faktoren bereits bekannten feststellbaren Operanten der Strafzumessung.[1176]Eine dominante Rolle bei der Tatausführung wurde zu 14,3% (n = 3) strafschärfend bewertet (n = 11). Strafmildernd wurde hingegen bewertet, wenn der Angeklagte impulsiv sein Opfer tötete. Strafschärfend wurde neben der erheblichen Gewaltanwendung zusätzlich in einem Fall bewertet, dass der Täter über das erforderliche Maß an Gewalteinwirkung hinaus (Overkill) weitere erhebliche Gewalt aufbrachte, um sein Opfer zu vernichten (n = 1). So führt das Gericht aus, dass die zusätzlich tödlich wirkenden Tritte gegen den Kopf des am Boden liegenden Opfers besonders strafschärfend bewertet wurden. Denn diese Handlung sollte nicht nur den Tod des Opfers herbeiführen, sondern die vom Täter beabsichtigte vollkommene Vernichtung des Opfers („Vernichtungsdrang gegen das Opfer").[1177]

1176 *Verrel*, (1995), S. 199; *Hoppenworth*, (1991), S. 142, 175, 228.
1177 Fallnr. 78.

Tab. 66. *Bewertungsrichtung der genannten Strafzumessungsfaktoren bzgl. der Tatausführung bei Verurteilungen zu zeitiger Freiheitsstrafe ohne Unterbringungsanordnung*

	Strafzumessungstatsache		**Bewertungsrichtung**				**Ohne Bewertung**	
Nr.			**straf-schärfend**		**straf-mildernd**			
		n	n	%	n	%	n	%
1	Kriminelle Energie	21	12	57,1	1	4,8	8	38,1
2	Zielorientiert	21	18	85,7	0	0	3	14,3
3	Tatplanung	20	9	45,0	8	40,0	3	15,0
4	Täterrolle	19	3	15,8	3	15,8	13	68,4
5	Erhebliche Gewaltanwendung	15	7	46,7	0	0	8	53,3
6	Ausnutzen einer situativen Schwäche des Opfers	13	3	23,1	0	0	10	76,9
7	Verwenden eines Werkzeugs	12	6	50,0	0	0	6	50,0
8	Brutales, rücksichtsloses Vorgehen	10	5	50,0	0	0	5	50,0
9	impulsiv	10	1	10,0	2	20,0	7	70,0
10	Provokation durch das Opfer	9	3	33,3	3	33,3	3	33,3
11	Wechsel der Tatwerkzeuge	8	5	62,5	0	0	3	37,5
12	Ersticken/erdrosseln	8	2	25,0	0	0	6	75,0
13	Anschließender Raub	4	1	25,0	0	0	3	75,0
14	aggressiv	3	0	0	1	33,3	2	66,7
15	Hinterlistiger Überfall	3	1	33,3	0	0	2	66,7
16	Mehr als zur Tötung notwendig	3	1	33,3	0	0	2	66,7
17	Verwirklichung mehrere Mordmerkmale	1	1	100,0	0	0	0	0
18	Ausnutzen von Vertrauen	1	1	100,0	0	0	0	0
	Insgesamt	181	79	43,6	18	9,9	84	46,4

Eine umfassende Tatplanung, worunter auch ein Wechsel der Tatwerkzeuge zählt, wurde häufiger zu Lasten des Verurteilten herangezogen (Nr. 3, 11). Insgesamt betrachtet ergibt sich, dass Tatsachen, die auf ein zielorientiertes, kontrolliertes und geplantes Töten schließen lassen, strafschärfend bewertet wurden

(Nr. 1–3). Denn diese Umstände seien Ausdruck für eine gezielte und absichtliche Tötung. Differenziert man die Tatplanung nach umfassender Planung und Spontantötung, so wurde die Tatplanung zu Lasten herangezogen (n = 9). Strafmildernd wurde berücksichtigt, wenn der Täter spontan bzw. aus der Situation heraus sein Opfer tötete (n = 8). In einem Fall wurde zwar eine umfassende Tatplanung im Urteil erwähnt, jedoch nicht unter Strafzumessungsgesichtspunkten bewertet. Auch zwei spontane Tötungen ohne vorherigen Tatplan blieben ohne strafzumessungsrechtliche Bewertung.

Die Tötung mehrerer Opfer wurde auch bei der Verurteilung zu zeitiger Freiheitsstrafe zu Lasten des Angeklagten herangezogen (n = 1).

Bei 13 Verurteilungen stellte das Gericht ein konfliktgeladenes Vortatverhalten fest. Provozierte etwa der Angeklagte einen vorausgegangenen Streit oder stritten Täter und Opfer ohne vorausgegangene Provokation, wurde dieser Umstand in 21,1% (n = 19) strafschärfend bewertet. Zu Gunsten des Angeklagten wurde hier jedoch eine vorausgegangene Provokation durch das Opfer bewertet (n = 3) (Nr. 10). Bei fünf Verurteilungen wurde ein konfliktgeladenes Vortatverhalten strafmildernd bewertet.

Tatauslösende Faktoren (wie Alkoholkonsum, Persönlichkeitsakzentuierung, Affektdurchbruch (n = 3), Verzweiflung, Schulden) wurden primär zu Gunsten des Angeklagten bewertet. Hingegen wurde der Tatauslöser Ehrverletzung strafschärfend berücksichtigt.

Als wesentlicher tatbezogener Faktor wirkt sich die Art und Weise der Tatbestandsverwirklichung zu Gunsten des Angeklagten aus, die auf einen spontanen Tatentschluss schließen lässt.

2.2. Täter- und opferbezogene Strafzumessungsfaktoren

Stellte das Gericht fest, dass die Angehörigen der Opfer unter den Folgen der Tötung litten, so wurde dies zu 50,0% strafschärfend bewertet. Waren die Opferverletzungen gravierend und konnte das Gericht sachverständig beraten feststellen, dass das Opfer die Verletzungen miterlebte, so wurde dieser Umstand ausgesprochen und strafschärfend berücksichtigt (Nr. 21). Häufig wurden auch Tatfolgen für den Täter erwähnt und zum Teil strafmildernd herangezogen (Nr. 20). Hier führten die Gerichte auf, dass der Verurteilte selbst unter der Tat litt, und versuchte im Anschluss sich selbst zu töten.[1178]

1178 Fallnr. 58, 124, 155.

Tab. 67. *Bewertungsrichtung der genannten Strafzumessungstatsachen bzgl. Opfer- und Tätermerkmalen bei Verurteilungen zu zeitiger Freiheitsstrafe ohne Unterbringungsanordnung*

Nr.	Strafzumessungstatsache		Bewertungsrichtung				Ohne Bewertung	
			straf-schärfend		straf-mildernd			
		n	n	%	n	%	n	%
19	Opferverletzung	12	6	50,0	0	0	6	50,0
20	Tatfolgen auf Täterseite	8	0	0	2	25,0	6	75,0
21	Tatfolgen für Opferangehörige	2	1	50,0	0	0	1	50,0
22	Persönlichkeit des Täters	2	0	0	1	50,0	1	50,0
23	Täter: Sozial integriertes Lebens	1	0	0	1	100,0	0	0
	insgesamt	25	7	28,0	4	16,0	14	56,0

Bei Bewertung der Tatmotivation insgesamt betrachtet zeigt sich, dass der strafmildernde Anteil von 45,8% überwiegt. Zu erkennen ist, dass eine Motivation, die die Hoffnungslosigkeit und Perspektivlosigkeit des Angeklagten zum Ausdruck bringen, zu Gunsten des Angeklagten gewertet wurde (Nr. 24, 26, 31). Es ist aus den Motiven eine Tendenz zu erkennen, dass sich der Angeklagte bei Tötung einen Befreiungsschlag aus seiner Situation erhoffte. Zu Gunsten des Angeklagten wurde gewertet, dass er unter einer hohen Belastungssituation litt und die Tötung eine Affekttötung[1179] darstellt. So stellte das Gericht fest: Nach Erhalt einer perspektivlosen und hoffnungslosen Diagnose war der Angeklagte an seiner Belastungsgrenze angelangt. Die Pflege seiner schwer erkrankten Ehefrau konnte er nicht mehr garantieren und übernehmen. Da keine Entlastung in Sicht war und seine schwerkranke Frau ihn unbewusst schwer demütigte, tötete der Angeklagte sein Opfer selbst für ihn spontan. Anschließend versuchte er, sich selbst zu töten. Dieser Umstand blieb aber ohne Bewertung, da das Gericht feststellte, dass der Suizidentschluss erst nach Tötung der Ehefrau gefasst wurde.[1180]

1179 *Endres/Breuer*, (2014), S. 96.
1180 Fallnr. 58.

Tab. 68. *Bewertungsrichtung der genannten Strafzumessungstatsachen bzgl. der Tatmotivation bei Verurteilungen zu zeitiger Freiheitsstrafe ohne Unterbringungsanordnung*

Nr.	Strafzumessungstatsache		Bewertungsrichtung				Ohne Bewertung	
			straf-schärfend		straf-mildernd			
		n	n	%	n	%	n	%
24	Verzweiflung/ Ausweglosigkeit	9	0	0	9	100,0	0	0
25	Wut über das Opfer	8	0	0	3	37,5	5	62,5
26	Flucht aus Gewaltspirale	7	1	14,3	6	85,7	0	0
27	Ausnutzen einer günstigen Gelegenheit	5	1	20,0	0	0	4	80,0
28	Eigensucht	4	1	25,0	0	0	3	75,0
29	Tötung einer lästigen Person	4	2	50,0	0	0	2	50,0
30	Profitgier	4	1	25,0	0	0	3	75,0
31	Affekttötung	4	1	25,0	3	75,0	0	0
32	Emotionaler Ausnahmezustand	3	0	0	1	33,3	2	66,7
33	Finanzielle Notlage	3	0	0	1	33,3	2	66,7
34	Überforderung	2	0	0	2	100,0	0	0
35	Rache	2	1	50,0	0	0	1	50,0
36	Mitleid mit dem Opfer	1	0	0	1	100,0	0	0
37	Selbstjustiz	1	1	100,0	0	0	0	0
38	Verletzte Ehre	1	1	100,0	0	0	0	0
39	Vorausgegangene Demütigung des Opfers	1	0	0	1	100,0	0	0
	insgesamt	59	10	16,9	27	45,8	22	37,3

Hinsichtlich der Affekttat ist zu prüfen, ob sich die affektive Erregung auf die Einsichtsfähigkeit bzw. das Bewusstsein des Täters auswirkt.[1181] Denn nicht jede affektive Tötung schließt den Vorsatz, die Einsichts- und Steuerungsfähigkeit aus, sondern nur ein Affekt von solchem Ausmaß, der verursacht, „dass dem Täter Tatumstände seiner Handlung nicht bewusst sind".[1182] Eine

1181 BGH, Urt. v. 27.02.2008 – 2 StR 606/07, LS. 2; BGH NStZ 2009, S. 30, S. 31.
1182 *Hauck*, (2016), S. 237.

planvolle, „zielgerichtete Gestaltung der Tat“,[1183] eine umfassende Tatverwirklichung sprechen gegen die Annahme einer Affekttat. So wurde in einem Fall das Vorliegen einer affektiven Tötung verneint, weil der Täter die Tötung umfassend plante.

Bei Verwirklichung des Mordmerkmals der Habgier wurde zu Lasten des Angeklagten herangezogen, dass es sich um eine sehr geringe Beutegröße handele.

Grundaggressionen gegen das Opfer (n = 5) wurden ohne Bewertung erwähnt (Nr. 25). Bei Motiven, die sich eher um egoistische Entscheidungen handeln, wurde häufig eine Wertung zu Lasten des Angeklagten vorgenommen. So macht folgender Sachverhalt die Wertung egoistischer Motive deutlich: Der Angeklagte tötete das Opfer zur Wiederherstellung der Ehre, um seinen, aber auch den Kindern der Gemeinde vor Augen zu führen, wie sich ein „ehrenvoller“ Gläubiger zu verhalten hat. Daneben tötete er das Opfer auch, um in der Glaubensgemeinschaft wieder aufgenommen zu werden. Das Gericht wertete zu Lasten des Angeklagten, dass er die menschenverachtende Handlung erkannt hat und dennoch das Opfer tötete, um sich wieder ins rechte Licht zu stellen.[1184]

Zusammenfassend betrachtet haben opferbezogene Merkmale eine nachrangige strafzumessungsrelevante Bedeutung für die Verurteilung zu zeitiger Freiheitsstrafe. Täterbezogene Umstände haben hingegen einen vorrangigeren Einfluss zu Gunsten des Angeklagten.

2.3. Verfahrensbezogene Strafzumessungsfaktoren

Eine bedeutende Rolle kommt auch dem Täterverhalten während der Hauptverhandlung bzw. während des Strafverfahrens zu: Leistet der Verurteilte einen Beitrag zur Tataufklärung (Geständnis/Selbstanzeige/keine Flucht) und hinterlässt er einen Eindruck von Reue und Unrechtseinsicht (daneben auch Entschuldigung gegenüber den Opferangehörigen), so wirken sich diese Umstände regelmäßig strafmildernd auf das Strafmaß aus (Nr. 40–47). Ein Geständnis des Angeklagten wurde zu 100,0% von dem erkennenden Gericht zu seinen Gunsten herangezogen (Nr. 46). Zu 100,0% strafmildernd finden die Strafempfindlichkeit und die Dauer der Untersuchungshaft Berücksichtigung (Nr. 45, 49).

1183 *Endres*, (2008), S. 416f.

1184 Fallnr. 63.

Tab. 69. *Bewertungsrichtung der genannten Strafzumessungstatsachen zum Verhalten im Strafverfahren bei Verurteilungen zu zeitiger Freiheitsstrafe ohne Unterbringungsanordnung*

Nr.	Strafzumessungstatsache		Bewertungsrichtung				Ohne Bewertung	
			straf-schärfend		straf-mildernd			
		n	n	%	n	%	n	%
40	Selbstanzeige	16	0	0	13	81,3	3	18,8
41	Unrechtseinsicht	15	0	0	13	86,7	2	13,3
42	Reue	13	0	0	12	92,3	1	7,7
43	Entschuldigt ggü. Opferangehörigen	10	0	0	9	90,0	1	10,0
44	Flucht	10	0	0	1	10,0	9	90,0
45	Strafempfindlichkeit	9	0	0	9	100,0	0	0
46	Geständnis	9	0	0	9	100,0	0	0
47	Wiedergutmachung	3	0	0	2	66,7	1	33,3
48	Bewährungsbrüchig	3	3	100,0	0	0	0	0
49	Dauer der Untersuchungshaft	2	0	0	2	100,0	0	0
50	Absetzen ins Ausland	2	0	0	0	0	2	100,0
	insgesamt	92	3	3,3	70	76,1	19	20,7

Wiedergutmachung wurde in Form von Übernahme der Beerdigungskosten geleistet und zu Gunsten des Verurteilten herangezogen (Nr. 47). Dabei bestand zwischen Täter und Opfer keine unmittelbare familiäre Beziehung (Ex-Eheleute und verschwägert).

Die Täter-Opfer-Beziehung wurde überwiegend neutral ohne Gesamtwürdigung zur Kenntnis genommen. In einem Fall wurde jedoch strafschärfend bewertet, dass der Täter ein Elternteil ist und das ihm entgegen gebrachte besondere Vertrauen bewusst zur Tötung ausnutzte (n = 1).

Verfahrensbezogene Faktoren wirken sich überwiegend (76,1%) zu Gunsten des Angeklagten aus.

2.4. Zwischenergebnis:

Die Gerichte nannten häufigFaktoren, über deren Vorliegen keine Zweifel bestehen konnten. So wurden regelmäßig Vorstrafenbelastung, Verhalten des Täters während der Hauptverhandlung herangezogen, also Umstände, die für die Gerichte messbar waren.[1185] Hinsichtlich der Tatmotivation werden bei Verurteilungen zu zeitiger Freiheitsstrafe ohne zusätzliche Unterbringungsanordnung Motive der Hoffnungs- und Perspektivlosigkeit strafmildernd bewertet. Insgesamt dominieren Motive, die strafmildernd bewertet werden. Opferbezogene Strafzumessungstatsachen bzw. Merkmale werden nicht in den schriftlichen Urteilsgründen angeführt. Keine bedeutende Relevanz haben auch täterbezogene Faktoren. Neben Faktoren, die Auskunft über die Tatausführung geben, dominieren unter Einfluss nehmenden Tatsachen in den schriftlichen Urteilsgründen Ausführungen zu dem Verhalten im Strafverfahren. Unrechtseinsicht, Reue und Geständnis werden strafmildernd berücksichtigt. Faktoren, die auf eine Straf- und Haftempfindlichkeit schließen lassen, werden strafmildernd bewertet. Strafempfindlich sind Erstverbüßerin der Regel.[1186] Auch wirkt es sich aus, wenn der Verurteilte nur kaum der deutschen Sprache mächtig ist und dadurch ein erhebliches Verständigungsproblem hat.[1187]

IV. Benannte Strafzumessungsgründe bei zeitiger Freiheitsstrafe und zusätzlicher vorbehaltener oder angeordneter Unterbringung

Im Folgenden geht es um die von den Gerichten in den Urteilen genannten Strafzumessungsgründe bei Verurteilung zu zeitiger Freiheitsstrafe, wenn zusätzlich eine Maßregel angeordnet oder vorbehalten wurde. Neben der zeitigen Freiheitsstrafe wurde überwiegend (53,3%) eine Maßregel angeordnet. Entweder wurde die verurteilte Person in einem psychiatrischen Krankenhaus oder in einer Entzugsanstalt untergebracht oder es wurde die Unterbringung bzw. der Vorbehalt der Unterbringung in der Sicherungsverwahrung angeordnet. Für insgesamt 24 Einzelstrafen wurde neben der zeitigen Freiheitsstrafe eine entsprechende Anordnung getroffen.

1. Stellenwert einzelner Urteilsbestandteile bei Verurteilung zu zeitiger Freiheitsstrafe

Bei Verurteilung zu zeitiger Freiheitsstrafe und einer Unterbringungsanordnung sind neben Ausführungen zur Mordtat auch Ausführungen zur Person des Verurteilten zu erkennen. Aber auch hier sind die Zeilenangaben der Strafzumessung verhältnismäßig gering.

1185 *Verrel*, (1995), S. 202; *Schöch*, (1972), S. 117f.; *Albrecht*, (1994), S. 427, 489.
1186 *Schäfer/Sander/van Gemmeren*, (2012), S. 205 RN. 719.
1187 Vgl. oben.

Tab. 70. *Anzahl der Zeilen für die Urteilsbestandteile bei Verurteilungen zu zeitiger Freiheitsstrafe mit vorbehaltener oder angeordneter Unterbringungsanordnung*

Merkmale n = 24	%[1188]	**Zeilen**		
		aM	**SD**	**Med.**
Person	18,3	101,50	53,931	87,50
Angeklagtenverhalten während der Hauptverhandlung	1,0	5,50	4,934	5,00
Mordtat	36,5	202,71	142,312	146,00
Tatmotiv	1,8	9,92	6,730	7,50
Opfer: besondere Leiden bei Tathandlung	5,7	31,79	21,939	33,50
Tatfolgen für Opferangehörige	0,4	2,29	9,323	0,00
Angenommenes Mordmerkmal	7,4	41,13	36,343	28,00
Abgelehntes Mordmerkmal	1,6	8,96	12,341	0,00
Verminderte Schuldfähigkeit	11,1	61,58	34,201	64,00
Strafmilderung	3,4	19,00	17,227	13,50
Strafzumessung	5,1	28,33	20,700	21,00
Feststellung besonderer Schuldschwere	0,03	0,17	0,816	0,00
Unterbringung in Maßregelvollzug §§ 63, 64 StGB	7,6	42,38	21,470	35,50
Anordnung zur Sicherungsverwahrung	3,3	18,46	74,773	0,00

Die Ausführungen zur Schuldfähigkeit machen einen prozentualen Anteil von 11,1% der gesamten Urteilslänge aus, was eine durchschnittliche Zeilenangabe von etwa 62 Zeilen bedeutet. Daran schließen sich die Zeilenangaben der Unterbringung im Maßregelvollzug an.

Insgesamt betrachtet ist die Urteilslänge in Zeilenangaben bei Verurteilung wegen Mordes zu zeitiger Freiheitsstrafe und der Unterbringungsanordnung am niedrigsten.

2. *Inhalt der schriftlichen Strafzumessungsbegründung*

Zunächst sind aus der folgenden Übersichtstabelle die unterschiedlichen Merkmalsausprägungen zusammengefasst und nach ihrer Nennungshäufigkeit dargestellt.

1188 Bezogen auf die durchschnittliche Gesamtzeilenangabe im Urteil 554,72 = 100,0%.

Tab. 71. *Nennungshäufigkeit der genannten Strafzumessungstatsachen bei Verurteilungen zu zeitiger Freiheitsstrafe mit vorbehaltener oder angeordneter Unterbringungsanordnung*

Strafzumessungstatsache		Bewertungsrichtung				Ohne Bewertung	
		straf-schärfend		straf-mildernd			
	n	n	%	n	%	n	%
Tatausführung	213	99	46,5	10	4,7	104	48,8
Verhalten im Strafverfahren	82	7	8,5	54	65,9	21	25,6
Opfermerkmale	46	9	19,7	2	4,3	35	70,1
Tatmotiv	34	12	35,3	6	17,6	16	47,1
Vorstrafenbelastung	24	13	54,2	7	29,1	4	16,7
Tätermerkmale	23	2	8,7	6	26,1	15	65,2
Tatauslösende Faktoren	22	3	13,6	11	50,0	8	36,4
Täterrolle	21	4	19,0	1	4,8	16	76,2
Vortatverhalten	14	7	50,0	1	7,1	6	42,9
Opfer lehnte Kontakt ab	12	2	16,7	0	0	10	83,3
Provokation durch das Opfer	9	5	55,3	1	11,1	3	33,3
Nachtatverhalten	1	1	100,0	0	0	0	0
insgesamt	501	165	32,9	98	19,6	238	47,5

Wie bei der Verurteilung zu zeitiger Freiheitsstrafe wurden auch bei der Verurteilung zu einer Maßregel neben der zeitigen Freiheitsstrafe häufig die Tatausführung und das Verhalten im Strafverfahren der Verurteilten erwähnt. Daneben wurden auch häufig Opfermerkmale herangezogen, anders als bei Verurteilungen zu bloß zeitiger Freiheitsstrafe. Unter dem Nachtatverhalten lassen sich solche Handlungen subsumieren, die der Verurteilte nach der Tötungshandlung vorgenommen hat; entweder, um Spuren zu vernichten, die Leiche zu verstecken, zu flüchten oder (ein Verhalten) um den Schaden wiedergutzumachen. Das Nachtatverhalten nimmt auch hier eine eher unbedeutende Rolle ein.

Eine dominante, die Situation beherrschende Täterrolle wurde strafschärfend bewertet. Unter den Verurteilten, bei denen zusätzlich zu zeitiger Freiheitsstrafe noch eine Maßregel angeordnet oder vorbehalten wurde, war ein deutlich höherer Anteil an Vorstrafenbelastung zu erkennen im Vergleich zu denjenigen, die nur zu zeitiger Freiheitsstrafe verurteilt wurden. Entsprechend häufiger wurde dieser Umstand zu Lasten des Angeklagten herangezogen. Diese Faktoren überschneiden sich mit dem Erfordernis der Gefährlichkeitsprognose, die für die Anordnung der Maßregel zwingend vorliegen muss (vgl. § 62 StGB).[1189] Der vom Täter ausgehende Grad der Gefährlichkeit kann sich gerade aus der Rückfallgefahr ergeben, die der bereits bestehenden Vorstrafenbelastung entnommen werden kann.[1190]

Zusammenfassend betrachtet wirkt sich bei der Verurteilung zu zeitiger Freiheitsstrafe und einer weiteren angeordneten oder vorbehaltenen Maßregel der Besserung und Sicherung das Verhalten des Angeklagten im Strafverfahren zu seinen Gunsten aus. Wie schon bei den oben skizzierten Verurteilungen zu zeitiger Freiheitsstrafe üben täterbezogene Merkmale einen strafbegünstigenden Einfluss auf die Verurteilung zu zeitiger Freiheitsstrafe und einer weiteren (vorbehaltenen) Unterbringungsanordnung aus.

2.1. Tatbezogene Strafzumessungsfaktoren

Im Folgenden werden die tatbezogenen Strafzumessungstatsachen betrachtet, die bei der Verurteilung zu zeitiger Freiheitsstrafe und einer vorbehaltenen oder angeordneten Maßregel der Sicherung und Besserung erwähnt wurden.

Tab. 72. *Bewertungsrichtung der genannten Strafzumessungsfaktoren bzgl. der Tatausführung bei Verurteilungen zu zeitiger Freiheitsstrafe mit vorbehaltener oder angeordneter Unterbringungsanordnung*

Nr.	Strafzumessungstatsache		Bewertungsrichtung				Ohne Bewertung	
			straf-schärfend		straf-mildernd			
		n	n	%	n	%	n	%
1	Zielorientiert	23	17	73,9	0	0	6	26,1
2	(fehlende) Tatplanung	22	11	50,0	2	9,1	9	40,9
3	Kriminelle Energie	21	15	71,4	2	9,5	4	19,0
4	Täterrolle	21	4	19,0	1	4,8	16	76,2
5	Erhebliche Gewaltanwendung	17	11	64,7	0	0	6	35,3

1189 *Meier,* (2014), S. 272f.

1190 *Schäfer/Sander/van Gemmeren,* (2012), S. 108 RN. 419, S. 122 RN. 457, S. 133 RN. 484.

Tab. 72. *Fortsetzung*

Nr.	Strafzumessungstatsache		Bewertungsrichtung				Ohne Bewertung	
6	Brutales, rücksichtsloses Vorgehen	15	10	66,7	1	6,7	4	26,7
7	Ausnutzen einer situativen Schwäche des Opfers	14	4	28,6	0	0	10	71,4
8	Vortatverhalten	14	7	50,0	1	7,1	6	42,9
9	Verwenden eines Werkzeugs	13	2	15,4	0	0	11	84,6
10	aggressiv	10	1	10,0	0	0	9	90,0
11	impulsiv	10	1	10,0	0	0	9	90,0
12	Provokation durch das Opfer	9	5	55,6	1	11,1	3	33,3
13	Wechsel der Tatwerkzeuge	8	5	62,5	0	0	3	37,5
14	Mehr als zur Tötung notwendig	6	1	16,7	2	33,3	3	50,0
15	Ersticken/erdrosseln	4	1	25,0	0	0	3	75,0
16	Hinterlistiger Überfall	3	1	33,3	0	0	2	66,7
17	Verwirklichung mehrere Mordmerkmale	2	2	100,0	0	0	0	0
18	Ausnutzen von Vertrauen	1	1	100,0	0	0	0	0
19	Weitere Straftat in TE	1	1	100,0	0	0	0	0
	insgesamt	213	99	46,5	10	4,7	104	48,8

Dass der Angeklagte aus purer Anlasslosigkeit einen anderen Menschen tötete ($n = 1$), wurde unter Bezugnahme auf das Mordmerkmal Mordlust strafschärfend bewertet. So stellte das Gericht fest, dass es dem Angeklagten einzig darum ging, einen anderen Menschen sterben zu sehen, ohne dass das Opfer hierzu zuvor einen Anlass gegeben hat. Dieser Wunsch nach Vernichtung wird zu Lasten des Angeklagten ausgelegt.[1191]

Bei Verwirklichung des Mordmerkmals der Heimtücke wurde strafschärfend bewertet, dass der Angeklagte ein schlafendes Opfer tötete.

1191 Fallnr. 45.

Betrachtet man die Bewertungsrichtung der Tatausführung insgesamt, so ist auch hier ein deutlich höherer Anteil straferschwerender Umstände als strafmildernder Umstände zu erkennen. Neben Faktoren der Intensität der Tötungshandlung (wie aufgebrachte kriminelle Energie, Zielorientierung und dominante Täterrolle, erhebliche Gewaltanwendung), wurde auch in diesen Fällen eine umfassende Tatplanung häufig strafschärfend bewertet (Nr. 1–7). Zu Gunsten wurden hingegen spontane Tötungen gewertet (Nr. 2).

Obwohl zwischen Täter und Opfer kein konfliktgeladenes Vortatverhalten zu erkennen war, wurde der Umstand strafschärfend bewertet: Denn das Opfer war dem Angeklagten vollkommen unbekannt und gab dem Angeklagten überhaupt keinen Anlass zur Reaktion (n = 1). Ferner wurde aufgeführt, dass die vorausgegangene Kränkung durch das Opfer marginal war und die anschließende Tötungsreaktion in keinem Verhältnis zum Verhalten des Opfers steht.[1192]

Tatauslösende Faktoren wurden regelmäßig (50%) zu Gunsten des Angeklagten herangezogen: Häufig wirkte sich die psychische Erkrankung strafmildernd aus (n = 11), da das Gericht feststellte, dass der Angeklagte aufgrund der Störung seine Handlung nicht mehr hat steuern können (n = 7). So führte das Gericht in einem Fall aus, dass die Tötung Ausdruck der krankhaften Tötungsphantasien waren und er aufgrund dieser Phantasien sein Handeln und Denken nicht mehr zu kontrollieren vermochte.

Gleichermaßen wird bei dem tatauslösenden Faktor „Alkohol" (n = 2) und „Drogen" (n = 1) argumentiert. So war in zwei Verurteilungen der Angeklagte wegen des erheblichen Alkoholkonsums vollkommen enthemmt. In einem Fall wirkte sich auch der Affektdurchbruch (n = 1) strafmildernd aus. Zu Lasten des Angeklagten wurden Tatauslöser Eifersucht und Ehrverletzung berücksichtigt.

Unter den tatbezogenen Faktoren wirken sich mehrheitlich keine Umstände zu Gunsten des Angeklagten aus.

2.2. Täterbezogene Strafzumessungsfaktoren

Deutlich häufiger als bei Verurteilungen zu rein zeitiger Freiheitsstrafe wurde auf Tätermerkmale eingegangen. Dabei wurden zu Gunsten des Angeklagten die Tatfolgen auf Täterseite (Nr. 20), der bei Tötungshandlung bestehende emotionale Ausnahmezustand (Nr. 24) und das bis zur Tötungshandlung sozial integrierte Leben herangezogen (Nr. 22). So wurde zu Gunsten berücksichtigt, dass der Angeklagte nach der Tötungshandlung einen schweren Hirnschlag erlitt und sich an die Tat nicht mehr erinnern könne.

1192 Fallnr. 35.

Zu Lasten wurde aufgeführt, dass der Verurteilte für die instabilen Verhältnisse selbst verantwortlich sei und sich durch die Tötung des Nebenbuhlers nichts an seiner konkreten Lebenssituation ändere.

Tab. 73. *Bewertungsrichtung der genannten Strafzumessungsfaktoren bzgl. der Tätermerkmale bei Verurteilungen zu zeitiger Freiheitsstrafe mit Unterbringungsanordnung*

Nr.	Strafzumessungstatsache		Bewertungsrichtung				Ohne Bewertung	
			straf-schärfend		straf-mildernd			
		n	n	%	n	%	n	%
20	Tatfolgen auf Täterseite	12	0	0	4	33,3	8	66,7
21	Eingeschliffenes Verhaltensmuster	7	1	14,3	0	0	6	85,7
22	Soziale integriertes Leben	2	0	0	1	50,0	1	50,0
23	Verantwortlich für instabile Verhältnisse	1	1	100,0	0	0	0	0
24	Emotionaler Ausnahmezustand	1	0	0	1	100,0	0	0
	insgesamt	23	2	8,7	6	26,1	15	65,2

Ein weiterer Unterschied zu den Verurteilungen zu zeitiger Freiheitsstrafe sind tendenziell egoistisch gelagerte Motive wie Wut, Abenteuerdrang, Profitgier und Reaktion auf eine Ablehnung eines sexuellen Kontakts (Nr. 25, 27, 30, 31). In einem (nicht aufgeführten Fall) wurden Aggressionen gegen die Umwelt ohne individualisiertes Opfer strafschärfend bewertet.

Tab. 74. *Bewertungsrichtung der genannten Strafzumessungsfaktoren bzgl. der Tatmotivation bei Verurteilungen zu zeitiger Freiheitsstrafe mit Unterbringungsanordnung*

Nr.	Strafzumessungstatsache		Bewertungsrichtung				Ohne Bewertung	
			straf-schärfend		straf-mildernd			
		n	n	%	n	%	n	%
25	Wut über das Opfer	12	0	0	2	16,7	10	83,3
26	Affekttötung	4	3	75,0	1	25,0	0	0
27	Abenteuerdrang	3	1	33,3	0	0	2	66,7
28	Ausnutzen einer günstigen Gelegenheit	3	2	66,7	0	0	1	33,3
29	Eigensucht	2	2	100,0	0	0	0	0
30	Vorausgegangene Ablehnung des sexuellen Kontakts	2	1	50,0	0	0	1	50,0
31	Profitgier	2	1	50,0	0	0	1	50,0
32	Finanzielle Notlage	1	0	0	0	0	1	100,0
33	Emotionaler Ausnahmezustand	1	0	0	1	100,0	0	0
34	Verzweiflung/Ausweglosigkeit	1	0	0	1	100,0	0	0
35	Tötung einer lästigen Person	1	1	100,0	0	0	0	0
36	Vorausgegangene Demütigung des Opfers	1	0	0	1	100,0	0	0
37	Kannibalismus	1	1	100,0	0	0	0	0
	insgesamt	34	12	35,3	6	17,6	16	47,1

Verneinte das Gericht ausdrücklich das Vorliegen einer Affekttat, so wurde das Nicht-Vorliegen regelmäßig zu Lasten des Angeklagten berücksichtigt (Nr. 26). Ging das Gericht von einer Affekttötung aus, bewertete das Gericht dies strafmildernd.

Täterbezogene Merkmale können sich strafbegünstigend auf die Verurteilung zu zeitiger Freiheitsstrafe auswirken. Hiervon sind insbesondere Umstände erfasst, die die Täterpersönlichkeit beschreiben.

2.3. Opferbezogene Strafzumessungstatsachen

Wurden Opfermerkmale bewertet, so erfolgte dies regelmäßig strafschärfend, weil das Opfer evident unterlegen war, noch während der Tötungshandlung versuchte zu entkommen oder, weil die Opferverletzungen äußerst gravierend waren. So stellte das Gericht fest, dass durch erhebliche Fußtritte der Kopf des Opfers bis zur Unkenntlichkeit verletzt worden war.[1193]

Tab. 75. *Bewertungsrichtung genannter Strafzumessungstatsachen bzgl. Opfermerkmale bei Verurteilungen zu zeitiger Freiheitsstrafe mit Unterbringungsanordnung*

Nr.	Strafzumessungstatsache		Bewertungsrichtung				Ohne Bewertung	
			straf-schärfend		straf-mildernd			
		n	n	%	n	%	n	%
38	Opferverletzung	18	2	11,1	0	0	16	88,9
39	Opfer gab irgendeinen Tatanlass	8	0	0	2	25,0	6	75,0
40	Opfer war Alkohol-/ Drogensüchtig	7	0	0	0	0	7	100,0
41	Opfer war evident unterlegen	6	3	50,0	0	0	3	50,0
42	Tatfolgen für Opferangehörige	5	3	60,0	0	0	2	40,0
43	Opfer versuchte zu entkommen	1	1	100,0	0	0	0	0
44	Opfer beschimpfte den Angeklagten zuvor	1	0	0	0	0	1	100,0
	insgesamt	46	9	19,7	2	4,3	35	70,1

Strafschärfend wurde zudem berücksichtigt, dass das Opfer Kinder im Alter von 0 -14 Jahren hinterlässt (n = 1) und das Opfer evident unterlegen war (n = 3) (Nr. 41, 42).

Strafmildernd wurde berücksichtigt, dass das Opfer einen Tatbeitrag zum vorausgegangenen Konflikt leistete, indem es provozierend die Frisur des Angeklagten kritisierte (Nr. 44). Da das Opfer wusste, dass der Angeklagte sensibel darauf reagieren würde, wertete das Gericht diesen Umstand als Provokation.[1194]

1193 Fallnr. 90.
1194 Fallnr. 90.

Tab. 76. *Bewertungsrichtung der genannten Strafzumessungstatsachen bzgl. TOB bei Verurteilungen zu zeitiger Freiheitsstrafe mit Unterbringungsanordnung*

Nr.	Strafzumessungstatsache		Bewertungsrichtung				Ohne Bewertung	
			straf-schärfend		straf-mildernd			
		n	n	%	n	%	n	%
45	Bekanntschaft	7	1	14,3	0	0	6	85,7
46	Fremdes Opfer	5	1	20,0	0	0	4	80,0
	insgesamt	12	2	16,7	0	0	10	83,3

Die Täter-Opfer-Beziehung wurde kaum erwähnt. Zu Lasten des Angeklagten wurde aber herangeführt, dass er das Opfer nur flüchtig kannte und das Opfer deutlich zu erkennen gegeben habe, dass es keinen Kontakt wünscht (Nr. 46). Dass der Sohn seine sich um ihn kümmernde Mutter tötete (n = 1), wurde nicht zu seinen Lasten gewertet.[1195]

Bemerkenswert ist, dass sich insgesamt betrachtet opferbezogene Merkmale nicht zu Gunsten des Angeklagten auswirken.

2.4. Verfahrensbezogene Strafzumessungsfaktoren

Wurde auf das Verhalten des Angeklagten während der Hauptverhandlung eingegangen, so geschah dies häufig zu Gunsten des Angeklagten, da dieser neben Unrechtseinsicht auch Reue zeigte und geständig war (Nr. 47, 48). Zusätzlich wurde strafmildernd bewertet, dass sich der Angeklagte selbst anzeigte (Nr. 49). Häufig wurde auch hier eine erhöhte Strafempfindlichkeit zu Gunsten des Angeklagten herangezogen (Nr. 53). Zu Lasten wurde hingegen herangezogen, dass sich der Angeklagte nicht bei den Opferangehörigen entschuldigte oder sich ein Lügengeflecht aufbaute, um seine Täterschaft zu verschleiern (Nr. 52, 55).

1195 Fallnr. 75.

Tab. 77. *Bewertungsrichtung der genannten Strafzumessungstatsachen bzgl. des Verhaltens im Strafverfahren bei Verurteilungen zu zeitiger Freiheitsstrafe mit Unterbringungsanordnung*

Nr.	Strafzumessungstatsache		Bewertungsrichtung				Ohne Bewertung	
			straf-schärfend		straf-mildernd			
		n	n	%	n	%	n	%
47	Unrechtseinsicht	20	0	0	16	80,0	4	20,0
48	Reue	14	1	7,1	12	85,7	1	7,1
49	Selbstanzeige	13	1	7,1	10	76,9	2	15,4
50	Geständnis	12	0	0	12	100,0	0	0
51	Flucht	11	0	0	0	0	11	100,0
52	Entschuldigt ggü. Opferangehörigen	5	3	60,0	0	0	2	40,0
53	Strafempfindlichkeit	3	0	0	3	100,0	0	0
54	Dauer der U-Haft	2	0	0	1	50,0	1	50,0
55	Lügengeflecht	1	1	100,0	0	0	0	0
	insgesamt	82	7	8,5	54	65,9	21	25,6

Verfahrensbezogene Strafzumessungstatsachen, die einen geständigen und unrechtseinsichtigen Angeklagten erkennen lassen, haben eine strafbegünstigende Einflussnahme auf die Verurteilung zu zeitiger Freiheitsstrafe und einer weiteren angeordneten oder vorbehaltenen Maßnahme der Besserung und Sicherung. Daneben wirkt sich eine vom Gericht festgestellte Strafempfindlichkeit zu Gunsten des Angeklagten aus.

2.5. Zwischenergebnis

Auch bei Verurteilungen zu zeitiger Freiheitsstrafe und der Unterbringungsanordnung wird die Art und Weise der Tatausführung strafzumessungsrelevant bewertet. Häufig werden Umstände, die auf eine brutale, hemmungslose und geplante Tatausführung schließen lassen, strafschärfend bewertet. Hinsichtlich der Tatmotivation wird deutlich, dass eine egoistische, eigensüchtig gelagerte Motivation strafschärfend bewertet wird im Vergleich zu Tötungen, aus denen die Hoffnungs- und Perspektivlosigkeit zu erkennen sind. So werden bei Verurteilungen zu zeitiger Freiheitsstrafe ohne Unterbringungsanordnungen die Tatmotivation Verzweiflung und Ausweglosigkeit, Flucht aus der Gewaltspirale und Überforderung strafmildernd bewertet. Wut über das Opfer, Eigensucht,

Profitgier und Ausnutzen einer günstigen Gelegenheit, die primär bei Verurteilung zu zeitiger Freiheitsstrafe und der Unterbringungsanordnung abgeurteilt wurden, werden strafschärfend bewertet.

Anders als bei Verurteilungen zu zeitiger Freiheitsstrafe werden bei Verurteilungen zu zeitiger Freiheitsstrafe und Unterbringungsanordnung Opfermerkmale in den schriftlichen Urteilsgründen angeführt und strafzumessungsrelevant bewertet. So werden Verhalten und Verhältnisse des Opfers vor der Tötungshandlung erwähnt und häufig nicht bewertet. Bemerkenswert ist, dass Tatfolgen für die Opferangehörigen größtenteils strafschärfend bewertet werden.

Auch Faktoren, die auf ein kooperatives und geständiges Verhalten im Strafverfahren schließen lassen, wirken sich regelmäßig strafmildernd aus.

3. *Zusammenfassung*

Die in den schriftlichen Urteilsgründen angeführten Strafzumessungsbewertungen zeigen die Relevanz der Art und Weise der Tatausführung, der Vorstrafenbelastung und des Verhaltens im Strafverfahren unabhängig davon, ob neben der zeitigen Freiheitsstrafe eine zusätzliche Unterbringung angeordnet wurde oder ob der Verurteilte nur zu zeitiger Freiheitsstrafe wegen Mordes verurteilt wurde. Die Ergebnisse stehen damit im Einklang mit anderen Untersuchungen.[1196] Bezüglich der Vorstrafenbelastung ist vor allem bemerkenswert, dass sich hier die fehlende Vorstrafenbelastung zu Gunsten des Angeklagten auswirkt. Der Tatmotivation kommt zwar auch eine Relevanz zu, die Ausprägung ist jedoch nicht so dominant wie die Tatausführung. Verständliche, menschlich nachvollziehbare Motive wie Hoffnungs- und Perspektivlosigkeit, Flucht aus einer vom ermordeten Opfer ausgehende Gewaltspirale und Verzweiflung, werden regelmäßig strafmildernd bewertet. Motive, die auf ein egoistisches, eigennütziges Verhalten schließen lassen, werden primär strafschärfend bewertet.

Ein weiterer wichtiger Aspekt bei der Auswertung der schriftlichen Strafzumessungsfaktoren ist das Verhalten des Angeklagten im Strafverfahren. Das Verhalten des Täters während der Hauptverhandlung wird regelmäßig dann strafmildernd bewertet, wenn sich aus dem Verhalten ein kooperatives, geständiges und reuiges Verhalten ergibt. Hierunter fällt aber auch der Umstand einer besonderen Haft- bzw. Strafempfindlichkeit des Verurteilten. Bemerkenswert ist, dass eine Entschuldigung gegenüber den Opferangehörigen ebenfalls strafmildernd bewertet wird.

Merkmale, die die persönlichen Verhältnisse und Umstände des Täters betreffen, sind in den schriftlichen Urteilsgründen kaum relevant. Wenn Verhältnisse des Täters in die Strafzumessungsbegründung Eingang fanden, wurden

---

1196 *Verrel,* (1995), S. 205ff.; *Albrecht,* (1994), S. 488.

Umstände des sozial integrierten Lebens, die Persönlichkeit des Täters und physische und/oder psychische Tatfolgen für den Täter regelmäßig strafmildernd bewertet.

Faktoren, die auf eine verminderte Schuldfähigkeit schließen lassen, wurden nicht in den geschriebenen Strafzumessungsbegründungen erkannt. Regelmäßig führten Umstände, die die Schuldfähigkeit betrafen, zur Annahme eines entsprechenden Milderungsgrundes und wurde wegen des Doppelverwertungsverbotes nicht noch einmal in der Strafzumessungsbegründung aufgegriffen.

Opfermerkmale werden primär bei der Verurteilung zu zeitiger Freiheitsstrafe und einer zusätzlichen Unterbringungsanordnung erwähnt und strafzumessungsrelevant bewertet. Unter den opferbezogenen Faktoren wirken sich insbesondere die (körperliche) Unterlegenheit des Opfers und der Grad der Verletzung aus. Gleichzeitig wird hier der vom Opfer ausgehende Tatanlass relevant. Eine vom Opfer ausgehende Provokation macht sich nur bei der Bewertung der Tatausführung bemerkbar. Dass der Täter das Opfer aufgrund einer vorausgegangenen Provokation des Opfers tötet, wird regelmäßig strafschärfend bewertet. Hier erfolgte häufig der Hinweis, dass die Tötung des Opfers außer Verhältnis zur vorausgegangen Provokation steht. Bei Verurteilungen zu zeitiger Freiheitsstrafe ohne Unterbringungsanordnung kommt den opferbezogenen Merkmalen eine nur geringe Bedeutung zu.

Insgesamt betrachtet fällt auf, dass bei Verurteilung wegen Mordes zu zeitiger Freiheitsstrafe häufiger strafschärfende Umstände herangezogen werden, als strafmildernde Faktoren. Betrachtet man die Verurteilung zu zeitiger Freiheitsstrafe und zusätzliche Unterbringungsanordnung ist das Verhältnis jedoch umgekehrt. Von Relevanz sind insbesondere die Tatausführung, das Verhalten während der Hauptverhandlung und die (fehlende) Vorstrafenbelastung. Der Tatmotivation kommt ebenfalls eine Bedeutung zu, allerdings zeigt die Auswertung der in den schriftlichen Urteilsgründen angeführten Strafzumessungsbewertungen, dass die Motivlage keinen erheblichen Einfluss übt.

Dieser Eindruck der geschriebenen Strafzumessungstatsachen bei Verurteilung zu zeitiger Freiheitsstrafe bestätigt sich auch in der Auswertung des Umfangs einzelner Urteilsabschnitte. Es überwiegen deutlich Ausführungen zur Mordtat. Hier werden insbesondere die Art der Tatausführung, die Tatmotivation und der Verletzungsgrad des getöteten Opfers beschrieben. Regelmäßig folgt dann mit Abstand die Ausführung zur Person des Täters. Allerdings erfolgt dies prozentual betrachtet nicht so ausführlich wie die Feststellung zur Mordtat.

Bemerkenswert ist, dass dem Umfang der Ausführungen zum Angeklagtenverhalten während der Hauptverhandlung eine nur minimale Bedeutung zukommt. Gleichzeitig jedoch das Verhalten während der Hauptverhandlung ein relevanter Strafzumessungsfaktor zu sein scheint.

4. Vergleich zu Abschnitt der Feststellung der besonderen Schwere der Schuld

Bereits bei den geschriebenen Strafzumessungsfaktoren zur Feststellung der besonderen Schwere der Schuld wurde ersichtlich, dass die Tatausführung ein wichtiger Faktor der Strafzumessung ist. Deuten die Umstände der Tatausführung auf eine brutale, hemmungslose und eigennützige Tötung hin, so wird dieser Umstand regelmäßig zu Lasten des Angeklagten herangezogen.

Auch die Vorstrafenbelastung des Verurteilten wirkt sich gleichermaßen bei der Feststellung besonderer Schuldschwere aus: Weist der Angeklagte bereits eine kriminelle Karriere auf und wurde er bereits wegen einer Straftat verurteilt, so wird dieser Umstand bei der Feststellung der besonderen Schuldschwere strafschärfend berücksichtigt. Dies entspricht den Ergebnissen der Verurteilung zu zeitiger Freiheitsstrafe.

Die Relevanz der Tatausführung bei der Feststellung der besonderen Schuldschwere neben der Verurteilung zu zeitiger Freiheitsstrafe bestätigte sich auch in der bivariaten und multivariaten Analyse.

Die Auswertung der Strafzumessungsfaktoren der Feststellung der besonderen Schuldschwere deutet auch daraufhin, dass das Verhalten des Angeklagten während der Hauptverhandlung ein entscheidender Strafzumessungsfaktor ist.

Opferbezogenen Merkmalen kommt weder bei der Feststellung der besonderen Schuldschwere noch bei der Verurteilung zu zeitiger Freiheitsstrafe eine bedeutende Rolle zu.

V. Untersuchung des statistischen Einflusses einzelner Einflussfaktoren

Im Folgenden sollen die Tatsachen dargestellt werden, die in einem statistischen Zusammenhang zur Verurteilung zu zeitiger Freiheitsstrafe stehen. Dabei werden nicht nur die Faktoren herangezogen, die sich aus der Strafzumessungsnorm des § 46 Abs. 2 StGB ergeben, sondern auch extra-legale Faktoren wie Alter des Verurteilten, Geschlecht und soziodemografische Daten des Vorsitzenden Richters und der Schöffen.

Die abhängige Variable ist die gerichtliche Entscheidung, ob die lebenslange Freiheitsstrafe gemildert wird (n = 45).

1. Tatbezogene Merkmale

Die Darstellung der tatbezogenen Merkmale mit signifikantem Zusammenhang gestaltet sich derart, dass neben Merkmalen der Tatausführung auch tatauslösende Faktoren erhoben und analysiert wurden. Tatauslösenden Faktoren, die sich auf die Einsichts- und Steuerungsfähigkeit des Täters auswirken, kommt bei der Verurteilung zu zeitiger Freiheitsstrafe eine hohe Relevanz zu.

Tab. 78. *Tatauslösende Faktoren mit signifikantem Zusammenhang bei Verurteilung zu zeitiger Freiheitsstrafe insgesamt*

Nr.	Merkmal		Lebenslange Freiheitsstrafe		Zeitige Freiheitsstrafe		Statistische Kennwerte	
			n	%	n	%	Phi	Sign.
1	Tatauslöser: Psychische Störung	Nein	170	84,6	31	15,4	0,389	0,000
		Ja	6	30,0	14	70,0		
2	Tatauslöser: nachvollziehbarer Tatauslöser/ Affektdurchbruch	Nein	172	82,3	37	17,7	0,276	0,000
		Ja	4	33,3	8	66,7		
3	Tatauslöser: Provokation	Nein	170	81,0	40	19,0	0,143	0,034
		Ja	40	88,9	5	11,1		

Verursacht die psychische Störung die Tötung, so wirkt sich dies strafbegünstigend auf die lebenslange Freiheitsstrafe aus. Auch dieser Umstand ist dadurch zu erklären, dass 48,9% der Täter in einer psychiatrischen Klinik oder einer Entzugsklinik untergebracht werden. Der Tatauslöser des Affektdurchbruchs wurde für die bivariate und multivariate Analyse zusammen mit den Tatauslöser Verzweiflung/Enttäuschung und Kontaktverweigerung mit dem leiblichen Kind zusammengelegt, um statistisch auswertbare Ergebnisse zu erhalten. Ist der Tatauslöser einem Affektdurchbruch oder einem nachvollziehbaren Moment des Angeklagten geschuldet, so ist auch hier die Tendenz zu erkennen, dass eine zeitige Freiheitsstrafe wegen Mordes verhängt wurde. Gleichermaßen wirken sich nachvollziehbare Tatauslöser wie Verzweiflung/Enttäuschung aus. Allerdings ist auch hier die Vergleichszahl zu gering, um statistisch nachvollziehbare Ergebnisse wiedergeben zu können.

Andere, frühere Untersuchungen deuteten darauf hin, dass eine vorausgegangene Provokation des Opfers als Tatauslöser in einem Zusammenhang mit der Strafmilderung steht.[1197]

Für die Annahme einer Strafrahmenmilderung wegen einer vorangegangen Provokation des Opfers ist aber notwendig, dass das Verhalten des Opfers keine bloße Reaktion auf die begonnene Tötungshandlung des Täters ist, sondern vielmehr ein zunächst von der Tötungshandlung unabhängiges Vortatverhalten darstellt und erst aufgrund des Vortatverhaltens des Opfers der Täter die Tötung verwirklicht.[1198] Die Voraussetzungen einer Provokation werden hingegen

1197 *Meier,* (1989), S. 85; *Müssig,* (2005), S. 274ff.

1198 *Müssig,* (2005), S. 276.

verneint, wenn das Opfer ein rechtmäßiges Verhalten ankündigt und sich der Täter dadurch subjektiv zur Tötung provoziert fühlt. So stellte das Gericht bei Verurteilung von zwei Mittätern fest, dass keine Provokation des Opfers vorliegt, wenn das Opfer ein berechtigtes Interesse hat, den Täter mit für ihn unangenehmen Umständen zu konfrontieren: Die Familie des Opfers wurde durch den Täter um mehrere 100.000 Euro durch Vorspiegeln falscher Tatsachen gebracht (§ 263 Abs. 1 StGB). Das Opfer verlangte für seine Familienangehörigen das Geld zurück, ansonsten werde er (das Opfer) den Täter wegen Betruges bei der Polizei anzeigen. Daraufhin fühlte sich der Täter zunehmen provoziert und tötete das Opfer.[1199] Dieser Umstand wird in der zugrunde liegenden Datenstichprobe nicht zu Gunsten des Verurteilten bewertet.

Bei Verurteilungen zu zeitiger Freiheitsstrafe wurde der Angeklagte nur wegen Ermordung eines Opfers verurteilt. Dieses Ergebnis ist hoch signifikant. Hingegen ist bei weiteren ermordeten Personen eine signifikante negative Korrelation zu erkennen, was darauf hindeutet, dass bei mehreren Mordopfern kein Abweichen von der lebenslangen Freiheitsstrafe vorgenommen wird.[1200]

Tab. 79. *Tatbezogene Merkmale mit signifikantem Zusammenhang bei Verurteilung zu zeitiger Freiheitsstrafe insgesamt*

Nr.	**Merkmal**		**Lebenslange Freiheitsstrafe**		**Zeitige Freiheitsstrafe**		**Statistische Kennwerte**	
			n	**%**	**n**	**%**	**Phi**	**Sign.**
4	Verurteilung wegen eines Mordopfers	Nein	45	100,0	0	0	0,256	0,000
		Ja	131	74,4	45	25,6		
5	Keine brutale Tötung	Nein	129	84,9	22	15,1	0,211	0,002
		Ja	47	67,1	23	32,9		
6	Spontane Tat	Nein	135	84,9	24	15,1	0,209	0,002
		Ja	41	66,1	21	33,9		
7	Mehr als notwendig zur Tötung	Nein	158	81,9	35	18,1	0,145	0,031
		Ja	18	64,3	10	35,7		
8	Täterrolle ohne Besonderheit	Nein	170	81,0	40	19,0	0,143	0,034
		Ja	6	54,5	5	45,5		
9	Geplante Tat	Nein	41	66,1	21	33,9	-0,209	0,002
		Ja	135	84,9	24	15,1		
10	Dominante Täterrolle	Nein	12	48,0	13	52,0	-0,281	0,000
		Ja	164	83,7	32	16,3		

1199 Fallnr. 47/48.

1200 Da n < 5 lag, wurde dies nicht aufgenommen.

Tatbezogene Faktoren dominieren neben täterbezogenen Umständen bei der Verurteilung wegen Mordes zu zeitiger Freiheitstrafe. Stellt das Gericht fest, der Täter ging bei der Tatverwirklichung schonend, soweit dies bei Mord möglich ist, und für das Opfer möglichst schmerzfrei vor, so bedingt dieser Umstand der Tatausführung auch ein signifikantes Abweichen von der lebenslangen Freiheitsstrafe. Eine spontane, impulsive Tötung bedingt signifikant ein Abweichen von der lebenslangen Freiheitsstrafe. Allerdings ist zu erkennen, dass eine Handlung, die über das erforderliche Maß der Tötung hinausgeht, ebenfalls ein Abweichen von der lebenslangen Freiheitsstrafe bedingt. Dabei stellten die Gerichte in keinem der Fälle explizit das Vorliegen eines Overkills fest, sondern umschrieben die mehr als zur Tötung notwendigen Handlungsweisen.

In einem Fall stellte das Gericht fest, dass der Angeklagte auf den bereits am Boden liegenden (in Embryostellung) Polizisten so heftig und unverhältnismäßig schoss, dass es einer Hinrichtung glich. Dabei ging von dem offensichtlich handlungsunfähigen Opfer keine weitere Gefahr aus. Das Abschießen einer Salve war mehr als zur Tötung notwendig.[1201]

In einem anderen Fall stellte das Gericht fest, dass das Opfer aufgrund der erheblichen und massiven Fußtritte gegen den Kopf verstarb. Dabei traten die Mittäter so heftig gegen den Kopf, dass der Kopf des Opfers vollkommen deformiert und unkenntlich war.

Interessant ist der Befund, dass kein kriminologisches Tötungsphänomen als Hauptmotiv einen Einfluss auf die Verurteilung zu zeitiger Freiheitsstrafe übt. Tötungen ohne Leitmotiv wirken sich hingegen auf die Verurteilung zu zeitiger Freiheitsstrafe aus.

Eine negative Korrelation ist auch für die Faktoren geplante Tat und dominante Täterrolle zu erkennen. So wird bei Vorliegen dieser Faktoren von der Verurteilung zu zeitiger Freiheitsstrafe auf signifikantem Zusammenhangsniveau abgesehen.

Zusammenhänge zwischen Ausprägungen der Mordmerkmale und der zeitigen Freiheitsstrafe konnten auch erhoben werden.

Unter den tatbezogenen Tatsachen wird in dieser Untersuchung auch die Ausprägung der Mordmerkmale erfasst. Die Verwirklichung der Mordmerkmale bzw. deren Tatbestand dürfen nicht für die Strafzumessung herangezogen werden, da hier der Grundsatz des Doppelverwertungsverbotes entgegensteht (vgl. Kap. 1.F.). Um jedoch ein Bild zu erlangen, wie sich die Tatausführung und der aufgebrachte Wille der Tatverwirklichung gestalten, wurde der Vollständigkeit

1201 Fallnr. 18.

halber die Ausprägungen der Mordmerkmale mit signifikantem Zusammenhang dargestellt.

Tab. 80. *Ausprägung der Mordmerkmale mit signifikantem Zusammenhang bei Verurteilung zu zeitiger Freiheitsstrafe insgesamt*

Nr.	Merkmal		Lebenslange Freiheitsstrafe		Zeitige Freiheitsstrafe		Statistische Kennwerte	
			n	%	n	%	Phi	Sign.
11	MM5: Erschlagen	Nein	166	81,4	38	18,6	0,149	0,027
		ja	10	58,8	7	41,2		
12	MM3 Gewinnsucht	Nein	129	76,8	39	23,2	-0,135	0,046
		ja	44	83,2	5	10,2		
13	MM5 Ausnutzen des Überraschungsmoments	Nein	139	82,7	29	17,3	-0,137	0,042
		ja	37	69,8	16	30,2		

Ausprägungen der Mordmerkmale, die tendenziell ein eigennütziges Motiv erfassen, stehen in einer signifikanten negativen Korrelation zur Strafmilderung der lebenslangen Freiheitsstrafe.

Wurde das Mordmerkmal der Heimtücke durch Erschlagen verwirklicht, so steht dies in einem Zusammenhang mit der Verurteilung zu zeitiger Freiheitsstrafe. Die heimtückische Tötung durch Ausnutzen des Überraschungsmoments, was auf eine geplante Tötung schließen lässt, wirkt sich negativ auf die Verurteilung zu zeitiger Freiheitsstrafe aus.

2. *Opferbezogene Merkmale mit signifikantem Zusammenhang*

Opferbezogene Merkmale, die entweder auf tatauslösende Umstände oder auf Faktoren der Persönlichkeit und des Vortatverhaltens des Opfers schließen lassen, konnten nicht ermittelt werden. Obwohl in die Untersuchung soziografische Daten und Verhaltensweisen wie Trennung, Provokation, Drogen- und Alkoholeinfluss erfasste, konnten keine aussagekräftigen Ergebnisse errechnet werden.

Tab. 81. *Opferbezogene Merkmale mit signifikantem Zusammenhang bei Verurteilung zu zeitiger Freiheitsstrafe insgesamt*

Nr.	Merkmal		Lebenslange Freiheitsstrafe		Zeitige Freiheitsstrafe		Statistische Kennwerte	
			n	%	n	%	Phi	Sign.
14	Opfermerkmal: körperliche Beeinträchtigung/ Sucht	Nein	166	84,7	30	15,3	0,352	0,000
		Ja	10	40,0	15	60,0		
15	Opfermerkmal: kein Beruf	Nein	159	82,3	34	17,7	0, 179	0,008
		Ja	17	60,7	11	39,3		
16	Opfermerkmal: berufstätig	Nein	106	75,2	35	24,8	-0,147	0,029
		ja	70	87,5	10	12,5		

Betrachtet man die Merkmale der Opfer, die im Urteil aufgenommen wurden, so ist schnell ersichtlich, dass die Opfer in einer hilfsbedürftigen Situation lebten. Die Opfer wiesen häufig eine körperliche Beeinträchtigung auf; dieser Umstand steht in einem Zusammenhang mit der Verurteilung zu zeitiger Freiheitsstrafe. Daneben ist auch ein schwacher Zusammenhang mit den Merkmalen der Berufslosigkeit des Opfers und der Verurteilung zu zeitiger Freiheitsstrafe zu erkennen. Ist das ermordete Opfer hingegen berufstätig gewesen, so liegt eine negative Korrelation zwischen diesem Merkmal und der Verurteilung zu zeitiger Freiheitsstrafe vor.

3. *Täterbezogene Merkmale mit signifikantem Zusammenhang*

Täterbezogene Merkmale erfassen sowohl objektiv messbare Faktoren wie Vorstrafenbelastung, persönliche und familiäre Verhältnisse als auch subjektive Tätermerkmale wie Tatmotiv, Tatfolgen, Schuldfähigkeit und Prognoseentscheidung.

Unter den täterbezogenen Tatsachen, die zu signifikanten Ergebnissen führen, dominieren Faktoren, die die körperliche und geistige Fassung des Verurteilten betreffen und Bezug zur Schuldfähigkeit haben. Erwartungsgemäß fallen Merkmale, die die Schuldfähigkeitsbeurteilung betreffen, unter die signifikant Einfluss nehmenden Faktoren für ein Abweichen von der lebenslangen Freiheitsstrafe. Dabei dominiert die Behandlungsprognose, dass die psychische Krankheit bzw. die Suchterkrankung geheilt werden kann. Von der fakultativen Milderung wird vergleichsweise häufig das Eingangsmerkmal der schweren seelischen Abartigkeit herangezogen (vgl. § 21 StGB). Bezieht sich die Betrachtungsweise auf die Entwicklung der persönlichen Verhältnisse des Täters, so sind auch hier Merkmale der psychischen Beeinträchtigung relevant. Psychische Auffälligkeiten, die bereits von einem Arzt attestiert wurden, stehen in einem hoch signifikanten Zusammenhang mit der Verurteilung zu zeitiger Freiheitsstrafe.

Dass bei zeitiger Freiheitsstrafe der Verurteilte unter psychischen Auffälligkeiten oder unter einer Suchterkrankung während der Tötungshandlung litt und dieser Umstand bis zur Verurteilung anhielt, lässt sich insbesondere damit erklären, dass in 48,9% (n = 10) der Verurteilungen zu zeitiger Freiheitsstrafe eine Maßregel nach § 63 StGB oder § 64 StGB angeordnet wurde, der verurteilte Täter also entweder in einem psychiatrischen Krankenhaus oder einer Entzugsklinik untergebracht wurde.

Tab. 82. *Täterbezogene Merkmale mit signifikantem Zusammenhang bei Verurteilung zu zeitiger Freiheitsstrafe insgesamt*

Nr.	Merkmal		Lebenslange Freiheitsstrafe		Zeitige Freiheitsstrafe		Statistische Kennwerte	
			N	%	n	%	Phi	Sign.
17	Psychische Störung/Sucht besserungsfähig/heilbar	Nein	170	85,9	28	14,1	0,453	0,000
		Ja	6	26,1	17	73,9		
18	Tatfolgen auf Täterseite	Nein	172	84,7	31	15,3	0,425	0,000
		Ja	4	22,2	14	77,8		
19	Erneutes Delikt möglich bis wahrscheinlich	Nein	150	87,7	21	12,3	0,371	0,000
		Ja	26	52,0	24	48,0		
20	Psychische/Suchtprobleme bis einschl. Urteilsverkündung	Nein	117	90,7	12	9,3	0,325	0,000
		Ja	59	64,1	33	35,9		
21	Kein bekanntes kriminologisches Phänomen[a]	Nein	145	86,3	23	13,7	0,295	0,000
		Ja	31	58,5	22	41,5		
22	Vorstrafe: Bewährung	Nein	44	88,0	6	12,0	0,196	0,036
		Ja	46	71,9	18	28,1		
23	Psychische Störung/Sucht nicht besserungsfähig/heilbar	Nein	169	81,6	38	18,4	0,191	0,004
		Ja	7	50,0	7	50,0		
24	Täter ist süchtig	Nein	144	83,2	29	16,8	0,170	0,012
		Ja	32	66,7	16	33,3		
25	Tatmotiv: Befreiungsschlag	Nein	157	81,8	35	18,2	0,136	0,043
		Ja	19	65,5	10	34,5		
26	Einsichtsfähigkeit nicht beeinträchtigt	Nein	174	80,6	42	19,4	-0,150	0,026
		Ja	2	40,0	3	60,0		
27	Tatmotiv: Trennung/Bestrafung für Trennung	Nein	122	75,8	39	24,2	-0,157	0,020
		Ja	54	90,0	6	10,0		

(*Fortsetzung*)

Tab. 82. *Fortsetzung*

Nr.	Merkmal		Lebenslange Freiheitsstrafe		Zeitige Freiheitsstrafe		Statistische Kennwerte	
			N	%	n	%	Phi	Sign.
28	Abgeschlossene Ausbildung/Studium	Nein	76	72,4	29	27,6	-0,171	0,011
		ja	100	86,2	16	13,8		
29	Täter: Unterhaltspflicht für Kind	Nein	81	72,3	31	27,7	-0,184	0,006
		Ja	95	87,2	14	12,8		
30	Stabilisierung der persönlichen Verhältnisse	Nein	15	45,5	18	54,5	-0,356	0,000
		Ja	161	85,6	27	14,4		
31	Keine Prognoseentscheidung	Nein	30	53,6	26	46,4	-0,377	0,000
		Ja	146	88,5	19	11,5		
32	Keine Diskussionen über Maßregeln	Nein	150	88,2	19	11,8	-0,408	0,000
		Ja	26	50,0	26	50,0		
33	Keine Tatfolgen auf Täterseite	Nein	8	32,0	17	68,0	-0,422	0,000
		Ja	168	85,7	28	14,3		
34	Keine Behandlungsprognose	Nein	19	43,2	25	46,8	-0,451	0,000
		Ja	157	88,7	20	11,3		
35	Ausdrücklich schuldfähig	Nein	3	10,3	26	89,7	-0,669	0,000
		Ja	173	90,1	19	8,9		
36	Keine verminderte Schuldfähigkeit (§ 21 StGB)	Nein	170	93,4	12	6,6	-0,739	0,000
		Ja	6	15,4	33	84,6		
37	Steuerungsfähigkeit nicht beeinträchtigt	Nein	4	10,8	33	89,2	-0,766	0,000
		Ja	172	93,5	12	6,5		

[a] Im Sinne der oben vorgestellten Phänomene; vgl. Kap. 2.D.I.

Bei einer Tatmotivation, die ein Befreiungsschlag aus einer demütigenden und ausweglos erscheinenden Situation beschreibt, ist eine mildere Strafe zu erwarten. Dabei haben menschlich nachvollziehbarere Motive einen stärkeren Zusammenhang zur Strafmilderung als eigennützige. Ähnliche Ergebnisse zeigten schon vorangegangene Untersuchungen auf.[1202]

Eine Vorstrafenbelastung des Verurteilten allein wirkt sich grundsätzlich noch nicht aus, selbst dann nicht, wenn die verurteilte Person bereits einschlägig vorbestraft ist. Auch die zunehmende Anzahl an Vorstrafen wirkt sich noch nicht statistisch nachweisbar aus. Wie aber bereits andere Forschungen zeigten, ist auch hier eine Tendenz zu Lasten des Angeklagten zu erkennen.[1203] Ergänzt man

1202 *Verrel,* (1995), S. 221; *Hoppenworth,* (1991), S. 224.
1203 *Verrel,* (1995), S. 224f.

die Vorstrafenbelastung mit Art der verhängten Sanktion Bewährungsstrafen, so erhält der Faktor Vorstrafenbelastung eine relevante Bedeutung. Bemerkenswert ist, dass sich die Vorstrafenbelastung, die zu einer Bewährungsstrafe geführt hat, auf die Verurteilung zu zeitiger Freiheitsstrafe positiv auswirkt. Dieses Ergebnis ist erklärungsbedürftig, da bislang die Vorstrafenbelastung eher ein Indiz für eine strafschärfende Bewertung war. Die Bewährungsstrafe wird bei einer Verurteilung zu einer Freiheitsstrafe von nicht mehr als einem Jahr ausgesprochen, wenn der Verurteilte eine positive Legalprognose hat, von ihm also keine weiteren Straftaten zu befürchten sind (vgl. § 56 StGB).

4. *Verfahrensbezogene Merkmale mit signifikantem Zusammenhang*

Verfahrensbezogene Merkmale erfassen neben Umständen, die die Hauptverhandlung betreffen, auch die Entscheidung der Unterbringung in der Untersuchungshaft oder in einem psychiatrischen Krankenhaus vor Urteilsverkündung.

Tab. 83. *Art der Unterbringung mit signifikantem Zusammenhang bei Verurteilung zu zeitiger Freiheitsstrafe insgesamt*

Nr.	Merkmal		Lebenslange Freiheitsstrafe		Zeitige Freiheitsstrafe		Statistische Kennwerte	
			n	%	n	%	Phi	Sign.
38	Erst Untersuchungshaft, dann Unterbringung nach § 126a StPO	Nein	170	82,1	37	17,9	0,276	0,000
		ja	6	54,5	5	45,5		
39	Untersuchungshaft	Nein	8	40,0	12	60,0	-0,316	0,000
		ja	168	84,0	32	16,0		

Zu erkennen ist ein Anteil von 45,5% der verurteilten Personen zu zeitiger Freiheitsstrafe, die von der Untersuchungshaft in die Unterbringungshaft wechselten (§ 126a StPO). Dies geschah aufgrund der Annahme, dass der Tatverdächtige die Tötung in einem Zustand der Schuldunfähigkeit oder verminderten Schuldfähigkeit begangen hat und deswegen eine entsprechende Maßregel angeordnet wird. Bei Verurteilungen zu zeitiger Freiheitsstrafe wegen Mordes wurde in zwei Fällen die Untersuchungshaft ausgesetzt.[1204] Aus dem Urteil ging nicht hervor, warum hier von dem Verbleib in Untersuchungshaft abgesehen wurde.

1204 (phi: 0,301***), allerdings lag Fallzahl unter n = 5.

Tab. 84. *Verfahrensbezogene Tatsachen mit signifikantem Zusammenhang bei Verurteilung zu zeitiger Freiheitsstrafe insgesamt*

Nr.	Merkmal		Lebenslange Freiheitsstrafe		Zeitige Freiheitsstrafe		Statistische Kennwerte	
			n	%	n	%	Phi	Sign.
40	Geständnis in der Hauptverhandlung	Nein	165	93,8	11	6,3	0,482	0,000
		Ja	23	51,1	22	48,9		
41	Straf-/Haftempfindlich	Nein	170	96,6	6	3,4	0,342	0,000
		Ja	33	73,3	12	26,7		
42	Abgekürztes Urteil	Nein	161	83,4	32	16,6	0,247	0,000
		Ja	15	53,6	13	46,4		
43	Ein Verteidiger	Nein	59	92,2	5	7,8	0,199	0,003
		Ja	117	74,5	40	25,5		
44	Ein Nebenkläger	Nein	138	84,1	26	15,9	0,190	0,005
		Ja	38	66,7	19	33,3		
45	Unmittelbar nach der Tat geständig/ Unrechtseinsicht	Nein	61	91,0	6	9,0	0,187	0,005
		Ja	115	74,7	39	25,3		
46	Selbstanzeige/keine Flucht	Nein	94	87,0	14	13,0	0,180	0,008
		Ja	82	72,6	31	27,4		
47	Mehrere Verurteilte	Nein	151	82,5	32	17,5	0,157	0,020
		Ja	25	65,8	13	34,2		
48	Zwei Angeklagte	Nein	161	81,7	36	18,3	0,149	0,027
		Ja	15	62,5	9	37,5		
49	Mehrere Angeklagte	Nein	149	82,3	32	17,7	0,142	0,035
		Ja	27	67,5	13	32,5		
50	Mind. zwei Nebenkläger	Nein	118	76,1	37	23,9	-0,134	0,047
		Ja	58	87,9	8	12,1		
51	Ein Angeklagter	Nein	27	67,5	13	32,5	-0,142	0,035
		Ja	149	92,5	12	7,5		
52	Ein Verurteilter	Nein	25	65,8	13	34,2	-0,157	0,020
		Ja	151	82,5	32	17,5		
53	Angeklagter kommt aus OLG-Bezirk	Nein	51	85,0	9	15,0	0,198	0,013
		Ja	118	80,3	29	19,7		
54	Keine Reue/keine Unrechtseinsicht	Nein	9	39,1	14	60,9	-0,343	0,000
		Ja	167	84,3	31	15,7		

Verfahrensbezogene Merkmale, die Umstände der Hauptverhandlung wie Prozessverhalten des Angeklagten, Anzahl der Verteidiger und Dauer der Hauptverhandlungstage und des Urteils enthalten, weisen ebenfalls relevante Ergebnisse für ein Abweichen von der lebenslangen Freiheitsstrafe auf. Bemerkenswert ist die enorme Relevanz abgekürzter Urteile (§ 267 Abs. 4 StPO) auf die Verurteilung zu zeitiger Freiheitsstrafe. In abgekürzten Urteilen im Sinne von § 267 Abs. 4 StPO bringen die Verfahrensbeteiligten ihren Rechtsmittelverzicht zum Ausdruck.[1205] Die Verfahrensbeteiligten, insbesondere die angeklagte Person, akzeptieren die Bestandskraft des Strafausspruchs und verzichten auf die Einlegung eines Rechtsmittels. Durch das abgekürzte Urteil kommt insbesondere die Zufriedenheit des Verurteilten zum Ausdruck.[1206]

Daneben erweist sich auch ein Einfluss der Anzahl der Nebenkläger, die in einem negativen Zusammenhang mit der Verurteilung zu zeitiger Freiheitsstrafe stehen. Die Tendenz ist demnach ersichtlich, dass die Nebenkläger die Verurteilung wegen Mordes zu lebenslanger Freiheitsstrafe bedingen. Die Befugnis zum Anschluss als Nebenkläger ergibt sich aus der Strafverfahrensvorschrift des § 395 Abs. 2 Nr. 1 StPO. Sinn und Zweck der Vorschrift ist die Verfolgung und Verwirklichung der Genugtuungsinteressen der Angehörigen der getöteten Opfer.[1207] Die Nebenkläger können aktiv auf das Prozessergebnis Einfluss nehmen.[1208] Es ist naheliegend, dass die Nebenkläger primär eine härtere Sanktionierung des Mörders verlangen, als eine Verurteilung wegen vollendeten Mordes zu zeitiger Freiheitsstrafe.

Ein Geständnis des Angeklagten wirkt sich ebenfalls auf ein Abweichen der lebenslangen Freiheitsstrafe aus. Anders als bei Feststellung der besonderen Schuldschwere kommt dem Nachtatverhalten wie Rettungsrufe, Entschuldigung bei den Opferangehörigen und Selbstanzeige bei den Ermittlungsbehörden bei zeitiger Freiheitsstrafe eine signifikante Relevanz zu. Ein insgesamt kooperatives, einsichtiges Verhalten nach der Tötung wirkt sich also insgesamt zu Gunsten des Angeklagten aus.

Die Verurteilung zu zeitiger Freiheitsstrafe steht in einem signifikanten Zusammenhang mit der Verurteilung mehrerer Personen. Dieses Ergebnis ist damit zu erklären, dass regelmäßig neben dem Gehilfen der Tat auch der Haupttäter des Mordes zeitgleich verurteilt wurde. Eine entsprechende negative Korrelation ist bei nur einem Angeklagten zuerkennen, der regelmäßig Alleintäter des Mordes war.

Bemerkenswert ist die präsente Einflussnahme des Umstandes, dass der Täter aus dem OLG-Bezirk stammt, in dem er sein Mordopfer getötet hat. Nr. 53 der Faktoren erfasst das Merkmal, dass der Tatort, also die Örtlichkeit der Tötung

---

1205 *Velten*, in: SK-StPO (2016), § 267 RN. 58–59.
1206 Vgl. *Hoppenworth*, (1991), S. 103.
1207 *Velten*, in: SK-StPO (2016), § 395 RN. 2.
1208 BeckOK. StPO/*Weiner*, § 395 RN. 2, 3.

(vgl. § 9 StGB), die grundsätzlich den örtlichen Gerichtsstand begründet (vgl. § 7 Abs. 1 StPO), in dem regionalen Bereich liegt, in dem der Verurteilte seinen Lebensmittelpunkt hat. Dass der Umstand des örtlichen Täters sich zu Gunsten des Angeklagten auswirkt, kann damit erklärt werden, dass sich der Täter spontan zur Tötung entschließt, möglicherweise, bedingt durch Alkohol- und/ oder Drogenkonsum oder aufgrund einer psychischen Erkrankung, sich nicht mit potentiellen „ausgelagerten" Tatörtlichkeiten auseinandersetzt.[1209]

5. *Zwischenergebnis*

Die Untersuchung zu den statistisch ermittelten Einflussfaktoren bei Verurteilung zu zeitiger Freiheitsstrafe zeigt, dass täterbezogene Faktoren von großer Bedeutung sind. Dieses Ergebnis steht in einem Widerspruch zu den ausdrücklich angesprochenen Strafzumessungstatsachen. Täterbezogene Merkmale erfassen vor allem die Tatmotivation, die Vorstrafenbelastung als auch Umstände der Schuldfähigkeitsfeststellung. Daneben erweisen sich aber auch persönliche Verhältnisse des Täters als statistisch ermittelte Einflussfaktoren.

Merkmale, die den Schluss auf eine verminderte Schuldfähigkeit zulassen wie Beeinträchtigung der Steuerungsfähigkeit, krankhaftes Suchtverhalten des Täters, negative Behandlungsprognose und/oder krankhafte, psychische Störung stehen in einem (positiven) Zusammenhang mit der Verurteilung zu zeitiger Freiheitsstrafe. Die Korrelationen zeigen gleichzeitig, dass bei Feststellung einer vollen Steuerungs- und Schuldfähigkeit von der Verurteilung zu zeitiger Freiheitsstrafe abgesehen wird.

Die Tatmotivation zeigt, dass bei einer verständlichen und menschlich nachvollziehbaren Motivation wie bei einem Befreiungsschlag, die Verurteilung zu einer zeitigen Freiheitsstrafe steht.

Die tatbezogenen Faktoren wie Art der Tatausführung und Täterrolle zeigen wie bereits die in den schriftlichen Urteilsgründen ausdrücklich angesprochenen Strafzumessungstatsachen eine bedeutende Relevanz für die Verurteilung zu zeitiger Freiheitsstrafe, auch wenn die Nennungshäufigkeit nicht dem Gewicht der analysierten Faktoren entspricht. So wurde doch unter den ausdrücklich genannten Faktoren eine deutliche Dominanz der Art der Tatausführung erkannt. Eine weitere Bedeutung hat der tatauslösende Faktor, die auf eine beeinträchtige Steuerungs- bzw. Einsichtsfähigkeit schließen lässt. Ein starker Zusammenhang weist der tatauslösende Faktor der psychischen Störung auf. Aber auch dem Affektdurchbruch kommt eine hohe Relevanz zu. Wie schon aufgeführt, ist bemerkenswert, dass auch eine Provokation des Opfers in einem Zusammenhang mit der Verurteilung zu zeitiger Freiheitsstrafe steht.

1209 *Hoppenworth*, (1991), S. 226.

Bemerkenswert ist der hohe Zusammenhangswert mit der Verurteilung wegen nur eines Mordopfers. Dies lässt den Schluss zu, dass bei Ermordung eines Opfers die Verurteilung zu zeitiger Freiheitsstrafe grundsätzlich möglich ist.

Eine fehlende Tatplanung steht ebenfalls in einem starken Zusammenhang mit der Verurteilung zu zeitiger Freiheitsstrafe.

Wie bereits die in den Urteilsgründen ausdrücklich genannten Strafzumessungstatsachen erweisen sich verfahrensbezogene Merkmale als statistisch ermittelte Einflussfaktoren bei der Verurteilung zu zeitiger Freiheitsstrafe. Zu Gunsten des Verurteilten wirkt sich der Verzicht aus, Rechtsmittel einzulegen (i.S.d. § 267 Abs. 4 StPO).

Faktoren wie Unrechtseinsicht, Geständnis und keine Flucht stehen in einem positiven Zusammenhang mit der Verurteilung zu zeitiger Freiheitsstrafe. Die Anzahl der Angeklagten und Verurteilten erweisen zusätzlich eine positive Korrelation auf.

Bemerkenswert ist der statistische Einfluss des örtlichen Täters (Nr. 53) auf die Verurteilung zu zeitiger Freiheitsstrafe. Dieser Umstand kann zunächst als ungeschriebene Strafzumessungstatsache gewertet werden. Ob sich dieses Merkmal auch als tatsächlicher Strafzumessungsfaktor erweist, wird durch die spätere multivariate Analyse untersucht.

VI. Untersuchung des statistischen Einflusses einzelner Einflussfaktoren bei Verurteilung zu zeitiger Freiheitsstrafe ohne Unterbringungsanordnung

Bei Verurteilungen zu rein zeitiger Freiheitsstrafe (n = 21) wird häufig die Strafe wegen des Vorliegens verminderter Schuldfähigkeit gemildert (n = 12). Zu zeitiger Freiheitsstrafe ohne Unterbringungsanordnung wurden auch die Gehilfen zum Mord verurteilt (n = 4). Bei zwei weiteren Verurteilten wurde die Strafe wegen besonderer Umstände des Einzelfalls nach §§ 211, 49 Abs. 1 StGB gemildert. Schließlich führten die Strafmilderungen nach § 46b StGB und nach § 106 JGG zu einer Verurteilung zu zeitiger Freiheitsstrafe.

1. Tatbezogene Merkmale

Die tatbezogenen Merkmale bei Verurteilung zu rein zeitiger Freiheitsstrafe bestätigen den Gesamteindruck, dass die Tötungen weder brutal noch rücksichtslos verwirklicht werden. Die Faktoren, die eine gezielte Ermordung beschreiben wie kriminelle Energie, dominante Täterrolle und Tatplanung, stehen bei Verurteilung zu zeitiger Freiheitsstrafe in einer negativen Korrelation.

Tab. 85. *Tatbezogene Merkmale mit signifikantem Zusammenhang bei Verurteilung zu zeitiger Freiheitsstrafe ohne Unterbringungsanordnung*

	Merkmal		Lebenslange Freiheitsstrafe		Zeitige Freiheitsstrafe		Statistische Kennwerte	
			n	%	n	%	Phi	Sign.
1	Tatauslöser: nachvollziehbarer Tatauslöser/ Affekttötung	Nein	195	93,3	14	6,7	0,399	0,000
		ja	5	41,7	7	58,3		
2	Täterrolle: ungeordnet	Nein	197	92,5	16	7,5	0,350	0,000
		ja	3	37,5	5	62,5		
3	Spontantat	Nein	150	94,3	9	5,7	0,210	0,002
		Ja	50	80,6	12	19,4		
4	Ein Mordopfer	Nein	45	100,0	0	0,0	0,164	0,015
		Ja	155	88,1	21	11,9		
6	TOB: Ehepaar	Nein	189	91,7	17	8,3	0,158	0,019
		Ja	11	73,3	4	26,7		
7	Verlassener/abgelegener Tatort	Nein	177	92,2	15	7,8	0,148	0,028
		Ja	23	79,3	6	20,7		
8	Täterrolle: keine Besonderheit	Nein	192	91,4	18	8,6	0,139	0,039
		ja	8	72,7	3	27,3		
9	Ortsbezug zum Tatort	Nein	127	90,7	13	9,3	-0,153	0,023
		ja	73	93,2	8	6,8		
10	Brutales, grausames Vorgehen	Nein	61	84,7	11	15,3	-0,140	0,044
		ja	127	93,4	9	6,6		
11	Tatplanung	Nein	50	80,6	12	19,4	-0,210	0,002
		ja	150	94,3	9	5,7		
12	Kriminelle Energie	Nein	5	62,5	3	37,5	-0,184	0,007
		ja	189	91,3	18	8,7		
13	Täterrolle: dominant	Nein	15	60,0	10	40,0	-0,371	0,000
		ja	185	94,4	11	5,6		

Ein starker Zusammenhang zur Verurteilung zu zeitiger Freiheitsstrafe ohne Unterbringungsanordnung besteht mit einem nachvollziehbaren Tatauslöser wie beispielsweise die Affekttötung oder die Tötung aus Verzweiflung/Enttäuschung. Hierbei handelt es sich regelmäßig um Tatauslöser, bei denen die Steuerungsfähigkeit des Täters eingeschränkt ist und er sich nicht mehr anders zu verhalten vermag.[1210]

1210 *Sass/Herpertz,* (2009), S. 383.

Bei Verurteilungen zu rein zeitiger Freiheitsstrafe korreliert die Spontantat auf hohem signifikantem Niveau. Bemerkenswert ist, dass sich Täter und Opfer häufig in einer ehelichen Beziehung gegenüberstanden. Hier kann der Umstand mit einfließen, dass Tötungen zwischen Ehepartnern, also im sozialen Nahraum häufig aufgrund einer Konfliktsituation geschehen.[1211] Regelmäßig ergeben sich die Tötungen aus einem vorausgegangenen, andauernden Konflikt.[1212]

Bemerkenswert ist, dass bei Verurteilungen zu zeitiger Freiheitsstrafe die Charakteristika des Tatorts von Relevanz sind. Als Tatort wird der Ort des Tötungsgeschehens erfasst (vgl. § 9 StGB). Hinsichtlich der Bestimmung des Tatorts wird die Wohnung des Opfers auch dann als Tatort angegeben, wenn Täter und Opfer zusammen in der Wohnung wohnen. Die Wohnung des Opfers als Tatort hat jedoch keinen Einfluss auf die gewählte Sanktion. Ein abgelegener, verlassener Tatort steht in einem Zusammenhang mit der Verurteilung wegen Mordes zu zeitiger Freiheitsstrafe. Und das, obwohl ein bewusst gewählter Tatort, der abgelegen und ohne soziale Kontrolle ist, auf eine Tatplanung schließen lässt, die entsprechend zu Lasten des Angeklagten bewertet werden würde.

Ist dem Täter der Tatort und die Tatortumgebung bekannt (Nr. 7: „Ortsbezug zum Tatort"), so steht dieser Umstand in einem negativen Zusammenhang mit der Verurteilung zu zeitiger Freiheitsstrafe.

Auch die vom Gericht festgestellte Täterrolle zeigt einen Zusammenhang zur Verurteilung zu zeitiger Freiheitsstrafe auf: Ist die Täterrolle eher untergeordnet und hielt die angeklagte Person während der Tatausführung keine entscheidende Rolle inne, wirkt sich dies zu Gunsten des Angeklagten aus.

2. Täterbezogene Merkmale

Täterbezogene Merkmale mit signifikantem Zusammenhang sind Merkmale, die die Schuldfähigkeit betreffen. Es wirkt sich aus, ob die Einsichts- und Steuerungsfähigkeit des Täters bei der Tötungshandlung vorhanden oder wesentlich beeinträchtigt war. Psychische Auffälligkeiten des Täters während der Tötungshandlung korrelieren mit der Verurteilung zu zeitiger Freiheitsstrafe.

1211 *Hauck,* (2016), S. 233.
1212 *Endres,* (2008), S. 413, 414.

Tab. 86. *Täterbezogene Merkmale mit signifikantem Zusammenhang bei Verurteilung zu zeitiger Freiheitsstrafe ohne Unterbringungsanordnung*

Nr.	Merkmal		Lebenslange Freiheitsstrafe		Zeitige Freiheitsstrafe		Statistische Kennwerte	
			n	%	n	%	Phi	Sign.
14	Steuerungsfähigkeit wesentlich beeinträchtigt	Nein	178	94,2	11	5,8	0,305	0,000
		ja	22	68,8	10	31,3		
15	Motiv: Befreiungsschlag	Nein	193	92,3	16	7,7	0,263	0,000
		ja	7	58,3	5	41,7		
16	Vorstrafen: Bewährung	Nein	50	100,0	0	0,0	0,208	0,026
		ja	58	90,6	6	9,4		
17	Motiv: Überforderung/ Ausweglosigkeit	Nein	191	91,8	17	8,2	0,181	0,007
		ja	9	69,2	4	30,8		
18	Motiv: Verzweiflung	Nein	180	93,8	12	6,3	0,285	0,000
		ja	20	69,0	9	31,0		
19	Motiv: Flucht aus Gewaltspirale	Nein	187	92,1	16	7,9	0,216	0,002
		ja	7	63,6	4	36,4		
20	Verminderte Schuldfähigkeit	Nein	183	92,4	15	7,6	0,193	0,004
		ja	17	73,9	6	26,1		
21	Keine Vorstrafen StGB	Nein	95	95,0	5	5,0	0,140	0,038
		ja	105	86,8	16	13,2		
22	Insg. Vorstrafen StGB	Nein	109	86,5	17	13,5	-0,157	0,020
		ja	91	95,8	4	4,2		
23	Motiv: Wut	Nein	99	86,1	16	13,9	-0,173	0,010
		ja	99	96,1	4	3,9		
24	Steuerungsfähigkeit nicht beeinträchtigt	Nein	26	70,3	11	29,3	-0,309	0,000
		ja	174	94,6	10	5,4		
25	Keine verminderte Schuldfähigkeit (§ 21 StGB)	Nein	27	69,2	12	30,8	-0,336	0,000
		ja	173	95,1	9	4,9		
26	Motiv: Rache und Wut	Nein	100	85,5	17	14,5	-0,182	0,007
		ja	100	96,2	4	3,8		

Neben Umständen der verminderten Schuldfähigkeit wirken sich auf die zeitige Freiheitsstrafe auch verständliche Motive aus wie Verzweiflung, Ausweglosigkeit und Flucht aus Gewaltspirale. Eigennützige, egoistische Motive wie Wut oder Wut und Rache zusammenstehen in einer negativen Korrelation zueinander. Dieses Ergebnis deutet darauf hin, dass nachvollziehbare, verständliche Motive tendenziell zu Gunsten des Angeklagten bewertet werden.

Die bivariate Analyse zeigt die Bedeutung der Vorstrafenbelastung. So zeigt sich insbesondere, dass der Umstand einer fehlenden Vorstrafenbelastung sich positiv auf die Verurteilung zu zeitiger Freiheitsstrafe auswirkt. Dieses Ergebnis entspricht der Auswertung der geschriebenen Strafzumessungstatsachen. Wie bereits die Analyse zu den Einflussfaktoren bei Verurteilung zu zeitiger Freiheitsstrafe insgesamt gezeigt hat, wirkt sich die Vorstrafenbelastung, die zu einer Bewährungsstrafe geführt hat, positiv auf die Verurteilung zu zeitiger Freiheitsstrafe aus. Da Bewährungsstrafen nur bei einer Freiheitsstrafe von maximal zwei Jahren verhängt wurden (vgl. § 56 StGB), zeigt dieses Ergebnis, dass die Täter bereits zu zeitigen Freiheitsstrafen verurteilt wurden.

Die Vorstrafenbelastung insgesamt unabhängig davon, ob eine Bewährungsstrafe oder eine Geldstrafe verhängt wurde oder der Angeklagte zu einer zeitigen Freiheitsstrafe verurteilt wurde, hat eine Relevanz für die Verurteilung zu zeitiger Freiheitsstrafe und widerspricht somit vorausgegangen Untersuchungen.[1213]

3. *Verfahrensbezogene Merkmale*

Verfahrensbezogene Merkmale beschreiben insbesondere das Verhalten des Angeklagten während des Verfahrens. Zeigt der angeklagte Täter Unrechtseinsicht und erkennt das Gericht Reue des Täters, so stehen diese Faktoren in einem Zusammenhang mit der Verurteilung zu zeitiger Freiheitsstrafe.

Tab. 87. *Verfahrensbezogene Merkmale mit signifikantem Zusammenhang bei Verurteilung zu zeitiger Freiheitsstrafe ohne Unterbringungsanordnung*

Nr.	Merkmal		Lebenslange Freiheitsstrafe		Zeitige Freiheitsstrafe		Statistische Kennwerte	
			n	%	n	%	Phi	Sign.
27	Straf-/Haftempfindlichkeit	Nein	191	95,5	9	4,5	0,441	0,000
		ja	12	57,1	9	42,9		
28	Reue	Nein	156	94,5	9	5,5	0,302	0,000
		Ja	53	82,8	11	17,2		
29	Unrechtseinsicht	Nein	100	91,7	3	2,9	0,287	0,000
		Ja	100	85,5	17	14,5		
30	Geständnis in der Hauptverhandlung	Nein	177	94,1	11	5,9	0,297	0,000
		ja	23	69,7	10	30,3		
31	Entschuldigung ggü. Opferangehörigen	Nein	178	93,7	12	6,3	0,269	0,000
		ja	22	71,0	9	29,0		

1213 *Hoppenworth*, (1991), S. 224; *Verrel*, (1995), S. 224f.

Tab. 87. *Fortsetzung*

Nr.	Merkmal		Lebenslange Freiheitsstrafe		Zeitige Freiheitsstrafe		Statistische Kennwerte	
32	Mehrere Verurteilte	Nein	171	93,4	12	6,6	0,220	0,001
		Ja	29	76,3	9	23,7		
33	Mehrere Angeklagte	Nein	169	93,4	12	6,6	0,208	0,002
		Ja	31	77,5	9	22,5		
34	Ein Nebenkläger	Nein	153	93,3	11	6,7	0,162	0,016
		Ja	47	79,2	10	20,8		
35	Aussage ist reine Schutzbehauptung	Nein	127	90,7	13	9,3	0,189	0,020
		Ja	70	92,1	6	7,9		
36	Keine Flucht/Selbstanzeige bei der Polizei	Nein	102	94,4	6	5,6	0,132	0,050
		ja	98	86,7	15	13,3		
37	Alleintäter	Nein	27	79,4	7	20,6	-0,161	0,017
		Ja	173	92,5	14	7,5		
38	Flucht, keine Unrechtseinsicht	Nein	17	73,9	6	26,1	-0,193	0,004
		ja	183	92,4	15	7,6		
39	Ein Angeklagter	Nein	31	77,5	9	22,5	-0,208	0,002
		Ja	169	93,4	12	6,6		
40	Ein Verurteilter	Nein	29	76,3	9	23,7	-0,220	0,001
		Ja	171	92,6	12	7,4		
41	Kein Geständnis	Nein	31	75,6	10	24,4	-0,242	0,000
		Ja	169	93,9	11	6,1		

Besonders relevant ist zunächst aber die gerichtliche Feststellung, dass der Verurteilte besonders haft- bzw. strafempfindlich ist. Die Strafempfindlichkeit wurde regelmäßig bei Erstverbüßern ausgesprochen.

Von großer Bedeutung ist ferner der Umstand, dass eine Entschuldigung gegenüber Angehörigen des Mordopfers in einem signifikanten Zusammenhang mit der Verurteilung zu rein zeitiger Freiheitsstrafe steht. Zu erkennen ist die Tendenz, dass kooperative, geständige Angeklagte eine Strafmilderung erfahren.

Die Untersuchungshaft bzw. die Dauer der Untersuchungshaft wirkt sich ebenfalls positiv auf die zeitige Freiheitsstrafe aus. Die gesetzlich angelegte Anrechnung der Untersuchungshaft kann sich nicht schon auf Strafzumessungsebene auswirken, da die Anrechnung der Untersuchungshaft eine Strafvollstreckungsfrage ist (vgl. § 51 StGB). Vielmehr geht der Umstand der Untersuchungshaft mit der Dauer des Strafverfahrens einher. Die Dauer des Strafverfahrens kann sich unter bestimmten Konstellationen auf die Strafzumessung auswirken (vgl. Kap. 1.F.II.4.).

Ein Geständnis in der Hauptverhandlung wirkt sich noch zusätzlich auf die Verurteilung zu zeitiger Freiheitsstrafe aus.

Wie bereits die Analyse zu der zeitigen Freiheitsstrafe zeigt, kommt hier auch der Anzahl an weiteren Angeklagten bzw. weiteren Verurteilten eine Bedeutung zu: mehrere verurteilte bzw. angeklagte Personen stehen in einem positiven Zusammenhang mit der Verurteilung zu zeitiger Freiheitsstrafe, was durch den Umstand der Gehilfenmilderung erklärt werden kann, denn häufig wird neben dem Gehilfen zum Mord auch der Haupttäter zusammen angeklagt.

4. *Zwischenergebnis*

Unter den Faktoren, die zu zeitiger Freiheitsstrafe ohne weitere Unterbringungsanordnung geführt haben, dominieren neben verfahrensbezogenen Merkmalen täterbezogene Faktoren. Die verfahrensbezogenen Merkmale geben insbesondere ein Bild des kooperativen, geständigen und unrechtseinsichtigen Angeklagten wieder. Gleichermaßen positiv wirkt sich aber auch eine gerichtlich festgestellte Straf- bzw. Haftempfindlichkeit aus.

Anders als bei den geschriebenen Strafzumessungsfaktoren weisen täterbezogene Merkmale einen statistisch ermittelten Einfluss auf die Verurteilung zu zeitiger Freiheitsstrafe auf. Relevant ist vor allem die Tatmotivation, wie Affekttötung, Verzweiflung/Ausweglosigkeit, Befreiungsschlag und die Flucht aus einer vom Opfer ausgehenden Gewaltspirale. Diese Motive lassen sich unter verständlich, menschlich nachvollziehbare Bewegungsgründe subsumieren. Hingegen stehen egoistische Motive wie Wut oder Wut und Rache zusammen, in einer negativen Korrelation zur Verurteilung zu zeitiger Freiheitsstrafe.

Anders als bei der Verurteilung zu zeitiger Freiheitsstrafe insgesamt, ist hier ersichtlich, dass je verständlicher die Motivlage ist, desto eher wird eine zeitige Freiheitsstrafe verhängt.

Neben der Tatmotivation werden aber auch Faktoren ersichtlich, die eine verminderte Schuldfähigkeit bedingen. Neben der Feststellung der verminderten Schuldfähigkeit (§ 21 StGB) kommt hier auch der Beeinträchtigung der Steuerungsfähigkeit eine Bedeutung zu. Damit unterscheiden sich die statistisch ermittelten Strafzumessungsfaktoren von den geschriebenen Strafzumessungstatsachen, denn wie festgestellt, werden Aspekte, die die verminderte Schuldfähigkeit betreffen, bei den ausdrücklich angesprochenen Strafzumessungstatsachen nicht erwähnt.

Die fehlende Vorstrafenbelastung erweist sich, wie schon unter den genannten Faktoren als statistisch ermittelter Einflussfaktor, der sich zu Gunsten des Angeklagten auswirkt.

Tatbezogene Merkmale weisen auch eine Bedeutung für die statistisch ermittelten Einflussfaktoren auf, allerdings entsprechen sie nicht der Nennungshäufigkeit der ausdrücklich genannten Strafzumessungstatsachen. Unter den tatbezogenen Einflussfaktoren, die einen potenziellen Einfluss auf die zeitige Freiheitsstrafe üben, sind insbesondere die Tatausführung und die Täterrolle zu erkennen. Eine bedeutende Rolle hat der Umstand der Spontantötung. Im Vergleich mit den statistisch ermittelten Einflussfaktorenbei Verurteilung zu zeitiger Freiheitsstrafe insgesamt ist die Tatörtlichkeit von Relevanz. Daneben erweist sich auch die Tötung zwischen Ehepartnern als potenzieller Faktor.

Opferbezogene Merkmale weisen keinen Zusammenhang mit der Verurteilung zu zeitiger Freiheitsstrafe auf.

VII. Untersuchung des statistischen Einflusses einzelner Einflussfaktoren bei Verurteilung zu zeitiger Freiheitsstrafe und der Anordnung bzw. dem Vorbehalt der Anordnung einer Unterbringung

Betrachtet man nur die Fälle vollendeten Mordes, die zu zeitiger Freiheitsstrafe und der Anordnung der Unterbringung (n = 24) erfassen, so wurde zu 100,0% die Strafe wegen verminderter Schuldfähigkeit gemindert. Für die folgende Untersuchung ist die abhängige Variable die Entscheidung des Gerichts, ob die lebenslange Freiheitsstrafe gemildert wird, und zwar in der Form, dass der Angeklagte zu zeitiger Freiheitsstrafe und der vorbehaltenen oder angeordneten Maßregel der Besserung und Sicherung nach §§ 63, 64 StGB oder nach §§ 66, 66a StGB verurteilt wurde. In der Spalte lebenslange Freiheitsstrafe werden alle Verurteilungen zu lebenslanger Freiheitsstrafe erfasst, unabhängig, ob die besondere Schwere der Schuld festgestellt wurde.

1. *Tatbezogene Merkmale mit signifikantem Zusammenhang*

Tatbezogene Faktoren umschreiben die Art und Weise der Tötungshandlung. Anders als der Gesamteindruck und die Ausführungen zu zeitiger Freiheitsstrafe ohne Unterbringungsanordnung, sind hier Tötungen mit erheblicher Gewalteinwirkung und intensiver Tatausführung zu erkennen.

Tab. 88. *Tatbezogene Merkmale mit signifikantem Zusammenhang bei Verurteilung zu zeitiger Freiheitsstrafe mit Unterbringungsanordnung*

Nr.	Merkmal		Lebenslange Freiheitsstrafe		Zeitige Freiheitsstrafe		Statistische Kennwerte	
			n	%	n	%	Phi	Sign.
1	Tatauslöser: psych. Störung	Nein	190	96,4	7	3,6	0,549	0,000
		ja	7	35,0	13	75,0		
2	impulsiv	Nein	119	95,2	6	4,8	0,265	0,000
		Ja	53	77,9	15	22,1		
3	Keine brutale Tatausführung	Nein	143	94,7	8	5,3	0,263	0,000
		Ja	54	77,1	16	22,9		
4	TOB: Freundschaft	Nein	186	91,6	17	8,4	0,268	0,000
		Ja	11	61,1	7	38,9		
5	Heimtücke: Erschlagen	Nein	186	91,2	18	8,8	0,227	0,001
		Ja	11	64,7	6	35,3		
7	aggressiv	Nein	160	92,0	14	8,0	0,192	0,006
		Ja	21	75,0	7	25,0		
8	Überschreitung der Gewalteinwirkung	Nein	181	91,0	18	9,0	0,175	0,009
		Ja	16	72,7	6	27,3		
9	Mehr als zur Tötung notwendig	Nein	176	89,3	21	10,7	0,173	0,010
		Ja	17	70,8	7	29,2		
10	zielorientiert	Nein	0	0,0	1	100,0	-0,198	0,003
		ja	196	89,9	22	10,1		
11	TOB: Ehe, eheähnliche Beziehung	Nein	194	89,0	24	11,0	-0,206	0,002
		ja	3	100,0	0	0,0		

So steht eine impulsive, aggressive Tötung mit deutlicher Gewalteinwirkung in einem signifikanten Zusammenhang bei Verurteilung zu zeitiger Freiheitsstrafe und der Anordnung der Unterbringung in eine Maßregel. Erwartungsgemäß korreliert die Verurteilung zu zeitiger Freiheitsstrafe stark mit dem tatauslösenden Faktor der psychischen Beeinträchtigung. Der Grad der Gewalteinwirkung kommt eine erhebliche Bedeutung zu: mit zunehmender Gewalteinwirkung sinkt der Korrelationskoeffizient für die Verurteilung zu zeitiger Freiheitsstrafe.

Eine Besonderheit ist in der analysierten Täter-Opfer-Beziehung zu erkennen: auf einem hohen Signifikanzniveau korreliert die freundschaftliche Beziehung. Gleichzeitig steht in einem überzufälligen Zusammenhang mit Verurteilung zu zeitiger Freiheitsstrafe aber auch der Umstand, dass Täter und Opfer nicht aus einem sozialen Bereich kommen, sich also nicht kennen. Diese Ergebnisse widersprechen sich und werden in der multivariaten Analyse (Kap. 3.C.VIII.3.) genauer betrachtet.

Auf hoch signifikantem Niveau liegt die psychische Störung als Tatauslöser. Dies macht im Hinblick auf die hohe Wahrscheinlichkeit, in ein psychiatrisches Klinikum eingewiesen zu werden, auch Sinn. Schließlich werden 66,7% (n = 16) der zu zeitiger Freiheitsstrafe verurteilten Personen in einem psychiatrischen Krankenhaus untergebracht. Für die Anordnung der Unterbringung ist wichtig, dass die Tötung im Zustand verminderter Schuldfähigkeit (§§ 20, 21 StGB) geschah (§ 63 StGB).

2. *Opferbezogene Merkmale*

Anders als bei der Verurteilung zu rein zeitiger Freiheitsstrafe konnten hier Merkmale, die das Opfer betreffen, statistisch ermittelt werden. Hinsichtlich der opferbezogenen Merkmale konnte schon erkannt werden, dass die Täter-Opfer-Beziehung durch ein bekanntes Verhältnis geprägt ist. Unter den Opfermerkmalen sind aber auch geistig, seelische Beeinträchtigungen zu erkennen. In einem Zusammenhang mit der Verurteilung zu zeitiger Freiheitsstrafe und der Unterbringungsanordnung liegt auch der Umstand, dass der Täter nur ein Opfer ermordete.

Tab. 89. *Opferbezogene Merkmale mit statistischem Zusammenhang bei Verurteilung zu zeitiger Freiheitsstrafe mit Unterbringungsanordnung*

Nr.	Merkmal		Lebenslange Freiheitsstrafe		Zeitige Freiheitsstrafe		Statistische Kennwerte	
			n	%	n	%	Phi	Sign.
12	Opfer: körperliche, geistige Beeinträchtigung	Nein	181	91,9	16	8,1	0,289	0,000
		Ja	15	62,5	9	37,5		
13	Opfer hat keinen Beruf	Nein	178	90,4	19	9,6	0,261	0,000
		Ja	15	62,5	9	37,5		
14	Ein abgeurteiltes Mordopfer	Nein	45	100,0	0	0,0	0,176	0,009
		ja	152	86,4	24	13,6		

Persönliche, soziografische Merkmale des Opfers haben keinen Einfluss auf die Verurteilung zu zeitiger Freiheitsstrafe.

3. *Täterbezogene Merkmale*

Merkmale der Täterpersönlichkeit wie Schuldfähigkeit, Suchtverhalten, psychische Störung und Prognoseentscheidung dominieren bei Verurteilung zu zeitiger Freiheitsstrafe und der Anordnung der Unterbringung. Mit der Verurteilung zu zeitiger Freiheitsstrafe und der Anordnung der Maßregelunterbringung korreliert erwartungsgemäß auf signifikantem Niveau, dass der Täter unter Alkohol- oder Drogeneinfluss stand. Dieses Ergebnis war im Hinblick auf die häufige

Unterbringung in einem psychiatrischen Krankenhaus oder in einer Entziehungsanstalt zu erwarten. Die verurteilte Person war regelmäßig zum Zeitpunkt der letzten mündlichen Verhandlung entweder noch drogen- oder alkoholabhängig oder psychisch erkrankt. Dies ist ein deutlicher Unterschied zu vorausgegangener Prüfung, der Verurteilung zu rein zeitiger Freiheitsstrafe: Verurteilte, die zu zeitiger Freiheitsstrafe ohne eine weitere vorbehaltene oder angeordnete Maßnahme der Besserung und Sicherung verurteilt wurden, wiesenkeine krankhaft geistig, seelischen Beeinträchtigungen auf. Dennoch wurde in dieser Untersuchungsgruppe die Strafe lebenslang gemildert.

Neben der Prognose, dass von dem Verurteilten weitere Straftaten zu befürchten sind (Nr. 18), steht auch die Behandlungsprognose (Nr. 15, 22) in einem signifikanten Zusammenhang. Stark korrelierend ist die Behandlungsprognose einer positiven Entwicklung des Verurteilten. Es liegen aber auch Prognosen vor, die keinen positiven Behandlungserfolg zum Zeitpunkt der mündlichen Verhandlung vorhersahen. Diese beiden Ergebnisse stehen im Widerspruch zueinander. Für die Unterbringung in einer Entziehungsanstalt (§ 64 StGB) ist die positive Heilungschance notwendig, vgl. § 64 S. 2 StGB.[1214] Bei einer negativen Prognose bzgl. des Therapieerfolgs scheidet die Anwendung des § 64 StGB aus. Bei einer negativen Behandlungsprognose besteht ein schwächerer Zusammenhang mit der Verurteilung zu zeitiger Freiheitsstrafe und der Unterbringungsanordnung, was im Hinblick auf die Unterbringung nach §§ 63, 66, 66a StGB erklärt werden kann. Unabhängig vom Therapieerfolg wird die Unterbringung in einem psychiatrischen Krankhaus angeordnet.[1215] Die beiden Behandlungsprognosen stehen zwar im Widerspruch zueinander, sind aber dennoch erklärbar und stehen in einem Zusammenhang mit der Verurteilung zu zeitiger Freiheitsstrafe und einer Unterbringungsanordnung.

Tab. 90. *Täterbezogene Merkmale mit statistischem Zusammenhang bei Verurteilung zu zeitiger Freiheitsstrafe mit Unterbringungsanordnung*

Nr.	Merkmal		Lebenslange Freiheitsstrafe		Zeitige Freiheitsstrafe		Statistische Kennwerte	
			n	%	n	%	Phi	Sign.
15	Psych. Störung/Sucht kann geheilt werden	Nein	191	96,5	7	3,5	0,691	0,000
		Ja	6	26,1	17	73,9		
16	Steuerungsfähigkeit erheblich beeinträchtigt (§ 21 StGB)	Nein	185	97,9	4	2,1	0,683	0,000
		Ja	12	37,5	20	62,5		
17	Verminderte Schuldfähigkeit	Nein	189	95,5	9	4,5	0,595	0,000
		Ja	8	34,8	15	65,2		

1214 *Schäfer/Sander/v. Gemmeren,* (2012), S. 199 RN. 418.
1215 *Leygraf,* (2006), S. 193; BGH, Urt. v. 20.09.2011 – 1 StR 71/11.

Tab. 90. *Fortsetzung*

Nr.	Merkmal		Lebenslange Freiheitsstrafe		Zeitige Freiheitsstrafe		Statistische Kennwerte	
18	Erneutes Delikt durch den Angeklagten möglich bis wahrscheinlich	Nein	171	100,0	0	0,0	0,645	0,000
		ja	26	52,0	24	48,0		
19	Tatfolgen auf Täterseite	Nein	191	94,1	12	5,9	0,534	0,000
		ja	6	33,3	12	66,7		
20	Psychische Probleme/Sucht bis Zpkt. letzten mündlichen Verhandlung	Nein	129	100,0	0	0,0	0,413	0,000
		Ja	68	73,9	24	26,1		
21	Kein kriminologisches Tatmotiv	Nein	161	95,8	7	4,2	0,383	0,000
		Ja	36	67,9	17	32,1		
22	Psych. Störung/Sucht kann nicht geheilt werden	Nein	190	91,8	17	8,2	0,327	0,000
		Ja	7	50,0	7	50,0		
23	Täter ist süchtig	Nein	162	93,6	11	6,4	0,275	0,000
		Ja	35	72,9	13	27,1		
24	Keine Kinder	Nein	128	95,5	6	4,5	0,255	0,000
		Ja	69	79,3	18	20,7		
25	Täter: arbeitslos	Nein	98	95,1	5	4,9	0,180	0,007
		Ja	99	83,9	19	16,1		
26	Vorstrafen insgesamt	Nein	109	94,8	6	5,2	0,189	0,005
		Ja	88	83,0	18	17,0		
27	Täter Hauptschulabschluss	Nein	137	93,2	10	6,8	0,184	0,006
		Ja	60	81,1	14	19,9		
28	Täter: Ausbildung abgebrochen	Nein	184	90,6	19	9,4	0,162	0,016
		Ja	13	72,2	5	27,8		
29	Täter unter Drogen-/ Alkoholeinfluss bei der Tatausführung	Nein	151	92,1	13	7,9	0,160	0,017
		Ja	46	80,7	11	19,3		
30	Täter: keine Berufsausbildung	Nein	143	92,3	12	7,7	0,154	0,022
		Ja	54	81,8	12	18,2		
31	Destabilisierung der persönlichen Verhältnisse	Nein	29	100,0	0	0,0	0,136	0,044
		Ja	168	87,5	24	12,3		
32	Einsichtsfähigkeit nicht beeinträchtigt	Nein	3	60,0	2	40,0	-0,142	0,034
		Ja	194	89,8	22	10,2		
33	Täter: nicht alkoholisiert	Nein	158	94,0	10	6,0	-0,164	0,015
		Ja	39	73,6	14	26,4		

(*Fortsetzung*)

Tab. 90. *Fortsetzung*

Nr.	Merkmal		Lebenslange Freiheitsstrafe		Zeitige Freiheitsstrafe		Statistische Kennwerte	
34	Keine Vorstrafe	Nein	88	83,0	18	17,0	-0,189	0,005
		Ja	109	94,8	6	5,2		
35	Täter: Ausbildung/Studium abgeschlossen	Nein	86	81,9	19	18,1	-0,221	0,001
		Ja	111	95,7	5	4,3		
36	Stabilisierung der persönlichen Verhältnisse	Nein	18	54,5	15	45,5	-0,466	0,000
		ja	179	95,2	9	4,8		
37	Keine Tatfolgen	Nein	13	52,0	12	48,0	-0,426	0,000
		ja	184	93,9	12	6,1		
38	Steuerungsfähigkeit nicht beeinträchtigt	Nein	15	40,5	22	59,5	-0,700	0,000
		ja	182	98,9	2	1,1		

Bei Verurteilungen zu zeitiger Freiheitsstrafe und Anordnung einer Maßregel dominieren täterbezogene Umstände. Am häufigsten wurden persönliche Verhältnisse des Täters herangezogen und bewertet. Bestätigung findet dieses Ergebnis in dem Merkmal Nr. 26: der Umstand der Vorstrafenbelastung steht in einem Zusammenhang mit der Verurteilung zu zeitiger Freiheitsstrafe mit zusätzlicher Unterbringung bzw. dem Vorbehalt der Unterbringung. Tatmotive wirken sich nicht aus.

Unmittelbar persönliche Faktoren wie schulische und berufliche Ausbildung, berufliche Situation und persönliche Lebensverhältnisse sind regelmäßig prekär. Hier können häufig Unregelmäßigkeiten beobachtet werden.[1216] Warum diese Faktoren aber für die Verurteilung zu zeitiger Freiheitsstrafe zu signifikanten Ergebnissen führen, ist erklärungsbedürftig. Denn auf dem ersten Blick widerspricht dieses Ergebnis den Grundsätzen der Strafzumessung, wonach die persönlichen Lebensumstände dem Angeklagten nicht zum Vorwurf gemacht werden dürfen und sich entsprechend nicht auf die Strafzumessung auswirken.[1217] Dass gerade persönliche Lebensumstände wie kinderlos, arbeitslos, keine oder eine nur geringe Berufs- oder Schulausbildung zu signifikanten Korrelationen führen, kann mit der Vollstreckung der Anordnung einer Maßregel im Zusammenhang stehen.[1218] Für die Aussetzung der Maßregel zur Bewährung ist eine günstige Legalprognose notwendig (vgl. § 67d Abs. 2 StGB).[1219] Hier spielt als Indizwirkung mit hinein, ob die verurteilte Person ein integriertes, festes

1216 *Hoppenworth,* (1991), S. 225.
1217 *Schäfer/Sander/v. Gemmeren,* (2012), S. 173 RN. 615.
1218 *Volckart/Grünebaum,* (2009) S. 359 RN. 37f., 199f. RN. 315ff.
1219 *Meier,* (2015), S. 109.

Sozialleben hat, in welches er zurückkehrt oder, ob genau diese unsicheren, prekären Verhältnisse weitere Straftaten befürchten lassen.[1220] Unter Berücksichtigung der sozialen Desorganisation[1221] steht das soziale, familiäre Umfeld doch in einer Wechselwirkung zur Kriminalitätsentwicklung des Individuums.[1222] Nach diesem Verständnis der Kriminalitätsentwicklung übt das familiäre und soziale Umfeld nachhaltigen Einfluss auf den Täter aus.[1223] Die familiäre und berufliche Situation spielt also im Hinblick auf die Prognoseentscheidung eine Rolle.

Bemerkenswert ist, dass die Einsichtsfähigkeit des Täters regelmäßig nicht beeinträchtigt ist. Hingegen ist ein starker Zusammenhang hinsichtlich der wesentlichen beeinträchtigten Steuerungsfähigkeit zu erkennen. Die Schuldfähigkeit ist demnach regelmäßig beeinträchtigt, weil der Täter während der Tatausführung seine Tötungshandlung nicht oder nicht umfassend steuern konnte. Dennoch lag häufig die volle Einsichtsfähigkeit vor.

4. *Verfahrensbezogene Merkmale*

Im Rahmen der verfahrensbezogenen Umstände dominiert eine hohe Anzahl an Gutachten zur Sanktionsentscheidung. Bemerkenswert ist, dass die Gutachten zur Schuldfähigkeit keine gleichbedeutende Relevanz aufweisen wie die Gutachten zur Sanktion. Gutachten zur Sanktionsentscheidung wurden dann eingeholt, wenn ermittelt werden musste, ob der Angeklagte zur Besserung und Sicherung in einem psychiatrischen Krankenhaus oder einer Entzugsklinik untergebracht werden sollte. Ein Geständnis und Unrechtseinsicht korrelierten signifikant mit der Verurteilung zu zeitiger Freiheitsstrafe.

Der Verzicht auf Rechtsmittel i.S.d. § 267 Abs. 4 StPO zeigen eine hoch signifikante Korrelation zu Verurteilungen zu zeitiger Freiheitsstrafe und der Anordnung der Unterbringung in einer Maßregelunterkunft. Häufig kommen die verurteilten Personen aus dem OLG-Bezirk, in dem der Mord verwirklicht wurde. Auch hier übt dieser Umstand einen strafmildernden Einfluss aus. Der Schluss liegt nahe, dass der Verurteilung zu zeitiger Freiheitsstrafe keine geplante Tötung zugrunde liegt und der Täter aus der Situation heraus einen anderen Menschen tötet.[1224]

Zu beobachten ist auch der Wechsel aus der Untersuchungshaft in die Unterbringungshaft. Der wegen Mordes Verurteilte wurde zunächst in Untersuchungshaft untergebracht. Während des Verfahrens wurde er aus der Untersuchungshaft in einem psychiatrischen Krankenhaus oder einer Entzugsklinik

---

1220 *Laubenthal/Nestler,* (2010), S. 151 RN. 357; *Fischer,* (2017), § 57 RN. 16, § 67d RN. 8a, 10f.

1221 *Meier,* (2016), S. 53 RN. 47.

1222 Vgl. *Suhling/Greve,* (2010), S. 69.

1223 *Kunz/Singelnstein,* (2016), S. 114 RN. 12, S. 116 Rn. 17; *Meier,* (2016), S. 53f. RN. 46ff.

1224 Vgl. *Hoppenworth,* (1991), S. 226.

nach § 126a StPO untergebracht. Dieser Wechsel steht in einem signifikanten Zusammenhang mit der Entscheidung des Gerichts zur Verurteilung zu zeitiger Freiheitsstrafe und einer weiteren vorbehaltenen oder angeordneten Maßregel zur Besserung und Sicherung.

Tab. 91. *Verfahrensbezogene Merkmale mit signifikantem Zusammenhang bei Verurteilung zu zeitiger Freiheitsstrafe mit Unterbringungsanordnung*

Nr.	Merkmal		Lebenslange Freiheitsstrafe		Zeitige Freiheitsstrafe		Statistische Kennwerte	
			n	%	n	%	Phi	Sign.
39	Drei Gutachten zur Sanktionsentscheidung	Nein	181	94,3	11	5,7	0,424	0,000
		Ja	16	55,2	13	44,8		
40	Geständnis in der Hauptverhandlung	Nein	176	89,3	21	10,7	0,343	0,000
		Ja	12	50,0	12	50,0		
41	Abgekürztes Urteil	Nein	178	92,2	15	7,8	0,261	0,000
		ja	19	67,9	9	32,1		
42	Erst Untersuchungshaft, dann Unterbringung	Nein	191	91,0	19	9,0	0,254	0,000
		ja	6	54,5	5	45,5		
43	Aus OLG-Bezirk	Nein	132	97,1	4	2,9	0,214	0,006
		Ja	56	78,9	15	21,1		
44	Ein Verteidiger	Nein	62	96,9	2	3,1	0,159	0,018
		Ja	135	86,0	22	14,0		
45	Selbstanzeige/geständig seit Ermittlungsverfahren	Nein	64	32,5	133	67,5	0,135	0,044
		ja	3	12,5	21	87,5		
46	Nicht geständig/keine Unrechtseinsicht	Nein	15	48,4	16	51,6	-0,262	0,000
		Ja	182	95,8	8	4,2		
47	Untersuchungshaft	Nein	10	50,0	10	50,0	-0,397	0,000
		ja	186	93,0	14	7,0		
48	Kein Gutachten zur Sanktionsentscheidung	Nein	20	41,2	14	58,8	-0,415	0,000
		ja	177	94,7	10	5,3		

Anders als bei Verurteilungen zu rein zeitiger Freiheitsstrafe stehen in dieser Untersuchungsgruppe keine weiteren angeklagten und verurteilten Personen in einem signifikanten Zusammenhang zur Verurteilung. Die Erklärung ist darin zu sehen, dass bei Milderung wegen verminderter Schuldfähigkeit ein Alleintäter häufig den Tatbestand verwirklicht – während bei der Verurteilung zu rein zeitiger Freiheitsstrafe die Strafmilderungen wegen Beihilfe oder wegen der sogenannten Kronzeugenregelungen mindestens einen weiteren Haupttäter benötigen.

5. *Zwischenergebnis*

Die Analyse der statistisch ermittelten Einflussfaktoren bei Verurteilung zu zeitiger Freiheitsstrafe und der zusätzlichen Anordnung bzw. dem Vorbehalt der Anordnung einer Unterbringung zeigt die Bedeutung der täterbezogenen Merkmale. Hier wirken sich insbesondere Umstände aus, die Rückschlüsse auf die verminderte Schuldfähigkeit (vgl. § 21 StGB) zulassen. Neben der Prognoseentscheidung bezüglich weiterer Straftaten und bezüglich der Besserung bzw. Heilung der Sucht bzw. der psychischen Erkrankungen steht hier auch das Suchtverhalten des Täters in einem Zusammenhang mit der Verurteilung zu zeitiger Freiheitsstrafe und einer Unterbringungsanordnung. In dieses Ergebnis geht einher, dass die Alkoholisierung während der Tatausführung ebenfalls in einem Zusammenhang mit der Verurteilung zu zeitiger Freiheitsstrafe steht.

Einen starken Zusammenhang weisen aber auch täterbezogene Merkmale aus wie destabilisierte persönliche Verhältnisse, eine fehlende Berufsausbildung bzw. fehlende Berufserfahrung und ein niedriger Schulabschluss.

Anders als bei den vorausgegangenen Untersuchungen zur Verurteilung zu zeitiger Freiheitsstrafe liegt kein dominierendes Tatmotiv vor. Der Umstand, dass ein Leitmotiv bei der Tötung fehlt, steht in einem signifikanten Zusammenhang mit der Verurteilung zu zeitiger Freiheitsstrafe und der Anordnung einer Unterbringung.

Im Vergleich mit den in den Urteilsgründen angeführten Strafzumessungstatsachen bezüglich der Tatausführung ist auch eine Übereinstimmung zu erkennen, wenn auch nicht die Nennungshäufigkeit dem Gewicht der potentiellen Einflussfaktoren entspricht. Wie schon unter den potentiellen Einflussfaktoren der Verurteilung zu zeitiger Freiheitsstrafe insgesamt aufgezeigt wurde, zeigt auch hier der tatauslösende Faktor der psychischen Störung einen starken Zusammenhang mit der Verurteilung zu zeitiger Freiheitsstrafe. Daneben ist aber auch eine impulsive, erhebliche Tatausführung ein Indiz.

Wie auch schon unter den potentiellen Einflussfaktoren der Verurteilung zu zeitiger Freiheitsstrafe insgesamt erweisen sich opferbezogene Merkmale als potentielle Einflussfaktoren, soweit das Opfer unter einer körperlichen oder geistigen Beeinträchtigung leidet und nicht berufstätig ist.

Auch hier stehen verfahrensbezogene Tatsachen in einem Zusammenhang mit der Verurteilung zu zeitiger Freiheitsstrafe und einer zusätzlichen Unterbringungsanordnung. Auch hier wirkt sich ein geständiges, unrechtseinsichtiges Verhalten zu Gunsten des Angeklagten aus. Auch der Umstand eines abgekürzten Urteils steht in einem positiven Zusammenhang mit der Verurteilung zu zeitiger Freiheitsstrafe. Gleichermaßen verhält sich der Einfluss der Untersuchungshaft bzw. der Wechsel von der Untersuchungshaft in die Unterbringung.

Anders als bei der Verurteilung zu zeitiger Freiheitsstrafe ohne Unterbringungsanordnung wird auch hier der Faktor eines örtlichen Täters relevant (Nr. 42).

Unter den verfahrensbezogenen Umständen wirkt sich auch die Anzahl der vom Gericht eingeholten Gutachten zur Sanktionsentscheidung aus.

6. *Zusammenfassung und Vergleich mit den ausdrücklich ausgesprochenen Strafzumessungstatsachen*

Betrachtet man die Analyse der statistischen errechneten Einflussfaktoren der Verurteilung wegen Mordes zu zeitiger Freiheitsstrafe, so wird die Bedeutung der täterbezogenen Faktoren erkannt. Anders als die in den schriftlichen Urteilsgründen dargestellten Strafzumessungstatsachen dominieren Ausführungen zur verurteilten Person wie Tatmotivation, persönliche Verhältnisse und Umstände, die Rückschlüsse auf die Schuldfähigkeit zu lassen.

So waren insgesamt bei allen drei Kategorien zur Verurteilung zu zeitiger Freiheitsstrafe Faktoren der (verminderten) Schuldfähigkeit nicht unter den geschriebenen und ausdrücklich erwähnten Strafzumessungserwägungen zu erkennen. Die Analyse zu den potentiellen Einflussfaktoren zeigt aber, dass auch Umstände bezüglich des Suchtverhaltens und der psychischen Erkrankung von Relevanz sind.

Unter den täterbezogenen, potentiellen Tatsachen wird regelmäßig auch die (fehlende) Vorstrafenbelastung relevant. Eine fehlende Vorstrafenbelastung wird erwartungsgemäß zu Gunsten des Angeklagten bewertet.

Die unter den geschriebenen Strafzumessungstatsachen festgestellten tatbezogenen Merkmale entsprechen größtenteils den statistisch ermittelten Einflussfaktoren. Insbesondere Merkmale, die die Art und Weise der Tatausführung beschreiben, wie eine hemmungslose brutale Tötung, stehen in einem Zusammenhang mit der Verurteilung zu zeitiger Freiheitsstrafe. Regelmäßig wirkt sich eine Spontantötung zu Gunsten des Angeklagten aus. Die ermittelten potentiellen, tatbezogenen Tatsachen entsprechen aber nicht der Nennungshäufigkeit der geschriebenen Strafzumessungserwägungen.

Opferbezogene Merkmale haben wie bereits die in den schriftlichen Urteilsgründen dargelegten Strafzumessungstatsachen eine nur sekundäre, nachrangige Bedeutung für die Verurteilung zu zeitiger Freiheitsstrafe.

Verfahrensbezogene Faktoren wie das Verhalten während der Hauptverhandlung zeigen eine positive Korrelation zu Verurteilung zu zeitiger Freiheitsstrafe auf. Neben dem Geständnis und der Unrechtseinsicht kommt dem Verzicht eines Rechtsmittels (vgl. § 267 Abs. 4 StPO) ebenfalls eine entscheidende Bedeutung zu. Der Umstand der Untersuchungshaft bzw. dem Wechsel von der Untersuchungshaft in die Unterbringung steht ebenfalls in einem Zusammenhang mit der Verurteilung zu zeitiger Freiheitsstrafe.

Bemerkenswert ist der Einfluss auf die zeitige Freiheitsstrafe eines örtlichen Täters. Dieser Umstand kann als ungeschriebener Einflussfaktor aufgenommen werden. Genaueren Aufschluss über die Bedeutung eines örtlichen Täters kann die anschließende Regressionsanalyse geben.

Der Vergleich mit den ausdrücklichen angesprochenen Strafzumessungstatsachen ergibt zunächst eine Übereinstimmung bezüglich der verfahrensbezogenen

Tatsachen. Auch bezüglich der tatbezogenen Faktoren ist eine Übereinstimmung zu erkennen, wenn auch die Nennungshäufigkeit nicht dem Gewicht der potentiellen Einflussfaktoren entspricht.

Eine Besonderheit ergibt sich, dass die bivariate Analyse die Relevanz der täterbezogenen Einflussfaktoren zeigt. Neben der (fehlenden) Vorstrafenbelastung wirkt sich hier auch die Tatmotivation aus. Einen positiven Einfluss üben auch Merkmale der verminderten Schuldfähigkeit aus.

Bei einem Vergleich zu der bivariaten Analyse bezüglich der Feststellung der besonderen Schuldschwere neben der lebenslangen Freiheitsstrafe fällt auf, dass bei der Strafschärfung die Tatausführung eine besondere Rolle zukommt. Bei Verurteilung zu zeitiger Freiheitsstrafe dominieren jedoch verfahrens- und täterbezogene Umstände.

VIII. Ergebnisse multivariater Verfahren bei zeitiger Freiheitsstrafe

Um eine zuverlässige Aussage zu erhalten, welchen messbaren Einfluss die ermittelten Faktoren auf die Verurteilung zu zeitiger Freiheitsstrafe haben, kann man sich nicht allein auf den bivariaten Signifikanztest berufen. Mittels der logistischen Regression ist es möglich, den Einfluss der unabhängigen Variable auf die abhängige Variable, der zeitigen Freiheitsstrafe, ohne Störvariablen zu ermitteln.[1225]

Für die logistische Regressionsanalyse wurden sämtliche Variablen herangezogen, die bereits bei den bivariaten Tests signifikante Zusammenhänge gezeigt haben. Denn angesichts der hohen Anzahl an unabhängigen Variablen konnte nicht für alle Variablen eine Regressionsanalyse durchgeführt werden. Die abhängige Variable, die zeitige Freiheitsstrafe, erfasst in diesem Abschnitt die Verurteilungen zu zeitiger Freiheitsstrafe und der Anordnung der Unterbringung in Maßregelvollzug oder in die Sicherungsverwahrung als auch die Verurteilung zu rein zeitiger Freiheitsstrafe.

Es werden im Folgenden nur solche Ergebnisse aufgezeigt, die in einem signifikanten Zusammenhang stehen. Auch hier wurden hierarchische Regressionsanalysen herangezogen. Um Interkorrelationen zu vermeiden, wurde nach Ermittlung eines Regressionsmodells zusätzlich eine sogenannte Diagnostik mit der ANOVA-Überprüfung durchgeführt.[1226]

In der folgenden Übersichtstabelle sind die Variablen zu erkennen, die in einem signifikanten Zusammenhang mit der Verurteilung wegen Mordes zu zeitiger Freiheitsstrafe stehen. Dabei bestimmt sich die Rangfolge nach der Größe des standardisierten Regressionskoeffizienten (B). Nach der Darstellung der

1225 Vgl. *Kuckartz/Rädiker/Ebert/Schehl*, (2013), S. 273.

1226 Vgl. *Janssen/Laatz*, (2017), S. 418, 445f., 496; *Backhaus/Erichson/Wulff/Weiber*, (2016), S. 117.

Ergebnisse für die zeitige Freiheitsstrafe mit und ohne Unterbringungsanordnung werden die Einfluss übenden Faktoren differenziert für die zeitige Freiheitsstrafe ohne Unterbringungsanordnung und für die zeitige Freiheitsstrafe mit Unterbringung bzw. mit Vorbehalt der Unterbringung dargestellt.

1. *Einflussfaktoren bei Verurteilung zu zeitiger Freiheitsstrafe insgesamt*

Nach der logistischen Regressionsanalyse konnten 11 Variablen ermittelt werden, die in einem Zusammenhang mit der Verurteilung zu zeitiger Freiheitsstrafe insgesamt stehen. Der Nagelkerke R^2-Wert beschreibt das Bestimmtheitsmaß der Eintrittswahrscheinlichkeit. Mit knapp 79,0% können die ermittelten unabhängigen Variablen die Verurteilung zu zeitiger Freiheitsstrafe gut erklären.

Tab. 92. *Ergebnisse der Regressionsanalyse für Verurteilungen zu zeitiger Freiheitsstrafe insgesamt*

Nr.	Merkmale	B	Exp (B)	SE
1	Untergeordnete Täterrolle	7,383***	1608,655	1,612
2	ein abgeurteiltes Mordopfer	4,474***	87,69	1,335
3	Tatauslösender Faktor: psychische Störung	4,411***	82,381	1,232
4	Verständliches Motiv/Affekttötung	4,041***	56,906	1,184
5	Geständnis in der Hauptverhandlung	2,806***	16,54	0,814
6	abgekürztes Urteil § 267 Abs. 4 StPO	1,909*	6,745	0,97
7	Psychische Auffälligkeiten bis einschl. Zpkt. letzte mündliche Verhandlung	2,117**	8,306	0,808
8	Situativ, spontane Tötung	2,005**	7,427	0,755
9	Gleicher OLG-Bezirk von Tatort und Wohnort des Verurteilten	0,038***	1,039	0,013
10	Stabilisierung der persönlichen Verhältnisse des Täters	-1,799**	0,165	0,769
11	Heimtücke: Ausnutzen eines Überraschungsmoments	1,915**	6,786	0,82
12	Konstante	-8,544***	0,000	1,851

Nagelkerke $R^2 = 0,787$
* (signifikant) $p < 0,05$; (sehr signifikant) ** $p < 0,01$; *** (hoch signifikant) $p < 0,001$

Eine untergeordnete Täterrolle führt mit hoher Wahrscheinlichkeit zur Verurteilung zu zeitiger Freiheitsstrafe. Eine untergeordnete Täterrolle beschreibt, dass der Täter oder Teilnehmer nicht die Hauptfigur der Tötung ist, sondern vielmehr eine nachrangige Rolle einnimmt. Von dem untergeordneten Täter hängt demnach nicht ab, ob die Tötung verwirklicht wird oder nicht; er kann sie nicht nach seinem Willen aufhalten oder forcieren. Dass untergeordnete Täter eine größere Wahrscheinlichkeit haben zu zeitiger Freiheitsstrafe verurteilt zu werden, ist insbesondere mit der obligatorischen Milderungsvorschrift des Gehilfen zu erklären (vgl. § 27 Abs. 2 S. 2 StGB). Der Gehilfe zum Mord leistet nur eine unterstützende Handlung und ist damit nicht Zentralfigur des Geschehens.[1227]

Bei Verurteilungen zu zeitiger Freiheitsstrafe wegen Mordes kommt der Aburteilung nur eines Mordopfers eine bedeutende Rolle zu.

Erwartungsgemäß und nicht erklärungsbedürftig ist der Faktor, dass eine psychische Erkrankung oder Störung die Tötung eines anderen Menschen ausgelöst hat. Es ist davon auszugehen, dass die psychische Störung ein Eingangsmerkmal des §§ 21, 20 StGB verwirklicht hat und das Gericht von der Ermessensentscheidung der Strafmilderung Gebrauch gemacht hat. Denn der Umstand der verminderten Schuldfähigkeit übt maßgebenden Einfluss auf die Sanktionsart.[1228]

Stellt das Gericht eine Ermordung aus verständlichen Motiven fest, so begründet dieser Umstand eine höhere Wahrscheinlichkeit zur Verurteilung zu zeitiger Freiheitsstrafe als zu lebenslanger Freiheitsstrafe. Geht das Motiv insbesondere mit einer Affekttötung einher, so ist ein starker Zusammenhang zur zeitigen Freiheitsstrafe zu erkennen.

Die Einflussnahme einer Affekttötung wird auch durch den Faktor der heimtückischen Tötung bestätigt (Nr. 11). Die heimtückische Tötung erweist sich dann als gewichtiges Merkmal, wenn sie durch die Ausnutzung eines Überraschungsmoments verwirklicht wird. Insbesondere bei Tötungen des Intimpartners kann die Situation, die geprägt ist von Hoffnungs- und Perspektivlosigkeit und hoher psychischer Belastung,[1229] in eine „finale Bankrottreaktion"[1230] eskalieren. Aufgrund „eines überraschenden Gewaltausbruchs"[1231] wird der Intimpartner getötet. Gerade dieses Ausnutzen des Überraschungsmoments erfüllt das Mordmerkmal der Heimtücke.[1232] Da die aktuelle Rechtslage dieses Verhalten als heimtückische Tötung qualifiziert, verwundert dieses Ergebnis im Hinblick auf die relevante Einflussnahme der Affekttötung nicht.

Eine Besonderheit besteht in der Verurteilung eines örtlichen Täters zu zeitiger Freiheitsstrafe bei Mord. Ein örtlicher Täter, also ein Täter, der aus dem

1227 Vgl. *Fischer,* (2017), § 27 RN. 9ff.
1228 *Verrel,* (1996), S. 221, 243, 247f.
1229 *Glatzel,* (1987), S. 53.
1230 *Endres/Breuer,* (2014), S. 96.
1231 S.o.
1232 BGH, Urt. v. 24.09.2014 – 2 StR 160/14.

OLG-Bezirk des Tatorts kommt, wird mit höherer Wahrscheinlichkeit zu zeitiger Freiheitsstrafe verurteilt als zu lebenslanger Freiheitsstrafe. Eine Erklärung kann insbesondere darin gesehen werden, dass die Verurteilten ihnen nahestehende Opfer töteten, die Teil ihres Lebensmittelpunkts waren. Insbesondere bei Affekttötungen stehen sich Täter und Opfer in einer Intimbeziehung gegenüber und die Tötung resultiert spontan aus einer affektiv aufgeladenen Konfliktsituation heraus.[1233]

So wurde im Affekt der Ehepartner getötet oder die nahestehende Angehörige. Auch bei psychischen Störungen werden häufig nahestehende Personen getötet, die aus dem Zentrum des persönlichen Lebens stammen.

Gleichzeitig jedoch geht mit dem Umstand eines örtlichen Täters der Faktor der spontanen Tötung in die Erklärung mit ein. Gerade im Hinblick auf örtliche Täter wird aufgeführt, dass dieser Umstand ein Indiz dafür ist, dass die Tat nicht konkret und umfassend geplant ist.[1234] So wird gemutmaßt, dass überörtliche Täter deswegen härter sanktioniert werden, weil dies ein Indiz für die umfassende Tatplanung sei. Aus der hierarchischen Analyse geht deutlich hervor, dass bei einer situativ spontanen Tötung mit größerer Wahrscheinlichkeit der Täter zu zeitiger Freiheitsstrafe verurteilt wird.

Wird eine zeitige Freiheitsstrafe verhängt, liegt mit größerer Wahrscheinlichkeit ein abgekürztes Urteil vor. Dieser strafzumessungsrelevante Faktor lässt sich mit der Zufriedenheit der verurteilten Person erklären.[1235] Mit Rechtsmittelverzicht geben die verfahrensbeteiligten Personen zum Ausdruck, dass sie die Bestandskraft des Strafausspruches akzeptieren. Dies kann insbesondere mit der ausgesprochenen Strafmilderung bei der Verurteilung wegen Mordes korrelieren.

Ist der Angeklagte in der Hauptverhandlung geständig, so wirkt sich dieser Umstand mit großer Wahrscheinlichkeit auch auf die Verurteilung zu zeitiger Freiheitsstrafe aus.

Die Regressionsanalyse bezüglich der Verurteilung zu zeitiger Freiheitsstrafe insgesamt hat die Anzahl der Einflussfaktoren erheblich gemindert. Es konnten insgesamt elf Einflussfaktoren ermittelt werden, die einen Einfluss auf die Verurteilung wegen Mordes zu zeitiger Freiheitsstrafe üben. Zusammenfassend betrachtet fällt zunächst auf, dass opferbezogene Einflussfaktoren keine Bedeutung haben. Tatbezogene Merkmale wie Spontantötung, untergeordnete Täterrolle und Verurteilung wegen eines Mordes, sind wesentliche Umstände, die ein Abweichen von der lebenslangen Freiheitsstrafe bedingen. Interessanterweise sind auch verfahrensbezogene Umstände von Bedeutung wie örtlicher Täter und abgekürzte Urteile. Typischen verfahrensbezogenen Einflussfaktoren wie

1233 *Endres/Breuer,* (2014), S. 97.

1234 *Hoppenworth,* (1991), S. 224f.

1235 Vgl. *Hoppenwort,* (1991), S. 103; *Velten,* in: SK-StPO (2016), § 267 RN. 58/59.

Geständnis, Reue und Unrechtseinsicht kommt keiner weiteren Bedeutung zu. Dies ist ein großer Unterschied zu den geschriebenen und den statistisch ermittelten Einflussfaktoren.

Täterbezogene Umstände wie Schuldfähigkeit, (fehlende) Vorstrafenbelastung und persönliche Verhältnisse zeigen keine signifikante Bedeutung für die Verurteilung zu zeitiger Freiheitsstrafe auf. Insbesondere Merkmale der Schuldfähigkeit waren in früheren Untersuchungen ein zuverlässiges Indiz für eine mildere Strafe.[1236] Vielmehr wirken sich täterbezogene Faktoren wie Affekttötung, psychische Beeinträchtigung und stabile, persönliche Verhältnisse auf die Verurteilung zu zeitiger Freiheitsstrafe aus.

Auch für diesen Teil der Untersuchung wurde eine hierarchische Regressionsanalyse durchgeführt. Dafür wurden die erklärenden Variablen nicht simultan, sondern stufenweise einzeln in das Regressionsmodell eingeführt. Die folgende Tabelle zeigt nun die Ergebnisse der hierarchischen Regression. Mittels dieser Analyse kann die Reihenfolge der Einfluss übenden Faktoren festgestellt werden. Von Interesse ist vor allem hierbei die Veränderung der Effektstärke (R^2).

Die folgende Tabelle zeigt nun die Ergebnisse der hierarchischen Regression. Mittels dieser Analyse kann die Reihenfolge der Einfluss übenden Faktoren festgestellt werden. Von Interesse ist vor allem hierbei die Veränderung der Effektstärke (R^2).

Das in der Tabelle 95 aufgezeigte Modell 11 ist das ermittelte Modell mit der höchsten erklärten Varianz (vgl. Tab. 93 oben).

1236 *Verrel*, (1995), S. 248.

Tab. 93. *Hierarchische logistische Regression bei Verurteilung zu zeitiger Freiheitsstrafe insgesamt – Teil I*

	Modell 1		**Modell 2**		**Modell 3**		**Modell 4**		**Modell 5**		**Modell 6**		**Modell 7**	
	B (SE)	**Exp(B)**	**B (SE)**	**Exp(B)**	**B (SE)**	**Exp(B)**	**B (SE)**	**Exp(B)**	**B (SE)**	**Exp(B)**	**B (SE)**	**Exp(B)**	**B (SE)**	**Exp(B)**
Geständnis in Hauptverhandlung	2,639*** (0,431)	14	2,839*** (0,452)	17,092	2,836*** (0,5)	17,04	2,987*** (0,538)	19,822	2,767*** (0,578)	15,917	2,932*** (0,628)	18,768	2,892*** (0,67)	18,023
Affekt/ verständlich			2,954*** (0,744)	19,181	3,391*** (0,764)	29,709	3,707*** (0,787)	40,744	4,243*** (0,824)	69,643	3,902*** (0,837)	49,481	3,249*** (0,897)	25,768
Tatauslöser: psychische Störung					2,801*** (0,615)	16,465	3,105*** (0,642)	22,307	3,03*** (0,695)	20,703	3,845*** (0,881)	46,746	4,529*** (0,985)	92,662
Untergeordnete Täterrolle							3,05*** (0,866)	21,126	3,329*** (0,914)	27,911	4,236*** (1,122)	69,133	5,141*** (1,243)	170,964
Stabilisierung der Täter-Verhältnisse									-2,184*** (0,578)	0,113	-2,183*** (0,631)	0,113	-2,19*** (0,659)	0,112
Ein abgeurteiltes Opfer											2,991** (0,947)	19,915	3,322*** (1,032)	27,719
Spontantat													1,886** (0,63)	6,595
R^2	0,268		0,367		0,482		0,539		0,607		0,672		0,710	
Konstante (SE)	-1,946*** (0,223)		-2,233*** (0,255)		-2,67*** (0,313)		-2,99*** (0,364)		-1,336** (0,512)		-3,992*** (1,055)		-5,077*** (1,213)	

* (signifikant) p < 0,05; (sehr signifikant) ** p < 0,01; *** (hoch signifikant) p < 0,001

Tab. 94. *Hierarchische logistische Regression bei Verurteilung zu zeitiger Freiheitsstrafe insgesamt – Teil II*

	Modell 8		Modell 9		Modell 10		Modell 11	
	B (SE)	**Exp(B)**	**B (SE)**	**Exp(B)**	**B (SE)**	**Exp(B)**	**B (SE)**	**Exp(B)**
Geständnis in Hauptverhandlung	3,064*** (0,697)	21,422	3,12*** (0,761)	22,641	2,929*** (0,791)	18,709	2,806*** (0,814)	16,54
Affekt/verständlich	3,374*** (0,966)	29,194	3,743*** (1,029)	42,21	4,031*** (1,098)	56,295	4,041*** (1,184)	56,906
Tatauslöser: psychische Störung	3,693*** (1,087)	40,145	3,715*** (1,089)	41,038	3,947*** (1,134)	51,774	4,411*** (1,232)	82,381
Untergeordnete Täterrolle	5,667*** (1,323)	289,167	6,126*** (1,371)	457,668	6,751*** (1,468)	855,091	7,383*** (1,612)	1608,655
Stabilisierung der Täter-Verhältnisse	-2,255*** (0,683)	0,105	-1,919*** (0,732)	0,147	-1,975** (0,755)	0,139	-1,799** (0,769)	0,165
Ein abgeurteiltes Opfer	3,471*** (1,076)	32,167	3,351*** (1,047)	28,539	4,078*** (1,184)	59,01	4,474*** (1,335)	87,69
Spontantat	1,869** (0,653)	6,482	1,859** (0,688)	6,418	1,905*** (0,708)	6,718	2,005** (0,755)	7,427
Psychische Auffälligkeiten bis zur letzten mündlichen Verhandlung	1,58* (0,686)	4,854	2,02** (0,753)	7,536	2,095** (0,768)	8,123	2,117** (0,808)	8,306
Angeklagter kommt aus dem OLG-Bezirk, in dem das erkennende Gericht ist			0,029* (0,012)	1,03	0,033** (0,012)	1,034	0,038*** (0,013)	1,039
Gericht führt aus: Ausnutzen des Überraschungsmoments					1,521* (0,753)	4,578	1,915** (0,82)	6,786
Abgekürztes Urteil § 267 IV StPO							1,909* (0,97)	6,745
R^2	0,732		0,757		0,773		0,787	
Konstante (SE)	-5,643*** (1,284)		-6,302*** (1,324)		-7,488*** (1,555)		-8,544*** (1,851)	

* (signifikant) p < 0,05; (sehr signifikant) ** p < 0,01; *** (hoch signifikant) p < 0,001

Als Ausgangspunkt konnte das Geständnis in der Hauptverhandlung ermittelt werden, das für sich genommen bereits knapp 27% der Verurteilungen zu zeitiger Freiheitsstrafe erklären kann. Kommen dann die Tatauslöser Affektdurchbruch und psychische Störung hinzu, erhöht sich die erklärte Varianz um mehr als 20 Prozentpunkte.[1237] Hieraus lässt sich die Bedeutung der eingeschränkten Steuerungsfähigkeit erkennen, die ein Abweichen von der lebenslangen Freiheitsstrafe bedingen.

Die doch wesentliche Bedeutung der untergeordneten Täterrolle bei der Tatausführung wird auch in dem hierarchischen Regressionsmodell deutlich: Mit Zufügung weiterer Faktoren steigt der Wahrscheinlichkeit bei einer untergeordneten Täterrolle, dass der Angeklagte zu einer zeitigen Freiheitsstrafe verurteilt wird. Schließlich steigt in Modell 11 der Exp(B)-Wert auf fast das doppelte vom vorherigen Wert an.

Auch der verfahrensbezogene Umstand eines abgekürzten Urteils (i.S.v. § 267 Abs. 4 StPO) erhöht die erklärte Varianz der Verurteilung zu zeitiger Freiheitsstrafe abschließend noch einmal um mehr als 10%. Durch die Aufnahme dieses Faktors verbessert sich das Modell schließlich auf fast 79% erklärter Varianz.

Hinsichtlich der ermittelten, statistisch errechneten Einflussfaktoren zeigt sich grundsätzlich eine Übereinstimmung mit den in der Regressionsanalyse erhobenen Umständen: täter- und verfahrensbezogene Umstände haben einen entscheidenden Einfluss auf die Verurteilung zu zeitiger Freiheitsstrafe insgesamt. Als täterbezogene Einflussfaktoren erweisen sich das Tatmotiv der Affekttötung und die stabilen, persönlichen Lebensverhältnisse des Täters. Verfahrensbezogene Umstände sind das abgekürzte Urteil (§ 267 Abs. 4 StPO) und der Umstand, dass der Täter aus dem OLG-Bezirk kommt, in dem er verurteilt wird (örtlicher Täter). Opferbezogene Einflussfaktoren sind auch hier ohne Relevanz. Anders als die bivariaten Analysen vermutet ließen, kommt tatbezogenen Faktoren wie Täterrolle, Tatauslöser und Spontantötung eine entscheidende Relevanz zu. So dominieren tatbezogene Einflussfaktoren bei der Verurteilung zu zeitiger Freiheitsstrafe.

2. Einflussfaktoren bei Verurteilung zu bloßer zeitiger Freiheitsstrafe

Bei Betrachtung der Regressionsanalyse bezüglich der Verurteilung wegen Mordes nur zu zeitiger Freiheitsstrafe, also ohne Unterbringungsanordnung, konnten acht Variablen ermittelt werden, die einen signifikanten Einfluss auf die Verurteilung haben. Damit minimieren sich die relevanten Faktoren aus der bivariaten Analyse um mehr als 50,0%. Fast 70,0% der Varianz kann durch die Variablen erklärt werden.

1237 Differenz von 0,482 – 0,268 = 0,214; 0,214 x 100 = 21,4%.

Tab. 95. *Ergebnisse der Regressionsanalyse für Verurteilungen zu zeitiger Freiheitsstrafe ohne Unterbringungsanordnung*

Nr.	Merkmale	B	Exp (B)	SE
1	Kriminelle Energie	10,089**	24072,775	3,238
2	Spontane Handlung im Affekt	7,302***	1483,499	1,958
3	Motiv: Affekttötung	5,194***	180,220	1,551
4	Straf-/Haftempfindlichkeit	3,440**	31,200	1,137
5	Mehrere verurteilte Personen	3,334***	28,043	1,039
6	Entschuldigung ggü. den Angehörigen des Opfers	2,408**	11,110	0,893
7	Steuerungsfähigkeit wesentlich beeinträchtigt § 21 StGB	1,782*	5,943	0,899
8	Motiv: Wut über das Opfer	-2,708**	0,067	1,076
9	Konstante	-11,703***	0,000	3,040

Nagelkerke $R^2 = 0,678$
* (signifikant) $p < 0,05$; (sehr signifikant) ** $p < 0,01$; *** (hoch signifikant) $p < 0,001$

Anders als erwartet, dominiert bei Verurteilungen zu zeitiger Freiheitsstrafe die Tötung mit erheblich aufgebrachter krimineller Energie. Dieser Umstand ist erklärungsbedürftig, da für die statistische Interpretation gilt: Steigt die kriminelle Energie um eine Einheit an, so steigt die relative Wahrscheinlichkeit, dass eine Person zu zeitiger Freiheitsstrafe verurteilt wird. Dies ist im Hinblick mit der Verurteilung wegen Beihilfe zum Mord zu erklären. Für die Strafzumessung wird eben dem verwirklichten Mord durch den Haupttäter auch auf den Grad der Beihilfehandlung abgestellt und entsprechend bewertet.[1238] Selbstverständlich kann auch hier bei der Tötung mit erheblicher krimineller Energie vorgegangen worden sein, da der Umstand Beihilfe zwingend zu einer Strafrahmenmilderung führen muss, steht diese Variable in einem Zusammenhang mit der Verurteilung zu zeitiger Freiheitsstrafe.

Bei Vorliegen einer spontanen Affekttat ist die Wahrscheinlichkeit zur Verurteilung zu zeitiger Freiheitsstrafe gegeben. Damit geht das Motiv der Affekttötung einher. Bei Affekttötungen ist die Steuerungs- und zum Teil auch Einsichtsfähigkeit deutlich gehemmt, was zu einer Anwendung der Vorschrift zu verminderten Schuldfähigkeit führen kann.[1239]

1238 *Streng*, (2012), S. 273 RN. 560.
1239 *Endres/Breuer*, (2014), S. 96; *Sass/Herpertz*, (2009), S. 383; *Kröber/Lau*, (2010), S. 313.

Zu erkennen ist, dass die Gerichte die Strafe über die fakultative Strafmilderungsvorschrift der verminderten Schuldfähigkeit (§ 21 StGB) mildern und damit von der Ermessensentscheidung Gebrauch machen. Ist die Steuerungsfähigkeit wesentlich beeinträchtigt, so wird mit hoher Wahrscheinlichkeit die lebenslange Freiheitsstrafe zu zeitiger Freiheitsstrafe gewandelt.

Steigt die Komponente der Wut über das Opfer um eine Einheit, so sinkt die Wahrscheinlichkeit der Verurteilung zu zeitigen Freiheitsstrafe um 89,3%.[1240]

Eine Besonderheit erfährt die Entschuldigung gegenüber den Opferangehörigen. Mit der Entschuldigung wird die Wahrscheinlichkeit der Verurteilung zu rein zeitiger Freiheitsstrafe deutlich höher. Dieser Umstand kann damit erklärt werden, dass hier die Gerichte die Idee des Täter-Opfer-Ausgleichs bzw. der Schadenswiedergutmachung im Sinne von § 46a StGB erfassen. Eine Entschuldigung bei dem Opfer ist naturgemäß nicht mehr möglich. Da die Rechtsprechung die Vorschrift nicht bei Morddelikten heranzieht,[1241] könnte sich die Entschuldigung als ungeschriebenen Einflussfaktor etabliert haben.

Kommt das Gericht zudem zu der Erkenntnis, dass die verurteilte Person besonders straf- bzw. haftempfindlich ist, so wird mit größerer Wahrscheinlichkeit eine zeitige Freiheitsstrafe verhängt. Dies wurde entweder damit begründet, dass gegen den Verurteilten noch nie eine Strafe zuvor verhängt wurde und er Erstverbüßer ist,[1242] die Verurteilung wegen Mordes gegen ein Kind ausgesprochen wurde[1243] oder dass der Verurteilte wegen mangelnder Sprachkenntnisse besonders haftempfindlich ist.[1244]

Auch im Hinblick auf die Verurteilung zu zeitiger Freiheitsstrafe soll auf eine stufenweise Regressionsanalyse eingegangen werden. Hier konnten insgesamt acht Modelle entwickelt werden, die im Ergebnis eine erklärte Varianz von fast 68% erbrachten (vgl. Modell 8).

1240 0,107 – 1 = -0,893.

1241 Fallnr. 194/LG Passau Ks 106 Js 9179/12.

1242 Fallnr. 53, 63, 83, 134.

1243 Fallnr. 50.

1244 Fallnr. 199, 127.

Tab. 96. *Hierarchische Regressionen bei zeitiger Freiheitsstrafe ohne Unterbringungsanordnung*

	Modell 1		Modell 2		Modell 3		Modell 4		Modell 5		Modell 6		Modell 7		Modell 8	
	B (SE)	**Exp(B)**	**B (SE)**	**Exp(B)**	**B (SE)**	**Exp(B)**	**B (SE)**	**Exp(B)**	**B (SE)**	**Exp(B)**	**B (SE)**	**Exp(B)**	**B (SE)**	**Exp(B)**	**B (SE)**	**Exp(B)**
Spontane Handlung	3,93*** (0,852)	50,885	4,725*** (0,921)	112,7	4,458*** (1,004)	86,344	4,296*** (1,076)	73,397	3,675*** (1,245)	39,437	5,406*** (1,531)	222,67	7,524*** (1,935)	1852,464	7,302*** (1,958)	1483,499
Mehrere Verurteilte			2,219*** (0,606)	9,2	2,363*** (0,663)	10,626	2,558*** (0,695)	12,911	2,814*** (0,766)	16,683	3,234*** (0,898)	25,369	3,145*** (0,965)	23,215	3,334*** (1,039)	28,043
Haftempfindlichkeit					2,618*** (0,777)	13,705	2,464** (0,782)	11,747	2,491*** (0,882)	12,071	2,847*** (0,957)	17,235	3,669** (1,159)	39,219	3,44** (1,137)	31,2
Entschuldigung ggü. Opferangehöriger							1,728** (0,698)	5,628	1,795** (0,719)	6,019	1,886** (0,751)	6,593	2,258** (0,846)	9,559	2,408** (0,893)	11,11
Affekt									2,895** (1,13)	18,079	4,136*** (1,229)	62,571	5,1*** (1,432)	163,991	5,194*** (1,551)	180,22
Kriminelle Energie											5,019* (2,337)	151,318	8,912** (3,037)	7416,86	10,089** (3,238)	24072,775
Wut über das Opfer													-2,704** (1,089)	0,067	-2,708** (1,076)	0,067
Steuerungsfähigkeit wesentlich beeinträchtigt § 21 StGB															1,782* (0,899)	5,943
R^2	0,251		0,369		0,459		0,505		0,552		0,586		0,650		0,678	
Konstante (SE)	- 2,677*** (0,287)		-3,472*** (0,454)		-3,915*** (0,537)		-4,362*** (0,627)		-4,699*** (0,882)		-10,195*** (2,813)		-13,568*** (3,474)		-15,243*** (3,798)	

* (signifikant) $p < 0{,}05$; (sehr signifikant) ** $p < 0{,}01$; *** (hoch signifikant) $p < 0{,}001$

Bei Verurteilung zu zeitiger Freiheitsstrafe ohne eine weitere Unterbringungsanordnung bleibt der Umstand einer spontanen Tötungshandlung stetig hoch signifikant. Die Wahrscheinlichkeit, dass bei Vorliegen einer Spontantat die zeitige Freiheitsstrafe verhängt wird, steigt auch mit Zunahme weiterer erklärender Variablen an. Ab Modell 6 erhöht sich die Wahrscheinlichkeit bei einer Spontantat zu zeitiger Freiheitsstrafe auch bei Mord verurteilt zu werden, sprunghaft. Dies zeigt die strafzumessungsrelevante Bedeutung eines spontanen Tötungsentschlusses, der gerade nicht auf einen vorherigen Tatplan zurückzuführen ist.

Durch einen weiteren Faktor, nämlich dem Umstand mehrerer verurteilter Personen, steigt die erklärte Varianz um mehr als 10 Prozentpunkten an. Fast gleichermaßen wirkt sich eine Haftempfindlichkeit des Verurteilten aus (vgl. Modell 3).

Die Affekttötung bleibt mit Zugabe weiterer erklärender Variablen gleich hoch signifikant. Wird der Faktor der wesentlich beeinträchtigten Steuerungsfähigkeit hinzugefügt, erhöht sich nicht nur die erklärende Varianz auf 67,8%, sondern auch der Umstand der Affekttötung.

Zusammenfassend betrachtet werden neben tatbezogenen Einflussfaktoren wie Spontantötung und kriminelle Energie vermehrt täterbezogene Merkmale für die Verurteilung zu zeitiger Freiheitsstrafe herangezogen. Hier wirken sich zum einem Merkmale bezüglich der Schuldfähigkeit und der Straf- bzw. Haftempfindlichkeit aus. Von Bedeutung ist aber auch das Tötungsmotiv: Verständlichere Motive wie die Affekttötung bedingen eine größere Wahrscheinlichkeit zur Verurteilung zu zeitiger Freiheitsstrafe als Motive, die von Wut gegen das Opfer geprägt sind. Verfahrensbezogene Umstände wie mehrere Verurteilte und die Entschuldigung gegenüber Opferangehörigen üben auch einen Einfluss auf die Verurteilung zu zeitiger Freiheitsstrafe ohne Unterbringungsanordnung. Bei dem Vergleich zu den ermittelten Einflussfaktoren aus der bivariaten Analyse wird die Bedeutung der täterbezogenen Einflussfaktoren deutlich wie die Tatmotivation (Affekttötung), eine Straf- und Haftempfindlichkeit sowie Merkmale, die auf eine verminderte Schuldfähigkeit (vgl. § 21 StGB) schließen lassen. Täterbezogene Einflussfaktoren erfahren eine Dominanz bei der Verurteilung zu zeitiger Freiheitsstrafe ohne weitere Unterbringungsanordnung. Vergleichbar mit der Rangfolge der statistisch ermittelten Einflussfaktoren erfahren bei der Regressionsanalyse verfahrensbezogene Merkmale eine entscheidende Bedeutung. Allerdings wirken sich die Unrechtseinsicht oder ein Geständnis nicht aus. Vielmehr übt die Entschuldigung gegenüber der Opferangehörigen einen Einfluss auf die Verurteilung zu zeitiger Freiheitsstrafe.

3. *Einflussfaktoren bei Verurteilung zu zeitiger Freiheitsstrafe und Anordnung der Unterbringung in den Maßregelvollzug oder in Sicherungsverwahrung*

Die Regressionsanalyse bezüglich der Verurteilung zu zeitiger Freiheitsstrafe und Anordnung der Unterbringung in den Maßregelvollzug oder in Sicherungsverwahrung wurde mit 24 von 45 Fällen durchgeführt. Im Ergebnis konnten acht

Faktoren ermittelt werden, die in einem signifikanten Zusammenhang zur Verurteilung stehen.

Besonders beachtenswert ist die hohe erklärte Varianz von mehr als 80,0% für die untersuchten Fälle. Das spricht für eine hohe Homogenität bezüglich der Entscheidung zu Verurteilungen zu zeitiger Freiheitsstrafe und der Anordnung der Unterbringung.

Neben Faktoren, die die Tötung beschreiben, also tatbezogenen Faktoren sind auch vermehrt täterbezogene Umstände aus der Regressionsanalyse zu erkennen. Hingegen kommt opferbezogenen Merkmalen auch hier keine Bedeutung zu.[1245]

Tab. 97. *Ergebnisse der Regressionsanalyse für Verurteilungen zu zeitiger Freiheitsstrafe und der Anordnung der Unterbringung*

Nr.	Merkmale	B	Exp (B)	SE
1	Tatauslösender Faktor: psychische Störung	4,883***	132,086	1,462
2	Psych. Störung/Sucht des Angeklagten nicht heilbar	4,189**	65,940	1,593
3	Tötungshandlung: impulsiv	3,390**	29,654	1,214
4	Erfolglose Therapien	3,349*	28,487	1,505
5	Bereits Aufenthalt in Psychiatrie	3,032*	20,731	1,478
6	Suchterkrankung bei Täter	2,536*	12,631	1,233
7	Gleicher OLG-Bezirk von Tatort und Wohnort des Verurteilten	0,035**	1,036	0,014
8	Abgeschlossene Ausbildung/Studium	-2,462*	0,085	1,127
9	Konstante	-7,837***	0,000	1,936

Nagelkerke $R^2 = 0,811$
* (signifikant) p < 0,05; (sehr signifikant) ** p < 0,01; *** (hoch signifikant) p < 0,001

Die Übersichtstabelle 98 bestätigt die Ergebnisse der bivariaten Analyse, die den tatauslösenden Faktor der psychischen Störung in einen vorrangigen Zusammenhang mit Verurteilung zu zeitiger Freiheitsstrafe und der Anordnung der Unterbringung stellt.

1245 Vgl. *Verrel*, (1996), S. 248.

Erwartungsgemäß[1246] kommt der Beurteilung der Schuldfähigkeit des Täters bei Tatausführung eine entscheidende Rolle zu. Hier sind Umstände relevant, die nicht ausdrücklich im Urteil genannt wurden. Dabei entziehen sich Lebensumstände und -verhältnisse des Täters grundsätzlich jeglicher strafzumessungsrelevanten Bewertung. Eine Ausnahme wird jedoch gemacht, wenn die Umstände in einer engen Beziehung zur Tat stehen.[1247] Aus der Analyse konnten Umstände ermittelt werden wie eine im Ergebnis erfolglos verlaufene Therapie oder einen bereits in der Vergangenheit erfolgten, stationären Psychiatrieaufenthalt. Die Faktoren lassen den Schluss zu, dass der Grund der Therapien und Unterbringungen im Vorleben des Täters in einer engen Beziehung zur Tötung eines anderen Menschen stehen und deswegen als Einflussfaktoren herangezogen wurden.

Mit einem abgeschlossenen Studium bzw. einer abgeschlossenen Ausbildung sinkt hingegen die Wahrscheinlichkeit zu einer zeitigen Freiheitsstrafe wegen Mordes verurteilt zu werden um 91,5%.[1248]

Als verfahrensbezogenes Merkmal wird auch der Umstand der Verurteilung des örtlichen Täters relevant. Wie schon die Regressionsanalyse zu zeitiger Freiheitsstrafe insgesamt aufzeigt, steht die Verurteilung zu zeitiger Freiheitsstrafe in einem Zusammenhang mit der Verurteilung eines örtlichen Täters. Damit bestätigt sich das Ergebnis aus der bivariaten Analyse. Auch hier kommt der Umstand zum Tragen, dass der Täter in seinem persönlichen Umfeld tötet und sich nicht außerhalb seines unmittelbaren Lebensraums aufhält. Schließlich kam bei 19 Verurteilungen der Täter aus dem sozialen Umfeld des Opfers und tötete das Opfer räumlich im gleichen sozialen Umfeld.

In der folgenden Tabelle werden die hierarchischen Beziehungen der einzelnen Faktoren dargestellt. Insgesamt konnten sechs Modelle ermittelt werden, die schließlich eine erklärte Varianz von mehr als 81% aufzeigen.

1246 *Verrel*, (1996), S. 248.

1247 *Streng*, (2012), S. 255 RN. 527.

1248 0,085 – 1 = –0,915.

Tab. 98. *Hierarchische logistische Regression bei Verurteilung zu zeitiger Freiheitsstrafe und einer weiteren vorbehaltenen oder angeordneten Unterbringungsanordnung*

	Modell 1		Modell 2		Modell 3		Modell 4		Modell 5		Modell 6	
	B (SE)	**Exp(B)**	**B (SE)**	**Exp(B)**	**B (SE)**	**Exp(B)**	**B (SE)**	**Exp(B)**	**B (SE)**	**Exp(B)**	**B (SE)**	**Exp(B)**
Tatauslösender Faktor: psychische Störung	3,065*** (0,583)	21,429	3,844*** (0,764)	46,714	4,692*** (1,151)	109,07	5,52*** (1,331)	249,741	5,868*** (1,467)	353,472	4,883*** (1,462)	132,086
Täter ist süchtig			2,669*** (0,686)	14,419	3,668*** (1,079)	39,161	3,645*** (1,11)	38,296	3,447*** (1,126)	31,417	2,536* (1,233)	12,631
Aufenthalt in Psychiatrie					4,071*** (1,181)	58,613	4,523*** (1,266)	92,118	4,577*** (1,359)	97,22	3,032* (1,478)	20,731
Impulsiv bei Tötung							2,456*** (0,824)	11,653	2,665*** (0,93)	14,362	3,390** (1,214)	29,654
Abgeschlossenes Studium/ Ausbildung									-2,278** (0,853)	0,102	-2,462* (1,127)	0,085
Psych. Störung/Sucht des Angeklagten nicht heilbar											4,189** (1,593)	65,940
Erfolglose Therapien											3,349* (1,505)	28,487
Gleicher OLG-Bezirk von Tatort und Wohnort des Verurteilten											0,035** (0,014)	1,036
R^2	0,267		0,431		0,570		0,655		0,716		0,811	
Konstante (SE)	-2,708*** (0,311)		-3,913*** (0,587)		-5,198*** (1,026)		-6,75*** (1,301)		-5,852*** (1,293)		-7,837*** (1,936)	

* (signifikant) $p < 0,05$; (sehr signifikant) ** $p < 0,01$; *** (hoch signifikant) $p < 0,001$

Durch ein Suchtverhalten des Täters erhöht sich die erklärte Varianz um mehr als 16 Prozentpunkte. Es zeigt sich in den folgenden Modellen drei bis sechs die im Ergebnis zwar abnehmende, aber dennoch stets hoch signifikante Bedeutung der Suchterkrankung bei der Verurteilung zu zeitiger Freiheitsstrafe und einer weiteren zusätzlichen Unterbringungsanordnung.

Dass der Täter bereits einen Psychiatrieaufenthalt hinter sich hat, erhöht wiederum die erklärte Varianz um weitere ca. 14 Prozentpunkten.

Die Faktoren „psychische Störung/Sucht des Angeklagten nicht heilbar", „erfolglose Therapien" und „gleicher OLG-Bezirk von Tatort und Wohnort des Verurteilten" konnten nicht einzeln in die Regressionsanalyse gebracht werden, da sie einzeln keine signifikanten Ergebnisse erzielten. Erst durch die gemeinsame Einfügung in das Regressionsmodell konnte die sehr hohe erklärte Varianz von 81,1% ermittelt werden.

Im Hinblick auf die Variablen „psychische Störung/Sucht des Angeklagten nicht heilbar" und „erfolglose Therapien" ergibt es Sinn, dass diese Faktoren zusammen vorliegen, da eine unheilbare Suchterkrankung bzw. psychische Störung eine erfolglos durchgeführte Therapie bedingen kann. Der dritte Faktor des identischen OLG-Bezirks von Wohnort und erkennendem Gericht kann nur, wie bereits weiter oben dargestellt erklärt werden.

Im Ergebnis dominieren bei der Verurteilung zu zeitiger Freiheitsstrafe und der Unterbringungsanordnung täterbezogene Umstände. Überraschend ist, dass der Vorstrafenbelastung keine messbare Relevanz zukommt. Anders als bei der Untersuchung von *Verrel*[1249] sind vor allem Merkmale von relevanter Bedeutung, die Auskunft über die Schuldfähigkeit des Angeklagten geben wie Suchterkrankung, psychische Störungen, erfolglose Therapien oder bereits der Voraufenthalt in einer Psychiatrie. Damit sind Merkmalsausprägungen von Relevanz, die auf ein instabiles Vorleben des Täters schließen lassen. Als starkes, verfahrensbezogenes Merkmal bestätigt sich auch hier der Umstand eines örtlichen Täters. Tatbezogene Umstände erfassen die Tatausführung und den Tatauslöser. Wie der Eindruck aus der bivariaten Analyse vermuten lässt, kommt den tatbezogenen Umständen keine große Bedeutung zu bei der Verurteilung zu zeitiger Freiheitsstrafe und der zusätzlichen Unterbringungsanordnung.

4. *Zwischenergebnis und Zusammenfassung*

Zusammenfassend betrachtet minimieren sich die relevanten Einflussfaktoren der Verurteilung zu zeitiger Freiheitsstrafe in der Regressionsanalyse deutlich. Die aus dem bivariaten Signifikanztest ermittelte Rangfolge der Einflussfaktoren hält in der Regressionsanalyse stand. Es dominieren täter- und verfahrensbezogene Merkmale, die auf die zeitige Freiheitsstrafe unabhängig einer weiteren Unterbringungsanordnung Einfluss nehmen. Als gewichtigsten Einflussfaktor

---

1249 *Verrel*, (1995), S. 248.

haben sich auch tatbezogene Tatsachen wie Spontantat, die psychische Störung als Tatauslöser und eine untergeordnete Täterrolle etabliert. Täterbezogene Merkmale erfassen neben der Tatmotivation Schuldfähigkeitsaspekte. Die Regressionsanalyse hat nochmal die Relevanz der Verurteilung des örtlichen Täters deutlich gemacht. Gleichzeitig wirkt sich als verfahrensbezogenes Merkmale das abgekürzte Urteil im Sinne von § 267 Abs. 4 StPO aus.

Insgesamt betrachtet unterscheiden sich die Einflussfaktoren bei Verurteilung wegen Mordes zu zeitiger Freiheitsstrafe mit oder ohne Unterbringungsanordnung nicht gravierend. Erwartungsgemäß wirken sich bei Verurteilung zu zeitiger Freiheitsstrafe mit zusätzlicher Unterbringungsanordnung Merkmale, die eine verminderte Schuldfähigkeit und die Voraussetzung einer Unterbringungsanordnung belegen, stärker aus, als bei der Verurteilung zu zeitiger Freiheitsstrafe ohne Unterbringungsanordnung.

Im Vergleich zu dem bivariaten Signifikanztest bestätigt sich die Dominanz der verfahrensbezogenen Einflussfaktoren nicht. Das Verhalten des Verurteilten während der Hauptverhandlung wie Geständnis, Unrechtseinsicht und Reue konnte in der Regressionsanalyse nicht ermittelt werden.

Deutlich erkennbar ist eine Differenz zwischen den in den Urteilsgründen angeführten Einflussfaktoren und den Merkmalen, die sich in den Analyseverfahren als wesentliche Faktoren etabliert haben.

D. Länge der zeitigen Freiheitsstrafe, die bei vollendetem Mord verhängt wird

Es konnten bereits Einflussfaktoren ermittelt werden, die die Verurteilung wegen vollendeten Mordes zu zeitiger Freiheitsstrafe bedingen. Im Folgenden wird der Versuch unternommen, auch die strafzumessungsrelevanten Faktoren zu ermitteln, die auf die Schwere der zeitigen Freiheitsstrafe Einfluss haben. Für die Analyse wurden alle Verurteilungen zu zeitiger Freiheitsstrafe unabhängig von einer weiteren Unterbringungsanordnung in den Maßregelvollzug (§§ 63, 64 StGB) oder in Sicherungsverwahrung (§§ 66, 66a StGB) herangezogen (n = 45).

I. Ergebnisse der Mittelwertvergleiche

Im Folgenden liegt der Fokus auf der Ermittlung, ob und welche geschriebenen oder ungeschriebenen Strafzumessungsmerkmale auf die Strafhöhe Einfluss haben. Bei ähnlich gelagerten Strafzumessungsuntersuchungen wurde zur Beantwortung der Frage nach dem Einfluss von Faktoren auf die Strafhöhe das statistische Analyseverfahren der einfaktoriellen (sog. univariate) Varianzanalyse herangezogen.[1250] Für die abhängige Variable wurde die Anzahl der Monate

1250 *Hoppenworth,* (1991), S. 222f.; *Verrel,* (1996), S. 216; *Meier,* (1983), S. 185f.; vgl. *Backhaus/Erichson/Plinke/Weiber,* (2016), S. 174; *Janssen/Laatz,* (2017), S. 345ff.

der zeitigen Freiheitsstrafe gewählt. Die einfaktorielle Varianzanalyse ist insbesondere für nominal skalierte unabhängige Variablen mit mehr als zwei Ausprägungen geeignet.

Bei unabhängigen Variablen mit nur zwei Ausprägungen, die nominal skaliert sind, kommt der t-Test in Betracht, der die Differenzen zweier Gruppen auf Signifikanz überprüft.[1251] Bei dichotomen unabhängigen Variablen führen t-Test und einfaktorielle Varianzanalyse zu einem *gleichen* Ergebnis.[1252] Dies liegt daran, dass der Vergleich zweier Mittelwerte mittels zwei vergleichbarer Verfahren (Ermittlung des F-Wertes bei der einfaktoriellen Varianzanalyse und Ermittlung des t-Wertes bei dem t-Test) erfolgt.[1253] Für die zugrunde liegende Untersuchung wurde der t-Test für zwei unabhängige Stichproben durchgeführt.

Mittels des t-Tests als statistisches Prüfungsverfahren wird zunächst auf die Abhängigkeit der zeitigen Freiheitsstrafe eingegangen. In die Analyse ist die Summe der Verurteilungen zu zeitiger Freiheitsstrafe (n = 45) mit eingeflossen. Es werden die Verurteilungen zu rein zeitiger Freiheitsstrafe und zu zeitiger Strafen mit zusätzlicher Unterbringungsanordnung in den Maßregelvollzug (§§ 63, 64 StGB) oder in Sicherungsverwahrung (§§ 66, 66a StGB) zusammen untersucht.

Die abhängige Variable ist die Strafhöhe der zeitigen Freiheitsstrafe in Monaten und somit eine metrisch skalierte Variable. Hierfür wurde das arithmetische Mittel der nach Monaten bemessenen zeitigen Freiheitsstrafe herangezogen.[1254] Die abhängige Variable der zeitigen Freiheitsstrafe bei Verurteilung wegen Mordes ist normal verteilt.[1255] Allerdings kommt es bei der Stichprobengröße von n > 30 gar nicht auf die Normalverteilung an.[1256] Es können also Rückschlüsse auf die Grundgesamtheit gezogen werden.

1251 *Janssen/Laatz,* (2017), S. 328, 334ff.

1252 *Rasch/Friese/Hofmann/Naumann,* (2010b), S. 10; *Backhaus/Erichson/Plinke/Weiber,* (2016), S. 96.

1253 *Janssen/Laatz,* (2017), S. 327f.; *Backhaus/Erichson/Plinke/Weiber,* (2016), S. 95.

1254 Voraussetzung ist die Normalverteilung; vgl. *Janssen/Laatz,* (2017), S. 333.

1255 Ermittlung erfolgte mittels Erstellung eines Histogramms, vgl. *Janssen/Laatz,* (2017), S. 429.

1256 Vgl. *Janssen/Laatz,* (2017), S. 314f.

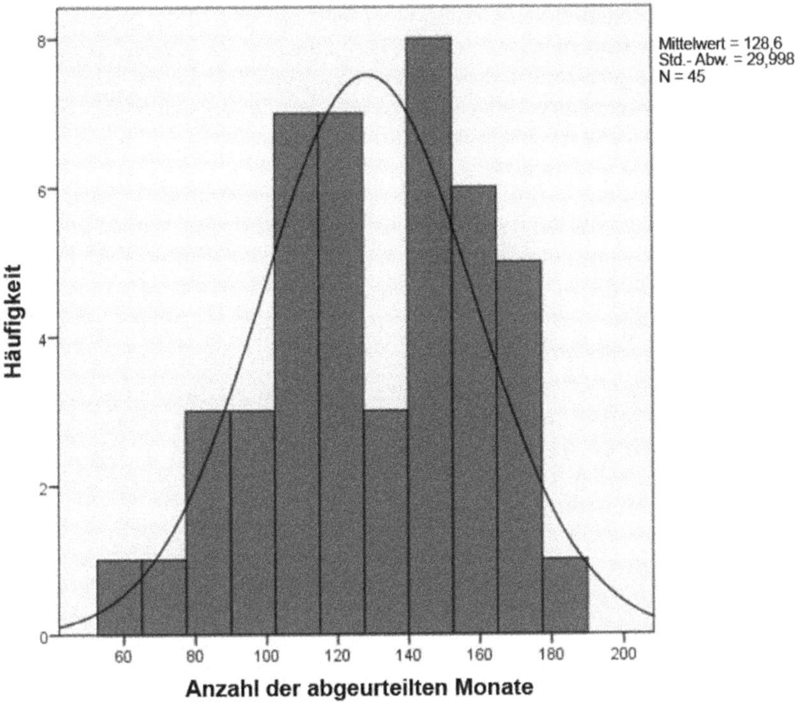

Abb. 19. *Normalverteilungskurve (n = 45)*

Als unabhängige Variable wurden, wie bereits bei den vorausgegangenen Untersuchungen, alle Merkmale herangezogen, die potentiell das Strafmaß beeinflussen können. Das sind tatbezogene, opferbezogene und täterbezogene Faktoren. Zusätzlich wird der Einfluss verfahrensbezogene Strafzumessungstatsachen untersucht wie Geständnis, Reue, Verteidigungsverhalten.

In der nachfolgenden Übersichtstabelle sind die Merkmale aufgeführt, die zu einen signifikanten Strafhöhenunterschied (*Sign.*) geführt haben, das Signifikanzniveau also bei mindestens 5% lag.[1257] Die Reihenfolge der Beschreibung der Strafzumessungstatsachen bestimmt sich nach der Höhe der Differenz (*Diff.*), die die Ausprägungen der jeweils geprüften unabhängigen Variable beschreiben.[1258] Das arithmetische Mittel der zeitigen Freiheitsstrafe wird in der Spalte *aM* beschrieben. Die Summe, in denen die Variable insgesamt ermittelt werden

1257 Es wird der zweiseitigeSignifikanzwert angeschaut; vgl. *Janssen/Laatz,* (2017), S. 339.

1258 *Rasch/Friese/Hofmann/Naumann,* (2010a), S. 5.

konnte, zeigt die Spalte *n-insg.* und *n* beschreibt die Anzahl der Merkmale, die einen Strafzumessungsfaktor bildeten. *SD* zeigt die Standardabweichung an.

Knapp nicht signifikant ist der Tatauslöser „Affektdurchbruch“ (Diff. 30,675/ Sign. 0,057) und der Umstand der verminderten Schuldfähigkeit (§ 21 StGB) aufgrund des Vorliegens des Eingangsmerkmals der krankhaften, seelischen Störung (Diff. -24,409/ Sign. 0,053).

Insgesamt konnten 31 Einfluss nehmende Variablen ermittelt werden, die in einem signifikanten Zusammenhang mit der Verurteilung zu zeitiger Freiheitsstrafe stehen. Die Interpretation der einzelnen ermittelten Faktoren erfolgt nach tat-, täter- und verfahrensbezogenen Strafzumessungstatsachen.

1. Tatbezogene Strafzumessungstatsachen

Es konnten insgesamt drei tatbezogene Strafzumessungstatsachen ermittelt werden, die den Tatauslöser zur Tötung wiedergeben. Zunächst wird aber deutlich, dass bei Tötungen, die nicht geplant sind, die Strafe gemildert wird (Nr. 2). Spontantötungen geschehen regelmäßig ohne rationale Abwägung und lassen auf keine zielorientierte Tötung schließen.[1259]

Tab. 99. *Tatbezogene Merkmale mit signifikantem Zusammenhang mit der Strafhöhe bei Verurteilungen zu zeitiger Freiheitsstrafe (n = 45)*

Nr.	Merkmal	n-insg.	Ausprägung	n	aM	SD	Diff.	Sign.
1	Affekttötung	45	Nein	37	135,65	34,563	29,149	0,026
			Ja	8	106,50	18,906		
2	Situative Spontantat	45	Nein	31	138,06	34,773	24,422	0,024
			Ja	14	113,64	26,416		
3	Tatauslöser: psychische Störung	45	Nein	31	122,03	35,979	-27,111	0,012
			Ja	14	149,14	19,949		

Interessant ist der Einfluss des tatauslösenden Faktors „psychische Störung“ (Nr. 3). Erkennt das Gericht, dass die Tötung aufgrund einer psychischen Störung verwirklicht wurde, so steigt die Dauer der zeitigen Freiheitsstrafe um 27,1 Monaten an.

2. Täterbezogene Strafzumessungstatsachen

Einen großen Anteil nehmen täterbezogene Strafzumessungsfaktoren ein: so konnten 23 Merkmale erhoben werden, die Auskunft über die Täterverhältnisse

1259 *Endres/Breuer*, (2014), S. 96.

und die Tatmotivation wiedergeben. Unter den täterbezogenen Faktoren sind solche Merkmale häufig vertreten, die auf die Tatmotivation schließen lassen.

Tab. 100. *Täterbezogene Merkmale mit signifikantem Zusammenhang mit der Strafhöhe bei Verurteilungen zu zeitiger Freiheitsstrafe (n = 45)*

Nr.	Merkmal	n-insg.	Ausprägung	n	aM	SD	Diff.	Sign.
4	Beihilfe	45	Nein	41	133,59	31,875	35,085	0,048
			Ja	4	98,50	44,613		
5	Stabilisierung der persönlichen Verhältnisse	45	Nein	18	151,11	32,885	34,407	0,000
			Ja	27	116,70	27,685		
6	Keine Auffälligkeiten im Jugendalter	45	Nein	20	149,20	31,896	33,720	0,001
			Ja	25	115,48	28,236		
7	Sozial integriertes Leben	45	Nein	29	141,34	31,631	30,595	0,003
			Ja	16	110,75	29,923		
8	Schulabschluss: Abitur	45	Nein	40	134,13	34,138	32,925	0,040
			Ja	5	101,20	14,394		
9	§ 21 StGB: kein Eingangsmerkmal erwähnt	45	Nein	37	135,35	34,250	27,476	0,037
			Ja	8	107,88	23,607		
10	Zpkt. der Tötung: Ehe/eheähnliches Verhältnis	45	Nein	37	135,11	34,447	26,108	0,048
			Ja	8	109,00	23,592		
11	Motiv: Rache	44	Nein	39	125,74	30,362	-36,056	0,025
			Ja	5	161,80	48,808		
12	Betreutes Wohnen	45	Nein	35	122,69	28,503	-35,014	0,003
			Ja	10	157,70	39,356		
13	Psychische Auffälligkeiten zum Zpkt. der Tötung	45	Nein	21	113,57	31,096	-31,679	0,001
			Ja	24	145,25	29,868		
14	Psychische Auffälligkeiten bis einschl. Hauptverhandlung	45	Nein	21	114,14	31,099	30,607	0,002
			Ja	24	144,75	30,405		
15	Psychische Störung/Sucht ist nicht heilbar	45	Nein	38	125,76	31,024	-30,237	0,029
			Ja	7	156,00	40,988		
16	Eltern trennten sich	45	Nein	38	125,79	31,450	-30,068	0,030
			Ja	7	155,86	39,066		

(*Fortsetzung*)

Tab. 100. *Fortsetzung*

Nr.	Merkmal	n-insg.	Ausprägung	n	aM	SD	Diff.	Sign.
17	Motiv: Wut über das Opfer	44	Nein	28	120,43	28,923	-25,884	0,014
			Ja	16	146,31	37,339		
18	Vorstrafe: Freiheitsstrafe	24	Nein	16	128,00	28,907	-24,875	0,048
			Ja	8	152,88	24,092		
19	Motiv: Rache und Wut	45	Nein	29	121,72	29,246	-24,588	0,019
			Ja	16	146,31	37,339		
20	Aufenthalt in der Psychiatrie	34	Nein	34	124,50	30,203	-24,409	0,037
			Ja	11	148,91	40,054		
22	Destabilisierung der persönlichen Verhältnisse	45	Nein	11	112,73	34,471	-23,479	0,046
			Ja	34	136,21	32,396		
22	Schulabschluss: Hauptschule	45	Nein	26	121,42	31,998	-21,419	0,036
			Ja	19	142,84	33,718		
23	Kein kriminologisches Phänomen	45	Nein	23	120,09	31,996	-21,231	0,035
			Ja	22	141,32	33,457		
24	Erneutes Delikt möglich bis wahrscheinlich	45	Nein	21	119,62	32,315	-20,339	0,044
			Ja	24	139,96	33,349		
25	Motiv: Trennung durch den Partner*	43	Nein	38	125,11	31,135	-18,695	0,019
			Ja	5	143,80	11,100		

* Varianzen sind ungleich.

So zeigt sich, dass bei Vorliegen einer Affekttötung eine deutlich geringere zeitige Freiheitsstrafe verhängt wird, im Vergleich zu keiner Affekttötung. Dieser Umstand hat ein starkes Gewicht und kann damit erklärt werden, dass bei Affekttötungen die tatbestandsverwirklichende Handlung vom Täter nicht mehr gesteuert und beherrscht werden kann. Damit geht auch der Faktor der spontanen Tötung einher (Nr. 2). Gerade bei Affekttötungen ist die Handlung nicht geplant, sondern wird „aus einem Konflikt heraus begangen (...), im Zustand höchster emotionaler Erregung“.[1260]

Wie bereits die Analysen zu den Strafzumessungsfaktoren, die ein Abweichen von der lebenslangen Freiheitsstrafe bedingen, gezeigt haben,[1261] kommt dem Umstand, dass kein kriminologisch phänomenologisches Tötungsmotiv vorliegt, eine Bedeutung zu. Konnte kein in der Untersuchung definiertes Tötungsmotiv festgestellt werden, so steigt die zeitige Freiheitsstrafe um 21,2 Monate an (Nr. 23).

1260 *Endres/Breuer,* (2014), S. 96.
1261 Vgl. Kap.3.V.ff.

Darunter waren Tötungen aus reiner Anlasslosigkeit oder purem Hass gegen die Umwelt. In einem Fall erinnerte sich der Täter daran, dass sich das Opfer über seine Frisur (die des Täters) vor einigen Tagen vor der Tötungshandlung lustig machte und geriet darüber wieder in Wut; während der Tötungshandlung hatte Angeklagter pure Lust am Ausüben von Gewalt.[1262]

In weiteren Fällen töteten die angeklagten Personen aus reinem Hass und reiner Wut gegenüber anderen Personen.[1263] Beispielsweise tötete der Angeklagte seinen Bruder aus reinem Hass, ohne dass von dem Bruder ein bestimmtes Verhalten vorausging.[1264]

In einem weiteren Fall fühlte der Täter Hass und Wut gegenüber der Umwelt und gab der Umwelt Schuld an seiner Situation (betreutes Wohnen, ständigen Ärger mit seinen Mitmenschen), zudem wollte er mal einen Menschen sterben sehen und selbst töten.[1265]

Auch der Wunsch, einen anderen Menschen sterben zu sehen, fällt in die Kategorie „kein kriminologisches Phänomen". So tötete ein weiterer Angeklagter eine Gelegenheitsprostituierte, um einen anderen Menschen sterben zu sehen und töten zu können.[1266] Auch im Hinblick auf den Kannibalismus wurde das Opfer auch deswegen getötet, um einen anderen Menschen sterben zu sehen.[1267]

Sekundäre Motive wie bei gemeinsamen Vorliegen von Wut und Rache bedingen einen Anstieg der zeitigen Freiheitsstrafe um 24,6 Monate. Tötet der Täter nur aus Wut sein Opfer, so bedingt dieser Umstand sogar einen Anstieg der zeitigen Freiheitsstrafe um 25,9 Monate. Liegt das Motiv Rache allein vor, so wird die zeitige Freiheitsstrafe um 36,1 Monate erhöht.

Ist das Tötungsmotiv die Trennung des Expartners, so wird dieser Umstand härter sanktioniert (Nr. 25). Bei diesem Motiv akzeptiert der Täter die Trennung, die regelmäßig durch das Opfer ausgesprochen wurde, nicht. Die Tötung ist die Reaktion des Täters auf die Trennung.

Neben den subjektiven Tätermerkmalen dominieren primär objektive Merkmale, die die persönlichen Verhältnisse und Entwicklungen des Täters betreffen. Ein stabiles Vorleben des Täters wie Schulabschlusses (Nr. 8) und verlässliche Lebensumstände wirken sich strafmildernd auf die zeitige Freiheitsstrafe aus. Ein starker, strafzumessungsrelevanter Faktor sind stabile persönliche Verhältnisse des Täters (Nr. 5). Auch der Umstand der sozial integrierten Lebensführung (Nr. 7) erweist sich als günstiger Strafzumessungsfaktor.

Bestätigung findet dieses Ergebnis in dem weiteren signifikanten Zusammenhang zwischen Verurteilung zu zeitiger Freiheitsstrafe und dem familiären

1262 Fallnr. 90.
1263 Fallnr. 1, 149, 182, 215.
1264 Fallnr. 215.
1265 Fallnr. 45.
1266 Falllnr. 120.
1267 Fallnr. 152.

Status einer festen Beziehung, der Ehe (Nr. 10). Täter, die zum Zeitpunkt der Tötung verheiratet waren, und in der Ehe lebten, erhielten eine geringere, zeitige Freiheitsstrafe.

Diese genannten Umstände deuten darauf hin, dass geregelte, stabile Verhältnisse des Täters grundsätzlich eine günstigere Verurteilung bedingen.

Denn gleichzeitig bringen die Faktoren der destabilisierten, persönlichen Verhältnisse des Täters (Nr. 22) und der Hauptschulabschluss (Nr. 23) zum Ausdruck, dass eine instabile Lebensführung eine höhere zeitige Freiheitsstrafe bedingt. Insbesondere wirkt sich ein Leben in einer betreuten Einrichtung (Nr. 12) besonders stark auf eine höhere zeitige Freiheitsstrafe aus. Aber auch ein Aufenthalt des Täters in der Psychiatrie (Nr. 20) wirkt sich ungünstig auf die zeitige Freiheitsstrafe aus.

Eine negative Legalprognose (Nr. 24) bestätigt den oben genannten Eindruck, dass negative Entwicklungsumstände des Täters sich auch negativ auf die Dauer der zeitigen Freiheitsstrafe auswirken: ist die Begehung eines weiteren Delikts vom Gericht als wahrscheinlich festgestellt wurden, so steigt die zeitige Freiheitsstrafe um 20,3 Monate.

Die Vorstrafenbelastung als solche zeigt noch keinen signifikanten Zusammenhang zur Verurteilung wegen Mordes zu zeitiger Freiheitsstrafe. Wird die Vorstrafenbelastung nach Art der erfahrenen Sanktionen differenziert, so zeigt sich ein knapper signifikanter Zusammenhang zwischen Verurteilung zu zeitiger Freiheitsstrafe und der Vorstrafenbelastung, bei denen Freiheitsstrafen verhängt wurden (Nr. 18). Hat der Angeklagte bereits Hafterfahrung, so wird die zeitige Freiheitsstrafe um 24,9 Monate höher ausfallen, als bei Personen, die noch zu keiner Freiheitsstrafe vorverurteilt waren. Dieses Ergebnisses steht im Einklang mit vorausgegangenen Untersuchungen[1268]: Erst die qualitative Ausprägung Vorstrafenbelastung wirkt sich auf signifikantem Niveau auf die zeitige Freiheitsstrafe aus.[1269] Der Grund könnte in der Schwere der begangenen Delikte erkannt werden, die zu einer Verurteilung mit Freiheitsstrafe geführt haben.[1270] Trotz Vorverurteilungen zu zeitigen Freiheitsstrafen konnten sich die Täter nicht legal bewähren und wurden wieder strafauffällig.

Bemerkenswert ist die Einflussnahme von Umständen, die die Schuldfähigkeit betreffen. Wurde trotz der Annahme der verminderten Schuldfähigkeit (vgl. § 21 StGB) kein Eingangsmerkmal erwähnt (Nr. 8), so war die zeitige Freiheitsstrafe um 27,5 Monate geringer, als bei Verurteilungen, bei denen entweder ein

---

1268 *Verrel,* (1995), S. 225f.; *Hoppenworth,* (1991), S. 224f.; *Meier,* (1983), S. 189f.

1269 Allerdings kommt *Verrel* zu dem Ergebnis, dass gerade die Vorstrafenbelastung mit Freiheitsstrafen keine Relevanz auf die Strafzumessung hat (vgl. *Verrel,* (1995), S. 225).

1270 *Meier,* (1983), S. 190.

Eingangsmerkmal genannt wurde oder eine Milderung nach § 21 StGB nicht erfolgte.

Interessant ist der Einfluss von psychischen Auffälligkeiten (Nr. 13, 14), die bereits zum Zeitpunkt der Tötung bestanden. Dies sind Umstände, die die Schuldfähigkeit des Angeklagten erfassen. Halten die psychischen Probleme bis einschließlich zur Hauptverhandlung an, so wirkt sich dieses strafschärfend auf die Verurteilung wegen Mordes zu zeitiger Freiheitsstrafe aus. Um 30,6 Monate stärker wirkt sich jedoch der Umstand aus, dass die angeklagte Person unter psychischen Auffälligkeiten, die noch keinen Krankheitsgrad erfüllt, litt.

Kommt das Gericht zu der sachverständigen Feststellung, dass die psychische Erkrankung nicht heilbar ist (Nr. 15), so bedingt dies eine höhere zeitige Freiheitsstrafe um 30,2 Monate.

3. Opferbezogene Strafzumessungstatsachen

Opferbezogene Merkmale haben einen nur sekundären Einfluss auf die Strafzumessung. Der Umstand, dass sich das Opfer von dem Täter trennen wollte, erhöht die Wahrscheinlichkeit, dass der Verurteilte zu lebenslanger Freiheitsstrafe und nicht zu zeitiger Freiheitsstrafe verurteilt wird. Damit geht das Motiv Trennungssituation einher (Nr. 26).

Tab. 101. *Opferbezogene Merkmale mit signifikantem Zusammenhang mit der Strafhöhe bei Verurteilungen zu zeitiger Freiheitsstrafe (n = 45)*

Nr.	Merkmal	n-insg.	Ausprägung	n	aM	SD	Diff.	Sign.
26	Opfer wollte sich trennen/lösen	45	Nein	41	126,83	30,753	-40,921	0,020
			Ja	4	167,75	48,870		

3. Verfahrensbezogene Strafzumessungstatsachen

Unter den verfahrensbezogenen Strafzumessungstatsachen konnten neben Schuldfähigkeitsbegutachtungen auch die Art der Unterbringung erhoben werden. Merkmale, die Informationen über das Verhalten des Angeklagten vor und während der Hauptverhandlung gaben, wirkten sich nicht auf signifikantem Niveau aus.

Tab. 102. *Verfahrensbezogene Merkmale mit signifikantem Zusammenhang mit der Strafhöhe bei Verurteilungen zu zeitiger Freiheitsstrafe (n = 45)*

Nr.	Merkmal	n-insg.	Ausprägung	n	aM	SD	Diff.	Sign.
27	Keine Diskussion über Maßregeln	45	Nein	26	146,54	29,058	38,065	0,000
			Ja	19	108,47	27,971		
28	Keine gerichtliche Behandlungsprognose	45	Nein	25	140,68	32,845	22,980	0,023
			Ja	20	117,70	31,903		
29	Keine Prognoseentscheidung	45	Nein	26	139,35	32,771	21,030	0,039
			Ja	19	118,32	32,825		
30	Erst Untersuchungshaft, dann Unterbringung	42	Nein	37	130,14	28,226	-30,665	0,047
			Ja	5	160,80	52,031		
31	Ein Verteidiger*	45	Nein	5	112,00	7,483	-20,775	0,003
			Ja	40	132,78	35,430		

* Varianzen sind ungleich.

Wurde der Angeklagte von nur einem Verteidiger verteidigt (Nr. 31), so bedingt dies eine höhere zeitige Freiheitsstrafe im Vergleich zu einer Verteidigung von mehreren Verteidigern.[1271]

Erfolgte keine Diskussion über die Anordnung von Maßregeln (§§ 63, 64 StGB) so wurde eine günstigere zeitige Freiheitsstrafe verhängt. Konnte aus dem Urteil keine Prognoseentscheidung entnommen werden (Nr. 29), so wirkt sich dieser Umstand strafbegünstigend auf die zeitige Freiheitsstrafe aus. Ebenso verhält es sich mit einer fehlenden gerichtlichen Behandlungsprognose (Nr. 28).

Interessant ist, dass die Verurteilung eines Gehilfen zum Mord eine um 35,1 Monaten niedrige zeitige Freiheitsstrafe bedingt, als die für Alleintäter, die zu zeitiger Freiheitsstrafe verurteilt wurden.

Der Wechsel von der Untersuchungshaft zur Unterbringung in einem psychiatrischen Krankenhaus oder einer Entziehungsanstalt (§ 126a StPO) (Nr. 30), erweist sich auch als strafzumessungsrelevanter Faktor.

Maßgebende opferbezogene Strafzumessungstatsachen mit signifikantem Niveau konnten nicht ermittelt werden.

4. *Zusammenfassung*

Die Analyse zu den signifikanten Strafhöhenunterschieden bei Verurteilung zu zeitiger Freiheitsstrafe zeigt den starken Einfluss täterbezogener und

1271 Vgl. *Blankenburg/Sessar/Steffen,* (1978), S. 214.

verfahrensbezogener Merkmale. Gleichzeitig bringt sie zum Ausdruck, dass tatbezogene Faktoren eine nur sekundäre Relevanz haben. Opferbezogene Merkmale haben keine Bedeutung.

Die täterbezogenen Umstände, die die Strafhöhe beeinflussen, entsprechen den in den bivariaten Analysen ermittelten Strafzumessungstatsachen. Ein starkes Gewicht kommt der Tatmotivation und der Schuldfähigkeitsbeeinträchtigung zu. Strafhöhenunterschiede konnten auch bezüglich des Schulabschlusses erkannt werden; je höher die Schuldbildung ist, desto niedriger fällt die Höhe der zeitigen Freiheitsstrafe aus (Nr. 6, 27). Eine strengere Bestrafung erfahren auch diejenigen Täter, die instabile, prekäre Lebensverhältnisse aufweisen. Ebenso wirkt sich eine Vorstrafenbelastung aus.

Verfahrensbezogene Merkmale wie der Wechsel von Untersuchungshaft in die Unterbringung nach § 126a StPO und die Anzahl der Verteidiger bedingen eine höhere zeitige Strafe. Hingegen können eine fehlende Prognoseentscheidung und keine Diskussionen über Maßregeln zu einer milderen zeitigen Freiheitsstrafe führen.

5. *Vergleich mit Korrelationsanalysen*

Der Vergleich mit den bivariaten Analysen zu der Frage, welche Faktoren eine Verurteilung zu zeitiger Freiheitsstrafe bedingen, belegt eine weitgehende Übereinstimmung bezüglich der Einfluss nehmenden täter- und verfahrensbezogenen Faktoren. Allerdings unterscheiden sich die verfahrensbezogenen Merkmale inhaltlich voneinander. So wirkt sich auf die Strafhöhe nicht aus, dass es sich bei dem Urteil um ein abgekürztes Urteil (§ 267 Abs. 4 StPO) handelt oder dass der Täter aus dem OLG-Bezirk stammt, in dem er wegen Mordes verurteilt wird.

Auch der t-Test zeigt die Relevanz täterbezogener Merkmale für die Verurteilung zu zeitiger Freiheitsstrafe. Stabile, persönliche Verhältnisse des Täters (Nr. 3, 4, 5) wirken sich zu Gunsten des Angeklagten aus und beeinflussen eine niedrige zeitige Freiheitsstrafe, als Merkmale, die auf instabile, prekäre Lebensverhältnisse deuten (Nr. 15, 23, 25, 26). Merkmalsausprägungen, die die Schuldfähigkeitsbeeinträchtigung und die Tatmotivation beschreiben, üben ebenfalls einen Unterschied auf die Strafhöhe aus.

Im Vergleich zu den bivariaten Signifikanztests bezüglich der Frage, welche Merkmale eine zeitige Freiheitsstrafe bei der Verurteilung wegen Mordes bedingen, sind keine Divergenzen zu erkennen. Auch der t-Test zeigt die Bedeutung täterbezogener und verfahrensbezogener Merkmale.

II. Ergebnisse bivariater Analyseverfahren mit metrischen Variablen

Um einen Zusammenhang zwischen der abhängigen Variable, der Höhe der zeitigen Freiheitsstrafe, und unabhängigen Variablen, die messbare Abstände zwischen den Merkmalsausprägungen haben (sog. metrisch skalierte Variablen), ermitteln zu können, wurde für 24 metrische Variablen eine Zusammenhangsanalyse durchgeführt. Die insgesamt 24 metrischen Variablen erfassen zählbare Ausprägungen wie beispielsweise die Anzahl an Vorstrafen oder das

Alter des Vorsitzenden Richters. Es handelt sich nicht dabei um die Variablen aus den Tabellen 100 bis 103. Mittels der errechneten Zusammenhangsmaße ist zu erkennen, welche Variablen einen potentiellen Einfluss auf die Höhe der zeitigen Freiheitsstrafe haben.[1272] Vor allem dient die Analyse der Ermittlung der ungeschriebenen Strafzumessungsfaktoren. Mittelwertvergleiche, wie oben unter Durchführung des T-Tests, eigenen sich nur, wenn die Merkmalsausprägung in unterschiedlichen Gruppen erfasst wird. Bei zwei metrischen Variablen ist eine Überprüfung, ob sich der Wert der abhängigen Variable signifikant zwischen den Ausprägungen der metrischen, unabhängigen Variablen unterscheidet, nicht möglich. Denn, sowohl die abhängige als auch die unabhängige Variable erfassen eine Vielzahl an Merkmalsausprägungen, für die jeder Mittelwert errechnet werden würde. Dies macht aus ökonomischen Gründen keinen Sinn.

Vielmehr soll im Folgenden ermittelt werden, welche zahlenmäßige Abstände auf die Höhe der zeitigen Freiheitsstrafe Einfluss hat. Für die Ermittlung der potentiellen unabhängigen Variablen wird sich an dem Zusammenhangsmaß der „Pearsonscher Produkt-Moment Korrelations-Koeffizient r“[1273] (Pearson-r) orientieren. Die folgende Übersichtstabelle richtet sich nach der Größe des Pearson-r-Werts. Es konnten zehn Merkmalsauprägungen erkannt werden, die in einem Zusammenhang mit der Höhe der zeitigen Freiheitsstrafe stehen.

Tab. 103. *Merkmale mit signifikantem Zusammenhangsmaß (n = 45)*

Nr.	Merkmal	n	Pearson-r	Sign.
1	Einzelstrafe für Mordtat, wenn eine weitere Tat in Tatmehrheit abgeurteilt wurde	11	0,951	0,000
2	Anzahl der Vorstrafen aus dem Erwachsenenstrafrecht	43	0,404	0,007
3	Anzahl der Vorstrafen insgesamt	45	0,396	0,007
4	Anzahl der vernommenen Zeugen in der Hauptverhandlung	45	0,308	0,040
5	Alter des Opfers	18	-0,483	0,042
6	Außervollzugsetzung der Untersuchungshaft	45	-0,404	0,006
7	Alter des Vorsitzenden Richters	39	-0,335	0,037
8	Anzahl der Hauptverhandlungstage	40	-0,327	0,039
9	Dauer der Diensttätigkeit des Vorsitzenden Richters	45	-0,307	0,040
10	Dauer der Untersuchungshaft/Dauer der Unterbringung § 126 a StPO	44	-0,298	0,050

1272 *Janssen/Laatz,* (2017), S. 267ff., 279.
1273 *Janssen/Laatz,* (2017), S. 268, 279.

Die Anzahl der Vorstrafen des Verurteilten insgesamt, ohne Differenzierung nach der Vorstrafenbelastung auf Jugend- oder Erwachsenenstrafrecht, wirkt sich auch auf die Höhe der zeitigen Freiheitsstrafe aus. Allerdings wirkt sich der Umstand der Vorstrafenbelastung aus dem Erwachsenenstrafrecht höher aus und steht in einem stärkeren Zusammenhang mit der Höhe der zeitigen Freiheitsstrafe.

Unter den opferbezogenen Merkmalen sinkt mit Zunahme des Alters des Opfers die Höhe der zeitigen Freiheitsstrafe.

Es dominieren aber starke Zusammenhänge zwischen verfahrensbezogenen Umständen und der Höhe der zeitigen Freiheitsstrafe bei der Verurteilung wegen Mordes.

Wurde neben dem Morddelikt noch ein weiteres Delikt in Tatmehrheit abgeurteilt (n = 11), so steht die getroffene Einzelstrafe für das Morddelikt in einem deutlichen Zusammenhang mit der als Gesamtstrafe ausgesprochenen Strafhöhe. Bemerkenswert ist, dass die verhängte Einzelstrafe für das in Tatmehrheit abgeurteilte Delikt keine signifikante Auswirkung auf die Strafhöhe der Verurteilung zu zeitiger Freiheitsstrafe hat.

Bemerkenswert ist das Ergebnis, dass die Zunahme der Anzahl der in der Hauptverhandlung vernommenen Zeugen in einem Zusammenhang mit der Höhe der zeitigen Freiheitsstrafe steht. Dies kann damit erklärt werden, dass je komplexer die Tatbestandsverwirklichung ist, desto mehr Zeugen werden in der Hauptverhandlung vernommen. Das komplexe Geschehen kann ein Indiz für die Schwere der zu verhandelnden Tat sein. Steigen das Alter und die Diensttätigkeit an, so sinkt die Höhe der zeitigen Freiheitsstrafe auf signifikantem Niveau.

Auch die Hauptverhandlungstage stehen in einem Zusammenhang mit der Höhe der zeitigen Freiheitsstrafe. Die bloße Dauer der Hauptverhandlung als solche kann nicht angerechnet werden. Allerdings geht die Dauer der Hauptverhandlung mit der Dauer der Untersuchungshaft bzw. der Unterbringung einher.[1274]

Bemerkenswert ist der ermittelte Zusammenhang zwischen dem Alter des Vorsitzenden Richters und der Dauer der Diensttätigkeit. Das Ergebnis des gemeinsamen Vorliegens von Dienstalter und Alter des Vorsitzenden Richters dürfte damit erklärt werden, dass mit zunehmenden Alter auch die Dauer der Diensttätigkeit zunimmt.

Für die Bestimmung des Alters des Vorsitzenden Richters wurde auf eine externe Datenquelle, nämlich auf das Handbuch der Justiz aus den Jahren 2012/2013 und 2013/2014 zurückgegriffen. Das Handbuch der Justiz gibt neben dem Alter der Richter auch den Beginn der aufgenommenen Diensttätigkeit wieder.[1275] Das Geburtsjahr und Dienstalter für die einzelnen Vorsitzenden Richter sind in dieser Quelle regelmäßig mit genauen (Geburts- und Einstiegsdaten) hinterlegt. Aus den Urteilen ließen sich regelmäßig die Namen des Vorsitzenden Richters entnehmen, sodann wurde das Alter und die Dienstjahre auf das Jahr der

1274 *Wenzel*, (2004), S. 158f.
1275 Vgl. Handbuch der Justiz, Deutscher Richterbund (Hrsg.).

rechtskräftigen Entscheidung, welches ebenfalls dem Urteil zu entnehmen war, hochgerechnet. Alter und Dienstjahre wurden schließlich in Monate umgerechnet. Die errechneten Daten zu Alter und Dienstjahr des Vorsitzenden Richters bildeten die unabhängige Variable, welches eine metrische Variable war. Von einer künstlichen Verwandlung in eine dichotome Variable wurde abgesehen, sodass bivariate und multivariate Rechnungen mit der nominalen, unabhängigen Variable der Feststellung der besonderen Schwere der Schuld nicht möglich schien.

Entsprechend der gesetzlichen Vorgaben zur Anrechnung der Zeit der Untersuchungshaft bzw. der Unterbringung (vgl. § 51 Abs. 1 S. 1 StGB) steht auch dieser Aspekt (Nr. 10) in einem Zusammenhang mit der Höhe der zeitigen Freiheitsstrafe. Daneben wird die Höhe der zeitigen Freiheitsstrafe bei der Außervollzugsetzung der Untersuchungshaft gesenkt.

Zusammenfassend dominieren auch bei der Ermittlung von Zusammenhangsmaßen verfahrensbezogene Faktoren. Hier konnten insbesondere Merkmale des Vorsitzenden Richters ermittelt werden. Täterbezogene Umstände machen vor allem die Vorstrafenbelastungen aus. Eine Besonderheit stellt sich in der Ermittlung eines opferbezogenen Merkmals dar. So wirkt sich das Alter des Opfers auf die Höhe der zeitigen Freiheitsstrafe aus.

Wie schon der t-Test andeutete, zeigt sich auch bei der Analyse bivariater Tests, dass verfahrensbezogene Merkmale für die Höhe der zeitigen Freiheitsstrafe von Relevanz sind. Für die statistisch ermittelte Einflussnahme auf die Höhe der zeitigen Freiheitsstrafe folgen sodann täterbezogene Merkmale wie die Vorstrafenbelastung. Aus dem t-Test konnte aber auch ermittelt werden, dass die persönliche Entwicklung der Verurteilten vor der Mordverurteilung und die Motivlage von Bedeutung ist.

III. Ergebnisse multivariater Analyseverfahren

Die vorausgegangene Untersuchung der Varianztests als statistisches Prüfungsverfahren zeigt Korrelationen zwischen der abhängigen Variable, der zeitigen Freiheitsstrafe und den unabhängigen Variablen auf. So konnten insgesamt 41 Strafzumessungstatsachen ermittelt werden, die in einem statistischen Zusammenhang zur Höhe der zeitigen Freiheitsstrafe bei Verurteilung wegen Mordes stehen. Diese Analyse berücksichtigt jedoch nicht, ob einzelne, unabhängige Faktoren in einer Wechselwirkung zueinanderstehen. Eine gesicherte Aussage darüber, von welchem Gewicht die einzelnen ermittelten Strafzumessungsfaktoren unabhängig von anderen Faktoren haben, kann erst mit einer multivariaten Analyse getroffen werden.[1276] Da die abhängige Variable in diesem Untersuchungsabschnitt eine zählbare Variable ist, eignet sich für die multivariate Analyse die lineare Regression.

1276 *Janssen/Laatz*, (2017), S. 405.

Mittels linearer Regressionen soll die Abhängigkeit der Höhe der zeitigen Freiheitsstrafe von den ermittelten Merkmalen der univariaten Signifikanztests aufgezeigt werden.

Für die Analyse wurden die Faktoren herangezogen, die bei der bivariaten Analyse zu signifikanten Strafhöhenunterschiede führten. So konnten insgesamt 31 Variablen in die lineare Regressionsanalyse mit einfließen. Die abhängige Variable ist die zeitige Freiheitsstrafe.

Grundsätzlich werden lineare Regressionen mit metrisch skalierten Daten durchgeführt. Faktoren, die ordinal- oder nominal skaliert sind, können aber auch in die Rechnung mit eingenommen werden.[1277] In die lineare Regressionsanalyse sind regelmäßig nominal skalierte Variablen in dichotomisierter Form als unabhängige Variable eingeflossen.[1278]

Bevor Strafzumessungsfaktoren in die lineare Regressionsanalyse eingebracht wurden, wurden sich auf Multikollinearität überprüft.[1279] Multikollinearität beschreibt dem Umstand, dass zwischen den einzelnen Strafzumessungstatsachen als unabhängige variable Korrelationen bestehen und diese den Regressionskoeffizienten nachhaltig beeinflussen. Dies führt zu unsicheren Schätzungsergebnissen und lässt kein zuverlässiges Ergebnis bezüglich des Bestimmtheitsmaßes R^2 zu.[1280]

Mittels des Korrelationstests nach Pearson wurden die Strafzumessungsfaktoren ermittelt, die auch in einem Zusammenhang mit anderen Faktoren stehen oder einen nur geringen Erklärungswert insgesamt ergaben. Bei einem Korrelationskoeffizienten von mehr als 0,5 wurden die Faktoren aus der Analyse herausgenommen.

Insgesamt wiesen keine der unabhängigen Variablen Interkorrelationen auf, somit konnten alle unabhängigen Variablen für die lineare Regressionsanalyse herangezogen werden. Es konnten so zehn Strafzumessungsfaktoren ermittelt werden, die maßgeblich auf die Strafhöhe Einfluss üben.

Die nachfolgende Übersichtstabelle zeigt die maßgeblichen Strafzumessungsfaktoren nach Größe ihres *Beta-Gewichts*. Mit der Größe des Beta-Gewichts wird der standardisierte Regressionskoeffizient beschrieben, der die relative Bedeutung der jeweiligen Variable wiedergibt, da dieser Wert standardisiert ist.[1281] Der Regressionskoeffizient (*RegressionskoeffizientB*), ist jedoch abhängig von den Maßeinheiten der unabhängigen Variablen und lässt sich grundsätzlich nicht mit Regressionskoeffizienten anderer Variablen vergleichen.[1282] Der durchgeführte

1277 *Janssen/Laatz,* (2017), S. 439ff.

1278 *Backhaus/Erichson/Plinke/Weiber,* (2016), S. 67.

1279 *Janssen/Laatz,* (2017), S. 411, 445f.

1280 Vgl. *Janssen/Laatz,* (2017), S. 411.

1281 *Kuckartz/Rädiker/Ebert/Schehl,* (2013), S. 262f; *Janssen/Laatz,* (2017), S. 416f.; Für den Wert werden die abhängige und die unabhängige Variable standardisiert und der Mittelwert gleich null und die Varianz gleich eins gesetzt.

1282 *Janssen/Laatz,* (2017), S. 405, 412, 416f.

F-Test zeigt die Irrtumswahrscheinlichkeit an und erklärt, ob sich das Modell auf die Grundgesamtheit verallgemeinern lässt.[1283] Das Bestimmtheitsmaß wird durch das korrigierte R^2 gebildet. Das korrigierte R^2 erklärt die Varianz, also das Gütemaß, der Strafzumessungstatsachen.[1284]

Auch für die lineare Regressionsanalyse wurde auf die hierarchische Analyse zurückgegriffen. Durch die hierarchische Aufnahme einzelner unabhängiger Variablen können für jeden Aufnahmeschritt das Regressionsmodell und die Veränderung des Bestimmtheitsmaßes betrachtet werden und es kann überprüft werden, ob durch weitere Aufnahme unabhängiger Variablen das Regressionsmodell positiv verändert.[1285]

Wie schon die bivariaten Tests zeigten, übt die Festsetzung der Höhe der zeitigen Freiheitsstrafe für den Mord einen starken Einfluss auf die zeitige Freiheitsstrafe aus, wenn daneben ein weiteres in Realkonkurrenz stehendes Delikt abgeurteilt wird (n = 11). Auch die lineare Regressionsanalyse zeigt die Bedeutung dieser Variable auf: Mit Festlegung der Höhe der zeitigen Freiheitsstrafe für das Morddelikt kann die Gesamtstrafe allein zu knapp 90,0% der Varianz erklärt werden (Beta-Gewicht: 0,951/ R^2 = 0,894***). Im Rahmen des Regressionsmodells konnte diese Variable keine Berücksichtigung finden, da keine weitere unabhängige Variable mit der Höhe der zeitigen Freiheitsstrafe als Einzelstrafe ermittelt werden konnte.

Das Ergebnis bestätigt dennoch den Eindruck aus früheren Untersuchungen,[1286] dass ein vorgegebener Strafrahmen einen erheblichen Einfluss auf den Strafausspruch hat.

Von den im t-Test ermittelten 31 Variablen mit signifikanten Mittelwertunterschieden und den weiteren zehn unabhängigen korrelierenden Variablen konnten insgesamt fünf unabhängige Variablen ermittelt werden, die einen Einfluss auf die Höhe der zeitigen Freiheitsstrafe haben.

In der folgenden Übersichtstabelle (Tab. 104) werden die Strafzumessungsfaktoren erhoben, die zusammen mit einem zwingenden Strafmilderungsgrund (§ 27 Abs. 2 S. 2 StGB) vorliegen. Der einzig zwingende Strafmilderungsgrund in dem zugrunde liegenden Datensatz ist die Strafmilderung wegen Beihilfe zum Mord. In diesem Fall muss das Gericht die lebenslange Freiheitsstrafe mildern, da dem Gericht kein Ermessen zusteht. Es konnten fünf Strafzumessungsfaktoren ermittelt werden, die einen Einfluss auf die Höhe der zeitigen Freiheitsstrafe haben. 50,6% der Höhe der zeitigen Freiheitsstrafe kann durch dieses Modell erklärt werden. Der F-Test zeigt, dass bei einer Irrtumswahrscheinlichkeit von weniger als 0,1% das Erklärungsmodell auf die Grundgesamtheit verallgemeinert werden kann.

1283 *Janssen/Laatz,* (2017), S. 418f., 438.

1284 *Janssen/Laatz,* (2017), S. 408; *Kuckartz/Rädiker/Ebert/Schehl,* (2013), S. 270.

1285 *Kuckartz/Rädiker/Ebert/Schehl,* (2013), S. 271f.

1286 *Verrel,* (1995), S. 247.

Tab. 104. *Ergebnisse der Regressionsanalyse für Strafzumessungstatsachen zusammen mit einem zwingenden Milderungsgrund*

Nr.	Ausprägung	Beta-Gewicht	RegressionskoeffizientB
1	Teilnahme: Beihilfe	-0,457	-44,947***
2	Alter des Vorsitzenden Richters	-0,420	-2,262**
3	Dauer der Diensttätigkeit des Vorsitzenden Richters	-0,293	-0,137*
4	Motiv: Rache und Wut	0,249	15,279*
5	Situativ spontane Tötung	-0,360	- 21,514*
6	Konstante		4575,866***

* (signifikant) $p < 0,05$; (sehr signifikant) ** $p < 0,01$; *** (hoch signifikant) $p < 0,001$
n = 39
F-Test: 8,790; $p > 0,001$
Korrigiertes R^2: 0,506

Die Ergebnisse des Regressionsmodells bestätigen zunächst nicht den Eindruck der bivariaten Analysen (vgl. Kap. 3.D. II.). Täterbezogene Umstände, wie Vorleben, Entwicklung persönlicher Verhältnisse und Vorstrafenbelastung, haben keine Relevanz auf die Höhe der zeitigen Freiheitsstrafe. Bemerkenswert ist, dass weder der bloße Umstand der Vorstrafenbelastung noch die Art der dafür verhängten Sanktion und die Anzahl der Vorstrafen eine Auswirkung auf die Strafhöhe haben.

Die Beurteilung der Schuldfähigkeit des Täters kommt auch in diesem Modell keine Relevanz zu.

Hingegen bestätigt die lineare Regressionsanalyse das Ergebnis des T-Tests, dass die Teilnahmeform der Beihilfe die Höhe der zeitigen Freiheitsstrafe stark beeinflusst. So sinkt die Höhe um fast 45 Monate, wenn der Täter wegen Beihilfe zum Mord verurteilt wird.

Bemerkenswert ist die Bedeutung des Alters des Vorsitzenden Richters auf die Höhe der zeitigen Strafe. Mit zunehmenden Alter des Vorsitzenden Richters ist seinerseits eine Bereitschaft zu erkennen, eine mildere zeitige Freiheitsstrafe zu verhängen. Dies dürfte aber nicht soweit interpretiert werden, dass mit jedem Monat, den der Vorsitzende älter wird, die Dauer der Freiheitsstrafe um zwei Monate sinkt. Gleichzeitig kommt auch der zunehmenden Dauer der Diensttätigkeit des Vorsitzenden Richters eine nicht unbedeutende Relevanz zu.

Die von *Streng* ermittelte Tendenz der Einflussnahme der steigenden Berufserfahrung des Richters[1287] findet seine Bestätigung, da auch hier auf signifikantem Niveau die Einflussnahme der Berufstätigkeit zu erkennen ist. Das Wechselverhältnis der zunehmenden Berufs-/Diensterfahrung und der

1287 *Streng*, (1984), S. 111.

günstigeren Strafeinstellung lässt sich insbesondere mit dem Ergebnis von *Oswald*[1288] erklären, dass jüngere Richter mit wenig Berufserfahrung sich strenger an die in der Norm festgesetzten Strafrahmen halten, als ältere, diensterfahrene Richter.

Entgegen der Feststellungen von *Streng*, dass die Richter höheren Alters nicht die Möglichkeiten zur Strafmilderungen bei lebenslanger Freiheitsstrafe ergreifen,[1289] zeigen die Ergebnisse der Regressionsanalyse, dass mit Zunahme der Diensttätigkeit des Vorsitzenden Richters die Höhe der zeitigen Freiheitsstrafe gesenkt wird. Hier ist von einem Einstellungswandel auszugehen. Untersuchungen zur Punitivität der Richter haben in der Vergangenheit[1290] aufgezeigt, dass die Punitivität zum einen mit dem zunehmenden Alter der Richter ansteigt,[1291] allerdings konnten diesbezüglich keine eindeutigen Ergebnisse festgestellt werden.[1292] Dennoch hinterblieb der Eindruck, dass mit zunehmenden Alter die Richter strafen, um auch dem Vergeltungszweck Genüge zu tun und dadurch weniger Milde walten lassen.[1293] Die aktuellen Untersuchungsergebnisse zeigen jedoch, dass gerade mit zunehmenden Alter die Vorsitzenden Richter mildere Sanktionen verhängen.

Entgegen der Vorschrift des § 197 S. 4 GVG, nach der der Vorsitzende Richter zuletzt abstimmt, dürfte hier zu vermuten sein, dass der Vorsitzende Richter hier dennoch auf die Sanktionshöhe Einfluss nimmt.

Dominiert das Motiv der Rache und der Wut gleichzeitig bei der Tötung des Opfers, so wird die Höhe der zeitigen Freiheitsstrafe angezogen. Die Ursache kann darin gesehen werden, dass Rache und Wut keine menschlich nachvollziehbaren Motive darstellen und auf eine egoistische Haltung des Täters weisen.

Tatbezogene Faktoren, die auf die Tatausführung schließen lassen, konnten grundsätzlich nicht ermittelt werden. Lediglich der Umstand der Spontantötung und damit der fehlenden Tatplanung hat Einfluss auf die Höhe der zeitigen Freiheitsstrafe.

In einem weiteren Schritt wurde ermittelt, wie es sich auswirkt, dass kein zwingender Strafmilderungsgrund zu einer zeitigen Freiheitsstrafe geführt hat. Dieses Modell kann fast 55% der Varianz der Einflussvariablen erklären. Auch hier zeigt der F-Test, dass dieses Modell mit einer Irrtumswahrscheinlichkeit von unter 0,1% auf die Grundgesamtheit verallgemeinert werden kann.

1288 *Oswald*, (1994), S. 184.

1289 *Streng*, (1984), S. 252.

1290 *Streng*, (1984), S. 252ff.; *Langer*, (1994), S. 334ff.; *Oswald*, (1994), S. 184ff.

1291 Sog. „Alterskonservatismus“ vgl. *Streng*, (1984), S. 252.

1292 *Streng*, (1984), S. 139f., 142f., 252; *Langer*, (1994), S. 334, 338.

1293 *Streng*, (1984), S. 143.

Tab. 105. *Ergebnisse der Regressionsanalyse für Fälle ohne zwingenden Strafmilderungsgrund*

Nr.	Ausprägung	Beta-Gewicht	RegressionskoeffizientB
1	Alter des Vorsitzenden Richters	-0,460	-2,517***
2	Dauer der Diensttätigkeit des Vorsitzenden Richters	-0,360	-0,169**
3	Anzahl der Hauptverhandlungstage	-0,335	-1,811*
4	Außervollzugsetzung der Untersuchungshaft	-0,332	-0,431*
5	Stabilisierung der Verhältnisse des Täters	-0,306	-18,631*
6	Konstante		5097,635***

* (signifikant) $p < 0{,}05$; (sehr signifikant) ** $p < 0{,}01$; *** (hoch signifikant) $p < 0{,}001$
n = 35
F-Test: 9,156; $p > 0{,}001$
Korrigiertes R^2: 0,545

Aus der Übersichtstabelle 105 geht hervor, dass sich das Alter und die Dauer der Diensttätigkeit des Vorsitzenden Richters strafmildernd auf die Höhe der zeitigen Freiheitsstrafe auswirken.

Hinzu kommt bei Verurteilung zu zeitiger Freiheitsstrafe aber auch die Anzahl der Hauptverhandlungstage. Mit Zunahme der Dauer der Hauptverhandlung wird die zeitige Freiheitsstrafe um knapp zwei Monate gesenkt.

Erstaunlicherweise wirkt sich auch hier die Außervollzugssetzung der Untersuchungshaft aus. Dieses Ergebnis kann durch eine günstige Legalbewährungsprognose erklärt werden. Denn gleichzeitig kommt dem Umstand der Stabilisierung der Täterverhältnisse eine weitere wichtige Bedeutung zu, die die zeitige Freiheitsstrafe mildern lässt. Die Legalbewährungsprognose ist für die Bemessung der Sanktion von entscheidender Bedeutung.[1294] Je nach Maß der vom Täter ausgehenden Gefährlichkeit verhängt das Gericht das für angemessen erachtete Strafmaß. Für die Legalprognose des Täters wird insbesondere sein voraussichtliches Legalverhalten berücksichtigt.[1295]

Die Merkmale der Schuldfähigkeit des Täters und der Motivlage wirken sich bei diesem Regressionsmodell nicht aus. Erst mit einem Tausch der unabhängigen Variablen „Anzahl der Hauptverhandlungstage" mit der weiteren unabhängigen Variablen „Tatauslösender Faktor: Psychische Störung" kommt ein Element, das Rückschlüsse auf die Schuldfähigkeit zulässt, eine Bedeutung zu. Allerdings liegt hier die erklärte Varianz unter dem vorausgegangenen Wert, sodass hier nicht weiter drauf eingegangen wird.[1296]

1294 *Streng*, (2012), S. 380, RN. 770.
1295 *Streng*, (2012), S. 380, RN. 773.
1296 Statistisch ermittelte Werte: n = 39, F-Test: 9,978, korrigiertes R^2: 0,542.

Zusammenfassend betrachtet wirken sich auf die Höhe der zeitigen Freiheitsstrafe deutlich weniger unabhängige Strafzumessungsfaktoren aus, als durch die bivariate Analyse und der Mittelwertvergleiche ermittelt wurden. Als wesentliche Strafzumessungsaspekte wirken sich das Alter und die Dauer der Diensttätigkeit des Vorsitzenden Richters aus. Dieses Ergebnis ist äußerst bemerkenswert, da es sich bei diesen Faktoren um ungeschriebene, gesetzlich nicht normierte Strafzumessungstatsachen handelt und sie dennoch maßgebend die Höhe der zeitigen Freiheitsstrafe beeinflussen. Täterbezogene Strafzumessungsfaktoren spielen eine nur untergeordnete Rolle: Lediglich das gemeinsame Vorliegen der Motive Rache und Wut, was auf eine menschlich unverständliche Tatmotivation deutet, wirken sich strafschärfend aus. Eine positive Legalprognose, die durch die Stabilisierung der persönlichen Täterverhältnisse und die Außervollzugssetzung der Untersuchungshaft Gestalt finden, wirkt sich strafmildernd auf die zeitige Freiheitsstrafe aus. Der Umstand der Spontantötung wirkt sich strafmildernd aus. Opferbezogene Umstände konnten nicht ermittelt werden. Die durchgeführte Analyse zeigt, dass die geschriebenen Strafzumessungsfaktoren, die bei Verurteilung zu zeitiger Freiheitsstrafe erwähnt wurden, nicht den tatsächlichen Strafzumessungstatsachen entsprechen. Im Hinblick auf die Strafzumessung wirken sich deutlich weniger Faktoren aus, als die geschriebenen Strafzumessungsmerkmale annehmen lassen.

IV. Vergleich der Ergebnisse mit den Ergebnissen der logistischen Regressionsanalyse

Aus der Analyse der logistischen Regressionsanalyse, mittels der die Einflussfaktoren der Verurteilung zu zeitiger Freiheitsstrafe ermittelt wurden, zeigte sich bereits die Relevanz täterbezogener Merkmale. Die Regressionsanalysen bestätigen, dass sich ein stabiles, persönliches Lebensumfeld des Angeklagten positiv auf die Verurteilung zu zeitiger Freiheitsstrafe auswirkt. Unter den täterbezogenen Umständen erweist sich vor allem die Tatmotivation wie die Affekttötung als strafmildernder Umstand. Divergenzen zeigen sich bei Merkmalen der Schuldfähigkeitsbeeinträchtigung: Im Hinblick auf die Höhe der zeitigen Freiheitsstrafe wirken sich Schuldfähigkeitsbeeinträchtigungen nicht aus.

Verfahrensbezogene Einflussfaktoren konnten ebenfalls bei beiden Regressionsanalysen ermittelt werden, jedoch mit gravierenden inhaltlichen Unterschieden. Anders als bei der Ermittlung, welche Faktoren sich auf die Verurteilung zu zeitiger Freiheitsstrafe auswirken, üben das Alter und die Diensttätigkeit des Vorsitzenden Richters einen Einfluss auf die Höhe der zeitigen Freiheitsstrafe aus.

Divergenzen sind auch bezüglich der tatbezogenen Faktoren erkennbar. Die Analyse zu Einflussnahme auf die Strafmilderung zeigt, dass eine untergeordnete Täterrolle, die Verurteilung wegen einfachen Mordes und der Tatauslöser neben der Spontantötung von Bedeutung sind. Die Analyse zu Strafhöhenunterschieden belegt die strafzumessungserhebliche Relevanz der Spontantötung. Weitere tatbezogene Merkmale konnten nicht ermittelt werden.

Grundsätzlich weisen beide Analysen aber Gemeinsamkeiten bezüglich der Verurteilung wegen Mordes zu zeitiger Freiheitsstrafe auf.

V. Ergebnis: Einflussfaktoren der zeitigen Freiheitsstrafe

Mithilfe der vorangegangenen bivariaten und multivariaten Untersuchungsverfahren konnten strafzumessungsrelevante Einflussfaktoren für die Verurteilung zu zeitiger Freiheitsstrafe ermittelt werden. Dabei wurden nicht nur Variablen festgestellt, die eine Strafmilderung bei der Verurteilung wegen Mordes ermöglichen, sondern auch solche Merkmale erhoben, die sich auf die Strafhöhe auswirken. Insgesamt haben die Regressionsanalysen zu einer deutlichen Reduzierung der potentiellen Strafzumessungstatsachsen der bivariaten Signifikanztests und der Mittelwertvergleiche geführt. In den Analysen belegen verfahrensbezogene Merkmale eine konstante, gewichtige Relevanz der Strafzumessung. Die statistischen Analysen zeigten vor allem die Bedeutung eines abgekürzten Strafurteils (§ 267 Abs. 4 StGB) und die Relevanz der Verurteilung eines örtlichen Täters. Besonders bemerkenswert sind die Einflussnahme des Alters des Vorsitzenden Richters und die damit einhergehende Dauer der Diensttätigkeit des Vorsitzenden Richters auf die Höhe der zeitigen Freiheitsstrafe. Die im Gesetz normierte Anrechnung der Verfahrensdauer (§ 51 StGB) übt ebenfalls einen Einfluss auf die zeitige Freiheitsstrafe aus.

Neben den verfahrensbezogenen Merkmalen ist die Dominanz täterbezogener Faktoren zu erkennen. Die multivariaten Analysen zeigen deutlich auf, dass ein stabiles, persönliches Verhältnis des Verurteilten zu einer milderen Strafe führt. Als gewichtiges täterbezogenes Strafzumessungsmerkmal erweist sich auch die tendenziell verständlich gelagerte Tatmotivation, etwa bei Affekttötungen. Hingegen erweisen sich Motive wie Wut und Rache als Strafschärfungsgrund. Insgesamt erweisen sich menschlich nachvollziehbare, verständliche Motive als Umstand, der zu Gunsten des Angeklagten herangezogen wird.

Tatbezogene Strafzumessungsfaktoren haben eine nur nachrangige Bedeutung bei der Verurteilung zu zeitiger Freiheitsstrafe. Die Auswertung der Untersuchungen zeigt zunächst, dass die zwingende Milderung der Beihilfe einen starken Faktor darstellt, der die Höhe der zeitigen Freiheitsstrafe beeinflusst. Dies verwundert nicht, da die Milderungsvorschrift bei Vorliegen der Voraussetzungen zwingend ist. Ein weiterer wesentlicher Strafzumessungsfaktor ist eine fehlende Tatplanung: Die spontane Tötung erweist sich als gewichtigste tatbezogene Strafzumessungstatsache.

Gleichzeitig belegen die Analysen die strafzumessungserhebliche Relevanz des Tatauslösers der Affekttötung.

Bemerkenswert ist das Ergebnis, dass sich opferbezogene Merkmale weder bei den bivariaten noch bei den multivariaten Analysen ermitteln lassen.

Insgesamt ergibt sich, wie bereits frühere Untersuchungen[1297] zeigten, eine Differenz zwischen geschriebenen und tatsächlichen Strafzumessungstatsachen.

Entgegen früheren Untersuchungen[1298] belegen täterbezogene Merkmale eine gewichtige Bedeutung bei der Verurteilung wegen Mordes zu zeitiger Freiheitsstrafe.

1297 *Verrel,* (1995), S. 249.

1298 *Verrel,* (1995), S. 251; *Schöch,* (1972), S. 117f.; *Albrecht,* (1994), S. 427, 489.

4. Zusammenfassung und Schlussfolgerungen

Die Untersuchung zur Rechtsfolgenentscheidung bei Mord zeigt, dass die lebenslange Freiheitsstrafe bei Mord entweder gemildert oder verschärft werden kann.

A. Zusammenfassung

Die zugrundeliegende Strafzumessungsforschung knüpft an die aktuelle Diskussion über die Reform der Tötungsdelikte an. Es konnten Erkenntnisse darüber gewonnen werden, in welchen Fallkonstellation mit welcher Häufigkeit von der zwingend angedrohten lebenslangen Freiheitsstrafe bei Mord abgesehen wurde und die Strafe von den erkennenden Gerichten nach § 49 Abs. 1 StGB gemildert oder nach § 57a Abs. 1 S. 1 Nr. 2 StGB mit der Feststellung der besonderen Schwere der Schuld verschärft wurde.

I. Anlass und Zielsetzung

Bei der Verurteilung wegen vollendeten Mordes nach allgemeinem Strafrecht gibt es grundsätzlich keine Strafzumessung, weil der Gesetzgeber für Mord nur eine einzige Strafe nennt: die lebenslange Freiheitsstrafe. Das Bundesverfassungsgericht[1299] forderte und mahnte 1977 stetigen Fortschritt von „roheren zu humaneren, von einfacheren zu differenzierteren Formen des Strafens"[1300] an. Es ist schon mehr als vier Jahrzehnte her, dass im Hinblick auf die Verurteilung wegen Mordes für eine schulddifferenzierte Strafe plädiert wurde.

Die lebenslange Freiheitsstrafe ist absolut und zwingend. Weder besondere Umstände der Tat noch der Täterpersönlichkeit können bei der Festlegung der Strafe berücksichtigt werden.

Der Exklusivitäts-Absolutheits-Mechanismus bei Mord ist der rechtshistorischen Gesetzesübernahme von 1949 geschuldet. Die Fassung des Mordtatbestandes von 1941 bestrafte nach der sogenannten Tätertypenlehre. Demnach stand die Person des Täters im Fokus der Strafe. Der Mörder sollte wegen der Vernichtung des absolut geschützten Rechtsguts Leben die absolute Strafe erhalten. Vor Einführung des Art. 102 GG wurde der Mord mit der Todesstrafe sanktioniert. Mit dem Verbot der Todesstrafe führte der Gesetzgeber die in Deutschland höchste Sanktionsart als Surrogat der Todesstrafe ein, die lebenslange Freiheitsstrafe.

1299 BverfG, Urt. v. 21.06.1977 – 1 BvL 14/76.
1300 BVerfG NJW 1977, S. 1526.

Obwohl sich der Gesetzgeber bewusst für die absolute und exklusive Strafandrohung bei Mord entschieden hat, ist die straftheorethische Legitimation der Verhängung und Vollstreckung der lebenslangen Freiheitsstrafe umstritten. Die Verhängung der lebenslangen Freiheitsstrafe allein aus reiner Tatschuldvergeltung[1301] ist jedenfalls nicht möglich.[1302]

Hauptziele der Verurteilung zu lebenslanger Freiheitsstrafe sind der Schuldausgleich und die Generalprävention.[1303] So führte das Bundesverfassungsgericht[1304] aus, der Mord sei „wegen seines extremen Unrechts- und Schuldgehalts auch mit einer außergewöhnlich hohen Strafe (...) zu ahnden. Diese Strafe steht ferner mit der allgemeinen Gerechtigkeitserwartung im Einklang. Folgerichtig hat der Gesetzgeber für die Vernichtung menschlichen Lebens in der besonders verwerflichen Form des Mordes die höchste ihm zur Verfügung stehende Strafe angedroht."[1305] Die lebenslange Freiheitsstrafe verfolgt also einen positiv, generalpräventiven Strafzweck, indem der Bevölkerung durch die Verhängung der absolut zwingenden Freiheitsstrafe das Vertrauen in die Rechtsordnung gegeben wird und sich der Staat dazu bekennt, dass die motivorientierte aber auch unter besonderen Tatumständen bedingte Tötung eines anderen Menschen besonders hart zu bestrafen ist.[1306] Schließlich ist durch die absolute Strafandrohung ein „Beitrag zur Rechtssicherheit und gleichmäßigen Bestrafung der Straftäter"[1307] gewährleistet.[1308]

Dieser rechtstheoretische Ansatz wird durch aktuelle Studien zur Strafeinstellung der Bevölkerung bestätigt, indem sich beispielsweise nur 28,7% der Befragten für eine Einschränkung der lebenslangen Freiheitsstrafe aussprachen.[1309] Die rechtspolitischen Bedenken, die Auflösung der exklusiven absoluten Sanktion bei Mord sei in der Bevölkerung nicht durchzusetzen, halten an und bildet die Grundlage für die Beibehaltung des Exklusivitäts-Absolutheits-Mechanismus.[1310]

Die Vorschrift der Strafrestaussetzung (§ 57a StGB) gibt der lebenslangen Freiheitsstrafe eine zeitige Komponente: Die regelmäßige Verbüßungsdauer bei Vollstreckung der lebenslangen Freiheitsstrafe liegt bei 15 Jahren. Die Strafrestaussetzung der Mindestverbüßungszeit von 15 Jahren kann verwehrt sein, wenn das erkennende Gericht die besondere Schwere der Schuld des Verurteilten festgestellt hat (vgl. § 57a Abs. 1 S. 1 Nr. 2 StGB). Zudem kann die lebenslange

1301 *Kett-Straub,* (2011), S. 38.
1302 *Schäfer/Sander/van Gemmeren,* (2012), S. 1 RN. 1.
1303 BVerfG NJW 1977, S. 1525, S. 1531; *Kett-Straub,* (2011), S. 34f.
1304 BverfG, Urt. v. 21.06.1977 – 1 BvL 14/76.
1305 BVerfG NJW 1977, S. 1525, S. 1532.
1306 *Kett-Straub,* (2011), S. 35; unter Bezugnahme BVerfGE 45, 184 (257); *Steinhilber,* (2012), S. 259.
1307 BVerfG NJW 1977, S. 1525, S. 1532.
1308 *Verrel,* (1995), S. 248.
1309 Vgl. *Höffler/Kaspar,* (2015), S. 453f.
1310 Vgl. *Steinhilber,* (2012), S. 259.

Freiheitsstrafe dadurch erhöht werden, dass neben der Verurteilung zu lebenslanger Freiheitsstrafe die Anordnung bzw. der Vorbehalt der Anordnung der Unterbringung in der Sicherungsverwahrung (vgl. §§ 66, 66a StGB) ausgesprochen werden. Mit diesen Vorschriften sind dem erkennenden Gericht Modifikationen an die Hand gegeben, mittels derer eine sanktionserhöhende Erweiterung der absolut angedrohten lebenslangen Freiheitsstrafe ermöglicht wird.

Umgekehrt kommen genauso zwingende, aber auch im Ermessen des erkennenden Gerichts stehende Strafmilderungsvorschriften in Betracht, die zu einem Abweichen von der lebenslangen Freiheitsstrafe zu einer zeitigen Freiheitsstrafe führen. Naheliegend ist die Anwendung des zwingenden Milderungsgrundes der Beihilfe. Hier ist dem Gericht zwingend auferlegt, die Strafe des Gehilfen zu mildern (vgl. § 27 Abs. 2 S. 2 StGB).

Neben zwingenden Strafmilderungsgründen können auch Milderungsvorschriften vorliegen, dessen Anwendung im Ermessen des Gerichts liegt. Beispielsweise ermöglicht die von der Rechtsprechung[1311] entwickelte Rechtsfolgenlösung bei Vorliegen außergewöhnlicher strafmildernder Umstände von der Strafrahmenmilderung des § 49 Abs. 1 StGB Gebrauch machen zu können, der einen Strafrahmen von mindestens drei Jahren bis maximal 15 Jahren eröffnet. Die von der Rechtsprechung entwickelte Strafrahmenmilderung bei Mord hat die Grenzen des Exklusivitäts-Absolutheits-Mechanismus aufgezeigt: Auch bei Mord sind entlastende Merkmale denkbar, die aber wegen der vom Gesetzgeber gewählten Sanktion der zwingenden lebenslangen Freiheitsstrafe grundsätzlich nicht berücksichtigt werden.

Da es keine systematisch gewonnenen Erkenntnisse darüber gab, in welchen Fallkonstellationen mit welcher Häufigkeit die in § 211 StGB zwingend vorgesehene lebenslange Freiheitsstrafe von den erkennenden Gerichten nach § 49 Abs. 1 StGB gemildert, nach § 57a Abs. 1 Satz 1 Nr. 2 StGB mit dem Diktum der besonderen Schwere der Schuld behaftet oder zusätzlich mit der Anordnung von Sicherungsverwahrung bekräftigt wurde, wurden aus den beiden Verurteilungsjahren 2013 und 2014 sämtliche Verurteilungen wegen vollendeten Mordes nach allgemeinem Strafrecht daraufhin ausgewertet, welche Umstände für die richterliche Strafzumessungsentscheidung relevant waren.

II. Anlage der Untersuchung

Um eine ausreichende Anzahl an Strafurteilen zu gewährleisten, wurde das BZR um Registerauskünfte der rechtskräftigen Verurteilungen aus den Jahren 2013 und 2014 gebeten. Nach Erhalt der Registerauskünfte wurden insgesamt 84 Staatsanwaltschaften mit der Bitte um Übersendung einer Urteilsabschrift bzw. einer Kopie eines Urteilskontaktiert.

1311 BGHSt 30, 105.

Zugrunde liegt eine Totalerhebung aller Verurteilungen wegen vollendeten Mordes nach allgemeinem Strafrecht für alle Gerichte in Deutschland innerhalb eines bestimmten Zeitraumes, die verfügbar waren.

Die Untersuchung wurde mittels einer Urteilsanalyse anhand eines standardisierten auf das Untersuchungsziel abgestimmten Erhebungsbogens durchgeführt.

Die Untersuchung ist zum einen darauf angelegt, die Faktoren zu ermitteln, die neben der lebenslangen Freiheitsstrafe zusätzlich die Feststellung der besonderen Schwere der Schuld bedingen. In einem weiteren Untersuchungsabschnitt werden die Einflussfaktoren untersucht, die eine Verurteilung wegen vollendeten Mordes zu zeitiger Freiheitsstrafe auslösen.

Zunächst wurde die abhängige Variable von der Entscheidung des Gerichts gebildet, neben der Verurteilung zu lebenslanger Freiheitsstrafe noch die Feststellung der besonderen Schwere der Schuld (§ 57a Abs. 1 S. 1 Nr. 2 StGB) auszusprechen (vgl. Kap. 3.B.I.ff.).

Im darauffolgenden Untersuchungsabschnittwurde die abhängige Variable aus den Verurteilungen zu zeitiger Freiheitsstrafe im Verhältnis zur lebenslangen Freiheitsstrafe gebildet, unabhängig davon, ob zusätzlich die besondere Schwere der Schuld festgestellt oder die Anordnung bzw. der Vorbehalt der Anordnung der Sicherungsverwahrung ausgesprochen wurde (vgl. Kap. 3.C.I.ff.).

Die Untersuchungsabschnitte gliedern sich in drei Teile. Zum einen werden die in den Strafurteilen ausdrücklich genannten Strafzumessungstatsachen erhoben. Dabei wurden die Faktoren herangezogen, die sich aus der Strafzumessungsvorschrift des § 46 Abs. 2 StGB ergeben. In einem weiteren Schritt wurden sämtliche aus dem Urteil erhobenen tat-, täter-, opfer- und verfahrensbezogenen Tatsachen in bivariaten Signifikanztests auf überzufällige Zusammenhänge untersucht. Mit den ermittelten Faktoren wurde anschließend in einem multivariaten Verfahren die Beziehung zwischen der abhängigen Variable, dem Strafmaß, und den unabhängigen Variablen ermittelt.

III. Untersuchungsergebnisse

Aus den Bezugsjahren 2013 und 2014 konnten insgesamt 221 Einzelstrafen wegen Mordes untersucht werden. Insgesamt 196 Personen wurden wegen vollendeten Mordes nach allgemeinem Strafrecht verurteilt. Die Differenz der Einzelstrafen und der verurteilten Personen ergibt sich daraus, dass jede Einzelstrafe für ein ermordetes Opfer ausgesprochen wurde. Unter den Verurteilten waren somit Personen, die wegen Mehrfachmordes verurteilt wurden. Von den Verurteilten wurden 55,6% (n = 109) zu lebenslanger Freiheitsstrafe verurteilt.[1312] Darunter waren sechs verurteilten Personen, bei denen neben der lebenslangen

1312 Darunter wurden vier Verurteilte zu lebenslanger Freiheitsstrafe und der Anordnung der Unterbringung in einer Entziehungsanstalt verurteilt.

Freiheitsstrafe noch zusätzlich die (vorbehaltene) Anordnung der Unterbringung in Sicherungsverwahrung ausgesprochen wurde. Bei einem weiteren Anteil von 42 Verurteilungen (21,4%) wurde neben der lebenslangen Freiheitsstrafe die besondere Schwere der Schuld festgestellt (vgl. §§ 57a Abs. 2 Nr. 2, 57b StGB). Unter diesen Verurteilungen waren vier Entscheidungen, die zusätzlichen zur Verhängung der lebenslangen Freiheitsstrafe und der Feststellung der besonderen Schwere der Schuld die Anordnung der Unterbringung in Sicherungsverwahrung enthielten.

In weiteren 45 Verurteilungen (23,0%) wurden die angeklagten Personen wegen Mordes zu zeitiger Freiheitsstrafe verurteilt. Neben der zwingenden Strafmilderung wegen Beihilfe zum Mord wurde primär von fakultativen Strafmilderungsgründen Gebrauch gemacht. Unter den Strafmilderungsvorschriften, dessen Anwendung im Ermessen des Gerichts stehen, dominiert die Anwendung der Strafmilderung wegen verminderter Schuldfähigkeit (§ 21 StGB). Bemerkenswert ist, dass bei zwei Verurteilungen von der von der Rechtsprechung entwickelten Rechtsfolgenlösung[1313] Gebrauch gemacht und die lebenslange Freiheitsstrafe wegen des Vorliegens außergewöhnlicher Umstände zu einer zeitigen Freiheitsstrafe gemildert wurde. Bei zwei weiteren Verurteilungen wurde die Strafe im Wege der sogenannten Kronzeugenregelung (§ 46b StGB) gemildert. In einem Fall war der Angeklagte ein Heranwachsender, bei dem die Strafe nach § 106 Abs. 1 JGG gemildert wurde. Doppelmilderungen wurden nur im Zusammenhang mit der Gehilfenmilderung ausgesprochen.

Mildert das Gericht die lebenslange Freiheitsstrafe, so tritt als möglicher Strafrahmen eine Freiheitsstrafe nicht unter drei Jahren an die Stelle der lebenslangen Freiheitsstrafe (vgl. § 49 Abs. 1 Nr. 1 StGB). In der zugrunde liegenden Untersuchung weist die Verurteilungen zu zeitiger Freiheitsstrafe wegen vollendeten Mordes ein hohes Strafniveau von durchschnittlichen 10,7 Jahren auf. Die höchste verhängte zeitige Freiheitsstrafe beträgt 15 Jahre und bildet damit die oberste Grenze der möglichen Höhe der zeitigen Freiheitsstrafe. Die niedrigste verhängte zeitige Freiheitsstrafe beträgt 4,5 Jahre. Bei diesem Fall[1314] wurde der Angeklagte wegen Beihilfe zum Mord verurteilt. Er fuhr den Haupttäter zum Tatort und flüchtete auch mit ihm; zuvor kaufte der Angeklagte das Tatwerkzeug und überließ es dem Haupttäter.

Im ersten Teil der Untersuchung lag der Fokus auf der Entscheidung des Gerichts, ob neben der lebenslangen Freiheitsstrafe die besondere Schwere der Schuld festgestellt wurde oder nicht. Dafür wurden die Urteile gegenübergestellt, die als Sanktion die lebenslange Freiheitsstrafe aufwiesen und bei denen neben der lebenslangen Freiheitsstrafe das Diktum der Feststellung der besonderen Schuldschwere beigefügt wurde (n = 41).

1313 BGHSt 30, 105.

1314 Fallnr. 111.

Die ermittelten Strafzumessungstatsachen bezüglich der Feststellung der besonderen Schwere der Schuld (§ 57a Abs. 1 Nr. 2 StGB) zeigte die strafzumessungsrelevante Dominanz der tatbezogenen Merkmalsausprägungen. Täterbezogene Merkmale haben eine nachrangige Bedeutung. Damit steht das Ergebnis im Einklang vorausgegangener Untersuchungen.[1315] Bereits die aus den schriftlichen Urteilsgründen erhobene Bedeutung der besonders verwerflichen Tatausführung und der Tötungshandlung, die über das Normalmaß hinausgeht, bestätigten sich in den Analysen zu den Strafzumessungsfaktoren. Umstände, die die brutale und rücksichtslose Tatausführung beschreiben, führten zu überzufälligen Korrelationen mit der Verurteilung zu lebenslanger Freiheitsstrafe und der Feststellung der besonderen Schwere der Schuld. Eine entscheidende strafzumessungsrelevante Rolle kommt auch der Tötung von Zufallsopfern und mehreren Mordopfern zu.

Die Strafzumessungsrelevanz täterbezogener Faktoren beschränkt sich im Ergebnis auf das Vorhandensein von mindestens zehn Vorstrafen.

Die aus den schriftlichen Urteilsgründen ermittelte Bedeutung der Tätergefährlichkeit bzw. der Gefahrenprognose konnte in den Regressionsanalysen keine Bestätigung finden. Opferbezogene Strafzumessungstatsachen konnten ebenfalls nicht ermittelt werden. Genauso zeigten verfahrensbezogene Merkmale, wie ein Geständnis und Unrechtseinsicht der angeklagten Person, einen überzufälligen negativen Zusammenhang für die Feststellung der besonderen Schuldschwere.

Die strafzumessungsrelevante Einflussnahme der tatbezogenen Merkmale bestätigt sich auch in den Regressionsanalysen. Merkmale, die die Tatausführung und das Ausmaß der abzuurteilenden Straftaten (wie etwa weitere, in Realkonkurrenz stehende Straftaten) beschreiben, kommt eine gewichtige Bedeutung für die Feststellung der besonderen Schuldschwere zu. Hier spielt auch hinein, dass der Täter mehrere Menschen tötete bzw. weitere Menschen zu seinen Opfern wurden, unabhängig davon, ob der Täter sie ermordete. Die Regressionsanalysen zeigten gleichzeitig die nachrangige Bedeutung täterbezogener Merkmale. Während die bivariaten Signifikanztests strafzumessungserhebliche Einflussnahme einer negativen Gefahrenprognose hervorhoben, wurde dieses Ergebnis in den Regressionsanalysen entkräftet.

Neben den Faktoren, die die lebenslange Freiheitsstrafe schärfen, wurden auch solche Tatsachen untersucht, die ein Abweichen von der lebenslangen Freiheitsstrafe bei Mord bedingen. Der Fokus lag hier auf der gerichtlichen Entscheidung, ob die lebenslange Freiheitsstrafe gemildert wird (n = 45).

Die Analyse zu den Einfluss übenden Faktoren bei Verurteilung wegen Mordes zu zeitiger Freiheitsstrafe bestätigt die strafzumessungsrelevante Bedeutung der täter- und verfahrensbezogenen Merkmale. Anders als die in den Urteilsgründen häufig angeführten tatbezogenen Strafzumessungsfaktoren zeigte sich bereits in der Analyse potenzieller Strafzumessungsfaktoren die Einflussnahme der täterbezogenen Merkmale. Hier wurde vor allem die Schuldfähigkeitsbeeinträchtigung

1315 *Verrel,* (1995), S. 251.

hervorgehoben. Ausprägungen, wie Suchterkrankung, psychische Störungen oder eine bereits erfolglos absolvierte Therapie, erwiesen sich als potenzielle Strafzumessungsfaktoren für eine Strafmilderung. Weitere strafmaßbeeinflussende Faktoren ergaben die persönlichen Verhältnisse des Täters. Gleichermaßen wirkte sich die Tötungsmotivation aus: Tötete der Täter das Opfer aus Verzweiflung oder um aus einer vom Opfer hervorgerufenen Gewaltspirale zu fliehen, ist die Tendenz zur Verurteilung zu zeitiger Freiheitsstrafe zu erkennen. Hingegen erweisen sich Tatmotive wie Wut und Rache als strafschärfende Tatsachen. Die strafzumessungsbestimmende Wertung der täterbezogenen Umstände bei Verurteilung wegen Mordes zu zeitiger Freiheitsstrafe bestätigte sich in den Regressionsanalysen. Auch die aus den bivariaten Signifikanztests ermittelten, strafbegünstigenden verfahrensbezogenen Umstände, wie der Verzicht auf Rechtsmittel (§ 267 Abs. 4 StPO) oder die Verurteilung eines örtlichen Täters, ragten in der Regressionsanalyse hervor. Der Verzicht auf Rechtsmittel bringt insbesondere das Einverständnis und die Befriedigung des Verurteilten mit der in Aussicht gestellten Strafe zum Ausdruck.[1316]

Unter dem Begriff des örtlichen Täters wurde der Täter erfasst, der seinen Lebensmittelpunkt nahe dem Tatort hatte. Der Tatort der Tötung (§ 9 StGB) begründet grundsätzlich den örtlichen Gerichtsstand (§ 7 Abs. 1 StPO). Kam der Täter aus dem Bezirk des Tatorts, wird er mit höherer Wahrscheinlichkeit zu zeitiger Freiheitsstrafe als zu lebenslanger freiheitsstrafverurteilt. Das Ergebnis kann damit erklärt werden, dass die zu zeitiger Freiheitsstrafe Verurteilten ihnen nahestehende Opfer töteten, die Teil ihres Lebensmittelpunkts waren. Beispielsweise stehen sich Täter und Opfer bei Affekttötungen nahe und die Tötung resultiert spontan aus einer affektiv aufgeladenen Konfliktsituation heraus.[1317]

Hinsichtlich der tatbezogenen Strafzumessungstatsachen konnte die Spontantötung als strafmildernder Umstand ermittelt werden.

Die Untersuchung zur Entscheidung des Gerichts, ob eine zeitige Freiheitsstrafe verhängt wurde oder nicht, wurde noch weiter danach differenziert, ob neben der zeitigen Freiheitsstrafe eine vorbehaltene oder angeordnete Maßregel der Besserung und Sicherung nach §§ 63, 64, 66, 66a StGB ausgesprochen wurde oder nicht.

In einem ersten Schritt wurden die Verurteilungen zu zeitiger Freiheitsstrafe ohne eine weitere zusätzlich vorbehaltene oder angeordnete Unterbringungsanordnung untersucht.

Die Analyse der Verurteilungen zu zeitiger Freiheitsstrafe ohne zusätzliche Unterbringungsanordnung zeigt die Relevanz der täterbezogenen Merkmale. Gewichtig ist die Tatmotivation: Hier wirkt sich aus, inwieweit die Tötung auf menschlich nachvollziehbaren Regungen wie Flucht aus einer Gewaltspirale oder die Tötung aus Verzweiflung beruht. Gleichermaßen wirkt sich auch das

1316 Vgl. *Hoppenworth*, (1991), S. 103.
1317 *Endres/Breuer*, (2014), S. 97.

Verhalten des Angeklagten im Hauptverfahren aus. Eine Entschuldigung gegenüber den Opferangehörigen wirkt sich überzufällig auf die Verurteilung zu zeitiger Freiheitsstrafe aus. Als tatbezogener Faktor erwies sich die strafbegünstigende Wertung einer spontanen Tötung. Hier spielt insbesondere der Umstand der Affekttötung mit ein.

In einem weiteren Schritt wurden die Verurteilungen zu zeitiger Freiheitsstrafe mit vorbehaltener oder angeordneter Unterbringungsanordnung analysiert. Bei Betrachtung der Verurteilung zu zeitiger Freiheitsstrafe und der Anordnung einer Unterbringung in einem psychiatrischen Krankenhaus oder in einer Entziehungsanstalt oder die Anordnung bzw. den Vorbehalt der Anordnung der Unterbringung in der Sicherungsverwahrung wird die strafmaßbestimmende Einflussnahme der Schuldfähigkeitsbeeinträchtigung deutlich. Zeigen Umstände der Person des Täters instabile Verhältnisse auf, so kann dies neben der zeitigen Freiheitsstrafe die Unterbringungsanordnung bedingen. Erwartungsgemäß wirkt sich in dieser Fallgruppe auch die Suchterkrankung des Täters aus. Insgesamt betrachtet haben täterbezogene Merkmale einen gewichtigen strafzumessungsrelevanten Einfluss auf die Verurteilung zu zeitiger Freiheitsstrafe und eine zusätzliche Unterbringungsanordnung.

Zusammenfassend betrachtet haben die Regressionsanalysen zu einer erheblichen Reduzierung der statistisch ermittelten Strafzumessungstatsachen geführt. Dennoch ließen sich strafzumessungsrelevante Einflussfaktoren ermitteln, die sich entweder auf die Feststellung der besonderen Schuldschwere auswirkten oder die Verurteilung zu zeitiger Freiheitsstrafe bedingen. Die erwartungsgemäße strafschärfende Wirkung der auf die Tatumstände bezogenen Faktoren hat sich bestätigt. Die Person des Täters hat im Hinblick auf die Feststellung der besonderen Schwere der Schuld keine entscheidende Relevanz. Nur der Aspekt der Vorstrafenbelastung, und dass auch nur dann, wenn der Verurteilte bereits mindestens zehnmal vorbestraft war, wirkt sich aus. Hinsichtlich der besonderen Schuldschwere bestätigt sich die Annahme, dass objektiv feststellbare, messbare Faktoren zu einer Strafschärfung führen.[1318] Strafbestimmende Faktoren, die die Verurteilung zu zeitiger Freiheitsstrafe bedingen, sind vor allem täter- und verfahrensbezogene Faktoren. Anders als bei der Feststellung der besonderen Schwere der Schuld steht bei Verurteilung zu zeitiger Freiheitsstrafe die Person des Täters im Fokus. Erwartungsgemäß führt insbesondere die Ausprägung der Schuldfähigkeitsbeeinträchtigung zu einem Abweichen von der absolut angedrohten lebenslangen Freiheitsstrafe. Bemerkenswert ist die stringente strafzumessungsrelevante Dominanz der affektiven Tötung. Daneben wirkt sich auch die nachvollziehbare Tatmotivation aus. Gleichermaßen sind als strafmaßbestimmende Faktoren verfahrensbezogene Merkmale hervorgegangen. Daneben zeigt sich aber auch deutlicher Einfluss ungeschriebener Strafzumessungstatsachen: Ein gewichtiger Strafzumessungsfaktor sind das Alter sowie die Dauer

1318 *Verrel*, (1995), S. 202.

der Diensttätigkeit des Vorsitzenden Richters. Mit Zunahme des Alters und der Diensttätigkeit des Vorsitzenden Richters sinkt die Höhe der zeitigen Freiheitsstrafe bei Verurteilung wegen Mordes.

B. Privilegierung der Affekttötungen

Aus der Untersuchung ging hervor, dass gerade Affekttötungen die Verurteilung zu zeitiger Freiheitsstrafe stark beeinflussen. Affekttötungen wurden zu 100,0% zu zeitiger Freiheitsstrafe verurteilt und das trotz Verwirklichung eines Mordmerkmals. Bei Tötungen im Affekt fließt zusätzlich eine verständliche, nachvollziehbare Tötungsmotivation mit ein, wie Verzweiflung/Ausweglosigkeit/Flucht aus einer Gewaltspirale/Befreiungsschlag.

Der Exklusivitäts-Absolutheits-Mechanismus wird in generalpräventiver Hinsicht gerechtfertigt, um das Vertrauen der Bevölkerung in die Rechtsordnung nicht zu erschüttern. Der Mordtatbestandorientiert sich an dem (gemein-)gefährlichen Mörder, der aus besonders sozial-ethisch verwerflichen Motiven einen anderen Menschen tötet. Die besonders verwerflichen Motive sind von den täterbezogenen Mordmerkmalen erfasst. Anders als das Ausgangsbild kann bei Affekttötungen die besonders verwerfliche Gesinnung dem Täter nicht zum Vorwurf gemacht und der Strafzweck der lebenslangen Freiheitsstrafe gerechtfertigt werden. Vergleichbar ist die Mordverwirklichung von Affekttätern, die aus einer großen, emotionalen Überforderungs- und Belastungssituation heraus einen anderen Menschen töten, ohne im Zeitpunkt der Tötung selbst ihr Handeln kontrollieren zu können. So gehen Affekttaten regelmäßig eine schwere Erschütterung des Täters oder ein fassungsloses Entsetzen voraus, was einen psychopathologischen Zusammenbruch des Täters hervorruft. Gekennzeichnet ist eine Affekttat durch dauerhafte Erinnerungsstörungen und -lücken, sowie längerfristiges Entsetzen und Erschütterung über die eigene Handlung.[1319] Auch hier liegt das Motiv nicht in einer „grob geistigen Wertverfehlung“[1320]. Daneben kann regelmäßig auch nicht die besondere aus der Tötung sprechende Gefährlichkeit des Täters bejaht werden, da die Rückfallwahrscheinlichkeit äußerst gering ist.[1321] Gerade bei derartigen Tötungen zeigt sich ein gravierendes Defizit des aktuellen Mordtatbestandes.

Affektdelikte im engeren Sinne[1322] werden regelmäßig „von psychisch nicht erheblichen kranken bzw. abnormen Tätern impulsiv im Zustand hoch gespannter Affekterregung begangen.“[1323]. Bei der Tötung aus dem Affekt muss sich vor Augen geführt werden, dass eine enthemmte, für den Täter nicht mehr kontrollierbare Motorik die tödlichen Verletzungen verursacht. Bezeichnend ist

---

1319 *Endres/Breuer*, (2014), S. 96.
1320 Vgl. *Schneider*, in: MüKO (2012), § 211 RN. 11f.
1321 Vgl. BVerfGE 45, 187.
1322 *Sass*, (2010), S. 350.
1323 *Sass*, (2010), S. 350.

der unerwartete, entfesselte Bewegungsdrang, den der Täter weder zu steuern noch vorherzusehen vermag.[1324] Die durch eine heftige Gemütsbewegung veranlasste, menschlich nachvollziehbare Tötung erfüllt regelmäßig den Mordtatbestand, wenn der Täter unter Ausnutzung eines Überraschungsmoments das Mordmerkmal der Heimtücke verwirklicht. Nur durch die Milderungsvorschrift der verminderten Schuldfähigkeit (§ 21 StGB), dessen Anwendung im Ermessen des Gerichts steht, kann zu einer Strafrahmenverschiebung und zu einer Verurteilung zu zeitiger Freiheitsstrafe führen. Allerdings muss berücksichtigt werden, dass nicht jede heftige Gemütsbewegung, die eine Affekttötung bedingt, auch den Grad der verminderten Schuldfähigkeit erreicht.[1325] Die Affekttötung, die auf eine menschlich begreifliche Tötungsmotivation schließen lässt, bedingt dennoch eine „Orientierungsstörung (...), weil sie die Fähigkeit zur normgemäßen Überformung des Verhaltens beeinträchtige“[1326]. Bei einer menschlich begreiflichen Affekttötung verblassen typischerweise die Wahrnehmungen und das Bewusstsein des Täters ist aufgrund der affektiv aufgeladenen Extremsituation[1327] eingeengt. Die akute und extreme Belastung ist auch ohne Verwirklichung eines Eingangsmerkmals des verminderten Schuldfähigkeitskatalogs (vgl. §§ 20, 21 StGB) schuldmindernd.[1328] Der derzeitige Straftatbestand des Mordes trägt einem derartigen schuldorientierten Tatbestandsaufbau keine Rechnung.[1329]

Bereits *Eser* forderte 1980 auf dem 53. Deutschen Juristentag die tatbestandliche Privilegierung der Affekt- und Konflikttötung.[1330] Dabei wies *Eser* in seinem Gutachten auf den schuldorientierten Ansatz hin, der sogenannte „emotionale Schuldminderungsfaktoren“[1331] besonders strafmildernd auf Tatbestandsebene privilegiert. Menschlich nachvollziehbare Emotionen, die regelmäßig bei Affekt- und Konflikttötungen vorliegen können, sollen bereits tatbestandsmäßig privilegiert werden und von einer höheren Sanktionierung herausgenommen werden. Aus dieser Überlegung ergibt sich ein zweistufiger Deliktsaufbau, der die Tötung eines anderen Menschen zwischen privilegierten und nicht-privilegierten Tötungen unterscheidet. Und erst bei Vorliegen einer nicht-privilegierten Tötung sollte der Rückgriff auf die lebenslange Freiheitsstrafe eröffnet sein.[1332]

Für eine schulddifferenzierte Ausgestaltung des Mordtatbestandes spricht sich auch der im Jahr 2008 vorgelegte Entwurf des Arbeitskreises deutscher,

---

1324 *Sass,* (2010), S. 350, 353; *Endres/Breuer,* (2014), S. 96f.
1325 *Sass/Herpertz,* (2009), S. 383f.; *Sass,* (2010), S. 366f., 368.
1326 *Sass,* (2010), S. 354.
1327 *Sass,* (2010), S. 367.
1328 *Sass,* (2010), S. 368.
1329 *Rengier,* (1980), S. 477.
1330 *Eser,* (1980), S. 172ff.
1331 *Eser,* (1980), S. 199.
1332 *Eser,* (1980), S. 172ff.

österreichischer und schweizer Strafrechtslehrer „Alternativ Entwurf Straftaten gegen das Leben" aus, indem er fordert die „affekt- und konfliktgeladene vorsätzliche Tötungen schuld- und präventionsorientiert"[1333] abzuurteilen. Der AE-Leben kritisiert bei dem aktuellen Mordtatbestand insbesondere die Sperrwirkung für andere spezifische Minderungsmöglichkeiten, die nicht von den im Gesetz erfassten Milderungsvorschriften erfasst sind.[1334] Genau wie der Reformvorschlag von *Eser* entwickelte der AE-Leben einen zweistufigen Deliktsaufbau in Form des Regelmerkmalsystems, wonach erst das Vorliegen der Regelbeispiele besonders erhöhtes Unrecht verwirklichen und deswegen ein erhöhter Strafrahmen verhängt werden kann, der auch die Verurteilung zu lebenslanger Freiheitsstrafe eröffnet.[1335] Gleichzeitig ist für Mord angedrohte Sanktion offen für Strafmilderungen.

Im 19. Jahrhundert erkannte bereits *Feuerbach*, dass die Systematik vor allem die Affekttötung aus dem Mordstraftatbestand entfernen muss, um schuldangemessen zu strafen.[1336] Darin ist das Bewusstsein zu erkennen, dass Tötungen ohne Überlegung eben nicht mit dem Unrecht gleich gestellt werden können, welchem eine umfassende Überlegung und Willkür vorausgeht.[1337]

Gegen die absolute und exklusive Androhung der schwersten Strafe für Affekttötungen spricht das in den Grundrechten verankerte Schuldprinzip, „nulla poene sine culpa". So ist aus dem Rechtstaatsprinzip (Art. 20 Abs. 3 GG) und dem Grundrecht der Menschenwürde (Art. 1 Abs. 1 GG) zu entnehmen, dass der Täter nur insoweit bestraft werden kann, wie ihm die Tat persönlich zurechenbar ist (§ 46 StGB).[1338] Die aktuelle Fassung des § 211 StGB bestraft jedoch jeden nach einem starren Schema mit einer absoluten Sanktion gleich, der ein Mordmerkmal erfüllt hat, ohne auf die Besonderheiten des Einzelfalls einzugehen.[1339]

Der Reformierung der Tötungsdelikte ist zu wünschen, dass ein schulddifferenzierter Straftatbestand aufgenommen wird und gerade affektbedingte Tötungen privilegiert werden.

C. Bisherige Reformvorschläge und Kritik

Die bislang vorgelegten Reformvorschläge zum Mordtatbestand und insbesondere zur Rechtsfolge des Mordes unterscheiden sich grundsätzlich in dem vorgeschlagenen Deliktsaufbau und der Rechtsfolge des Mordtatbestandes. Die Reformvorschläge

1333 *Heine* et al., (2008), S. 199.
1334 *Heine* et al., (2008), S. 241ff.
1335 *Heine* et al., (2008), S. 198–200.
1336 *Müssig*, (2005), S. 38f.
1337 S.o.
1338 BVerfGE 20, 323.
1339 BMJV, (2015) Abschlussbericht, S. 229; *Eser*, (2014), S. 878; *Heine* et al., (2008), S. 195.

zum Mordtatbestand eint das Verlangen, den Absolutheits-Exklusivitäts-Mechanismus aufzulösen, um einzelfallgerechtere Sanktionen zu ermöglichen.[1340]

Zum einen tendieren die Überlegungen dahin, die lebenslange Freiheitsstrafe beizubehalten. Durch eine Strafrahmenöffnung nach unten soll die lebenslange Freiheitsstrafe nicht mehr zwingend verhängt werden müssen. Der Strafrahmen variiert dabei zwischen 5 und 15 Jahren Freiheitsstrafe oder lebenslanger Freiheitsstrafe.[1341]

Eine andere Richtung nimmt der Reformvorschlag von *Walter* ein, der einen Strafrahmen von mindestens 5 Jahren bis maximal 30 Jahren für Mord fordert. Damit erhalte der Mordtatbestand einen klar erkennbaren Strafrahmen, indem per Gesetz eine Freiheitsstrafe von nicht unter 5 Jahren bis maximal 30 Jahre festgesetzt werde.[1342] Gegen eine zeitliche Begrenzung der Sanktion von beispielsweise 30 Jahren spricht das Erfordernis der Kommunikations-, Symbol- und Signalfunktion der lebenslangen Freiheitsstrafe.[1343] Der von *Walter* entwickelte Strafrahmen von maximal 30 Jahren liegt zudem weit über dem Median von etwa 16 bis 17 Jahren.[1344] Dieser Reformvorschlag würde eine Verschlechterung für den Verurteilten bedeuten.

Insgesamt betrachtet wird das Verlangen deutlich, den Strafrahmen nach „unten" zu eröffnen und für die erkennenden Gerichte einen Strafzumessungsvorgang zu ermöglichen. Demnach können die Gerichte die lebenslange Freiheitsstrafe nur dann verhängen, soweit der Gesetzestext es zulässt. Gefordert wird, dass die Sanktion der lebenslangen Freiheitsstrafe nur bei Vorliegen namentlich erwähnter Tatbestandsmerkmale ausgesprochen werden kann. Diese Tatbestandsmerkmale erfassen unrechtserhöhende Tötungen, die zu erkennen geben, dass der Täter über Leben oder Tod entscheidet[1345] und die auf eine besonders rechtsfeindliche Gesinnung schließen lassen.[1346] Danach steht nicht mehr ein bestimmter Tätertyp im Fokus der Strafbarkeit, sondern eine über die bloße Tötung hinausgehende gemeingefährliche Tötungshandlung.[1347]

Wie der Mordtatbestand im Einzelnen umgestaltet werden soll, ist umstritten.

1340 BMJV, (2015) Abschlussbericht, S. 19, 55, 230; *Deckers/Fischer/König/Bernsmann*, NStZ 2014, S. 15f.; *Eser*, (1980), S. D 172ff.; *Heine* et al., (2008), S. 198; *Walter*, NStZ 2014, S. 374f.

1341 Vgl. BMJV, (2015) Abschlussbericht, S. 19, 55, 230; *Deckers/Fischer/König/Bernsmann*, NStZ 2014, S. 15f.; *Eser*, (1980), S. D 172ff.; *Heine* et al., (2008), S. 198.

1342 *Walter*, NStZ 2014, S. 374f.

1343 BMJV, (2015), Abschlussbericht, S. 53.

1344 *Dessecker*, Krimz (2017), S. 20.

1345 *Heine* et al., (2008), S. 198.

1346 *Eser*, (1980), S. D 172ff.

1347 *Heine* et al., (2008), S. 198.

I. Zweistufiger Deliktsaufbau

So gibt es Überlegungen für einen zweistufigen Deliktsaufbau. Beim 53. Deutschen Juristentag 1980 erstellte *Eser* ein Gutachten zur Reformierung der Tötungsdelikte.[1348] Der Reformentwurf differenziert zwischen nicht-privilegierbarer und privilegierbarer Tötung und schlägt einen zweistufigen Deliktsaufbau vor.[1349] Danach würde etwa der Mordtatbestand alle nicht privilegierten Tötungen erfassen, die eine besondere rechtsfeindliche Gesinnung des Täters zum Vorschein bringen.[1350] Davon grenzen sich sogenannte privilegierbare Tötungen ab, die aus einer Affekt- oder Konfliktlage resultieren. Für diesen Ansatz spricht vor allem die Möglichkeit, schuldangemessener und -differenzierter zu urteilen und die Strafzumessungsvorschrift des § 46 Abs. 2 StGB anzuwenden.

Die lebenslange Freiheitsstrafe wird nur dann als Strafe möglich sein, wenn nicht-privilegierbare Tötungsmerkmale vorliegen.

Der vom AE-Arbeitskreis entwickelte Reformentwurf „AE-Leben – Neuregelung der Tötungsdelikte" kritisiert insbesondere den vom Gesetz vorgegebenen Exklusivitäts-Absolutheits-Mechanismus zwischen Verwirklichung eines Mordmerkmals und Verhängung der absolut angedrohten lebenslangen Freiheitsstrafe, ohne dass die Umstände des Einzelfalles Berücksichtigung finden, wodurch ein Strafen im Sinne des Schuldgrundsatzes verwehrt bleibe. Denn bei Vorliegen des Mord-Tatbestandes setzt eine Sperrwirkung für andere spezifische Minderungsmöglichkeiten ein. Diese Systematik des Morddelikts verstoße gegen die Verfassung und insbesondere gegen das Schuldprinzip. Daneben berücksichtigen die Mordmerkmale weder die Täterpersönlichkeit noch nehmen sie Bezug zu spezialpräventiven Aspekten. Unter Bezugnahme einzelner Mordmerkmale seien die heimtückische Tötung und die Tötung aus sonst niedrigen Beweggründen zu unbestimmt und unpräzise.[1351]

Der Reformvorschlag des AE-Leben markiert ebenfalls ein zweistufiges System mit zwei möglichen Strafrahmen.[1352] So wird das Morddelikt im Sinne eines Leitprinzip-Regelmerkmal-Systems aufgestellt. Diese Regelmerkmale,[1353] die über dem Leitprinzip der unrechtserhöhenden Tötung stehen, erfassen die (versuchte) Mehrfachtötung, die Leben gefährdende Behandlung Dritter, Tötung im bandenmäßigen Zusammenschluss oder innerhalb eines organisierten Netzwerkes, Tötung eines Menschen wegen seines Geschlechts, seiner Abstammung, seiner Rasse, seiner Sprache, seiner Heimat und Herkunft, seines Glaubens oder seiner religiösen oder politischen Anschauung, Tötung des Opfers nach Zuführung

---

1348 *Eser*, (1980), S. D 34ff.
1349 *Eser*, (1980), S. D 106,198f., 172ff.; *Eser*, (2014), S. 882.
1350 *Eser*, (1980), S. 172ff.
1351 *Heine* et al., (2008), S. 241ff.
1352 BMJV, (2015), Abschlussbericht, S. 247.
1353 *Heine* et al., (2008), S. 199.

erheblicher körperlicher oder seelischer Qualen, Tötung um des Tötens willen, Tötung zum Zwecke der sexuellen Erregung, Tötung zur Ermöglichung oder Verdeckung einer anderen Straftat und Tötung im Streben nach wirtschaftlichen Vorteil.[1354] Sobald eines der Merkmale vorliegt, *darf* auf lebenslange Freiheitsstrafe erkannt werden. Die Besonderheit dieses Leitprinzip-Regelprinzip-Systems ist es, dass erst bei Vorliegen der Regelmerkmale die lebenslange Freiheitsstrafe verhängt werden darf, diese Sanktion jedoch offen ist für Strafmilderungen,[1355] sodass eine einzelfallgerechte Sanktionierung möglich bleibt.[1356] Diese entwickelte Überlegung ermöglicht, die „affekt- und konfliktgeladene vorsätzliche Tötung schuld- und präventionsorientiert“[1357] zu behandeln.

Der von einer Expertenkommission aus Wissenschaftlern und Praktikern des Strafrechts[1358] erarbeitete Entwurf zur Reform der Tötungsdelikte fordert ebenfalls die Auflösung des Exklusivitäts-Absolutheits-Mechanismus des § 211 StGB,[1359] um dadurch bei „erheblich herabgesetzten Unrecht bzw. erheblich herabgesetzter Schuld“[1360] eine zeitige Freiheitsstrafe verhängen zu können. Um die Voraussetzungen der Feststellung der besonderen Schuldschwere nachvollziehbarer zu gestalten, soll eine exemplarische Aufzählung, die nicht abschließend ist, in den Gesetzestext aufgenommen werden.[1361]

Im Ergebnis können die Gerichte durch einen zweigliedrigen Deliktsaufbau „Mord“ und der Einräumung eines Strafrahmens einzelfallgerechter und schuldorientierter urteilen. Zusammenfassend betrachtet regen die Reformüberlegungen mehrheitlich an, den Straftatbestand bei Mord neuzugestalten, um den Gerichten die Möglichkeit zu geben, einzelfallgerechter strafen zu können.

II. Weitere aktuelle Reformvorschläge

Deckers/Fischer/König/Bernsmann machen in ihrem Entwurf deutlich, dass unbedingt von der Tätertypenlehre abgewichen werden muss, und lösen ihren Entwurf von der absolut angedrohten lebenslangen Freiheitsstrafe.[1362] Das Ziel des Vorschlages ist es, insbesondere Konflikt- und Affekttaten einzelfallgerechter sanktionieren zu können, ohne diese Tötungen in ein bestimmtes Schema legen zu müssen.[1363] Denn bei der derzeitigen Regelung werde nicht berücksichtigt, dass

---

1354 *Heine* et al., (2008) S. 224.
1355 *Wilms,* (2011), S. 267.
1356 *Heine* et al., (2008), S. 198–200.
1357 *Heine* et al., (2008), S. 199.
1358 BMJV, (2015), Abschlussbericht, S. 12.
1359 BMJV, (2015), Abschlussbericht, S. 55, 230.
1360 BMJV, (2015), Abschlussbericht, S. 58.
1361 BMJV, (2015), Abschlussbericht, S. 20.
1362 *Deckers/Fischer/König/Bernsmann,* NStZ 2014, S. 15f.
1363 *Deckers/Fischer/König/Bernsmann,* NStZ 2014, S. 16.

der Täter aus Not beziehungsweise aus Mitleid töte.[1364] Deswegen liegt die Priorität auf der Anwendung des § 46 StGB für alle möglichen Tötungen.[1365] Im Ergebnis haben *Deckers/Fischer/König/Bernsmann* die einzelnen Tötungsdelikte gestrichen und zu einer Strafnorm zusammengefasst. So konzentriere sich das Delikt einzig auf das Rechts- und Schutzgut Leben und ermögliche eine konsequente Anwendung des § 46 StGB. Der Tatbestand des Mordes sollte allerdings erhalten bleiben, um das gesellschaftliche Vertrauen in den Rechtsschutz des absolut geschützten Rechtsguts und Durchsetzungsfähigkeit des Staates nicht zu verletzen.[1366]

Walter sprach sich gegen den Erhalt der lebenslangen Freiheitsstrafe aus, vielmehr soll dem erkennenden Gericht ein exakter Strafrahmen vorgegeben werden.[1367] Die Tötungsdelikte gliedern sich in drei Tatbestände: Totschlag, Mord und Töten auf Verlangen.[1368] Künftig solle der Gesetzestext Tötungen, die auf einer verständlichen Gefühlsaufwallung basiert, wie Zorn oder schwerer, unverschuldeter Provokation, nicht mehr vom Mordtatbestand erfasst werden, sondern die Tötung eines minder schweren Regelmerkmals erfassen und unter den Totschlag zu subsumieren sein.[1369] Der Tatbestand des Mordes soll solche Tötungen erfassen, die qualvoll sind, die mit gemeingefährlichen Mitteln verwirklicht werden, die ein besonderes Vertrauensverhältnis ausnutzen, die habgierig erfolgen, um eine andere Straftat zu ermöglichen, die aus Freude an Gewalt, an dem Leid des Opfers oder aus Langeweile geschehen oder eben solche Tötungen zur Befriedigung des Geschlechtstriebs.[1370] Zusätzlich sollen sogenannte Hasstötungen vom Mordtatbestand erfasst werden. Statt einer starren Strafandrohung soll per Gesetz geregelt werden, dass Tötungen, die grundsätzlich unter den Mordtatbestand subsumiert werden, gemildert werden können. Denn mit einem vorgegebenen Strafrahmen können durch die Vorschrift des § 46 StGB Strafzumessungstatsachen berücksichtigt werden.[1371]

Deutlich wird auch bei diesen Reformüberlegungen, dass der Gesetzestext solche Tatbestandsmerkmale künftig aufnehmen sollte, die eine mildere Strafe als die gesetzliche Höchststrafe oder gerade eine deutliche hohe zeitige Freiheitsstrafe bedingen.

III. Kommentar zu den Reformbestrebungen

Die Abschaffung des Mordtatbestandes ist nicht wünschenswert. Gerade in Zeiten steigender Punitivität sollte das Strafbedürfnis der Gesellschaft berücksichtigt

---

1364 *Deckers/Fischer/König/Bernsmann*, NStZ 2014, S. 12.
1365 *Deckers/Fischer/König/Bernsmann*, NStZ 2014, S. 16.
1366 *Steinhilber*, (2011), S. 259.
1367 *Walter*, NStZ 2014, S. 374f.
1368 Vgl. §§ 211, 212, 218 StGB; *Walter*, NStZ 2014, S. 375ff.
1369 *Walter*, NStZ 2014, S. 375.
1370 *Walter*, NStZ 2014, S. 374.
1371 *Walter*, NStZ 2014, S. 374f.

werden. Eine Auflösung des Absolutheits-Exklusivitäts-Mechanismus kann hingegen einzelfallgerechtere Entscheidungen durch die Gerichte ermöglichen.

Die Ausführungen zu einem zweigliedrigen Deliktsaufbau können der aktuellen Rechtspraxis Sicherheit im Umgang mit menschlich nachvollziehbaren Gemütsregungen geben. Aktuell entscheiden die Gerichte bei Vorliegen von affektiv aufgeladenen Konflikttötungen bereits strafmildernd und sehen von der Verurteilung zu lebenslanger Freiheitsstrafe ab.

Besonders unrechtserhöhende Tötungen, die z.B. durch die Anzahl der Opfer und durch eine brutale Tatbegehung zum Ausdruck kommen, sollten als besonders qualifizierte Tötung erfasst werden und per Gesetz entsprechend höher bestraft werden. In der zugrunde liegenden Untersuchung befinden sich keine Verurteilungen wegen Tötungen im bandenmäßigen Zusammenschluss (organisierte Kriminalität) oder Tötungen wegen spezifischer Opfermerkmale; dieser Umstand schließt auf eine nur sehr geringe Relevanz in der Strafrechtspraxis. Die Erweiterung des Mordtatbestandes um diese Tatbestandsmerkmale ist nicht notwendig.

Die Symbolwirkung der lebenslangen Freiheitsstrafe als Ankerpunkt ist und bleibt jedoch entscheidend, gerade um dem Straf- und Vergeltungsbedürfnis der Allgemeinheit gerecht zu werden.[1372] Denn besonders erhöhtes Unrecht muss eine besonders hohe Strafe erfahren. Gleichzeitig sollte der Einstellungswechsel der Vorsitzenden Richter aber dazu genutzt werden, eine Reformierung der Tötungsdelikte zu etablieren und einen schulddifferenzierten Ansatz gerade bei Mord aufzunehmen. Eine Auflösung des Exklusivitäts-Absolutheits-Mechanismus ist erforderlich und notwendig, um ein schulddifferenziertes Strafen zu ermöglichen. Eine Abwertung des absoluten Lebensschutzes ist damit nicht gegeben.

Die obigen Reformüberlegungen zum zweigliedrigen Deliktsaufbau des Mordtatbestandes unterscheiden sich in der kasuistischen Bedeutung zwischen Qualifikationstatbestand und Regelmerkmal-Technik.

Der Qualifikationstatbestand erweitert den Grundtatbestand. Bei Vorliegen der Voraussetzungen führt der Qualifikationstatbestand zwingend zu einer höheren Rechtsfolge, da sich eben auch der Unrechtsgehalt erhöht hat.[1373] Die Rechtsfolge ist unflexibel, weil bei Vorliegen eines Qualifikationsmerkmals automatisch der erhöhte Strafrahmen greift.[1374] Werden die Mordmerkmale als Qualifikationsmerkmale erfasst, stellen sie einen Strafschärfungsgrund dar, an den das erkennende Gericht zwingend gebunden ist.[1375] Dies ermöglicht keine einzelfallgerechte Entscheidung.

Hingegen sind Regelbeispiele keine Tatbestandsvoraussetzungen, die bei Vorliegen der Voraussetzungen zwingend zu einer Rechtsfolge führen. Vielmehr ermöglichen Regelbeispiele Flexibilität im Rahmen des Strafzumessungsprozesses.

1372 Vgl. *Rüping*, JZ (1979), S. 619; bestätigend: *Kett-Straub*, (2011), S. 337f.
1373 *Rengier*, (2015), § 8 RN. 8; BGH NJW 1953, S. 1270, S. 1270.
1374 *Fischer*, (2016), § 12 RN. 8.
1375 *Radtke*, in: MüKo (2017), § 12 RN. 8; *Freund*, MüKo (2017), vor §§ 13 RN. 79.

Denn von den Regelbeispielen geht eine Indizwirkung aus, die sich straferhöhend auf das Strafmaß auswirken kann.[1376] Die Indizwirkung kann entkräftet werden, wenn bei einer Gesamtwürdigung der Tatumstände und der Täterpersönlichkeit trotz Vorliegens eines Regelmerkmals keine unrechtserhöhende Schwere zu erkennen ist. Dies ist der große und entscheidende Unterschied zu Qualifikationen: Bei Vorliegen eines der Regelmerkmale kann das erkennende Gericht den Strafrahmen erhöhen, das Vorliegen hat aber keinen Tatbestandscharakter, der zwingend zu einer Rechtsfolge führt.[1377] Mittels Regelbeispielen lässt sich der Strafrahmen einzelfallgerechter modifizieren.

Die Wahl eines Regelmerkmal-Leitsystems ermöglicht Flexibilität auf Strafzumessungsebene und garantiert Einzelfallgerechtigkeit: Bei Vorliegen besonders erhöhten Unrechts, bei dem die Lebenssicherheit der Allgemeinheit bedroht ist, ist dem Gericht die Möglichkeit eröffnet, die lebenslange Freiheitsstrafe zu verhängen. Dabei ist die Verurteilung zu lebenslanger Freiheitsstrafe erst bei konkret genannten, unrechtserhöhenden Merkmalen möglich, die exakt im Gesetz aufgenommen wurden. Die aufgeführten (Mord-)Merkmale rechtfertigen die Verurteilung zu lebenslanger Freiheitsstrafe, wobei die höchste Sanktionsform nicht zwingend bei Vorliegen eines Mordmerkmals verhängt werden muss.

Die lebenslange Freiheitsstrafe darf hingegen nicht verhängt werden, wenn keines der Regelmerkmale erfüllt ist. Gleichermaßen verwehrt sich die Verurteilung zu lebenslanger Freiheitsstrafe, wenn zwar eines der Regelmerkmale erfüllt ist, jedoch die Eingangsvoraussetzung der Bedrohung der Lebenssicherheit der Allgemeinheit verneint werden muss. Dies garantiert, dass trotz Vorliegens erhöhten Unrechts das erkennende Gericht zusätzlich überprüft, ob aus tat- und täterbezogenen Umständen eine besondere Gefährlichkeit hervorgeht, sodass konfliktgeladene Tötungen wie Haustyrannenmorde und Affekttaten eine einzelfallgerechtere Strafe erfahren können.

Erforderlich wird aber sein, dass das Leitprinzip „Bedrohung der Lebenssicherheit der Allgemeinheit“ unmissverständlich definiert wird, um Rechtssicherheit gewährleisten zu können. Denn die Bewertung des Ausmaßes eines Bedrohungspotenzials kann wiederum im Einzelfall unterschiedlich ausfallen und zu Rechtsunsicherheit und damit einhergehender unterschiedlicher Anwendung führen.

D. Eigene Schlussfolgerungen

Die lebenslange Freiheitsstrafe – bei Mord – muss erhalten bleiben, um die Symbolwirkung und das Vertrauen der Gesellschaft nicht zu erschüttern. Die Abschaffung der lebenslangen Freiheitsstrafe ist bei ansteigender Punitivität nicht akzeptabel, auch wenn der Vergeltungsgedanke allein kein Strafzweck

1376 *Rengier*, (2017), § 3 RN. 3.
1377 *Wessels/Beulke/Satzger*, (2015), RN. 163.

sein kann und darstellen darf. Die vorgeschlagenen Strafrahmen liegen weit über dem Median der derzeitigen Vollstreckung der lebenslangen Freiheitsstrafe und führen zu einer Erhöhung der Dauer der aktuellen Strafvollstreckung der lebenslangen Freiheitsstrafe. So lässt sich aus den von *Dessecker* jährlich erhobenen Daten zur Vollstreckung der lebenslangen Freiheitsstrafe entnehmen, dass der Median bei durchschnittlich 16–17 Jahren Freiheitsentzug liegt.[1378] Bei Beibehaltung der lebenslangen Freiheitsstrafe als schwerste Sanktion muss aber ein Strafrahmen eingefügt werden, der es gerade ermöglicht, Tötungen von höchststrafwürdigen Tötungen zu unterscheiden. Ein derartig angelegter Strafrahmen ermöglicht eine einzelfallgerechtere Sanktion, da die gesetzliche Möglichkeit der Strafzumessung eingefügt wird.

Eine einzelfallgerechte Entscheidung bei Mord kann durch das vorgeschlagene Regelmerkmalsystem umgesetzt werden.

Die Vorschrift der Strafrestaussetzung (§§ 57a, 57b StGB) übt Einfluss auf die Vollstreckung der lebenslangen Freiheitsstrafe, da mit Feststellung der besonderen Schuldschwere nach der Mindestverbüßungszeit von 15 Jahren Freiheitsentzug eine Strafrestaussetzung versagt ist.

Höchststrafwürdige Tötungen, die derzeit mit dem Diktum der besonderen Schwere der Schuld behaftet sind, müssen im Gesetzestext klar definiert werden, um Rechtssicherheit gewähren zu können. Es haben sich quantitativ messbare Bezugspunkte[1379] wie Anzahl der Mordopfer, besonders verwerfliche Tatausführung, die die rücksichtslose und hemmungslose Tötung von mindestens einem Zufallsopfer erfasst, sowie die Verurteilung wegen weiterer Delikte herauskristallisiert, die die Feststellung besonderer Schuldschwere bedingen.[1380] Die statistisch ermittelten Merkmale sollten auf Tatbestandsebene aufgenommen werden.

Auf Verurteilungsebene muss – um dem Vertrauen der Gesellschaft in die Rechtsordnung gerecht zu werden – die lebenslange Freiheitsstrafe aufrechterhalten werden. Auf Vollstreckungsebene hingegen sollte dann die Konzentration auf den Verurteilten liegen.

Die lebenslange Freiheitsstrafe kann für den Verurteilten dann messbar gestaltet werden, wenn auf Vollstreckungsebene die Strafvollstreckung der lebenslangen Freiheitsstrafe exakter geregelt wird und der Verurteilte während des Vollzugs erkennen kann, wie lange die Strafvollstreckung noch andauern wird. Die Regeln der Strafvollstreckung sollten auf den zu lebenslanger Freiheitsstrafe Inhaftierten angepasst werden. Auf Gesetzesebene ist zu regeln, wie hoch die Mindeststrafverbüßungszeit bei der Verurteilung wegen Mordes ist. Gleichzeitig muss der Resozialisierungsgedanke[1381] im Fokus stehen und den zu

1378 *Dessecker*, KrimZ (2017), S. 20.
1379 *Verrel*, (1995), S. 202; *Kett-Straub*, (2011), S. 338, 351f.
1380 Vgl. Kap. 3.B.II.ff.
1381 *Neubacher*, Kommentar zu StrafvollzG (2015), A 29, B 28, 48, N 28.

lebenslanger Freiheitsstrafe Inhaftierten dazu befähigen, nach verbüßter Strafhaft wieder ein rechtskonformes Leben gestalten zu können. Die Umsetzung der Resozialisierung beginnt vor allem mit der Aufarbeitung der Tat und der Auseinandersetzung mit den Tatfolgen.[1382]

Der Resozialisierungsgedanke erfordert aber auch, dass nach einer Mindestverbüßungszeit von derzeit 15 Jahren ein räumlicher Abstand vom Vollzug der lebenslangen Freiheitsstrafe gewonnen wird, um den Verurteilten auf seine Entlassung vorzubereiten. Ist neben der lebenslangen Freiheitsstrafe die besondere Schuldschwere festgestellt worden, muss nach der Mindestverbüßungszeit eine für den Verurteilten erkennbar weitergehende Vollstreckung eintreten, die aber im Ergebnis auch die Eingliederung in die Gesellschaft ermöglichen soll.

Das Verständnis der lebenslangen Freiheitsstrafe und die Umsetzung der absolut angedrohten Sanktion bei Mord in der Praxis zeigen, dass die Reform des Mordtatbestandes notwendig ist, gleichzeitig aber auch willkommen zu sein scheint. Die Verurteilung zu lebenslanger Freiheitsstrafe ist in das Ermessen des Gerichts zu stellen und anstatt der absolut exklusiven Strafandrohung ist ein Strafrahmen erforderlich. „Die fakultative Androhung der lebenslangen Freiheitsstrafe würde es dem Richter erlauben, das Gesetz ohne dogmatische Hilfskonstruktionen anzuwenden."[1383] Nur so gelingt ein schulddifferenziertes Strafen.

Der Mordtatbestand in seiner derzeitigen Fassung ist abzuschaffen.

1382 *Neubacher*, Kommentar zu StrafvollzG (2015), B RN. 60.
1383 *Kett-Straub*, (2011), S. 339.

Anhang: Datenerhebungsbogen

Datenerhebungsbogen

Universität Hannover

Juristische Fakultät

30167 Hannover

Forschungsprojekt

Strafzumessung bei Mord

Fallnummer ________________

Js/Kls– Aktenzeichen ________________

Name, Vorname des Angeklagten ________________

Geburtsdatum des Angeklagten Tag/Monat/Jahr

Tag der Erhebung ________________

Nach der Kontrolle der Datenerfassung wird dieses Vorblatt von dem übrigen Bogen getrennt.

Eine Re-Anonymisierung ist sodann nicht mehr möglich.

ERHEBUNGSBOGEN

Datenblatt

Fallnummer ____, ____, ____,

falls innerhalb der Erhebung gleiches AZ mit anderem Täter erscheint, wird die Folgenummer die Vornummer mit „b" sein

Folgenummer ____, ____, ____,

Gerichtsort

- LG/Schwurgericht

- OLG – Bezirk

Anzahl der Hauptverhandlungstage

Anzahl revisionsgerichtlicher Entscheidungen

Datum der Tat

Datum der Festnahme (Untersuchungshaft/Unterbringung)

Datum des Außervollzugssetzens

Datum der Rechtskraft

Kurzbeschreibung des Falles

1	Strafverfahren	1. Verfahren erfolgte nach JGG, da einer der Angeklagten noch jugendlich/heranwachsend i.S.v. JGG war 2. Strafverfahren 3. Sicherungsverfahren 4. Im Strafverfahren übergeleitetes Sicherungsverfahren 5. Entscheidung nach Aufhebung und Zurückweisung 6. Erneutes erstinstanzliches Urteil 7. Ein Urteil, mehrere Opfer
2	Ein Verurteilter, mehrere Opfer	*offen*
3	Anzahl der Angeklagten	*offen*
4	Geschlecht des Angeklagten	0. Männlich 1. Weiblich
5	Geburtsjahr	*offen*
6	Beruf zum Zeitpunkt der Tötungshandlung	1. Arbeitslos 2. berufstätig 3. Schüler 4. Student 5. Rentner 6. Sonstiges 99. keine Angabe
7	falls Beruf/sonstiges	*offen*
8	Geburtsort	*offen*
9	Geburtsort in Deutschland?	0. nein 1. ja; erfasst ist auch DDR 99. keine Angabe
10	Nationalität	1. deutsch 2. türkisch 3. italienisch 4. russisch 5. litauisch 6. kasachisch 7. polnisch 8. bulgarisch 9. rumänisch 10. ungarisch 11. Sonstiges 99. keine Angabe
11	Sonstige Nationalität	*offen*
12	Familienstand zum Zeitpunkt der Tötungshandlung	1. Ledig 2. Verheiratet 3. Geschieden 4. Verwitwet 5. Eing. Lebenspartnerschaft 6. Sonstiges 99. keine Angaben
13	Feste Beziehung	0. nein 1. ja 99. keine Angaben

14	Keine feste Beziehung	0. nein 1. ja 99. keine Angaben
15	Ehe/eheähnliche Beziehung	0. nein 1. ja 99. keine Angaben
16	Unterhaltspflicht Partner	0. nein 1. ja 99. keine Angaben
17	Unterhaltspflicht Kind	0. nein 1. ja 99. keine Angaben
18	Sonstige Form	0. nein 1. ja 99. keine Angaben
19	Abweichen der Form der Beziehung zum Opfer zw. Tötungshandlung und letzte mündliche Verhandlung	0. nein 1. ja 99. keine Angaben
20	Falls Abweichen, Art und Weise	*offen*
21	Anzahl der Kinder	0. keine *offen*
22	Anzahl Verteidiger zum Zpkt. der letzt. mündlichen Verhandlung	0. keine *offen*
23	Nebenkläger	0. nein 1. ja, 1 2. *etc.*
24	Anzahl der Verurteilten	1. einer 2. zwei 3. etc.
25	Falls mehrere Verurteilte, dann,... Andere Verurteilte wg. „...“	0. kein weiterer 1. Mittäter 2. Beihilfe 3. Anstifter 4. Sonstige Verurteilung/nicht wegen Mordes
26	Geschlecht des vorsitzenden Richters	0. männlich weiblich
27	Alter des vorsitzenden Richters	*Offen*
28	Anzahl der weiblichen Richter	0. keine 1. eine 2. zwei 3. drei
29	Dauer der Dienstausführung des vorsitzenden Richters	*Offen*
30	Dauer der Dienstausführung des vorsitzenden Richters	*in Monaten*
31	Anzahl der weiblichen Schöffinnen	0. keine 1. eine 2. zwei
32	Untersuchungshaft	0. nein 1. ja 99. keine Angaben
33	Unterbringung nach § 81 StPO	0. nein 1. ja 99. keine Angaben
34	Unterbringung nach § 126a StPO	0. nein 1. ja 99. keine Angaben
35	Erst Untersuchungshaft, dann Unterbringung	0. nein 1. ja 99. keine Angaben
36	Erst Unterbringung, dann Untersuchungshaft	0. nein 1. ja 99. keine Angaben
37	Auslieferungshaft	0. nein 1. ja 99. keine Angaben

38	Dauer der Untersuchungshaft/Unterbringung/Auslieferungshaft insgesamt bis zur letzten mündlichen Verhandlung	*In Monaten*
39	Dauer der Strafhaft in Monaten	*offen* *99. keine Angabe* *999. Strafhaft wegen vorheriger Verurteilung/Angeklagter sitzt bereits im Gefängnis*
40	Außervollzugssetzung der Untersuchungshaft/der Unterbringung	0. nein 1. ja 99. keine Angaben
41	Falls Außervollzugssetzung, Dauer	*Offen*
	Verurteilte Tat	
42	Welche §§ wurden genannt?	*Offen*
43	Mordlust	0. nein 1. Ja 2. Wahlfeststellung
44	Befriedigung des Geschlechtstriebs	0. nein 1. Ja 2. Wahlfeststellung
45	Habgier	0. nein 1. Ja 2. Wahlfeststellung
46	Sonst niedriger Beweggrund	0. nein 1. Ja 2. Wahlfeststellung
47	Heimtücke	0. nein 1. Ja 2. Wahlfeststellung
48	Grausam	0. nein 1. Ja 2. Wahlfeststellung
49	Gemeingefährliche Mittel	0. nein 1. Ja 2. Wahlfeststellung
50	Ermöglichungsabsicht	0. nein 1. Ja 2. Wahlfeststellung
51	Verdeckungsabsicht	0. nein 1. Ja 2. Wahlfeststellung
52	Teilnahmeform	1. Alleintäter 2. Mittäter 3. Beihilfe 4. Anstifter 5. Mittelbarer Täter 6. Täter 99. keine Angabe
53	Anzahl der Opfer des Morddelikts	*offen*
54	Anzahl der Opfer insgesamt aus dem Urteil	*offen*
55	Opfer aus der verurteilten Straftat identisch?	0. nein 1. ja 99. keine Angaben

56	Art der verhängten Sanktion	1. lebenslang 2. zeitige Freiheitsstrafe 3. zeitige Freiheitsstrafe mit stationärer Maßregel nach § 63 StGB 4. zeitige Freiheitsstrafe mit stationärer Maßregel nach § 64 StGB 5. lebenslange Freiheitsstrafe mit stationärer Maßregel nach § 63 StGB 6. lebenslange Freiheitsstrafe mit stationärer Maßregel nach § 64 StGB 7. lebenslange Freiheitsstrafe mit Anordnung zur anschließenden Sicherungsverwahrung 8. lebenslange Freiheitsstrafe mit Vorbehalt der Anordnung zur Sicherungsverwahrung 9. zeitige Freiheitsstrafe mit Anordnung zur anschließenden Sicherungsverwahrung 10. zeitige Freiheitsstrafe mit Vorbehalt zur anschließenden Sicherungsverwahrung 11. lebenslange Freiheitsstrafe und Feststellung der besonderen Schwere der Schuld
57	Falls zeitige Freiheitsstrafe, Dauer in Monaten? Falls Maßregel: angeordnete Dauer in Monaten	*offen*
58	Verurteilung zu lebenslanger Freiheitsstrafe, Feststellung der besonderen Schwere der Schuld und Anordnung der Sicherungsverwahrung	0. nein 1. ja 99. keine Angaben
59	54 StGB	*offen*
60	Wurden mehrere Mordmerkmale angenommen?	
61	Welches Mordmerkmal wurde diskutiert?	*offen*
62	Mordlust	0. nein 1. ja 99. keine Angaben
63	Zur Befriedigung des Geschlechtstriebs	0. nein 1. ja 99. keine Angaben
64	Habgier	0. nein 1. ja 99. keine Angaben

65	Sonst niedrige Beweggründe	0. nein	1. ja	99. keine Angaben
66	Heimtücke	0. nein	1. ja	99. keine Angaben
67	Grausam	0. nein	1. ja	99. keine Angaben
68	Mit gemeingefährlichen Mitteln	0. nein	1. ja	99. keine Angaben
69	Ermöglichungsabsicht	0. nein	1. ja	99. keine Angaben
70	Verdeckungsabsicht	0. nein	1. ja	99. keine Angaben
71	Mordlust: nicht nachweisbar, dass aus Lust getötet wurde	0. nein	1. ja	99. keine Angaben
72	zur Befriedigung des Geschlechtstriebs: nicht nachweisbar, dass um GV ging	0. nein	1. ja	99. keine Angaben
73	zur Befriedigung des Geschlechtstriebs: TE erst später gefasst	0. nein	1. ja	99. keine Angaben
74	Habgier: keine Gewinnsucht/nicht bewusstseinsdominant	0. nein	1. ja	99. keine Angaben
75	sonst niedrige Beweggründe: Angeklagter erfasste Niedrigkeit nicht/Überforderung	0. nein	1. ja	99. keine Angaben
76	sonst niedrige Beweggründe: Motivbündel: Wut/Eifersucht	0. nein	1. ja	99. keine Angaben
77	sonst niedrige Beweggründe: sozio.-kulturelle Besonderheit	0. nein	1. ja	99. keine Angaben
78	Heimtücke: Opfer war nicht arglos	0. nein	1. ja	99. keine Angaben
79	Heimtücke: Schutzbereiter Dritter war räumlich nicht zugegen	0. nein	1. ja	99. keine Angaben
80	Grausam: nicht feststellbar/Opfer litt nicht	0. nein	1. ja	99. keine Angaben
81	Ermöglichungsabsicht: Tötung nicht Mittel zum Zweck	0. nein	1. ja	99. keine Angaben
82	Verdeckungsabsicht: keine andere Straftat	0. nein	1. ja	99. keine Angaben
83	Warum wurde abgelehnt?	*offen*		
84	Verurteilung wegen weiterer Tötungsdelikte?	0. nein 1. § 212 StGB 2. § 211 StGB 3. § 213 StGB		4. § 216 StGB 5. § 218 StGB 6. §§ 211, 22, 23 StGB 7. §§ 212, 22, 23 StGB

85	Konkurrenz der Tötungsdelikte	1. Gleichartige Tateinheit 2. Ungleichartige Tateinheit 3. Gleichartige Tatmehrheit 4. Ungleichartige Tatmehrheit
86	Delikte in Idealkonkurrenz	0. nein 1. ja, ein weiteres Delikt 2. ja, zwei weitere Delikte 3. etc.
87	Konkurrenz	1. Gleichartige Tateinheit 2. Ungleichartige Tateinheit 99. keine Angaben
88	Diebstahl, Unterschlagung	0. nein 1. ja 99. keine Angaben
89	Raub mit Todesfolge, räuberische Erpressung, räuberischer Diebstahl	0. nein 1. ja 99. keine Angaben
90	andere Vermögensdelikte	0. nein 1. ja 99. keine Angaben
91	versuchtes Vermögensdelikt	0. nein 1. ja 99. keine Angaben
92	Betrug/Computerbetrug	0. nein 1. ja 99. keine Angaben
93	Name anderes Vermögensdelikte	*offen*
94	Sexualdelikte	0. nein 1. ja 99. keine Angaben
95	Körperverletzungsdelikte	0. nein 1. ja 99. keine Angaben
96	Brandstiftungsdelikte	0. nein 1. ja 99. keine Angaben
97	Andere Delikte gegen die Person	0. nein 1. ja 99. keine Angaben
98	Verkehrsdelikte mit Rauschmittel (§§ 315b, 315c, 142, 316 StGB)	0. nein 1. ja 99. keine Angaben
99	Verkehrsdelikte ohne Rauschmittel (§§ 315b, 315c, 142, 316 StGB)	0. nein 1. ja 99. keine Angaben
100	Verstoß gegen das Waffengesetz/ Kriegswaffengesetz	0. nein 1. ja 99. keine Angaben
101	Störung der Totenruhe	0. nein 1. ja 99. keine Angaben
102	Sonstige Delikte in Idealkonkurrenz	*offen*
103	Besonderheit bei Sanktion?	*offen*
104	Delikte in Realkonkurrenz	0. nein 2. ja, zwei Delikte 1. ja, ein Delikt 3. etc.
105	Konkurrenz	1. Gleichartige Tatmehrheit 2. Ungleichartige Tatmehrheit 99. Keine Angaben
106	Diebstahl, Unterschlagung	0. nein 1. ja 99. keine Angaben

107	Raub mit Todesfolge, räuberische Erpressung, räuberischer Diebstahl	0. nein 1. ja 99. keine Angaben
108	Andere Vermögensdelikte	0. nein 1. ja 99. keine Angaben
109	Betrug/Computerbetrug	0. nein 1. ja 99. keine Angaben
110	Urkundendelikte	0. nein 1. ja 99. keine Angaben
111	Name anderes Vermögensdelikte	*offen*
112	Sexualdelikte	0. nein 1. ja 99. keine Angaben
113	Körperverletzungsdelikte	0. nein 1. ja 99. keine Angaben
114	Brandstiftungsdelikte	0. nein 1. ja 99. keine Angaben
115	Andere Delikte gegen die Person	0. nein 1. ja 99. keine Angaben
116	Verkehrsdelikte mit Rauschmittel	0. nein 1. ja 99. keine Angaben
117	Verkehrsdelikte ohne Rauschmittel	0. nein 1. ja 99. keine Angaben
118	Verstoß gegen das Waffengesetz	0. nein 1. ja 99. keine Angaben
119	Störung der Totenruhe	0. nein 1. ja 99. keine Angaben
120	§ 29 BtMG	0. nein 1. ja 99. keine Angaben
121	Sonstige Delikte in Realkonkurrenz	*offen*
122	Höhe der verhängten Freiheitsstrafe für das Mordmerkmal?	0. keine Sanktion 1. lebenslange Freiheitsstrafe 2. zeitige Freiheitsstrafe 3. Maßregel 4. Geldstrafe
123	Höhe der zeitigen Freiheitsstrafe	*offen*
124	Höhe der verhängten Strafe für das real konkurrierende Delikt	0. keine Sanktion 1. lebenslange Freiheitsstrafe 2. zeitige Freiheitsstrafe 3. Maßregel
125	Höhe der zeitigen Freiheitsstrafe	*Zeitige Freiheitsstrafe*
126	Körperverletzungsdelikte	*Zeitige Freiheitsstrafe*
127	1. versuchtes Tötungsdelikt	*Zeitige Freiheitsstrafe*
128	2. versuchtes Tötungsdelikt	*Zeitige Freiheitsstrafe*
129	1. Vermögensdelikt (Raub/räuberische Erpressung)	*Zeitige Freiheitsstrafe*
130	2. Vermögensdelikt (Raub/räuberische Erpressung)	*Zeitige Freiheitsstrafe*
131	3. Vermögensdelikt (Raub/räuberische Erpressung)	*Zeitige Freiheitsstrafe*
132	Vermögensdelikt § 242 StGB	*Zeitige Freiheitsstrafe*

133	Branddelikt § 306b StGB	*Zeitige Freiheitsstrafe*
134	Branddelikt § 306c StGB	*Zeitige Freiheitsstrafe*
135	Noch ein weiteres Delikt in Tatmehrheit	*Zeitige Freiheitsstrafe*
	Nebenstrafen	
136 137 138 139 140 141 142	Entziehung der Fahrerlaubnis Berufsverbot Verlust der Amtsfähigkeit Verlust des aktiven Wahlrechts Verfall Einziehung Sonstiges: *offen*	0. nein 1. ja 99. keine Angaben
143	Zugrunde gelegter Strafrahmen bei der Verurteilung wegen des Mordmerkmals?	1. Regelstrafrahmen: lebenslange Freiheitsstrafe 2. Strafmilderung §§ 21, 49 I StGB 3. Strafmilderung §§ 27 II, 49 I StGB 4. Strafmilderung §§ 28 I, 49 I StGB 5. Strafmilderung §§ 17 I, 49 I StGB 6. Strafmilderung §§ 13 I, 49 I StGB 7. Strafmilderung §§ 211, 49 I StGB wegen außergewöhnlicher Umstände 8. Strafmilderung §§ 35 I, 49 I StGB 9. Strafmilderung §§ 35 II, 49 I StGB 10. Doppelmilderung 11. § 106 JGG 12. § 46b StGB
144	Falls ja, welche Doppelmilderung?	*offen*
145	Erfolgte Diskussion über weitere Strafmilderung, die dann abgelehnt wurde?	0. nein 1. ja 99. keine Angaben
146	Strafmilderung §§ 21, 49 I StGB	0. nein 1. ja 99. keine Angaben
147	Strafmilderung §§ 27 II, 49 I StGB	0. nein 1. ja 99. keine Angaben
148	Strafmilderung §§ 28 I, 49 I StGB	0. nein 1. ja 99. keine Angaben
149	Strafmilderung §§ 17 I, 49 I StGB	0. nein 1. ja 99. keine Angaben
150	Strafmilderung §§ 13 I, 49 I StGB	0. nein 1. ja 99. keine Angaben
151	Strafmilderung §§ 211, 49 I StGB wegen außergewöhnlicher Umstände	0. nein 1. ja 99. keine Angaben
152	Strafmilderung §§ 35 I, 49 I StGB	0. nein 1. ja 99. keine Angaben
153	Strafmilderung §§ 35 II, 49 I StGB	0. nein 1. ja 99. keine Angaben
154	§ 46b StGB	0. nein 1. ja 99. keine Angaben

155	§ 106 JGG	0. nein 1. ja 99. keine Angaben
156	Sonstiges	0. nein 1. ja 99. keine Angaben
157	Abgelehnt, weil	0. Zustand lag nicht vor/Schutzbehauptungen Zur Tatzeit nicht alkoholisiert/unter Drogen/keine Spielsucht 1. Störung gutachterlich nicht erkennbar/Depressionen/Persönlichkeitsakzentuierung erfüllt kein Eingangsmerkmal 2. Drogen-/Alkohol-/Spielsucht: Toleranzentwicklung: normale vitale Züge/keine Ausfallerscheinungen, kein Hang (§ 64 StGB) 3. maßgeblichen Einfluss auf TB-Verwirklichung geübt 4. keine Gefahr (§ 34 StGB)/kein Angriff (§ 32 StGB); milderes Mittel: staatliche Hilfe einholen 5. keine Beihilfe, da Tötungsvorsatz (Täterwille) 6. kein Haustyrannenmord, da „normaler Streit“ zw. (Ex-) Partnern; keine außergewöhnlichen Umstände mangels gerechten Zorns 7. kein Mitnahmesuizid; Bilanzsuizid; eigener Suizid erst nach TB-Verwirklichung ins Auge gefasst 8. kein Unterlassen, da Unterlassen genauso schwer wiegt wie aktives Tun 9. § 28 StGB nur erwähnt 10. (paranoide) Persönlichkeitsakzentuierung; kein Zshg. zw. Tat und Akzentuierung; erst nach Tatverwirklichung; keine Einengung der Lebensführung 11. Provokation des Opfers lag nicht vor 12. keine Affekttat; kein abrupter Tatablauf; Sicherungstendenzen/kontrollierter Tatablauf 13. keine Affektsituation: kein Streit/keine Belastung; bloße affektive Erregung; Wut und Rache konnten kontrolliert werden

		14. Vernichtungswille; bewusstes Ausnutzen der Arglosigkeit des Opfers 15. bewusste Herbeiführung des Affektdurchbruchs; Alkohol bedingte Enthemmung 16. Beitrag zur Tataufklärung gegeben, aber entspricht nicht den Anforderungen des § 46b StGB; brutale Tatausführung/Vorstrafenbelastung 17. niedrige Hemmschwelle zu Gewaltverbrechen 99. keine Diskussion 999. bereits eine Antwort gegeben	
158	Warum wurde abgelehnt?	*offen*	
159	Abgekürztes Urteil nach § 267 IV StPO	0. nein 1. ja 99. keine Angaben	
160	Inhalt	*offen*	
161	Zahl der Gutachten zur Sanktionsentscheidung	*offen*	
162	Zahl der Gutachten zur Schuldfähigkeit	*offen*	
	Feststellung zur Person		
163	Alter zur Tatzeit	0. nicht feststellbar 1. Heranwachsender	2. Erwachsener 99. keine Angaben
164	Alter exakt	*offen*	
165	Ortsbezug zum Tatort	0. nein 1. ja 99. keine Angaben	
166 167 168 169 170 171 172 173	Keine Angaben zu familiären Verhältnissen Verlust von Bezugspersonen in der Kindheit/isoliert von Familie/Eltern verstarben in Kindheit Heimaufenthalte in der Kindheit/Jugend Aufenthalte in Psychiatrie betreutes Wohnen häufiger Wechsel von Bezugspersonen Eltern trennten sich/ließen sich scheiden Alkohol-/Drogenprobleme der Eltern bekannt		

174	Misshandlungen	
175	Keine Auffälligkeiten/geordnete Verhältnisse	
176	psychische Auffälligkeiten (ärztlich attestiert) im Vorleben/Depressionen	
177	Suchtproblematik	0. nein 1. ja 99. keine Angaben
178	schwieriges/gestörtes Verhältnis zu Eltern/Patriarchalisches Elternhaus	
179	bis Untersuchungshaft erwerbstätig	
180	Besuch der Koranschule	
181	sozial integriertes Gesellschaftsleben	
182	Gewohnheitstrinker	
183	unmittelbar nach Freilassung der Vorstrafe Mord	
184	Asylantrag erfolgreich	
185	Asylantrag ohne Erfolg/Duldungsrecht	
186	keine Sprachkenntnisse	
187	Angeklagter ist selbst Opfer von Delikten gegen Körper	
188	Schicksalsschlag	
189	Gewalt-/Tötungsphantasien bereits vor Tötung	
190	in Deutschland seit________	0. nein 1. ja 99. keine Angaben
191	Sonstige familiäre Verhältnisse	
192	Drogensucht	0. nein 1. ja 99. keine Angaben
193	Medikamentensucht	
194	Alkoholsucht	
195	Spielsucht	
196	Schulabschluss	0. kein Schulabschluss 1. Hauptschule 2. Sonderschule; Schulabschluss: 3. mittlere Reife 4. Abitur 5. Sonstiges 99. k.A.
197	Sonstiger Schulabschluss	*offen*
198	Berufsausbildung zum Zeitpunkt der Tötungshandlung	0. keine Berufsausbildung 1. Ausbildung abgebrochen 2. Ausbildung ohne Abschluss 3. Ausbildung mit Abschluss 4. Hochschulstudium ohne Abschluss 5. Hochschulstudium mit Abschluss 6. Sonstiges 99. keine Angaben

199	Sonstiger Berufsausbildung	*offen*
200	Berufstätigkeit zum Zeitpunkt der Tötungshandlung	0. Arbeitslos 1. Schüler/Student 2. Berufstätig 3. Rentner 4. Sonstiges 99. keine Angaben
201	Falls berufstätig, ...	*offen*
202	Anzahl der aus dem Urteil ersichtlichen Vorverurteilungen	0. keine *offen*
202	Vorstrafen aus dem JGG	0. keine *offen*
203	Vorstrafen aus dem StGB	0. keine *offen*
204	Einschlägige Vorstrafen	0. keine *offen*
205	§ 213 StGB	0. keine *offen*
206	§ 216 StGB	0. keine *offen*
207	§ 212 StGB	0. keine *offen*
208	§ 211 StGB	0. keine *offen*
209	§ 227 StGB	0. keine *offen*
210	§ 251 StGB	0. keine *offen*
211	§ 306 c StGB	0. keine *offen*
212 213 214 215 216 217 218 219 220 221	Mittlere Gewalt (226 I, 224, 225, 323, 233, 234, 239 II, 240 III) Leichte GewaltK (223, 239 I, 240) Sexualdelikte (176b, 1777 III, IV, 178) andere Sexualdelikte Eigentumsdelikte (249, 250, 253) Leichte Eigentumsdelikte (242, 263, 265, 259) Verkehrsstraftaten BtM Delikte Waffendelikte Sonstiges	0. keine *offen*
	Sanktionen aus den Vorstrafen	
222 223 224 225 226 227	Geldstrafe Freiheitsstrafe mit Bewährung Freiheitsstrafe ohne Bewährung Unterbringung nach § 63 StGB Unterbringung nach § 64 StGB Sonstiges	0. nein 1. ja 99. keine Angaben

	Gerichtliche Schuldfähigkeitsbegutachtung	
228	Zustand bei Tatzeit: Alkohol	0. nein 2. nicht ermittelbar 1. Ja 99. keine Angaben
229	Falls Alkohol, dann...	*BAK*
230	Gutachten/SV zur Sucht	0. nein 1. ja 99. keine Angaben
231	Zustand zur Tatzeit: Drogen	0. nein 2. nicht ermittelbar 1. Ja 99. keine Angaben
232	Falls Drogen, welche...	*offen*
233	Gutachten/SV zur Sucht	0. nein 1. ja 99. keine Angaben
234	Sonstige Sucht zur Tatzeit	*offen*
235	Schuldfähigkeitsentscheidung durch das Gericht	0. keine Ausführungen ersichtlich 1. ausdrücklich schuldfähig 2. konkludent schuldfähig 3. nicht auszuschließende verminderte Schuldfähigkeit 4. verminderte Schuldfähigkeit 5. nicht auszuschließende Schuldunfähigkeit 6. schuldunfähig
236	Gerichtliche Beurteilung über Einsichtsfähigkeit zum Zeitpunkt der Tötungshandlung	0. keine Ausführungen ersichtlich 1. nicht beeinträchtigt 2. beeinträchtigt 3. wesentlich beeinträchtigt (§ 21 StGB) 4. aufgehoben (§ 20 StGB) 5. bewusste Herbeiführung 99. keine Angabe
237	Gerichtliche Beurteilung über Steuerungsfähigkeit zum Zeitpunkt der Tötungshandlung	0. keine Ausführungen ersichtlich 1. nicht beeinträchtigt 2. beeinträchtigt 3. wesentlich beeinträchtigt (§ 21 StGB) 4. aufgehoben (§ 20 StGB) 5. bewusste Herbeiführung 99. keine Angabe
238	Verminderte Schuldfähigkeit zum Zeitpunkt der Tötungshandlung nach § 21 StGB	0. nein 1. Krankhafte, seelische Störung 2. Tiefgreifende Bewusstseinsstörung 3. Schwachsinn 4. Schwere andere seelische Abartigkeit 5. Ja, aber Eingangsmerkmal nicht erwähnt, obwohl § 21 StGB angenommen 99. keine Angabe

239	Falls ja, dann Name Krankheit	*offen*
240	Falls ja, dann Ursache	1. Psych. Erkrankung/Persönlichkeitsstörung 2. Geistig – seelische Störung 3. Affektdurchbruch 4. Alkoholgewöhnung/-süchtig 5. Drogengewöhnung/-süchtig 6. Sonstiges 99. keine Angaben
241	Psychische Auffälligkeit zum Zeitpunkt der Tötungshandlung	0. nein 1. ja 99. keine Angaben
242	Suchtproblematik zum Zeitpunkt der letzten mündlichen Verhandlung?	0. nein 1. ja 99. keine Angaben
243	Psychische Auffälligkeit zum Zeitpunkt der letzten mündlichen Verhandlung?	0. nein 1. ja 99. keine Angaben
244	Diskussion über Verhängung von anderen Maßregeln? §§ 64, 63 StGB	0. nein/keine Erörterung/keine Unterbringung 1. keine Unterbringung, aber Erörterung 2. keine Unterbringung, da Gefahrenprognose negativ 3. keine Unterbringung, da Erheblichkeit fehlt 4. keine Unterbringung, da unverhältnismäßig 5. Maßregel wurde verhängt 99. keine Angaben
245	Falls ja, ... Erfolgt eine Begründung der Ablehnung der Maßregelanordnung?	0. es erfolgt keine Begründung 1. formelhaft, durch Aufzählung gesetzlichen Regelungen 2. inhaltliche Ausführungen 3. Sonstiges/Revisionsurteil 99. keine Angaben
246	Unterbringung nach § 63 StGB	0. nein 1. nein, wird aber diskutiert 2. ja 99. keine Angaben
247	Name der Krankheit	*offen*
248	Seit wann liegt Krankheit vor	*offen*
249	Wie äußert sich die Krankheit	*offen*
250	Wurde Bezug zum Gutachten genommen?	0. nein 1. ja 99. keine Angaben

251	Unterbringung nach § 64 StGB	0. nein 1. nein, wird aber diskutiert 2. ja 99. keine Angaben
252	Name der Krankheit	*offen*
253	Seit wann liegt Krankheit vor	*offen*
254	Wie äußert sich die Krankheit?	*offen*
255	Anschließende Si.-Verwahrung, da Hang zu Straftaten	*offen*
256	Wurde Bezug zum Gutachten genommen?	0. nein 1. ja 99. keine Angaben
257	Entwicklung der persönlichen Verhältnisse (insgesamt im Leben des Angeklagten)	0. nein, keine Entwicklung erkennbar 1. ja 99. keine Angaben
258	Stabilisierung	0. nein 1. ja 99. keine Angaben
259	Destabilisierung der persönlichen Verhältnisse	0. nein 1. ja 99. keine Angaben
260	Durchführung einer Therapie	0. nein 1. ja 99. keine Angaben
261	Verschuldung	0. nein 1. ja 99. keine Angaben
262	Wahnvorstellungen/Psychopathie	0. nein 1. ja 99. keine Angaben
263	Therapien waren erfolglos	0. nein 1. ja 99. keine Angaben
264	endgültige Trennung vom Partner stand bevor	0. nein 1. ja 99. keine Angaben
265	obdachlos	0. nein 1. ja 99. keine Angaben
266	Sonstige Entwicklung	*offen*
	Feststellung zur Sache	Zunächst rein objektive Erhebung ohne Bewertung
267	Gab es ein Vortatverhalten?	0. nein 1. ja 99. keine Angaben
268 269 270 271 272 273 274 275 276 277 278	Nachstellen; Bedrohung/Stalking Gefährderansprachen durch POL/Einst. Verf. GewSchG/Gewahrsam bei POL Streit und Auseinandersetzungen (verbal) Suizidverhalten beim Täter Angeklagter hatte Angst Sorgerechtsstreit Diebstahl bei Opfer körperliche Auseinandersetzung Auseinandersetzung mit dritter Person/ Bestrafung vorherige Vergewaltigung Sonstiges	0. nein 1. ja 99. keine Angaben

279	Provokation durch das Opfer	0. nein 1. ja 99. keine Angaben
280	Ausführung zur Tat - Tatplanung	0. keine Planung 1. situativ spontane Tat 2. geplant aus der Situation heraus 3. vorherige Tatplanung 4. vorherige umfassende Tatplanung 99. keine Angaben
281	kriminelle Energie, zielstrebiges Vorgehen	0. nein 1. ja 99. keine Angaben
282	wenig kriminelle Energie, zögerliches Vorgehen	0. nein 1. ja 99. keine Angaben
283	brutales grausames Vorgehen	0. nein 1. ja 99. keine Angaben
284	schonendes Vorgehen	0. nein 1. ja 99. keine Angaben
285	bedenkenloses, rücksichtsloses, gewissensloses Vorgehen/Angehörige/Dritte mussten Tat mit ansehen	0. nein 1. ja 99. keine Angaben
286	Verwendung einer sonst Waffe	0. nein 1. ja 99. keine Angaben
287	Maschinenpistole	0. nein 1. ja 99. keine Angaben
288	Pistole	0. nein 1. ja 99. keine Angaben
289	Totschläger	0. nein 1. ja 99. keine Angaben
290	Gaspistole	0. nein 1. ja 99. keine Angaben
291	Luftdruckpistole	0. nein 1. ja 99. keine Angaben
292	Verwendung eines sonstigen gef. Werkzeugs	0. nein 1. ja 99. keine Angaben
293	Hammer	0. nein 1. ja 99. keine Angaben
294	Gummiknüppel	0. nein 1. ja 99. keine Angaben
295	Messer	0. nein 1. ja 99. keine Angaben
296	(Kopf-) Kissen	0. nein 1. ja 99. keine Angaben
297	Abgas	0. nein 1. ja 99. keine Angaben
298	Wechsel der Waffe/des Werkzeugs	0. nein 1. ja 99. keine Angaben
299	Schläge mit Körperteilen	0. nein 1. ja 99. keine Angaben
300	erhebliche Gewaltanwendung	0. nein 1. ja 99. keine Angaben
301	ersticken, erwürgen, drosseln	0. nein 1. ja 99. keine Angaben
302	Ausnutzung einer situativen Schwäche des Opfers	0. nein 1. ja 99. keine Angaben
303	Hinterlistiger Überfall; planvoll berechnend verdeckter Überfall	0. nein 1. ja 99. keine Angaben

304	Vorkehrungen gegen Entdeckung	0. nein 1. ja 99. keine Angaben
305	Bandenmäßiges Töten (Kollektivtäter)	0. nein 1. ja 99. keine Angaben
306	Eine die Identität verschleiernde Optik	0. nein 1. ja 99. keine Angaben
307	Anschließender Raub	0. nein 1. ja 99. keine Angaben
308	Anschließende/vorangegangene Vergewaltigung	0. nein 1. ja 99. keine Angaben
309	Kannibalismus	0. nein 1. ja 99. keine Angaben
310	mehrere Schüsse/Messerstiche	0. nein 1. ja 99. keine Angaben
311	geköpft/Hinrichtung	0. nein 1. ja 99. keine Angaben
312	Suche nach Wertgegenständen nach der Tötung	0. nein 1. ja 99. keine Angaben
313	Sonstige Tatausführung	*offen*
	Wenn hinterhältiger Überfall, dann...	
314 315 316 317 318	listiges, hinterhältiges Handeln; Vortäuschen eines anderen Umstands Locken in einen Hinterhalt/hinterlistiger Überfall; Auflauern; überraschender Angriff Missbrauch von Vertrauen vom Gericht festgestellt Sonstiges	0. nein 1. ja 99. keine Angaben
	Wenn eine die Identität verschleiernde Optik, dann...	
319 320 321 322 323	Täter war maskiert/vermummt Wechselkleidung Handschuhe Tragen einer Perücke Sonstiges	0. nein 1. ja 99. keine Angaben
	Wenn vorherige Einwirkung auf das Opfer, dann...	
324 325 326 327 328 329 330 331 332	- Solche Handlungen sind erfasst, die vor der eigentlichen Tötungshandlung erfolgen Drohung Körperliche Gewalt Mitnahme im Auto Entführung Beibringung von BtM Beibringung von Alkohol Beibringung von Medikamenten Versprühen von Tränengas Ohnmächtig schlagen	0. nein 1. ja 99. keine Angaben

333	Mehr Gewaltanwendung als zur Tötung notwendig	0. nein 1. Überschreitung 2. erhebliche Überschreitung (Overkill) 3. nicht feststellbar 99. k. A.
334	Aggressives Verhalten bei Tötungshandlung	0. nein 1. ja 99. keine Angaben
335	Impulsiv bei Tötungshandlung	0. nein 1. ja 99. keine Angaben
336	Ruhig, friedlich, beherrscht	0. nein 1. ja 99. keine Angaben
337	uneinsichtig bei Tötungshandlung	0. nein 1. ja 99. keine Angaben
338	Zielorientiert bei Tötungshandlung	0. nein 1. ja 99. keine Angaben
339	Orientierungslos/überfordert bei Tötungshandlung	0. nein 1. ja 99. keine Angaben
340	Tatort	0. keine Hinweise 1. Wohnung des Opfers 2. Wohnung des Täters 3. Fremde Wohnung/kein Bezug zum Opfer/Täter 4. Wald/Feld 5. Auto 6. Geschäftsbetrieb/Arbeitsplatz 7. In der Nähe des Wohnortes des Opfers/Täters 8. Jugendfreizeitheim/Jugendherberge 9. Nicht ermittelbar
341	Sonstiger Tatort	*offen*
342	Umgebungscharakter des Tatorts	0. keine Besonderheit 1. verlassen/abgelegener Ort 2. sozial kontrollierter Raum 99. keine Angaben
	Gerichtliche Beurteilung zu Vorliegen des Mordmerkmals	
	Falls Mordlust	0. nein 1. ja 99. keine Angaben
343	Angeberei	
344	Freude an der Vernichtung	
345	Aus Zeitvertreib	
346	(sportliches) Vergnügen	
347	Anlasslosigkeit	
348	Sonstiges	

	Falls Tötung zur Befriedigung des Geschlechtstriebs	0. nein 1. ja 99. keine Angaben
349	Befriedigung in der Tötung	
350	Befriedigung an der Leiche	
351	Befriedigung an gefilmten Material	
352	Erreg Befriedigung erreicht	
353	Sonstiges	
	Falls Habgier	0. nein 1. ja 99. keine Angaben
354	Gewinnsucht	
355	nicht ermittelbar	
356	Wertgegenstände/Zigaretten	
357	Höhe der Beute (schriftlich)	
358	Fälliger Anspruch gegenüber dem Opfer	
359	Vermeidung von Unterhaltskosten	
360	Erbschaft	
361	Zum Erlangen von BtM	
362	Auftragsmord	
363	Sonstiges	
	Falls niedriger Beweggrund	0. nein 1. ja 99. keine Angaben
364	Regungen/Triebe konnten beherrscht und gesteuert werden	
365	Beseitigung von Risiko	
366	Opfer wurde zum Objekt degradiert	
367	Spontaner Tatentschluss	
368	Rassenhass	
369	Geiz	
370	Motive: *0.nein/keines* *1. Hass/Wut* *2. Besitzrecht/Vernichtungswille* *3. Wiederherstellung der Ehre* *4. Eifersucht* *5. Rache* *6. Neid* *7. ohne Anlass* *8. Bestrafungswille*	
371	Sonstiges	

	Falls Heimtücke	0. nein 1. ja 99. keine Angaben
372	Locken in eine Falle	
373	Auflauern	
374	Vorsatzwechsel von KV zu Tod	
375	Latente Furcht des Opfers	
376	Schlafende Person	
377	Schutzbereite dritte Person war arglos	
378	Feindselige Handlung	
379	bewusstes Ausnutzen	
	0. nein *1. ja* *2. Ausnutzen des Überraschungsmo-ments* *99. keine Angaben*	
380	Sonstiges zu Ausnutzungsbewusstsein	
381	Spontane Handlung/Affekt	
382	Opfer – lästige Person	
383	Ausführung der Heimtücke:	
	0. keine *2. Erstochen* *3. Erschlagen* *4. Erschossen* *5. Verbrannt* *6. Erwürgt* *99. keine Angaben*	
384	Sonstiges	
	Falls Grausamkeit	0. nein 1. ja 99. keine Angaben
385	Qualen/Schmerzen ausgesetzt	
386	Dauer der Qualen/Schmerzen	
387	Verhungern lassen	
388	Verbrennen lassen	
389	Ingangsetzung eines sukzessiven	
390	Tötungsgeschehen	
391	Folterung	
	Sonstiges	
	Falls gemeingefährliche Mittel	0. nein 1. ja 99. keine Angaben
392	Anzahl der gefährdeten/Perso-	
399	nen Opfer	
394	Generelle Gefährdung (schriftlich)	
395	Vollautomatische Waffe	
396	Brandstiftung	
397	Einsatz von Brandflaschen	
398	Steinwürfe von Brücken	
399	Amokfahrt in Fußgängerzone	
	Sonstiges	

 400 401 402 403 404	Falls Ermöglichungsabsicht Tötung einer schwangeren Frau zur Abtreibung des Kindes Um dem Opfer Geld zu entnehmen (erst Mord, dann Raub) Kannibalismus zur Ermöglichung einer anderen Straftat Sonstiges	0. nein 1. ja 99. keine Angaben
 405 406	Falls Verdeckungsabsicht Außerstrafrechtliche Konsequenzen Vorangegangenes Delikt 0. Sonstiges 1. Besitz von Waffen 2. Sexualdelikt 3. Vermögensdelikte 4. Delikt gegen den Körper	0. nein 1. ja 99. keine Angaben
407	sonstiges *offen*	
408	Gerichtliche Beurteilung des Phänomens/primäres Tatmotiv	0. kein Phänomen 1. Kindstötung 2. Ehrenmord 3. Erweiterter Suizid 4. Zum Erreichen eines bestimmten wirtschaftlich-ökonomischen Zwecks 5. Selbstjustiz 6. Tötung des Intimpartners/Beziehungstat 7. Tötung aus der sexuellen Situation heraus 8. Tötung des Nebenbuhlers 99. keine Angaben
  409 410 411 412 413 414 415 416	Gerichtliche Beurteilung: sekundäres Tatmotiv Untreue des Partners Trennung des Partners Verzweiflung/Ausweglosigkeit/ Enttäuschung/Eifersucht Flucht aus Gewaltspirale Mitleid mit dem Opfer Wut über das Opfer Überforderung uneheliches Kind gefährdet Bez.	

417	Misshandlungen/Verletzungen verdecken	
418	psychischer Ausnahmezustand bei Täter	
419	religiöse, kulturelle Überzeugung	
420	Name der Religion	
421	Rache/Hass	
422	Selbstjustiz	
423	Blutrache	
424	verletzte Ehre	
425	Eigensucht/eigener Vorteil/Störfaktor	
426	Machtdemonstration	
427	Politischer Hintergrund	0. nein 1. ja 99. keine Angaben
428	Tötung wegen der Abstammung	
429	Gruppenhass	
430	Abenteuerdrang	
431	allgemeine Grundaggression ggü. Opfer	
432	Feindseligkeit ggü. der Umwelt	
433	Ausnutzen einer günstigen Gelegenheit	
434	Gewinnsucht/Profitorientiert/-gier	
435	finanzielle Notlage	
436	Geltungsbedürfnis/Minderwertigkeit	
437	Demütigung durch Gewalt/Beleidigung/Verhalten des Opfers als provozierend aufgefasst	
438	Geschlechtsverkehr/Nötigung (GV)	
439	Vorausgegangene Ablehnung des GV	
440	sadistische Handlungen	
441	verletzter Stolz/Vertrauen	
442	verständliche Beweggründe	
443	unverständliche Beweggründe; krasses Missverhältnis zw. Tat und Anlass/kein Nachvollzug	
444	Tatmotiv nicht aufklärbar	
445	Bestrafung/Besitzdenken	
446	Befreiungsschlag; emotionale Abhängigkeit/hohe Belastungssituation/Aussichtslosigkeit	
447	Verdeckungsmotiv	
448	sonstiges Tatmotiv	
449	sonstiges Tatmotiv	

450 451 452 453 454 455 456 457 458	mehrere Opfer innere Verblutung/Organschäden Schädelbruch Schmerzen/Qualen langsames Zerstückeln Verbrennen Aussetzen des verletzten Opfers Schäden auf Seiten der Opferange- hörigen sonstige Tatfolgen auf Opferseite	0. nein 1. ja 99. keine Angaben
459	Täterrolle	0. keine Besonderheit 1. Dominierend 2. Untergeordnet 99. k.A.
460	Tatfolgen auf Täterseite	0. nein, keine 1. ja 2. körperliche, psychische Schäden unmittelbar nach der Tat 3. dauerhafter pathologischer Zustand 99. k.A.
461	Tatauslösende Faktoren	0. nein, keine 1. Drogen 2. Alkohol 3. psychische Störungen/Beeinträchtigungen; Macht-/Kontroll-/Gewaltphantasien 4. Ehrverletzung 5. Eifersucht 6. Affektdurchbruch
		7. Schulden/Profitgier 8. Egoistische Motive 9. Verzweiflung/Enttäuschung 10. Ablehnung GV 11. Verweigerung des Kontakts zum Kind 12. Trennung 13. sonstiges 99. keine Angaben
462	Sonstige tatauslösende Faktoren	*offen*
   463	Nachtatverhalten des Täters/ anschließendes Verhalten mit dem Leichnam Rettungs-/Hilferufe	0. nein 1. ja 99. keine Angaben

464 465 466 467 468 469 470 471 472 473 474 475 476 477 478 479 480 481 482 483 484 485 486 487	Entschuldigung ggü. Angehörigen Selbstanzeige keine Wiedergutmachung Handlungen zur Verdeckung der Tat Verwischen von Spuren Flucht Absetzen ins Ausland Täter zeigt Reue Unrechtseinsicht Zerstückeln Verstecken Verhüllen Vernichten Verbrennen Beschuldigung eines anderen DNA Test überführt weiteres Opfer/weitere Tat Suizidversuch aber kein Mitnahme- suizid Leiche wurde nicht gefunden Angeklagter führt ein norma- les Leben Opfer verstirbt später/wird später gefunden Geschlechtsverkehr mit Leiche Sonstiges Nachtatverhalten sonstiges Verhalten im Anschluss		
488	Alter des Opfers	*Offen* 99. keine Angabe	999. Rentner 9999. 1. Monat
489	Geschlecht des Opfers	0. nicht erkenn- bar 1. Weiblich	2. Männlich 99. K.A.
490	Nationalität	*offen*	
491	Beruf zum Zpkt. der Tötungshandlung	0. keine Ausfüh- rung 1. Arbeitslos 2. berufstätig 3. Schüler 4. Student	5. Rentner 6. Kind 7. Sonstiges 99. keine Angabe
492	Falls Beruf, dann ...	*offen*	

493	Opfermerkmale	0. keine Merkmale erwähnt 1. Opfer hinterlässt Kinder 0–14 Jahre 2. Opfer hinterlässt Kinder 15–21 Jahre 3. körperliche, geistige Beeinträchtigung 4. körperlich, geistige Behinderung 5. Alkohol-, Drogen-, Medikamentensucht 6. Opfer war Alleinversorger der Familie 7. Opfer war evident unterlegen 8. Opfer war schwanger 9. Angst des Opfers vor Übergriffen 99. keine Angabe
494	Sonstige Merkmale	*offen*
495	Angaben zum Opferverhalten/ Stellt das Gericht etwas fest?	0. nein 1. Opfer gab irgendeinen Tatanlass/ „Opfer ist schuld" 2. Untreue durch das Opfer 3. Trennungsabsichten durch das Opfer 4. Ablehnung sexuellen Kontakts durch das Opfer 5. Provokation durch das Opfer 6. Opfer versuchte zu entkommen 7. Opfer beschimpfte den Täter vorher 8. Opfer stand unter Alkoholeinfluss (BAK) 9. Opfer stand unter Drogen-/Medikamenteneinfluss 10. Krankhafte seelische Störung zur Tatzeit 11. Leichtsinnigkeit des Opfers 12. sonstiges 99. keine Angaben
496	Sonstiges Verhalten des Opfers	*offen*
497	Falls Drogen	*offen*
498	Falls Alkohol	*offen*

499	Täter-Opfer-Beziehung zur Tatzeit	1. Fremd/Zufallsopfer 2. Kontakt unmittelbar vor der Tat 3. Freundschaft (regelmäßiges In-Kontakttreten) 4. Bekanntschaft (nur äußerst seltenes In-Kontakttreten) 5. Arbeitskollegen ohne besondere (soziale) Bindung 6. intime Beziehung, keine Ehe 7. verwandt 8. Eltern-Kind-Beziehung (Täter = Elternteil)
		9. Eltern-Kind-Beziehung (Täter = Kind) 10. Geschwister 11. verschwägert 12. Ehepartner 13. neuer Freund des Partners/Nebenbuhler 14. räumliches Zusammenleben 15. Tötung des Ex/der Ex 99. keine Angaben
500	Sonstige Täter Opfer Beziehung	*offen*
501	Opfer lehnte Kontakt/Beziehung ab	0. nein 1. ja 99. keine Angaben
502	Gleicher sozialer Bereich	0. nein 1. ja, Familie 2. ja, Schule 3. ja, Universität 4. ja, Beruf 99. keine Angaben
503	Sonstiger sozialer Bereich	*offen*
504	Nachtatverhalten durch Angehörige des Opfers in Bezug zum Täter	0. nein 1. Versöhnung 2. Wunsch nach Vergeltung (Nebenklage) 3. Angehörige nahmen Rache 99. keine Angaben
505	Sonstiges Nachtatverhalten der Angehörigen	*offen*
	Feststellung der besonderen Schwere der Schuld	
506	Feststellung der besonderen Schwere der Schuld	0. nein 1. ja, § 57a StGB 2. ja, § 57 b StGB 99. keine Angabe

507	Besondere verwerfliche Tatausführung	
508	in einen Hinterhalt gelockt	
509	Kinder/Angehörige mussten Tötung mit ansehen/Leiden unter der Tat	
510	reines Zufallsopfer	
511	Nachtatverhalten	
512	brutale/menschenverachtende Tatausführung	
513	Verstümmelung der Leiche	
514	widerstandsunfähiges/schwaches Opfer gewählt/Erniedrigung des Opfers	
515	Vertrauen ausgenutzt	
516	„Über das Normalmaß hinaus“	
517	umfassende Tatplanung	
518	Vernichtungswille	0. nein, liegt nicht vor 1. ja, strafschärfend 2. nein, strafmildernd 3. ja 4. ja, strafmildernd 99. keine Angabe
519	keine Veranlassung/keine Provokation	
520	Machtdemonstration/Rachegelüste/ Vergeltung	
521	Mehrere Opfer/unmittelbar hintereinander Delikte an verschiedenen Personen begangen	
522	Tatmehrheit Mord/andere Delikte	
523	Mehrere Mordmerkmale	
524	Besondere Gefährlichkeit des Täters	
525	unbeeindruckt von den Taten/von dem Mord	
526	Vorstrafenbelastung	
527	Tat während Bewährungszeit/nach dem Mord weitere Straftaten	
528	bereits mehrere Jahre inhaftiert/ keine Abschreckung	
529	Geständnis/Anzeige/Tataufklärung/ Einsicht	
530	Persönlichkeitsakzentuierung/ -Störung	
531	Strafempfindlichkeit	
532	Lebensweg/patriarchalisch	
533	unter Druck gesetzt	
534	drohende Ausweisung	

535 536 537	Weitere Straftat zu befürchten „Mindestmaß der Schuld deutlich überschritten“ besondere Schwere der Schuld abgelehnt, weil	
	0. keine Ausführung *1. Habgier/Ermöglichungsabsicht* *2. Verdeckungsabsicht* *3. kein besonderes Abweichen* *4. Augenblicksversagen* *5. Provokation durch das Opfer* *6. Keine Vorstrafen/sozial integriert* *7. Störung tatauslösend* *99. keine Angaben*	
538	Sonstiges	
539	Sicherungsverwahrung	0. nein 1. nein, wurde aber diskutiert 2. ja
540	Warum abgelehnt?	*offen*
541	Lag die abzuurteilende Tat vor 31.12.2010	0. nein, Tat wurde 2012 verwirklicht 1. nein, Tat wurde vor 31.05.2013 verwirklicht 2. nein, Tat wurde nach 31.05.2013 verwirklicht 3. ja, Tat lag vor dem 31.12.2010 4. Sonstiges
542	**Lag die abzuurteilende Tat vor 31.12.2010:** An welche Voraussetzungen wurde die Anordnung der Sicherungsverwahrung geknüpft?	*offen*
543	**Täter mit Mehrfach-Verurteilungen bereits früher** Falls ja, dann Sicherungsverwahrung nach § 66 Abs. 1 StGB „Mehrfach vorbestrafter Täter“	*offen*
544	**Täter, der bereits mehrere Straftaten verwirkt hat „mehrfach ohne Verurteilung“**	*offen*

545	**Täter bereits einschlägig einmal vorbestraft** Sicherungsverwahrung nach § 66 Abs. 3 S. 1 StGB	*offen*
546	**Sicherungsverwahrung nach § 66 Abs. 3 S. 2 StGB** „nicht vorbestrafter Zweifachtäter“	*offen*
547	§ 66a Abs. 1 StGB „Vorbehalt bei Mehrfachtätern“	*offen*
548	§ 66a Abs. 2 StGB „Vorbehalt bei Ersttätern“	*offen*
	Verfahrensbesonderheiten	
549	Verständigung	0. nein 1. ja
550	Falls ja, dann...	*offen*
551	Gerichtliche Kriminalprognose	0. nein 1. erneutes Delikt sehr wahrscheinlich 2. erneutes Delikt wahrscheinlich 3. erneutes Delikt nicht ausgeschlossen 4. erneutes Delikt unwahrscheinlich 5. keine Beurteilung möglich 99. k. A.
552	Welche Methode wurde gewählt?	*offen*
553	Gerichtliche Behandlungsprognose	0. keine 1. Störung kann durch Behandlung geheilt werden 2. Störung kann durch Behandlung verbessert werden 3. Störung ist kaum besserungsfähig 4. Störung wird fortbestehen 99. k. A.
554	Aussageverhalten des Angeklagten vor Gericht	0. keine Ausführung durch das Gericht 1. Geständnis selbst erklärt 2. Teilgeständnis selbst erklärt 3. Keine Angaben zur Tat/Ausweichen 4. Geständnis verlesen durch Verteidigung 5. Erklärung verlesen durch Verteidigung

		6. Nicht geständig 7. Bestreiten des Tatvorwurfs 8. Erklärung „nicht-geständig“ durch Verteidigung 9. Angeklagter macht Gebrauch von seinem Aussageverweigerungsrecht 10. Bewertung des Gerichts als Schutzbehauptungen 99. K.A.
555	Bewertung durch das Gericht: Aussage ist Schutzbehauptung	0. nein 1. ja 99. keine Angaben
556	Verhalten des Angeklagten	1. Kooperatives Verhalten/Begutachtung durch Sachverständigen 2. Unkooperatives Verhalten, da Verweigerung einer Begutachtung 3. Unkooperatives Verhalten, da der Angeklagte sich nicht ggü. Gutachter geäußert hat 4. Unkooperatives Verhalten, da der Angeklagte den Gutachter ablehnte 99. k. A.
557	Wurden Beweismittel im Urteil genannt?	0. nein 1. ja 99. keine Angaben
558 559 560 561 562	Sachverständiger Augenschein Geständnis Urkunde Zeuge	0. nein 1. ja 99. keine Angaben
563	Rechtsmittel eingelegt?	0. nein 1. ja 99. keine Angaben
564	Angaben in Zeilen zu Feststellung zur Person	*offen*
565	Ausführung zur Tat/Bezeichnung durch das Gericht „Die Tat“; Nachtatverhalt; Tatplan	0. nein 1. ja 99. keine Angaben
566	Tatmotiv; tatauslösende Faktoren	0. nein 1. ja 99. keine Angaben
567	Angaben zur Strafmilderung; inkl. der Angaben aus „Unterbringung“; auch der Angaben aus Strafzumessungserwägungen	0. nein 1. ja 99. keine Angaben
568	Angaben zur Schuldunfähigkeit	0. nein 1. ja 99. keine Angaben
569	Angaben zur Unterbringung nach § 63/§ 64	0. nein 1. ja 99. keine Angaben

570	Angaben zum Mordmerkmal/bejaht; inkl. Vorsatzform	0. nein 1. ja 99. keine Angaben
571	Angaben zum Mordmerkmal/verneint	0. nein 1. ja 99. keine Angaben
572	Angaben Tatfolgen bei Opferangehörigen	0. nein 1. ja 99. keine Angaben
573	Angaben zum Opfer/besondere Leiden/Feststellungen der Verletzungen/Todesursache	0. nein 1. ja 99. keine Angaben
574	Angaben zu Strafzumessung	0. nein 1. ja 99. keine Angaben
575	Angaben zur Feststellung der besonderen Schwere der Schuld	0. nein 1. ja 99. keine Angaben
576	Angaben zur Sicherungsverwahrung	0. nein 1. ja 99. keine Angaben
577	Verhalten des Angeklagten	0. nein 1. ja 99. keine Angaben
578	Wurden einzelne Faktoren abgewogen? Ausdrücklich von dem Gericht unternommen?	0. nein 1. ja 99. keine Angaben
558 559 560 561 562	Sachverständiger Augenschein Geständnis Urkunde Zeuge	0. nein 1. ja 99. keine Angaben
563	Rechtsmittel eingelegt?	0. nein 1. ja 99. keine Angaben
564	Angaben in Zeilen zu Feststellung zur Person	*offen*
565	Ausführung zur Tat/Bezeichnung durch das Gericht „Die Tat“; Nachtatverhalt; Tatplan	0. nein 1. ja 99. keine Angaben
566	Tatmotiv; tatauslösende Faktoren	0. nein 1. ja 99. keine Angaben
	Strafzumessungstatsachen	
579 580 581 582 583 584 585	Vorstrafen Einschlägige Vorstrafen Vortatverhalten Provokation durch das Opfer/Reaktion verständlich Tatplanung/Tatentschluss kriminelle Energie (brutales, grausames, rücksichtsloses) Vorgehen/Vernichtungswille	0. nein, wurde nicht herangezogen 1. Ja liegt vor, strafschärfend

586	Verwenden einer Waffe	2. Ja liegt vor, strafmildernd
587	gef. Werkzeug/Kopfkissen/Abgas	3. nein liegt nicht vor, strafschärfend
588	Wechsel der Waffe/des Werkzeugs	4. nein liegt nicht vor, strafmildernd
589	erhebliche Gewalteinwirkung	5. wurde erwähnt, aber keine Abwägung
590	ersticken/erwürgen/erdrosseln	99. keine Angabe
591	Ausnutzung einer situativen Schwä-	
592	che des Opfers	
	hinterlistiger Überfall	
593	Vorkehrungen gegen Entdeckung der Leiche	
594	kollektive Tatbegehung/bandenmäßiges töten	
595	eine Identität verschleiernde Optik	
596	anschließender Raub	
597	anschließende/vorangegangene Vergewaltigung	
598	Kannibalismus	
599	sonstige Tatausführung	
600	Mitnahme im Auto	
601	Beibringung vom BtM, Alkohol,Medikamenten	
602	Sonstiges Verhalten im Anschluss	
603	Mehr als zur Tötung notwendig	
	aggressives Auftreten bei Tötungs-	
604	handlung	
605	impulsiv bei Tötungshandlung	
607	zielorientiert bei Tötungshandlung	
608	orientierungslos bei Tötungshandlung	
609	Tatort & Umgebungscharakter	
610	Kommentar zu Verwirklichung der Mordmerkmale?	
611	Beurteilung des Phänomens	
612	Untreue des Partners	
613	Trennung des Partners	
614	Verzweiflung/Ausweglosigkeit	
615	Flucht aus Gewaltspirale	
616	Mitleid mit dem Opfer	
617	Wut über das Opfer	
618	Überforderung	
619	Uneheliches Kind	
620	Emotionaler Ausnahmezustand	

621	Religiöse, kulturelle Überzeugung	
623	Rache/Besitzwille/Bestrafung	
624	Selbstjustiz	
625	Blutrache	
626	Verletzte Ehre	
627	Eigensucht/eigener Vorteil	
628	Machtdemonstration	
629	Politischer Hintergrund	
630	Gruppenhass	
631	Abenteuerlust	
632	Grundaggression gegen das Opfer	
633	Aggressionen gegen die Umwelt	
634	Ausnutzen einer günstigen Gelegenheit	
635	Gewinnsucht	
636	Finanzielle Notlage	
637	Geltungsbedürfnis	
638	Vorausgegangene Demütigung	
639	Geschlechtsverkehr/Nötigung zum GV	
640	Vorausgegangene Ablehnung des sexuellen Kontakts	
641	sadistische Handlungen	
642	verletzter Stolz/Vertrauen/Eifersucht	
643	Tatmotiv nicht erklärbar	
644	Sonstiges Tatmotiv	
645	Täterrolle	
646	mehrere Opfer	
647	Tatfolgen auf Opferseite	
648	Tatfolgen auf Täterseite	
649	Persönlichkeit des Täters/Zustand/ Verurteilung zu § 63 StGB/eingeschliffenes Verhaltensmuster	
650	sozial integriert/keine Strafauffälligkeit	
651	tatauslösende Faktoren	
652	kulturelle Besonderheit/patriarchalisches Verständnis	
653	Person des Täters/prekäre Verhältnisse	
654	sonstige Tatauslösende Faktoren	
655	Rettungs-/Hilferufe	

656	Entschuldigung ggü. den Angehörigen	
657	Selbstanzeige/Geständnis	
658	keine Wiedergutmachung	
659	Handlungen zur Verdeckung der Tat	
660	Flucht	
661	Absetzen ins Ausland	
662	Täter zeigt Reue	
663	Unrechtseinsicht	
664	Sonstiges Nachtatverhalten	
665	Geschlecht	
666	Opfermerkmale	
667	Angaben zum Opferverhalten	
668	Täter Opfer Beziehung zur Tatzeit	
669	Nachtatverhalten durch Angehörige des Opfers	
670	spontane Handlung im Affekt	
671	Strafempfindlichkeit	
672	Geständnis	
673	Dauer der Untersuchungshaft	
674	Verurteilung nach § 105 JGG	*Offen*
675	Datum der Tat	*Offen*
676	Rechtskraft	*Offen*
677	Hauptverhandlungstage	*Offen*
678	Anrechnung der U-Haft	*Offen*
679	Angeklagter kommt aus dem OLG-Bezirk, in dem das erkennende Gericht ist	*Offen*
680	OLG-Bezirk	*Offen*

Literaturverzeichnis

Ahlborn, Wilfried: „Methodische Probleme kriminologischer Forschung“, in: Kury (Hrsg.), „Perspektiven und Probleme kriminologischer Forschung. Band 1“, Köln: 1981.

Albrecht, Hans-Jörg: „Strafzumessung bei schwerer Kriminalität“, Berlin: 1994.

Altvater, Gerhard: „Rechtsprechung des BGH zu den Tötungsdelikten“, NStZ 2001, S. 19–26.

Arzt, Gunther: „Delikte gegen das Leben“, ZStrW 1971, S. 1–29.

Arzt, Gunther: „Mord durch Unterlassen“, in: Schünemann/Achenbach/Bottke/Haffke/Rudolphi (Hrsg.), Festschrift für Claus Roxin Berlin/New York: 2001, S. 855–867.

Atteslander, Peter: „Methoden der empirischen Sozialforschung“, 13. Aufl., Berlin: 2010.

Baur, Nina/Blasius, Jörg: „Handbuch Methoden der empirischen Sozialforschung“, Baur/Blasius (Hrsg.), Wiesbaden: 2014.

Baumeister, Werner: „Ehrenmorde. Blutrache und ähnliche Delinquenz in der Praxis bundesdeutscher Strafjustiz.“, Münster: 2007.

Beck, Maren: „Die Heimtücke – ein unzeitgemäßes und moralisierendes Mordmerkmal. Unter Berücksichtigung des Abschlussberichts der von Justizminister Heiko Maas eingesetzten Expertenkommission“, ZIS 1/2016, S. 10–18.

Becklink 1019100/Redaktion beck-aktuell: „Bundesrat will „Hasskriminalität“ mit strafrechtlichen Mitteln bekämpfen, Redaktion beck-aktuell (Hrsg.) becklink 1019100, München: 2012.

Bodendieck-Engels, Hildegard: „Ehrenmord vor deutschen Gerichten. Eine ethnologische Untersuchung von Strafprozessen“, Hamburg: 2013.

Bozankaya, Nadine: „Neonatizid – Die rechtliche Reaktion auf die Tötung Neugeborener“, Band 15, Berlin: 2010.

Brandt, Johannes/ Meyer, Joachim- Ernst: „Matrizid durch die Tochter – ein kasuistischer Beitrag“, in: MSchKrim, 65. Jahrgang 1982, S. 130–136.

Brings, Stefan: „Die erweiterten Analysemöglichkeiten der Strafverfolgungsstatistik seit dem Berichtsjahr 2009“, in: Hilgendorf/Rengier (Hrsg.), „Festschrift für Wolfgang Heinz zum 70. Geburtstag“, Baden-Baden: 2012, S. 21–35.

Brückner, Gunther: „Zur Kriminologie des Mordes“, Hamburg: 1961.

Bundeskriminalamt (BKA): „Presseinformation zu den Ergebnissen einer Bund-Länderabfrage zum Phänomenbereich „Ehrenmorde in Deutschland"", vom 19.05.2006, abrufbar unter: http://webcache.googleusercontent.com/search?q=cache:IuDiBPELlHgJ:www.presseportal.de/showbin.htx%3Fid%3D55376%26type%3Ddocument%26action%3Ddownload%26attname%3D2006-05-19-presseinformation-ehrenmorde.pdf+&cd=1&hl=de&ct=clnk&gl=de&client=firefox-b-ab (Stand: 09.08.2017 – 09:31 Uhr).

Bundeskriminalamt (BKA): „Polizeiliche Kriminalstatistik 2015. Deutschland", Wiesbaden: 2016.

Bundesministerium der Justiz und für Verbraucherschutz: „Abschlussbericht der Expertengruppe zur Reform der Tötungsdelikte (§§ 211–213, 57a StGB). Teil I", 2015.

Bundesministerium der Justiz und für Verbraucherschutz: „Abschlussbericht der Expertengruppe zur Reform der Tötungsdelikte (§§ 211–213, 57a StGB). Teil II", 2015.

Burgheim, Joachim: „Psychologische Bedingungen bei Entstehung und Verlauf von Tötungsdelikten in der Situation der Partnertrennung.", Konstanz: 1993.

Burzan, Nicole: „Quantitative Methode kompakt", Konstanz/München: 2015.

Deckers, Rüdiger/Fischer, Thomas/König, Stefan/Bernsmann, Klaus: „Zur Reform der Tötungsdelikte Mord und Totschlag – Überblick und eigener Vorschlag", in: NStZ 2014, 9–17.

Dahm, Georg: „Verbrechen und Tatbestand", in: „Grundfragen der neuen Rechtswissenschaf", Dahm/Huber/Larenz/Michaelis/Schaffstein/Siebert (Hrsg.), Berlin: 1935, S. 62–107.

Dessecker, Axel: "Life sentences in Germany: An example of increasing punitiveness in the criminal justice system?" in: Kury/Shea, "Punitivity International Development. Vol. 3: Punitiveness and Punishment", 2011, S. 21–42.

Dessecker, Axel: „Die Vollstreckung lebenslanger Freiheitsstrafen. Dauer und Gründe der Beendigung im Jahr 2015", in: BM-Online der Kriminologischen Zentralstelle e. V. Wiesbaden, Band 9, Wiesbaden: 2017.

Dessecker, Axel: „Die Vollstreckung lebenslanger Freiheitsstrafen. Dauer und Gründe der Beendigung im Jahr 2014", in: BM-Online der Kriminologischen Zentralstelle e. V. Wiesbaden, Band 5, Wiesbaden: 2016.

Detter, Klaus: „Zum Strafzumessungsrecht", NStZ 2016, S. 391–400.

Detter, Klaus: „Einführung in die Praxis des Strafzumessungsrechts.", Köln: 2009

Deutscher Richterbund: „Handbuch der Justiz 2012/2013", Deutscher Richterbund (Hrsg.), München: 2012.

Dietz, Andreas: „Ehrenmord als Ausweisungsgrund", in: NJW 2006, Heft 20, 2006, S. 1385–1389.

Dölling, Dieter: „Probleme der Aktenanalyse in der Kriminologie", in: Kury (Hrsg.), „Methodologische Probleme in der kriminologischen Forschungspraxis. Band 5", Köln: 1984, S. 265–287.

Dölling, Dieter: „Zur Anwendung der Mordmerkmale in der Strafrechtspraxis", FPPK Bd. 9, Berlin-Heidelberg: 2015a, S. 228–235.

Dölling, Dieter: „Zur Anwendung der Mordmerkmale in der Strafrechtspraxis", in: Bundesministerium der Justiz und für Verbraucherschutz, „Abschlussbericht der Expertengruppe zur Reform der Tötungsdelikte (§§ 211–213, 57a StGB). Teil II. 2015", 2015b, S. 461–476.

Dölling, Dieter/Hartmann, Arthur: „Geständnis als Voraussetzung für den Täter-Opfer-Ausgleich bei Straftaten gegen die sexuelle Selbstbestimmung", NStZ 2004, 382–383, 2004.

Dölling, Dieter/Laue, Christian: „Politisch motivierte Delinquenz", in: Kröber/Dölling/Leygraf/Sass (Hrsg.), "Handbuch der Forensischen Psychiatrie. Band 4", Heidelberg: 2009, S. 626–635.

Dölling, Dieter: „Zur Anwendung der Mordmerkmale in der Strafrechtspraxis", FPPK Bd. 9Bd. 9, Berlin-Heidelberg: 2015a, S. 2S. 228–235.

Dölling, Dieter: „Zur Anwendung der Mordmerkmale in der Strafrechtspraxis", in: Bundesministerium der Justiz und für Verbraucherschutz, „Abschlussbericht der Expertengruppe zur Reform der Tötungsdelikte (§§ 211§ 211–213, 57a StGB). Teil II. 2015", 2015b, S. 4 S. 461–476.

Eisenberg, Ulrich: „Jugendgerichtsgesetz: JGG", 19. Aufl., München: 2017.

Endres, Johann: „Affekttaten. Heat of the Moment Crimes", in: Volbert/Steller (Hrsg.), „Handbuch der Rechtspsychologie", Göttingen: 2008, S. 412–420.

Endres, Johann/Breuer, Maike M.: „Gewaltdelinquenz und Affekttaten", in: Bliesener/Lösel/Köhnken (Hrsg.), „Lehrbuch der Rechtspsychologie", Bern: 2014, S. 87–105.

Erbil, Bahar: „Toleranz für Ehrenmörder? Soziokulturelle Motive im Strafrecht unter besonderer Berücksichtigung des türkischen Ehrbegriffs", Berlin: 2008.

Eser, Albin: „Empfiehlt es sich, die Straftatbestände des Mordes, des Totschlags und der Kindstötung (§§ 211 bis 213, 217 StGB) neu abzugrenzen? Gutachten D für den 53. Deutschen Juristentag", in: Ständige Deputation des Deutschen Juristentages, „Verhandlungen des Dreiundfünfzigsten Deutschen Juristentag 1980. Band I", München: 1980.

Eser, Albin: „Neue Impulse zur Reform der Tötungsdelikte. Würdigung des DAV-Entwurfs – ein-, zwei- oder dreistufige Regelungsmodelle im Vergleich", Anwaltsblatt 2014, Heft 11, S. 877–882.

Exner, Franz: „Studien über die Strafzumessungspraxis der Deutschen Gerichte", Leipzig: 1931

Fahlbusch, Sebastian: „Über die Unhaltbarkeit des Zustandes der Mordmerkmale in § 211 StGB", Göttingen: 2008.

Fischer, Thomas: „Strafgesetzbuch mit Nebengesetzen", Thomas Fischer (Hrsg.), 62. Aufl., München: 2015.

Fischer, Thomas: „Strafgesetzbuch mit Nebengesetzen", Thomas Fischer (Hrsg.), 63. Aufl., München: 2016.

Fischer, Thomas: „Strafgesetzbuch mit Nebengesetzen", Thomas Fischer (Hrsg.), 64. Aufl., München: 2017.

Friedrichs, Jürgen: „Methoden empirischer Sozialforschung", 14. Aufl., Opladen: 1980

Gaede, Karsten/Henckel, Christoph: „BGH 4 StR 124/13–Urt. v. 24. Oktober 2013 (LG Essen)", in: HRRS 2013 Nr. 1043; http://www.hrr-strafrecht.de/hrr/4/13/4-124-13.php (zuletzt abgerufen am: 29.02.2020/ 08:44 Uhr).

Giehring, Heinz: „Ungleichheiten in der Strafzumessungspraxis und die Strafzumessungslehre – Versuch einer Analyse aus der Sicht eines Strafrechtswissenschaftlers", in: Pfeiffer/Oswald (Hrsg.), „Strafzumessung. Empirische Forschung und Strafrechtsdogmatik im Dialog", KFN Neue Folge 1, Stuttgart: 1989, S. 77–125.

Glatzel, Johann: „Mord und Totschlag. Tötungshandlungen als Beziehungsdelikte. Eine Auswertung psychiatrischer Gutachten", Heidelberg: 1987.

Gropengießer, Helmut: „Der Haustyrannenmord", in: Sieber (Hrsg.), „Strafrechtliche Forschungsgebiete", Freiburg i. Br.: 2008.

Grundies, Volker/Zhao, Shuhong: „Strafzumessung bei schwerer Kriminalität in China", MSchKrim, 2016, S. 140–157.

Grünewald, Anette: „Tötungen aus Gründen der Ehre", in NStZ 2010, S. 1–14.

Habermann, N.C.: „Die Bedeutung rechtsmedizinischer Befunde für die Rechtspsychologie am Beispiel von Prognoseinstrumenten für Sexual- und Gewaltstraftäter", in: „Klinisch-forensische Medizin. Interdisziplinärer Praxisleitfaden für Ärzte, Pflegekräfte, Juristen und Betreuer von Gewaltopfern", Grassberger/Türk/Yen (Hrsg.), Wien: 2013, S. 567–570.

Hannich, Rolf (Hrsg.): „Strafprozessordnung, GVG, EGGVG, EMRK", in: Hannich (Hrsg.), Karlsruher Kommentar 6. Auflage, München: 2008.

Hauck, Pierre: „Fallstricke des Mordtatbestandes", in: HRRS Mai 2016 (5/2016), S. 230–239.

Helmers, Gunnar: „Zum Mordmerkmal der niedrigen Beweggründe (§ 211 Abs. 2 StGB)", HRRS Feb./Heft 2 2016S. 90–101.

Heide, Kathleen M.: "Parents Who Get Killed and the Children Who Kill Them", in: Journal of Interpersonal Violence, Dec. 1993, vol. 8, pp. 531–544.

Heine, Günter: „Tötung aus ‚niedrigen Beweggründen'. Eine erfahrungswissenschaftlich-strafrechtsdogmatische Untersuchung zur Motivgeneralklausel bei Mord", Berlin: 1988.

Heineet. al.: „Alternativ-Entwurf Leben (AE-Leben)", in: Goltdammer's Archiv für Strafrecht, 2008, S. 194–280.

Heintschel-Heinegg, Bernd/Joecks, Wolfgang (Hrsg.): Münchener Kommentar: „Kommentar Strafgesetzbuch §§ 38–79b", 3. Auflage, München: 2016.

Von Hentig, Hans: „Zur Psychologie der Einzeldelikte. Band 2. Der Mord", Tübingen: 1956.

Von Hentig, Hans: „Der Muttermord und sieben andere Verbrechensstudien", Darmstadt/Berlin: 1968.

Hess, Ariane: „Erscheinungsformen und Strafverfolgung von Tötungsdelikten in Mecklenburg-Vorpommern", Mönchengladbach: 2010.

Hoff, Paul/ Sass, Henning: „Psychopathologische Grundlagen der forensischen Psychiatrie", in: Kröber/Dölling/Leygraf/Sass (Hrsg.), „Handbuch der Forensischen Psychiatrie. Band 2", Heidelberg: 2010, S. 1–156.

Höffler, Katrin/Kaspar, Johannes: „Plädoyer für die Abschaffung der lebenslangen Freiheitsstrafe", in: Goltdammer's Archiv für Strafrecht, 2015, S. 453–462.

Hoppenworth, Elke: „Strafzumessung bei Raub. Eine empirische Untersuchung der Rechtsfolgenzumessung bei Verurteilungen wegen Raubes nach allgemeinen Strafrecht und nach Jugendstrafrecht", Lehmann (Hrsg.), Rechtswissenschaftliche Forschungsentwicklung, München: 1991.

Höynck, Theresia; „Das KFN-Forschungsprojekt „Tötungsdelikte an Kindern": Erste Eindrücke zu Opfermerkmalen und Fallgruppen", in: Meier (Hrsg.), „Kinder im Unrecht. Junge Menschen als Täter und Opfer", Berlin: 2010, S. 39–61.

Höynck, Theresia/Behnsen, Mira/Haug, Monika: „Der Alternativ-Entwurf Leben (AE-Leben). Überlegungen zur Frage der Folge des Entwurfs für Nahraumtötungen am Beispiel von Tötungsdelikten an Kindern", ZIS 3/2014, S. 102–122.

Hönyck, Theresia/Behnsen, Mira/Zähringer, Ulrike: „Tötungsdelikte an Kindern unter 6 Jahren in Deutschland. Eine Kriminologische Untersuchung anhand von Strafverfahrensakten (1997–2006).", Wiesbaden, 2015.

Ignor, Alexander: „Reform der Tötungsdelikte. Lange gefordert, endlich begonnen", FPPK 2015a, S. 237–244.

Ignor, Alexander: „Stellungnahme zum Mordmerkmal der „Heimtücke", in: „Abschlussbericht der Expertengruppe zur Reform der Tötungsdelikte (§§ 211–213, 57a StGB). Teil II. 2015", 2015b, S. 515–528.

Janssen, Jürgen/Laatz, Wilfried: „Statistische Datenanalyse mit SPSS. Eine anwendungsorientierte Einführung in das Basissystem und das Modul Exakte Tests", 9. Aufl., Deutschland: 2017.

Joecks, Wolfgang/Miebach, Klaus (Hrsg.): „Münchener Kommentar Strafgesetzbuch §§ 185–262 StGB“, 2. Auflage, München: 2012

Joecks, Wolfgang/Miebach, Klaus (Hrsg.): Münchener Kommentar: „Kommentar Strafgesetzbuch §§ 1–37“, 3. Auflage, München: 2017.

Kaiser, Günther: „Wie ist beim Mord die präventive Wirkung der lebenslangen Freiheitsstrafe einzuschätzen?“, in: Jescheck, Hans-Heinrich/Tiffterer, Otto (Hrsg.), „Ist die lebenslange Freiheitsstrafe verfassungswidrig? Dokumentation über die mündliche Verhandlung vor dem Bundesverfassungsgericht am 22. und 23.März 1977.“, Baden-Baden: 1978, S. 115–124.

Kaiser, Günther: „Kriminologie. Ein Lehrbuch“, 3. Auflg., Heidelberg: 1996.

Kalf, Wolfgang: „Sicherungsverwahrung und Schutzbedürfnis der Allgemeinheit vor gefährlichen Straftätern“, in: „...weil er für die Allgemeinheit gefährlich ist!“, Barton (Hrsg.), Baden-Baden: 2006, S. 205–217.

Keiser, Claudia: „Unerlässlichkeit zur Verteidigung der Rechtsordnung gegen so genannte Hasskriminalität“, ZRP 2010, S. 46–49.

Kett-Straub, Gabriele: „Die lebenslange Freiheitsstrafe. Legitimation, Praxis, Strafrestaussetzung und besondere Schwere der Schuld“, Tübingen: 2011.

Kindhäuser, Urs(Hrsg.): „Strafgesetzbuch – Lehr- und Praxiskommentar“ 6. Auflage, Baden-Baden: 2015.

Kindhäuser, Urs/Neumann, Ulfrid/Paeffgen, Hans-Ullrich (Hrsg.): „Strafgesetzbuch Kommentar“, 5. Aufl., Baden-Baden: 2017.

Kinzig, Jörg: „Die Sicherungsverwahrung – von einer vergessenen zu einer boomenden Maßregel“, in: „...weil er für die Allgemeinheit gefährlich ist!“, Barton (Hrsg.), Baden-Baden: 2006, S. 143–173.

Kinzig, Jörg: „Das Recht der Sicherungsverwahrung nach dem Urteil des EGMR in Sachen M. gegen Deutschland“, in: NStZ 2010, S. 233–239.

Kinzig, Jörg: „Viele ungelöste Fragen: Recht und beabsichtigte Reform der Sicherungsverwahrung“ in: Dessecker, Egg (Hrsg.), „Justizvollzug und Strafrechtsreform im Bundesstaat“, Wiesbaden: Eigenverlag Kriminologische Zentralstelle e.V., 2011, S. 51–67.

Kinzig, Jörg: „Die Neuordnung des Rechts der Sicherungsverwahrung“, in: NJW 2011, S. 177–182.

Kinzig, Jörg: „Neue empirische Befunde zur Sanktionierung der Tötungsdelikte. Unter besonderer Berücksichtigung der Anordnung und Vollstreckung der lebenslangen Freiheitsstrafe“, FPPK 2015, S. 198–210.

Kinzig, Jörg: „Die Zukunft der lebenslangen Freiheitsstrafe“, in: Bundesministerium der Justiz und für Verbraucherschutz, „Abschlussbericht der Expertengruppe zur Reform der Tötungsdelikte (§§ 211–213, 57a StGB). Teil II. 2015“, 2015b, S. 529–591.

Kontrollgesetz Nr. 11. Aufhebung einzelner Bestimmungen des deutschen Strafrechts; Berlin: 1946.

Kreuzer, Arthur: „Straf- und Strafprozessrecht im gesellschaftlichen Wandel“, in: ZRP 1977/ 3, S. 49–53.

Kröber, Hans- Ludwig: „Die Mordmerkmale aus forensisch-psychiatrischer Sicht“, FPPK 2015a, S. 251–257.

Kröber, Hans- Ludwig: „Mordkonzept und Mordmerkmale aus forensisch-psychiatrischer Sicht“, in: Bundesministerium der Justiz und für Verbraucherschutz, „Abschlussbericht der Expertengruppe zur Reform der Tötungsdelikte (§§ 211–213, 57a StGB). Teil II.2015“, 2015b, S. 638–657.

Kröber, Hans-Ludwig: „Sexualstraftäter – Klinisches Erscheinungsbild“, in: Kröber/Dölling/Leygraf/Sass (Hrsg.), “Handbuch der Forensischen Psychiatrie. Band 4“, Heidelberg: 2009, S. 420–457.

Kröber, Hans-Ludwig/Lau: „Psychosen aus dem schizophrenen Formenkreis“, in: Kröber/Dölling/Leygraf/Sass (Hrsg.), „Handbuch der Forensischen Psychiatrie. Band 2“, Heidelberg: 2010, S. 312–343.

Kroschel, Theodor/Meyer-Goßner, Lutz: „Die Urteile in Strafsachen“, 24. Aufl., München: 1983.

Kuckartz, Udo/Rädiker, Stefan/Ebert, Thomas/Schehl, Julia: „Statistik. Eine verständliche Einführung“, 2. Aufl., Wiesbaden: 2013.

Kunert, Karl-Heinz: „Gerichtliche Auseinandersetzung des Rests der lebenslangen Freiheitsstrafe kraft Gesetzes – Zum 20. Strafrechtsänderungsgesetz vom 8.12.1981 –.“, in: NStZ 1982, S. 89–96.

Kunz, Karl-Ludwig/Singelnstein, Tobias (Hrsg.), 7. Aufl.: Kriminologie, Haupt Bern: 2016.

Lackner, Karl/Kühl, Kristian (Hrsg.): „Strafgesetzbuch. Kommentar“ in: Kühl/ Heger (Hrsg.), 28. Auflage, München: 2014.

Langer, Wolfgang: „Staatsanwälte und Richter. Justizielles Entscheidungsverhalten zwischen Sachzwang und lokaler Justizkultur“, Stuttgart: 1994.

Laubenthal, Klaus/Nestler, Nina/Neubacher, Frank/Verrel, Thorsten: „Strafvollstreckungsgesetz“, 12. Auflage, München: 2015.

Laubenthal, Klaus/ Nestler, Nina: „Strafvollstreckung“, Berlin/Heidelberg: 2010.

Leuschner, Fredericke/Hüneke, Arnd: „Möglichkeiten und Grenzen der Aktenanalyse als zentrale Methode der empirisch-kriminologischen Forschung“, in: MschKrim, Heft 6, 2016, S. 464–480.

Leygraf, Norbert: „Maßregelvollzug und Strafvollzug“, in: Kröber/Dölling/Leygraf/Sass (Hrsg.), „Handbuch der Forensischen Psychiatrie. Psychiatrische Kriminalprognose und Kriminaltherapie“, Darmstadt: 2006, S. 193–221.

Leygraf, Norbert: „Tötungsdelikte in und nach intimen Beziehungen“, FPPK 2015S. 211–219.

Marneros, Andreas: „Kindestötung: Zur Frage der Schuldfähigkeit nach „negierter“ Schwangerschaft“, in: MschKrim 81. Jahrgang /Heft 3, 1998, S. 173–179.

Mauz, Gerhard: „Die Strafe „an der Spitze der Strafenleiter““, in: Der Spiegel 12/1976 S. 81–83, http://www.spiegel.de/spiegel/print/d-41251784.html (zuletzt: 09.08.2017 – 09:02 Uhr).

Mayer, Horst Otto: „Interview und Befragung“, 6. Auflage, München: 2013.

Meier, Bernd-Dieter: „Die Strafzumessung bei Rückfalltätern in der Bundesrepublik Deutschland“, in: Kerner/Kury/Sessar (Hrsg.), „Deutsche Forschungen zur Kriminalitätsentstehung und Kriminalitätskontrolle“, S. 1333–1360, Köln/Berlin/Bonn: 1983.

Meier, Bernd-Dieter: „Die Bestrafung von Rückfalltätern in der Bundesrepublik Deutschland und in den USA. Eine rechtstatsächliche und rechtsvergleichende Untersuchung zu § 48 StGB“, jur. Diss. Göttingen: Dissertationsdruck, 1983a.

Meier, Bernd-Dieter: „Regionale Justizkulturen in der Strafrechtspraxis“ in: Dessecker, Egg (Hrsg.), „Justizvollzug und Strafrechtsreform im Bundesstaat“, Wiesbaden: Eigenverlag Kriminologische Zentralstelle e.V., 2011, S. 31–49.

Meier, Bernd-Dieter: „Strafrechtliche Sanktionen“, 4. Aufl., Berlin/Heidelberg, 2014.

Meier, Bernd-Dieter: „Nachtatverhalten und Strafzumessung“ in: Goltdammer’s Archiv für Strafrecht, 8/2015, Heidelberg: 2015, S. 443–452.

Meier, Bernd-Dieter: „Kriminologie“, 5. Aufl., München: 2016.

Meier, Joachim: „Zur gegenwärtigen Behandlung des „Lebenslänglich“ beim Mord“, Bochum: 1989.

Merkel, Reinhard: „Grundlagenprobleme der Leitprinzipien und der Motivgeneralklausel des Mordtatbestands“, in: Bundesministerium der Justiz und für Verbraucherschutz, „Abschlussbericht der Expertengruppe zur Reform der Tötungsdelikte (§§ 211–213, 57a StGB). Teil II. 2015“, 2015, S. 658–686.

Merten, Klaus: „Inhaltsanalyse. Einführung in Theorie, Methode und Praxis“, 2. Aufl., Opladen: 1995.

Meurer, Dieter: „Strafaussetzung durch Strafzumessung bei lebenslanger Freiheitsstrafe – Zehn Anmerkungen zur Entscheidung des Bundesverfassungsgerichts vom 3.6.1992.“, JR 1992, S. 441–450 (445).

Meyer-Goßner, Lutz/Schmitt, Bertram: „Strafprozessordnung mit GVG und Nebengesetzen“, 57. Auflage 2014, München:2014.

Meyer-Ladewig, Jens/Harrendorf, Stefan/König, Stefan (Hrsg.): „Europäische Menschenrechtskonvention – Handkommentar“, 4. Aufl., Wien: 2017.

Middendorff, Wolf: „Kriminologie der Tötungsdelikte", Stuttgart/München/Hannover: 1984.

Momsen, Carsten: „Totgelaufen? – Der Abschlussbericht der BMJV-Expertenkommission zur Reform der Tötungsdelikte" in: StV 12/2015, Editorial, S. 1

Momsen, Carsten/Jung, Caroline: „Der „Kannibale von Rotenburg" – Ein vorläufiges Resümee", in: ZIS 4/2007, S. 162–165.

Moxon, David: „Der Einfluß von Straftätermerkmalen auf die Strafzumessung – Erste Ergebnisse einer Auswertung von Strafverfahren in England im Jahre 1987", in: Pfeiffer/Oswald (Hrsg.), „Strafzumessung. Empirische Forschung und Strafrechtsdogmatik im Dialog", Stuttgart: 1989, S. 249–267.

Mrosk, Martin: „Die Reform des Tötungsstrafrecht", Kolkwitz: 2015.

Müller-Dietz, Heinz: „Wie ist beim Mord die präventive Wirkung der lebenslangen Freiheitsstrafe einzuschätzen?", in: Jescheck, Hans-Heinrich/Tiffterer, Otto (Hrsg.), „Ist die lebenslange Freiheitsstrafe verfassungswidrig? Dokumentation über die mündliche Verhandlung vor dem Bundesverfassungsgericht am 22. und 23. März 1977.", Baden-Baden: 1978, S. 91–113.

Müssig, Bernd: „Mord und Totschlag", Köln: 2005.

Nedopil, Norbert: „Begutachtung zur Frage von Schuldfähigkeit und verminderter Schuldfähigkeit", in Bliesener/Lösel/Köhnken (Hrsg.), „Lehrbuch Rechtspsychologie", Bern: 2014, S. 352–368.

Nedopil, Norbert/Müller, Jürgen Leo: „Forensische Psychiatrie. Klinik, Begutachtung und Behandlung zwischen Psychiatrie und Recht", 4. Aufl., Stuttgart: 2012.

Nolte, Jost: „Menschen vor Gericht: Wer erschoß den Fixer Lach?" in: ZeitOnline, http://www.zeit.de/1979/28/wer-erschoss-den-fixer-lach (zuletzt: 09.09.2017 – 09:06 Uhr).

Oberlies, Dagmar: „Tötungsdelikte zwischen Männern und Frauen", in MSchKrim (80), 1997, S. 133–147.

Oberwittler, Dietrich/Kasselt, Julia: „Ehrenmorde in Deutschland 1996–2005. Eine Untersuchung auf der Basis von Prozessakten", Köln: 2011.

Oswald, Margit E./Langer, Wolfgang: „Versuch eines integrierten Modells zur Strafzumessungsforschung: Richterliche Urteilsprozesse und ihre Kontextbildung", in: Pfeiffer/Oswald (Hrsg.), „Strafzumessung. Empirische Forschung und Strafrechtsdogmatik im Dialog", KFN Neue Folge 1, Stuttgart: 1989, S. 197–228.

Oswald, Margit E.: „Psychologie des richterlichen Strafens", Stuttgart: 1994.

Oswald, Margit E./Stucki, Ingrid:„A two-process model of punishment", in: Oswald/Bieneck/Hupfeld-Heinemann, "Social Psychology of Punishment of Crime", Chichester: 2009, S. 173 –191.

Oswald, Margit E.: „Strafrichterliche Urteilsbildung", in: Bliesener/Lösel/Köhnken (Hrsg.), „Lehrbuch der Rechtspsychologie", Bern: 2014, S. 244–260.

Pfeiffer, Christian/Oswald, Margit: „Strafzumessung. Empirische Forschung und Strafrechtsdogmatik im Dialog“, KFN Neue Folge 1, Stuttgart: 1989.

Radtke, Henning: „Konventionswidrigkeit des Vollzugs erstmaliger Sicherungsverwahrung nach Ablauf der früheren Höchstfrist? Innerstaatliche Wirkungen und Folgen des Urteils des EGMR vom 17. 12. 2009“, in: NStZ 2010, 537–546.

Rasch, Björn/Friese, Malte/Hofmann, Wilhelm/Naumann, Ewald: „Quantitative Methoden. Band 1“, 3. Auflage, Heidelberg: 2010a.

Rasch, Björn/Friese, Malte/Hofmann, Wilhelm/Naumann, Ewald: „Quantitative Methoden. Band 2“, 3. Auflage, Heidelberg: 2010b.

Rasch, Wilfried: „Tötung des Intimpartners“, Reprint „Beiträge zur Sexualforschung“ 1964, Bonn: 1995.

Reichenbach, Peter: „Die Rechtsfolgenlösung des BGH als Weg zur schuldangemessenen Strafe beim Mord“, in: Jura 2009, S. 176–183.

Reichert, Christoph: „Intersubjektivität durch Strafzumessungsrichtlinien. Eine Untersuchung mit Bezug auf die „sentencing guidelines“ in den USA“ in: Schmidhäuser/Schroeder (Hrsg.), Strafrechtliche Abhandlungen. Neue Folge –Band 120, Berlin: 1999.

Remschmidt, Helmut: „Tötungs- und Gewaltdelikte junger Menschen. Ursachen, Begutachtung, Prognose“, Heidelberg: 2012.

Reinhard, Martin: „Überlegungen zu Rechtsfolgenlösungen beim Mord (§ 211 StGB)“, in: Bundesministerium der Justiz und für Verbraucherschutz, „Abschlussbericht der Expertengruppe zur Reform der Tötungsdelikte (§§ 211–213, 57a StGB). Teil II. 2015“, 2015, S. 703–749.

Rengier, Rudolf: „Ausgrenzung des Mordes aus der vorsätzlichen Tötung? Eine rechtsvergleichende Darstellung für das österreichische, schweizerische und deutsche Recht“, in: ZStrW 1980, S. 459–480.

Rengier, Rudolf: „Strafrecht BT II. Delikte gegen die Person und die Allgemeinheit“, 15. Auflage, München: 2014.

Rengier, Rudolf: „Strafrecht Allgemeiner Teil“, 7. Auflage, München: 2015.

Rengier, Rudolf: „Strafrecht BT I. Vermögensdelikte“, 19. Auflage, München: 2017.

Rieker, Peter: „Fremdenfeindliche Gewalt“, in: Melzer/Hermann/Sandfuchs/Schäfer/Schubath/Daschner (Hrsg.) „Handbuch Aggression, Gewalt und Kriminalität bei Kindern und Jugendlichen“, Regensburg: 2015, S. 175–179.

Rüping, Hinrich: „Zur Problematik des Mordtatbestandes“, Juristenzeitung (JZ) 1979, S. 617–621.

Sass, Henning/Herpertz, Sabine C.: „Forensisch-psychiatrische Aspekte der Gewaltdelinquenz“, in: Kröber/Dölling/Leygraf/Sass (Hrsg.), „Handbuch der Forensischen Psychiatrie. Band 4“, Heidelberg: 2009, S. 367–399.

Schäfer, Gerhard/Sander, Günther M./van Gemmeren, Gerhard: „Praxis der Strafzumessung", 5. Auflage, München: 2012.

Scheffler, Uwe: „Von zeitiger lebenslanger und lebenslanger zeitiger Freiheitsstrafe", in: v. Olzen/Schäfer (Hrsg.), JR, Heft 12, Berlin: 1996, S. 485–491.

Scheinfeld, Jörg: „Der Kannibalen-Fall", Tübingen: 2009.

Schlie, Markus: „Matrizid – Kasuistik einer forensisch-psychiatrischen Karriere – „Das weitere Leben trotz der Tat meistern"", in: Forensische Psychiatrie und Physiotherapie, Heft 1/2010, S. 137–146.

Schlotthauer, Simone/Yundina, Elena: „Schuld und Vorurteil: Zum Einfluss von Vorstrafen auf das Schuldurteil" in: R & P 34 (2016), S. 43–49.

Schneider, Hartmut: „Höchstrichterliche Tendenzen zur „Psychologisierung" der Motivgeneralklausel des § 211 Abs. 2 StGB", in: Schöch/Satzger/Schäfer/Ignor/Knauer, „Strafverteidigung, Revision und die gesamten Strafrechtswissenschaften", Festschrift für Gunter Widmaier zum 70. Geburtstag, Köln/München: 2008, S. 759–778.

Schneider, Hartmut: „Vorüberlegungen zu einer Reform der §§ 211, 212 und 213 StGB", FPPK 2015, S. 245–249.

Schneider, Hartmut: „Die Motivgeneralklausel des § 211Absatz 2 StGB – ein unzeitgemäßes Mordmerkmal? Thesen zur Heimtücke", in: Bundesministerium der Justiz und für Verbraucherschutz, „Abschlussbericht der Expertengruppe zur Reform der Tötungsdelikte (§§ 211–213, 57a StGB). Teil I. 2015", 2015a, S. 86–88.

Schneider, Ursula: „Der Haustyrann und die Reform der Tötungsdelikte – Ein Diskussionsbeitrag aus geschlechtsspezifischer Sicht –" in: NStZ 2015, S. 64ff.

Schnell, Rainer/Hill, Paul B./Esser, Elke: „Methoden der empirischen Sozialforschung", 9. Aufl., München: 2011.

Schöch, Heinz: „Strafzumessungspraxis und Verkehrsdelinquenz", Stuttgart: 1973.

Schöch, Heinz: „Grundlage und Wirkung der Strafe – Zum Realitätsgehalt des § 46 Abs. 1 StGB", in: G. Grünewald, et. al. (Hrsg.), Festschrift für Friedrich Schaffstein, Göttingen/Schwarz: 1975, S. 255–274.

Schöch, Heinz: „Die Schuldfähigkeit", in: Kröber/Dölling/Leygraf/Sass, „Handbuch der Forensischen Psychiatrie. Band 1. Strafrechtliche Grundlagen der Forensischen Psychiatrie", 2007, S. 92–159.

Schönke, Adolf/Schröder, Horst (Hrsg.): „Kommentar Strafgesetzbuch", 29. Auflage, München: 2014.

Schönke, Adolf/Schröder, Horst (Hrsg.): „Kommentar Strafgesetzbuch", 30. Auflage, München: 2019.

Schott, Tillmann: „Gesetzliche Strafrahmen und ihre tatrichterliche Handhabung. Eine empirische Untersuchung zu Gesetzessystematik und Rechtstatsächlichkeit bei ausgewählten Deliktsbereichen", Baden-Baden: 2004.

Sessar, Klaus: „Die Umgehung der lebenslangen Freiheitsstrafe“ in: MSchKrim 63 (1980), S. 193–206.

Sessar, Klaus: „Rechtliche und soziale Prozesse einer Definition der Tötungskriminalität“, Freiburg: 1981.

Siol, Joachim: „Mordmerkmale in kriminologischer und kriminalpolitischer Sicht. Eine Untersuchung anhand von Gerichtsurteilen“, Göttingen: 1973.

Statistisches Bundesamt: „Rechtspflege. Strafvollzug – Demographische und kriminologische Merkmale der Strafgefangenen zum Stichtag 31.3.2014“, Fachserie 10 Reihe 4.1, Wiesbaden: 2015.

Statistisches Bundesamt: „Rechtspflege. Strafverfolgung 2013“, Fachserie 10 Reihe 3, Wiesbaden: 2015.

Statistisches Bundesamt: „Rechtspflege. Strafverfolgung 2014“, Fachserie 10 Reihe 3, Wiesbaden: 2016.

Steck, Peter: „Gewaltdelinquenz“, in: Volbert/Steller (Hrsg.), „Handbuch der Rechtspsychologie“, Göttingen: 2008, S. 28–37.

Stein, Petra: „Forschungsdesigns für die quantitative Sozialforschung“, in: „Handbuch Methoden der empirischen Sozialforschung“, Baur/Blasius (Hrsg.), Wiesbaden: 2014, S. 135–151.

Steinhilber, Benjamin: „Mord und Lebenslang. Aktuelle Rechtsprobleme und Vorschläge für die überfällige Reform“, Baden-Baden: 2012.

Streng, Franz: „Abstand zu normalem Strafvollzug auch bei lebenslanger Freiheitsstrafe?“, in: JZ 10/2017, S. 507–513.

Streng, Franz: „Strafrechtliche Sanktionen. Die Strafzumessung und ihre Grundlagen“, 3. Aufl., Stuttgart: 2012.

Streng, Franz: „Strafzumessung und relative Gerechtigkeit“, Heidelberg: 1984.

Streng, Franz: „Jugendstrafrecht“, 3. Aufl., Heidelberg/München/Landsberg/Frechen/Hamburg: 2012

Suhling, Stefan/Greve, Werner: „Kriminalpsychologie kompakt“, 1. Aufl., Weinheim/Basel: 2010.

Theile, Hans: „Verdeckungsabsicht und Tötung durch Unterlassen“, JuS 2006, S. 110–112.

Thomas, Sven: „Die Geschichte des Mordparagraphen – eine normgenetische Untersuchung bis in die Gegenwart“, Bochum: 1985.

Valerius, Brian: „Der sogenannte Ehrenmord: Abweichende kulturelle Wertvorstellungen als niedrige Beweggründe?“ in: JZ 2008, S. 912–919.

Verrel, Torsten: „Schuldfähigkeitsbegutachtung und Strafzumessung bei Tötungsdelikten“, München: 1995.

Volckart, Bernd/Gründebaum, Rolf: „Maßregelvollzug“, 7. Aufl., Köln: 2009.

Von Fabrice, Heinrich: „Die Lehre von der Kindsabtreibung und vom Kindsmord. Gerichtsärztliche Studien“, 3. Aufl., Berlin: 1911.

Votteler, Verena: „Das Mordmerkmal der „Sonst niedrigen Beweggründe“ gem. § 211 Abs. 2 1. Gruppe 4. Variante StGB – im Spiegel gesellschaftlicher Moralvorstellungen“, Heidelberg/München/Landsberg/Frechen/Hamburg: 2014.

Walter, Tonio: „Vom Beruf des Gesetzgebers zur Gesetzgebung – Zur Reform der Tötungsdelikte und gegen *Fischer et al.* In NStZ 2014, 9“, in: NStZ 2014, S. 368–376.

Weber, Joachim: „Viktimologische Besonderheiten bei Sexualdelikten: Fälle von „chiffriertem Matrizid“, in: MschKrim 1993 (1), S. 33–49.

Wendt, Frank/Kröber, Hans-Ludwig: „Schuldfähigkeitsgutachten. Alkoholrausch“, in: Kröber/Dölling/Leygraf/Sass (Hrsg.), „Handbuch der Forensischen Psychiatrie. Band 2“, Berlin/Heidelberg: 2010.

Wenzel, Frank: „Die Anrechnung vorläufiger Freiheitsentziehungen auf strafrechtliche Rechtsfolgen“, Mönchengladbach: 2004.

Wessels, Johannes/Beulke, Werner/Satzger, Helmut: „Strafrecht Allgemeiner Teil“, 45. Auflage, Heidelberg: 2015.

Wessels, Johannes/Hettinger, Michael: „Strafrecht – Besonderer Teil 1. Straftaten gegen Persönlichkeits- und Gemeinschaftsrecht“, 39. Aufl., Heidelberg: 2015.

Wilms, Maresa: „Die Tötung mit gemeingefährlichen Mitteln“, Baden-Baden: 2011.

Wolter, Jürgen (Hrsg.): „Systematischer Kommentar zur StPO, mit GVG und EMRK. Band IV §§ 198–246 StPO“, 4. Auflage, Köln: 2011.

Wolter, Jürgen (Hrsg.): „Systematischer Kommentar zur StPO, mit GVG und EMRK. Band V §§ 246a–295 StPO“, 4. Auflage, Köln: 2012.

Wolter, Jürgen (Hrsg.): „Systematischer Kommentar zur StPO, mit GVG und EMRK. Band VIII §§ 374–495 StPO“, 4. Auflage, Köln: 2013.

Wolter, Jürgen (Hrsg.): „SK-StGB. Systematischer Kommentar zum Strafgesetzbuch. Band II §§ 46–122 StGB“, 8. Aufl., Köln: 2012.

www.ingramcontent.com/pod-product-compliance
Ingram Content Group UK Ltd.
Pitfield, Milton Keynes, MK11 3LW, UK
UKHW021924290926
8980IPUK00016B/1447

9 783631 824283